食品安全生产规划设计及其公共卫生问题

彭志行　吴鼎贤　翟建阳　编著

东南大学出版社
·南京·

内 容 提 要

本书全面系统地论述了开发建设食品生产企业各个环节的主要问题和操作方法。全书共十一章，包括建厂的前期管理工作，食品生产企业的总体规划，食品生产企业的工艺设计、建筑设计和建厂的施工管理。

本书既有一定的理论深度，又具有实用性和可操作性，可供建设食品生产企业设计人员、施工人员、管理人员使用，也可作为大专院校相关专业师生的教学参考用书。

图书在版编目(CIP)数据

食品安全生产规划设计及其公共卫生问题/彭志行，吴鼎贤，翟建阳编著. —南京：东南大学出版社，2012.2

ISBN 978-7-5641-3212-5

Ⅰ.①食… Ⅱ.①彭…②吴…③翟… Ⅲ.①食品安全—生产管理—研究—中国 Ⅳ.①TS201.6

中国版本图书馆 CIP 数据核字(2011)第 262843 号

东南大学出版社出版发行

(南京四牌楼 2 号 邮编 210096)

出版人：江建中

网 址：http://www.seupress.com

电子邮箱：press@seupress.com

全国各地新华书店经销 南京京新印刷厂印刷

开本：787 mm×1092 mm 1/16 印张：21.75 字数：557 千

2012 年 2 月第 1 版 2012 年 2 月第 1 次印刷

ISBN 978-7-5641-3212-5

定价：45.00 元

前　言

古人云“民以食为天”，食品是人类赖以生存和发展的最基本的物质条件。有关资料显示，2010年我国食品工业完成现价总产值6.31万亿元，比2005年增长208.1%，年均增长25.2%，且按原统计口径，2010年全国食品工业规模以上企业达到41 867家，从业人员654万人，食品工业已成为我国国民经济中的第一大产业。但近年来，食品安全问题的事件却接连发生，如：三聚氰胺事件、“瘦肉精”事件、“染色馒头”事件、阜阳劣质奶粉、重庆火锅石蜡底料、太仓劣质肉松，等等，引起民众对食品安全现状的高度关注，食品安全问题已上升为国家公共安全问题，建立健全的食品安全监管和运作体系，加强食品安全生产的科学研究势在必行。

老百姓都离不开吃喝，如果没有安全和质量保障，老百姓就没有安全感，因此对食品安全相关的卫生问题要从防范和建立良好的生产流程入手，将食品产业链中可能存在的危害，在项目建设阶段预先考虑，加以克服。在总结相关理论和经验的基础上我们出版了此书，较为系统地介绍了食品安全生产规划设计及其公共卫生问题，结合相关的规范和准则，突出食品安全生产的卫生和防疫要求，以期通过优秀的硬件及各种资源、管理的结合，促进食品安全生产的规划与设计。

本书在编写过程中，参考了一些国内外同行专家论著中的资料，谨在此向他们表示致谢。感谢雨润集团、南京医科大学陈峰教授长期以来对本书出版给予的帮助。由于水平有限、编写时间紧迫，书中不足之处在所难免，敬请专家及读者批评指正。

彭志行

2011年于南京

目　录

第一章　食品安全的公共卫生意义

民以食为天、食以安为先，食品安全是一个遍及全球的、关系到人民健康的重要公共卫生问题，同时也与国计民生休戚相关。保证食品安全，是公共卫生和食物保障系统的一个关键和基本的组成部分。食品安全之所以在全球范围内受到密切和广泛关注与近年来国际、国内食品安全恶性事件连续不断发生不无相关。继二噁英和大肠埃希菌 O157：H7 后，又出现了牛海绵状脑病（疯牛病）、三聚氰胺奶粉、“瘦肉精”等影响食品安全的重大事件。其中，有的事件引起消费者急性发病乃至死亡，如 20 世纪 90 年代中期大肠埃希菌 O157：H7 在日本引起近万人食物中毒、添加三聚氰胺的奶粉造成我国很多婴幼儿肾脏结石等；有的事件引起的病例虽然不多，但病死率高、社会影响大，如疯牛病引起人克-雅病；也有的化学污染物（如二噁英、农药和兽药残留的污染等）造成广泛的食品污染，对人体健康具有长期和严重的潜在危害。在当今社会，食品安全已不仅仅是一个国家的问题，而是所有国家面临的一个带有根本性的公共卫生问题。

在 2000 年世界卫生组织大会上，食品安全被确认为公共卫生的优先领域，2001 年世界卫生组织（WHO）又在日内瓦召开食品安全战略规划会议，起草了“全球食品安全战略草案”(Global Food Safety Strategy)。由于食品安全的重大意义及其面临的国内外严峻形势，我国于 2009 年 2 月通过并公布了《中华人民共和国食品安全法》，并自 2009 年 6 月 1 日起施行。2010 年，国务院还设立了国务院食品安全委员会，这充分反映了保障食品安全的重要性和紧迫性。

第一节　食品安全生产的重要性

食品安全事关经济发展与社会和谐。随着经济的发展、科学技术的进步、人类生活条件的改善，食品安全并未得到相应的保证。

一、食源性疾病严重危害着人类的健康生存

食源性疾病是一种广泛流行的疾病，是最大的食品安全问题。不论是发展中国家还是发达国家，食源性疾病都是对健康的一种严重威胁，尤其是对儿童、孕妇和老人。在发达国家，每年大约 30%的人患食源性疾病。WHO 2002 年 3 月公布的信息表明，全球每年发现食源性疾病的病例达 10 亿，美国每年有 7 600 万食源性的病例，其中 32 万病例住院治疗，5 千人死亡。在澳大利亚每天有 1.15 万人患食源性疾病。在发展中国家包括中国，食源性疾病现在还难以统计，但肯定不少于发达国家。

腹泻是一种常见的食源性疾病。WHO 报道，全球每年约有 1.5 亿腹泻病例，导致 300 万

5岁以下儿童死亡，其中70%是由于生物性污染的食品所致。在发展中国家(不包括中国的资料)，腹泻及其有关疾病的发病率和死亡率估计每年有2.7亿病例，导致240万5岁以下儿童死亡。

这些食源性疾病的统计数字，主要指微生物性的危害，致病性微生物引起的食源性疾病也是我国主要的食品安全问题。我国有较健全的食物中毒报告系统，我国目前疾病预防控制部门所掌握的仅仅是集体发生的食物中毒，对散发的食源性疾病并无严格的报告制度。此外，我国对于病毒和寄生虫性的食源性疾病目前尚未开展工作。根据WHO估计，发达国家食源性疾病的漏报率在90%以上，而发展中国家则为95%以上。以此推论，我国目前掌握的食物中毒数据仅为实际发生的食源性疾病的“冰山一角”。而存在如此高的漏报率，除了管理上的问题外，致病微生物(包括细菌、病毒、寄生虫)的检测和追查传染源手段的限制也是一个重要因素。近年来的“染色馒头”事件、“瘦肉精”猪肉事件以及三聚氰胺奶粉事件，对健康、经济和社会等方面都产生了重大影响。

二、新的食品安全危险因子对人类健康产生了新威胁

在20世纪90年代，发生了两起引起全球食品安全恐慌的事件。一是英国的疯牛病。吃了疯牛病的食物，可引起人类感染，发生克雅氏病(CJD)，导致脑组织进行性退化而死亡。到2000年，英国已有87人死于该病，法国有2人，爱尔兰有1人。二是比利时的二噁英食品污染事件。当时，比利时一家报纸很醒目地写着“我们还能吃什么”。迫于舆论的压力，比利时的卫生大臣和农业大臣提出辞呈。二噁英污染之所以引起世界性轩然大波，是因为二噁英是一种超痕量的毒物，其毒性是氰化钾的1 000倍，是一级致癌物，被称为“地球上毒性最强的毒物”。

在新的食源性致病因子中，还有大肠出血性致病菌E. Colo 0157：H7，该菌于1979年首次被鉴定。1996年，日本发生11 826人感染肠E. Colo 0157：H7，其中多数为儿童。由于E. Colo 0157：H7侵害的多数为儿童和老人，病死率高，所以该致病菌被许多国家列为重点监测和预防的食品安全危险因子(Food Safety Risk)。

三、新技术的应用给食品安全带来新的挑战

随着科学技术的进步，应用于食品生产的新技术层出不穷，例如基因工程技术(基因微生物、基因农产品、基因动物)、包装技术、生物酶技术，以及生长激素的应用等。这些技术一方面能提高食品生产，有利于食品安全，另一方面也可能产生潜在的危害，在应用前必须得到严格的安全性评价。然而，对新技术可能产生潜在健康危害的安全性评价存在一定技术难度，这一点在对转基因食品的安全性评价上业已表现出来。就目前的研究结果来看，还不能肯定地讲转基因食品对人体健康能产生潜在危害，消费者对转基因食品的态度也存在不同。在美国，消费者比较容易接受转基因食品，而在欧洲，消费者不情愿购买转基因食品。无论如何，对转基因食品的安全性研究还不可能停止，今后食品安全性评价将放在转基因食品所引起的比较复杂的代谢变化上。

四、食品安全极易受到恐怖主义或犯罪分子的攻击

历史上就有利用食物供应，故意实施破坏活动的记载。2002年10月发生在南京的鼠

药投药事件,造成数百人中毒,几十人死亡,这是一个典型的利用食物进行破坏活动的犯罪案例。近些年来,这类投毒案件,在我国并非少见,这说明犯罪分子或恐怖主义分子极易利用食品进行破坏活动,危害社会安定和人民群众的健康。9·11事件后,美国很快制定了适用于食品工业、食品生产者、食品加工业、食品运输部门和食品零售商预防恐怖主义或犯罪分子袭击的指南。

我国政府十分重视有毒有害化学品和鼠药的管理。然而,还应该尽快制定系统的适用于食品生产经营者的指南,以指导食品生产经营者采取预防措施,把犯罪分子或恐怖主义分子利用食品进行破坏活动的风险降到最低点。

第二节 食品安全生产的现状

食品安全生产的公共卫生问题一直是各级政府关注、群众关心的重点问题,任何一个环节疏于管理都可能造成严重的食品卫生事故,危及人民群众的身体健康和生命安全。但从目前现状来看,由于食品生产企业产业化程度低,标准化和规模化的企业少,小作坊加工点大量存在,卫生条件差,不规范的生产加工等现象给食品卫生安全带来了较大的隐患。

食品工业总产值与农业总产值之比是衡量一个国家食品工业发展程度的重要标志。我国食品工业产值与农业产值的比值在(0.3～0.4)∶1之间,其中西部省区仅为0.18∶1,远低于发达国家(2～3)∶1的水平。我国粮食、油料、水果、豆类、肉类、蛋类、水产品等产量均居世界第一位,但加工程度很低。发达国家农产品产后加工能力都在70%以上,加工食品约占饮食消费的90%,而我国仅为25%左右,而且其中大型工业化、规模化生产企业在食品生产企业中占少数;个体作坊的场所混乱、布局不合理、设备简陋、从业人员素质低下、生产成本较低,存在食品安全隐患。

一、国外的食品安全问题

近年来,世界范围内食品安全方面的恶性、突发性事件不断发生。自1996年英国发生疯牛病之后,欧盟的食品安全问题此起彼伏,爱尔兰、瑞士、法国、比利时、荷兰、德国、意大利、西班牙以及阿曼、日本等许多国家都发现了疯牛病,酿成了世界性的“疯牛病恐慌”。英国口蹄疫大规模暴发,比利时出现致癌物二噁英污染鸡、猪等事件令世界震惊。法国与比利时出现可口可乐污染,引起数百人中毒。法国、荷兰等国还发生了用动物下水和腐烂物做动物饲料的丑闻。2000年元月,法国又发现一些肉食品遭受李斯特杆菌污染。2002年1月20日英国《星期日泰晤士报》又惊爆丑闻:在过去6年的时间里,大约有1 000 t遭受污染的“废肉”经由1 000多个销售渠道成为人们的盘中餐。在发达国家,估计每年有1/3以上的人感染食源性疾病。在发展中国家,由食物引起的食源性疾病还要严重得多。

二、国内的食品安全问题

食品卫生法实施以来,我国的食品卫生工作取得了显著的成绩。但是,我国的食品安全也出现一些新情况和新问题。近几年来,“吃”的问题层出不穷,食品安全问题几乎涉及了人们日常饮食生活的方方面面。劣质霉变大米用工业油抛光出售,面粉掺入滑石粉，用“泔水油”制作油炸食品，用工业基础油加工饼干，酱油中含有氯丙醇，粉丝中加入“吊白块”，猪肉中检出“瘦肉精”，鱿鱼等海产品用甲醛浸泡，蔬菜中农药残留严重超标等等。

(1) 农产品源头污染严重，食品原料质量难以保证。我国的农产品生产是以分散的种植及养殖结构为主，农民文化水平不高，食品安全意识较差。有些农民使用未达到排放标准的污水进行灌溉，造成污水中的大量污染物进入食物链；违规使用高毒高残留农药，同时由于虫害抗药性的增加，使得农药种类越来越多；非法使用生长激素、抗生素。这些原因造成农产品源头污染问题日益严重，给后续的食品加工过程带来诸多安全隐患。食品生产原料中存在着微生物污染隐患，在食品加工中使用的初级原料都是直接从田间收获的，表面附着的泥土携带大量土壤中的微生物。南方地区在花生、玉米等原料收获后，贮存条件的温湿度不当可能造成霉菌毒素，如黄曲霉毒素、赭曲霉毒素等的大量增长。

(2) 生产条件与工艺流程达不到卫生要求，滥用食品添加剂。食品生产加工业多为小规模作坊式生产，从业人员绝大多数是进城打工的农民；食品加工水平和质量较低，没有什么技术含量；加工规模较小且比较分散，卫生条件差，生产设备和用具简陋；生产不规范，食品生产多没有卫生规范或卫生标准操作程序，加工大都按照传统加工习惯进行，投料有随意性；加工过程污染环节多，容易造成交叉污染、二次污染等。一些生产企业为了达到生产目的，超标准使用食品添加剂的问题仍很严重。其中，不按标准规定使用防腐剂、着色剂的问题以及复配食品添加剂的乱用情况尤为突出，有的食品生产企业特别是个体作坊仅凭感觉、经验使用。

(3) 新原料、新工艺的应用带来新的食品安全隐患。随着食品工业的迅速发展，大量新的化学物质应用于食品加工过程，直接应用于食品及间接与食品接触的化学物质日益增多。现代生物技术、酶制剂等新技术在食品中的应用，以及食品新资源的开发等，对食品安全带来的隐患需要我们进行深入研究。

(4) 加工行业自律能力较低，掺杂使假带来安全问题。由于一些食品生产企业缺乏诚信，为了达到利益最大化或掩盖食品质量缺陷的目的，在食品加工过程中将非食品原料作为食品原料使用，如利用病畜肉生产火腿、将苏丹红作为食品着色剂使用等。由于这些生产场所大多在城乡结合部或农村集贸市场等食品安全监督管理薄弱的地区，同时这些产品与正规产品相比，生产成本较低，具有价格优势，有广阔的生存空间和活动市场，又由于我国没有相应的信用记录机制，使得该类企业即使在一地被取缔，移至异地后仍然能够从事类似的食品生产经营活动。以上种种原因加大了食品安全监督管理成本。

(5) 生产企业准入标准过低，卫生规范可操作性不强。我国有相当一部分食品生产企业不具备起码的生产条件，加工出来的食品质量不高，存在安全隐患。类似的企业很多都取得了卫生许可证，这说明在卫生许可方面的标准很低，审查不严，允许这么多不具备条件的企业进入食品生产经营领域，必然造成食品卫生安全隐患。卫生部门要依据《食品企业通用卫生规范(GB14881)》对生产企业进行卫生许可，但此规范准入门槛太高，又不适用小型加工企业为主的国情，很难执行。“食品放心工程”实施以来，大多数卫生部门仅对大型生产、集中式生产和超市的加工企业发放卫生许可证，对于普遍存在的个体作坊均未发放卫生许可证，大量个体作坊得不到卫生许可，又多处于非法经营状态。

(6) 食品安全管理机构缺少协调与合作机制。我国承担食品卫生或食品质量管理职责的部门共有五六个之多，迄今为止，相互间未建立起分工明确、协调顺畅、合作紧密的综合性协调组织与合作机制。此外，世界卫生组织强调每个国家应根据本国情况制定国家食品安全规划，作为指导本国食品安全管理的政策。我国至今未组织多部门制定统一的国家食品安全规划，政府各职能部门各自为政组织开展有关食品管理工作，造成国家食品安全管理有限公共资源的浪费。

第三节　保障食品安全的公共卫生意义

食品安全问题的广泛存在和不断增加，已成为一个全球性严重的公共卫生问题。WHO前总干事布伦特兰强调指出，食品卫生安全与人类健康密切相关，必须在全球范围内作出更大的努力来逆转因食用不安全食品而引发的疾病和死亡曲线上升的形势。2002年初，WHO和联合国粮农组织在摩洛哥共同主办了世界食品卫生安全论坛，呼吁建立国际食品卫生安全组织和机制，制定预防食源性疾病的共同战略，加强相关信息和经验交流，通过全球共同合作来保证食品安全。

一、食品安全影响国际贸易

食品安全是国与国进行食品贸易的重要条件，也是引起贸易纠纷的重要原因。曾在WTO对簿公堂达4年之久的欧盟与美国、加拿大贸易纠纷案，就是因为欧盟禁止进口美国、加拿大在饲料中使用了激素的牛肉。欧盟的农产品和食品在世界贸易中占有重要地位，每年出口额高达500亿欧元，接连不断的食品安全问题使欧盟的食品信誉扫地，不仅遭到世界许多进口国的严查与抵制，也直接影响到欧盟内部早已实现的自由贸易。例如法国就曾拒不执行欧盟的决定，坚持对英国的牛肉实行进口禁令。WTO在卫生与植物卫生协定中，自然承认WHO/ FAO食品法典委员会的标准和相关文件作为国际参照依据，但不同国家对食品安全的不同要求，形成了实际上的贸易技术壁垒。据报道，我国每年都有大量的出口食品因食品污染、农药残留、添加剂不符合卫生要求等问题被查扣。在我国加入WTO之后，一些发达国家更是开始巧妙地利用食品安全问题设置贸易壁垒。如欧盟就大幅度扩大了进口我国茶叶中农药残留检验种类，从6种扩大到62种，最大允许残留量标准也降低为原来的1/100～1/10。食品安全已成为最重要的食品贸易技术壁垒。

二、食品安全影响企业的生存与发展

我国食品工业总产值从1996年开始就一直稳居全国各产业部门的首位，食品业也是包容和关联产业最多的行业之一，在国民经济中占有重要地位。食品安全是食品品牌的安身立命之本，是食品企业的生命。曾几何时，英国的牛肉因“疯牛病”而无人问津。二噁英污染事件发生后，一大批农场的肉品被封杀，饲料有嫌疑的养牛场被封闭。即使在我国，一向占据着显眼位置的洋奶粉一时间也迅速从货架上纷纷撤下。“冠生园”在我国是一个信誉很好、知名的“老字号”食品品牌，自从中央电视台披露南京冠生园食品厂把陈馅翻炒后再制成月饼出售的事件后，全国各地的冠生园食品的品牌信誉都受到了连带损害。南京冠生园食品厂更是顿时陷入困境。可见，保证食品安全是食品企业生存与发展的第一位的永恒主题。

三、食品安全影响社会经济发展

在任何社会的经济中,食品无疑都是最重要的商品之一。食品安全不仅可以直接造成严重的经济损失,而且因直接导致大量的食源性疾病的发生,引发生产力水平下降、经济效益减少、医疗费用增加、国家财政支出上升,也会直接阻碍食品企业的正常生产、经营和贸易。这些方面形成合力,最终会导致国家经济发展受阻,甚至会影响到国计民生和社会的稳定。例如,英国因疯牛病,牛肉及其制品出口受阻,每年损失达52亿美元。因宰杀“疯牛”造成的损失则高达300亿美元。在美国,每年食源性疾病的负担在75亿美元左右。二噁英污染事件不仅严重打击了比利时的经济,造成经济增长率下降,而且还严重扰乱了公民的正常生活,激化了社会矛盾,最终导致了政府倒台。德国原卫生和农业部长也因发生了疯牛病而辞职。

四、保障食品安全是公共卫生的出发点和落脚点

国以民为本,民以食为天,食品安全是关系国计民生的大事。保障食品安全,防止食源性疾病的发生,就是保护社会生产力。吃得放心,吃得安全,吃得健康,这是公众的强烈愿望和共同的健康追求,也是社会文明进步的表现,而倡导和建立健康、科学、文明的生活方式,正是先进文化的重要内容。为人民健康服务、为社会经济建设服务是公共卫生工作的根本宗旨,保证食品安全,保障公众的健康权益,代表了广大人民群众的根本利益,这是公共卫生工作的出发点与落脚点。

第四节　保障食品安全的公共卫生对策

目前,我国的整体食品安全形势还是好的,因为我们食品的合格率在逐年上升,卫生部每年大概有二三十万个食品抽检的数据,这已持续了将近二十年,统一布置、统一汇总,目前,企业的食品安全意识也有了极大的提高,但有些问题(如食源性疾病、化学性污染、非法使用食品添加剂等)依然不容忽视,这也应该成为政府部门、企业、专家学者们下一步的工作重点。

加快公共卫生管理体制改革的步伐,应从体制创新的高度,加快省、市、县级卫生监督与疾病控制体制改革的步伐,加大卫生监督执法力度,我们的卫生监督执法水平和执法效率与食品安全面临的新问题、新情况、新任务、新要求相比,还存在一定的差距。这就要求我们必须认清新时期肩负的职责和任务,找准存在的问题,理清思路,改进工作方法,加大工作力度。现阶段可采取“堵源”与“截流”并重,打防并举,搞好突击式、战役式的大检查、大整治与持续规范的日常性监管的紧密结合,严厉打击各种食品违法生产经营活动,形成长期有效的高压监管态势,为人民群众真正撑起《中华人民共和国食品卫生法》这把健康的“保护伞”。

同时,要加快研究推广现场快速、简易、灵敏的检测、鉴定方法,提高食品安全的整体检测能力。制定全国统一的系统化、规范化食品卫生监测办法,实行重点监测与全面监测相结合,定期抽检与不定期抽检相结合,及时掌握食品安全因素的变化,并根据需要增加监测的种类和检测项目,扩大监测覆盖面,全面提高对食品安全的监控能力。加强食品安全的信息

化建设。一方面可利用公共卫生网络系统收集国内外食品安全因素及动态情况，进行早期预测预报。另一方面，应建立全国食品卫生监督情况和监测结果的动态资料库，达到资源共享，同时还应在各大新闻媒体上定期公布不安全食品及其生产企业的“黑名单”，并推荐食品卫生质量良好的放心食品品牌，让卫生不合格的食品没有市场，无立足之地，让老百姓吃得安全，吃得放心。

通过立法和规范促使企业在产储运销中改造更新设备，使用良好的生产工艺，并严格执行卫生工作规范，对食品生产经营过程中潜在的食品卫生危险因素进行有效控制。立法和规范是确保食品安全的第一道防线，完全符合卫生监督的重心应逐步从食品的终末产品（成品）向食品的生产经营过程转移的总体发展趋势。

同时，应积极促进政府、企业、消费者充分发挥作用。保障食品安全是一个系统工程，需要全社会的共同努力。政府应制定有效的食品安全规划，建立职责明确、分工协作、密切配合的管理体制，加大食品安全监管力度，大力发展绿色食品的生产与消费，全力保护公民健康；企业要严格自律，守法经营，应以诚信为本，保证生产的食品是安全的；消费者应增强食品安全意识和自我保护能力，在确保家庭饮食卫生、防止发生食源性疾患的同时，对不符合卫生要求的食品，应做到能够识别、拒绝消费、积极举报。这三方面的力量共同构筑保障食品安全的公共卫生策略，才是国家食品安全规划的基础。

第二章　食品生产企业项目前期策划与管理

基本建设的前期工作内容很多，其工作十分重要，它关系到能否顺利建厂和建厂的进程。建厂的前期工作包括可行性研究、建厂选址、投资决策和投资估算等。

第一节　基本建设程序

基本建设从前期工作到项目建设、投入使用，需经过以下几个阶段：项目建议书、可行性研究和选址阶段，设计和施工准备阶段，建设实施阶段，运营准备、竣工验收、后评价阶段，见图 2-1。

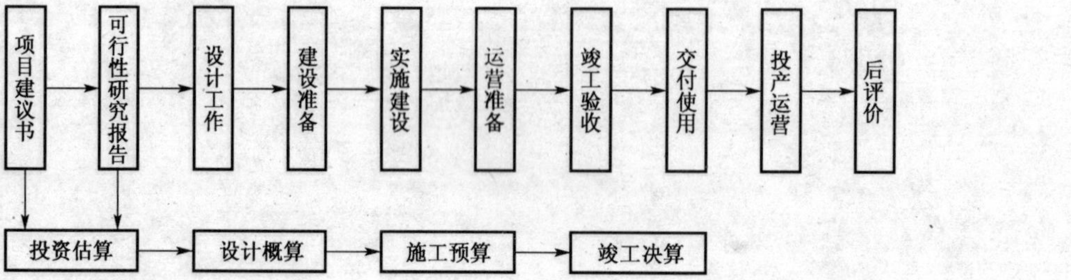

图 2-1　基本建设程序示意图

一、项目建议书、可行性研究和选址阶段

1. 项目建议书

项目建议书是建设某一项目的建议文件，是基本建设程序中最初的工作阶段。项目建议书的作用是为推荐一个拟建项目的初始说明，论述它建设的必要性、条件的可行性和获利的可能性，供基本建设管理部门选择并确定是否进行下一步工作的依据。项目建议书批准后，可以进行详细的可行性研究工作。项目建议书内容包括：建设项目提出的必要和依据，使用功能要求，拟建规模和建设地点的初步设想，建设条件、协作关系等初步分析，投资估算和资金筹措设想，经济效益、社会效益和环境效益的估计。项目建议书编制完成后，按建设规模和限额划分审批权限报批。

2. 可行性研究

项目建议书一经批准，即可着手进行可行性研究。可行性研究是在项目投资决策前，通过对拟建项目的工程、技术、经济、社会等各方面情况进行深入细致的调查、研究、分析，对各种可能拟定的技术方案和建设方案进行认真的技术经济分析和比较论证，对项目建成后的经济、环境和社会效益进行科学的预测和评价。在此基础上，综合研究项目在技术上的先进性和适用性，经济上的合理性和有效性，以及建设上的可能性和可行性。由此确定该项目是否应该投资和为何投资，或就此终止投资等结论性意见，给项目投资者和决策者提供科学依据，并可作为开展下一步工作的基础。

可行性研究的主要任务是：根据国家经济发展规划和地区行业规划的要求，从市场需求的预测开始，通过多方案比较，论证项目建设规模、使用功能、建设地址选择的合理性以及交通、水、电、燃料等建设条件的可靠性，并对项目投资方案进行详细规划，最后通过分析项目投资、经营成本，评价项目在财务上的生存能力、偿还能力和经济合理性，提出项目可行与否的结论。可行性研究是保证建设项目以最少的经济投入取得最佳经济、社会效果的科学手段，也是实现建设项目在技术上先进、经济上合理和建设上可行的科学分析方法。

可行性研究报告可以委托具有资质的工程咨询单位编制。可行性研究经批准后，才能进行下一阶段的工作。

3. 选址

建设地点选择，按照隶属关系由主管部门组织勘察设计等单位和所在地主管部门共同进行，凡在城市辖区内选点的，要取得城市规划部门的同意。选择建设地点要考虑三个问题：一是工程地质、水文地质自然条件是否可靠；二是建设时需用和生产经营时需用的水、电、运输条件是否落实；三是服务半径、周围环境的考虑。

二、设计和前期准备阶段

1. 设计

(1) 可行性研究报告批准的项目通过招投标择优选择设计单位。工厂设计包括工艺设计和非工艺设计两部分，所谓工艺设计，就是按工艺要求进行工厂设计，其中又以车间工艺设计为主，并对其他设计部门提出各种数据和要求，作为非工艺设计的设计依据。

第一，食品工厂工艺设计的内容包括：全厂总体工艺布局，产品方案及班产量的确定，主要产品和综合利用产品生产工艺流程的确定，物料计算，设备生产能力的计算、选型及设备清单，车间平面布置，劳动力计算及平衡，水、电、汽、冷、风、暖等用量的估算，管道布置、安装及材料清单和施工说明等。

食品工厂工艺设计除上述内容外，还需提出工艺对总平面布置中相对位置的要求，对车间建筑、采光、通风、卫生设施的要求，对生产车间的水、电、汽、冷、能耗量及负荷进行计算，对给水水质的要求，对排水和废水处理的要求和对各类仓库面积的计算及仓库温湿度的特殊要求等。

第二，食品工厂非工艺设计包括：总平面、土建、采暖通风、给排水、供电及自控、制冷、动力、环保等的设计，有时还包括设备的设计。非工艺设计的依据是工艺设计提出的数据和要求。

第三，食品工厂工艺设计与非工艺设计之间的相互关系体现为：工艺向土建提出工艺要求，而土建给工艺提供符合工艺要求的建筑；工艺向给排水、电、汽、冷、暖、风等提出工艺要求和有关数据，水、电、汽等反过来为工艺提供有关车间安装图；土建对给排水、电、汽、冷、暖、风等提供有关建筑，给排水、电、汽等又给建筑提供有关涉及建筑布置的资料；用电各工种如工艺、冷、风、汽、暖等向供电提出用电资料；用水各工种如工艺、冷、风、汽、消防等向给排水提出用水资料。因为整个设计涉及工种多，而且纵横交叉，所以工艺设计与非工艺设计要不断加以协调、配合。

(2) 建筑设计分为两个阶段,即初步设计和施工图设计。

第一,初步设计文件根据设计任务书进行编制,由设计说明书、设计图纸、主要设备、材料和工程概算书等四部分组成。在初步设计阶段,对各专业的设计方案或重大技术问题进行综合技术经济分析,论证技术上的适用性、可靠性和经济上的合理性,并将主要内容写进初步设计说明书中。

初步设计文件的深度应满足审批要求,符合已审定的设计方案,能据以确定土地征用范围、准备主要设备及材料、进行施工图纸设计、进行施工准备。提供工程设计概算,作为审批确定项目投资的依据。

第二,施工图设计根据已批准的初步设计进行编制,内容以图纸为主,包括:封面、图纸目录、设计说明、图纸、工程预算书等。施工图设计文件一般以子项为编排单位,各专业的工程计算书经校审、签字后整理归档。施工图设计文件的深度应满足以下要求:能据以编制施工图预算、安排材料、设备订货、进行施工和安装、进行工程验收。

施工图设计的质量由设计单位负责。在施工过程中如需要修改时,必须经原设计单位同意后才能修改。

2. 办理各种报批手续

项目开工前,需办理土地证、土地规划许可证、建筑规划许可证和施工许可证,简称"四证"。施工图设计文件完成后向人防、消防、环保、卫生、审图中心以及抗震办,墙改办等相关部门办理审批手续。此外还需办理工程招投标、质检、安检等手续,以及劳动、拖欠农民工资办、治安等相关部门的手续。

3. 建设前期准备

建设前期准备工作有:联系供电、供水、排水、园林绿化、测绘局等部门做好各项准备工作,如征地、拆迁和场地平整,完成施工用水、用电、临时施工道路等工程,组织施工招投标,择优选择施工单位和监理单位,领取施工许可证等,组织设备、材料订货,房屋定位放线等。

三、项目建设实施阶段

项目批准开工建设以后进入施工实施阶段,项目开工时间是指建设项目设计文件中规定的任何一项永久性工程第一次破土开槽、开始施工的日期。建设项目要根据批准的总概算和工期,合理地安排各年度投资和年度计划投资。年度计划的安排,要与当年确定的投资、材料、设备相适应。

年度基本建设投资是建设项目当年实际完成的工作量的投资额,包括用当年资金完成的工作量和动用库存的材料、设备等内部资源完成的工作量。而财务拨款是当年基本建设项目实际货币支出,两者的计算标准不同,投资额是以构成工程实体为准,财务拨款是以资金拨付为准。在正常情况下,投资额与财务支出之间保持一定的比例关系,如果财务支出过大而投资额过小,说明尚未用于工程的材料设备积压过多或有浪费。

四、运营准备、竣工验收和后评价阶段

1. 运营准备

根据建设项目的特点,及时组织生产经营班子做好各项运营或使用准备工作,确保项目

完成后及时投入使用。运营和使用准备的内容有：招收工厂生产和管理人员，各类操作人员培训上岗，建立管理规章制度，准备生产工具、器具、备品等。

2. 竣工验收

建设项目的验收可分为初步验收和竣工验收两个阶段。规模较大或比较复杂的建设项目先进行初验，然后进行全部建设项目的竣工验收。规模较小、较简单的项目可以一次进行全部项目的竣工验收。

建设项目全部建成经过各单项工程的验收符合设计要求，并有竣工图纸、竣工决算、工程总结等文件材料，监理向建设单位提交工程竣工质量评估报告，由建设单位组织勘察、设计、施工、监理参加，主管部门如建委、规划、消防、人防、卫生、环保、市政、质检、安检、技术监督、安全等参加的验收组进行验收，见图 2-2。

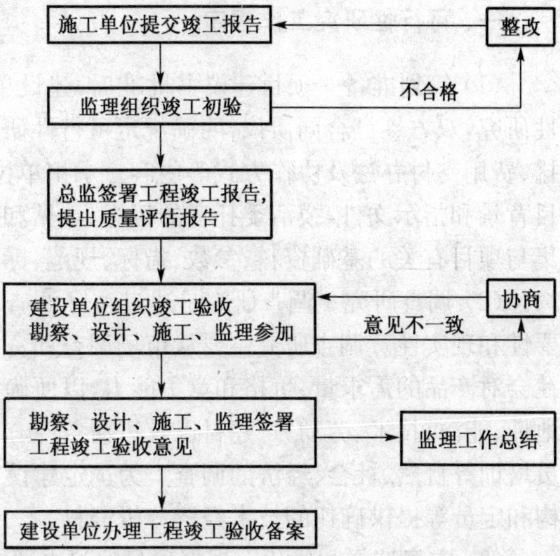

图 2-2　单位工程竣工验收程序

竣工验收报告的基本内容包括：设计文件规定的各项技术经济指标考核结论，全部工程竣工图纸，建筑安装工程质量评定结果，各项运营工作的准备情况，实际建设工期，工程竣工决算，各项建设遗留问题及处理意见等。

投入使用日期是指经验收合格达到竣工验收标准正式移交使用的时间，同时按规定实施保修。在正常情况下，建设项目的全部投入使用日期应当同竣工日期是一致的，但实际上有些项目的竣工日期往往晚于全部投入使用日期，这是因为有些遗留问题工程尚未全部完成。食品生产企业正式投产使用前需要办理相关手续，如商检、动检、发改委、经贸委、海关、屠宰定点办、工商、税务等部门。

工程交工后，施工单位对施工建设的工程进行保修，以保证工程的正常使用。国家对保修期的规定是：基础设施工程、房屋建筑的地基基础工程和主体结构工程，为设计文件规定的该工程的合理使用年限；屋面防水工程、有防水要求的卫生间、房间和外墙面的防渗漏为 5 年；供热与供冷系统为 2 个采暖期、供冷期；电气管线、给排水管道、设备安装和装修工程为 2 年。建设工程的保修期自竣工验收合格之日起计算。

3. 项目后评价

项目建成投入使用后进入正常使用过程，此时可对建设项目进行总结评价工作，编写项目后评价报告。后评价报告的基本内容包括：使用效益实际发挥情况，投资回收和贷款偿还情况，社会效益和环境效益，其他需要总结的经验。

第二节　项目可行性研究

可行性研究是项目投资决策前，通过对拟建项目的工程、技术、经济、社会等各个方面进行调查研究，对各种可能的方案进行技术经济分析和评价，为项目投资者和决策者提供科学依据，并作为开展下一步工作的基础。

一、可行性研究工作程序

(1) 筹划准备。项目建议书批准后，建设单位委托工程咨询公司对拟建项目进行可行性研究，双方签订合同协议，明确规定可行性研究的工作范围、目标意向、前提条件、进度安排、费用支付办法及协作方式等内容。承担单位在接受委托时，需获得项目建议书和有关项目背景和指示文件，摸清委托者的目标、意见和要求，明确研究内容，制订工作计划，同时收集与项目有关的基础资料、参数、指标、规范、标准等。

(2) 调查研究。调查研究是通过实际调查和技术经济研究，进一步明确拟建项目的必要性和现实性。调查研究主要从市场调查和资源调查两方面进行。市场调查要查明和预测社会对产品的需求量、价格和竞争能力，以便确定项目产品方案和经济规模；资源调查包括地址、能源、技术、劳动力、建材以及运输条件、市政条件和基础设施、环境保护、组织管理、人员培训等自然、社会、经济的调查。为选定建设地点、使用功能、技术方案、设备选型、组织机构和定员等提供确切的技术经济分析资料。

(3) 方案选择和优化。根据项目建议书要求，结合市场和资源调查，在收集资料和数据的基础上，建立几种可供选择的技术方案和建设方案，进行多次反复论证比较。会同委托部门，从若干个方案中选择最佳方案，研究论证项目在技术上的可行性，进一步确定建设标准、经济规模、建筑功能、设备选型、组织机构和人员配备等。

(4) 财务分析和经济评价。在研究论证了项目建设的必要性和可能性，以及技术方案的可行性之后，对所选的最佳的建设总体方案进行详细的财务预测、财务效益分析和国民经济评价。从测算项目建设投资、经营成本和销售利润入手，进行项目盈利性分析(计算投资利润率和贷款偿还能力等)、费用效益分析和敏感性分析，研究论证项目在经济上的合理性和盈利性，进一步提出资金筹集建议和制订项目实施总进度计划。

(5) 编制可行性研究报告。对建设项目进行认真的技术经济分析论证后，证明项目建设的必要性、技术上可行性和经济上的合理性，即可编制详尽的可行性研究报告，推荐一个以上的项目建设可行方案和实施计划，提出结论性意见和重大措施建议，以供决策部门作为决策依据。

二、可行性研究报告内容

(1) 项目兴建理由与目标。
(2) 市场预测。
(3) 资源条件评价。
(4) 建设规模与产品方案。
(5) 厂址选择。
(6) 技术方案、设备方案和工程方案。
(7) 原材料、燃料供应。
(8) 总图运输与公用辅助工程。
(9) 环境影响评价。

(10) 劳动安全卫生与消防。

(11) 组织机构与人力资源配置。

(12) 项目实施进度。

(13) 投资估算。

(14) 融资方案。

(15) 财务评价。

(16) 国民经济评价。

(17) 社会评价。

(18) 风险分析。

(19) 研究结论与建议。

此外，还应有附图、附表和协议文件等齐全的资料。

三、编制可行性研究报告

可行性研究报告包括总论、社会和市场调查与需求预测、确定建设规模、选址、资源情况、设计方案、环境设计、人力资源、施工进度计划、投资估算、资金筹措、财务评价、综合评价和结论。

(1) 总论。总论提出项目建设的背景和发展概况。其中包括项目名称、项目主办单位、承担可行性研究单位与负责人，项目投资的必要性和经济意义。提出项目研究工作的依据和范围，调查研究工作的过程和研究结果概要，综述可行性研究报告的内容要点、主要技术经济指标及评价结论意见与建议。

(2) 社会和市场调查与需求预测。为了解社会和市场对该拟建项目的需求和期望，给项目投资决策提供依据，要进行社会及市场调查。社会调查包括了解该地区的人口状况、平均收入和购买力水平、文化程度，社会对这类工程项目建设的要求、需求量和已有同类项目的销售、经营情况等。

需求预测包括调查国内外需求情况，同类项目经营、销售情况，服务和运营供需关系、价格分析，研究如何通过提供优质服务、改善管理、降低成本，提高市场竞争力的措施和前景。

(3) 确定项目的建设规模。按照预定的服务对象、数量和质量、经营管理和业务内容，在选定的建设地点和用地范围内，遵照建设规划和建筑标准要求，经过多方案的技术经济论证和比选分析，确定项目的经济规模，并附有调查资料与技术经济计算数据。

(4) 厂址选择。论述建设地区的地理位置、气象条件、水文地质、工程地质、地形地貌、地震与洪水情况，以及社会经济状况，交通运输、市政条件等现状和发展趋势，土地征购、拆迁和赔偿等条件，论述多方案选址的技术经济比较结果与意见。一般应有选点的地形图和总平面图及调查资料。

(5) 项目所需资源供应情况。项目所需原料、物品、燃料等种类、数量、质量及其来源与供应的可能，所需水、电、汽等消耗量及价格，供应方式和条件。并附有能源等用量计算表。

(6) 项目的设计方案。项目的设计方案有项目的构成范围，建筑物和构筑物，以及相配套的水、电、暖、空调、动力等专业设计的多方案技术经济论证和比选情况。采取新技术、新结构、新工艺、新材料、新设备，引进新技术和新设备的必要性，其来源国别的比选。附总平面图和主要建筑物方案设计图与文字说明;附属建筑物和构筑物的配套情况,公用辅助设施和场内外交通运输方案选择,建设场地总体布局方案,单项工程的投资估算和主要设备材料表。

(7) 环境设计。对项目周围环境现状的调查,预测项目对环境的影响及其评价,环境保护、综合利用和“三废”治理方案、公共设施及绿化情况。

(8) 组织机构、劳动定员和人员培训。组织机构的组成内容、管理体制和机构设置,劳动定员的配备情况,熟练技工、工程技术人员和管理人员的素质、数量要求,月平均工资、职工来源和人员培训规划与费用的估算。

(9) 项目实施进度计划安排。项目规划和勘察设计时间与进度,设备制造时间与进度,工程施工和设备安装时间与进度。营业或使用准备时间,正式营业或交付使用期,整个项目实施的总进度计划的方案选择,附横道图和网络图。

(10) 投资估算和资金筹措。投资总额包括主体工程、配套附属设施的投资。建设期应计贷款利息、设备器材投资、市政工程和资源费用;土地购置费、居民搬迁费、青苗补偿费、家具费、职工培训费、勘察设计费、工程监理费、咨询费,以及建设单位管理费等其他费用在内的全部工程建设支出的总金额。流动资金的估算,并附总投资估算表和主要设备材料表。

(11) 财务评价。首先估算项目全年的营业支出、营业收入、毛利润和净利润的测算,确定全年职工工资、福利、流动资金利息、固定资产折旧和其他费用的计算标准,列出营业综合收支表、利润表或纯收入表、现金流量表,附计算数据。测算项目的财务效益和国民经济效益、社会效益指标,进行项目评价,进行项目不确定性分析。在项目评价时,考虑与类似规模的工程项目进行有关技术经济指标的比较,以衡量项目投资的实际效果。

(12) 综合评价与结论建议。对拟建项目的各种建设方案采用多目标的决策方法,进行综合分析评价与方案选择,推荐一个以上的可行方案,从技术、财务、经济、环境和社会等方面阐述项目投资的可行性,提出存在问题和改进意见。最后对项目投资决策提供结论性意见和建议,以便投资单位进行投资决策时有科学合理地选择依据。

综上所述,项目可行性研究的基本内容可概括为三大部分:一是项目的社会调查、市场调查和需求预测,这是项目成立与否的重要依据和项目可行性研究的前提。项目的建设规模和各项效益均以满足市场需求为先决条件。社会和市场调查与需求预测的主要任务是证明项目建设的必要性。二是建设条件和技术方案,从资源投入、建设地点选择、工程设计和设备选型、环境保护以及组织机构、劳动定员等问题入手,这些都是进行可行性研究的条件和技术基础,它决定了建设项目在技术上的可行性。第三是经济效果的分析与评价。包括投资估算和资金筹措,营业成本与收入、盈利指标或社会经济效益指标等测算和分析评价。这项工作贯穿于整个可行性研究的全过程,也反映了项目研究的最终成果,其最终目的是确定建设项目是否接收和推荐最佳投资方案,这对决定项目投资命运十分关键,是项目可行性研究的核心部分,并可论证项目在经济上的合理性。

可行性研究就是从这三个方面对建设项目进行研究优化,为项目决策提供科学依据。

第三节　食品生产企业厂址的选择

食品生产企业的建设与当地资源、交通运输、农业发展有密切的关系，其地理位置的选择将直接影响到基建进度、投资费用及建成投产后的生产条件和经济效果，同时，对产品质量和卫生条件，对职工的劳动环境等也影响极大。

一、食品生产企业厂址选择的要求

(1) 食品生产企业的周边环境对食品加工卫生非常重要，一方面要避免食品在生产过程中受到外部不良环境的污染，如周边其他工厂、矿山排放有害物质会污染食品；另一方面要考虑食品卫生对周围环境可能产生的不良影响，特别是对周边环境的污染。食品生产企业应选择在环境卫生状况较好的区域建厂，要远离粉尘、有害气体、放射性物质和其他扩散性污染源，如化工厂、水泥厂、造纸厂、医院、畜禽养殖场等。一般要求设置安全隔离带，对周边存在可能给食品生产企业造成危害的污染源保持 1～1.5 km，同时采取措施限制在食品生产企业周围续建对食品加工构成污染的工厂。所选厂址附近应有良好的卫生环境，没有有害气体、放射性源、粉尘和其他扩散性的污染源（包括污水、传染病医院等），特别是在上风向地区的工矿企业，更要注意它们对食品生产企业的危害。厂址不应选在受污染河流的下游，应尽量避免在古坟、文物、风景区和机场附近建厂，并避免高压线、国防专用线穿越厂区。食品生产企业应选择在当地常年主导风向的下风侧，远离水源保护区和饮用取水口，避开居民住宅区、公共场所和畜禽饲养场。

(2) 为了保护环境和人类的健康，食品生产企业不得在繁华的闹市区、居民集中居住区、名胜古迹旅游点和学校、医院等公共设施的地方筹建。因为食品生产加工散发的不良气味、下脚料容易孳生大量蚊蝇，对周边环境构成污染。食品生产企业一般倾向于设在原料产地附近的大中城市郊区，这不仅可获得足够数量和质量新鲜的原料，并利于加强企业对农村生产的指导和联系，而且还便于辅助材料和包装材料的获得，利于产品的销售，减少运输费用。

(3) 食品生产企业应远离住宅区、学校、医院、水源及其他公共场所，距离这些地方至少 500 m 以上。应尽量避免位于居民区的上游和上风向，以免污染和被污染；所选区域地下水位不得近于地面 1.5 m，以保证场地干燥和清洁；交通必须方便，要相对地靠近公路、铁路或码头，但不能设在交通主干道上；应有良好的自然光照和通风条件，建筑物选择合理的朝向，以朝南或朝东南为佳；地势干燥、平坦，具有一定的斜度，以便车辆运输和污水的排放。

应避免附近厂矿企业或企业生产车间产生的有毒有害气体和灰尘污染肉品，场区周围应水源充足，并保持清洁卫生，不得建在有碍肉类卫生的区域。要尊重民族习惯，宰猪、宰牛与宰羊应分场设立。

(4) 企业地理位置应选择高于周围的标高，以便企业内污水顺利排放，企业外污水不致倒流入厂区。特别是雨季，应考虑预防暴雨等自然危害，确保企业的安全生产。企业地理位置的标高应高于当地历史最高洪水位，主厂房及仓库的标高更应高出当地历史最高洪水位。

厂区自然排水坡度宜在0.4%～0.8%之间。

二、企业地理位置的选择

(1) 企业地理位置的选择必须符合工业布局，符合所在地区城市规划的要求，按照国家有关法律、法规及建设前期工作的规定进行。企业地理位置的选择应符合国家的方针政策，设在当地的规划区内，适应当地远近期规划的统一布局，尽量不占或少占良田，做到节约用地。所需土地可按基建要求分期分批征用。企业地理位置的选择要充分利用当地的有利条件，避开或克服不利条件。充分利用当地人力、物力、财力和自然资源，符合国家现行土地管理、环境保护、水土保持等法规规定。尽量远离风景游览区和自然保护区，不污染水源，有利于"三废"处理，符合环境保护法规的要求。

(2) 所选位置的地形、地势应尽可能简单、整齐，以矩形场地为最佳，面积应满足总平面布置的需要，以利于总平面布置。地势要求基本平坦、略有坡度，便于车间布置、运输道路的布置及厂区的排水布置。对平原地区，自然地形坡度以不小于0.5%为宜，对于丘陵地区、山区，地势以不大于5%为宜。如在山区建厂，要注意塌方、滑坡和泥石流等问题。地质条件应避开地震断层、泥石流、滑坡、流沙、溶洞、沼泽等危害地段，以及具有开采价值的矿藏区、采空区，以及古井、古墓、坑穴密集的地区。场地地基承载力(地耐力)一般不低于120～150 kN/m^2，否则建筑物基础部分要花费很高的造价。如在寒冷地区建厂还要注意冻土层情况。尽量不在地震7度或7度以上地区建厂，在地震烈度为9度地区不应建厂。气象条件包括风向、风量、雨量和气温等，要考虑高温、高湿、云雾、风沙和雷击对生产的不良影响，搜集十年以上的历史资料，对雨量和气温应有最高、最低和平均数据。要考虑冰冻线对建筑物基础和地下管线敷设的影响。

(3) 企业的饲养车间、加工车间、分割车间以及污水处理场所都有难以避免的异味，如食品生产企业不应建在城市中心地带，应在与居民区有明显的卫生间隔500～1 000 m的地方，设在城市的市郊为宜，且应按规定避免对城市水源及居住区的污染。而且根据环保部门要求，食品生产企业的生产污水必须依法处理后才能排放，选择厂址时注意厂外污水排放的设施，距离不宜过远。加工场所附近应有粪便和胃肠内容物发酵处理的场地，未经处理的粪便不得运出厂外作肥料。选择地势较高、干燥的地方，并在城市(含县城)、乡镇所在地常年主导风的下方，还应远离水源保护区和饮水取水口，远离居民住宅区、风景旅游点、公共场所以及畜禽饲养场。

(4) 建厂地区的水资源状况(水质、水量、水价)直接影响工厂建成后的生产经营，水资源状况包括：地下水(深水井)、泉水(有压力)、地表水(江河、水库)、城市自来水的水源状况。了解相应的蓄水量、水量供应量、水价以及有关供应协议、取水点、水质情况(分析报告)等。食品工厂生产耗水量大，为减少水的输送成本，工厂应有足够的水资源供给。

企业应位于不受洪水、潮水或内涝威胁的地带，地下水位宜低于地下室和冷库的基础深度，地下水对建筑基础无侵蚀作用。食品生产企业生产水质要求高，原水质量决定制水效率的高低，能耗大小，设备的繁简，管理维护的难易和产品的成本高低。

(5) 企业应设在自然环境较清洁、大气含尘含菌浓度低、无有毒有害气体污染、绿化较好及地形、地貌有利于生产、节能的区域。尽量远离多风沙、多粉尘、多烟雾及有毒害气体的区域。如无法避免这些地区，则一定要有足够的防护距离。此外，还应建在居民区的下风侧。

(6) 企业选择应考虑各种原材料进货和产品销售的合理流向，一般大城市的食品生产企业必须首先考虑原材料进货的流向和历史形成的进畜数量以及发展趋势，并要同时兼顾供应市场销售的方便。使工厂接近原料、能源产地和产品消费区，消除不合理运输，提高经济效益。根据工厂货运量、物料性质、外部运输条件、运输距离等因素，合理确定运输方式(铁路、公路、水运)。

(7) 厂址应具有满足生产、生活及发展规划所必需的水源和电源，并靠近水源、电源。建厂地区如有热电站和可供应蒸汽，则可减少建造锅炉及供电的投资，也有利于食品工厂的环境卫生。

(8) 在选择厂址时要注意周围的协作条件，宜靠近现有城镇，有利于同邻近的工业企业和城镇在生产、交通运输、动力公用、综合利用和医疗、文化、商业设施等方面的协作与共享。

三、厂址选择报告

经过市场调查，将拟选的方案汇总成一个表格，为进一步评选和论证提供依据。厂址选择报告的内容如下：

(1) 概述

说明选厂的目的与依据，说明选厂工作组成员及其工作过程，说明厂址选择方案并论述推荐方案的优缺点及报请上级机关考虑的建议。

(2) 列出主要技术经济指标

依据所建食品生产企业的类型、生产工艺技术特点及要求条件等，列出选择厂址应具有的主要技术经济指标。包括：全厂占地面积，全厂建筑面积，生产区、生活区、行管区面积。全厂职工人数控制数，用水量，水质要求，用电量，原材料，燃料耗用量，运输量，“三废”措施及其技术经济指标等。

(3) 附说明

说明所选厂址的自然条件及其具备的技术经济条件，说明地理位置及厂址环境，厂址地势及面积、可利用的场地、地势坡度及现场平整措施，厂址地质与气象情况，土地征用及迁民情况。说明交通运输条件，原材料、燃料情况，给排水、供热供电情况，建筑材料供应条件，环保工程及公共设施情况。

(4) 厂址方案比较

依据选择厂址的自然、技术经济条件，对几个拟定的厂址，首先进行技术经济方案比较，而后结合自然条件与以往选择厂址的实践经验展开讨论。着重于基建费用与常年经营费用的比较，从中优选出一个作为选定厂址的推荐意见及建议。具体方法如下：选择2～3个厂址，采用方案比较法，抓住经济性与技术性两大系列，进行单项比较，得出单系列比较的初步结论，然后合二为一进行两系列综合比较，最后联系实践经验，得出厂址选择的结论，选择方案比较见表2-1，表中A代表良好等级；B代表中等等级；C代表差劣等级。

表 2-1　厂址选择方案比较表

序号	费用等级 / 项目名称	方案								
		1#			2#			3#		
		A	B	C	A	B	C	A	B	C
1	土地征用费	√				√				√
2	地势及土方工程量			√			√	√		
3	地耐力及基础费			√		√		√		
4	住宅及文化设施费用			√			√			√
5	给水设施费用(水泵房、管线、水池)			√		√			√	
6	排水设施费用(管线、污水处理)			√		√		√		
7	供热设施(锅炉房、线路)			√		√		√		
8	供电设施(变电器、配电设备、线路)		√		√			√		
9	公路运输建设费用		√			√		√		
10	运输费用(原料、材料、成品)		√			√		√		
11	地理位置	√				√				√
12	合计	2	3	6	1	8	2	7	1	3
13	比较级差	A<B<C			B>C>A			A>C>B		

第三章　食品生产企业的总体规划

规划设计要求功能分区明确、交通组织流线合理、方便使用和物业管理，并且适用、经济、美观。方案追求融入都市的整体景观之中，其建筑体现时代感，并具有功能特征和鲜明的个性，显示出高新、绿化、生态和智能的概念，以崭新的建筑群面世。

第一节　食品生产企业规划设计原则和内容

一、食品生产企业对规划设计的卫生要求

(1) 食品生产企业的生产区与生活区必须严格隔离，生产区内各管理区域要用标志牌或有效隔离设施将不同区域隔离或区分，控制不同区域的人员随意流动。消防通道要保持畅通，生活区应有满足员工生活的必要设施，且应注意安全。

大型食品生产企业至少由两幢建筑组成，即原材料加工楼和成品加工楼，在两幢建筑之间敷设架空轨道。中小型食品生产企业的屠宰量不大，加工流水线不长，生产加工车间一般为单层建筑，不必分楼层设置，但卫生要求与大型食品生产企业相同。

食品生产企业的生产车间按饲养、屠宰、分割、加工、冷藏的顺序合理设置。化制间、锅炉房与贮煤场所、污水与污物处理设施、饲养车间与分割肉车间和肉制品车间应有一定的距离，并位于主风向的下风向。其间距应符合环保、食品卫生以及建筑防火等方面的要求。锅炉房临近使用蒸汽的车间及浴室附近，距食堂不宜太远，生产冷库与分割肉和肉制品车间可以直接相连。

(2) 牲畜宰前饲养管理区、生产区和病畜隔离及污水处理区，应以围墙隔离，设置专门通道，并要有严密的消毒措施。生活区和生产区保持一定的距离，肉制品、肉品暂存等生产车间远离饲养场区。病畜圈、急宰间、化制间与分割肉车间和肉制品车间有一定的距离，并位于主风向下风向。

(3) 食品生产企业划分为生产区和非生产区。生产区必须单独设置活猪与废弃物的出入口，产品和人员出入口另外设置，且产品与活猪、废弃物在厂内不得共用一个通道。食品工厂应设置人员、成品和原料的专门通道，避免人员、成品、原料的交叉污染。食品生产企业设置人员通道、活动物进厂通道、废弃物出厂通道，原料、半成品、产品等运输路线避免迂回运输，防止交叉污染。运送生猪进厂的大门应设置与门同宽的消毒池（池长大于 3 m，深 15 cm）及运输车辆清洗消毒场所。厂区道路应是全部用混凝土或沥青铺制的硬质路面，路面平坦，不积水，排水系统通畅。厂区要进行绿化美化，保持清洁，成品与原料的装卸站台分开，减少污染。

生产区各车间的布局与设施必须满足生产工艺流程和卫生要求。健康猪和疑病猪必须严格分开，屠宰与分割车间的布置考虑与其他建筑物的联系，并使厂内的非清洁区与清洁区明显分开，防止后者受到污染。厂区内建(构)筑物周围、道路的两侧空地均应绿化，"三废"处理要求不低于国家有关标准。在远离屠宰与分割车间的非清洁区内设有畜类、废弃物等的暂时集存场所，其地面与围墙便于冲洗消毒，运送废弃物的车辆配备清洗消毒设施及存放场所。急宰间、化制间及隔离间的出入口设置便于手推车出入的消毒池，且能排放消毒液。

(4) 食品生产企业总体规划要符合科学管理、方便生产和清洁卫生的原则，各车间和建筑物要布局合理，既要相互连贯又要做到病、健隔离，病、健分宰，洁、净分开，防止由于原料、产品、副产品和废弃物的转运，造成的交叉污染甚至传播疫病。企业的人流、货流入口沿其边界布置，人流线路尽可能短捷和安全地通过工业场区，不与货运汽车路线交叉，特别是不与铁路交叉。

(5) 厂区建筑物间距(指两幢建筑物外墙面相距的距离)按有关规范设计，从防火、卫生、防震、防尘、噪音、日照、通风等方面考虑，在符合有关规范的前提下，使建筑物之间的间距最小。生产车间注意朝向，华东地区一般采用南北向，保证阳光充足，通风良好。根据生产性质不同，动力供应、货运周转和卫生、防火等要求分区布置。

(6) 煤的堆放要采用有效的隔离措施进行隔离，烟囱应安装除尘设施，排放符合国家要求，减少煤及煤烟对生产区的影响。生产废料和垃圾暂存设施、污水处理站、厂区卫生间、饲养车间、无害化处理设施应与生产区保持一定的距离，且在主风向的下风向。生产废物和垃圾用带盖的容器存放，并在当天清理出厂。厂区排污管道至少要低于车间地面 50 cm，并与生产用水管道分开，避免交叉。厂区卫生间应有冲水、洗手、防蝇、防虫、防鼠设施，裙墙用浅色、无毒、耐清洗、耐腐蚀、不透水的材料修建，并保持清洁。

二、食品生产企业厂区规划设计原则

随着我国工业的发展，可耕地的逐步减少以及食品工业对卫生的要求愈来愈高，食品生产企业 GMP、HACCP、ISO9000、QS 认证的强化，我国的食品工厂正在向把生产区集中在一个建筑物内的方向发展。

(1) 食品生产企业总平面设计应按任务书要求进行，布置必须紧凑合理，做到节约用地。分期建设的工程，一次布置，分期建设，为远期发展留有余地。总平面设计必须符合国家及行业的有关规范和规定，满足卫生、安全、GMP 要求。如《工业企业设计卫生标准》、《建筑设计防火规范》、《厂矿道路设计规范》、《工业企业采暖通风和空气调节设计规范》、《工业锅炉房设计规范》、《工业"三废"排放试行标准规定》、《工业与民用通用设备电力装置设计规范》等。

(2) 厂区各建筑物布置应符合规划要求，同时合理利用地质、地形和水文等自然条件，合理确定建筑物、道路的标高，既保证不受洪水的影响，又使排水畅通。在坡地、山地建设工厂，可采用不同标高安排道路及建筑物，进行合理的竖向布置，设置护坡及防洪渠，以防山洪的影响。根据场地的地势条件，布置建筑物的纵轴尽可能与等高线方位一致，只有当具有较大的纵向地下室和地下水位较高的情况下，建筑物垂直于等高线布置。此外，应考虑带有深地下室的建筑物宜布置在低处，荷载大的建筑物布置在场地较高的地段上。

(3) 肉类工业企业建设用地的选择是以地势平缓和坡度不大的场地最为合理。因为在肉类工业企业的组成中有冷库，冷库要选在非冻胀性土壤和地下水位低的地段。当场地起伏明显时，利用标高上的高差在场地上设置地下层或半地下层，用于安排仓库、次要房间和发货站台，场地的完善设施是保持企业所需要的卫生状况的最重要因素。

(4) 考虑工业生产的协作关系，产品、原料有相互供应关系的工厂宜布置在工业区内，避免长距离的往返运输，造成浪费。副产品及废渣、废料回收利用的协作工业布置在工业区内，如磷肥厂和氮肥厂之间的副产品回收与利用。厂外工程进行协作，共同修建铁路专用线、给水工程、污水处理厂、变电站及高压线路，减少设备设施，节约投资。有些工厂生产过程中需要两个以上厂进行技术上的协作，要尽可能布置在一个地区内，可以联合修建办公室、食堂、卫生所、消防站、车库等，节约用地和投资。

(5) 活畜与肉产品的进出厂路线要分开。厂内设有急宰间，以便发现病畜及时送宰，减少死畜损失。急宰间必须与屠宰车间严格隔离，以防病菌传染。加工车间要与厂外市政道路保持 50 m 以上距离，用围墙或植树的方式隔离。厂区内不得兼营、生产、存放有碍食品卫生的其他产品。加工用水管不能与排污管交叉设计，设计时加工用水应高于排污管。

(6) 厂房的立面造型要满足工艺要求和总图的安排，在工艺和总图布置的基础上发挥能动的作用，将体型设计得更加美观。处理好城市特色与环境景观控制，体现不同功能区的使用特征，体现各功能区自身的特征，形成不同的城市环境特征，突出重点区段的控制。对不同功能区段的建筑形体、艺术风格、文化内涵等有关城市设计的内容提出相应的控制指标和意向性要求，为规划师、建筑师提供设计空间。

(7) 主要公共设施与配套服务设施，按用地的类别、总规、分规的要求配置。道路及其设施的控制：根据规划用地规模、性质，一般增设支路路网，对配建的停车场进行定位、定量控制。内外道路不宜向城市交通性干道开设出入口，不得已时应限制出入口开启数量或增设辅道解决。沿街建筑后退红线距离，应根据建筑使用性质和所临道路级别而定。交通运输车辆停放场的容量根据计算确定，每 15～30 人一个车位，或按最大班与相邻班职工总数的 3%～7%计算，但不得小于 2%。

现代食品工厂的厂前区有较宽的道路、草坪、停车场和树木，给人以宽舒的印象。交通运输车辆停放场的面积，根据计算的数量和需要的面积确定：每辆汽车要求 25 m^2，每辆摩托车或轻便摩托车 3 m^2，每辆自行车 1～1.5 m^2。企业场地的人流、货流入口分散布置，当有大量人流和货流时更应如此。当企业与城市街道或进厂道路衔接的一侧长度超过 1 km，或企业场地或围挡起来的地段面积超过 5 hm^2 时，企业场地入口的数量不应少于两个。

三、食品生产企业厂区规划设计内容

厂区规划设计所需的基础资料：总体规划或分区规划对本规划地段的规划要求，相邻地段已批准的规划资料，反映现状的地形图。土地利用现状资料：用地性质、范围、容量、用地平衡，红线位置土地分类至小类。土地经济分析资料：有偿使用现状、开发方式等。现状人口资料：人口密度、人口分布、人口构成等。建筑物现状资料：工业与民用建筑的建筑质量、房屋用途、产权、建筑面积、层数、保留价值等，实施的规划、分布、用地范围、级别等。城市及地区历史文化传统、建筑特色、风貌景观等资料，工程设施及管网资料，其他有关资料。

(1) 城市土地使用性质的细分及兼容范围控制。城镇建设用地共分九大类三十小类，食品生产企业用地大部分属于第三大类生产建筑。M1 属于生产建筑用地中的一类工业用

地，对居住和公共环境基本无污染，如缝纫、电子工业；M2 属于二类工业用地，对居住和公共环境有一定污染，如纺织、食品工业；M3 属于三类工业用地，具有严重污染，如采矿、冶金工业。食品生产企业用地性质属于小城镇工业用地，建筑性质属于小城镇生产建筑性质。

(2) 小城镇工业的特点是规模不大，类型较多，带有综合性，转型较快。工业生产用地均要安排在靠近电源、水源，对外交通方便的地段。生产上协作关系密切的项目，要邻近布置，相互干扰的要适当分隔。根据生产活动对环境的影响状况，合理选择安排生产的用地。对现已造成污染的工厂，必须采取治理或调整措施。对大气、水体、土壤污染严重或有危险性的三类工业(M3)，应安排在远离村镇的独立地段，生产区内不得安置居住建筑。有轻度污染或干扰的二类工业(M2)，要选择在小城镇主风向的下风向及河流的下游，在镇区边缘集中布置，与住宅建筑、公共建筑用地保持必要的卫生防护距离，应符合《工业企业设计卫生标准》。对居住和公共环境基本无干扰和污染，即不产生有害物质和噪声，运输量小的一类工业(M1)，可以保留或布置在镇区内，方便居民就近上下班。

(3) 土地使用强度控制：建筑密度、容积率、绿地率、建筑高度。这四项指标与公众利益、经济效益、环境效益、社会效益密切相关，要统一考虑，按当地规划部门的规定执行。

$$\text{建筑系数}=\frac{\text{建筑物、构筑物占地面积}+\text{堆场、露天场地、作业场地占地面积}}{\text{厂区占地面积}}\times 100\% \tag{3-1}$$

$$\text{土地利用系数}=\frac{\begin{matrix}\text{建筑物、构筑物}\\ \text{占地面积}\end{matrix}+\begin{matrix}\text{堆场、露天场地、作业场地}\\ \text{占地面积}\end{matrix}+\begin{matrix}\text{辅助工程}\\ \text{占地面积}\end{matrix}}{\text{厂区占地面积}}\times 100\% \tag{3-2}$$

土地利用系数指建筑物、构筑物占地面积，堆场、露天场地、作业场地占地面积与辅助工程占地面积之和与厂区占地面积之比。辅助工程包括铁路、道路、人行道、地上和地下工程管线、绿化等，它说明设计中所建议的场地规划及共利用的效果。

建筑系数尚不能完全反映厂区土地利用情况，而土地利用系数则能全面反映厂区的场地利用是否经济合理。但是有些现代工厂注重绿化与洁净的环境，其土地利用系数较低，却有利于正常的管理和环境卫生，真正成为花园式工厂。

建筑物的建筑面积按其外部边界(墙的外皮)确定，建筑物的凸出部分及其毗连的建筑物包括在内，如门斗、楼梯间、室外楼梯、通风竖井和通风小室、封闭的变电站、壁柱、扶壁柱、防火墙以及突出于建筑边界以外的地下室，场地建筑面积是建筑物、构筑物和露天库所占地段面积的总和。地下的工艺、工程以及运输用的公用设施(地道、地沟、工程管网)不计入建筑面积之内。

(4) 总体规划包括平面布置设计、竖向设计、运输设计、管线综合布置、绿化布置五项内容。

第一，平面布置设计。根据工厂的生产流程及各组成部分的生产特点，结合地形、风向等条件，把性质相同、功能相近、联系密切、对安全环境要求相似的建筑群体，分区并进行集中布置，使其满足工艺生产流程和方便生产管理的要求。

第二，竖向设计。确定厂内各建筑物、道路、堆场、各种管线的设计标高，使之相互协调、并充分利用自然地形，以使在工厂建设时土方量减少，并保证厂区内运输方便、雨水能顺利排除。

第三，运输设计。主要包括厂内外运输方式的确定、厂内道路的设计，并根据运输量确定运输工具的数量。

第四，管线综合布置。确定厂内所有管线敷设方式与定位，即将工厂内的所有供生产和生活用的管线，如物料、水、蒸汽、压缩空气、真空、电、废液等管线，按其特点，结合厂区地形、生产安全、交通运输、施工检修等因素，确定地上或地下的敷设位置、标高、间距，使之布置经济、合理、整齐。

第五，绿化美化布置。工厂绿化美化是城镇绿化美化的重要组成部分。现代食品工厂生产厂家由于卫生条件高标准要求，绿化设计更为重要。工厂绿化设计包括绿化方式、绿化美化区域布置等。

(5) 规划设计时在满足生产工艺要求的前提下，根据自然、交通运输、安全卫生及生产规模等具体条件，按照原料进厂到成品出厂的整个生产工艺流程，根据全厂各建筑物、构筑物的组成内容和使用功能的要求，结合用地条件和有关技术要求，综合研究它们之间的相互关系，正确处理建筑物布置、交通运输、管线综合和绿化方面的问题。决定工厂的功能分区，经济合理的布置总图，处理好平面和竖向的关系，组织好厂区内外交通运输、生产中人流和货流的关系。做到生产工艺流程合理，功能分区明确，流线组织清晰，总图布置紧凑，结构选型合理，设备布置恰当，体型简洁，构图完整，节省投资，节约用地，建成后能较快投产发挥投资效益。

总平面设计必须符合工厂生产工艺的要求，主要车间建在地势最高处，且在主风向的上风向，应将占地面积较大的生产主厂房布置在厂区的中心地带，以便其他部门为其提供配合服务。建筑物、构筑物布置要做到功能分区明确，合理用地，结合地形合理选择标高，顺应等高线布置。如果地形坡度较大时，采用阶梯式布置，减少平整场地土石方量。主车间、仓库等按生产流程布置尽量缩短距离，避免物料往返运输。全厂的货流、人流、原料、管道等的输送有各自线路，避免交叉，合理地加以组织安排。

(6) 厂区总平面布置在满足工艺要求的前提下，尽量采用合并车间、组织综合建筑和适当增加建筑层数的措施，使生产作业线通顺、连续和短捷，避免交叉或往返运输。建筑物、构筑物的间距必须满足防火、卫生、安全等要求，应将产生大量烟尘及有害气体的车间布置在厂区内的下风向。要结合厂区的地形、地质等自然条件，因地制宜地进行布置，考虑厂区的发展，使近期建设和远期发展相结合，满足地上、地下工程管线敷设的要求。生产建筑物的体型、层数，进出口位置，厂内道路的布置，厂区总平面布置的空间组织处理等，均应与周围环境相协调。

(7) 总图布置包括平面布置和竖向布置两部分，平面布置就是合理地安排用地范围内的建筑物、构筑物及其他工程设施水平方向相互间的位置关系。平面布置中的工程设施包括：运输设计，即合理组织用地范围内的交通运输线路的布置，使人流和物流分开，避免往返交叉；管线综合设计，即工程管线网(厂内外的给排水管道、电线、电话线及蒸汽管道等)的布置合理整齐；绿化布置和环境设计，即美化、净化厂区的空气和环境，调节气温、阻挡风沙、降低噪音等，改善工人的劳动卫生条件。当然，绿化面积不能过大，绿化面积过大会增加建厂投资，工业“三废”和噪音，会使环境受到污染，直接危害到人民的身体健康，食品厂总平面设计时，在布局上要充分考虑环境保护的问题。

竖向布置是与平面设计相垂直方向的设计，也是厂区各部分地形标高的设计。其任务是把地形组成一定的形态，既平坦又便于排水。竖向设计时在不影响各车间之间联系的原则下，应尽量保持自然地形，使土方工程量达到最小限度，从而节省投资。

第二节　食品生产企业的厂区道路

道路系统是厂区的基本骨架，规划时应与厂区总体布局方案同时进行，要满足以下要求：以用地功能组织为前提，充分考虑厂区的交通特点，建立主次分明、分工明确互不交叉、设施完整的道路系统；能满足管线布置要求，有利于城镇排水；充分利用地形，减少工程量，节约道路基建费用；考虑城镇环境和景观面貌；考虑城镇现状对道路系统规划的影响。

一、食品生产企业对厂区道路的要求

任何食品生产企业均应在交通便利的地方选择厂址，因为原料要及时进入，成品要及时运出，这就要求选址时，要考虑有较好的进、出厂区的道路。

(1) 食品生产企业应在无尘土飞扬的公路旁建立，对原料、成品的进出提供便利的条件。厂址与公路最好能保持 50 m 以上的距离，进入生产厂区的道路应与公路完整地连接起来。运输货物道路应与生产车间有一定的间隔，特别是运煤和煤渣，容易产生污染。

(2) 食品生产企业厂区与市政连接的道路路面宜用沥青路面或水泥路面，进入厂区的道路应纳入食品生产企业的管辖范围，与厂区路面一样为沥青路面或水泥路面。因为进入厂区的土质路面，雨季会带入厂内大量的泥沙，风季则尘土飞扬，有碍食品卫生。在厂区道路两侧要进行绿化，形成良好的外部环境。

(3) 食品生产加工按照原料和成品进出厂的要求，应分设污道和净道，污、净两道要分开。为了防止交叉污染，生猪进厂和成品出厂不能同方向并行和交叉，要做到各行其道。为提高食品生产企业的卫生管理水平，最好能单独设立废弃物和下脚料出厂的通道。

二、厂区道路规划设计

根据运输货物性质、频度，设置厂区主干道、次干道或厂内运输道与人行通道等。尤其是运输量大，有大型货车频繁进出的工厂，其货运车道最好与人员通道分开，并有明显的安全标志。

(1) 厂区道路形式选择

企业场地上的车行道和人行道道路可铺筑成环形式、尽头式和混合式系统。采用混合式系统时，环绕建厂场地的主要部分应考虑至少有一条环形路。在尽头式道路的尽端，应使所用的运输车辆能够回车，回车场的面积不得小于 12 m×12 m。当建筑物的宽度小于 18 m 时，沿建筑物的单侧设置消防通道；在大于 18 m 时，沿建筑物全长两侧设消防通道。

厂内道路边缘至建筑物的最小间距见表 3-1，厂区道路的宽度及平曲线最小半径见表 3-2。厂区道路路面应有一定坡度，道路两侧有排水沟，防止路面积水。道路宽度依主干

道、次干道、人行道和消防道而异，厂区道路按运输量及运输工具的情况决定其宽度，通常主干道宽 6～9 m，支干道宽 4～6 m。

表 3-1　食品生产企业厂区道路边缘至建筑物的最小间距　　单位：m

类　别		最 小 距 离
建筑物外墙与道路边缘间距	无车辆出入时	1.5
	有非机动车或电瓶车出入时	3.0～4.5
	有汽车出入时	5.0～8.0
厂区围墙与道路边缘间距		6.0～8.6

表 3-2　有关厂区道路主要技术指标　　单位：m

指 标 名 称	汽 车 道	电 瓶 车 道
城市型路面宽：单车道	3.5	2.0
双车道	6.0～6.5	3.5
公路型路面宽：单车道	3.0～3.5	2.0
双车道	5.5～6.0	3.5
车间引道宽度	3.0～4.0	2.0～3.5
路肩宽度	1.0～1.5	
平曲线最小半径	15.0	6.0

厂区道路的布置形式有：方格式、放射式、自由式和混合式。

第一，方格式。每隔一定距离布置一条主干道，在主干道之间再布置次要道路，将用地分割成大小适当的街坊，适用于地形平坦的厂区。方格式的优点是所划分的街坊较整齐，有利于建筑物的布置和方向识别，交通组织也较简单灵活，道路定线方便。缺点是对角线的交通联系不便，布局也较呆板。平原地区的厂区大多采用这种方式。

第二，放射式。以厂区主要建筑作为放射中心，引出若干条放射性道路，围绕放射中心布置若干环形道路以联系放射道路。其优点是充分利用原有道路，有利于旧镇区与新镇区的连接，交通通畅。缺点是使街坊用地不规整，不利于建筑物的布置，灵活性不如方格式。

第三，自由式。道路结合地形变化布置，形成线路曲折不一的几何图形，适用于自然地形条件比较复杂的丘陵山区。其优点是土方工程量和修建道路的投资少，缺点是道路曲度系数大（指两点间实际交通距离与两点间的直线距离之比），不规则的街坊多，用地分散。

第四，混合式。道路结合用地条件，由上述几种形式组合而成。混合式具有前几种形式的优点，是一种较为灵活和理想的道路网形式。

（2）道路断面设计

① 道路红线是道路横断面中各种用地总宽度的边界线，道路红线宽度是道路断面设计的范围。道路红线内的用地包括车行道、步行道、绿化带、分隔带四部分，见图 3-1。道路使用性质分为三级：一是主干道或一级道路，用于厂区对外联系或厂区内生活区、生产区与公

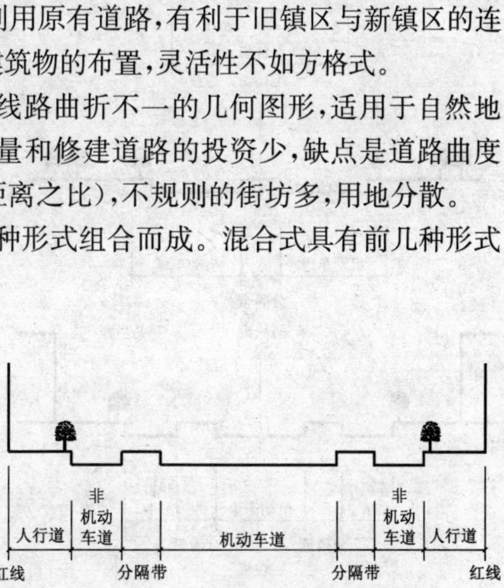

图 3-1　道路横断面的组成

共活动中心之间的联系，是厂区道路网的中枢。二是次干道或二级干道，通常与主干道平行或垂直，与主干道一起构成厂区道路骨架，主要解决厂区内生活、生产地段的交通。三是车间引道，是厂区各建筑之间联系的通道，主要解决人行、消防等需要。

② 第一种是机动车与非机动车在同一车行道上混合行驶，称为一块板形式。一块板适用于路幅较窄，自行车和人流较多，机动车较少，行车速度不高，交通量不大、混合行驶四车道已能满足要求的情况，一般可以满足厂区的交通要求。第二种车行道中间设一隔离带（中间分车绿带），将车行道分为单向行驶的两条车行道，机动车与非机动车仍然混合行驶，称为两块板形式。两块板适用于双向交通量比较均匀，机动车多，非机动车少，车速要求较高的道路。第三种是两条分隔带（两侧分车绿带）将车行道分成三部分，中间机动车道，两旁为非机动车道，称为三块板形式。三块板适用于道路红线较宽，机动车多，车速要求高，混合行驶四车道还不能满足交通要求的主要干道。三块板形式在食品工厂厂区内使用较少。

③ 车行道包括机动车道和非机动车道，机动车单向道按 3.5～4 m 计算。作机动车单向行驶宽度一般可采用 3～5 m。人行道主干道设 4～6 条步行带，次干道设 2～4 条步行带，每条步行宽度 0.75 m，人行道宽度一般在 3～5 m。地下工程管线尽可能埋设在人行道下，只有当人行道宽度不够时，才考虑把排水或给水管线埋设在车行道下。绿化种植带的宽度由种植情况决定，一般种植一排行道树所需宽度为 1.25～2.0 m，两排行道树所需宽度为 2.25～5.0 m。

④ 分隔带。分隔带又称分车带或分流带，其主要作用是分隔机动车与非机动车，有时可设在路中心，分隔两个不同方向行驶的车流。种植的树木不应遮挡车辆驾驶人员的视线，以低矮灌木为主。为了保证行车安全，除交叉口和有较多机动车出入的出入口处，分隔带应该是连续的。

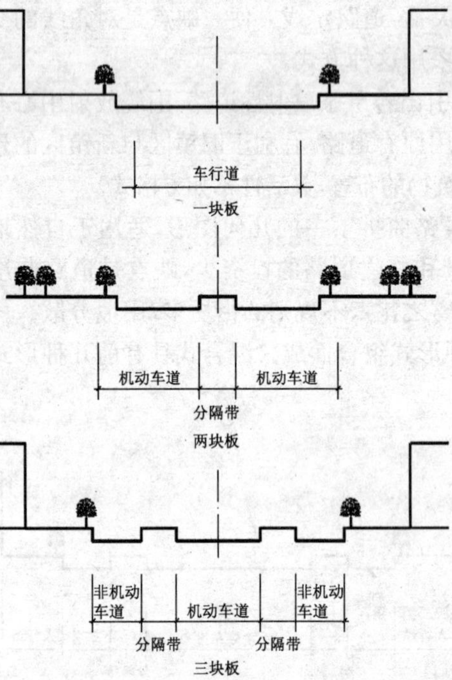

图 3-2　道路横断面的三种基本形式

⑤ 一块板道路的车行道可以用作机动车专用道、自行车专用道以及机非混合行驶的次干道及支路。它具有占地小、投资省、通过交叉口时间短、交叉口通行效率高的优点，不失为一种很好的横断面类型。两块板道路通常是利用中央分隔带将车行道分为两条单向行驶的车道。两块板是指解决对面行驶机动车的相互干扰问题。设计规范规定当道路设计车速大于 50 km/h 时，必须设置中央分隔带。有较高的景观绿化要求时，可用较宽的绿化分隔带形成景观绿化环境，见图 3-2。

(3) 道路坡度

① 道路横坡是指道路路面在横向单位长度内升高或降低的数值，一般用百分率（%）表示，见图 3-3。为了使道路的雨水通畅地流入边沟，必须使路面具有一定的横坡，横坡的大小取决于路

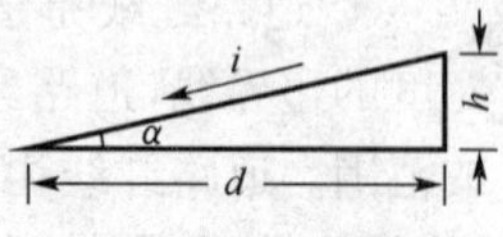

图 3-3　横坡面示意图

面材料、路面宽度和当地气候条件的影响，见表 3-3。

表 3-3　道路横坡度　　单位：%

车辆种类	路面面层类型	横向坡度
车行道	水泥混凝土路面	1.0～2.0
	沥青混凝土路面	1.0～2.0
	其他黑色路面	1.5～2.5
	整齐石块路面	1.5～2.5
	半整齐或不整齐路面	2.0～3.0
	碎、砾石等粒料路面	2.5～3.5
	各种当地材料加固和改善路面	3.0～4.0
人行道	砾石、碎石	2.0～3.0
人行道	砖石或混凝土块铺砌	1.5～2.5
	沙土	3.0
	沥青表面	1.5～2.0

② 道路纵坡是指道路纵向的坡度，道路纵坡的大小要有利于车辆的安全行驶和路面雨水的迅速排除。若纵坡值过大，上下坡行车不方便，容易发生事故；若纵坡值过小，又不利于路面水的排除和地下各种工程管线的埋设。因此，对道路的最大纵坡和最小纵坡应有一个限度范围，道路纵坡一般以不大于 3%为宜，最大不大于 6%，丘陵地区与山区纵坡不大于 7%。道路最大坡度与最小坡度限制值参考表 3-4。

表 3-4　不同路面类型的纵坡限制　　单位：%

路面面层类型	最 小 纵 坡	最 大 纵 坡
水泥混凝土路面	0.3	3.5
沥青混凝土路面	0.3	3.5
其他黑色路面	0.3	3.5
整齐石块路面	0.4	4.0
半整齐或不整齐路面	0.5	7.0
碎、砾石等粒料路面	0.5	6.0
结合料稳定土壤路面	0.5	6.0
级配沙土路面	0.5	6.0

③ 道路的纵坡长度与纵坡坡度有直接关系，道路纵坡在 2%以下时，其坡长不受限制；如果道路纵坡坡度大，坡长就不宜太长，太长则机动车上坡时必须低挡行驶，燃料消耗增加，发动机燃烧过热，机件磨损较大；下坡时需不断刹车，容易发生交通事故。但纵坡坡长也不宜过短，过短则路线起伏，行车容易颠簸，乘客感觉不舒服，货物也易受震荡。在道路纵坡值发生变化的地方，即转坡点处，一般需设置竖曲线。当相邻的两个纵坡差在主要道路上大于 0.5%或在次要道路上大于 1%时，应设置竖曲线，其半径可参考表 3-5。

表 3-5　竖曲线最小半径　　单位：m

道路类型	凸形竖曲线	凹形竖曲线
主干路	2 500～4 000	1 000～1 500
次干路	2 000～2 500	800～1 000
车间引路	500～1 500	500～600

④ 道路平面线型是以道路中心线为准，按照行车技术要求和两旁用地条件，确定道路在平面上的直、曲线路段及其衔接。道路在平面上的弯道采用圆曲线称为平曲线，平曲线的半径称为曲线半径。汽车在转弯时受到离心力作用，车速加大，曲线半径愈小，离心力愈大。汽车在小半径的曲线上高速行车对行车安全是一个威胁，因此，在道路曲线段上，如果条件许可，尽量采用大半径的平曲线，只有在条件不允许时，才选用最小平曲线半径。厂区道路平曲线半径参考值见表 3-6。

表 3-6　平曲线半径参考值　　单位：m

道路类型	建议平曲线半径	最小平曲线半径
主干路	500～4 000	250
次干路	200～500	50
车间引路	100～200	30

(4) 交叉口与人行道

① 十字交叉口为两条道路相交，互相垂直或近于垂直，这是最基本的交叉口形式，其交叉形式简洁，便于交通组织，适用范围广，可用于相同等级或不同等级的道路交叉。X 形交叉口为两条道路以锐角或钝角斜交。由于斜交的锐角较小时，会形成狭长的楔形地段，对交通不利，建筑也难处理，应尽量避免这种形式的交叉口。T 形、错位形、Y 形交叉口用于主要道路和次要道路相交的交叉口。为保证干道上的车辆行驶通畅，主要道路应设在交叉口的顺直方向。复合交叉口用于多条道路交叉，这种交叉口用地较大，交通组织复杂，应尽量避免。道路交叉口类型见图 3-4。

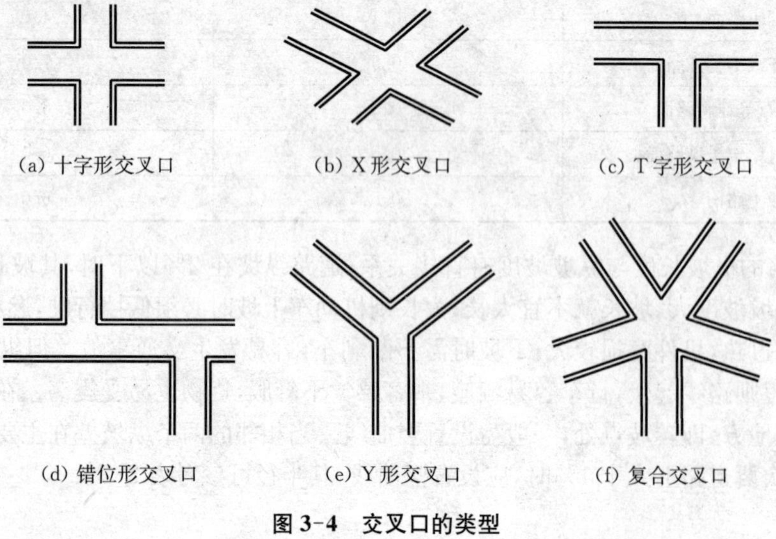

(a) 十字形交叉口　(b) X 形交叉口　(c) T 字形交叉口

(d) 错位形交叉口　(e) Y 形交叉口　(f) 复合交叉口

图 3-4　交叉口的类型

② 交叉口的视距。交叉口是车辆交通最复杂的地方，为使行车安全，保证司机在进入交叉口之前的一段距离内，能看清相交道路驶来的车辆，以便安全通过或及时停车，这段距离应不小于车辆行驶时的停车视距。当设计行车速度为 15～25 km/h 时，停车视距一般为 25～30 m；当设计行车速度为 30～40 km/h 时，停车视距为 40～60 m。在视距三角形以内不得有任何阻碍驾驶人员视线的建、构筑物和其他障碍物，此范围内如有绿化，其高度应不大于 0.7 m。视距三角形是设计道路交叉口的必要条件，应从最不利的情况考虑，一般为最靠右的第一条直行车道与相交道路最靠中的一条车道所构成的三角形。

③ 为了保证各个方向的右转弯车辆以一定的速度顺利地转弯，交叉口转角处的缘石应做成圆曲线，其半径为缘石半径。缘石半径过小，则要求转弯时行驶车辆降低速度，否则右转弯车辆会侵占相邻车道，影响其他车道上车辆正常行驶。缘石半径的取值为：主要交通干道 $R_1 = 15 \sim 20$ m，次要干道及居住区道路 $R_2 = 9 \sim 15$ m，支路 $R_3 = 6 \sim 9$ m。为了避免右转弯车辆的速度降低太多，应尽量争取较大的缘石半径。

④ 路缘石做法。缘石亦称路牙，北方城市称道牙，南方称平牙和站牙。缘石通常设于车行道两侧，高出路面 12～18 cm；在厂区路上，缘石常用平牙（卧牙），它既起着区分车行道、人行道和保证交通安全，又有街沟排水的功能。缘石一般用花岗石、混凝土预制块做成，它具有足够抗磨耗与风化的能力。用混凝土预制时，其抗压强度宜在 200 N/mm^2 以上。缘石外形有直形、弯弧形和曲线形之分，其几何尺寸各地不一，通常为长 50～100 cm，宽 10～25 cm，高 25～30 cm。缘石基础多用低强度等级混凝土、碎砖、三合土或石灰炉渣土铺筑，地质条件良好时，也可用石灰土做基础。砼预制块缘石不宜用于北方寒冷地区。

⑤ 当厂区面积大于 10 hm^2 公顷或宽度大于 100 m 时，人行道的宽度由人行带的数量和通行量确定。按每条宽 0.75 m 的人行带可通过最大班职工 750 人计算，但不得小于 1.5 m。当在人行道上设置室外照明用灯柱或其他支架时，其宽度应增加 0.5～1.2 m。在工厂管理区域、食堂、通行口、办公室以及其他行政办公和公共建筑的附近，人行道予以加宽，这样在建筑物前面形成广场。人行道最大纵向坡度为 0.06，横向坡度为 0.015～0.02。当人行道纵向坡度较大时，应以台阶分段，每部台阶的踏步不应少于三步。每十踏步设一不小于 1 m 的平台。踏步的尺寸建议采用高 100 mm，宽 300 mm。当屋顶为有组织排水及不妨碍窗子开启时，可将人行道紧贴着建筑物布置，此时人行道宽度可增加 0.5 m，当屋顶为无组织排水时，人行道距建筑物墙面不小于 1.5 m。

⑥ 人行道可采用三种类型：高于或低于相邻的草坪 10 cm（有时 5 cm）、与草坪取平。后一种类型人行道有时适用于紧挨街道行驶路面布置。低位人行道沿两侧砌筑路边石，考虑将雨水从人行道低处顺排水沟排入雨水管网。高位人行道，无论其纵向坡度如何，都可保证尽快地将路面雨水排掉。当集水面积较大和建筑物屋顶为无组织排水时，在人行道和房屋之间低于路面的草坪上，需设置集水井或导水管穿过人行道将雨水排到道路的边沟内。

⑦ 人行道铺面的种类很多，除大量使用的 25 cm×25 cm×5 cm 以及 40 cm×40 cm×7.5 cm 的预制混凝土板（均称方砖）外，还有现浇混凝土，并以水泥砂浆抹面划分花格的做法，也有沥青混凝土以及彩色混凝土人行道面。

三、厂区道路施工

沥青路面指在柔性基层、半刚性基层上，铺筑一定厚度的沥青面层的路面结构。沥青面层是由沥青材料矿料及其他外掺剂按要求比例混合或分层撒铺铺筑而成的单层或多层式结构层。沥青面层使用沥青结合料，增强了矿料间的黏结力，提高了混合料的强度和稳定性，提高了路面的使用质量和耐久性。与水泥混凝土路面相比，具有表面平整、无接缝、行车舒适、耐磨、振动小、噪声小、施工期短、养护维修简便、适宜于分期修建等优点。

1. 沥青路面的施工

(1) 沥青路面属于柔性路面，其强度与稳定性在很大程度上取决于路面下的基础，即基层、垫层和基土等特性。沥青路面的抗弯拉强度较低，因而要求其基础具有足够的强度和稳定性，所以，基层设计必须具有足够的强度且保证在水、温度作用下具有良好的稳定性。路面下应选择收缩变形小、抗冲刷能力强的基层，如水泥稳定类及密实式二灰稳定集料等。路基必须密实、均匀、稳定，路基土的含水量和压实度直接影响路面的强度和稳定性。

(2) 在低温时，沥青类路面的抗变形能力很低，季节性冰冻地区的中湿、潮湿路段为了防止基土不均匀冻胀而使沥青路面开裂，需设置防冻垫层。

(3) 沥青路面所用的矿料质软和粒径规格不符合要求时，往往由于强度不足和劈裂作用使矿料压碎导致破坏。高温时，沥青材料黏滞度降低，在荷载作用下，可能使路面表面泛油，也可能沥青材料与矿料一起被挤动而引起面层车辙、推挤、波浪等破坏。低温时，沥青材料会因收缩作用而产生脆裂破坏，在水分和温度作用下，沥青材料与矿料间的黏结力降低，沥青面层就会出现松散、剥落等破坏。

(4) 沥青表面处治是用沥青和集料按层铺法或拌和方法裹覆矿料，铺筑成厚度一般不大于 3 cm 的一种薄层路面面层。其主要作用是保护下层路面结构层，使它不直接遭受行车和自然因素的破坏作用，延长路面使用寿命并改善行车条件，计算路面厚度时，不将其作为单独受力结构层。施工沥青表面处治路面按嵌挤原则修筑而成，采用层铺法和搅拌法施工。层铺法将沥青材料与矿质材料分层洒布与铺撒，分层碾压成型。拌和法可热拌热铺或冷拌冷铺，热拌热铺的施工工艺按热拌沥青混合料路面的规定执行，冷拌冷铺的施工工艺按乳化沥青碎石混合料路面的有关规定执行。

(5) 沥青混合料拌和时间应以混合料拌和均匀、所有矿料颗粒全部裹覆沥青混合料为度，拌成的沥青混合料应均匀一致、无花白料、无结团成块或严重的粗细料分离现象。摊铺铺筑沥青混合料前，应检查确认下层的质量。当下层的质量不符合要求，或未按规定洒布透层、黏层、铺筑下封层时，不得铺筑沥青面层。热拌沥青混合料应使用摊铺机作业，摊铺前根据施工需要调整和选择摊铺机的结构参数及运行参数，摊铺速度应符合 2～6 m/min 的要求。沥青混合料的松铺系数参照成型后的平均厚度校验，根据铺筑情况进行调整。压实及成型沥青混合料的分层压实厚度不得大于 10 cm。应选择合理的压路机组合方式及碾压步骤，应按初压、复压、终压（包括成型）三个阶段进行。压路机应以慢而均匀的速度碾压。

(6) 乳化沥青碎石混合料适用于三级及三级以下的沥青面层，上层采用中粒式沥青碎石混合料，下层采用中粒式或细粒式沥青碎石混合料。单层式只宜在少雨干燥地区或半刚性基层上使用，在多雨潮湿地区必须做上封层或下封层。

(7) 施工要求乳化沥青碎石混合料宜采用拌和厂机械拌和，其施工顺序与热沥青的施工类同，但应注意：混合料摊铺后，初压应采用轻型压路机压 1～2 遍，使混合料初步稳定，再用轮胎式压路机或轻型钢筒式压路机压 1～2 遍。当乳化沥青开始破乳，混合料由褐色转变成黑色时，用 12～15 t 压路机复压，复压 2～3 遍。碾压时若发现局部混合料有松散或开裂现象，应立即挖除，补换新料，整平碾压密实。上封层应在压实成型、路面水分蒸发后方可加铺。

2. 水泥混凝土路面施工

水泥混凝土路面指用混凝土作面板或基(垫)层所组成的路面，亦称刚性路面。除接缝和局部范围外均不配筋，它是目前国内采用最广泛的一种水泥混凝土路面。路面具有较高的抗压强度和抗弯拉强度以及抗磨耗能力，稳定性好。水泥混凝土路面的水稳性、热稳性均较好，耐久性好，养护费用少。缺点是对水泥和水的需要量大，板的接缝不但增加施工和养护的复杂性，且易引起行车跳动，影响行车的舒适性；接缝处理不当板边和板角破坏；需要养护，开放交通较迟，修复困难。

(1) 砼路面一般均宜设置基层，其厚度以不小于 15 cm 为宜，并应宽出面板，宽出的宽度视面板采用的施工方法不同而定。面板应采用中间薄两边厚的形式，以适应荷载应力的变化。一般边部厚度较中部约大 25%。标准路面的平整度(3 m 直尺与路面表面之间的最大间隙)不应大于 5 mm。

(2) 路面在纵横两个方向设置接缝，把整个路面分割成许多板块。划分板块是为防止混凝土板因温度变化造成的不规则断裂。纵缝与路线平行，板一次铺筑宽度大于 4.5 m 时，应增设纵向缩缝。纵向缩缝采用假缝，并设置拉杆。面板一次铺筑宽度小于路面宽度时，应设纵向施工缝。纵向施工缝采用平缝，也需设拉杆。横缝垂直于行车方向，横向缩缝采用假缝。每日施工完或浇筑混凝土过程中因故中断浇筑时，必须设置横向施工缝，其位置宜设在胀缝或缩缝处。设在缩缝处的施工缝应采用平缝加传力杆。

(3) 交叉口面板的接缝布置应与交通流相适应，并易于排水，整齐美观，相邻板的接缝应对齐。当出现错缝时，应与接缝相对应的板边加设防裂钢筋。接缝材料质量的好坏，对保证水泥路面质量至关重要，接缝不能有渗水、填缝料外溢、杂物嵌入。接缝板应选用杉木板、纤维板、泡沫橡胶板、泡沫树脂板等材料。填缝料应选用沥青橡胶类，聚氯乙烯胶泥类和沥青玛蹄脂类等或者聚氨酯焦油类、氯丁橡胶类、乳化沥青橡胶类等。

(4) 水泥可采用硅酸盐水泥、普通硅酸盐水泥，也可采用矿渣硅酸盐水泥，水泥标号不宜低于 425 号。水泥除查验出厂质量报告单外，还应逐批抽检其细度、凝结时间、安定性及 3 d、7 d、28 d 的抗压强度等是否符合要求，受潮结块的水泥禁止使用。新出厂水泥至少要存放一周后方可使用。外加剂应按其性能指标检验，并需通过试验判定是否适用。粗集料(碎、砾石)应质地坚硬、耐久、洁净，符合规定级配，最大粒径不应超过 40 mm。细集料(天然砂、石屑)应质地坚硬、耐久、洁净，符合规定级配，细度模数宜在 2.5 以上。

(5) 配合比的检验和调整。施工前必须检验混凝土配合比设计是否合适，成型混凝土抗弯拉及抗压试件，养护 28 d 后测定其强度。基层强度应以基层顶面的当量回弹模量值或以标准汽车测定的计算回弹弯沉值作为检验指标，检查结果不得小于设计要求。基层完工后，应加强养护，控制行车，不使其出现车槽，如有损坏，应在浇注混凝土板前采用相同材料修补压实，严禁用松散粒料填补。对原有公路加宽的部分，新旧部分的强度应一致。

(6) 测量放样是水泥混凝土路面施工前的一项重要工作，应先放出道路的中心线及边缘线，将设置胀缩缝、曲线起讫点、纵坡变化点等的中心桩及边桩。放样时，基层宽度应比混凝土板每侧宽出 25～35 cm。中心桩应分别固定，临时水准点每隔 100 m 左右设置一个，以便施工时就近复核路面高程。

(7) 当胀缝与结构相接混凝土板无法设置传力杆时，可做成厚边式，即接近结构一端适当加厚。缩缝有切缝及锯缝两种做法，切缝是在混凝土经振捣整平后，在缩缝位置利用振动棒将 T 形切缝刀压入切出一条槽，随后临时放入铁制压缝板。锯缝是在强度达 50%～70% 时，使用锯缝机锯割成缝。锯缝法便于连续施工，效率高，缝整齐平直。平缝式纵缝应在其下部已凝固的侧壁涂以沥青；上部设置压缝板，再浇注另一侧混凝土。

3. 道路垫层施工

道路垫层施工见第七章地面的设计与施工章节。

第三节　食品生产企业绿化与环境景观

食品生产企业在生产过程中对环境造成污染，除依靠专用设备、采取工业措施加以控制和处理以外，还必须借助绿色植物的合理布局才能取得良好的效果。应用树木、花草可以美化厂区、净化空气、调节气温、阻挡风沙、降低噪声、保护环境，从而改善工人的劳动卫生条件，树立良好的企业形象。

一、企业厂区绿化

工厂绿化可分为工厂周边绿化、厂区道路绿化、工厂防护林带、厂房周边绿化、厂前区绿化以及局部环境绿化，由绿化和景观组成了工厂厂区的环境景观。

1. 厂前区绿化

食品生产企业厂前区一般面临市政或乡镇道路，是厂内外联系的枢纽，也是工业园区容貌的组成部分，必须重点绿化。厂前区包括主要入口、厂前建筑群和厂前广场，是职工居住区与工厂生产区的纽带、对外联系的中心，是厂内外人流最集中的地方。厂前区在一定程度上代表着工厂的形象，体现工厂的面貌，也是工厂文明生产的象征。它常与城市道路相临，其主要建筑一般都具有较高的建筑艺术标准，其环境的好坏直接关系到城市的面貌。厂前区的景观由大门、道路、集散广场、旗杆、雕塑、水池、花坛、林荫道以及各种植物等景观元素组成。厂前区绿化时注意方便交通与厂外街道绿化联成一体，注意景观的引导性和标志性。门前附近的绿化要与建筑的形体色彩相协调，在远离大门的两侧种高大的树木，大门附近用矮小而观赏价值较高的植物或建筑小品作重点装饰，形成绿树成荫、多彩多姿的景象。

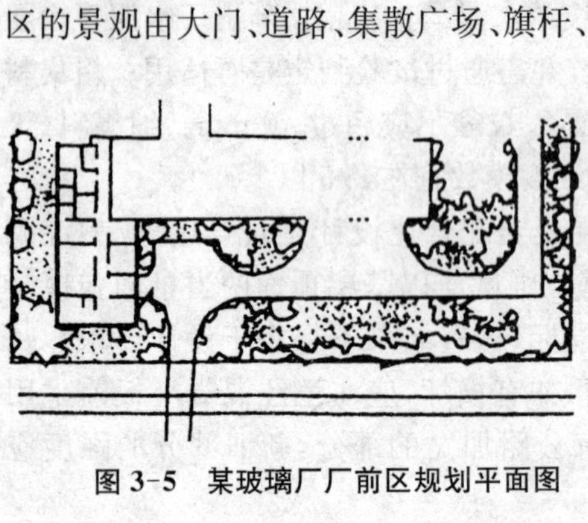

图 3-5　某玻璃厂厂前区规划平面图

小型企业为了节约用地，可不设厂前区，如图 3-5 所示是一个小型玻璃厂，将办公室、食堂、化验室一并组织在与厂房毗连的建筑物内，且道路布置较好，并安排了充分衬托建筑的绿地。

2. 车间周边绿化

生产区的绿化根据生产性质、规模、内容和生产特点不同，可分为三类。

(1) 对环境有污染的车间绿化。产生有害气体、带尘、吸尘、噪声等污染物的车间，对环境影响严重，要求绿化植物能防烟、防尘、防毒。具体要求是：在有严重污染的车间周围，不宜设置休息绿地，在产生强烈噪声的车间周围，应选择枝叶茂密、树冠矮、分枝点低的乔灌木，选择抗性强的树种，配置中掌握“近疏远密”原则，与主导风向平行的方向要留有通风道，以保证有害气体的扩散。在多粉尘的生产车间周围，密植滞尘、抗尘能力强，叶面粗糙，有黏液分泌的树种。在有污染物排出的车间或建筑物朝主导风向一侧或主要交通路线旁，设密植的防护绿地进行隔离，减少有害气体、噪声、尘土等的侵袭。锅炉房、堆煤场周围可布置数行常绿灌乔木混交林带，起防护隔离、防止人流横穿及防火遮盖等作用。对有防火防爆要求的生产车间周围栽种枝叶水分含量大，遇火燃烧不出火焰的少油脂树种，不得栽植针叶树等油脂较多的松、柏类植物。

在有污染物排出的车间或建筑物如饲养车间、污水处理站，朝主风向一侧或主要交通路线旁边，设密植的防护绿地进行隔离，以减少有害气体、噪声、尘土等的侵袭。在车间周围设置密闭的防护林或在周围种植低矮乔木和灌木，以较大距离种植高大常绿乔木，辅以花草，并在墙面采用垂直绿化以满足防晒降温、消除职工疲劳的要求。在产生污染的车间附近，特别是污染较重的盛行风向下侧，不宜密植林木，可设开阔的草坪、地被、疏林等，以利于通风、稀释有害气体；与其他车间之间可与道路相结合设置绿化带。

在高温生产车间，工人长时间处于高温中，容易疲劳，应在车间周围设置有良好绿化环境的休息场所，改善劳动条件是十分必要的，休息场地要有良好的遮阴和通风条件。色彩以清爽淡雅为宜，可设置水池、坐椅等小品供职工休息、调节精神、消除疲劳。

(2) 一般生产车间周围的绿化。一般生产车间指本身对环境无有害物质污染，在卫生防护方面对周围环境也无特殊要求的车间。车间周围环境的绿化较为自由，限制性不大。在厂区景观统一规划下，不同车间应体现各自不同的特点，考虑职工工作之余休息的需要，在用地条件允许的情况下，可设计成游园的形式，布置坐椅、花坛、水池、花架等景园小品，形成良好的休息环境，在车间出入口可进行重点的装饰性景观布置，如设置喷泉、模纹花坛等。

生产车间的南向应种植落叶乔木，以利炎夏遮阳、冬季又有温暖的阳光；东西向应种植冠大荫浓的落叶乔木，以防止夏季东西日晒；北向宜种植常绿、落叶乔木和灌木混交林，遮挡冬季的寒风和尘土，尤其是北方地区应更注意。在车间周围的空地上，应以草坪覆盖，使环境清新明快，便于衬托建筑提高视觉的艺术效果，减少风沙。

(3) 洁净度较高的食品车间环境绿化。这类车间生产的产品主要有成品肉食品等，周围空气质量直接影响产品质量和设备的寿命。其环境设计要求清洁、防尘、降温、美观，有良好的通风和采光。因此，植物应选择无飞絮、无花粉、无飞毛、不易生病虫害、不落叶(常绿阔叶树或针叶树)或落叶整齐、枝叶茂密、生长健壮、吸附空气中粉尘的能力强的植物。同时注意低矮的地被和草坪的应用，不使土地裸露，固土并减少扬尘。

3. 工厂防护林带

(1)《工业企业设计卫生标准》规定，凡产生有害气体或物质的企业与居住区之间应有一定的卫生防护距离。在此范围内进行绿化，营造防护林，使工业企业排放的有害物质得以稀释过滤，改善居住区的环境质量。尤其在那些生产有害气体以及环境对产品质量影响较大的工厂，更显得十分重要，食品生产企业也是如此。工业企业的防护林带主要作用是滞滤粉尘、净化空气、吸收有毒气体、减轻污染，以及有利于企业周围的农业生产。因此作为防护林的树种应结合不同企业的特点，选择生长健壮、病虫灾害少、抗污染性强、吸收有害气体能力强、树体高大、枝叶茂密、根系发达的乡土树种。此外要注意常绿树与落叶树相结合，乔木与灌木相结合，阳性树与耐阴树相结合，速生树与慢长树相结合，净化与美化相结合，以合理的结构形式布置防护林带，有效地发挥作用。

(2) 有污染的车间一般设在主导风向的下风向，生活区、厂前区等多设在主导风向的上风向，两者之间可设置垂直于主导风向的林带。如果被污染区是成片的，林带垂直于风向；如果被污染区范围较小，林带可与风向成一定顺角，以利于疏导稀释。对于有组织排放的有害气体来源，林带设在高度的 20～25 倍距离的下风向；对于无组织排放来源，林带适当靠近污染源，林带的密度一般是靠近污染源处较稀，被污染区附近较密，这样有利于烟气的疏通扩散吸收。

为了使卫生防护带有较好的效果，绿化时必须种植能抗烟气的乔灌木树种。用乔灌木进行绿化的总面积，不应少于防护带宽度的 40%。当卫生防护带宽度超过 100 m 时，在与生活区相邻的一侧，栽植宽度不少于 50 m 的乔灌木林带；当防护带宽度在 100 m 之内时，则不少于 20 m。

(3) 工厂的卫生防护绿地主要作用是滞滤粉尘、净化空气、吸收有毒气体、降低噪音、减轻污染，以有利于企业周围的农业生产和改善居住环境。因此，根据食品生产企业的特点，选择不同的树种、树种结合形式和合理的结构形式及位置布置防护林，发挥其最佳作用。防护林的结构形式通常有以下几种：

第一，通透结构。一般由乔木组成，不配置灌木。乔木株行距因所选树种而异，一般为 3 m，气流一部分从下层树干之间穿过，一部分从上面绕过。这种结构形式可在距污染源较近处使用。

第二，半通透结构。一般以乔木为主，在林带两侧配置灌木，气流一部分从空隙中穿过，在背风林处附近形成小漩涡，另一部分从树冠上部绕过，在背风林处形成弱风。

第三，紧密结构。由大乔木、小乔木和灌木多种树木配植而成，防护效果好。气流遇林带后上升，由林冠上绕过，使气流上升扩散，在背风处急剧下降，形成涡流，有利于有害气体的扩散和稀释。

第四，复合式结构。当有足够宽度的防护地带时，将上述三种形式结合起来，形成复合式结构，更能发挥其净化空气减少污染的作用。一般在进工厂的一侧建立通透结构，近居住区的一侧采用紧密结构，中间部分采用半通透结构，这样形成的由通透结构→半通透结构→紧密结构组成的复合式结构卫生防护效果最佳。

4. 厂区道路绿化

厂区道路绿化反映一个工厂的绿化景观面貌和特色，是职工接触最多的绿地形式，也是厂内绿化体系中线的形式。厂区内道路绿化在道路设计中统一考虑和布置，与道路两侧的建筑物、构筑物、各种地上地下管线、道路、人行道协调布置。由于工厂的特点，厂区道路绿化有下面的要求。

(1) 道路绿地指道路及广场用地范围内进行绿化的用地，道路绿地在乡镇中分为道路绿带、广场绿地和停车场绿地。其中道路绿带指道路红线范围内的带状绿地，分为分车绿带、行道树绿带和路侧绿带。道路绿化以乔木为主，乔木、灌木、地被植物相结合，不得裸露土壤，并应符合行车视线和行车净空高度。种植乔木的分车绿带宽度不得小于 1.5 m；主干道上的分车绿带宽度不宜小于 2.5 m；行道树绿带宽度不得小于 1.5 m，道路绿化选择适应道路环境条件、生长稳定、观赏价值高和环境效益好的植物种类。行道树选择深根性、分枝点高、冠大荫浓、生长健壮、适应乡镇道路环境条件，对食品不会造成危害的树种；绿篱植物和观叶灌木选用萌芽力强、枝繁叶密、耐修剪的树种。地被植物选择茎叶茂密、生长势强、病害虫少和易管理的木本或草本观叶、观花植物。

(2) 满足厂内道路运输的安全视距要求。为了保证行车安全，在道路交叉点或转弯处不得种植影响司机视线的各种植物。处理好与各种地上、地下管线的关系，使绿化与管线相互配合，既不影响美观也不相互干扰。确定合理密度：行道树种植的疏密程度直接影响到景观空间的创造，合理的株距以树种正常生长至中年期的尺度衡量，并让树冠相接而不交叉过多确定。中等体量的中小乔木以 2.5～5 m，高大乔木以 7～8 m 为宜。

(3) 合理选择树种。根据各类工厂的不同性质及污染情况选择有抗性的树种，同时要考虑树种的树干定干高度、分枝点及分枝角度、车辆承载货位高度、树木距车行道的距离，以免树木枝叶影响交通。树种的定干高度一般不小于 3～4 m，当树木距车行道较远，且树木分枝角度又小时，其树枝的定干高度可适当降低，但不宜小于 2 m，以免影响行人交通。确定树种比例：根据食品生产企业的卫生安全功能的要求，对以乔木、草坪及绿地景观构成的比例，应有全面的考虑。食品工厂有食品卫生要求，不要用飘毛、飘絮的树种，也不要用散发种子和特殊异味的树木花草，以免影响产品质量。

(4) 对空气污染严重的企业，道路绿化不宜种植成片过密过高的林带，避免高密林带通风不畅而对污浊气流形成滞留作用，不宜扩散，种植方式应以疏林草地为好。道路两旁的绿化应具备能够遮挡行车时扬起的灰尘及噪声等作用，道路行道树要选择具备耐修剪、抗性强、易成活以及主干挺直、冠大荫浓等条件的树种。满足夏季遮阴、冬季有阳光的要求，一般在道路两旁各种一行高大乔木，形成行列式的林荫道，满足遮阴和形式美的要求。如受条件限制只能在道路一侧种植树木时，尽可能在南北向道路的西侧或东西向道路的南侧种植，以达到遮阴的效果。在条件较好的厂区，车行道与人行道之间可设置绿化带，绿化带采用常绿大乔木可防尘、防噪、遮阴，又可分隔人流与车流，还有利于冬季日照。

(5) 厂区周边绿化

边缘地带和临近乡镇道路部分配植高篱，并适当栽植乔木，隔绝外部的干扰。工厂沿围墙绿化设计应充分注意卫生、防火、防风、防污染和减少噪声，以及遮蔽建筑不足之处，并与周围景观相协调。绿化树木通常沿墙内、外带状布置，以常绿树为主，以落叶树为辅，可用 3～4 层树木栽植，靠近路的植物用花灌木布置。

高大形的树种配置在防护林带和休息场地。场地绿化的基本形式应是花坛和草坪：在主要入口近旁和表现建筑艺术的重要地段用花坛，其余地段则为普通草地。沿人行道宜种植成行的灌木丛，距人行道边 3 m，也可栽植观赏的乔灌木和配置花坛，但仅在作为整个建筑群中建筑艺术组成部分时才设置。

工厂区的绿化布置，要重视建筑群、道路、广场、总出入口和绿化的整体效果，以形成一个清洁、优美、宁静的环境。建筑物前列植或丛植花草灌木和常绿树，栽植树木的位置应注意建筑物室内采光和通风的要求，一般在窗前应避免栽植乔木，全区的核心位置或重点地段，在可能条件下设置花坛，种植宿根性和一二年生草花，从色彩上增进全区的美化；裸露的土面最好用草皮覆被，通向生产区的道路两侧栽植落叶绿荫树。

厂房之间或道路与厂房，厂房与厂外公路中间应设置绿化带或绿化草坪。厂区及车间周围宜种植草皮、培植草坪为主，选择较矮小的树种，不宜种高大乔木；靠近生产车间的绿化带不宜过多种植观赏花草和树木，防止花粉等飘落物对生产环境的污染。厂房与厂外公路中间则可设置不同功能的绿化带或绿化林。

二、企业厂区的环境景观

通过园林地形的处理，可以起到将室外的外部空间进行分隔，控制景观视线，影响交通路线和速度，改善小气候和美学功能的作用。

1. 厂区环境

(1) 工厂不得建于易遭受污染的区域，并应有严格的防治食品污染的措施。厂区内环境应经常保持清洁，地面不得有严重积水、泥泞、污秽等存在，以免成为污染源。厂区空地应铺设混凝土、柏油或绿化等，以防尘土飞扬并美化环境。

(2) 厂区内不得排放不良气味、有害(毒)气体、煤烟等对环境有害物质，并应有相应的处理或防护措施。厂区内禁止饲养禽、畜及其他宠物(警戒用犬除外，但应适当管理以避免污染食品)。

(3) 厂区应有顺畅的排水系统，排水道应有适当斜度，且不得有严重积水、渗漏、淤泥、污秽、破损或孳生有害动物而造成食品污染。

2. 景观地形和水景

(1) 构造平坦地形，园林中坡度比较平缓的场地可作为集散广场、交通广场、草地、景观建筑等方面的用地，以接纳和疏散人群，组织各种活动或供游人游览和休息。

(2) 构造凸地形，凸地形的表现形式有土地、土丘、丘陵。构造凹地形在景观中可被称为碗状池地，呈现小盆地。凹地形给人一种分割感、封闭感和私密感。凹地形还有一个潜在的功能，就是作为一个永久性的湖泊、水池，或者作为一个暴雨之后暂时用来蓄水的蓄水池。凹地形在调节气候方面也有很重要作用。

(3) 根据园林分区处理地形。在园林绿地中，开展活动内容很多，不同的活动，对地形有不同的要求。利用地形、坡面，创造一个相对温暖的小气候条件，有三种手法：一是巧借地形，利用环抱的土山或人工土丘挡风，创造向阳盆地和局部的小气候，阻挡当地常年有害风雪侵袭；利用起伏地形，适当加大高差至超过人的视线高度，按“俗则屏之”原则进行“障景”；以土代墙，利用地形“围而不障”，以起伏连绵的土山代替景墙以“隔景”。二是巧改地形，建造景观或在坡地上修筑道路或建造景观时，采用半挖半填式进行改造，可起到事半功倍的效果。三是土方的平衡与园林造景相结合，尽可能就地平衡土方，挖池与堆山结合，开湖与造堤结合，使土方就近平衡，相得益彰。

(4) 利用地形地貌设置一点园林水景，它具有调节空气湿度和温度的作用，又可溶解空气中的有害气体，净化空气。水景可设计成规则形状等各种几何形状，水岸为垂直砌筑驳岸；也可设计成自然形状，水体形状呈自然流线，水岸多为自然驳岸。在有条件的地方，在水景中还可设置喷泉、跌水，以丰富水体景观。

3. 厂区的景园设计

根据厂区的立地条件，厂区规划要因地制宜地开辟小游园，满足职工工作之余休息、放松、消除疲劳、锻炼、聊天、观赏的需要，对提高劳动生产率、保证安全生产、开展职工业余文化娱乐活动有重要意义，对美化厂容厂貌有着重要的作用。

休息性绿地应选择在职工休息易于到达的地方，如有自然地形可以利用则更好，以便于创造优美自然的景观艺术空间，通过对各种观赏植物、景园建筑及小品、铺装、水体、坐椅景观家具等的合理组织与安排，形成优美自然的景园环境。

厂区内的休息性游园面积一般都不大，布局形式可采用：规则式、自由式、混合式。根据休息性绿地的用地条件、平面形状、使用性质、职工人流来向、周围建筑布局等灵活采用。图3-6为深圳某工厂的小游园。

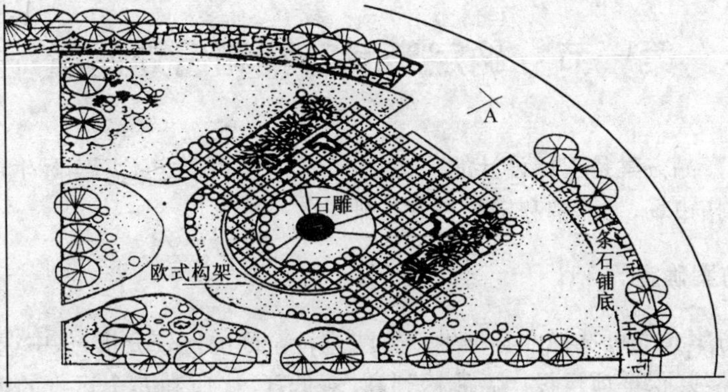

图 3-6　某工厂休闲广场

第四章 食品生产企业的工艺设计

工艺设计是根据企业规模、产品品种和质量要求，结合当地的气候、交通、热力及动力供应、原料来源、水源及水质等具体情况，因地制宜地确定生产方法、工艺流程、设备选择和生产车间的布置等。工艺设计应科学、合理、经济。

第一节 确定产品方案和日处理量

生产方法、产品方案是工厂设计的关键，由产品方案可确定工厂实际生产能力、产量、生产周期，进而开拓市场，为营销和销售打好基础。

一、产品方案确定

确定产品方案是对可选择的各种生产方法进行全面的比较分析，从中选出技术先进、经济合理的工艺路线，保证项目投产后能达到高产、低耗、优质和安全运行的目的。诸如原料的来源，加工的方案，产品结构方案等要进行决策和选择。下面以食品生产企业为例，对此进行详细分析。

1. 生猪肉来源方案

出口肉类产品必须采取先进的生产方法和技术，达到AA级绿色食品，指在生态环境质量符合规定标准的产地，生猪养殖和屠宰加工过程中不使用任何有害化学合成物质，按规定的生产操作规程生产、加工，产品质量及包装经检测、检查符合特定标准，并经专门机构认定，达到AA级绿色食品标准，以保证肉产品的高质量。

因生猪的种类和性质不同，肉产品的质量也有所不同。养殖场集约化养殖的生猪卫生防疫、饲料、饲养环境等质量较高，卫生可靠，种猪性质一致，兽药最高残留量等行为管理规范。目前我国有40%的生猪由农户分散养殖，农户分散养殖的生猪较为脏、乱、杂，影响肉产品的出口质量。因此需确定生猪的来源是否为定点养殖场的生猪，还是大部分为农户散户养殖的生猪，这为肉产品是否出口提供决策依据。

2. 屠宰加工方案

由于屠宰设备的不同，屠宰加工方案也随之不同，国产屠宰设备将屠体实行吊挂的方式操作，在一定程度上减轻了劳动强度，但水平运输依旧采用人工牵引，机械化程度不高，劳动强度大，工人操作时间不容易控制。另外国产屠宰设备在烫毛脱毛的环节上，采用热水浸烫池进行操作，容易对生猪的皮毛产生污染，达到GMP的卫生要求难度较大。

进口屠宰设备全部实行屠体吊挂，由动力牵引自动流向下道工序，实行机器自动化操作。进口屠宰设备设置蒸汽烫毛隧道，通过吊挂的屠体自动进入隧道烫毛、脱毛，卫生干净，没有污染，有利于生产过程的机械化、自动化和稳产高产的实现。但进口屠宰设备较国产设备昂贵，从肉产品的出口销售角度来讲，采用进口设备其产品质量容易得到保证。

屠宰工厂的设计生产能力对工艺流程的选择也有影响，生产规模较小时，可采用国产屠宰设备，对于肉产品需要出口的大型屠宰企业，宜采用进口屠宰设备，有利于提高生产效率，容易满足各项卫生防疫要求。

3. *产品结构方案*

产品结构方案亦即屠宰加工厂全年生产哪几类产品、哪几种产品，以及每一类、每一种产品的产量、质量、规格、生产周期和生产班次等。在确定产品方案时，根据计划任务书的规定，结合市场消费趋势和建厂地点的资源、交通、动力、水源及水质等其他客观条件，确定主要产品的品种、数量，然后按市场需求，充分利用现有资产，综合利用资源考虑安排生产。

在确定产品结构方案时，还应留有一定的调控生产能力，以备市场急需所用，也要注意在生产淡季为检修生产设备留有充裕的时间。采用自动生产线每分钟屠宰量不超过 8 头(发达国家控制在每分钟屠宰量不超过 5 头)，因屠宰数量过大，速度过快，导致检疫工作疏漏，容易产生肉产品的质量问题。肉产品可按表 4-1 排产。

表 4-1　肉类产品排产表

产品种类	合　计	月　份											
		1	2	3	4	5	6	7	8	9	10	11	12
屠宰													
分割肉													
肉制品													
冷藏肉													
鲜肉、冷冻肉供应													

(1) 目前我国冻结肉的形态有两种，一种是牛、猪白条肉和整个胴体的羊肉；另一种是分割肉塑料袋小包装，用瓦楞纸箱冻结的规格形式。冻结白条肉在计划经济时代很畅销，它用来调剂计划供应的居民用肉。改革开放以后，冻结白条肉已逐渐不再生产，唯有作为出口用途或抗震救灾用途才生产冻结白条肉。小包装冻结分割肉是目前市场销售较好的冻结肉制品，换句话说，这是目前冻结肉类主要的产品。

(2) 我国冷鲜肉的形态也有两种：一种是分割冷鲜肉鲜销；另一种是小包装冷鲜肉(肉丁、丝、片等)。分割冷鲜肉目前相当一部分以白条肉的形式直接上市，由于白条肉没有任何包装易受污染，白条肉占据空间不易运输，同时消费者购买肉贩切下的小块肉，肉品受到污染，所以这部分市场将要减少。另一种小包装冷鲜肉是将鲜肉切成片、丝、丁，定量包装，通过气调保鲜，标明价格上市，它既适合中国人的饮食习惯，又使鲜肉卫生大为改善，这是猪肉加工业的发展方向。

(3) 在确定肉产品的生产方案时，根据市场需求和今后的肉产品市场的发展方向，需考虑以下问题：

第一，冻结白条肉这一产品是否上生产线，如上线确定产量是多少，这牵涉建设低温库的规模和大小。

第二，冻结小包装分割肉是否上生产线，如上线确定产量是多少，这也牵涉低温库的规模和生产线上其他用房的建设规模。

第三，小包装冷鲜肉是否上生产线，如上线则有一系列相关的设施和配套问题要解决，如真空保鲜问题、气调保鲜问题等。生产方法的选择必须考虑技术水平，如大力发展小包装冷鲜肉，则分割肉的加工、包装、气调库的保鲜技术要求严格，所以生产工艺既要考虑先进性，又要保证切实可行。

4. 冷库方案

确定冷库的方案和规模，其依据是工厂的年屠宰量、日屠宰量和转入高温库、低温库的冷藏量。经调查统计，我国现有的屠宰工厂日产量的 80%作为冷鲜肉销售，20%作为冻肉销售，见图 4-1。根据这一经验数字，就可确定低温库的建设规模，当然，根据具体情况还可对这一比例作出调整。

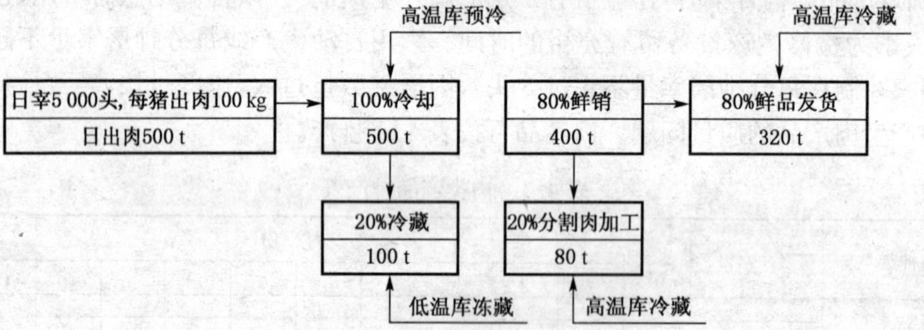

图 4-1 产品结构

二、日处理量确定

1. 生产日、生产班次的确定

产品方案是食品生产企业准备全年生产产品的种类、数量、生产周期、生产班次的计划，在安排产品方案时，应尽可能做到满足主要产品产量的要求，满足原料综合利用的要求，满足淡旺季节平衡生产的要求，满足市场供应以及提高经济效益的要求。努力做到产品产量与原料供应量平衡，生产季节与劳动力需求平衡，生产班次平衡，设备生产能力平衡，水、电、汽负荷平衡。

在编排产品方案时，根据计划任务书的要求及原料供应情况，结合生产车间的实际利用率，要计算启用车间的数量和生产设备的数量，以保证方案的顺利实施。安排方案每月按 25 d 计算（员工可按双休日调配休息），全年生产日为 300 d，考虑到原料供应等原因，全年实际生产日不宜少于 250 d，每天生产班次为 1～2 班，产品高峰期按 3 班或 2 班延长工作时间考虑。

多数食品的生产具有季节性，适宜在每年的不同时期进行生产。因此，同一食品由于受到市场需要、季节气候、生产条件（温度、湿度等）的影响，生产天数会有不同。生产天数是旺季、中季、淡季生产天数之和，如下式所示：

$$d = d_{旺} + d_{中} + d_{淡} \tag{4-1}$$

式中：$d_{旺}$ —— 旺季生产天数，d；

$d_{淡}$ —— 淡季生产天数，d；

$d_{中}$ —— 中季生产天数，d。

根据实践经验确定每种食品在旺、中、淡季的生产天数，但应注意工厂的生产天数要留有足够的时间供设备及厂房的维修。

2. 日产量的确定

在确定日产量时考虑满足计划任务书规定的年产量要求，考虑原料供应的淡旺季和产品销售的淡旺季，尽量使工厂全年均衡生产。日产量与班产量的关系是：日产量以班产量为基础，考虑全天可以安排的生产班次，每个工作日实际产量受各种因素影响不完全相同，平均日产量为班产量、生产班次及设备不均衡系数的乘积。即

$$Q = Q_{班}\ nk \tag{4-2}$$

式中：Q—— 平均日产量，t/d；

$Q_{班}$ —— 班产量，t/ 班；

k—— 设备不均衡系数，取 0.7 ～ 0.8；

n—— 日生产班次，旺季 $n = 3$，中季 $n = 2$，淡季 $n = 1$。

3. 班产量的确定

班产量的确定，有其自身的规律。以食品生产企业为例，班宰能力全年不少于 250 个工作日计算，一般可按每年 300 个工作日安排。过去是根据我国以收购农民散养猪为主的情况确定：农民售猪有季节性，形成了生产淡旺季。现在虽然养猪专业户在全国已有一定的发展，正在改变收购生猪的旺季特点，但我国养猪业这些年来总是呈现波浪式起伏变化，均衡发展生产还未形成，所以应根据实际情况确定。

班产量是食品工厂工艺设计中最主要的计算单位，班产量的大小直接影响到设备的配套、车间的布置和占地面积、公用设施和辅助设施的规格以及劳动力定员等。班产量的制约因素主要有原料的供应情况和市场销售情况、配套设备的生产能力及运行情况、延长生产期的条件（冷库及半成品加工措施）、产品品种的搭配以及工厂的自动化程度。

班产量 $Q_{班}$ 计算公式如下：

$$Q_{班} = \frac{Q}{nk} \tag{4-3}$$

屠宰生产操作流水线长，工序多，分工细，每道工序停留时间短，要求精确地确定生产能力目前尚无计算式，以下经验公式可作为参考：

$$Q_1 = \frac{H + L + F + S}{mn} \tag{4-4}$$

式中：Q_1—— 班生产能力，头 / 班；

H—— 日市场平均消费量，t/d；

L—— 日白条肉急冻能力，t/d；

F—— 分割肉日处理能力，t/d；

S—— 熟肉制品消耗量，t/d；

m—— 畜禽平均出肉量，t/ 头；

n—— 日生产班次。

或：
$$Q_2 = \frac{ut}{b}(0.80 \sim 0.85) \tag{4-5}$$

式中：Q_2—— 班生产能力，头 / 班；

u—— 驱动链线速度，m/min；

t—— 班工作时间，min/ 班；

b—— 驱动链吊挂间距，m/ 头。

按设计生产量配置生产线数，考虑到屠宰各工序之间衔接、整理等工作需要，屠宰车间设计能力、生产能力与生猪进量参考表 4-2。

表 4-2 设计能力与生产能力一览表

牲畜年收购量（万头/年）	最大日到货量（头/d）	生产能力		设计能力（头/班）
		6h 作业（头/班）	7h 作业（头/班）	
10	400	360	420	400
20	800	720	840	800
30	1 200	1 200	1 400	1 400
40	1 800	1 800	2 100	2 000
50	2 400	2 400	2 800	2 800
100	5 400	5 400	7 000	7 000

生猪屠宰的生产周期和各工序推荐时间，分别见表 4-3、表 4-4。

表 4-3 生产周期

工艺类别	致昏到屠宰结束时间之和(min)	致昏到屠宰预冷间时间之和(min)
剥皮猪工艺线	41	90
白条肉工艺线	38	90

表 4-4 各工序时间推荐值

工　序	时间(min)	工　序	时间(min)
致昏	1.5	上轨	3
刺杀放血	6	修整	18～20
下猪	1	小计	39.5～43.5
浸烫	3～5	冻肉	50
煺毛	2	合计	89.5～93.5
冷刮	5		

4. 日处理量的确定

屠宰工厂的生产环节有：生猪屠宰、分割、中间产品贮存、各肉类制品生产等。生猪屠宰以每天处理的头数来表示，肉产品以每班处理的吨位量来表示，通常按设计任务书的规定设计。

(1) 根据市场调查、可行性研究方案比较以后决定投资建厂，确定建厂的规模。如年屠宰量 50 万头生猪，一年 300 个工作日，日屠宰量为 1 670 头，每天一班生产，每班 7 小时工作，每小时屠宰量为 240 头，换算为每分钟屠宰 4 头生猪。

（2）如年屠宰量 100 万头生猪，一年 300 个工作日，日屠宰量为 3 300 头生猪。每天一班生产，每班 7 小时工作，则每小时屠宰量为 480 头，换算为每分钟屠宰 8 头生猪。

（3）如年屠宰量 150 万头生猪的肉类加工企业，扣除法定假日，一年 300 个工作日，日屠宰量为 5 000 头生猪。每天二班生产，每班每日屠宰 2 500 头生猪。每班 7 小时工作，则每小时屠宰量为 360 头，换算为每分钟屠宰 6 头生猪。该数字小于食品 GMP 规定屠宰速度每分钟小于 8 头的要求，符合规定。

（4）如年屠宰量 200 万头生猪，日屠宰量为 6 700 头生猪。每天二班生产，每班每日屠宰 3 350 头生猪。每班 7 小时工作，则每小时屠宰量为 480 头，换算为每分钟屠宰 8 头生猪。

（5）如年屠宰量 250 万头生猪，日屠宰量为 8 340 头生猪。安排每天三班生产，每班每日屠宰 2 780 头生猪。每班 7 小时工作，则每小时屠宰量为 400 头，换算为每分钟屠宰 6.7 头生猪。

肉类加工企业按照不同的规模屠宰生猪，得出不同的年屠宰量和日屠宰量，见表 4-5。有了屠宰规模和日屠宰量，据此可以进行一系列的工艺设计和建筑设计，如饲养车间设计、屠宰车间设计、分割车间设计、冷库设计和其他用房的设计，计算污水排放量、热水和给水供应量、蒸汽用量等等。

表 4-5　生猪屠宰生产能力一览表

每年收购生猪（万头）	最大日到货量（头）	生产能力（头）（每班 7 小时计）			设计能力（头）				
		一班生产	二班生产	三班生产	头（d）	头（班）	头（h）	头（min）	se（头）
50	1 670	1 670			1 670	1 670	240	4	15
100	3 300	3 300			3 300	3 300	480	8	7.6
130	4 330		4 330		4 330	2 170	310	5.2	11.5
150	5 000		5 000		5 000	2 500	360	6	10
180	6 600		6 600		6 600	3 000	430	7.2	8.3
200	6 600		6 600		6 600	3 300	480	8	7.6
220	7 330			7 330	7 330	2 440	350	5.8	10
250	8 000			8 000	8 000	2 670	381	6.4	9

我国生猪屠宰与分割车间设计规范规定：屠宰车间按每小时屠宰量分为四级，其中屠宰 500 头/h 以上者属Ⅰ级；分割车间按班产分割量分为两级，其中按班产分割量 5 t 以上者属一级。从表 4-5 可以看出，年屠宰生猪在 100 万头以上者均属屠宰Ⅰ级。本书针对屠宰Ⅰ级、分割一级的要求和标准进行叙述。

5. *肉产品加工的日处理量*

肉类加工企业的生产过程是：生猪从异地送到肉类加工企业以后，经过短时间的静养管理，然后进行屠宰加工。屠宰加工的产品或作为鲜品肉出售，或进行分割肉、加工包装为成品出售，或将肉品放入低温库冻藏贮存。

（1）下面举例定量分析生产规模及产品结构。年屠宰量 150 万头生猪的肉类加工企业，日屠宰量为 5 000 头，以每头猪出肉包括内脏 100 kg 计算，则日出肉量为 500 t，见图

4-1 中的第 2 框。该 500 t 猪肉全部需要预冷、排酸，因此高温库预冷的设计依据为 500 t。日出肉量的 20％即 100 t 转入低温库冻藏，见图中第 3 框。日出肉量 500 t 的 80％即 400 t 作为鲜销见第 4 框。鲜销的 80％即 320 t 为鲜品发货出售见第 6 框。鲜销的 20％即 80 t 作为分割肉加工见第 5 框。

(2) 分割肉出品率计算。投料量指生产分割肉的总投料量，腰、板油、“槽头”肉不计在内。出品率一般要求：不带骨＞24％，带骨＞32％，纯精肉＞16.7％。

$$分割肉出品率 = \frac{分割肉量}{白条肉投料量} \times 100\%$$

(3) 原料需要量的确定，可按每生产 1 t 分割肉（纯精肉）按 60 头白条肉估算。原料冷晾间面积：每吨原料按 20 头白条肉计算，每吨原料配备冷却面积按 8～10 m^2 估算。原料冷晾间冷晾能力按一班需用量的 1/2 估算。

举例，年产 2 000 t 细精肉，按 300 工作日计，日产 6 700 kg，每日 7 小时工作，则每小时加工 960 kg。设置输送带的分割生产每人每班按 100 kg 生产能力计算，无输送带的分割生产每人每班按 80 kg 生产能力计算。

第二节　食品生产企业工艺设计

食品生产工艺设计以生产车间为核心，根据生产规模、产品品种、质量要求，并结合建厂地点、原料来源、动力供应及水源水质等具体情况，因地制宜地确定生产方法、技术水平，选择工艺流程、生产设备，进行生产车间的设计布置。

一、工艺设计的重要性和设计依据

1. 工艺设计的重要性

(1) 食品生产企业的一般工艺设计包括以下内容：确定产品方案、产品规格及班产量；主要产品和综合利用产品的工艺流程的确定及操作说明；物料计算、生产车间设备的生产能力计算、选型及配套；生产车间平面布置；劳动力平衡及劳动组织，生产车间水、电、汽、冷用量的估算，生产车间管路计算及设计。

工艺设计除上述内容外，还必须向非工艺设计和有关方面提出下列要求：工艺流程、总平面布置的要求；工艺对土建、采光、通风、采暖、卫生设施等方面的要求；生产车间水、电、汽、冷耗用量的计算及负荷要求；对给水水质的要求和排水性质、流量及废水处理的要求；各类仓库面积的计算及温、湿度等特殊要求。

(2) 工艺设计决定了工厂设计的先进性和合理性。整个工厂设计是否先进合理，取决于产品生产工艺和选用设备的先进性，以及厂房、厂区的布局。在食品生产企业的设计过程中，工艺设计是主导设计，由许多部门配合工艺设计协同进行。在设计中由工艺提出的条件和要求，其他部门应尽量满足，即整个工程的构思、设想都贯穿了工艺的设计意图。因此可以说工艺设计的优劣，决定了整个工程设计的优劣。

(3) 工艺设计的好坏直接影响到全厂生产和技术的合理性，并且对建厂的费用和生产运行后的产品质量、产品成本、劳动强度等都有密切的关系，同时工艺设计又是其他非工艺设计的依据，所以食品生产企业的工艺设计必须根据设计计划任务书上规定的生产规模、产品要求和原料情况，结合建厂条件进行设计。工艺设计应力求技术先进，经济合理。

2. 工艺设计的依据

(1) 计划任务书下达的设计工作提纲，采用新工艺、新技术、新设备、新材料的鉴定报告，选用设备的有关产品样本和技术资料，其他设计资料。设计基础资料包括：水文、地质、气象、资源、交通运输、水质等设计资料。

收集资料是设计工作的基础，要获得先进合理的设计，注意收集最新的科技、生产和卫生方面的信息，注意生产实际效果，要学习其他行业的长处，并应用到食品工业中来。

(2) 确定生产方法及工艺生产流程，主要依据企业的实验结果或其他经验，通常包括：生产产品的配方、产品质量标准、消耗定额、工时耗产定额，各工序的工艺控制参数，生产周期；确定生产原料、辅助材料的规格、标准及用量，生产过程的特殊要求及操作要求。对各种生产工艺要进行分析比较，选择高产、低耗的先进技术。确定生产工艺流程所需要的设备名称、数量、主要技术参数、使用情况、操作方位、接管位置、存在问题、生产制造单位、价格、产品样本或技术资料，了解其他行业使用同类设备的情况。

二、食品生产企业的设计建设需要考虑的问题

1. 厂区布置的一般原则

厂房应按照生产工艺流程及所要求的洁净级别进行合理布局。厂区要远离有害场所，周围不得有粉尘、有害气体、放射性污染源和其他扩散性污染源。同一厂房和邻近厂房进行的各项操作不得互相妨碍。做到人流与物流分开，原材料与半成品、成品分开，生食品与熟食品分开。原料的接受、验收，原材料预处理和原料保管，全部生产加工过程直到成品入库，要求在一条生产流水线上，杜绝生产加工过程的交叉污染。

生产区、生活区和厂前区布局合理。生活区(包括宿舍、食堂、浴室等)应位于生产区的上风向。厂前区(包括传达室、办公楼、停车场、车库等)要与生产区分开。物流通道和产尘量大的建筑，如锅炉房，要建在厂区常年主导风向的下风侧。

2. 厂区道路布局的要求

应根据运输货物的性质、频度设置厂区主干道、次干道或厂内运输道和人行通道等。尤其是运输量大、有大型货车频繁进出的工厂，其货运车道最好与人员通道分开，并有明显的安全标志。

厂区的道路、停车场和堆场宜采用便于清洗的混凝土、沥青及其他硬质材料铺设，以防止路面尘土飞扬。路面应稍有斜坡，两侧有排水沟，防止地面积水。

3. 厂区的绿化

食品生产企业的四周、厂房之间、厂房与厂外公路或道路之间应保持一定的距离，中间设绿化带。厂区及周围不宜种植吸引昆虫和鸟类的植物。厂区道路两侧，车间的露土以种植草皮、培植草坪为主。

4. 建筑设施的要求

(1) 生产车间人均占地面积(不包括设备占位)不能少于 1.5 m^2，高度不低于 3 m。地面要求光滑无裂纹，但又不宜太光滑，耐冲击、耐水、耐热、耐酸碱。生产车间的地坪以花岗

岩或高标号混凝土加上耐酸骨料铺设,并用环氧胶泥勾缝最佳,耐酸、碱或盐类腐蚀性,并具有不起灰、耐热、防滑、机械强度高等特点,如花岗岩碎石、石英砂等,且在地坪表面画线条或印满天星花格进行防滑处理。

(2) 排水设施。食品生产车间的地面要有 1.5%～2%的坡度,以利排水。地面排水分两种:地漏排水和明沟排水。采用地漏排水时,地漏周围的地面向地漏洞倾斜的坡度应为2%,地漏的直径应为 100 mm,这样可收集半径 12 m 的地漏周围地面的水流。地漏与排水管道应通过弯头连接,并有水封装置,防止虫、鼠和臭气从排水管道进入车间。连接排水管的地方要有可供清洁的排渣口,防止管道堵塞。

(3) 通道。为防止交叉污染,食品车间的通道应尽量做到人流、物流分开,从原料加工到成品入库,物流通道应在一条生产线上。通道内不能堆放食品、原辅材料及杂物,避免有低于地面的地池,以免积水积尘。

(4)墙壁。食品生产加工企业的生产车间、原辅材料及成品仓库等用房的墙壁可用白瓷砖或其他防腐蚀、耐热、不透水的材料设置 1.5～2.0 m 高的墙裙,因为在地面清扫时,地面飞溅的水滴可以达到 1.5 m 的高度。同时,1.5～2.0 m 高的范围又是作业人员经常接触的地方,易使墙裙脏污。对于易产生水蒸气、油污的车间和用房,最好将整个墙面贴上白瓷砖。

(5) 门窗。窗台要设于地面 1 m 以上,内侧要下斜 45°。生产车间最好有两道以上的门,作为人、货和机器设备的出入口。门、窗、天窗要严密、不变形,应避免门窗与邻近车间的排气口直对或毗邻,不得将其设置在垃圾堆或厕所的对面。

(6) 屋顶、天花板与楼盖。屋顶为平顶的用防腐涂料粉刷,为尖顶的可用三合板或铝扣板等材料做天花板。天花板高度应在 2.4 m 以上。屋顶不积水、不渗漏,天花板表面光洁,用不吸水、耐腐蚀、耐温、浅色的材料覆涂或装修,同时有适当的坡度,以免凝结水滴,孳生虫害和霉菌,便于洗刷、消毒。

5. 防鼠、防蚊蝇、防尘设施

建筑物及各项设施应设置相应有效的防鼠、防蚊蝇、防尘、防飞鸟、防昆虫侵入等设施,防止受其危害和污染。采取综合措施防鼠,堵死外环境中和建筑物内的鼠穴,断绝鼠食来源。地板下的水道、通风孔、风扇入口、地基下水道口等,应设防鼠网,以免老鼠进入。

6. 消毒、洗涤与卫生设施

(1) 洗手设施。一般情况下,应在车间的入口处每 10～15 人安装一套洗手、消毒、干手设备,选用不锈钢、大理石或瓷砖贴面等不渗水的材料作洗手台的面板,其设计和构造应不易藏污纳垢,且便于清洗消毒。水龙头宜采用脚踏式、肘动式或感应式等非手动式开关。

(2) 消毒池。在生产车间的入口处应设有工作靴、鞋消毒池。消毒池的内侧壁与墙体呈 45°的坡度,池深不应低于 15 cm,其大小应根据情况而定。务使工作人员必须通过消毒池才能进入车间。

(3) 更衣室。更衣室应设置在便于操作人员进入各车间的地方,与洗手消毒室相近,男女分开,一般为边房式或脱开式,在出入口处装纱门或风门以防尘防蝇,对外的纱门宜向外开启。衣物柜一般按一人一柜安排,更衣室的面积一般按照固定工人总人数以每人 0.4～0.6 m^2 安排。

(4) 淋浴室。直接从事安全性要求高的食品生产的操作人员应在进入生产车间前进行淋浴。淋浴室可分散或集中设置,一般设置在男、女更衣室的旁边,以小门相通。淋浴龙头以每班工作人员计，每20～25人设置1个。

(5) 厕所。生产车间的厕所应设置在车间的外侧，便池一律为水冲式。设置坑式厕所时应距生产车间25 m以上。男厕所一般100人以下每25人设一个蹲位，100人以上每增加50人增加一个蹲位；女厕所一般100人以下每20人设一个蹲位，100人以上每增加35人增加一个蹲位。

在厕所内要设置洗手设施和排臭装置，并有适当的照明，门窗上应安装不锈钢或其他严密坚固、易于清洁的纱门和纱窗。厕所的外门不得正对食品加工区、存放区，除非有缓冲设施及排风设施(有效控制空气的流向)能有效防止污染。厕所内应有洗手设施。

7. 污水、废水、废弃物、垃圾的处理设施

废水处理和排放系统应保持畅通，经常维修。在室外的水沟上一律加金属或水泥盖板。排水沟的出口应有防鼠设施。废水管道(包括下水道干管)的口径应能满足高峰流量的要求。

8. 通风设施

通风设施按动力的不同，可分为自然通风和机械通风；按作用范围的不同，可分为全面通风和局部通风；按卫生要求和经济要求的不同，可分为综合通风(自然通风和机械通风相结合)和事故通风(临时开动的通风)等。

(1) 自然通风。自然通风时，建筑物之间的距离不应小于最高建筑物高度的2倍，而侧面间距应不小于房高。空气应从清洁区流向非清洁区，防止有害气体或粉尘进入清洁区。可开启的窗面积与地面积的比例应不小于1∶6。

(2) 机械通风。采用机械通风时，换气量每小时应不低于3次。机械通风装置的进风口应设置在室外空气清洁处，离地2 m以上 。位于烟囱及其他房间排气口的上风侧，与它们的间距至少为10 m。当工作点的计算温度大于35℃时，应设置岗位吹风，吹风方向应从工人的前侧上方斜吹到头、颈和胸部。

(3) 局部通风。在食品生产的热加工阶段，特别是在热烫、预煮、油炸、浓缩、排气、杀菌等开口加热阶段，余热及水汽会使车间的温、湿度升高，还会使墙面或顶棚滴水、发霉。烘箱、烘房、预煮机等可设专门的封闭排风管。

9. 采光、照明

照度是表示光线强弱、明暗的亮度单位，其物理意义是照射到单位面积上的光通量，单位为勒克斯(lx，$lx=lm/m^2$)。检验场所工作面混合照度不应低于540 lx；加工场所工作面不应低于220 lx；其他场所一般不应低于110 lx。一般工段高于100 lx，精细工段高于150 lx，库房、锅炉房、办公室等场所高于50 lx。冷库要用防潮灯，最低照明度10 lx。

10. 设备

(1) 生产设备。设备的安装不应紧贴墙面，应让机器与四周有足够的空间，便于清洁和消毒。设备离地面至少15 cm，以便于擦洗地板。与食品接触的设备表面必须用无毒、无害、不吸水、耐腐蚀、易消毒、易清洁的材料制作，且应不受洗涤剂及消毒剂的影响。

(2) 食品质量控制和监测设备。在设计烹煮、加热、冷却、储存和冷冻食品的设备时，应使设备能够在必要时尽可能迅速达到所要求的温度，并有效地保持这种状态。应使其能对温度进行监控，必要时还需对温度、空气流动性及其他可能对食品的安全性和适宜性有重要影响的特性进行监控。

冷藏及冷冻库内应安装能准确显示温度的指示计、测温装置或温度记录装置，安装能调

节温度的自动控制装置或当人工操作温度发生重大变化时的自动报警系统。

11. 原料的管理

原料泛指生产食品的原辅料、食品添加剂、食品加工助剂。原料的流转包括原料的采购、接收、贮存、使用等过程。食品生产加工企业在原材料的采购、接收、贮存、使用等过程中应注意下面的基本要求。

(1) 原料的采购。采购的原料必须符合相关的国家标准(包括产品质量标准、卫生标准等)、行业标准及其他有关规定的要求。不得使用非食品用原料生产食品。原料属于生产许可证管理范围的,必须选购获证企业的产品。原料的运输工具等应符合卫生要求。应根据原料的特点,配备相应的保温、冷藏、保鲜、防水、防尘等设施,以满足保证质量和卫生的需要。在运输过程中,原料不得与有毒、有害的物品同车或在同一容器中混装。

(2) 原料的接收。食品生产加工企业必须实施进货验收制度,对于不符合质量安全要求的原料,不予接收。对于采购回来的每一批原料,食品生产加工企业均应按有关的规定向供应商索取有效的检验报告及其他相关证书(复印件),并查验它们的有效性。

(3) 原料的贮存。食品生产加工企业应设置与生产能力相适应的原料场地和仓库。原料场地和仓库应由专人管理,并建立管理制度,定期检查场地和仓库的卫生情况,按时清扫、消毒、通风换气。原料应离地、离墙存放,并与屋顶保持一定的距离,垛与垛之间应有适当的间隔。在同一库内不得贮存相互影响风味的原料。需冷冻的原料应在−18℃以下储存;需冷藏的原材料,储存的温度应保持在0～4℃。对有温度、湿度及特殊要求的原料应按规定贮存。并定期检查温/湿度计是否工作正常。食品生产加工企业应规定各种原料的贮存期,采用先进先出的原则安排原料的使用。

(4) 原料的使用。原料的领用应有相应的记录,以实现产品与原料之间的追溯管理。对投产前的原料必须进行严格的检查,核对品名、规格和数量,如霉变、生虫、混有异物、感官性状异常等不符合质量标准要求的,不得使用。凡规定有贮存期限的原料,过期后不得使用。

车间按生产需要领取原料,根据配方正确计算、称量和投料。对原料的计算、称量及投料等过程须经过两人复核,并记录结果备查。

第三节　设备选型设计和计算

设备设计选型是工艺设计中很重要的内容,对投资建厂和工厂投产后的高效运行、维修工人的劳动强度以及产品的质量都有很大影响。

一、食品生产企业对食品生产设备的卫生要求

食品生产企业规定了对食品生产设备的要求,这是因为食品生产设备直接与食品接触,对食品质量和安全卫生的影响很大。总的来说,要求加工食品的机械和设备与食品接触的部件,应易于清洗和消毒,摆放在易于检查、清洗和消毒的位置。同时,应将由部件结构和安装引起的污染尽可能减少到最低程度。

(1) 车间内的设备、工器具和容器应采用无毒、无气味、不吸水、耐腐蚀、不生锈、易清洗

消毒并且坚固的材料制作。其结构应易于拆洗，表面平滑、无凹坑和缝隙。所有接触肉品的加工设备以及操作台面、工具、容器、包装及运输工具等的设计与制作应符合卫生要求，使用的材料应表面光滑、无毒、不渗水、耐腐蚀、不生锈，并便于清洗消毒。屠宰车间设备宜使用不锈蚀金属或热镀锌钢材料制作。分割加工设备应采用不锈蚀金属和符合食品卫生的材料制作。运输肉品及副产品的容器应采用有车轮的装置，盛装肉品的容器不应直接接触地面。刀具消毒器应采用不锈蚀金属材料制作，并应使刀具刃部全部浸入热水中，刀具消毒器宜用电加热方式。禁止使用竹、木制工器具。容器应有明显的标志，废弃物容器和可食产品容器不得混用。废弃物容器应防水、防腐蚀、防渗漏。如使用管道输送废弃物，应避免管道的选材、安装和维护对产品造成污染。

(2) 加工设备的位置应设在便于安装、维护和清洗消毒的地方，并按工艺流程合理排布，防止加工过程中交叉污染。加工车间的工器具应在专门房间进行清洗消毒，清洗消毒间备有冷、热水及清洗消毒设施和适当的排气通风装置。生产线的适当位置应配备带有 82℃ 热水的刀具消毒设施。

(3) 设备材质或设备制造材料要求。食品加工设备的原材料必须适合制品达到全温全压的操作范围，不能影响产品的质量，不能被产品或任何清洗消毒过程所腐蚀、分解或渗透。必须使设备成分之间的电化学腐蚀反应减少到最低程度，包括焊接、螺钉和零件等。机械要求表面光滑，接缝和焊接处必须平整，表面涂上无毒且耐腐蚀的涂料。如果铸料表面粗糙，容易发生污染并造成平时清洗的困难，会引起微生物潜伏和污染。

(4) 设备的设计必须考虑易于清洗。所有与产品接触的表面应便于检查和机械清洗，各部件便于拆开，以达到彻底清洗的要求。所有设备在首次使用之前，先进行清洗和钝化(对能与产品反应的表面进行灭活处理)，在某些情况下，由于设备某部分的变化需要进行再钝化。

(5) 设备与食品接触的面应平滑、无凹陷和裂纹，以减少食品碎屑、污垢及有机物聚集。在食品制造或处理区，不与食品接触的设备与用具，其构造也应能容易保持清洁状态。

(6) 设备系统和周围场所必须符合安全和卫生法规要求：没有滞留液体的凹陷及死角，可防止混入杂质，零件、螺丝、插头和螺帽等不会因震动而松离，投入原料及排出产品均能卫生操作，构造面防止害虫侵入。

(7) 食品加工设备与产品相接触的表面使用不锈钢，一般通用的型号是 304 号，能抵抗腐蚀的 316 号不锈钢现已被广泛使用。食品接触面不可使用竹、木材料。

二、设备选型的原则和依据

1. 设备选型的原则

(1) 保证工艺过程实施的安全可靠，包括设备材质对产品质量的安全可靠，设备材质强度的耐温、耐压、耐腐蚀的安全可靠和生产过程清洗、消毒的可靠性等。

(2) 经济上合理，技术上先进。

(3) 投资省，耗材料少，加工方便，采购容易。

(4) 运行费用低，水、电、汽消耗少。

(5) 操作清洗方便，耐用易维修，备品配件供应可靠，减轻工人劳动强度，实施机械化和自动化方便。

(6) 结构紧凑，尽量采用经过实践考验证明性能优良的设备。

(7) 考虑生产波动与设备平衡,留有一定余量。

(8) 考虑设备故障及检修的备用。

随着我国对外开放以来,食品生产行业通过合资引进先进技术设备日益增加,这对我国的食品生产工业起到促进作用。引进先进的技术设备,采用自动化流水线减轻了工人的劳动强度,减少了食品的污染,已经或正在被我国消化吸收并有所创新。我们在进行设备设计选型时应充分了解本行业发展的动向,并结合实际情况遵循上述原则进行工艺设计和设备选型。

2. 设备选型的依据

(1) 由工艺计算确定的成品量、物料量、耗汽量、耗水量、耗风量、耗冷量等。

(2) 工艺操作的最适外部条件(温度、压力、真空度等)。

(3) 设备的构造类型和性能。

3. 设备选型的步骤

(1) 设备所担负的工艺操作任务和工作性质、工作参数的确定。

(2) 设备选型及该型号设备的性能、特点评价。

(3) 设备生产能力的确定。

(4) 设备数量计算(考虑设备使用维修及必需的余量)。

(5) 设备主要尺寸的确定。

(6) 设备的传动和动力消耗计算。

(7) 设备结构的工艺设计。

(8) 支撑方式的计算选型。

(9) 壁厚的计算选择。

(10) 材质的选择和用量计算。

(11) 其他特殊问题的考虑。

三、设备选型设计和计算

1. 设备选型

以屠宰行业的加工设备选型为例,其种类很多,大致可以分为:击晕、浸烫设备,刮毛、打毛设备,燎毛设备,剥皮、劈半设备,副产品处理设备,冲洗、计量设备,刀具及部件、灭菌及消毒设备。屠宰工艺设备配置见图 4-2。

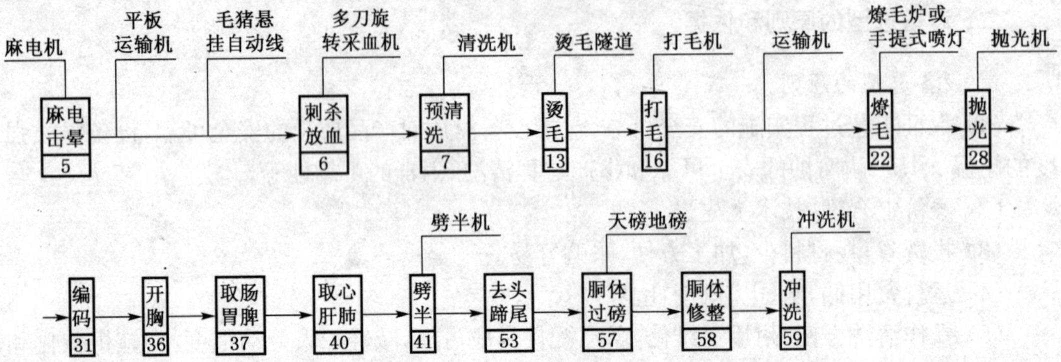

图 4-2　屠宰工艺设备配置图

(1) 击晕设备。国内采用的击晕设备有:手握式麻电器、V形麻电装置、梯形麻电装置、光电自动麻电机、翻板麻电机等。国外的击晕设备有:全自动心脑击晕机、手动击晕钳、电动瞬时击晕钳等。

第一,全自动心脑击晕机配由两个平行固定侧板和一条位于两侧板之间的输送机组成,电极通过猪的心脏,完成击晕过程。采用低压高频电流电击肌肉,减少对猪造成的损伤,基本无淤血和骨折现象产生,用于大中型屠宰厂。装机功率:4.5 kW;生产能力:450头/h;材质:不锈钢;电机驱动:变频无级调速;头部击晕电压:75～125 V;击晕时间:头部2～2.5 s,心脏1.5～3 s。

第二,手动击晕钳用于软猪和种猪的击晕,可与V形麻电装置、梯形麻电装置或击晕箱配合使用。此系统包括一个击晕控制箱、击晕钳和一个不锈钢钳套。工作电压:220 V,频率:50 Hz;击晕电压:250～350 V;重量:25 kg、击晕能力:1 000头/h。

第三,电动瞬时击晕钳带一个变压器和防水开关箱,电压为220～250 V,该击晕箱带铝制钳体,手柄钢管带有纵向电极,击晕电压:220～250 V,击晕能力:1000头/h。

(2) 平板输送机。该机将已击晕的生猪输送一段距离,以便操作人员将生猪吊挂到输送轨道上,进行刺杀放血,与麻电机配合使用。生产能力:300～400头/h;输送速度:5.5 m/min。

(3) 生猪悬挂自动线。该自动线用于生猪被击晕后提升、刺杀、放血、清洗以及自动进入热烫池或用卸猪机卸下,进行预剥皮前的准备。自动线转向轮为无齿光轮,减少掉链故障,改变了传统的提升和卸猪方式,工作效率高,便于猪屠体的放血和清洗。

(4) 刺杀放血设备。击晕后的生猪通过挂链提升进入自动轨道生产线进行刺杀放血,现在多采用多刀旋转采血机。此机器比较先进,放血安全,采集的血液符合卫生要求,适合中小型屠宰加工的连续生产使用。生产能力:150头/h;采血量每头猪2.5～3.0 kg。

(5) 剥皮设备。目前国内普遍使用的有卧式剥皮机和立式剥皮机。

第一,预剥皮传送带是剥皮机的配套设备,由动力装置、机架、张紧装置和传送平台带组成。输送速度:6～8 m/min;电机功率:2.0～1.5 kW;传送带长度:16～20 m。

第二,卧式滚筒剥皮机由机架、滚筒、震荡刀、变速箱、电控柜等组成,剥皮刀快速往复运动进行剥皮,生产能力:300头/h;滚筒电动机:Yll2m-4Bs;震动刀电动机:Y90L-4Hs。

(6) 浸烫设备。浸烫脱毛是带皮猪屠宰加工中的重要环节,浸烫脱毛的好坏与白条肉质量有直接关系。目前,普遍使用的浸烫设备主要有烫猪机和冷凝式蒸汽烫毛隧道等。

第一,国产烫猪机由机架、减速器、曲轴、链轮、六角轮、搁猪架和输送带等组成。放血后的猪屠体进入热烫池后,进行往复推进、翻滚,使猪体在烫池内均匀浸烫,可以调节两种推挡速度,烫池底部装有搁猪架,用于托住猪体防止下沉,适用于中、大型屠宰厂。生产能力:360头/h;电机功率:6.3 kW;浸烫时间:4～5 min;载猪限度:每挡一头。

第二,冷凝式蒸汽烫毛隧道采用不锈钢板夹芯保温材料制造,包括空气循环系统,保证屠体周围空气流动。屠体在隧道内受到约100%湿度的蒸汽流加热,浸烫6 min左右,使屠体毛孔扩张,以利打毛。

(7) 打毛、刮毛设备。国产打毛机有二轴刮毛机、三轴刮毛机、螺旋式刮毛机,进口打毛设备有施托克自动打毛机,伴斯外拉打板式打毛机等。

第一,三轴打毛机由机身、起猪捞耙、两个硬刮刨滚筒和一个软刮刨滚筒组成,猪屠体在机内不断翻动,与硬、软刮刨片不断摩擦将猪毛刮掉。生产能力:180头/h;电机功率:

7.5 kW;最大负荷量:220 kg;硬刮刨前滚筒:转速 60 r/min,刨片数量 90 片。硬刮刨后滚筒:转速 120 r/min,刨片数量 108 片。软刮刨滚筒:转速 200 r/min,刨片数量 64 片。

第二,施托克自动打毛机是铸铁结构,顶部和四壁为不锈钢,铸铁 U 形棒悬挂在主机架上部,两个打毛鼓与星形轮固定 6 组钢刮板呈三角形,下方装有 10 组刮板。旋转运动和螺旋 U 形棒对屠体进行全方位打毛。屠体在打毛机里被连续喷水,冲洗多余的猪毛,喷淋水流入储水罐,加热后再泵回喷水管。猪毛落入筛槽,通过螺旋式输送机将其送出,屠体出口由气动控制调整开启时间。施托克自动打毛机单机重量达 17 t,且有很大的震动,在设计设备基础及吊装安装机器时要特别注意。装机功率:22.5 kW;机器重量:17 t;最大屠体重量:400 kg; U 形棒:26 个。

(8) 燎毛设备。国内使用手提式喷灯,国外进口屠宰设备带有火焰燎毛机。

第一,手提式喷灯为燎毛用液化气喷灯,燎毛温度为 800～1 300℃。燎毛后由人工修刮进入下道工序。

第二,进口火焰燎毛机包括 4 个燃气、空气混合器,每个混合器有火焰喷嘴。混合器之间装有不锈钢板,由鼓风机向混合器供应新鲜空气。燎毛机由中央控制盘设定时间,用空气蝶阀控制燃烧状况、火焰大小和强度。生产能力:500～600 头/h;燃气:天然气或液化气;燎毛时间:7 s。

(9) 修刮、抛光设备。修刮输送机安装在打毛机之后,手工刮除小毛后输送屠体进入下道工序。抛光机用于打毛、燎毛后猪体表面的清洗抛光,机器内壁的水流进行清洗,喷嘴向屠体和鞭条喷水,用特制的鞭条对屠体进行清洗、抛光。

(10) 白条自动线。白条自动线是进口设备的屠宰流水线,又名推式输送线,是用来输送白条、完成剖腹等工作的输送自动线。它采用可拆链机械传动,横向刚度大,带动装在可拆链上的刮脚前进,达到运送白条的目的。当安装同步卫检线时,则采用同步联合驱动装置带动。

(11) 同步卫检线。

第一,同步卫检是屠宰工艺中重要的工序,同步卫检在猪胴体剖腹以后、劈半之前进行。胴体、内脏分别对应悬挂在两条平行输送线上(卫检线和白条自动线),并以同一速度同向传送。同步卫检一旦发现猪内脏病变,即刻就可找到对应的白条肉,反之发现胴体有病变,也能即刻找到对应的内脏。

第二,进入同步检验线前,必须对胴体按顺序在耳部和前腿外侧用屠宰专用变色笔编上号码。同步卫检由联合驱动、传送链、容器、自动倾翻等部件组成。心肝肺装在托盘内或挂钩上,肠肚放在托盘内,采用滑道自动倾翻,托盘经冲洗后重复使用。

(12) 劈半设备。国产设备有往复式劈半锯、桥式电锯和带式劈半锯,进口设备有劈半机器人。

第一,往复式劈半锯由偏心块、连杆、十字头锯弓和锯条等组成,它有腹向式和背向式两种操作方式,由操作者根据自己的习惯和方便而定。生产能力:600 头/h;电动机功率:1.5 kW;电锯重量:56 kg。这种电锯适用于中小型屠宰工厂。

第二,桥式电锯由圆锯片、V 形引入槽、U 形引出槽和带推进器的快速传送带等组成。前端的 V 形引入槽能使猪胴体在送进时脊背正对锯片中央,在线作业连续性好,速度快,劈片准确。生产能力,500～600 头/h;电动机功率:5.5 kW,圆锯片直径:720 mm。这种电锯用于大型肉类加工企业。

第三，带式劈半锯的不锈钢保护罩盖住锯片的前后端，保证操作者的安全，适合烫毛、脱毛后带头劈半，避免交叉感染，效率高。

第四，进口屠宰设备配置的劈半机器人，采用电脑自动控制对中和劈半，每 7～9 s 劈开一头，遇有前道或本道工序故障，机器人会自动停止工作。

(13) 副产品处理设备。猪的副产品包括心、肝、肚、肺、大肠、小肠、腰子、腺体以及头、蹄、尾、耳等。在这些副产品中，有些是可食用的，有些是制药原料和工业原料，必须达到无灰、无毛、无粪污、无淤血、无病灶、清洁卫生。

第一，离心式烟毛机用于头、蹄、尾的去毛，它由不锈钢机架、带特制盘的旋转筒、热冷水连接单元、上料、卸料门、齿轮电机、脂肪收集筐和电控板组成。转盘旋转产生的离心力使物料不断翻动，相互摩擦，以利去毛。生产能力：1 000～1 200 kg/h；冷水消耗：2 700 L/h；60℃热水消耗：2 300 L/h；齿轮机功率：7.5 kW。

第二，清洗去杂机用于去除猪肚、牛肚、猪大肠、牛大肠的脂肪和黏膜。其结构和工作原理与离心式烟毛机相似，生产能力：600～800 头/h；冷水消耗量：1 600 L/h；80℃热水消耗量：1 250 L/h；齿轮电机功率：9 kW。

第三，心、肝、肺分离机用于分割心、肝、肺，它由机架、圆片刀、送料链条等组成。旋转的圆刀片将心、肝从左右分开，肺从中路滑出。生产能力：800～1 000 副/h；电动机功率：1.7 kW；转速：1 450 r/min；圆刀片直径：300 mm；送料链速度：18.9 m/min。

第四，小肠排粪机用于排除猪小肠内的粪便，它由机架、弓形槽钢架、橡胶滚筒组成。滚筒旋转挤出肠内容物，喷出温水洗去小肠及橡胶滚筒内粪便。生产能力：500～600 头/h；电动机功率：1.5 kW；滚筒直径：152 mm；滚筒长度：560 mm。

第五，小肠刮黏膜机用于去除小肠内黏膜，它由机架、刮刀辊、大滚筒和橡皮滚等组成。小肠通过滚筒的拉扯，经大滚筒和刮刀滚挤搓去除肠黏膜。生产能力：500 头/h；电机功率：1.5 kW；橡皮滚转速：5 r/min；刮刀滚转速：450 r/min。

第六，血液分离机由电机、不锈钢盘式离心分离器、卸料叶轮机和电控板等组成。通过高速旋转的离心作用，将密度不同的血浆、血细胞分离出来。生产能力：1 200～1 500 L/h；旋转速度：6 500 r/min；装机功率：11 kW。

(14) 冲洗设备。

第一，预清洗机由不锈钢的支撑和外壁、驱动电机、喷水管控制板和带有拍打器的清洗柱等组成。在水喷淋和拍打器的洗刷下，洗掉屠体表面的血污和其他污物。生产能力：500～600 头/h；电机工作电压：380 V；频率：50 Hz；机架高度：2 650 mm。

第二，抛光机用于打毛、燎毛后猪体表面的清洗，它由卧式和立式的鞭条转轴以及特制的鞭条、机架、喷嘴、电机、连接水管等组成。在水流不断进行清洗过程中，鞭条对猪体进行全身清洗、抛光。生产能力：500～600 头/h；工作电压：380 V；频率：50 Hz；装机功率：40 kW。

第三，冲淋装置安装在劈半锯工序后，用于冲洗胴体腔内的血污、骨屑、肉屑，并使片猪肉达到降温的目的。它由两个不锈钢面板和四根喷水管组成，耗水量：3 t/h。

(15) 多功能轨道计量系统。该系统由称重输送机、秤和显示器组成。称重时将胴体打入称重轨道，通过显示器读出胴体重量。输送机长度：500 mm；最大称重量：300 kg；分辨能力:300 g。

(16) 刀具和部件。手动开肛器用于人工去除肛门,它由开肛器、真空系统、消毒装置、磨刀器、软管、平衡器和空气过滤器组成。手动脂肪修割刀用于手工修割胴体各部位表面脂肪,它由修割刀、软管、空气过滤调节器组成。手动去头机用于快速去除猪头,它由切头器、液压器(4.4 kW)、平衡器组成。液压式割蹄钳用于手工去蹄,它由分割刀、液压装置和平衡器组成。手动喷码机用于向胴体表面喷码用。DCC-10 叠层车:740 mm × 560 mm × 1 400 mm,层数有六、七、八、九、十层。

(17) 灭菌消毒设备。劈半锯消毒池用于劈半锯的消毒,它由不锈钢消毒箱、双层壁保温、热水连接及排水系统组成。围裙消毒池用于围裙的清洗消毒,它由不锈钢消毒池、双层壁保温、热水连接及排水系统组成。洗手及刀具消毒池用于人手及刀具消毒,它由不锈钢带脚踏阀门的洗手池、双壁保温的刀具消毒箱、热水连接器、液体皂容器组成。切蹄机消毒箱用于切蹄机的消毒,它由不锈钢双壁保温消毒箱、热水连接器及排水系统,超声波清洗系统组成。超声波清洗系统用于扁担钩的清洗,它由不锈钢罐、带有液面控制装置及溢流装置、15 kW 的加热单元、冲水系统和电气开关柜组成。刀具消毒器,规格 200 mm × 200 mm × 400 mm,电热管加热,220 V,300 W。

2. 屠宰机械成套设备

屠宰机械成套设备见表 4-6。

表 4-6 生猪屠宰机械成套设备一览表

设备名称	规格型号	主要参数
麻电器	带变电器、电棒	
麻电机	MD-1 400	最大生产能力 200 头/h
毛猪运送带	MSD-800	输送速度 8.12 m/min
卸猪机	XZ1200	最大卸猪数 200 头/h
刮毛机	GMJ-I	加工能力 180～240 头/h
烫猪机	TZJ-I	最大生产能力 180 头/h
白肉提升机	BD-2400	提升线速度 10 m/min
空葫芦提升机	KD-2400	提升线速度 10 m/min
预剥输送带	YBD-18	输送速度 6 m/min
剥皮机	GBJ-180	有效工作宽度 1 800 mm,最大生产能力 190 头/h
双轨自动线		输送速度 6 m/min
毛猪提升机	MD-2350	提升速度 10 m/min
燎毛炉	LM-400	最大生产能力 250 头/h
桥形电锯	QDJ-750	最大生产量 200 头/h
快速推进带	KJ-4700	推进速度 20 m/min
同步检验线		输送速度 6～13 m/min
割前爪机	QZJ-I	刀片直径 400 mm,厚度 2.8 mm;线速度 4 m/min
割后爪机	HZJ-I	刀片直径 400 mm,厚度 2.8 mm;线速度 4 m/min
翻肠池	1 000 mm × 800 mm × 850 mm	全部 1Cr18Ni9Ti 制作

续表 4-6

设备名称	规格型号	主 要 参 数
洗肚机	1 250 mm×850 mm×850 mm	全部 1Cr18Ni9Ti 制作
打黏膜机	DNMJ-1	生产率 50 kg/次，转速 41 r/min
卧式打头机	WDT-2	最大生产能力 210 头/h
肚油分离机	DYJ-I	刀片 直径 400 mm，厚度 2.8 mm；线速度 4 m/min
小肠抹粪机	MFJ-Ⅱ	电机功率 1.5 kW，滚筒直径 160 mm
滑肠槽	3 000 mm×500 mm×700 mm	全部 1Cr18Ni9Ti 制作
心肝肺分离机	XGFJ-I	刀片直径 100 mm
打爪机	DZJ-Ⅱ	生产率 30 kg/次
毛猪、白肉葫芦		由 1Cr18Ni9Ti 或 A3 制作

3. 分割车间设备选型

(1) 分割肉设备。

第一，猪胸骨锯通过手柄移动切割深度可以调整。电机功率：480 W；工作压力：0.6 MPa，空气消耗量 0.7 m^3/min；锯片直径：160 mm；切割深度：15～45 mm；重量：2.4 kg。

第二，猪半扇分割圆锯通过锯片止动装置可反钳制控制，能高速切割，易于清洗。电机功率：2 500 W；电压：42/110/230/400 V；锯片直径：400 mm，切割深度：140 mm，重量：47 kg。

第三，高效猪、牛劈半条锯，安装保护封盖和反钳制控制的保护开关，具有伸缩带和热水喷射清洗系统。电机功率：1 655 W；电压：42/110/230/400 V；频率：50 Hz；三相；切割长度：460 mm；重量：50 kg。

第四，半扇猪电动分割锯的离心动力制动器用于锯片止动，切割深度可以调节。电机功率：1 800 W；电压：42/230 V；频率：50～60 Hz；一相；锯片直径：230 mm；切割深度：15～17 mm；重量：10 kg。

第五，半扇猪长杆分割锯，电机功率：1 500 W；锯片直径：230 mm。猪半扇分割弓形锯，电机功率：2 200 W；锯条长度：800 mm。半扇猪和四分之一牛用电动分割锯，电机功率：1 020 W；锯片直径：180 mm。半扇猪分割尖锯，电机功率：1 400 W；锯条长度：475 mm。

(2) QRD_1 型多功能切肉机，规格尺寸 1 500 mm×800 mm×1 190 mm，切肉速度每分钟170/340 片，成品厚度在 0.5～50 mm，可以调节。

(3) 自动剔骨机是将骨架和肉自动分离的机器，德国生产两种设备：剔骨和切块用的气动刀，供肉类和鱼类加工用，电机功率：300 W；工作压力：0.6 MPa；刀长度：215 mm。爱发贝齐刮骨器，用于刮油脂和清洁骨用，旋转式圆刀有压缩空气和电动两种可供选择。

(4) 大、中型肉骨分离机由不锈钢制成，箱头可拆卸，能处理各种生食品。总功率：54 kW；转子速度(恒温)：195 r/min；泵速度(可变)：35～72 r/min；料斗容量：270 L。输入容量：1 364～2 727 kg/h；机器尺寸：229 cm×112 cm×152 cm，机器重量：1 364 kg。

小型肉骨分离机，总功率：18.7 kW；转子速度(恒定)：70 r/min，因链轮的变化而异；泵速度(恒定)：70 r/min，因链轮的变化而异；料斗容量：270 L。输入容量(因食品而异)：455～1 364 kg/h；机器尺寸：183 cm×79 cm×178 cm；机器重量：773 kg。

(5) 真空包装机。真空包装机分为袋包装机、深拉包装机和贴体包装机三种，其工作原理均为：排除包装内的空气，使包装在正常大气压下容积收缩，保证包装物具有一定的真空度。

第一,袋包装机把制品装入包装袋中,在真空室内抽去空气后进行热封,使用较为广泛的是间歇式真空包装机,也有真空室配备传送带可移动式和双真空室回转移动连续式真空包装机。深拉包装机用成形模具把加热后的薄膜冲成容器的形状,进行真空包装。

第二,间歇式贴体包装机利用制品本身形状确定包装外形,通过上下薄膜的热黏合作用达到包装目的,产品不会出现皱褶,真空度较高,可以抑制产品出水,较其他包装方法保存效果好。间歇式贴体包装机的真空室由上盖和底容器构成,上盖是可升降的热板,底容器也可上下移动,工作时装有制品的薄膜下降在底容器上,盖上薄膜,热板下降,薄膜受热,同时在真空室内脱气,当薄膜接近热熔点时,上盖的热板退回原处,工作台又升到底容器边上,此时产品已被薄膜覆盖,然后恢复常压,薄膜一边被拉深,一边沿着制品密封。

第三,拉伸膜自动包装机由传送链条夹子将下部塑料膜引入机身后,加热成型并进入装货槽。被包装物装入下部膜形成包装空间后,即与上部薄膜同步向前进入真空槽,在抽真空的同时,完成上下膜的热封,从而实现真空制袋包装,随后完成包装物的双层脱机。整个操作机器均在光电系统控制下,配有横向切割器和高速运转的圆形纵向分切刀,作为包装后分切。包装后产品通过斜面滑道或传送带运出装箱。

底膜成型原理:底膜从薄膜卷筒托架被传送到加热成型区冲压成型之前,先通过接触式加热板对薄膜进行单面底部预热或双面夹层预热,使薄膜与加热板之间形成真空环境,确保了薄膜在深冲压成型中均匀拉伸。薄膜预热之后,可采用不同冲压成型方法使薄膜成型,如经压缩空气深冲压、真空深拉或用塞块成型方式在模具凹槽内进行等。

上下膜真空热封原理:上膜均匀覆盖在盛有产品的底膜上,随即进行真空热封。抽真空过程保证了包装空间有一定真空度,热封方式可根据产品需要选择,如周边密封和脉冲式密封。

第四,充气包装机是将包装袋内空气抽出,再充入 CO_2 或氮气等实现延长产品保质期的设备。充气包装机分为两大类:在大气中往包装袋中充入气体的灌入式包装机和先把包装袋抽成真空再充入气体的真空式包装机。DZQ400 型多功能真空充气包装机是目前市场上最新研制的产品,具有较好的市场前景。

4. 分割肉生产线配套设备

分割肉生产线配套设备,见表 4-7。

表 4-7　分割肉生产线配套设备一览表

设备名称	规　格	主要参数
卸猪台	2 500 mm×1 000 mm×850 mm	全部 1Cr18Ni9Ti 制作
DK1200 大带锯	1 986 mm×920 mm×1 860 mm	加工范围 560 mm×820 mm,带速 19.1 m/s
DK800 中带锯	1 100 mm×860 mm×1 780 mm	加工范围 500 mm×700 mm,带速 23.3 m/s
三段锯	SDJ-11	刀片直径 500 mm,带速 780 r/min
带锯输送带	2 400 mm×1 200 mm×850 mm	全部 1Cr18Ni9Ti 制作
单层工作台	600 mm×400 mm	宽带及长度可定制(亦可用于包装)
双层输送带	带工作台	宽带及长度可定制(亦可用于包装)
YE1800 圆盘分料机	料盘直径 1 300 mm	工作台直径 1 800 mm,分料盘转速 3.27 r/min
真空包装机	1 200 mm×700 mm×940 mm	包装能力 180～300 次/h,封口长×宽,500 mm×10 mm,2 条
预冷车	1 280 mm×620 mm×1 365 mm	全部 1Cr18Ni9Ti 制作

5. 设备选择计算

(1) 计算依据。

第一，根据班产规模和物料计算，计算出各工段、各过程的物流量、储存容量、传热量、蒸发量等，以此作为设备选型计算的依据。根据所选用的设备生产能力、生产富余量来计算设备台数、容量、传热面积等。最后确定设备的型号、规格、生产能力、功率。

第二，在进行设备选型和计算时必须注意设备的最大生产能力和设备最经济、最合理的生产能力的区别，即在生产时希望设备发挥最大的生产能力，但从设备的安全运转角度来看，如果设备长期都以最大的负荷(生产能力)运转，则是不合理的。因为设备都有一个最佳的运转速度范围，在这一范围内设备耗能最省、设备的使用寿命最长。因此在进行设备选型计算时，不能以设备的最大生产能力作依据，应取最佳的生产能力，而在一般设备的产品样本、目录、广告或铭牌上标明的是设备的最大生产能力。另一要重视的是台机生产能力与台数的选择和搭配，既要考虑连续生产的需要，也要考虑突发事故(如停电、水、汽等)发生，或变更生产品种(多品种生产)的需要，充分发挥设备的作用，节省投资，保证生产。

第三，食品工厂有些加工设备的生产能力随物料、产品品种、生产工艺条件而改变，例如小包装生鲜肉等生产能力计算可以参考有关资料进行。

(2) 设备计算公式。放血轨道输送带运送速度 v 可按下式计算：

$$v = \frac{Ab}{60T} \tag{4-6}$$

式中：A—— 平均每班屠宰畜禽头数；

b—— 输送带上胴体间距，m；

T—— 每班连续操作时间，h；

v—— 放血轨道输送带速度，m/min。

输送线上胴体的间距或滚轮的间距 b 为：大牲畜(牛等)1.2～1.8 m，猪 0.6～0.9 m，小牲畜 0.6～0.9 m，大牲畜白条 1.8 m，大牲畜半胴体和清洗输送带 0.9 m。

输送线上操作面的长度 L_P 可按下式计算：

$$L_P = vt \tag{4-7}$$

$$t = \frac{60}{P} \tag{4-8}$$

式中：L_P—— 输送线上操作面的长度，m；

t—— 生产定额，min/ 头；

P—— 每小时放血的头数。

由式(4-6)的 v 和式(4-8)的 t 代入式(4-7)中，则得：

$$L_P = \frac{Ab}{TP} \tag{4-9}$$

为了实现有节拍的生产，可以调节自动线链条的线速度：

$$v_{线} = \frac{B}{Z} \tag{4-10}$$

式中：$v_{线}$ —— 线速度，m/s；

B—— 钩距，m；

Z—— 节拍，s/ 头。

水平带式输送机计算：

$$G = 3\,600\,Bh\,\rho\,v\,\phi \tag{4-11}$$

式中：G—— 水平带式输送机生产能力，t/h；

B—— 带宽，m；

ρ—— 装载密度，t/m^3；

ϕ—— 装填系数，取 0.75；

h—— 堆放一层物料平均高度，m；

v—— 带速，取 0.8～2.5 m/s。

倾斜带式输送机计算：

$$G_0 = \frac{G}{\phi_0} \tag{4-12}$$

式中：G_0—— 倾斜带式输送机生产能力，t/h；

G—— 水平带式输送机生产能力，t/h；

ϕ_0—— 倾斜系数，其值决定于倾斜角度，参阅有关资料。

流水线上各工位设备台数可依设备生产能力和生产节拍确定：

$$设备台数 = \frac{生产线工作节拍(头/min)}{设备生产能力(头/min)} \tag{4-13}$$

6. 设备清单

设备选型与设计完成以后，按流程图序号将所有设备汇总，编制成设备一览表，作为设计说明书的组成部分，为下一步建筑设计以及其他非工艺设计和设备订货提供必要的条件。设备清单格式参见表 4-8～表 4-10。

表 4-8　××食品生产企业××车间设备清单

序号	设备名称	设备生产能力	规格型号	外形尺寸	台数	平衡计算简述	材料	单价	金额	制造厂商	备注
1											
2											
3											
合计											

表 4-9　××食品生产企业××车间设备清单

<table>
<tr><th rowspan="2">序号</th><th rowspan="2">流程编号</th><th rowspan="2">设备名称</th><th rowspan="2">台数</th><th rowspan="2">结构形式</th><th colspan="3">操作条件</th><th rowspan="2">体积流量(m^3/h)</th><th rowspan="2">空速(m/s)</th><th rowspan="2">容量(m^3)</th><th rowspan="2">装料系数</th><th rowspan="2">线速度(m/s)</th><th rowspan="2">停留时间(min)</th><th colspan="2">规格</th><th rowspan="2">备注</th></tr>
<tr><th>介质</th><th>温度</th><th>压力(MPa)</th><th>长宽</th><th>容积</th></tr>
<tr><td></td><td></td><td></td><td></td><td></td><td></td><td></td><td></td><td></td><td></td><td></td><td></td><td></td><td></td><td></td><td></td><td></td></tr>
<tr><td></td><td></td><td></td><td></td><td></td><td></td><td></td><td></td><td></td><td></td><td></td><td></td><td></td><td></td><td></td><td></td><td></td></tr>
<tr><td></td><td></td><td></td><td></td><td></td><td></td><td></td><td></td><td></td><td></td><td></td><td></td><td></td><td></td><td></td><td></td><td></td></tr>
</table>

表 4-10　设备一览表

<table>
<tr><td colspan="2" rowspan="3">设计单位名称</td><td colspan="2">工程名称</td><td colspan="2" rowspan="3"></td><td colspan="2" rowspan="3">综合设备一览表</td><td colspan="2">编制</td><td></td><td>年</td><td>月</td><td>日</td><td colspan="2">工程号</td></tr>
<tr><td colspan="2">设计项目</td><td colspan="2">校对</td><td></td><td>年</td><td>月</td><td>日</td><td colspan="2">序号</td></tr>
<tr><td colspan="2">设计阶段</td><td colspan="2">审校</td><td></td><td>年</td><td>月</td><td>日</td><td colspan="2">第　页</td></tr>
<tr><td>序号</td><td>设备分类</td><td>流程图位号</td><td>设备名称</td><td>主要规格型号材料</td><td>面积(m^2)容积(m^3)</td><td>附件</td><td>数量</td><td>单重(kg)</td><td>单价(元)</td><td>图纸图号或标准图号</td><td>设计或复用</td><td>几何尺寸</td><td>安装图号</td><td>制造厂</td><td>备注</td></tr>
<tr><td></td><td></td><td></td><td></td><td></td><td></td><td></td><td></td><td></td><td></td><td></td><td></td><td></td><td></td><td></td><td></td></tr>
<tr><td></td><td></td><td></td><td></td><td></td><td></td><td></td><td></td><td></td><td></td><td></td><td></td><td></td><td></td><td></td><td></td></tr>
</table>

第四节　物料计算与人力资源配置

物料计算包括水、电、汽、压缩空气及包装材料的计算，通过物料计算可以确定生产过程中的给排水、供电、蒸汽、各类能耗的需要量以及为设备计算、管路设计提供计算依据。

一、物料计算

当生产方法确定并完成了工艺流程示意图设计后，即可进行物料计算，设计工作即从定性分析过渡到定量计算。物料计算是工艺设计的基础，也是工艺设计最先完成的项目。

1. 车间用水量估算

车间用水量估算有三种方法：按单位产品耗水量定额估算、按水的不同用途分项估算和用计算的方法估算。

(1) 用单位产品耗水量定额估算用水量，其方法简便，但比较粗略。比如肉类生产用水量较大，尤其是屠宰作业中诸如烫毛、冲洗等生产操作和各个环节的卫生用水、容器洗涤等，同时屠宰作业油腻大，还要将大量热水用于冲刷和洗涤。屠宰和分割车间生产用水量为 0.5～0.7 m^3/头，水量小时变化系数为 2.0。屠宰 1 头牛约等于 2.5 头猪的用量，1 头小牛或 1 头羊约等于 1 头猪的用量，100 只家禽需水用量为 150～160 kg。肉制品生产可按每生产 1 t 制品需用水 18 t 估算。

(2) 按水的不同用途分项估算用水量。食品工厂生产车间因不同要求需要不同的水质。

第一，生产过程中的用水，如畜禽候宰淋浴、预清洗、烫毛打毛、清洗抛光、清洗胴体、红白脏生产线的用水等。这些用水水质要求高，水质对产品质量有决定性的作用，因此要求选用水质较好的水。

第二，原料、半成品的洗涤和冷却用水的水质要求也比较高，一般用自来水或其他符合饮用水标准的水。

第三，包装容器的洗涤用水的水质要求比较高，应按饮用水的水质标准。洗涤的用水量与洗涤设备的设计有很大关系。

第四，清洗与食品接触面的设备用水应按饮用水标准要求。清洁用水包括清洗设备、墙壁、冲洗地坪等用水，可采用井水或干净的江河水，清洁用水量一般在 5～10 m^3/h。

第五，车间生活用水，可按：一般车间 25 L/(人·班)，较热的车间 35 L/(人·班)，较脏的车间 40 L/(人·班)计算，也可以按车间生活用水设施计算。

第六，车间消防用水按每两只消防龙头 9 m^3/L 计算，特殊情况下，则按 14.5 m^3/L 计算。

第七，车间总用水量并不是上述各分项用水量的总和，应该考虑到分项的同时使用率。准确的计算应将上述各项用水量分别画出用水曲线，根据不同时间用水量的总和，计算出最大用水量，编制用水作业表(或图)，掌握生产用水高峰时的耗水情况。亦可将各分项用水量的总和乘以同时使用系数，作为车间的总用水量，同时使用系数取 0.6～0.8。

上面介绍的用水量估算方法工作量较大，适用于设计新产品时使用，或者作为对经验数据的校核。对于一些经验数据、资料积累较多的行业，可直接引用经验数据和按产品耗水定额估算。

(3) 采用计算的方法来估算用水量。目前我国很多食品工厂缺乏对各产品较准确的用水消耗定额数据，算得的理论数据往往比实际消耗的要低得多，只能作为参考。至于低多少，这与生产过程中水的浪费有关，而企业管理水平、工人素质等直接关系到生产用水的浪费。下面分别介绍不同工艺或产品计算耗水量的方法及有关公式。

第一，生产线上的用水量 S_1 根据设备提供的参数进行计算。清洗物料或容器所需水量 S_2 可按单位时间内水的流量及用水时间来计算：

$$S_2 = \frac{\pi}{4} d^2 v t \rho \tag{4-14}$$

式中：d—— 清洗设备上进水管的内径，m；

v—— 水在管道内的流速，m/s；

t—— 清洗设备使用时间，s；

ρ—— 水的密度，kg/m^3。

第二，冷却用水量 S_3 根据设备提供的参数进行计算。冲洗地坪耗水量 S_4 根据实际测定，1 t 水约可冲地坪 40 m^2，食品厂生产车间每 4 h 冲洗一次，每班冲洗两次，则

$$S_4 = \frac{M}{40} \times 2 \tag{4-15}$$

式中：M——生产车间地坪面积，m^2。

2. 车间用汽量估算

用汽量估算有单位产品耗汽量定额和逐项计算两种方法。小型食品工厂可采用单位产

品耗汽量定额估算法，也可按主要设备的用汽量或食品工厂生产规模来拟定给汽能力。大型食品工厂在进行用汽量估算时必须采用逐项计算的方法，保证用汽量计算的准确性。用汽量估算也可以做全过程的或单元设备的用汽量计算，现以单元设备的用汽量计算为例加以说明。

(1) 画出单元设备的物料流向及变化的示意图，分析物料流向及变化，写出热量计算式：

$$\sum Q_{入} = \sum Q_{出} + \sum Q_{损} \tag{4-16}$$

式中：$\sum Q_{入}$ —— 输入的热量总和，kJ；

$\sum Q_{出}$ —— 输出的热量总和，kJ；

$\sum Q_{损}$ —— 损失的热量总和，kJ。

通常

$$\sum Q_{入} = Q_1 + Q_2 + Q_3 \tag{4-17}$$

$$\sum Q_{出} = Q_4 + Q_5 + Q_6 + Q_7 \tag{4-18}$$

$$\sum Q_{损} = Q_8 \tag{4-19}$$

式中：Q_1—— 物料带入的热量，kJ；

Q_2—— 由加热剂(或冷却剂) 传给设备和所处理物料的热量，kJ；

Q_3—— 过程的热效应，包括生物反应热、搅拌热等，kJ；

Q_4—— 物料带出的热量，kJ；

Q_5—— 加热设备需要的热量，kJ；

Q_6—— 加热物料需要的热量，kJ；

Q_7—— 气体或蒸汽带出的热量，kJ；

Q_8—— 损失的热量，kJ。

进行热量计算时，必须根据具体情况进行分析，上述 $Q_1 \sim Q_8$ 各项热量不一定全部发生。

(2) 做好数据(物料量、工艺条件等)的收集工作，可以从专门手册中查阅，也可以取自工厂实际生产数据，或试验结果选定。

(3) 确定合适的计算基准。在热量计算时，必须选准一个设计温度，且每一物料的进出口基准温度必须一致，防止由于基准温度的不同，造成热量计算结果误差颇大。通常取 0℃ 为基准温度，为使计算方便，还可选取其他的基准，如按 100 kg 原料或成品、每小时或每批次处理量等作为基准进行计算。

(4) 进行具体的热量计算。

第一，物料带入的热量 Q_1 和带出热量 Q_4 可按下式计算：

$$Q_1 \text{ 或} (Q_4) = \sum m_1 c_1 t \tag{4-20}$$

式中：m_1—— 物料质量，kg；

c_1—— 物料比热容，kJ/(kg · ℃)；

t—— 物料进入或离开设备的温度,℃。

第二,过程热效应 Q_3 主要有发酵热 Q_B、搅拌热 Q_S 和状态热:

$$Q_3 = Q_B + Q_S \tag{4-21}$$

式中:Q_B—— 发酵热(呼吸热),kJ(视不同条件、环境进行计算);

Q_S—— 搅拌热,$Q_S = 3\,600\,P\eta$,kJ(P 为搅拌功率,kW;η 为搅拌过程功热转化率,通常 $\eta = 92\%$)。

第三,加热设备耗热量 Q_5,为了简化计算,忽略设备不同部分的温度差异,则

$$Q_5 = m_2 c_2 (t_2 - t_1) \tag{4-22}$$

式中:m_2—— 设备总质量,kg;

c_2—— 设备材料比热容,kJ/(kg · ℃);

t_1、t_2—— 设备加热前、后的平均温度,℃。

第四,气体或蒸汽带出热量 Q_7:

$$Q_7 = \sum m_3 (c_3 t + r) \tag{4-23}$$

式中:m_3—— 离开设备的气体物料量,kg;

c_3—— 液态物料由 0℃ 升温至蒸发温度的平均比热容,kJ/(kg · ℃);

t—— 气态物料温度,℃;

r—— 蒸发潜热,kJ/kg。

第五,设备向环境散热 Q_8,为了简化计算,假定设备壁面的温度是相同的,则

$$Q_8 = A\lambda_T (t_w - t_a)\tau \tag{4-24}$$

式中:A—— 设备总表面积,m^2;

λ_T—— 壁面对空气的联合给热系数,W/(m^2 · ℃);

t_w—— 壁面温度,℃;

t_a—— 环境空气温度,℃;

τ—— 操作过程时间,s。

其中,空气作自然对流时,

$$\lambda_T = 8 + 0.05 t_w \tag{4-25}$$

强制对流时,

$$\lambda_T = 5.3 + 3.6v (\text{空气流速 } v = 5\ \text{m/s}) \tag{4-26}$$

第六,加热物料需要的热量 Q_6:

$$Q_6 = m_1 c (t_2 - t_1) \tag{4-27}$$

式中:m_1—— 物料质量,kg;

c—— 物料比热容,kJ/(kg · ℃);

t_1、t_2—— 物料加热前后的温度,℃。

第七,加热或冷却介质传入或带出的热量 Q_2 是待求量,也称为有效热负荷。若计算出的 Q_2 为正值,则过程需加热;若 Q_2 为负值,则过程需冷却。

(5) 在进行用汽量计算时注意几个问题：计算时所有的热量或可能转化成热量的其他能量不要遗漏，但为了简化计算，对计算影响很小的项目可以忽略不计。确定物料计算的基准、热量计算的基准温度和其他能量基准，有相变时必须确定相态基准，不要忽略相变热。正确选择与计算热力学参数，在相关条件约束、物料量和能量参数（如温度）有直接影响时，宜将物料计算和热量计算联合进行，才能获得准确结果。

3. 压缩空气计算

气动传动技术是进口屠宰设备和自动生产线上的重要技术，根据自动化生产的要求，按照预定控制程序、轨迹和工艺要求模拟人手的卸分动作，实现自动抓取、输送工件、控制速度，完成自动上料或卸料操作。

(1) 气压传动利用压缩气体的压力能来实现能量传递，气压传动系统由四个部分组成：一是气压发生装置，主体是空气压缩机，有的还配有贮气罐、气源净化处理装置等附属设备。二是执行元件，如气缸输出直线往复式机械能，摆动气缸和气马达分别输出回转摆动式和旋转式的机械能。三是控制元件，除了基本的压力、流量和方向三大类阀件外，还包括多种逻辑元件、射流元件等。四是辅助元件，如分水滤气器、油雾器、消声器及管件等。

(2) 气动系统最常用的空气压缩机为往复活塞式压缩机，其工作原理是：当活塞向右运动时，气缸容积增大，形成部分真空低于大气压力，外界空气在大气压力的作用下推开吸气阀进入气缸中，这个过程称为吸气过程；当活塞向左运动时，吸气阀在缸内压缩气体的作用下关闭，随着活塞的左移，缸内气体受到压缩而使压力升高，这个过程称为压缩过程；当气缸内压力增高到略高于输气管路内压力时，排气阀打开，压缩空气排入输气管内，这个过程称为排气过程。曲柄旋转一周，活塞往复行程一次，即完成“吸气—压缩—排气”一个工作循环。

(3) 空气压缩机按工作原理可分为容积型压缩机和速度型压缩机，压缩机按输出压力大小可分为：低压空压机（0.2～1.0 MPa），中压空压机（1.0～10 MPa）、高压空压机（10～100 MPa）和超高压空压机（＞100 MPa），输出流量（排量）可分为：微型（＜1 m^3/min）、小型（1～10 m^3/min）、中型（10～100 m^3/min）和大型（10 m^3/min）空气压缩机。

(4) 选用空气压缩机的根据是气压传动系统所需要的工作压力和流量两个参数，通常空气压缩机为中压空气压缩机，额定排气压力为 1 MPa；另外还有低压空气压缩机，排气压力 0.2 MPa；高压空气压缩机，排气压力为 10 MPa；超高压空气压缩机，排气压力为 100 MPa。一般气压传动系统工作压力为 0.5～0.6 MPa，选用额定输出压力 0.7～0.8 MPa 的低压空气压缩机。特殊需要也选用中压、高压或超高压的空气压缩机。

(5) 气压传动系统是以空气压缩机作为气源装置，当空气压缩机的排气量小于 6 m^3/min 时，空压机直接安装在主机旁，当排气量大于或等于 6 m^3/min 时，就独立设置压缩空气站，作为整个工厂或车间的统一气源。

(6) 压缩空气计算。

第一，计算空气耗量，对有 n 台设备，每台设备有 m 个气动执行元件系统，其平均最大耗气量为

$$q_z = \sum_{i}^{n}\left[\frac{\sum_{j=1}^{m}(aq_{zj}t)}{T}\right] \tag{4-28}$$

式中：a—— 气缸在一个周期 T 内的单程动作次数；

q_{zj}—— 某一执行元件一个行程时的自由空气耗量；

t—— 某一执行元件一个单行程所用时间；

T—— 某台设备一个工作循环的周期时间。

第二，计算空压机的供气量，空压机站空压机总的供气量为

$$q = \phi K_1 K_2 q_z \tag{4-29}$$

式中：ϕ—— 利用系数，$\phi = 0.3 \sim 1$；

K_1—— 漏损系数，$K_1 = 1.15 \sim 1.5$；

K_2—— 备用系数，$K_2 = 1.3 \sim 1.6$。

第三，计算空压机的供气压力：

$$p_s = p + \sum \Delta p \tag{4-30}$$

式中：p_s—— 空压机的供气压力，Pa；

p—— 系统压力，Pa；

$\sum \Delta p$—— 总的压力损失（包括沿程压力损失之和及局部压力损失之和），Pa。

第四，计算压力损失，为了保证执行元件的正常工作，压缩空气通过各种控制元件、辅助元件及其连接管道的总的压力损失必须满足：

$$\sum \Delta p = \sum \Delta p_l + \sum \Delta p_\xi \leqslant [\Delta p] \tag{4-31}$$

式中：$\sum \Delta p_l$—— 沿程压力损失之和，Pa；

$\sum \Delta p_\xi$—— 局部压力损失之和，Pa；

$[\Delta p]$—— 允许压力损失，Pa。

第五，计算空压机的输出压力 p_c：

$$p_c = p + \sum \Delta p \tag{4-32}$$

式中：p—— 气动执行元件使用的最高工作压力，MPa；

$\sum \Delta p$—— 气动系统总的压力损失，MPa；

一般情况下，$\sum \Delta p = (0.15 \sim 0.2)$MPa。

第六，空压机的输出流量 q_c，设空压机的理论输出流量为 q_b，则：

不设气罐时： $$q_b \geqslant q_{max} \tag{4-33}$$

设气罐时： $$q_b \geqslant q_a \tag{4-34}$$

式中：q_{max}—— 气动系统的最大耗气量，m^3/min；

q_a—— 气动系统的平均耗气量，m^3/min。

二、人力资源配置

1. 人力资源配置原则

(1) 建厂意图与机械化程度。一般说来，工厂应尽量采用机械化、自动化程度高的生产技术和设备。机械化、自动化程度越高，所需要的生产人员数量就相对较少，但在实际上还应结合建厂地区的具体条件来考虑。如有些地区经济不发达，在这些地区建厂主要解决就业问题，设计时就要适当地考虑机械化程度问题，以便能提供多一些就业机会。此外，机械化、自动化也和投资有关，机械化、自动化程度高，投资费用会很大。当建厂投资受到一定的限制时，也可选用自动化程度较低的生产设备，所需要的生产人员就会多一些。

(2) 尽量均衡安排全年生产，合理地确定基本职工人数。在满足生产规模要求的前提下，按均衡生产的需要来确定基本职工的人数，并且基本职工的人数少，可以减少厂房及生活设施的面积，在某种程度上有助于节省投资、方便管理。在生产旺季可以雇用临时工和季节工，但厂房及车间、全厂性生活福利设施应适当考虑到临时工增加的因素。可见固定职工(基本职工)与临时工的数量要以生产技术要求、均衡生产综合比较，做出选择。

(3) 应适当考虑男工和女工的比例。食品工厂的工人一般女性偏多，但应考虑一定比例的男工。因为多数食品工厂机械化程度还不是很高，有不少工作还是比较繁重，即使机械化程度较高的工序，也会有个别地方需要有男性操作(如重大的机电设备的操作和检修)。男女工的比例应根据具体情况来决定，有人认为可以按 3∶7 的比例来考虑。

(4) 在计算和确定职工人数时应讲究效率，机构要精简，人员要精干。通过管理培训来调动生产人员和管理人员的积极性和技术水平，提高生产效率。

2. 全厂职工定员的确定

(1) 车间生产人员定员的计算。

第一，按定额计算。主要是按照技术经济定额中实物劳动生产率耗工定额计算，这个定额表示了每吨产品耗用的“工日”。再根据每班成品的生产量就可计算出所需要的生产人员数。选用定额时注意选用平均先进水平的定额。计算公式为

$$每班所需工人数(人/班)=劳动生产率(人工/吨产品)\times 班产量 \qquad (4\text{-}35)$$

应该指出的是，耗工定额往往与工人操作的熟练程度，设备的机械化、自动化程度以及地区性的差异有出入，所以直接按定额计算法数据要切合工厂生产实际，才能比较准确。这种计算方法多适用于手工操作较多的场合。

第二，按各设备、各工段需要的生产人员配备来计算。对于机械化程度较高的工厂、车间，可以根据每台设备需要的操作工人人数、运输及辅助工人数来确定各工段的定员人数，总计各工段的人数，即为车间生产工人人数。各设备、各工段生产人员人数，一般是参考同类型工厂的实际人数，并结合新建厂的情况来考虑确定。一般在收集资料阶段就要注意收集和积累同类工厂生产人员配置方面的资料。

第三，由上述计算的生产人员定员实际是直接生产人员人数，此外还要加上车间的行政管理人员，包括车间正(副)主任、党支部书记、工会工作人员，财会、质检、供销等人员。食品工厂的主要生产车间，一般都直接设有车间机电维修小组，其成员应计算在车间定员之内，见表 4-11、表 4-12。

表 4-11　车间(或工段)定员表

序号	工种名称	生产工人		辅助工人		管理人员	操作班数	轮休人员	合计
		每班定员	技术等级	每班定员	技术等级				
合计									

表 4-12　全厂定员表

序号	部　门	职务	人　数						说明
			管理人员	技术人员	生产人员	辅助生产人员	后勤人员	合计	
1	厂部科室								
2	生产车间								
3	辅助车间								
4	后勤服务								
5	其他								
6	合计								
7	占全员的百分比								
8	临时工 季节工								

（2）全厂职工定员数的确定。各车间的定员人数，加上各辅助车间、辅助部门、党政团干部、技术财会管理人员、各生活福利部门以及其他设施、部门的定员总和，即为全厂职工定员人数。

第五节　食品生产企业的车间工艺布置和设备排列

工艺设备布置是工艺设计的具体工作内容，工艺设备布置关系到投产后整个车间能否正常合理使用的问题，即使有了先进的生产工艺流程及正确的设备选型和设计，而没有合理的车间布置相配合，生产难以正常顺利进行。诸如：对设备的操作和维修带来困难，造成人流、物流的紊乱，使车间动力能耗介质造成不正当的损失，增加输送物料的能耗，增加建筑和安装费用，对食品工程引起成品、半成品的污染等。对于食品生产企业，车间布置设计如果达不到食品卫生防疫要求，国家还将禁止企业产品出口，造成的经济损失更加严重。因此，车间布置设计是一项复杂而细致并且极为重要的工作。它不仅要求工艺设计人员要了解生产操作、设备维修和具有安装知识，而且要具备一定的土建、电力、自控仪表、食品安全、卫生等其他专业的基本知识。在布置时要做到深思熟虑、仔细推敲，提出不同方案进行比较，以取得最佳的方案。

一、工艺设备布置的原则和要求

1. 工艺设备布置的原则

(1) 满足生产工艺的要求。车间设备布置必须按流程的顺序依次进行排列，保证物料顺畅地向前输送，按顺序进行加工处理，保证水平方向和垂直方向的连续性，不使物料和产品有交叉和往复的运动。设计时尽量利用工艺位差，对于有位差的设备，应充分利用高位差布置，以节省动力设备及费用。

在满足生产、卫生要求的同时，还必须从本车间和其他车间的关系及发展前景考虑，满足总体设计的要求。设备布置要按流水线安排，有些特殊设备可按同类型作适当集中，务必使生产过程占地最少，生产周期最短，操作最方便。生产车间的小冷库应尽量靠墙布置，便于附属设备的安装、维护。如果厂房为多层建筑，重型设备宜设在底层。在旧厂房改造时，车间布置要兼顾原厂房建筑结构的情况。

(2) 满足生产操作的要求。

第一，考虑设备本身的位置、设备附属装置的位置、操作位置、设备检修拆卸位置以及设备与设备、设备与建筑物间的安全距离等。设备布置应考虑为操作工人管理多台设备或多种设备创造条件，凡属相同的设备或操作性质相似的设备，尽可能集中布置，使之彼此靠近，以便统一管理，集中操作，方便维修及部件的互换。例如塔设备、热交换器、泵，成组布置在一起。

第二，设备布置不宜过挤或过松，宜对称紧凑，排列整齐，充分利用空间。设备间的距离要充分考虑操作要求和交通便利。车间内要留有堆放原料、成品及排出物和包装材料的空地(能堆放一批或一天的量)以及必要的运输通道。具有运动机械的设备，还要考虑设置安全防护装置的位置。

第三，考虑相同设备或相似设备互换使用的可能和方便，充分发挥设备的潜在力量。设备的自动测量仪表中要集中控制，阀门控制尽量集中，便于工人操作。在进行生产车间设备布置时，应考虑到进行多品种生产的可能，留有适当的余地，以便灵活调动和更换设备。同时，还应注意操作台之间、设备之间的间距和设备与建筑物的安全维修距离，既要保证操作方便，又要保证维修装拆和清洁卫生的方便。生产车间与其他车间的各工序要相互配合，保证物流运输通畅，避免重复往返，力求缩短物流的运输距离。尽量采用机械运输带输送，要尽可能利用生产车间的空间运输，合理安排生产车间各种废料的收集和排出。对于楼层结构的车间，必要时可设置垂直运输装置，利用重力输送物料，节约能源和占地，简便快速。

(3) 满足设备安装、检修的要求。

第一，根据设备大小及结构，考虑设备安装、检修及拆卸所需要的空间和面积。满足设备能顺利进出车间，经常搬动的设备应在设备附近设置大门或安装孔，大门宽度比最大设备宽 0.5 m，当设备运入厂房后，再行砌封。

第二，通过楼层的设备，楼面上要设置吊装孔，吊装孔可设计为有盖板或无盖板两种。如无盖板，在孔周围应设置可拆的栏杆。一般比较固定的设备也可在楼层外墙上设置安装洞，设备可在室外吊上，由安装洞口运入。

第三，必须考虑设备的检修和拆卸以及运送物料所需要的起重设备，起重设备的形式可根据使用要求决定。如果不设永久起重设备时，应考虑安装起重设备的场地及预埋吊钩，以便悬挂起重葫芦，并要计算物料的起吊和起重设备本身的高度，满足吊装起重要求。

(4) 满足厂房建筑的要求。

第一,凡是笨重设备或运转时会产生很大振动的设备,如压缩机、打毛机,大型通风机、离心机等,尽可能布置在厂房的底层,以减少厂房楼面的荷载和振动。有剧烈振动的设备,其操作台和基础不得与建筑物的柱、墙连在一起,以免影响建筑物的安全。

第二,设备布置时,要避开结构的柱子及大梁,如设备吊装在柱子或梁上,其荷重及吊装方式需事先告知土建专业人员,并与其协商。厂房内所有操作台必须统一考虑,避免平台支柱零乱重复,影响车间美观、生产操作及检修。设备不应该布置在建筑物的沉降缝或伸缩缝处。

第三,在厂房的大门或楼梯旁布置设备时,要求不影响开门和人员出入。在不影响工艺流程顺序的原则下,将较高设备尽量集中布置,这样可以简化厂房体形,节约厂房体积,另外还可利用建筑上的有利条件,如利用天窗的空间安装较高设备。

(5) 满足节约建设投资的要求。

第一,凡是可以露天或半露天布置的设备,如冷库的蒸发冷机组,冷却塔等,可根据使用和操作的特点,与设备设计配合采取露天或半露天布置,减少建筑面积,节约投资。

第二,采用低层建筑,具有设计容易,施工和安装设备简单,建筑费用较低,动力消耗少,操作维修方便等优点,目前食品生产企业多半建造单层框架结构。尽量采用一般的土建结构,非必要时,尽量不用特殊结构。

第三,工艺管道集中布置,尽量缩短设备间管线,供汽、压缩空气、供电的设备位置尽量靠近负荷中心,使管线最短,损耗最少,减少管线投资和节约能耗。设备的操作面尽可能与通道安排在同一侧。

(6) 满足安全、卫生和防腐蚀的要求。

第一,车间布置设计时,必须考虑车间卫生条件,符合《工业企业设计卫生标准》、《洁净厂房设计规范》等规定。车间内通风、排废水、废气要合理布置,防止污染和交叉污染。

第二,要为工人操作创造良好的安全卫生条件,设备布置尽可能做到工人背光操作,高大设备避免靠窗布置,以免影响采光。对运转时噪声大、有异味、有腐蚀气体的设备,应考虑采取隔断、加强通风等措施,保证操作人员健康。

第三,易燃易爆车间考虑方便工人疏散和防火灭火措施。例如液化气房、石蜡房、锅炉房等,在设计中必须符合《建筑设计防火规范》、《爆炸和火灾危险环境电力装置设计规范》等规定。凡产生腐蚀性介质的设备,其基础、设备周围的地面、墙、柱都要采取防护措施。

第四,必须考虑生产卫生和劳动保护。生产卫生控制包括:水与冰的卫生;食品接触表面的卫生、清洁;交叉污染的预防;手的清洁和卫生间设施;防止污染物造成的不安全、不卫生;有毒化合物的标志、储存和使用;操作人员的健康状况;虫害的灭除与控制。另外还应注意车间排水、电器防潮、防止噪声及安全防火等措施,具有转动部件的设备,要加防护装置。

(7) 满足生产发展的要求。根据生产发展的需要与可能,考虑留有增加产量、增添设备的余地,在设计中尽量采用使原有建筑物变动少,不妨碍生产正常进行,且施工的工作量少的方案。

2. *食品安全生产对工艺设备布置的要求*

车间布置设计应技术先进、经济合理、节省投资、操作维修方便以及设备排列简洁、紧凑、整齐、美观。要满足安全生产规定的车间布置设计,必须从工艺、操作、安全、维修、施工、经济、美观及扩建上考虑,除遵循车间布置设计的一般原则外,还需遵循食品工业《洁净厂房设计规范》和“生产质量管理规范”。

食品安全生产要求工厂的生产车间必须按照生产工艺和卫生、质量要求，划分洁净级别，并按生产工艺流程及所要求的卫生级别进行合理布局，同一车间和邻近车间进行的各项生产操作不得相互妨碍。其设计要求：最大限度地防止食品、食品接触面和食品包装受到污染；加工过程中的原料、半成品、成品分开；不同洁净区的生产人员要严格分开；生的食品和熟的食品要严格分开，防止交叉污染的发生；原料处理、半成品加工和成品包装要在不同的独立车间内完成；生产车间内的人流、物流不得交叉。

原材料和包装材料从卫生要求低的运货通道进入卫生要求较高的车间环境中时，需通过投料口进入缓冲间，去掉外包装，然后再进入车间内部。人员从非洁净区进入洁净区时也要经过缓冲间。卫生要求高的车间物料流通过传递口连接，不应设有明显的通道，以防止交叉污染。

二、工艺设备布置设计图

设备布置图是表现车间或工段的设备布置情况的图纸，它既反映了生产设备的相互位置及生产流程的关系，又表现了车间的面积与空间，生产管理与操作条件，以及各工段间的相互关系。在初步设计阶段，设备布置图主要反映设备相互位置和总体布置情况，作为施工图设计的基础和依据，供主管部门审查设计方案使用。在施工图设计阶段，设备布置图要准确表达全部设备在平面和空间的定位尺寸，供施工安装时使用，并作为管道设计的重要依据。设备布置图也是提供设计部门各专业作为条件联系用，是其他专业开展设计的依据。

(1) 考虑车间长 50～60 m 为宜。按照总平面图确定生产流水线方向，绘制草图，生产设备按比例排出多种方案分析比较，以求最佳方案。各工种各专业对草图进行讨论、修改，对不同方案在以下几个方面进行比较：建筑结构造价，管道安装(工艺、水、冷、汽等)，车间运输，生产卫生条件，操作条件和通风采光。然后将生活用房、车间办公室等附属用房绘入草图。布置设计是以工艺为主导，并在其他专业，如总图、土建、设备、安装、电力、暖风、外管等密切配合下完成。在进行车间布置设计时，要集中各方面的意见，最后由工艺人员汇总综合。

设备布置设计在确定生产流程和设备的型号、规格、数量的基础上进行，其任务是将工艺流程所确定的全部设备合理布置，安装固定，以保证生产的顺利进行。设备布置设计的最终成果是设备布置的一系列图纸，它包括：一个车间或一个工段的生产和辅助设备在车间内安装布置的图纸，车间内设备需分区绘制时，提供分区概况的图纸。设备安装详图表示固定设备的支架、吊架、挂架及设备的操作平台、附属的栈桥、钢梯等结构的图纸。管口方位图表示设备上各管口以及支座、地脚螺栓等安装方位的图纸。

(2) 设备布置图与建筑图之间存在着相互依赖的关系：设备布置图是建筑图的前提，建筑图又是设备布置定稿的依据。工艺专业人员首先绘制设备布置图的初稿(或初步设计)，对厂房建筑大小、内部分隔、跨度、层数、门窗位置以及与设备安装有关的操作平台，预留孔洞等，向土建设计提出工艺要求，作为厂房建筑设计的依据。待建筑设计完成后，工艺人员再根据工艺要求进行修改、补充，使其更趋合理，最后定稿的设备布置图(施工图)，就作为设备安装和管道布置的依据。

设备布置图是采用若干平面图和必要的立面剖视图，画出厂房建筑基本结构以及与设备安装定位有关的建筑物、构筑物(如墙、柱、设备安装孔洞、地沟、地坑及操作平台等)，以及设备在厂房内外布置的图纸。设备布置图在初步设计阶段和施工图设计阶段都要进行绘制，初步设计阶段的图纸内容包括：一组视图，表示厂房建筑的基本结构和设备在厂房内外的布置情况，平、立面图，剖面图的数量以表示清楚为原则。尺寸标注在图形中，注写与设备布置有关的尺寸，以及建筑轴线的编号、设备的位号和名称等。安装方位标指示安装方位基准的图标，附注对设备安装布置有特殊要求的说明，设备一览表填写设备位号和名称等。

（3）为了表示系统中所有的设备，凡设计中选用的工艺设备都要在流程图中反映出来。主要的和关键的设备进行详细的设计，次要设备也要周密设计，设备可能会增减，或初定的结构型式可能还有变动，涉及管道连接的变化，所以设备的表示要求清楚详细，甚至用剖面图表示出内部结构及传动装置等。在高度方向各层设备的位置，都应绘制在相应的建筑层次上，并标注各层次的标高，说明设备在各层上的分布情况。

对仪表特别是自控系统的仪表，详细准确地反映出实际情况，如流量计及其控制阀组旁路系统，液位计及其控制阀组和管件，气动薄膜阀控制阀组旁路管道和阀门等，都需表示清楚，以指导安装。管道标注增加管道编号和工段、设备号等详细内容。按规定画出设备的管道连接和流动方向，管道上各种阀门和仪表的位置。为了绘图方便，并使图面内的管道图线分布合理，应按介质分成若干系统，再按系统进行绘制。主辅管道的表示和管道标注较简单，如冷却水出口管道只用一根管道表示流向热水箱，不能确定是总管流向还是分别接管流向热水箱。

（4）设备布置图的表示方法

① 分区原则。当车间范围较大，以车间为单位绘图不能清晰和详细表达时，则应绘制该车间的首页图，首页图上分区范围可以用粗双点画线表示，然后按首页图上所划分的区域再分绘其设备布置图。

② 比例与图幅。绘图比例通常采用 1∶50 和 1∶100，个别情况下，如设备或仓库太大时，可考虑采用 1∶200 和 1∶500。首页图可采用 1∶400、1∶500 的比例。必要时可以在一张图上各视图采用不同的比例。一般采用一号图纸，如需绘制在几张图纸上，各图的幅面规格相同。

③ 视图的配置：

第一，设备布置图一般以平面图为主，表明各设备在平面内的布置情况。当厂房为多层时，应分别绘出各层的平面布置图，绘制几层平面图时，应以 0.00 平面开始画起，由下而上，从左至右顺序排列，在平面图下方注明相应标高。

第二，剖视图是在厂房建筑的适当位置上，垂直剖切后绘出的剖视图，表达在高度方向设备安装布置的情况。在保证充分表达清楚的前提下，剖视图的数量尽量少，但最少要有一张。在剖视图中根据剖切位置和剖视方向，表达出厂房建筑的墙、柱、地面、屋面、平台、栏杆、楼梯以及设备基础、操作平台支架等高度方向的结构和相对位置。

第三，剖视图与平面图可以画在同一张图纸上，按剖视顺序，从左至右，由下而上顺序排列。当剖视图与平面图分别画在不同图纸上时，在平面图上注明剖视图位置。

④ 视图表示方法。建筑物及其构件在设备布置图中均用实线画出，绘图的具体要求如下：

第一，建筑的空间大小，内部分隔，与设备安装定位有关的基本结构，如墙、柱、地面、楼板、平台、栏杆、楼梯、安装孔洞、地沟、地坑、吊车梁及设备基础等，平面图和剖面图均按比例采用规定的图例。与设备安装定位关系不大的门窗等构件，一般只在平面图上画出它们的位置、门的开启方向等，在剖视图上则不予表示。在设备布置图中，对于承重墙、柱子等结构,要求用细点画线画出其建筑定位轴线。

第二,设备图上的设备、支架、电机及传动装置等,应用粗实线或粗虚线画出。绘有两个以上剖视图时,设备在各剖视图上只出现一次,无特殊必要不必重复画出。位于室外与厂房不连接的设备及其支架等,一般只在底层平面图上给以表示。剖视图中钢筋混凝土设备基础与设备外形轮廓组合在一起时,将其与设备一起画成粗线,见图 4-3。穿过楼层的设备,在相应的平面图上,可按剖视形式表示,楼板孔洞不必画出阴影部分,见图 4-4。

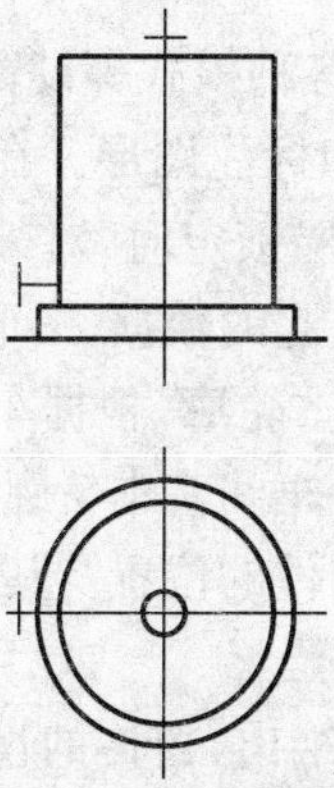

图 4-3　基础与设备外形表示方法

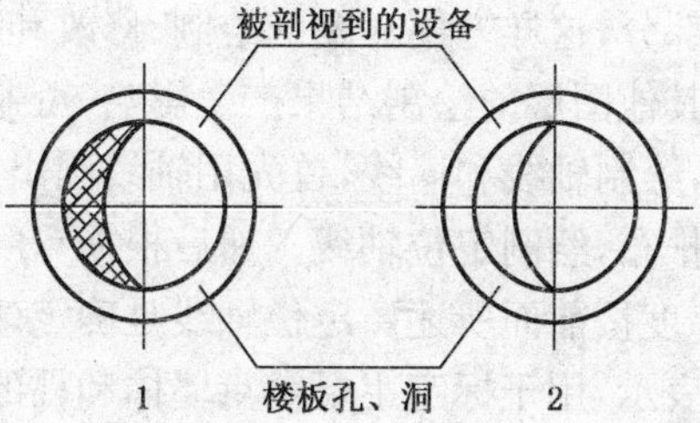

图 4-4　穿过楼层设备的剖视形式

第三,定型设备用粗实线按比例画出其外形轮廓。对于小型通用设备,如泵、压缩机、风机等,若有多台,且位号、管口方位与支撑方位完全相同时,可只画出一台,其余用粗实线简化画出其基础的矩形轮廓。也可用交叉粗实线表达电机的安装位置。车间的起重运输设备,如吊车等,也需按规定图例示意画出。

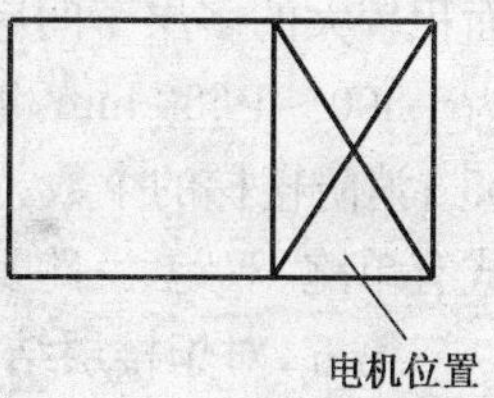

图 4-5　电机安装位置画法

第四,非定型设备用粗实线按比例画出设备外形轮廓,被遮盖的设备轮廓一般不予画出,如需要可用虚线表示。在施工图设计中,应画出设备安装方位特征的管口,管口可用中实线表示,用斜线画出电机位置,见图 4-5。

第五,设备布置图是供设备布置定位用的,所以图面上与设备布置定位有关的建筑物、设备与设备之间、设备与建筑物之间,都必须具有定位尺寸,即水平的纵横向尺寸和高度尺寸,并标注设备的位号、名称、定位轴线的编号,以及注写必要的说明。

第六,设备布置图中的建筑定位轴线,应与建筑图中的定位轴线编号一致。设备在平面图上的定位尺寸应以建筑定位轴线为基准,注出与设备中心线或设备支座中心线的距离。悬挂于墙上或柱子上的设备,应以墙的内壁或外壁、柱子的边为基准,标注定位尺寸。当某一设备已采用建筑定位轴线为基准标注定位尺寸后,邻近设备可依次用已标定位尺寸的设备中心线为基准来标注。

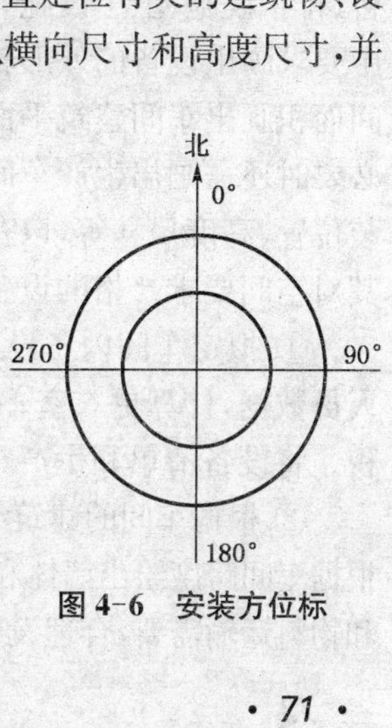

图 4-6　安装方位标

第七,设备布置图应在图纸右上方绘制一个设备安装方位基准的符号即安装方位标,见图 4-6。设备在高度方向的位置,一般标注设备的基础面或设备中心线的标高,必要时也可标注设备的支架、挂架、吊架、法兰面或主要管口中心线、设备最高点的标高。设备名称和位号在平面图和剖视图上都需标注,并与工艺流程图一致。

⑤ 设备一览表。设备布置图可以将设备的位号、名称、规格及设备图号(或标准号)等,在图纸上列表注明。也可不在图上列表,而在设计文件中附出设备一览表。

⑥ 根据车间的建筑结构、形式、朝向和跨度,采用计算机辅助设计软件 AutoCAD 进行车间设计与分析,可设计出不同的方案。计算机辅助设计的步骤及车间相应部分的设计要求如下。

第一,绘图环境设置,包括绘图界限、图形单位、背景及各种模式等设置,确定设计比例。图层设置分别包括门、窗、柱、轴线、楼梯、墙体、设备、文本和标注图层。在不同的图层中设计相应的部分,这样方便对图的绘制、修改和使用。其他图层锁定时,对某一图层中进行修改不会对其他图层的绘制结果产生影响,可避免操作失误引起的数据、图形、图线丢失。

第二,绘制轴线和墙线,首先用轴线画出整个厂房的基本轮廓,根据车间跨度绘出柱子的位置和排布,绘制定位轴线。然后根据车间的面积定出各车间基本轮廓,绘出墙线进行区隔,墙的厚度按前面所述。定位轴线是确定建筑物结构或构件的位置及其标志尺寸的基线,用点画线表示,用于标定主要承重墙体和柱的位置。

第三,根据车间采光要求设计窗的大小和位置,在图中绘出,窗体的设置应避开墙间柱子。绘制门时根据人员进出和物料运输流线,合理设置门的类型、大小、位置及开启方向。

第四,绘制建筑结构,利用定位轴线的交汇点确定柱的位置,以小方块表示柱体。绘制面积较大的多层车间应设置多个楼梯。主楼梯布置在人流集中的车间大门附近,宽度一般为 1 500~1 650 mm,坡度为 30°;辅助楼梯位于车间两侧,宽度为 1 000~1 200 mm,坡度为 45°;消防楼梯的个数、宽度、坡度、结构形式等需符合安全防火疏散和使用的要求。楼梯形式有单跑、双跑、三跑及双分、双合式几种。

第五,对于楼层结构的车间,为了方便原材料、包装材料及成品的运输,大多设置人流和物流电梯。原材料电梯应靠近原料库,成品电梯应靠近成品库,包装材料运输电梯应靠近其储存地点。原材料运输电梯和成品运输电梯应分开设置,防止交叉污染。

(5) 设备排列布置

生产车间工艺设备布置,就是把设计计算出的与生产能力相适应的全部设备包括工作台、排水设施、卫生设施,更衣间、厕所等,在一定的建筑面积内作出合理安排。平面布置图中要求画出设备的外形轮廓图,标明各设备、设施(包括门窗、下水道等)的安装位置,根据车间面积画出车间建筑平面图,并在上面标出不同生产车间和卫生设施的分布。除平面图外,必要时还需画出生产车间的剖面图,它可以直观地反映出建筑物剖面与主要设备、设施的安装位置、高度尺寸等,以及设备、管路等的连接,这些都是平面布置图中无法反映出来的。尤其对空间要求严格的设备(如三断锯等),车间工艺设备剖面图显得更为重要。

① 拟定车间内各设施的面积。根据工艺设计中"劳动力计算"部分得出的各车间操作人员数据,计算更衣室、浴室、厕所等设施的面积,以及洗手消毒设施的数量,确定相应的面积。将设备清单和生产车间各部分的面积列成表格形式,便于统计。

② 根据车间的建筑结构、形式和跨度,进行车间设计与分析。画出整个厂房的基本轮廓,根据车间跨度绘出墙体和柱的位置。根据车间采光要求设计窗的大小和位置,根据人员进出和物料运输需要,合理设置门的类型、大小、位置及开门的方向。在图中布置设备的外形轮廓。

③ 根据设备清单将设备分类,明确轻量级的还是重量级的、固定式还是可移动的;是几种产品生产时公用的,还是某一种产品专用的等。对于笨重的、固定的和专用的设备,应尽量排布在车间四周;轻的、可移动的设备可安排在车间的中间,这样有利于生产过程中设备的调节。

④ 有特殊要求的部分应尽量集中安排,以便于集中进行特殊处理。如有保温要求、空调要求、层高较高或较低要求、通风排气要求、消烟除尘要求、防爆要求的部分,以及噪声较大、排水量较大的部分和消防要求较高、卫生要求较高的部分等。

⑤ 生产操作区内的设备与设备之间或设备与墙壁之间,应有适当的通道或工作空间,其宽度应满足操作人员完成工作(包括清洗、消毒和维修),不致因衣服或身体的接触污染食品、食品接触面或内包装材料。在门或车间内部楼梯旁边布置设备时,不仅要求门能打开,而且要通行方便,一般要求留有一定的间距。靠墙布置设备时,设备与墙壁的净距大于0.6 m,使能开启窗户,并利于设备检修。为了生产安全和方便操作,车间内部应考虑走道,并根据具体情况,确定走道宽度。主要走道宽度应大于1.5 m,次要走道宽度为0.7～0.9 m,设备外缘与配电盘之间的走道大于1.5 m,设备外缘与墙壁之间的非主要走道大于0.7 m。设备间距是指设备之间的安装距离,其大小取决于设备和管道的安装、检修和安全生产以及节约投资等因素。

三、生产设备排列布置

生产车间工艺布置包括平面布置和立面布置。平面布置要把车间的全部加工设备在平面内做出合理安排,按一定的比例,从俯视角度画出生产车间的设备平面布置图。为解决平面图中不能反映的重要设备和建筑物立面之间的关系,还必须画出生产车间剖面图。在管路设计中另有管路平面图、管路立面图及管路透视图等。为描述清楚,我们以屠宰车间的生产设备排列布置为例加以介绍。

1. 轨道输送线

胴体采用悬挂式运输的目的主要是为了肉品的卫生,悬挂胴体还易于热量的散发,因此胴体的暂存和冷却都采用悬挂方式。屠宰设备猪屠宰悬挂输送设备放血线轨道面应距地面3.0～3.5 m;胴体加工线轨道面距地面高度为:单滑轮2.5～2.8 m,双滑轮2.8～3.0 m;自动悬挂输送机的输送速度每分钟不超过6头;挂猪间距应大于0.8 m。牛屠宰悬挂输送设备放血线轨道面应距地面4.5～5.0 m,挂牛间距不小于1.2 m,羊屠宰悬挂输送设备放血线轨道面应距地面2.4～2.6 m,挂羊间距应大于0.8 m。屠宰车间应设置疑似病畜吊轨岔道,用于运送病畜和需化制的头、蹄、尾、胴体、内脏等。采用悬挂法屠宰牲畜时,应在牲畜击昏处设置存放回空滑轮及挂套蹄链的装置。

目前大中型食品生产企业大多安装轨道自动输送带。轨道输送带的种类有链环传送带、链板传送带、链片传送带、钢丝绳传送带、倾斜式提升机。其构造和使用方法因不同的工艺阶段用途不同而异。

(1) 轨道的结构类型。轨道的结构类型大致分为单轨与双轨两种。单轨用于单滑轮挂钩的运转,用角钢制成。双轨用于双滑轮挂钩运转,用角钢拼接成槽钢状中间留有夹缝,安装双滑轮的挂钩在夹缝中行驶。通常日屠宰量在1 000～2 000头之间,为了节省费用常常安装单轨。单轨载重量小,一般都安装在地面支架上,支架给工作人员和手推车的运行带来很多不便。日产量大采用双轨形式,优点是吊轨载重量大,安全可靠,缺点是运行中发生故障修理工作繁重。

(2) 轨道输送带的分段。轨道输送带分为以下区段:

第一,放血轨道,从麻电到烫猪池为止安装的链环传送带或者钢丝绳轨道传送带,能升降回转自如,适合生猪麻电扎脚及单只烫猪机放毛猪操作的需要。轨道长度可由扎猪脚工序开始至放血后屠体在轨道上运行5 min 左右到烫猪池为止,其轨道的长度可由输送带运行速度求得。

第二,开剖轨道,从冷汤修刮池的白条肉提升后开始,至桥形电锯专用轨为止,一般采用链片形的输送带。

第三,拉头、电锯专用轨道,该轨道是拉头机和桥形电锯共同使用的一条专用自动输送轨道。为了使胴体均衡进入拉头机和桥形电锯,有的车间在拉头机前面安装一段手推滑轮轨道,由专人操作,将开剖轨道送过来的胴体逐只均匀推入拉头机电锯专用轨道,由电锯锯开的肉半又接一段滑行轨道,自动进入白条肉整理轨道。经整理后的白条肉再进入分级晾肉轨道,采取手推方式,分成数排,以便分级挂开。

第四,除上述轨道外,在相应的区段内加有备用轨道和支轨道。为了防止轨道自动输送带突然损坏而影响生产,有些车间在主轨道旁另加一道备用轨道,与主轨分段接通,以便某段主轨发生故障时,可随时将该段主轨上的肉半拉入备用轨,使生产不致中断。备用轨道一般不用自动输送带,改为手推方式。按流水线某些工作岗位的特点,附设一部分支轨,胴体卫生检验及半胴体操作质量检验中发现问题时,往往需要将半胴体拉入支轨,研究处理。

(3) 目前各厂设计轨道的高度很不一致,各区段工艺方式、牲畜的大小各有差异。

部分欧洲国家"肉类工业企业设计规范"中规定,各不同加工区段输送轨道架空高度为:

猪的输送线	4 200 mm
放血	5 035 mm
白条肉	3 595 mm
剥皮	4 535 mm
取内脏及锯半	3 595 mm
半胴体净化与冲洗	3 595 mm
燎毛前的路线	4 535 mm
燎毛炉后路线	3 595 mm
过秤和送往冷藏库	3 750 mm

美国惯用标准是:放血轨道距热盆汤为 2.75 m,肉尸整理、开剖轨道 3.6 m,晾肉及冷库轨道 2.75 m。

荷兰 STORK 进口设备不同区段输送轨道架空高度(至轨顶)为:

放血	5 035 mm
白条肉	3 595 mm
剥皮	4 535 mm
取内脏及锯半	3 595 mm
半胴体净化与冲洗	3 595 mm
燎毛前的路线	4 535 mm
燎毛炉后路线	3 595 mm

过秤和送往冷藏库　　　　3 750 mm

STORK 屠宰设备运行参数如下：从放血预清洗到烫毛打毛，屠宰 156 头生猪，时间为 866 s；从放血清洗、烫毛打毛到画线劈半，屠宰 195 头，时间为 110 s；从劈半到称重，屠宰 97 头，时间为 582 s；从放血到称重，屠宰 292 头，时间为 1 682 s。

荷兰 STORK MPS 公司投放市场的一种 F 系列有标准组件的精确机器人技术，目前在许多国家都有采用，食品生产企业使用这种机器人技术，单生产线每小时可处理 600 头生猪，在双生产线上可达每小时处理 1 200 头生猪。

2. 麻电间的设备排列布置

在使用光电自控麻电机的车间，麻电场地除安有麻电机及其附属设备和扎脚输送带外，有的还在扎脚输送带外面场地通道上安装铁栅门，以防个别猪因麻电不够，四处奔窜，妨碍生产，麻电间设备排列见图 4-7 所示。

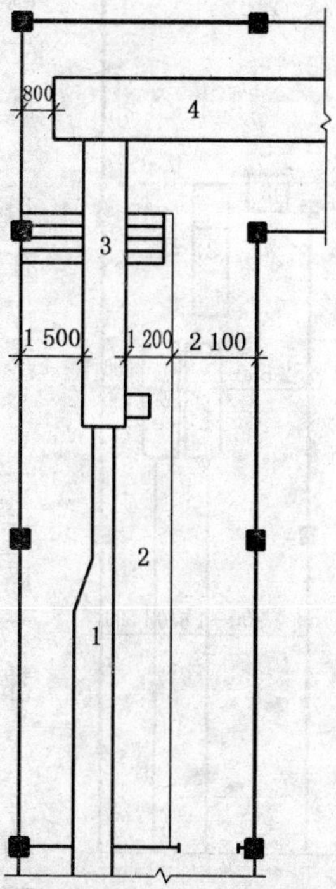

图 4-7　麻电间设备排列图

1—赶猪通道；2—水泥坡道；3—击晕机；4—卧式放血输送机

麻电后刺杀放血，放血池宽 1.0 m 左右，始端紧接麻电扎脚工序处，设放血工作岗位，以便麻电后及时放血。放血也称沥血槽，终端接烫猪池，长度能使猪尸放血后在自动轨道上输送延时 5 min 为度，整个槽身呈斜坡形。始端深约 20 cm，下设血沟，通向车间外面的盛血装置，终端与地面相平，中间尽量不使凹陷积血，影响血的流动。进口屠宰线的沥血槽宽为 2～2.5 m，高 1.0 m，有 1%纵坡。放血场地尽可能设在车间边沿，以防污染其他工序。在放血岗位的后面，应留有一定的空地及通道，用以放置等候卫生检验的食用血桶，及检验后将血桶运出车间的转换余地，放血间设备排列见图 4-8 所示。

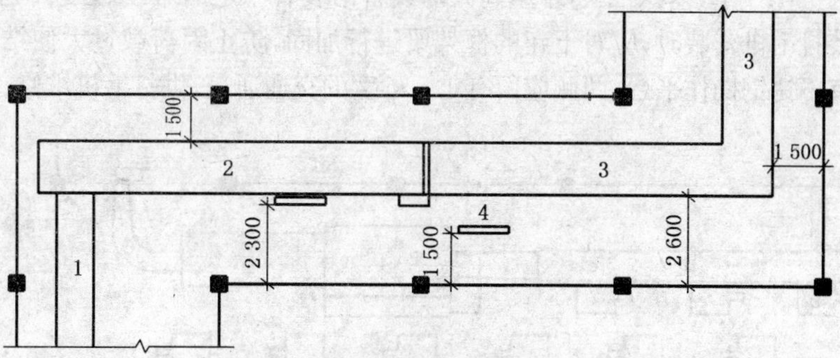

图 4-8　放血间设备排列图

1—击晕机；2—卧式放血输送机；3—放血槽；4—轨道支撑

3. 国产烫猪机、刮毛机和冷汤修刮池的配套

由于各地使用的刮毛机的构造不尽相同，因而配套安装也不相同。有的使用三滚筒式刮毛机，其机身较短，长约 2.62 m，前面捞耙伸入烫猪池，后面猪出口紧接冷汤修刮池。目前国内使用的烫猪机的最高生产能力为 240～340 头/h，而拉式刮毛机最高生产能力为 500 头/h，三滚筒式刮毛机生产能力为 120～240 头/h，四轴卧式刮毛机为 360～400 头/h，

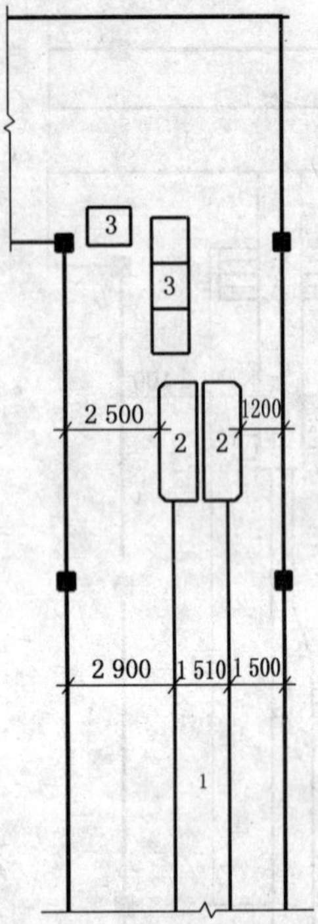

图 4-9 预清洗间设备排列图

1—沥血槽；2—预清洗机；3—工作台

因此配套安装方法视车间生产线上的最高时生产需要而定。若最高生产能力在 300 头/h 左右的车间，可将一台烫猪机和一台刮毛机、冷汤修刮池、肉尸提升机组成一条直线配套即可。

若车间最高生产能力在 300 头/h 以上、500 头/h 以下，一台烫猪机已不敷使用，必须增加一台。两台平行安装烫猪机组成“U”形，在“U”形弯头处与刮毛机相连接。但因池身面积加大，屠体在池中浮动，池边操作人员不易捞取，必须有专人加以调度传送，一般是将冷汤池中央围出一块空地，用以设置这一工作岗位。

目前大多数工厂在打毛机后面设有清水池或称冷汤修刮池，便于修刮猪体残毛、节省体力。由于屠体在水池中浸泡，对刺杀刀口附近的肉会造成污染，增加了胴体的修割量，所以在《商业部、国家商检局关于对外注册肉联厂卫生与工艺要求的暂行规定》的说明中取消了清水池。但不设清水池用刮毛输送带或把屠体吊在轨道上刮毛，都还存在一些问题，主要是劳动强度大，刮毛效果不够理想。

4. 进口屠宰设备的排列布置

(1) 预清洗间设备排列见图 4-9。预清洗间有预清洗机和沥血槽，清洗机安装在地面上，需要做设备基础，自动线轨道从清洗机顶部穿过。在进口屠宰设备自动线上，沥血槽端部接清洗机，以便猪屠体沥血立即进入清洗机预清洗。

(2) STORK 烫毛、打毛机间设备排列见图 4-10。猪屠宰从预清洗间出来就进入烫毛、打毛间。烫毛隧道由不锈钢夹芯保温材料做成，自动线轨道从隧道顶部穿过。隧道内有蒸汽加热，烫毛隧道的设备基础要保证施工质量，否则设备基础下沉、开裂会引起蒸汽漏汽。隧道两侧的交通通道需 1.5 m 宽，保证手推车能顺利通过。每台打毛机 17 t 重，体积很大，笨重高大的设备吊装有一定的难度，必须在土建装修前安装就位。吊装打毛机安装时，应对土建的框架梁进行加固，防止因荷载过大使结构遭到破坏。打毛机两侧有不锈钢操作平台，两侧应留有 1.5 m 宽的交通通道，供打毛机维修、保养使用。

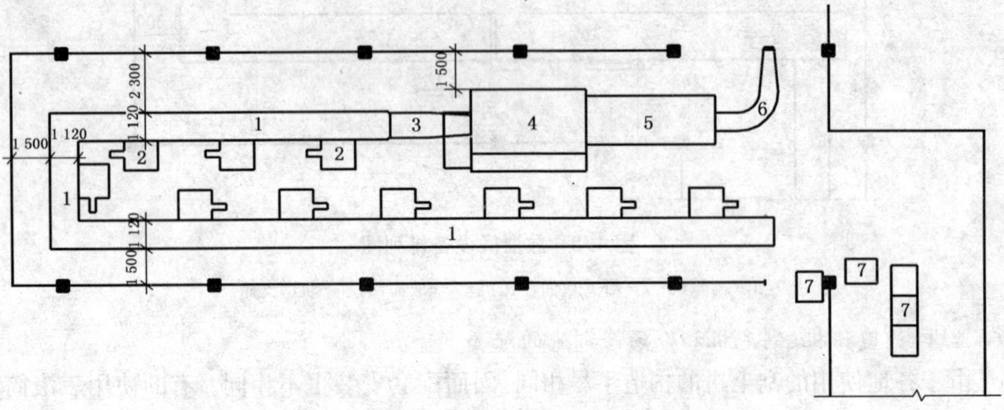

图 4-10 STORK 烫毛、打毛间设备排列图

1—蒸汽烫毛隧道；2—风机；3—全自动脱钩打毛机；4—连续式打毛机；5—喷淋水循环系统；6—卸猪滑槽；7—工作台

(3) 燎毛及抛光机设备排列见图 4-11。抛光间的设备有：输送带，燎毛平台和抛光机。打毛机以后的猪屠体通过卸猪滑槽和移动式挂钩平台，由操作人员对猪屠体实行吊挂，进至燎毛间位置开始人工喷枪燎毛或者用燎毛炉燎毛、燎毛之后进入抛光机清洗、抛光。

抛光机安装在地面上，应设置设备基础，抛光机两侧应留有 1.5 m 宽的交通通道。

(4) 胴体加工间前端设备排列见图 4-12。

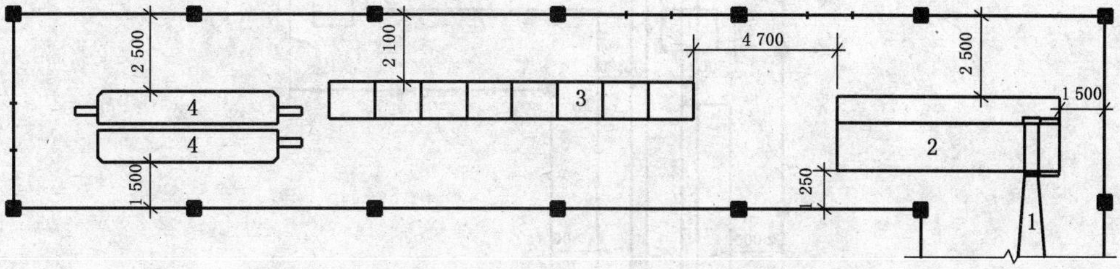

图 4-11　燎毛、抛光设备排列图

1—卸猪滑槽；2—移动式挂钩平台；3—工作台；4—抛光机

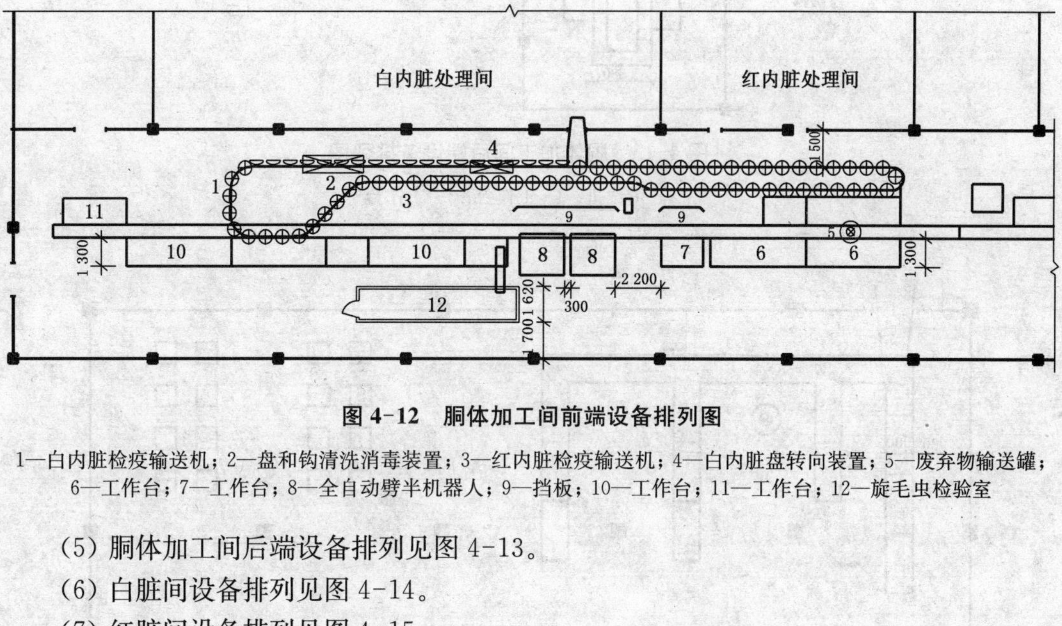

图 4-12　胴体加工间前端设备排列图

1—白内脏检疫输送机；2—盘和钩清洗消毒装置；3—红内脏检疫输送机；4—白内脏盘转向装置；5—废弃物输送罐；6—工作台；7—工作台；8—全自动劈半机器人；9—挡板；10—工作台；11—工作台；12—旋毛虫检验室

(5) 胴体加工间后端设备排列见图 4-13。

(6) 白脏间设备排列见图 4-14。

(7) 红脏间设备排列见图 4-15。

(8) 头蹄尾间设备排列见图 4-16。

白脏间、红脏间和头蹄尾间每个车间应设二道门，其门的位置规格、大小根据人流和物流流线的要求设置，要求流线通畅、不交叉。白脏间、红脏间和头蹄尾间均有原料进入车间和加工后产品输出车间的流线，详见第六章物流系统的叙述。

(9) 人工剥皮间设备排列见图 4-17。人工剥皮车间有小推车进行水平运输，通道宽度不小于 2.5 m。

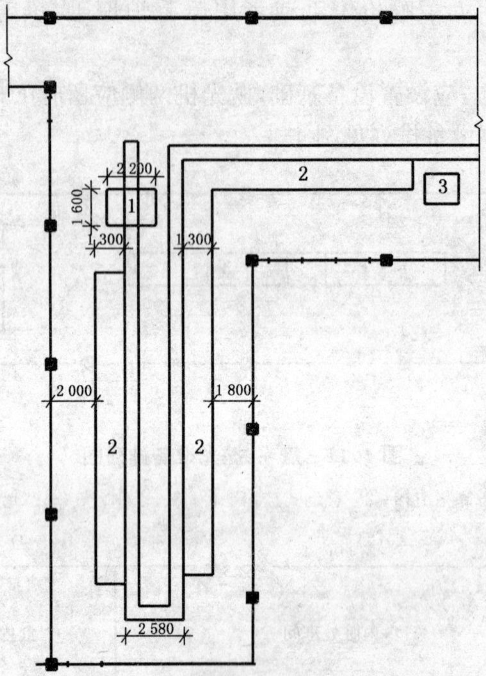

图 4-13　胴体加工间后端设备排列图

1—清洗机；2—工作台；3—工作台

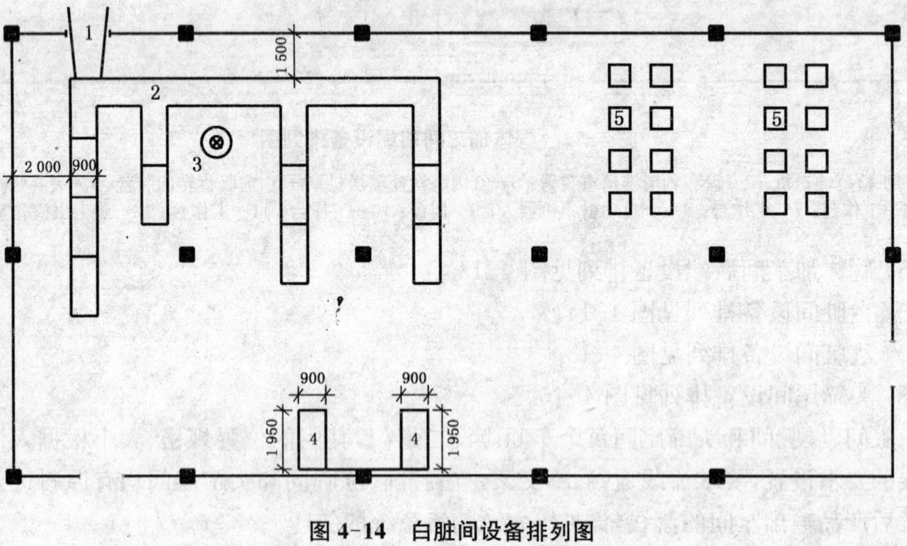

图 4-14　白脏间设备排列图

1—滑槽；2—工作台；3—胃容物输送罐；4—工作台；5—筒车

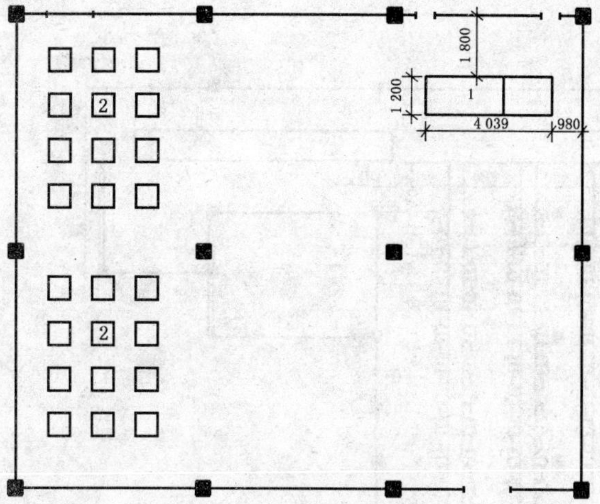

图 4-15　红脏间设备排列图

1—工作台；2—筒车

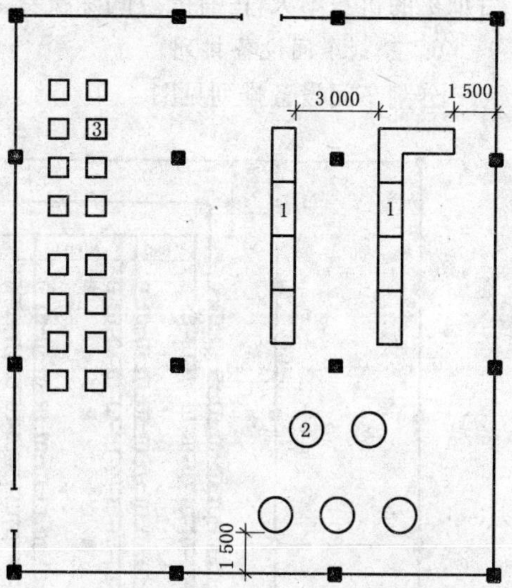

图 4-16　头蹄尾间设备排列图

1—工作台；2—夹层锅；3—筒车

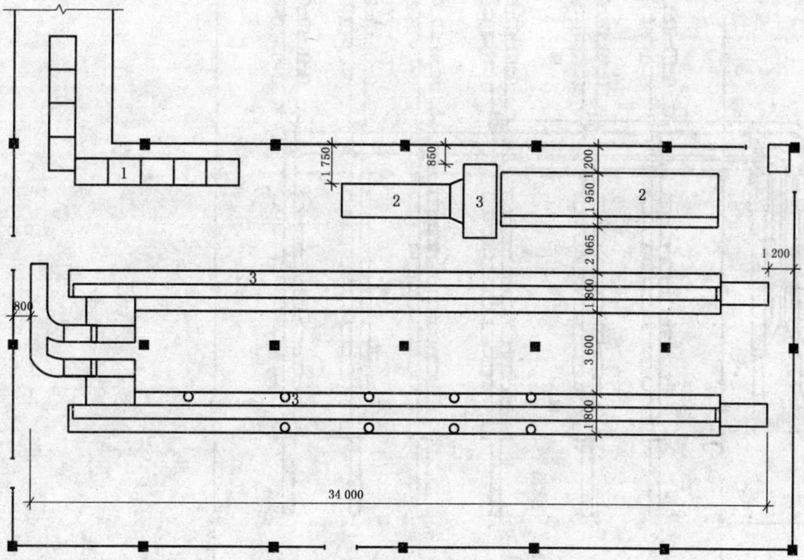

图 4-17　人工剥皮间设备排列图

1—工作台；2—国产打毛、烫毛机；3—人工剥皮机

5. 肉尸整理线上的设备

屠宰及肉尸整理线上有自动冲水、拉头机、桥形电锯、割前后爪机的设备。自动冲水设备设在开剖、取心肝肺及桥形电锯锯半之后，冲水路线的长短不一，一般使用 6～8 个淋水莲蓬头，占轨道长 1.5～2 m。拉头机设在割颈工序之后，它本身占地不大，但因猪头拉下之后，倒挂的胴体有一甩势，因此这段工序占用轨道长度较长。桥形电锯专用轨道长约 5.4 m，胴体锯开脱离锯架时，也有甩势，故所占地必须将其甩势所占场地包括在内。割前

后爪机的机身不大，占有的空间除机身之外，应增加操作人员的空间和抽蹄筋岗位。

6. 分割车间设备排列

分割车间设备排列见图 4-18。

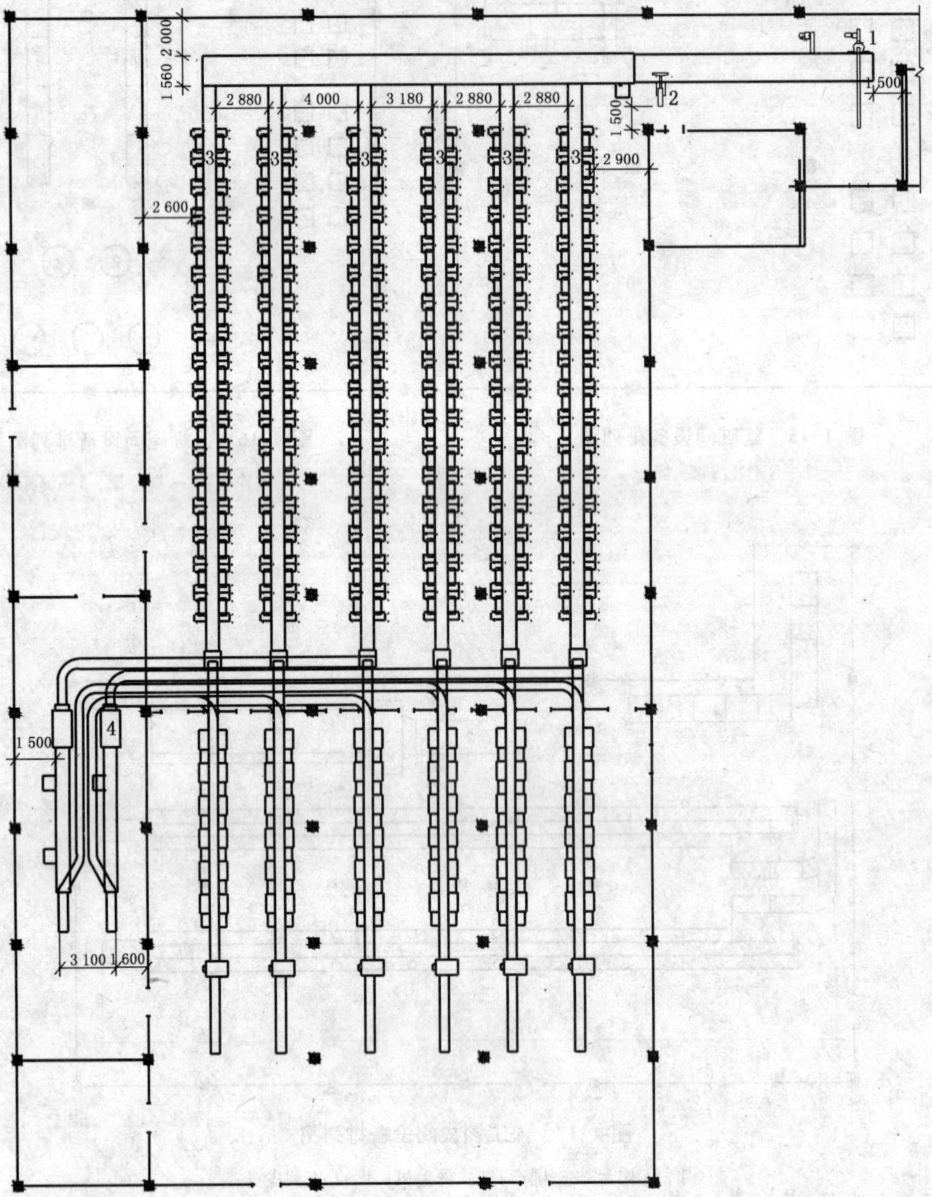

图 4-18　分割车间设备排列图

1—下降输送机；2—三断锯；3—分割线；4—周转箱清洗机

第六节　工艺管道设计

管道布置设计是食品生产企业工艺设计任务之一，管道布置设计是否合理，直接关系到建设指标是否先进合理、生产操作正常进行以及厂房各车间布置的整齐美观和通风采光良好等问题。

一、食品生产对工艺管道的要求

1. 管道及管件材质要求

(1) 管道材料根据所输送的物料理化性质和使用工况选用，采用的管材应保证工艺要求，使用可靠、不吸附和污染介质，施工和维护方便，采用的阀门、管件除满足工艺要求外，应选用拆卸、清洗、检修方便的卡箍连接的管配件。输送纯水、注射用水、无菌介质和半成品、成品的管材宜采用低碳优质不锈钢或其他不污染物料的材料。引入洁净室的各支管应采用不锈钢管。

(2) 对法兰、螺纹连接，其密封用的垫片或垫圈宜采用聚四氟乙烯垫片和聚四氟乙烯包覆垫或食品橡胶密封圈。保温材料应选用整体性能好、不易脱落、不散发颗粒、保温性能好、易施工的材料，洁净室内的保温层应加金属外壳保护。

2. 洁净车间管道布置规定

(1) 洁净厂房的管路应布置整齐，引入非无菌室的支管可明敷，引入无菌室的支管不能明敷，应尽量缩短洁净室内的管路长度，并减少阀门、管件及支架数量。洁净室内公用系统主管应敷设在技术夹层、技术夹道或技术竖井中，但主管上的阀门、法兰和螺纹接头以及吹扫口、放净口和取样口不宜设在技术夹层、技术夹道或技术竖井内。

(2) 从洁净室的墙、楼板或吊顶穿过的管路，应敷设在预埋的金属套管中，套管内管路不得有焊缝、螺纹或法兰，管路与套管之间的密封应可靠。排水主管不应穿过有洁净要求的房间，洁净区的排水总管顶部应设排气罩，设备排水口应设水封装置，以防室外窨井污气倒灌至洁净区。

(3) 穿越吊顶的管道设计应与有关专业密切配合，定出管道穿越的方位和坐标，防止管道穿通龙骨，影响吊顶的结构强度。洁净室内管道根据表面的温度、发热或吸热量及环境的温度和湿度确定保温形式(保热、保冷、防结露、防烫等形式)。防烫、保热管道管外壁温度不超过 40℃，保冷管道的外壁温度不得低于环境露点温度。

(4) 有洁净要求的房间尽量少设地漏，所设置的地漏应采用带水封、格栅和塞子的全不锈钢内抛光的洁净室地漏。

二、工艺管道的材料选择

1. 管道设计步骤

(1) 选择管道材料。根据输送介质的化学性质、流动状态、温度、压力等，合理选择管道的材料。选择介质的流速根据介质的性质、输送的状态、黏度、成分，以及与之相连接的设备、流量等，参照有关表格数据，选择合理的介质流速。

(2) 确定管径。根据输送介质的流量和流速，经计算、查图或查表，确定合适的管径，根据输送介质的压力及所选择的管道材料，确定管壁厚度。实际上在给出的管材表中，可供选择的管壁厚度有限，按照公称压力（规定的标准压力等级）所选择的管壁厚度一般都能满足管材的强度要求。在进行管道设计时，往往要选择几段介质压力较大，或管壁较薄的管道，进行管道强度的校核，以检查所确定的管壁厚度是否符合要求。

(3) 确定管道连接方式。管道与管道、管道与设备、管道与阀门、设备与阀门之间都存在连接方法问题，有等径连接，也有不等径连接，可根据管材、管径、介质的压力、性质、用途、设备或管道的使用检修状态，确定连接方式。阀门和管件介质在管内输送过程中，有分、有合、转弯、变速等情况，为了保证工艺的要求及安全，需要配置各种类型的阀门和管件。根据设备布置情况及工艺、安全的要求，选择合适的弯头、三通、异径管、法兰等管件和各种阀门。

(4) 选择管道热补偿器。管道在安装和使用时存在温差，冬季和夏季使用也有很大温差。为了消除热应力，首先要计算管道的受热膨胀长度，然后考虑消除热应力的方法：当热膨胀长度较小时可通过管道的转弯、支管、固定等方式自然补偿；当热膨胀长度较大时，应从波形、方形、弧形、套筒形等各种热补偿中选择合适的热补偿形式。

(5) 绝热形式、绝热层厚度及保温材料的选择。根据管道输送介质的特性及工艺要求，选择绝热的方式：保温、加热保护或保冷。然后根据介质温度及周围环境状况，通过计算或查表确定管壁温度，进而由计算、查表或查图确定绝热层厚度。根据管道所处环境（振动、温度、腐蚀性），管道的使用寿命，取材的方便及成本等因素，选择合适的保温材料及辅助材料。

(6) 管道布置。首先根据生产流程，介质的性质和流向，相关设备的位置、环境、操作、安装、检修等情况，确定管道的敷设方式：明装或暗设。其次在管道布置时，在垂直面的排布和水平面的排布、管间距离、管与墙的距离、管道坡度、管道穿墙、穿楼板、管道与设备相接等各种情况，均要符合有关规定。

(7) 计算管道的阻力损失。根据管道的长度，管道相连设备的相对标高，管壁状态，管内介质的流速以及介质所流经的管件、阀门等计算管道的阻力损失，以便校核检查选泵、选设备、选管道是否正确合理。不必将管道全部计算，阻力损失选择几段典型管道计算即可。当出现问题时，或改变管径，或改变管件、阀门，或重选泵等输送设备或其他设备的能力。

(8) 选择管架及固定方式。根据管道的强度、刚度、介质温度、工作压力、线膨胀系数，投入运行后的受力状态，以及管道的根数、车间的梁柱墙结构，选择合适的管架及固定方式。确定管架跨度根据管道材质、输送的介质、管道的固定情况及所配管件等因素，计算管道的垂直荷载和所受的水平推力，按照强度条件确定管架的跨度，也可通过查表来确定管架的跨度。由管架类型、管道固定方式选择管架附件，即管道固定用具。所选管架附件是标准件者，列出图号，是非标准件者，需绘出图纸。

(9) 绘制管道图。包括平、剖面配管图、透视图、管架图和工艺管道支吊点预埋件布置图等，编制管材、管件、阀门、管架及绝热材料综合汇总表，确定管道的防腐蚀措施，选择表面处理方法和涂料，编制材料及工程量表。

2. 管子、管件和阀门的选择

在管道设计中，按使用要求正确选择管子、管件和阀门的类型、规格和材料，是管道设计的细致而重要的工作。

(1) 对于管子、法兰和阀门等标准化的基本参数就是公称直径和公称压力。所谓公称直径，就是为了使管子、法兰和阀门等的连接尺寸统一，将管子和管道用的零部件的直径加以标准化以后的标准直径，称为公称直径，并以 D_g 表示。例如：公称直径为 100 mm，用 D_g100 表示。公称压力就是通称压力，一般应大于或等于实际工作的最大压力。管道、法兰、阀门等零部件所承受的压力，也分成若干规定的压力等级，这种规定的标准压力等级就是公称压力，以 p_g 表示。例如：公称压力为 25×10^5 Pa，用 p_g25 表示。

在选择管道及管道用的法兰或阀门时，应把管道的工作压力调整到与其接近的标准公称压力等级，然后根据 D_g 和 p_g 选择标准管道及法兰或阀门等管件，选择合适的密封结构和密封材料。

(2) 管材选择。无缝钢管材料为碳钢，用于输送有压力的物料、蒸汽、压缩空气等管路，无缝钢管分热轧和冷拉两种。如果温度超 435℃，则须用合金钢管。螺旋电焊钢管用碳钢板条卷制，连续螺旋焊接用于大口径（$>\phi200$）低温低压的管道。钢板卷管为碳钢板卷制，直缝焊接，用于大口径（$>\phi600$）低温低压管道。水煤气钢管材料用低碳钢，分镀锌和不镀锌两种（白铁管和黑铁管），用于低温低压的水管。对于输送有腐蚀性介质、氨水、酸、碱等，且有耐温耐压的或食品卫生要求高的管道，可用不锈钢管（含镍、铬、钼），可耐 800～950℃高温。

用于室外给水和室内排水管线，也可用来输送碱液或硫酸，埋于地下或管沟。用砂型离心浇铸的普压管，工作压力＜735 kPa，高压管工作压力＜980 kPa。钢筋混凝土管、石棉水泥管用于室外排水管道。

铜管与黄铜管多用于制造换热设备，也用作低温管道、仪表的测压管线或传送有压力的流体。铝管系拉制而成的无缝管：常用于输送浓硝酸、醋酸等物料，或用作换热器，但铝管不能抗碱。

3. 管件与阀门

管道中除管子以外，还有如短管、弯头、三通、异径管、法兰、盲板、阀门等，简称管件，是组成管道不可缺少的部分。

阀门的选择根据工作压力、介质温度、介质性质和操作要求进行，旋塞不适于控制流量，不宜使用在压力较高、温度较高的流体管道和蒸汽管道中。旋塞可用于压力和温度较低的流体管道，也适用于介质中含有晶体和悬浮物的流体管道。截止阀不得用于输送含晶体和悬浮物的管道，常用于水、蒸汽、压缩空气、真空、油品介质。闸阀用于大管道作启闭阀，使用介质：水、蒸汽、压缩空气等。隔膜阀用于输送酸性介质和带悬浮物质流体的管道。球阀结构简单，体积小，开关迅速，阻力小，常用于发酵罐的配管中。止回阀靠流体自身的力量开闭，不需要人工操作，其作用是阻止流体倒流，也称止逆阀。单向阀、安全阀在锅炉、管道和各种压力容器中使用，减压阀适用于蒸汽、水、空气等非腐蚀性流体介质，在蒸汽管道中应用最广。疏水器作用是排除加热设备或蒸汽管线中的蒸汽凝结水，同时能阻止蒸汽的泄漏。蝶阀适用于调节流量，不能用于切断管路。

三、工艺管道计算

1. 管径计算

(1) 由物料计算和热量负荷计算可知，工艺过程所需的各类流体介质的流量，根据流体在管内的流量、流速与管径之间的关系即可计算出管道内径：

$$d = 18.8\sqrt{\frac{q_v}{w}} \tag{4-36}$$

式中：d—— 管道内径，mm；

q_v—— 流体流量，m^3/h；

w—— 流体的流速，m/s。

通过计算或查图求得的管径未必符合管径系列，可以选用与计算管径接近、略大的管径。

(2) 计算管径时关键是流速的选用，流速大、管径小，可以节省材料，但是增加了流体输送过程的能量消耗，即增加了生产费用。反之流速小，管径大，设备材料耗用多，投资大。因此要根据输送介质的种类、性质和输送条件，选择合适的流速。确定流体流速的原则：液体流速一般不超过 3 m/s，气体流速一般不超过 100 m/s。

2. 管壁厚度计算

在一般情况下，很少计算管壁厚度，如果工作压力和温度过高，则应进行验算，其计算公式为

$$S = \frac{pd}{2[\sigma]\phi - p} + C \tag{4-37}$$

式中：S—— 钢管允许最小壁厚，mm；

p—— 试验压力，kPa；

d—— 管道内径，mm；

$[\sigma]$—— 许用应力，kPa；

ϕ—— 焊缝系数，无缝钢管 $\phi = 1$，直缝焊钢管 $\phi = 0.8$，螺旋缝焊接钢管 $\phi = 0.6$；

C—— 壁厚附加量，mm。

$$p = Kp_g \tag{4-38}$$

式中：p_g—— 工作压力，kPa；

K—— 压力系数，当 $p_g \leqslant 98$ kPa 时，$K = 2$，当 $p_g \geqslant 245$ kPa 时，$K = 1.5$。

3. 管道压力降计算

流体在管道中流动时的总阻力 H，可分为直管阻力 H_1 和局部阻力 H_2。直管阻力是流体流经管径直管时，由于摩擦而产生的阻力。它伴随着流体流动同时出现，又可称为沿阻力。局部阻力是流体在流动中，由于管道的某些局部障碍（如阀门、弯头等）所引起的。

(1) 直管阻力 H_1 计算：

$$\Delta p = \lambda \frac{l}{d} \cdot \frac{\gamma w^2}{2g} \tag{4-39}$$

$$H_1 = \lambda \frac{l}{d} \cdot \frac{w^2}{2g} \tag{4-40}$$

式中：Δp—— 直管压力降，kPa；

H_1—— 直管阻力，m 流体柱；

λ—— 摩擦系数，查阅资料；

l—— 管道总长度，m；

d—— 管道内径，m；

γ—— 流体密度，kg/m^3；

w—— 流体流速，m/s；

g—— 重力加速度，9.81 m/s^2。

(2) 局部阻力 H_2 计算。局部阻力的计算，通常采用两种方法，一种是当量长度法，另一种是阻力系数法。

第一，当量长度法。如管路中直管长度为 l，各种局部阻力的当量长度之和为 l_e，设流体的速度为 w，管径为 d，摩擦系数为 A，则流体在管路中流动时的总阻力或总压力损失 H 为

$$\begin{aligned} H &= H_1 + H_2 \\ &= \lambda \frac{l}{d} \cdot \frac{w^2}{2g} + \lambda \frac{\sum l_e}{d} \cdot \frac{w^2}{2g} \\ &= \lambda \left(\frac{l + \sum l_e}{d} \right) \frac{w^2}{2g} \end{aligned} \tag{4-41}$$

第二，阻力系数法。流体通过某一管件或阀门的压头损失用流体在管路中的速度头(动压头)倍数来表示这种计算局部阻力的方法，称为阻力系数法，如：

$$h_1 = \xi \frac{w^2}{2g} \tag{4-42}$$

式中：h_1—— 因局部阻力而损失的压头，m 流体柱；

w—— 管路中流体速度，m/s；

g—— 重力加速度，9.81 m/s^2；

ξ—— 比例系数，称为阻力系数，由实验测定。

流体在管路中流动时克服各种局部阻力所引起的能量损失之和 H_2(m 流体柱)为

$$H_2 = \sum \xi \frac{w^2}{2g} \tag{4-43}$$

式中：$\sum \xi$ ——局部阻力系数之和。

4. 管道热补偿计算

(1) 管道的热变形与热应力计算。管道一般在常温下安装，当操作温度与安装温度不同时，管子的长度就有伸缩。一根自由放置的长度为 l 的管子，因温度变化 Δt 而引起的伸长为

$$\Delta L = l\alpha \Delta t \tag{4-44}$$

式中：α—— 管材的线膨胀系数，钢为 1.2×10^{-6}。

若管道两端固定，管道受到拉伸或压缩时，由温度变化而引起热应力，热应力产生的轴向推力 p 为

$$p = \sigma A = E\alpha \Delta t A \tag{4-45}$$

式中：E——材料的弹性模数，钢为 2.1×10^{11} Pa；

A——管道截面积(m^2)。

一般使用温度低于100℃和直径小于D_g50的管道可不进行热应力计算。直径大、直管段长、管壁厚的管道，要进行热应力计算。

(2) 自然补偿。利用管道敷设时自然形成的转弯吸收热伸长量的称自然补偿，这个弯管段称自然补偿器。管道设计时，尽量利用自然补偿，仅当其不足补偿热膨胀时，才采取其他补偿器。当管道有90°转弯时，称L形补偿，计算公式为

$$L_1 = 1.1\sqrt{\frac{\Delta L_2 D_W}{300}} \tag{4-46}$$

式中：L_1—— 短臂长度，mm；

ΔL_2—— 长臂L_2的膨胀系数长度，mm；

D_W—— 管道外径，mm。

(3) 补偿器补偿。当自然补偿达不到要求时可采用补偿器补偿，补偿器有方形（毂形）补偿器、波形补偿器、填料函补偿器。其中以方形补偿器最为常用，制造方便，补偿能力大。选择方形补偿器前，首先要计算管道的热膨胀长度，根据热膨胀长度和管径，确定补偿器的形式，一般选用Ⅱ、Ⅲ型。

四、管道布置设计

1. 车间管道布置设计原则

(1) 管道布置设计不仅影响车间整齐美观，而且直接影响工艺操作、产品质量，甚至导致杂菌或噬菌体污染，也影响安装检修。管道布置应满足生产需要和工艺设备的要求，便于安装、检修和操作管理。尽可能使管线最短、阀件最少。必须避免管道在平面上迂回折返，立面上弯转扭曲等不合理布置。凡是高浓度介质尽可能采用重力自流转送，需要保持设备一定真空度的管线，尽可能保持垂直泻泄状态。车间内管道一般采用明线敷设，安装费用低，检修安装方便，操作人员容易掌握管道的排列和操作。

(2) 车间内工艺管道布置普遍采用沿墙、楼板底或柱子的成排安装法，使管线成排成行平行直走，并协调各条管道的标高和平面坐标位置，力争共架敷设，使其占空间小。尽量减少拐弯，避免挡光和门窗启闭，照顾美观。管架标高应不影响车辆和人行交通，管底或管架梁底距行车道路面高度要大于4.5 m，人行道要大于2.2 m，车间次要通道最小净空高度为2 m，管廊下通道的净空要大于3.2 m，有泵时要大于4 m。

(3) 分层布置时，大管径管道、热介质管道、气体管道、保温管道和无腐蚀性管道在上，小管径、液体、不保温、冷介质和有腐蚀性介质管道在下。引支管时，气体管从上方引出，液体管从下方引出。管径大的、常温的、支管少的、不常检修的和无腐蚀性介质的管道靠墙，管径小的、热力管道、支管多的、常检修的和有腐蚀性介质管道靠外。

(4) 管道穿过楼板、墙壁时应预先留孔，穿过楼板或墙壁的管道，其法兰和焊口均不得位于楼板或墙壁之中。易堵塞管道在阀门前接上水管或压缩空气管，管道应避免经过电动机或配电板的上空，以及两者的邻近。输送腐蚀性介质管道的法兰不得位于通道上空，与其他介质管道并列时，应保持一定距离，且略低。

(5) 阀门和仪表的安装高度应满足操作和检查的方便，如果阀门位置过高，可接长阀杆，使开关手轮或手柄位于适合操作的位置。不锈钢管道不得与碳钢支架或管托架长期直

接接触，以免形成腐蚀，必须在管托上涂漆或衬以不锈钢板块予以隔离。

(6) 室外架空管道的走向宜平行于厂区干道和建筑物。上下水管及废水管适于埋地敷设，埋地管的安装深度应在冰冻线以下。

2. 车间管道布置设计

(1) 车间管道布置设计根据生产流程、设备布置、厂房建筑先在图纸上绘出厂房、设备和构筑物，用细实线画出它们的外形和接口于正确的定位尺寸上，然后用实线画出管道和阀门。每根管道都应标注介质代号、管径、立面标高和平面定位尺寸以及流向。管道上的管件和阀门、仪表的传感装置和控制点、管道支(吊)架和管沟内管架均应按规定的图例和符号在图纸上表示。

(2) 选择合适的管材和阀门、选择管道连接、减少接头处渗漏、合理布置管道和尽量减少管道的数量，可节省投资，减少染菌机会。消灭管道死角，管道中常发现的死角有：洁净车间的有关管道的法兰加工、焊接和安装。保持连接处管道内壁畅通、光滑、密封性好，避免和减少管道染菌的机会。

(3) 车间管道布置设计的有关参数：平行管道间最突出物间的距离不能小于 50～80 mm，管道最突出部分距墙、管架边和柱边不能小于 100 mm。为了减少管间距，阀门、法兰应尽量错开排列。管道支架分布的距离视管径、质量、作用力等因素，通过计算确定。室内管道支架，因多数利用建筑物墙或柱等固定，考虑建筑模数，可按表 14-13 的数值选取：

表 14-13　室内管道支架的管径和间距

管　道	管径 D_g(mm)	间距(mm)
保温管道	≤32	2.0
	40～100	3.0
	≥125	6.0
不保温管道	≤40	3.0
	≥50	6.0

管道布置安装原则上除了对不间断运行并没有沉积可能的管道可以没有坡度外，一般都应有坡度。污水管：1%，顺流向，拐弯处应设清洗弯头；压力管道的清水管：0.1% ～0.2%；蒸汽管：0.2%，反流向，最低处或积水处安装放(疏)水阀；凝结水管：0.2%，反流向，最高处安装放汽阀；压缩空气管：0.2%，顺流向，最低处安装排油水阀。

第七节　工艺专业提交的有关资料

工艺设计是整个设计工作的先行工作，工艺设计完成之后应该向其他相关专业提供配合设计的条件和要求，作为这些专业设计的依据，以期在工艺设计开展工作的同时，其他相关专业也可以开展设计工作。

一、初步设计阶段工艺专业向其他专业提供的资料

初步设计阶段工艺专业提供的资料，见表 4-14。

表 4-14　工艺专业向协作专业提供的资料清单

序号	资料名称	资料内容	协作单位
1	主要技术经济指标	(1) 技术操作数据 (2) 原、辅包装等材料、动力材料 (3) 产成品、副产品产量 (4) 成品率、提取率 (5) 其他	项目工程师、技术经济专业、预概算专业
2	工艺、生产流程		
3	工艺、设备布置平、立面图		
4	设备、电动机一览表		
5	设备负荷和设备最大件资料	(1) 设备本体重 (2) 设备内物料重 (3) 拖动功率 (4) 转动方向 (5) 本车间最大件的重量和尺寸 (6) 其他	土建专业
6	弱电、通信、电声、光报警联络等要求	(1) 电话 (2) 对讲话筒 (3) 音响报警 (4) 红、绿灯电铃讯号 (5) 其他	供电专业
7	热力供汽	(1) 蒸汽质量 (2) 用汽定额 (3) 用汽量(平均、最大) (4) 冷凝水水质、水量 (5) 冷凝水回收方式 (6) 蒸汽负荷曲线	供热专业
8	耗冷资料	(1) 用冷参数 (2) 用冷地点 (3) 耗冷量(平均、最大)	供冷专业
9	压缩空气	(1) 用气地点 (2) 用气压力、温度 (3) 用气干燥和净化要求 (4) 用气量(平均、最大)	
10	特殊照明要求	车间操作点特殊照明要求	供电专业
11	给排水资料	(1) 水质 (2) 水压 (3) 用水量(平均、最大) (4) 进车间进水点 (5) 车间排水水质、水量排出点 (6) 车间排水	给排水专业
12	暖通资料	(1) 车间采暖点及要求 (2) 车间夏季降温点及要求 (3) 车间排除粉尘点及要求 (4) 车间排除浊空气或有害气体点及要求 (5) 车间排温热点及要求 (6) 特殊温度用房及要求	采暖通风专业
13	生活及服务用房资料	工作场所为生产服务的用房要求，如最大班人数，岗位就餐人数，质量检验室布置和分析桌、柜等尺寸，卫生工程和室内供排水设施等	土建专业、供水专业
14	人员配置资料	车间或工段的岗位操作人员、技术人员、管理人员，按每个操作班开列	技术经济专业

续表 4-14

序号	资料名称	资料内容	协作单位
15	预概算专业资料	(1) 安装材料汇总估算 (2) 工器具需用量 (3) 备品备件资料 (4) 化验、检测仪器资料	预概算专业
16	全厂运输资料	(1) 原材料量 (2) 成品量 (3) 副产品、联产品量 (4) 五金配件 (5) 维修材料等	总图运输专业或厂区内运输专业
17	自控仪表资料	(1) 自动控制要求的安装点 (2) 仪表安装点和控制室位置 (3) 其他	自控专业

二、施工图阶段工艺专业向其他专业提供的资料

施工图设计阶段工艺专业向其他专业提供的资料，见表 4-15。

表 4-15　工艺专业向协作专业提供的资料清单

序号	资料名称	资料内容	协作单位
1	主要设备基础图及荷载资料	(1) 设备基础定位 (2) 地脚螺栓留孔 (3) 预埋件定位 (4) 设备荷重(自重、物料重) (5) 电动机功率及运转方向 (6) 防震要求等用图纸并在图上标注，供土建出基础施工图、留孔图、预埋件图等用	土建专业
2	个别设备和特殊构筑物资料图	(1) 单独设备基础标高，次浇灌混凝土厚度，基础地脚螺丝留孔或预埋件，荷重数据 (2) 设备定位和基础位置关系 (3) 混凝槽、池等构筑物详图供土建出车间设备基础布置图、留孔或预埋件图用，供土建出特殊构筑物土建图用	土建专业
3	生产工艺流程系统资料图和自控器要求	提供仪表专业具体布置自控器和仪表安装点，出自控仪表系统图	自控仪表专业
4	中心实验室、车间化验室布置详图资料和仪表清单	供土建设计、卫生工程设计和修正概算或施工预算用	土建专业，预概算专业，给、排水专业
5	修正概算资料	供预算专业作修正概算或施工预算用	预概算专业
6	室外管线支架资料	管线、管径、重量，有无保护层及其排列布置，提供土建出管架施工图用	土建专业
7	非标准设备制造图基础资料	供汇总材料修正概算，供电动力情况，土建基础施工图	预概算专业、土建专业、供电专业
8	其他更改资料		有关设计专业

除以上内容外，工艺设计还必须向非工艺设计和其他有关方面从工艺角度提出要求，如工艺流程、车间布置在总平面布置中对位置的要求，工艺上对土建、采光、通风、采暖、卫生设施等的要求，对生产车间用水、电、汽耗用量的估算及负荷要求，对给水水质的要求，对排水性质达标、流量及废水处理的要求，对各类仓库的面积、体积的计算和温度、湿度的特殊要求。

第五章　食品生产企业车间的建筑设计

食品生产车间的建筑设计包括：食品安全生产对生产的卫生要求、屠宰车间的建筑设计、建筑构造和建筑节能技术。

第一节　食品生产车间的卫生要求

为了确保食品的安全品质，执行HACCP质量控制体系，食品安全生产对食品工业的卫生要求内容很多，其中对建筑设计的卫生要求有：按卫生要求划分区域及清洁卫生要求，食品安全和质量控制等内容。

一、按卫生要求划分区域及清洁卫生要求

1. 划分清洁区域

为了便于对不同生产区域进行设计和卫生管理，通常将食品工厂按车间区域的洁净度不同划分为非食品处理区、一般生产区、准洁净生产区和洁净生产区。准洁净生产区和洁净生产区属于管制(监管)生产区。

(1) 一般生产区指原料仓库、材料仓库、外包装室及成品仓库等与产品生产关系密切，但其区域内的洁净度要求次于管制生产区的操作区域。通常也包括原料的预处理场所，即从事生鲜原料的整理、准备、选别、清洗、修整、分切、剥皮、去内脏等处理生产的场所。

(2) 准洁净生产区指加工、调理等洁净度要求次于洁净生产区的操作区域，包括食品加工调理场(如从事切割、磨碎、混合、调配、整形、成型等处理生产的场所)、内包装材料的准备室(指不必经任何清洗消毒程序即可直接使用的内包装材料，进行拆除外包装或成型等的操作场所)、缓冲室(指原材料或半成品未经过正常制造流程而直接进入管制生产区时，为避免管制生产区直接与外界相通，于入口处所设置的缓冲场所)。

(3) 洁净生产区指易腐败的食品半成品(成品)的最后冷却或内包装前的存放场所(内包装室无菌包装区)等洁净度要求最高的操作区域。

(4) 管制生产区包括洁净生产区及准洁净生产区。管制生产区洁净度要求较高，对人员与原材料进出及防止有害动物侵入等必须有严密的管制措施。

(5) 非食品处理区指品管检验室、办公室、更衣及洗手消毒室、厕所等非直接处理食品的区域。

2. 清洁卫生要求

按食品安全生产的卫生要求，在各车间或部门靠近人员进出口处应设置更衣室，使工作人员脱掉便服换成工作服和工作用鞋。应按不同洁净区设置更衣室，男女更衣室应分开。

室内应有适当的照明，且通风良好，有足够大小的空间，以便员工更衣之用，并应备有可照全身的更衣镜、洁尘设备及数量足够的个人用衣物柜及鞋柜、脏工作服回收清洗橱等设施，以方便工作人员脱掉外出服、外用鞋换成车间用工作服和工作用鞋。衣物柜一般按一人一柜安排。更衣室应与洗手消毒室相近，尤其是易腐败即食性成品工厂更应按如此设计。

车间的地面、墙裙、设备、工具、用具等要经常保持清洁，每天生产完毕后热水洗刷。除发现烈性传染病的紧急消毒外，每周用2%的热碱液消毒1次，至下一班生产前再用清水洗刷干净。放血刀经常更换和消毒，生产人员所有工具受污染后，应立即消毒和清洗。在各加工检验点除设冷热水龙头外，还应具备消毒液或热水消毒器。

进入车间的工作服应有专人定期清洗。清洗烘干后以悬挂或叠好方式放入相应的干净衣物柜中，供辨认更换，工作服及鞋（靴）应有标志（代号、名字或颜色），以区别不同清洁生产区，防止交叉污染。

在肉制品车间及其成品库内，必须设非手动式的洗手设施。如使用一次性纸巾，应设有废纸巾贮存箱（桶）。车间内应设有工器具、容器和固定设备的清洗、消毒设施，并应有充足的冷、热水源。这些设施应用无毒、耐腐蚀、易清洗的材料制作，固定设备的清洗设施应配有食用级的软管。车库、车棚内应设有车辆清洗设施。活畜进口处及病畜隔离间、急宰间、化制车间的门口，必须设车轮、鞋靴消毒池。肉制品车间应设清洗和消毒室。室内应备有热水消毒或其他有效的消毒设施，供工器具、容器消毒用。设备和工器具接触肉品的设备、工器具和容器，应使用无毒、无气味、不吸水、耐腐蚀、经得起反复清洗与消毒的材料制作；其表面应平滑、无凹坑和裂缝。固定设备的安装位置应便于彻底清洗、消毒。盛装废弃物的容器不得与盛装肉品的容器混用。废弃物容器应选用金属或其他不渗水的材料。

二、食品安全和质量控制

根据食品安全生产管理方式制定和实施的食品制造标准，突出体现了各种污染的防止，主要着眼于使用的各种原材料和食品生产每一工序中产品安全性的保证。为了避免食品中附着和混入杂物、重金属、残留农药、可引起食品中毒的病原菌或有损于食品质量的微生物，必须采取有效措施，切实防止来自工厂设施、操作环境、机械器具、空中沉降细菌和操作人员等方面的污染，加强工艺技术方面的管理、实行双重检查、建立各工艺的检验制度和质量管理制度，误差的防除措施。

1. 人员的要求

质量管理对生产企业至关重要，不仅要有经验丰富、素质过硬的管理队伍，而且要有一定专长、技术超强的高、中级专业技术人员。食品企业生产和质量管理部门包括建设食品工厂期间，应能按规范的要求组织生产或进行质量管理，能对食品生产和质量管理中出现的问题做出正确的判断和处理。从业人员上岗前必须进行卫生法规教育和技术培训，技术和管理人员应接受高层次的专业培训，并取得相关合格证书。

安全生产的重点是：确认食品生产过程安全性；防止异物、毒物、微生物污染食品；有双重检验制度、防止出现人为的损失；标签的管理；生产记录、报告的存档以及建立完善的管理制度。我国质检总局等部门发布的各项食品生产卫生管理法规，对食品工厂的环境、设施、布置人员都有严格的要求，实际上也是一种安全生产管理。食品安全生产与卫生标准操作规范（SSOP或SOP）已是企业执行HACCP的基础和必备的条件。

2. 设计与设施要求

食品安全生产要求企业的生产车间必须按照生产工艺和卫生、质量要求，划分洁净级别，并应按生产工艺流程及所要求的卫生级别进行合理布局，同一车间和邻近车间进行的各项生产操作不得相互妨碍。其设计要求最大限度地防止食品、食品接触面和食品包装受到污染。加工过程中，原料、半成品、成品分开；不同洁净区的生产人员要严格分开；生的食品和熟的食品也要严格分开，防止交叉污染的发生。因此，原料处理、半成品加工和成品包装要在不同的独立车间内完成。生产车间内的人流、物流不得交叉。原材料和包装材料从卫生要求低的运货通道进入卫生要求较高的车间环境中时，需通过投料口进入缓冲间，去掉外包装，然后再进入车间内部。人员从非洁净区进入洁净区时也要经过缓冲间。卫生要求高的车间物料流通过传口连接，不应设有明显通道，以防止交叉污染。

3. 卫生质量管理

食品企业必须建立相应的质量管理机构，专门负责生产全过程的质量监督管理，要求食品企业贯彻预防为主的原则，实行全过程的质量管理，消除不合格产品的种种隐患，做到“防患于未然”，逐步形成一个包括市场调研、产品研制和生产、质量检验等过程的质量保证体系，确保食品安全。

(1) 制定和执行“品质管理标准”，建立完善的登记和内部核查制度，定期校正生产中使用的计量设备(如温度计、压力计、称量器等)。对获得的品质管理记录资料要进行必要的统计处理，以便及时发现管理中存在的问题和漏洞。

(2) 严把原材料质量关，防止劣质原材料进入生产。按照品质管理标准的要求制定详细的原材料质量指标、检验项目、抽样及检验方法等并严格执行，同时要做好原始记录。每批原料及包装须经检验合格后，方可进厂使用。准许使用的原材料，应遵循先进先出的原则。生产用水必须符合一定的卫生要求，并定期进行质量检测等。

(3) 重视生产过程的质量管理。根据生产企业的特点，制定生产过程中的检验指标和检验标准、抽样及检验方法，并保证在各生产环节严格执行。各种计量设备校正无误，配制原料要有良好的外观性状，无异味，并严格按照配方准确量用。生产用水要进行必要的卫生处理，对半成品的各项指标也要进行准确检验，以便及时发现存在的问题。生产过程要严格控制时间、温度、压力、酸碱度、流速等理化指标，防止食品受微生物污染而腐败变质。

(4) 成品的质量管理。在品质管理标准手册中，应明确规定成品的质量标准、检验项目及检验方法。每批成品应预留一定数量样品进行保存，必要时做成品稳定性试验。每批成品均需进行质量检验，不得含有毒或有害人体健康的物质，并应符合现行法规产品卫生标准，不合格者要妥善处理。

食品标志应符合《食品标签通用标准》的规定。做好成品售后质量跟踪检查工作，发现有质量问题者应及时回收，并对顾客反馈意见进行妥善处理。

4. 成品的贮存与运输

成品贮存方式和环境应避免阳光直射、雨淋、撞击，以防止食品的成分、质量及纯度等受到影响。仓库应有防鼠、防虫等设施，定期整理、清扫、消毒，仓库出货应遵循先进先出的原则，检验不合格的成品不得出库。

运输工具应符合卫生要求，根据产品特点配备相应的保护设备，即能防雨、防尘、冷藏、保温的设备。装运作业应轻拿轻放，防止强烈振荡、撞击，防止损伤成品外形；并不得与有毒有害物品混装、混运，并做好仓储和运输记录，包括成品存量及出货批号、时间、地点、对象、数量等。

5. 食品安全对生产企业建设的要求

食品安全是一种具体的食品质量保证体系，要求食品工厂在制造、包装及储运食品等过程中，有关人员、建筑、设施、设备等的设置及卫生、制造过程、产品质量等管理均能符合良好生产条件，防止食品在不卫生条件或可能引起污染或品质变坏的环境下生产，减少生产事故的发生，确保食品安全卫生和品质稳定。

(1) 企业不得建设在易遭受污染的区域，不宜建设在污染源的下游河段，要选择地势干燥、交通方便、水源充足的地区。厂区周围、厂房之间、厂房与外缘公路之间应设绿化带，厂房道路应采用混凝土、沥青等硬质材料铺设，防止积水及尘土飞扬。厂区不存在垃圾及孳生蝇虫和藏匿鼠类的场所，道路、停车场等辅助设施不污染食品加工厂，废水废物处理车间内外排水不会对食品加工区造成污染。

(2) 食品安全要求。兴建生产车间时应从建筑结构、建筑材料、加工产品的流向、防虫防鼠设施、通风设施、温度控制、采光设施、洗手消毒设施、工具器具清洗设施、包装物料存放、现场检测、更衣间、卫生间等方面来满足卫生需要。

(3) 厂房建筑及结构适合生产要求。车间设立有效的隔离，防止生物、化学和物理交叉污染，地板、墙面、照明、排烟等要符合卫生安全要求。要求厂房设施布局合理，地面平整，屋顶或天花板表面光洁、耐腐蚀，便于洗刷、消毒，车间内的墙壁应采用无毒、非吸收性、易清洗的浅色材料粉刷，以利于清洗消毒。制造、包装及贮存场所要有良好的通风装置，配置足够的卫生设施，排水设施畅通，有充足的照明设施等。

(4) 食品加工区、工器具和设备、供水管道、洗手间等卫生设施，以及垃圾处理等要求清洁，不对食品造成污染。凡接触食品物料的设备、工器具、管道，必须选用无毒、无味、抗腐蚀、不变形、易洗涤消毒的材料制作；设备和工具设计要合理，以减少食品碎屑、污垢及有机物的囤积；生产设备应排列有序，使生产顺利进行，并避免交叉污染；用于测定、控制或记录的仪器，要定期维修。

(5) 车间内应设有防蚊蝇、昆虫、鼠类进入的设施。楼梯及扶手、拦板均应做成整体式的，面层应采用不渗水材料制作。楼梯与电梯应便于清洗消毒。

第二节 食品生产企业车间建筑设计(一)

食品生产车间的建筑设计包括：企业的建筑类型及厂房的建筑面积计算，企业的防虫害设计、建筑防火设计和有关的建筑技术政策。

一、工业建筑的设计要求

工业建筑有以下特点：厂房的设计以工艺设计为基础，必须满足不同的生产段要求，创造良好的工作环境。由于厂房内各生产工段联系紧密，需要大量的或大型的生产设备和起重运输设备，因此，厂房的内部具有较大的面积和通敞的空间。多数厂房采用钢筋混凝土结构或钢结构，由于厂房的面积大、体积大，有时采用多跨组合，不同的生产类型对厂房提出不同的功能要求，因此在空间、采光、通风和防水、排水等建筑处理上以及结构、构造上都比较复杂，技术要求较高。

正是由于工业建筑具有以上特点，所以在进行设计时，应满足坚固适用、技术先进、经济合理的设计原则，在满足工艺要求的前提下，处理好厂房的平面、剖面、立面的关系，选择合适的建筑材料，确定合理的承重结构、围护结构和构造做法。

1. 工业建筑的设计要求

(1) 生产工艺的需要体现了使用功能的要求，它们对厂房的面积、柱距、高度、平剖面形式、细部尺寸、结构与构造等都有直接的影响，必须要适应工艺中各项条件，满足设备的安装、操作、运转、检修等要求。例如，有时需在柱距中布置大型设备，可采用大柱距 12 m、15 m 等，洁净车间要求恒温、恒湿、洁净，可采用密闭厂房。

(2) 所设计的厂房必须具有坚固性和耐久性，能经受外力、化学侵蚀等各种不利因素的作用，满足有关技术要求。根据现场条件和材料供应情况采用先进技术，努力创造适合国情的新形式、新结构和新材料，使设计工作有所创新。应使厂房具有较大的通用性和适应扩建的条件，以适应工艺的革新、改造和扩大生产规模的需要。应遵守《厂房建筑模数协调标准》的规定，合理选择建筑参数(柱距、跨度、高度等)，以便采用标准及通用构件，有利于建筑设计标准化、构配件生产工厂化、施工机械化和管理科学化，从而提高厂房建筑工业化的水平。

(3) 工业建筑设计要注意提高建筑的经济、社会和环境的综合效益，三者不可偏废。在经济效益方面，既要注意节约建筑用地和建筑造价，降低材料消耗和能源消耗，缩短建筑周期，又要有利于降低经常维修、管理费用，防止盲目、重复建设，或可能出现投资效果差的现象。在社会效益方面，应使工业建筑投产以后，社会生活素质发生有利变化。在环境效益方面，应使工业建筑投产以后，环境质量符合国家有关部门规定的质量标准，综合治理废水、废气，控制生产噪声，注意保持生态平衡。

(4) 对生产中所产生的有害因素，应采取必要的措施以保证工人的健康，满足卫生等方面要求。因此要求厂房有良好的采光、通风条件以及正常的工作环境，并注意室内装修和色彩的处理以利于减轻工人的疲劳，从而提高产品质量与生产效率。例如非洁净车间应采取合理的厂房剖面形式，使通风顺畅以利排除热量及有害气体。

(5) 根据生产工艺流程、气候、防火、卫生等要求，确定厂房的位置及平面尺寸，与总平面及环境协调，注意美观。在此基础上注意厂房的立面造型的处理，把建筑美与环境美结合起来，创造出良好的室内外工作环境。

2. 建筑设计依据

(1) 进行建筑设计前先收集以下资料：产品生产工艺流程图(初步设计)和生产工艺要求，设备一览表及设备布置图，公用系统如供水、排水、供电、照明、供汽、供暖、制冷、通风等的要求，各类生产人员、管理人员的数量，男女人数比例和生产人员流动情况，原料、辅料、中间产品、成品等物料的特性及物料流动的情况，厂区平面设计草图和建厂地区的地质、气象资料和周围环境的情况调查报告。

(2) 常用设计规范、设计标准：《中华人民共和国食品卫生法》、《出口食品厂、库最低卫生要求》、《中华人民共和国国家标准建筑统一模数制》、《工业企业设计卫生标准》、《工业企业采光设计标准》、《建筑设计防火规范》、《建筑地基基础设计规范》、《中华人民共和国城市区域环境噪声标准》、《工业企业噪声卫生标准》等。

二、工业厂房的建筑类型及选择

工业厂房按层数划分有:单层工业厂房、多层工业厂房和混合层数厂房。

1. 多层厂房

多层工业厂房是指层数在两层及以上的厂房,主要用于轻工业类厂房中,这类厂房的设备轻、体积小,大型机床一般安装在底层,小型设备一般安装在上部楼层。车间运输分垂直和水平两大部分,垂直运输靠电梯,水平运输则通过小型运输工具,如电瓶车、传送带等。多层厂房多用于食品、电子、精密仪器、纺织、印刷、服装等轻工业部门,其设备和产品轮廓小、重量轻,并适合在垂直方向上布置工艺流程。

多层厂房的建筑形式具有以下优点:一是占地面积小,降低土石方量,减少基础和屋顶的工程量,缩短厂区道路及各种工程管网、管线的长度,节约建筑总投资及部分管理和维修费用。二是外围护面积小,节约建筑材料、冬季采暖费用和空调费用。三是屋顶构造简单,可直接采用侧窗采光,屋面不设天窗,雨雪、积灰容易被排除,有利于保温隔热处理。四是容易满足生产工艺的要求,不但可分层组织生产管理,还可以在水平和垂直两个方向布置生产工艺,有利于组织各工段间合理的生产流线。

除了上述优点外,多层厂房的承重构件是梁、板、柱,柱网尺寸较小,限制了厂房的利用,除底层外设备均安装在梁、板上,对荷载大、振动大的设备较难适应。

肉类加工企业还应在车间底层设置排水系统,四周墙壁开窗,空气畅通,阳光充足。从烫毛到冷汤修刮工序的屋顶建设南北朝向,便于排出烟气。宰杀、刮毛、剥皮工序靠近车间边沿,利于与其他工序隔开。宰杀台的进口紧接候宰间,剥皮机紧靠车间的皮张出口并设有验皮、堆发和皮张装运的场地。

干燥和正常温湿度状况的房间,其上部屋盖可以设计成复合式的。一般在湿车间上部考虑设置通风式屋盖,其目的是排除在湿车间使用期间积聚的湿气。屋盖保温层的材料可用刚性矿棉板、陶砾、泡沫玻璃、多孔混凝土块等。

2. 单层厂房

单层工业厂房是层数仅为一层的工业厂房,这类厂房主要用于重工业类的生产车间,其特点是设备及加工件体积大、重量重,有较大动荷载,车间内以水平运输为主。生产过程中的联系靠厂房中的大型起重运输设备和各种车辆进行。单层厂房在工业建筑中得到广泛应用,占工业建筑总量的75%左右,一般多用于机械制造、冶金等工业部门。这类厂房便于水平方向组织生产工艺流程,尤其对运输量大,设备、加工件及产品笨重,原料、燃料、成品及半成品所需堆放的面积大,出现地沟、地坑的车间则更有较大的适应性。

(1) 单层厂房有许多优点:缩短建设工期,简化建筑结构和设备的安装,在建筑物改造的时候,可减少设备移动;转移车间内部货物时,利用最经济的卧式运输机械;显著地提高建筑面积的装货量,便于实现用集装箱保管货物和运送货物,所以,正在发展的现代化肉类加工企业多为单层厂房。处理加工中非食用肉、内脏、废弃物等多通过孔洞或地下室运出车间,这样能较好地将清洁的原料、半成品与引起污染的物料分开,保证加工产品质量。单层厂房也有一定的缺点:占地面积大,单位建筑面积的围护面积(墙、窗、屋顶)比多层建筑大,采暖管理费用增加,立面处理比较单调。

经综合分析比较，单层厂房采用经济的水平运输方式运送物件，生产过程的检查和操作系统简单，不同用途的生产用房联系方便，采光通风天窗可使工作地点的照度均匀，创造室内必需的温湿度参数和换气量，为平面布局和结构处理以及厂房组合的有效统一创造有利的条件。

(2) 单层厂房可为单跨的和多跨的组合。在现代工业建筑中，广泛采用多跨结构，它便于组织较大的生产面积，设计成等宽等高的平行跨间。根据工艺要求，有时将厂房设计成纵横跨，厂房的组合当结构方案相同时，尽可能将厂房单元组合在一起。例如面积 25 000 m^2 的厂房与面积 2 500 m^2 的厂房相比，每平方米造价大约降低 7%。当然厂房的层数选择和跨数选择是由技术经济分析和节约用地条件确定的。

就大多数生产来说，在厂房内安排主要用房、辅助用房、次要用房和贮存用房，按单元原则将工厂中较小的厂房合并，可以使工厂用地面积缩小 30%～40%，外墙周边长度减少到 50%，还可减少建造厂房的材料用量，建筑造价降低 10%～15%，改善厂房的工业化施工条件，缩短公用设施和运输联系，降低场地的完善设施费用。

3. *其他形式厂房*

混合层数厂房指同一厂房内既有多层也有单层，单层或跨层内设置大型生产设备，多用于化工和电力工业。

此外还有一种类型是用于科研、生产、储存的综合建筑(体)。在同一建筑里既有行政办公、科研开发，又有工业生产、产品储存的综合建筑，是现代出现的新型建筑。如某电子企业一栋近 3 万 m^2 的综合建筑内，设有行政办公、产品研发设计、生产车间，并在车间隔离出自动化高架仓库，用以储存产品。

三、确定建筑面积和规模

通过工艺设计，确定了产品方案和工艺流程，选择和设计设备，物料计算，人力资源配备，进行车间工艺布置和设备排列，接着进行建筑面积的计算和土建规模确定。以屠宰工厂为例，其白条生产线使用的屠宰车间的面积根据班屠宰数量的多少来确定每头猪的占地面积，见表 5-1。

表 5-1　每头猪占地面积　　单位：m^2

班宰量	2 000 头及其以上	1 000～2 000 头	500～1 000 头	200～500 头
占地面积	1.0～1.2	1.2～1.4	1.4～1.6	1.6～1.8

从表 5-1 看出班屠宰量在 500～2 000 头之间时，随着班屠宰头数的减少，每头猪的占地面积增加 0.2 m^2，因为近年来根据兽医专家建议，检验方法由分散检验改为同步检验或对号集中检验方法，增加了同步检验线。与此同时，将旋毛虫检验室和疑病胴体间都安排布置在生产线附近，此外，为了避免交叉污染还增加了输送设备，加宽了运输通道，因此增大了车间的使用面积。

屠宰车间包括白条肉生产线的生产用房和附属用房，以及红脏线、白脏线、头蹄尾线、分割车间的生产用房和附属用房。下面举例介绍单层厂房使用进口屠宰设备的屠宰车间规模。如某肉类加工企业年屠宰生猪 150 万头，日屠宰量为 5 000 头，分二班生产，班屠宰量为 2 500 头。按表 5-1 所示，取每头生猪占地面积 1.2 m^2，则该屠宰间的建筑面积为

$$2\,500 \times 1.2 = 3\,000\ m^2$$

按每头猪产出白条肉(包括内脏)100 kg 计算，则每班白条肉生产能力为

$$2\,500 \times 100 = 250\,000\ kg = 250\ t$$

操作车间按每班每吨白条肉 56 m^2 计算，则操作车间的面积为

$$250 \times 56 = 14\,000\ m^2$$

附属车间为

$$250 \times 6 = 1\,500\ m^2$$

仓库

$$250 \times 5 = 1\,250\ m^2$$

至此，该肉类加工企业生产车间的总面积(不包括生活福利用房)为

$$3\,000 + 14\,000 + 1\,500 + 1\,250 = 1.975\ \text{万}\ m^2$$

四、食品工厂的防虫害设计

1. 防鼠

对食品的危害以老鼠为最厉害，分布最广，它带有大量的传染病菌，使食品遭到严重污染，老鼠藏匿于仓库、地板下、夹层之间或垃圾堆中。老鼠具有一定的机智，它会分辨毒饵和可食用的食物，它们也了解如何避开陷阱得以生存，一只老鼠的死亡会带给其他老鼠警告，因此对鼠害的防治既重要又需常抓不懈。

因为老鼠喜欢脏乱、隐蔽、阴暗的地方，故食品工厂对这些地方必须特别加以清理。假如窨井盖子没有盖严，那么这里就是老鼠的藏身之地，有的老鼠还会直线地爬上排水管道进入食品工厂。在排水管的出口处一定要焊上钢筋网片，孔眼小于 20 mm×20 mm，以防止老鼠进入。

在食品仓库内，国外多以中等硬布做成孔眼小于 6 mm×6 mm 的网布盖住食品，以防老鼠侵食。同时食品最好以金属容器盛放，容器排列整齐而没有溢出为最佳。常常用来毒杀老鼠的饵必须更换，毒杀的方法要加以研究，采用一些技巧，使老鼠在没有顾虑的情况下吃入毒饵，有效地杀死老鼠。

消灭鼠类的方法很多，可用机械捕捉、毒性饵料诱捕、气体灭鼠等方法。一般用敌鼠钠盐来做毒饵。用药饵毒鼠，要注意及时消除死鼠。用二氧化碳气体灭鼠效果较好，由于这种气体对食品无毒，用其灭鼠时，不需将库内食品搬出，在库房降温的情况下，将气体输入库内，将门紧闭即可灭鼠。二氧化碳对人有窒息作用，可造成死亡，操作人员必须戴氧气呼吸器才能入库充气和检查，进行通风换气降低二氧化碳浓度后，才可恢复正常进库。

老鼠在吃了毒饵以后，有的很快在附近死亡，有的会在水源处或阴暗处死亡，因而在确定了老鼠吃下毒饵之后就要尽快地寻找尸体，以免腐败、发臭。经常要进行大扫除，除了将死亡的老鼠尸体找到外，尚可清除没死的老鼠。老鼠的尸体必须妥善处理，防止再次污染。

2. 防苍蝇、蟑螂、蟋蟀

(1) 苍蝇不喜欢黑暗的地方，在黑暗的地方苍蝇无法飞行，因此台湾的食品工厂使用了车间对外通道处设计暗道的方法防虫蝇。在暗道中为防止工作人员行走困难，可装设一盏小功

率红色灯泡，红色的光人们可以看清，而苍蝇则不能，如此则可防止苍蝇从对外的通道处进入。

(2) 在食品生产企业对外通道处应设计门斗，通常取 2 500 mm×3 000 mm。门斗的外门为钢质门外开加带纱门，其门的造型、规格、色彩根据使用功能和建筑立面造型加以设计。门斗的第二道门为塑料帘子门，用来防止苍蝇、蜜蜂、黄蜂进入，其构造与冷库门斗的帘子门相同。在门斗上方悬挂灭蝇器用以灭蝇，门斗的地面设置 100～150 mm 深的消毒池，用以人、车消毒，并对老鼠、蟑螂、蟋蟀进入起到阻挡作用。

3. 注意环境卫生，随时妥善处理垃圾

生产车间随时都有毛发、内容物、碎屑等产生。毛发、内容物设置专门仓库予以贮存，且应与生产车间严格隔离开来。对毛发、内容物要经常清除，经常大扫除，喷洒杀虫剂，使食品工厂附近十分清洁。

安装纱门纱窗，修补所有的漏洞和缝隙，房顶无泄露，食品包装区清理干净，设备周围干净，无杂物堆放，垃圾加盖。

4. 蚊虫鼠控制设施

食品生产过程中外来蚊虫鼠害是食品安全卫生质量的主要威胁，因此应当严格控制其接近或进入车间。其灭除和控制方法如下：厂区内有老鼠及虫害，设立捕鼠点，采用机械捕鼠。车间安装风幕机、塑料帘、暗道和纱窗，防止进入车间。车间安装灭蝇灯(飞虫控制器)，每天下班后进行灭蚊蝇。车间下水道的出口处及地漏安装防鼠、蟑螂等爬虫的栅栏等设施。车间地基必须深入地下 0.5～0.8 m，地面上 60 cm 处应用坚固(砖、石)的材料砌成，使鼠类不能侵入。车间进出货物(物料)采用平台，平台与路面的墙面应用光滑材料铺设，防止鼠类进入。

除上所述外，可用杀虫剂或其他药剂灭蚊虫鼠害，应做好对人体、设备、设备工具的污染和中毒的预防措施，用药后将所有设备、工具彻底清洗，消除污染。食品工厂的防鼠设施结构要求见表 5-2。

表 5-2 食品生产企业的防鼠设施结构要求

场 所	防鼠设施结构	标准(cm)
基础墙壁	墙基深的长度	>60
	出地面墙壁边厚度	>30
地面	地面混凝土厚度	>10
地下换气口	装置铁丝网的孔径	<0.8
门	门安装自动开闭装置，门至外门槛的末端距离	>15
一层窗	地下层和一层窗的外边装置铁丝网的孔径	<0.8
天窗	安装铁丝网、纵横格子网的孔径	<0.8
吸、排气口	装置自动开闭的开关器、铁丝网或纵横格子网	<0.8
波形板屋顶	波形石棉瓦、铁板与屋檐、房屋椼比的接合处应用灰泥封闭	
设备管道	给排水、煤气管、电线管等贯通墙壁、天花板、地面的接合处应装垫圈	>90
货物架	货物与地面的距离	>90
水洗便器	从水洗便器收集器到通入下水道排水管的垂直部分长度	>90
下水道	下水道收水框架的孔径	<0.8
	铁丝网或纵横格子网的孔径	<0.8

五、建筑防火及有关的技术政策

1. 建筑防火

(1) 防火间隔。

第一,两座建筑物相邻较高一面外墙为防火墙,一、二级耐火等级建筑物的屋面 15 m 范围内的外墙为防火墙,且不开设门窗洞口时,其防火间距可不限;相邻的两座建筑物,当较低一座的耐火等级不低于二级、屋顶不设置天窗、屋顶承重构件及屋面板的耐火极限不低于 1.0 h,且相邻的较低一面外墙为防火墙时,其防火间距不应小于 3.5 m。

第二,相邻的两座建筑物,当较低一座的耐火等级不低于二级,相邻较高一面外墙的开口部位设置耐火极限不低于 1.2 h 的防火门窗,或设置符合现行国家标准《自动喷水灭火系统设计规范》规定的防火分隔水幕或防火卷帘时,其防火间距不应小于 3.5 m。

第三,相邻两座建筑物,当相邻外墙为不燃烧体且无外露的燃烧体屋檐,每面外墙上未设置防火保护措施的门窗洞口不正对开设,且面积之和小于或等于该外墙面积的 5%时,其防火间距可按本规定减少 25%;防火间距应按相邻建筑物外墙的最近距离计算,当外墙有凸出的燃烧构件时,应从其凸出部分外缘算起。

(2) 防火分区。防火分区按其作用可分为水平防火分区和垂直防火分区。水平防火分区主要是防止火灾在水平方向扩大蔓延,主要由防火墙、防火门、防火卷帘或水幕做分隔构件。垂直防火分区主要是防止多层或高层建筑层与层之间的竖向火灾蔓延,主要由具有一定耐火能力的钢筋混凝土楼板做分隔构件。

第一,防火分区间应采用防火墙分隔。防火墙内不设置排气道,若必须设置时,其两侧的墙身截面厚度均不小于 12 cm。防火墙上不开门窗洞口,如必须开设时,采用甲级防火门窗,并应能自行关闭。建筑物内的防火墙不应设在转角处,如设在转角附近,内转角两侧上的门窗洞口之间的最近的水平距离不小于 4 m。紧靠防火墙两侧的门窗洞口之间最近的水平距离不小于 2 m;当水平间距小于 2 m 时,应设置固定乙级防火门、窗。输送可燃气体和甲、乙、丙类液体的管道,严禁穿过防火墙。其他管道必须穿过防火墙时,采用不燃烧材料将其周围的空隙填塞密实。穿过防火墙处的管道保温材料,采用不燃烧材料。

第二,变压器与配电间之间的隔墙应设防火墙。锅炉房、变压器室布置在首层外墙部位,并在外墙上开门。首层的外墙开口部位的上方均设置宽度不小于 1 m 的防火挑檐,或高度不小于 1.50 m 的窗间墙。变压器下面应有储存变压器全部油量的事故储油设施,多油开关室、高压电容器室设有防止油品流散的设施。

第三,输送可燃气体和甲、乙、丙类液体的管道,严禁穿过防火墙。其他管道必须穿过防火墙时,应采用不燃烧材料将其周围的空隙填塞密实。穿过防火墙处的管道保温材料,采用不燃烧材料。

(3) 安全疏散。厂房的安全疏散距离是指厂房内最远工作地点到外部出口或楼梯的最大的距离。规定安全疏散距离的目的在于缩短人员疏散的距离,使人员尽快安全地疏散到安全地点。一般钢筋砼框架结构均满足二级耐火等级的要求,厂房内最远工作地点到外部出口或楼梯的距离不超过表 5-3 的规定。

表 5-3　安全疏散距离

生产类别	耐火等级	单层厂房(m)
甲	一、二级	30
乙	一、二级	75
丙	一、二级	80
	三级	60

第一，厂房安全出口的数目不应少于两个，但符合下列要求的可设一个：甲类厂房，每层建筑面积不超过 100 m^2 且同一时间的生产人数不超过 5 人；乙类厂房，每层建筑面积不超过 150 m^2 且同一时间的生产人数不超过 10 人；丙类厂房，每层建筑面积不超过 250 m^2 且同一时间的生产人数不超过 20 人；丁、戊类厂房，每层建筑面积不超过 400 m^2 且同一时间的生产人数不超过 30 人。

第二，库房或每个隔间(冷库除外)的安全出口数目不宜少于两个，但一座多层库房的占地面积不超过 300 m^2 时，可设一个疏散楼梯，面积不超过 100 m^2 的防火隔间，可设置一个门。建筑物内的安全疏散路线应做到简捷、通畅，使人员能迅速达到安全出口，安全疏散线路一般可分为三种：室内→室外；室内→走道→室外；室内→走道→楼梯(楼梯间)→室外。安全出口应分散并在不同方向，最好是相对方向上布置，从生产地点至安全出口不得经过曲折的人员路线。安全出口是指凡符合《建筑设计防火规范》规定的疏散楼梯和室外楼梯或直通室内外安全区域的出口，安全出口应分散布置，并设明显标志，便于寻找。

第三，疏散楼梯包括具有防烟楼梯间楼梯、封闭楼梯间楼梯、室外疏散楼梯。楼梯间应能天然采光和自然通风，并宜靠外墙设置。楼梯间内不应设置烧水间、可燃材料贮藏室、垃圾道，楼梯间内不应有影响疏散的凸出物或其他障碍物。楼梯间内不应敷设甲、乙、丙类液体管道，公共建筑的楼梯间内不应敷设可燃气体管道。居住建筑的楼梯间内不应敷设可燃气体管道和设置可燃气体计量表；当住宅建筑必须设置时，应采用金属套管和设置切断气源的装置等保护措施。

第四，室外楼梯作为疏散楼梯应符合以下规定：栏杆扶手的高度不应小于 1.1 m，楼梯的净宽度不应小于 0.9 m。倾斜角度不应大于 45°，楼梯段和平台均应采取不燃材料制作，平台的耐火极限不低于 1.0 h，楼梯段的耐火极限不低于 0.25 h。通向室外楼梯的门宜采用乙级防火门，并应向室外开启。除疏散门外，楼梯周围 2.0 m 内的墙面上不设置门窗洞口；疏散门不应正对楼梯段。

第五，室外疏散楼梯和每层出口处平台，应采用非燃烧材料制成，平台的耐火极限不低于 1.0 h。在楼梯周围的墙面上，除疏散门外，不应开设其他门窗洞口。疏散门采用乙级防火门，并且不应正对楼梯段。室外疏散楼梯护栏不宜采用镂空型护栏。

第六，疏散门均应向疏散方向开启，侧拉门、吊门、转门等均不允许作为疏散门。疏散用的门不采用侧拉门(库房除外)，严禁采用转门。库房门应向外开或靠墙的外侧设推拉门，甲类物品库房不采用侧拉门。

2. 有关的技术政策

与食品生产企业建筑设计有关的技术政策有：设计通则和建筑设计通则两部分。

(1) 设计通则。

第一，建筑物热工设计应与地区气候相适应，按有关标准规定，全国划分为如表 5-4 所列五个地区。

表 5-4　建筑热工设计分区及设计要求

分区名称	分 区 指 标		设计要求
	主要指标	辅助指标	
严寒地区	最冷月平均温度≤−10℃	日平均温度≤5℃的天数≥145 d	必须充分满足冬季保温要求，一般可不考虑夏季防热
寒冷地区	最冷月平均温度−10℃～0	日平均温度≤5℃的天数 90～145 d	应满足冬季保温要求，部分地区兼顾夏季防热
夏热冬冷地区	最冷月平均温度 0～10℃，最热月平均温度 25～30℃	日平均温度≤5℃的天数 0～90 d，日平均温度≥25℃的天数 40～110 d	必须满足夏季防热要求，适当兼顾冬季保温
夏热冬暖地区	最冷月平均温度>10℃，最热月平均温度 25～29℃	日平均温度≥25℃的天数 100～200 d	必须充分满足夏季防热要求，一般可不考虑冬季保温
温和地区	最冷月平均温度 0～13℃，最热月平均温度 18～25℃	日平均温度≤5℃的天数 0～90 d	部分地区应考虑冬季保温，一般可不考虑夏季防热

第二，地基应与道路红线相连接，否则设通路与道路红线相连接。其连接部分的最小长度或通路的最小宽度，应符合当地规划部门制定的规则。基地与道路红线连接时，一般以道路红线为建筑控制线。如因城市规划需要，主管部门可在道路红线以外另定建筑控制线。除另有规定者外，建筑物均不得超出建筑控制线建造。

第三，基地地面高程按城市规划确定的控制标高设计，基地地面宜高出城市道路的路面，否则应有排除地面水的措施。

第四，车流量较多的基地，其通路连接城市道路的位置应符合下列规定：距大中城市主干道交叉口的距离，自道路红线交点起不小于 70 m，距非道路交叉口的过街人行道最边缘线不小于 5 m，距公共交通站台边缘不小于 10 m，距公园、学校、儿童及伤残人等建筑的出入口不小于 20 m。当基地通路坡度较大时，设缓冲段与城市道路连接，与立交桥交叉口的距离及其他特殊情况按当地规划主管部门的规定办理。

第五，新建或扩建工程应按建筑面积或使用人数并经城市规划部门确认，在建筑物内或同一基地内，或统筹建设的停车场或停车库设置停车空间。

第六，城市各用地分区内的建筑，当城市总体规划有要求时，按各用地分区控制建筑高度。临街建筑应根据面临道路的宽度控制建筑高度。航空港、电台、电信、微波通信、气象台、卫星地面站、军事要塞工程等周围的建筑，当其处在各种技术作业控制区范围内时，按有关净空要求控制建筑高度。

第七，局部凸出屋面的楼梯间、电梯机房、水箱间及烟囱等，在城市一般建筑地区可不计入建筑控制高度，但凸出部分的高度和面积比例应符合当地城市规划实施条例的规定。当建设处在建筑保护区、建筑控制地带和有净空要求的控制区时，上述凸出部分仍计入建筑控制高度。

(2) 建筑物设计通则。

第一，室内净高设计。室内净高为地面至吊顶或楼板底面之间的垂直距离，当楼板或屋盖的下悬构件影响使用空间时，室内净高为地面至结构下缘之间的垂直距离。建筑物各种用房的室内净高应符合单项建筑设计规范的规定，地下室、贮藏室、局部夹层、走道及房间的最低处的净高不得小于 2 m。

第二，楼梯的数量、位置和楼梯间形式应满足使用方便和安全疏散的要求。梯段净宽除应符合防火规范的规定外，供日常主要交通用的楼梯段净宽应根据建筑物的使用特征，一般按每股人流宽为 0.55 m+(0～0.15)m 的人流股数确定并不少于两股人流。梯段改变方向时，平台扶手处的最小宽度不小于梯段净宽，当有搬运大型物件需要时再适量加宽。每个梯段的踏步数一般不超过 18 级，亦不少于 3 级。楼梯平台上部及下部过道外的净高不应小于 2 m，梯段净高不得小于 2.2 m 。楼梯至少于一侧设扶手，达 4 股人流时应加设中间扶手。室内楼梯扶手高度自踏步前缘线量起不宜小于 0.9 m。靠楼梯井一侧水平扶手超过 0.5 m 长时，其高度不小于 1 m。踏步前缘部分宜有防滑措施。

第三，室内外台阶踏步宽度不宜小于 0.3 m，踏步高度不宜大于 0.15 m，踏步数不宜少于 2 级。人流密集的场所台阶高度超过 1 m 时，应有护栏设施。

第四，室内坡道不宜大于 1∶8，室外坡道不宜大于 1∶10，供轮椅使用的坡道不宜大于 1∶12。室内坡道水平投影长度超过 15 m 时，宜设休息平台。平台宽度应根据轮椅等尺寸及所需缓冲空间而定。坡道应采用防滑地面。

第五，栏杆应以坚固、耐久的材料制作，并能承受规范规定的水平荷载。栏杆高度不得小于 1.05 m，高层建筑的栏杆高度应再适当提高，但不宜超过 1.2 m。栏杆离地面或屋面 0.1 m 高度不应留空。

第六，卷材防水、刚性防水屋面最小坡度为 1∶50。各类屋面(包括屋面凸出部分及屋顶加层)面层均应采用非燃烧体材料，但一、二级耐火等级建筑物的非燃烧体屋面的基层上可采用沥青卷材。屋面排水应优先采用外排水，高层建筑、多跨及集水面积较大的屋面应采用内排水。设保温层的屋面应通过热工验算，并采取防结露、防蒸汽渗透及施工时保温层受潮等措施。采用架空隔热层的屋面，其空气间层应有足够的高度和无滞阻的通风进出口。采用钢丝网水泥和钢筋混凝土薄壁构件的屋面板应有抗风化、抗腐蚀的防护措施。刚性防水屋面应有抗裂措施，有强风地区的瓦屋面和卷材屋面应采取牢固措施。高度在 10 m 以上的建筑物当无楼梯通达屋面时，应设上屋面的人孔或外墙爬梯。闷顶应设通风口，并有通向闷顶的人孔，闷顶内有防火分隔。

第七，吊顶应设检修人孔及通风口，吊顶内设上下水管时应防止产生冷凝水。高大厅堂和管线较多的吊顶内，应留有检修空间，并根据需要设走道板。

第八，除有特殊使用要求外，楼地面应满足平整、耐磨、不起尘、防滑、易于清洁等要求。有给水设备或有浸水可能的楼地面，其面层和结合层采用不透水材料构造，当为楼面时应加强整体防水措施。筑于基土上的地面，根据需要采取防潮、防基土冻涨、防不均匀沉陷等措施。存放食品、食料或药物等房间，其存放物有可能与地面直接接触者，严禁采用有毒性的塑料、涂料或玻璃等做面层材料。受较大荷载或有冲击力作用的地面，根据使用性质及场所选用易于修复的块材、混凝土或粒料、灰土类等柔性材料。

第九，外门构造应开启方便、坚固耐用，手动开启的大门扇应有制动装置，推拉门有防脱轨的措施。双面弹簧门在可视高度部分装透明玻璃，在旋转门、电动门和大型门的邻近处，应设普通门。门扇开足时，不应影响走道及楼梯平台的疏散宽度。

第十，窗扇的开启形式应方便使用、安全和易于清洁，高层建筑宜采用推拉窗，当采用外开窗时应有牢固窗扇的措施。开向公共走道的窗扇，其底面高度不应低于 2 m。窗台低于 0.8 m 时，应采取防护措施。天窗应采取防破碎的透光材料和安全网。

第十一，砖砌墙应在室外地面以上，低于室内地面 60 mm 处设置连续的水平防潮层。室内相邻地面有高差时，在高差处墙身的侧面加设防潮层，湿度大的房间外墙内侧设防潮层。内墙面有防水、防潮、防污要求时，按使用要求的高度设置墙裙。

第十二，变形缝应按设缝的性质和条件设计，使其在产生位移或变形时不受阻、不被破坏，并不破坏建筑物和面层。变形缝的构造和材料根据其部位和需要，分别采取防水、防火、保温、防虫害等措施。

第十三，厕所、盥洗间、浴室不应布置在餐厅、食品加工、食品贮存、配电及变电等严格卫生要求或防潮要求用房的直接上层。各类建筑卫生设备设置的数量应符合单项建筑设计规范的规定。当采用非单件设备时，小便槽按每位 0.6 m 长度计作一件，盥洗槽按每位 0.7 m 计作一件。上述用房宜有天然采光和不向邻室对流的直接自然通风，严寒及寒冷地区宜设自然通风道。当自然通风不能满足通风换气要求时，宜采用机械通风。楼地面、墙面（或墙裙）、小便槽面层应采用不吸水、不吸污、耐腐蚀、易于清洗的材料。楼地面标高应略低于走道标高，并应有不小于 5%的坡度坡向地漏或水沟。浴室和盥洗室地面应防滑。室内上下水管和浴室顶棚应防冷凝水下滴，浴室热水管应防止烫人。厕所应设洗手盆，并应设前室或有遮挡措施。盥洗室宜设搁板、镜子、衣钩等设施，浴室应设洗脸盆和衣钩。浴室不与厕所毗连时应设便器，浴位较多时应设集中更衣室及更衣柜。厕所和浴室隔间的平面尺寸不应小于表 5-5 的规定。厕所隔间高度应为 1.5～1.8 m，淋浴和盆浴隔间高度应为 1.80 m。

表 5-5　厕所和浴室隔间平面尺寸　　单位：m

类　别	平面尺寸（宽×深）
外开门的厕所隔间	0.90×1.20
内开门的厕所隔间	0.90×1.40
外开门的淋浴隔间	1.00×1.20
内设更衣凳的淋浴隔间	1.00×(1.00+0.60)
盆浴隔间	浴盆长度×(浴盆宽度+0.65)

卫生设备间距应符合下列规定：洗脸盆或盥洗槽水嘴中心与侧墙面净距不应小于 0.55 m，并列洗脸盆或盥洗槽中心距不应小于 0.7 m。单侧并列洗脸盆或盥洗槽外沿至对面墙面净距不应小于 1.25 m，双侧并列洗脸盆或盥洗槽外沿之间的净距不应小于 1.8 m。浴盆长边至对面墙面的净距不应小于 0.65 m，并列小便器的中心距离不应小于 0.65 m。单侧间隔至对面墙面的净距及双侧间隔之间的净距：当采用内开门时不应小于 1.1 m，当采用外开门时不应小于 1.3 m。单侧厕所隔间至对面小便器或小便槽的外沿之净距：当采用内开门时不应小于 1.1 m，当采用外开门时不应小于 1.3 m。

第十四，要求冬季保温的建筑应符合下列规定：外墙、屋顶和不采暖楼梯间隔墙等应进行热工验算，保证其不低于所在地区要求的最小总热阻值。严寒、寒冷地区不应设置开敞的楼梯间和外廊，出入口宜设门斗或其他防寒措施。

第十五，要求夏季防热的建筑物符合下列规定：采取绿化环境、加强自然通风、遮阳及围护结构隔热等综合措施达到防热效果。建筑物平面、剖面设计和窗户的位置应有利于组织室内穿堂风。东、西朝向不宜布置主要房间，否则应采取遮阳措施。建筑物屋顶、东向和西向的外墙内表面温度应通过验算，保证不大于所在地区夏季室外计算最高温度。

第十六，设置空气调节的建筑物应符合下列规定：建筑物外表面积与其包围的体积之比应取较小值，外表面宜用浅色调。空调用房宜集中布置，并不宜与高温或高湿房间相邻。窗户不宜过大，并应有良好的密闭性和隔热性，向阳的窗户宜有遮阳设施。围护结构的传热系数应通过技术经济比较后确定。间歇使用空调的建筑，其围护结构内侧宜选用轻质材料，连续使用的空调建筑，其围护结构宜选用重质材料。

第三节　食品生产企业车间建筑设计(二)

车间布置设计有以下内容：确定车间建筑的轮廓、跨度、柱距、楼层层高。划分并确定生产、辅助、生活设施的分隔及位置，门、窗、楼梯位置，吊装孔、预留孔、地坑等位置尺寸，建筑物标高，设备的几何尺寸，顺序编号(流程号)，设备的定位尺寸(水平及垂直定位尺寸)，设备标高，操作台位置及标高。辅助生产用房的配置，工艺辅助用房的配置。

一、影响车间平面设计的因素

1. 平面设计与总平面的关系

厂区的建筑设计从总平面设计开始，根据生产工艺的流程、原料及成品运输、防火、气象、地形、地质、环保卫生等条件来进行设计。总平面设计要确定建筑物的平面尺寸，建筑物与建筑物、构筑物之间的平面及空间关系。合理组织人流、物流、设置厂内道路，要保证日常生产时交通运输，也要满足消防要求。要进行厂区竖向设计，如室内外地面标高、道路标高、排水坡度、填挖土方工程等；还要考虑气候环境的影响和厂区室内外的环境设计。因此，厂房平面设计是在总平面设计的规定和影响下进行的，主要表现在人流物流组织、地形和气候等方面。

(1) 厂区人流、物流组织对平面设计的影响。单层厂房设计考虑生产工艺流程的组织和货运的组织。生产厂房与生产厂房之间、生产厂房与仓库之间，彼此有着人流和物流的联系，这种联系影响厂房平面设计门的位置、数量和尺寸，要求厂房的出入口位置方便原材料的运进和成品的运出，门的尺寸应满足运输工具安全通行的要求。同时，人流出入口或厂房生活间应靠近厂区人流主干道，方便工人上下班，设计时应减少人流和物流交叉和迂回，运行路线要通畅、短捷。

(2) 地形对平面设计的影响。地形坡度的大小对厂房的平面形状有着直接的影响，这在山区建厂尤为明显。如建厂地形是两边高中间低的山谷地，将厂房布置成一字形平面，虽然能使厂房结构简单，平面规整，但是，这样布置其坡度较陡，土石方工程量较大，工期相对延长，造价也会提高。如果平面形状改为L形平面，则土石方量较小，相应工期缩短，造价也会降低。所以，在地形变化较大的地区建厂应充分考虑地形对平面形状的影响。当工艺流程自上而下布置时，平面设计应利用地形，将厂房建在坡地上，巧妙地利用收猪站台和发货站台的高度。

(3) 气候的影响。在南方炎热地区，为使厂房有良好的自然通风，厂房宽度不宜过大，最好采用长条形，并使厂房长轴与夏季主导风向垂直或大于45°，U形平面的开口应朝向迎风面，并在侧墙上开设窗与门，有利于组织车间的穿堂风。在北方寒冷地区，为避免风对室内气温的影响，厂房的长边应平行冬季主导风向，对向主导风向的墙上尽量减少门窗面积。有时冬季、夏季主导风向是矛盾的，考虑了夏季的要求又照顾不了冬季的需要，设计时要结合具体情况研究确定。

2. 平面设计与生产工艺的关系

单层厂房平面及空间组合设计是在工艺设计和工艺布置的基础上进行的，生产工艺对厂房建筑设计诸如区段划分、流线设计、结构布置、面积的大小及位置、门窗的位置、采光、通风、防潮、防霉等有一系列的要求。

(1) 生产工艺流程的影响。生产工艺流程是指某一产品的加工制作过程，即有原材料按生产要求的程序，逐步通过生产设备及技术手段进行加工生产，并制成半成品或成品的全部过程。食品生产企业有各种不同的流水生产线，生产工艺流程也不相同。厂房的平面设计应首先满足生产工艺要求，与工艺人员密切配合，为了搞好配合，建筑设计人员必须深入实际，调查研究，对工艺有相当的了解，与工艺人员共同研究，提高设计水平。在满足生产工艺的基础上，厂房建筑设计应使平面形式规整、合理、简洁，以便尽量减少占地面积、节能、简化构造处理。厂房的建筑参数应符合厂房建筑模数标准，使构件的生产满足工业化生产的要求，选择技术先进和经济合理的柱网使厂房具有较大的通用性。要使厂房平面达到适用、经济、合理，需要工艺和建筑设计人员密切合作才能做到。

(2) 生产状况对平面设计的影响。不同性质的车间，在生产操作时会出现不同的生产状况，如屠宰车间在常温条件下生产的，室内有大量余热及有害气体，但是该车间对采光有一定的要求，平面设计应予重视。如分割肉车间在 0～4℃室温条件下生产，洁净度要求较高，因此平面设计要求有利于保证室内的温度和清洁消毒的设计。

(3) 生产设备布置对平面设计的影响。生产设备的大小和布置方式影响到厂房的跨度和跨间数，同时也影响大门的尺寸和柱距的尺寸。例如进口屠宰设备自动流水线在猪屠体放血、预清洗以后，工艺上存在道岔，一条岔道通向自动烫毛、打毛的工艺，另一条岔道通向人工剥皮和人工白条生产线。这样就要求建筑设计要处理好两个独立单元既联系又分隔的问题，设备设计要处理好利用气动技术控制自动线轨道转轨的问题。

(4) 起重运输设备对平面设计的影响。为了运送原材料、成品或半成品，输送轨道影响厂房的平面布置和平面尺寸，常见的输送轨道设备有很多种，都与土建设计关系密切。

3. 单层厂房的平面形式

单层工业厂房的平面设计以生产工艺设计为依据，因生产工艺的不同，平面设计有各种不同的形式。生产工艺流程设计可分为纵向生产线、直线往复式生产线和混合式生产线三种。

(1) 纵向生产线指原材料和半成品的生产是沿依次纵列布置的生产建筑纵轴直线方向进行，而成品或半成品由另一端运出。纵向生产线也可以分为两条或两条以上的分线，在这种情况下，生产建筑依生产流程的顺序布置成几行，见图 5-1。

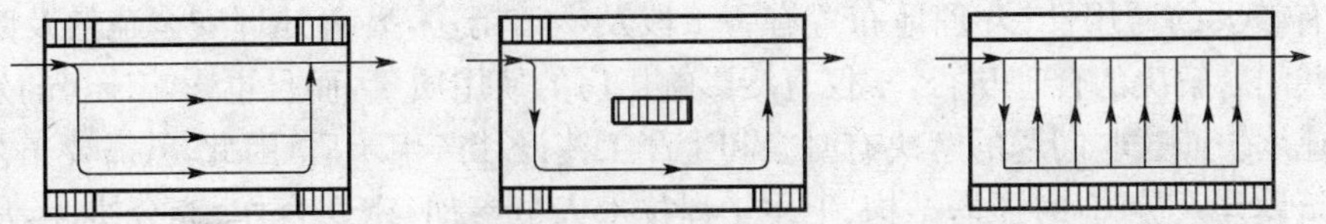

图 5-1　纵向布置

这种单行和多行的纵向生产线路的布置，其特点是工业建筑内部各工段间联系紧密，但运输线路和工程管线较长。适用于地形狭长的地段。

(2) 横向布置生产线是指原料从厂房一端进入，产品由同一端运出的生产工艺流程，有时也把一部分厂房的纵轴垂直于主要运输道路来布置，这就出现 L 形、U 形、环形等生产线路，见图 5-2。其特点是工段联系紧密，运输线路和工程管线短捷，适用于短而宽的厂区地段。

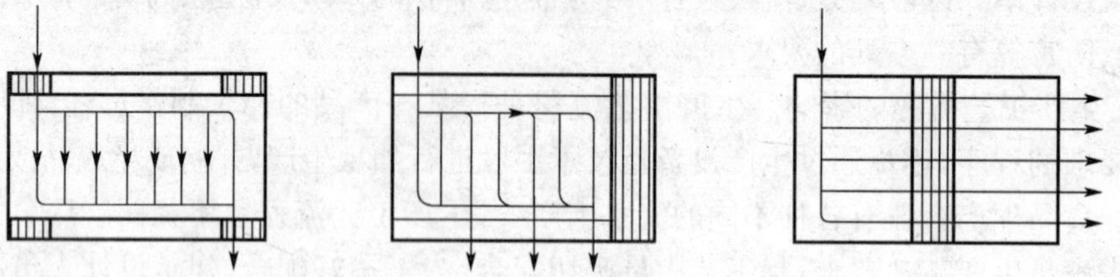

图 5-2　横向布置

(3) 混合生产线是指原材料从厂房一端进入，加工后成品则从横跨的装配一端运出的生产工艺流程，其特点是工艺流程紧凑，运输和工程管线较短，见图 5-3。在厂区用地不规则或山区中经常遇到，因为车辆布置受到地形现状或地形坡高的限制，而因地制宜地采用混合生产线路布置灵活又适用。

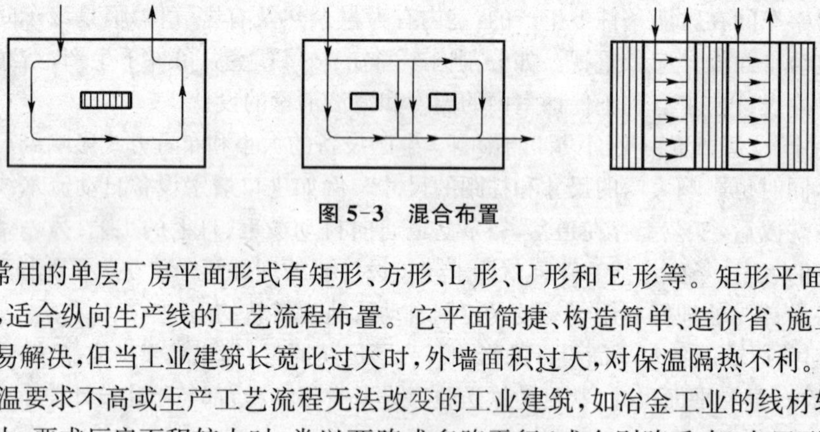

图 5-3　混合布置

(4) 常用的单层厂房平面形式有矩形、方形、L 形、U 形和 E 形等。矩形平面中最简单的是单跨，适合纵向生产线的工艺流程布置。它平面简捷、构造简单、造价省、施工快，且采光通风较易解决，但当工业建筑长宽比过大时，外墙面积过大，对保温隔热不利。这种平面适合对保温要求不高或生产工艺流程无法改变的工业建筑，如冶金工业的线材轧钢车间。当规模较大、要求厂房面积较大时，常以两跨或多跨平行(或个别跨垂直)布置形成矩形方形、或其他形状的厂房平面，这种平面形式各工段之间靠得较紧，运输路线短捷，工艺联系紧密，工程管线较短，形式规整，占地面积少，外墙面积较小，对节约材料和保温隔热有利。

(5) 厂房的平面设计除首先满足生产工艺的要求外，平面设计时应注意以下问题：厂房平面形式规整、合理、简单，减少占地面积、节能和简化构造处理；厂房的建筑参数符合建筑统一化的规定，使构件的生产满足工业化生产的要求；选择技术先进和经济合理的柱网，使厂房具有较大的通用性；合理地布置有害工段及生活用房，妥善处理安全疏散及防火措施等。这些问题解决的合理与否，不仅直接影响厂房的使用质量，而且也影响厂房的建筑造价和建设速度。而这些问题的解决有时会和生产工艺设计产生矛盾，因此，就需要工艺设计人员和建筑设计人员(有时还需结构、卫生工程技术人员参加)密切合作，充分协商，从而使厂房平面设计达到适用、经济、合理的效果。

4. 车间平面设计的原则

(1) 要有总体设计的全局观点，满足生产要求，考虑本车间在总平面图上的位置，考虑与其他车间或部门间的关系以及发展前景等，满足总体设计的要求。

(2) 尽量按工艺流程的顺序布置设备，有些特殊设备可按相同类型设备作适当集中，务必使生产过程中占地少、生产周期短、操作方便。如果是多层建筑，要设垂直运输装置，一般重型设备设在底层。在进行生产车间设备布置时，应考虑到进行品种生产的可能，以便灵活调动设备，并留有余地。设备间的距离和设备与建筑物的安全维修距离，既要保证操作方便，又要保证维修装拆和清洁卫生的方便。

(3) 生产车间与其他车间的工序要相互配合，保证物料运输通畅，避免重复往返。尽量利用生产车间的空间运输，合理安排生产车间各废料的排出，人员进出要和物料进出分开。人流通道、物流通道包括包装材料通道要流畅，尽量避免交叉、往复、污染。

(4) 必须考虑生产卫生和劳动保护。如卫生消毒、防蝇防虫、车间排水、电器防潮及安全防火措施。

(5) 应注意车间的采光、通风、采暖、降温等设施，对散发热量、气体及有腐蚀性的介质，要单独集中布置。对空压机房、空调机房和真空泵房等既要分隔，又要尽可能接近使用地点，以减少输送管路的长度及在管路中的能量损失。

(6) 根据生产工艺对品质控制的要求，对生产车间或流水线的卫生等级进行明确的区域划分和区间隔离，不同卫生等级的制品不能混流、混放，更不能倒流，造成重复性加工和污染。

(7) 严格执行 HACCP、ISO14000、食品安全生产的规范性。

(8) 对生产辅助用房留有充分的面积，如更衣室、消毒间、工具房、辅料间、在线品控试验室等，使各辅助部门在生产过程中对生产的进行、控制做到方便、及时、准确。可以设在室外的设备，尽可能设在室外，上面加盖简易棚。

二、车间布置设计

生产车间的布局既要考虑各生产环节的连接性，又要达到卫生控制要求，防止交叉污染。车间内生、熟区要分开，洁、污要分开，生制品车间门窗不能直接朝向熟制品车间开，最好设置缓冲间进行隔离，半成品要通过传递窗传递。预冷、排酸间为前后开启式结构，入口在一个车间内，出口在另一个车间，实行前后工序有效隔离。

1. 车间的设计要求

生产车间要有足够的面积，其布局有利于卫生操作和有效检验，从加工车间到冷却间、副产品加工处理间、副产品冷藏间留有货车道，人行道和物料输送道分开。分离和处理畜禽内脏设施的位置恰当，地面宽敞。轨道距离墙壁面、设备、柱子至少 1.0 m，链条采用纵向走向，考虑吊点的位置、负荷量及高度。

(1) 单层车间应采用较大的跨度，净高不宜低于 5 m，柱距不小于 6 m。采用无毒、浅色、不易生锈、耐腐蚀的建筑材料，如塑料、铝合金、不锈钢、瓷砖等。与材料相接触的机器、输送带、工作平台、工器具的解冻吊架等均应采用不锈钢材料制作，车间内应设有对这些设备及工器具清洁的措施。食品工厂禁用竹、木材料。

(2) 车间地面用防滑、坚固、平整、不透水、耐腐蚀、易清洗打扫的无毒材料修建,如耐磨地坪等。车间地面平坦,且有一定的坡度,不积水,在最低点设置排水明沟,车间的地面略高于厂区其他地面。地面排水坡度分割车间不小于1%,屠宰车间不小于2%。

(3) 车间内墙采用非吸收性、平滑、易清洗、不透水的浅色材料构筑,表面不易剥落,防霉、防湿、防腐。墙裙高度:屠宰车间不低于3 m,分割车间不低于2 m。可采用白瓷砖做墙裙,也有用仿瓷涂料或彩钢板代替瓷砖,所有板缝间及边缘连接处应是密封的。墙裙以上部分用浅色、不吸水、不渗水、不易脱落的耐化学腐蚀的过氯乙烯油漆或六偏水性内墙防霉涂料覆涂。车间的墙角、地角、顶角应呈弧形,曲率半径不小于3 cm,防止污垢积存,便于清洗。墙脚及柱脚应有适当的弧度,以利于清洗及避免藏污纳垢。墙角拐弯处或通道的相应高度墙面经常会被来往的运输车辆碰撞脱落,宜用不锈钢等金属材料做防撞杆加以保护。墙壁上有电线、管道进出孔时,应将进出孔封堵或加装防蝇网。

第一,车间内墙用以区隔不同卫生要求的生产区域,对于卫生要求相同或差别不大的生产区域可以不用建墙,仅以标线显示不同的加工区域即可。随着生产条件的不断改进,室温在0℃以上包括高温库在内的内墙面,大多采用浅色瓷砖铺贴,很少采用涂料施工,因为瓷砖容易清洗、光洁,并且日后的经常维修费用也较低。

第二,现在有的食品生产企业洁净间和高温库墙壁采用彩钢板复合墙板做内隔墙,简称彩钢板,选择不同的中间填料可起到隔热、防湿及保暖作用。彩钢板的洁净度和装饰标准比瓷砖墙面高,但价格也比瓷砖墙面贵,选择时要考虑造价的因素。

(4) 车间的门、窗、天窗用浅色、平滑、易清洗、耐腐蚀、不变形的坚固材料(如塑料、铝合金)制作,并加装防蝇、防鼠设施,如风幕机、防蝇帘、纱窗、挡鼠板等。车间窗台离地面1 m以上,且窗台下斜45°,车间内最好不设窗台。门选择两面开启的弹簧门能自由关闭,吻合性能好,便于清洗。产品或半成品通过的门有足够宽度,避免与产品接触。通行吊轨的门洞,其宽度不小于1.2 m。通行手推车的双扇门,应采用双向自由门,其门扇上部应安装由不易破碎材料制作的通视窗。

(5) 每个车间至少有两道以上的门,作为人流、物流和机器设备的出入口。供人流出入的门尺寸应满足生产要求和消防要求,尺寸大小适中。运输工具和机器设备进出的门,比最大尺寸的机器设备高0.6~1.0 m,宽0.2~0.5 m。为保证货物或交通工具进出,门的规格比装货物后的车辆高0.4 m,宽0.3 m。生产车间的门按生产工艺和车间的实际情况设计,并设置水幕、风幕、暗道或飞虫控制器(飞虫控制器为黑光灯型,发蓝紫色光,其光波是经过专门研究为苍蝇等最喜欢的波段,该灯内有高压电,飞虫诱入即被杀死,该灯设于门的上方或门的附近)等防蝇、防虫装置。

(6) 食品生产车间常用的门有以下形式:

第一,门洞用于生产车间内部各工段间往来运输及人流通过的地方,当两工段间的卫生要求差距不太大时,为便于各工段间往来运输及流通一般采用门洞。

第二,单扇平开门和双扇平开门,分内开和外开两种,在走廊两旁的门为了便于人流疏散,最好采用外开门。单扇推拉门和双扇推拉门其特点是占地面积小,缺点是关闭不严密,一般用于各种仓库,但在个别食品工厂的生产车间亦用作设备进出的大门。

第三,单扇防撞门和双扇防撞门,该门由小推车将门撞开,开启后靠弹簧的弹力将门自动关闭,防撞门用在经常需要关门的地方。在防撞门相应位置的地坪上,要设置防撞杆,直径 100,高 500 mm,分为钢管和不锈钢两种材质。

第四,普通门主要是人的通行和小型工具的进出,故门的尺寸不应很大,单扇门规格有:1 000 mm×2 200 mm,1 000 mm×2 700 mm;双扇门规格有:1 500 mm×2 200 mm,1 500 mm×2 700 mm,2 200 mm×2 700 mm。车间大门主要是满足机器设备、货物和大型交通工具的进出。对于电瓶车或手推车,门的规格可用 2 000 mm×2 400 mm,3 000 mm×2 100 mm。

第五,根据不同要求,车间常用门的尺寸如表 5-6 所示,如车间有特别大的设备无法从门内运入时,可在装修前将设备运入车间,而后才砌墙装修。

表 5-6 车间常用门的尺寸 单位:m

门 洞	宽 度	高 度	门 洞	宽 度	高 度
人 行	0.9～1.4	2.0	中型卡车	3.3	3.0
手推车	1.8	2.1	重型卡车	3.6	3.9
电瓶叉车	2.1	3.4	轨道车	1.8	2.1
轻型卡车	3.0	2.7	吊轨输送链	1.3～1.5	2.5～4.5

(7) 国外一些食品生产企业,为保证生产车间有良好的卫生环境,起到防蝇、防虫的作用,并有利于进出车间的运输,采用以下形式的门:

第一,带塑料幕帘的门,门上有半软性透明塑料制的幕帘,每条幕帘的宽度为 10～20 cm,厚度为 2～10 mm。塑料以叠积而形成密封幕帘,人货均可进出。

第二,软质弹簧门,由 10 mm 厚的橡皮板和铝合金金属框架组成,门上部镶有一段透明塑料(视野高度),以免对面门相互碰撞,人和货物均可进出,铲车可撞门而入,撞门而出。

第三,上拉门为铝合金的可折弯的条板门,每条宽度为 490～500 mm,用铰链连接。门两边带有小辊轮,可沿轨道上下移动,往上推门即徐徐开放,不用时往下拉,门即密闭。此门极轻,用于进出货物时,门往上拉,不占地面位置,可以几个门并列,特别适用于进出卸货月台上使用。

第四,国外食品生产车间几乎很少使用暗道及水幕,使用风幕的亦不太多,为保证有良好的防虫效果,在外门门斗上方装有风幕,像美国有的食品厂的速冻包装间就是这样,风幕的风口宽度为 100 mm。

(8) 食品生产车间常用侧窗采光和天窗采光两种,侧窗是车间光线的主要来源,侧窗要求开得高,光线照射的面积大。当生产车间工人坐着工作时,窗台的高度可取 0.8～0.9 m;站着工作时,窗台高度可取 1～1.2 m。常用的侧窗有以下几种:单层固定窗只作采光,不作通风用。单层外开上悬窗、单层中悬窗、单层内开下悬窗三种,一般用在房屋的层高较高,侧窗的窗洞亦较高时上下组合窗。单层外开窗用在卫生要求不高的车间或用房里的侧窗。双层内外开窗(纱窗和普通的玻璃窗)是我国食品工厂生产车间用得较多的窗种。寒冷地区和要求隔热的加工间应设置双层玻璃窗。

某些卫生条件较差的车间,除墙上设有侧窗采光外,可在屋顶上开设天窗增加通风采光面积。常用的天窗为矩形天窗,采用矩形天窗结构较简单、通风性好,安置挡风板的矩形天窗通风效果更好。生产中需要打开的窗户应装设易拆卸清洗且有防蚊虫的不生锈纱网窗,但在生产时不得打开窗户。在窗前布置设备时,要求窗能开启方便、空气流通顺畅、设备维修方便。

(9) 楼梯及扶手、拦板均做成整体式的,面层用不渗水材料制作。楼梯与电梯应便于清洗消毒。楼梯或横越生产线的跨道构件,避免造成食品及食品接触面、包装材料污染,设置安全设施。有楼层结构的车间,楼盖有 1.5%～2.0%的坡度和排水明沟或地漏,以利于排水。最好选用现浇整体式结构,保证楼盖不积水、不渗水。

(10) 食品工厂有平顶式及尖顶式两种屋顶,平顶式屋顶及天花板应使用不渗水、表面光洁、耐腐蚀、耐温、白色或浅色防水材料覆涂或装修。若喷涂油漆应使用可防霉、不易剥落且易清洗的材料。生产、包装、储存等车间的屋顶应平整简洁,不应有不易清洗的缝隙、凹角或凸起物,不宜设过密的次梁。有适当的坡度,易于清扫、消毒,防止灰尘蓄积,避免结露、长霉或成片剥落。屋顶若为钢筋混凝土结构,其室内顶部应平坦无缝隙,梁与梁、梁与屋顶接合处应有适当的弧度,以便清洁。

2. 车间的建筑装修

综合考虑各生产用房的使用功能、工艺要求、卫生要求和投资造价情况,将各工段用房装修标准列表于 5-7 供参考。

表 5-7　各工段用房装修标准参考表

工段名称	地　面	墙　裙	上部墙面	顶　面
麻电间	耐磨地坪	瓷　砖	防霉涂料	防霉材料
放血间	耐磨地坪	瓷　砖	防霉涂料	防霉材料
剥皮间	耐磨地坪	瓷　砖	防霉涂料	防霉材料
烫毛脱毛间	耐磨地坪	瓷　砖	防霉涂料	防霉材料
燎毛抛光间	耐磨地坪	瓷　砖	防霉涂料	防霉材料
缓冲间、过道	耐磨地坪	瓷　砖	防霉涂料	防霉材料
胴体加工间	耐磨地坪	瓷　砖	防霉涂料	防霉材料
红脏间	耐磨地坪	瓷　砖	防霉涂料	防霉材料
头蹄尾间	耐磨地坪	瓷　砖	防霉涂料	防霉材料
白脏间	耐磨地坪	瓷　砖	防霉涂料	防霉材料
皮张暂存间	耐磨地坪	瓷　砖	防霉涂料	防霉材料
废弃物收集间	耐磨地坪	瓷　砖	防霉涂料	防霉材料
猪毛收集间	耐磨地坪	瓷　砖	防霉涂料	防霉材料
猪血收集间	耐磨地坪	瓷　砖	防霉涂料	防霉材料
急宰间	耐磨地坪	瓷　砖	防霉涂料	防霉材料
化制间	耐磨地坪	瓷　砖	防霉涂料	防霉材料
铁盘消毒间	耐磨地坪	瓷　砖	防霉涂料	防霉材料
磨刀、消毒间	耐磨地坪	瓷　砖	防霉涂料	防霉材料
配电间	水泥地	水泥砂浆	防霉涂料	防霉涂料
空压机房	水泥地	水泥砂浆	防霉涂料	防霉涂料
机修车间	水泥地	水泥砂浆	防霉涂料	防霉涂料
热交换器间	水泥地	水泥砂浆	防霉涂料	防霉涂料
氟或氨机房	水泥地	水泥砂浆	防霉涂料	防霉涂料

续表 5-7

工段名称	地　面	墙　裙	上部墙面	顶　面
燃气间	水泥地	水泥砂浆	防霉涂料	防霉涂料
石蜡房	水泥地	水泥砂浆	防霉涂料	防霉涂料
包装材料库	耐磨地坪	瓷　砖	防霉涂料	防霉涂料
包装材料二级库	耐磨地坪	瓷　砖	防霉涂料	防霉涂料
周转箱库	耐磨地坪	瓷　砖	防霉涂料	防霉涂料
0～4℃副产品暂存	耐磨地坪	瓷砖或彩钢板	瓷砖或彩钢板	彩钢板吊顶
0～4℃鲜产品暂存	耐磨地坪	瓷砖或彩钢板	瓷砖或彩钢板	彩钢板吊顶
0～4℃板油腰子冷却间	耐磨地坪	瓷砖或彩钢板	瓷砖或彩钢板	彩钢板吊顶
0～4℃白条冷却、排酸间	耐磨地坪	瓷砖或彩钢板	瓷砖或彩钢板	彩钢板吊顶
0～4℃分割鲜品发货暂存	耐磨地坪	瓷砖或彩钢板	瓷砖或彩钢板	彩钢板吊顶
0～4℃鲜品、冻品发货	耐磨地坪	瓷砖或彩钢板	瓷砖或彩钢板	彩钢板吊顶
10～12℃副产品包装间	耐磨地坪	瓷　砖	瓷　砖	彩钢板吊顶
10～12℃板油腰子包装间	耐磨地坪	瓷　砖	瓷　砖	彩钢板吊顶
10～12℃分割加工间	耐磨地坪	瓷　砖	瓷　砖	彩钢板吊顶
10～12℃分割包装间	耐磨地坪	瓷　砖	瓷　砖	彩钢板吊顶
10～12℃分割副产品加工间	耐磨地坪	瓷　砖	瓷　砖	彩钢板吊顶
10～12℃分割副产品包装间	耐磨地坪	瓷　砖	瓷　砖	彩钢板吊顶

3. 给、排水

（1）车间供水管应从清洁区向非清洁区流动，水管采用无毒无味、不生锈的材料（如铝塑复合管、不锈钢管）制作，供水管铺设尽可能埋入墙内，不能做暗管的应远离操作台上方，避免冷凝水的凝集滴落。饮用水和非饮用水的水管贴上标志，或用油漆涂成环状标志，热水管为红色，冷水管为蓝色。所有供水管的出口都应标号，防止水管产生负压，需在适当位置加装真空消除器。

（2）根据生产工艺流程的需要，在用水位置分别设置冷、热水管，以便洗刷、消毒器械和去除油污。清洗用热水温度不低于40℃，消毒用热水温度不应低于82℃，消毒热水管出口处配备温度指示计。屠宰与分割车间应配备清洗墙裙与地面用的高压冲洗设备和软管，各软管接口间距不大于 20 m 。屠宰与分割车间生产用热水采用集中供给方式，消毒用热水就近设置加热装置，热交换器进水采用防结垢装置。洗手池根据实际需要设置，洗手池水嘴采用非手动式，车间内应设置计量设备并有可靠的节水措施。热水龙头采用非手动式，为及时排除车间内的废水，保持地面的清洁和防止产品污染，必须设置通畅完善的下水道系统。

（3）食品加工生产过程中有较多的污水排出，污水中有可能含有大量的血、油脂及其他杂物等，排污管主要排出胃内容物及粪便，为了满足车间卫生要求，地面水应尽快排出且不堵塞。车间非洁净区和洁净区均设明沟，排水沟表面光滑，不渗水，呈圆弧形，曲率半径不小于 3 cm，纵向坡度 1%，排水通畅，满足生产排水的需要。排水流向从清洁区向非清洁区。分割车间采用专用地漏排水较好，地漏应带有网筐，首先将污物拦阻于筐内，污水从筐内排出。操作台上或加工容器中的水用管道连接，直接引入排水管，排水口与排水管内水面有一定的距离，以防产生倒吸现象。分割车间的地漏有水封，并加装防虫、防鼠网罩，防止害虫（如蟑螂）或排水沟的臭气逸出。排水口的出口处应加装不锈钢防鼠网，并经常清洗。

(4) 非清洁区内各加工工序的轨道下面应设置带盖明沟。车间生产污水的出口处宜设置回收油脂的隔油池，隔油池加密封盖板，附近备有热水软管接口。车间的泄水、溢流管不得与排水管道直接连接，应采用间接排水方式，排水管道应设置伸顶通气管。车间排水管径宜比计算结果大1～2号，不得小于150 mm，以便于输送肠胃粪便。污水的排水管径不得小于200 mm，车间的生产污水集中排至厂区污水处理站进行处理，处理后的污水不低于国家有关标准的要求。

4. 照明、供电

(1) 车间供电配电电压采用AC220/380V。新建工程接地型式采用TN-S或TN-C-S系统，所有电气设备的金属外壳均应与PE线可靠连接。扩建和改建工程，接地型式采用TN-S或TN-C-S系统。配电装置及动力控制设备宜集中布置在专用电气室中，当不设专用电气室时，宜集中在通风及干燥场所。

(2) 生产车间多属潮湿多水场所，在车间内宜采取等电位连接的保护措施，将电源进线的PE干线或PEN干线、各种金属管道、传送带金属构架、建筑物金属结构等互相连通。当电气设备(如按钮、行程开关等)必须安装在车间内多水潮湿的场所时，应采用外壳防护等级为IP55级的密封防水型电气产品。手持电动工具、移动电器和安装在多水潮湿场所的电气设备以及插座回路，均应设漏电保护开关。

(3) 生产车间宜采用局部照明与分区照明相结合的照明方式。一般照明照度不宜小于75 lx，车间生产线上操作位置处照度不宜小于150 lx；生产线上检验位置处照度不宜小于300 lx，生产车间应采用防潮型灯具，防护罩应为非玻璃制品，照明配电箱宜暗装。

(4) 人工照明时应采用防爆和安全灯具，照明设备以不安装在食品加工线上有食品暴露的直接上空为原则，为了防止灰尘及虫类跌落食品中，应在日光灯下300 mm处吊有宽1.3 m有机玻璃托板，以防灯具破碎而污染肉品。使用的光源应不至于改变食品的颜色。照明灯分布应均匀，尽量避免死角，减少物体的投影。同时要注意灯的高度、照射方向，适当调整照射距离，使室内物体不反光，避免炫目。照明灯不可闪烁，以日光灯和节能灯并用为好，车间采用人工采光时可用双管日光灯，局部操作要求光照强的区域，可采用吊近操作面的方法。用日光灯照明时，灯高离地2.8 m，每隔2 m安装一盏。

当有吊顶时照明灯具宜采用嵌入式安装，不应采用拉线开关。屠宰与分割车间动力与照明配线应采用铜芯塑料线、铜芯塑料护套或电缆，不宜采用橡皮绝缘线或电缆。移动电器宜采用具有耐油、耐腐蚀性能的铜芯电缆。

5. 通风、空调

(1) 生产车间应尽量采用自然通风，采用自然通风时，通风面积与地面面积之比不小于1∶16；自然通风达不到卫生和生产要求时，可采用机械通风或自然与机械的联合通风。采用机械通风时换气量不小于每小时换气3次，风的流动方向应从清洁区向非清洁区，避免非清洁区不洁空气污染机械，通风的进气口需加装过滤网或海绵，肉制品、速冻食品的加工车间空调机的进风口也需加装过滤网，空调冷气从车间顶部往下输送。

（2）当开启门的两侧温差超过15℃时宜设置空气幕和其他装置，空气调节系统的新风口或空调机的回风口处装过滤装置。在采暖地区，候宰冲淋间、致昏放血间、浸烫剥皮间、胴体加工间、副产品加工间、急宰间等冬季室内计算温度宜取14～16℃。分割车间夏季空气调节室内计算温度不高于12℃；包装间夏季空气调节室内计算温度不高于10℃；空调房间操作区风速小于0.2 m/s。分割剔骨间、包装间冬季室内计算温度应与夏季空气调节室内计算温度相同。肉制品加工车间温度不超过12℃，冷冻储存库温度不应低于－18℃，并定期除霜，清扫消毒。

（3）有大量水蒸气和油蒸气和臭味排出的车间，特别注意排气问题。对于散发臭味多的车间，车间每小时换气次数不宜少于4次，如果达不到换气要求，就应辅助以机械通风。可在有水蒸气或油蒸气排放的墙上或屋顶开孔，用大功率轴流风机直接进行排气。国内某些大型油炸方便面企业就是采用上述方法排除车间内的油蒸气，美国有的工厂的杀菌锅上部和油锅上部的屋顶均有开孔，装排气风机进行排气。生产车间在平面布置时，对于局部排出大量蒸汽的设备应尽量靠墙并在当地夏季主导风向的下风向，同时将顶棚做成倾斜式，顶板可用铝合金板，可使大量蒸汽排至室外。

存储原料、辅料的仓库应保持通风，防止原料、辅料受潮、霉变、腐烂。需冷冻、冷藏的原料、产品，存储时应保持冷气在冷库内的循环。

（4）车间内有良好的通风、排气设备，及时排除污染的空气和水蒸气，空气流动方向必须从净化区流向污染区，通风口装有纱网或耐腐蚀材料制作的网罩。由于车间内的湿度较大，尤其是在我国北方的冬季，室内雾气浓重，可见度很低，应安装去湿除雾机。在车间的入口处设置门斗，也可以避免冷风直入室内形成浓雾。夏季气温高，在南方安装降温设备，门窗的开设要适合空气的对流，要有防蝇、防蚊装置。室内交换的具体次数和时间可根据悬挂胴体的数量和气温来决定。蒸汽、水、电等配管不得暴露于食品的直接上方，否则应有防止尘埃及凝结水掉落的装置或措施。空调风管宜设于吊棚内，做成暗管。

（5）南方生产车间和生产加工时有温度要求的车间最好有空调装置，门窗设纱门纱窗，车间的层高不宜低于6 m，确保有较好的通风，在车间的适当位置安放温度显示仪或自动温度记录仪等温度监控设施。密闭车间设置机械送风装置，空气经过滤后送入车间，屋顶部装有通风器，风管可用铝板或塑料材料制成。有特殊要求的产品，车间内局部地区可使用正压系统和采取降温措施。如美国的Echrich肉类包装中心加工车间温度控制在10～15℃，车间除一般送风外，另有吊顶式冷风机降温，冷风机往车间顶部吹风，防止天花板上积聚凝结水。

三、各单元用房设计

任何一个建筑都是由若干个单体空间有机地组合起来的整体空间，各单元用房的平面设计是整个建筑设计中的一个重要组成部分，不同的生产加工环节可以按照生产能力的大小设计成标准区段。对建筑方案起着决定作用的是这些标准区段和它们的组合。国产屠宰设备工艺组合见图5-4，在本节做详细介绍。

1. 非洁净区单元用房设计

（1）待宰间是等候屠宰、施行宰前停饲管理的专用场所，应与屠宰加工车间相毗邻。待

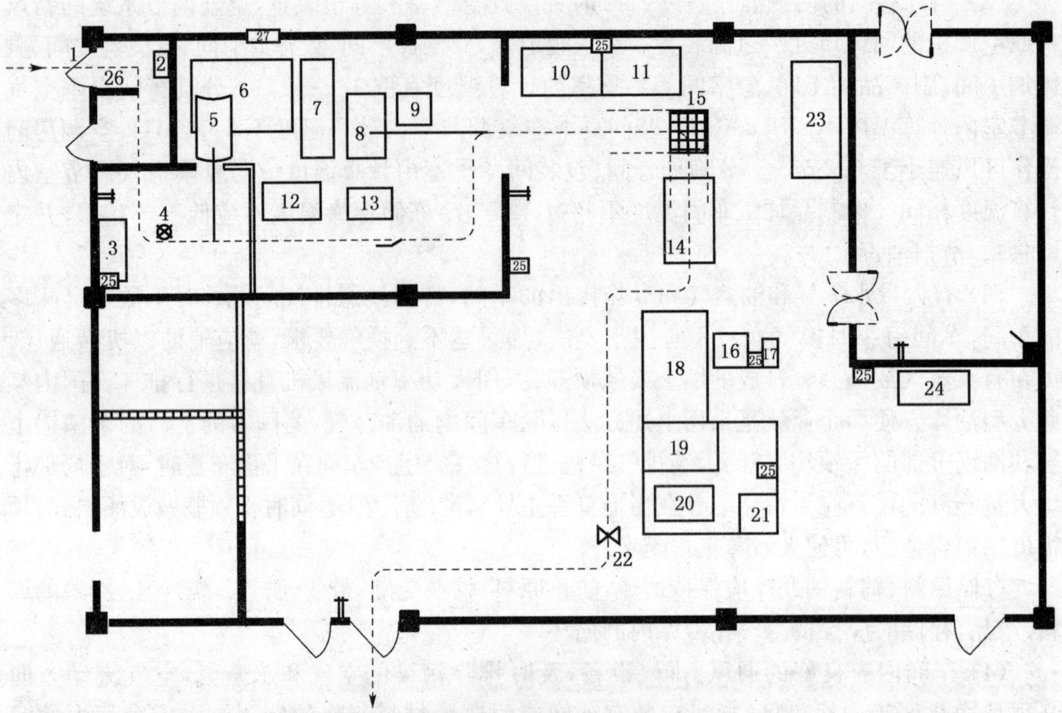

图 5-4　国产屠宰设备工艺组合

1—套脚链、致昏栏；2—套链提升；3—放血刺杀台；4—放血区域；5—滑槽；6—热烫池；7—除毛机；8—扁担台；9—燎毛机；10—刮猪毛台(高)；11—刮猪毛台(低)；12—冲洗台；13—换轨台；14—淋浴间；15—可移动格栅；16—去头间；17—内脏盘消毒；18—取内脏工作台；19—内脏检疫；20—可移动检疫台；21—最终检疫台；22—过磅；23—头加工间；24—杂碎处理间；25—消毒池、盥洗器；26—猪夹持栏；27—排风扇

宰间的大小应以圈养一天屠宰加工所需的生猪数量为准。待宰间由若干小圈组成，所有地面应不渗水，墙壁光滑，易于冲洗、消毒。圈舍应通风良好，不设饲槽，提供充足的饮水。待宰间邻近屠宰加工车间的一端设淋浴室，用于生猪宰前淋浴净体。为防止灰尘和臭气，候宰和套脚间应设在屠宰加工车间之外。

(2) 屠宰车间宜设双通道赶猪，双通道终点有活门。致昏前活猪的输送方式宜采用输送机，输送机设置在活动门的前方。候宰台高度与麻电间生猪通道高度相等，水泥结构。一般用铁栅门将台隔成两间或三间，每间容纳 50 头左右。一间接通麻电机的活猪走道，一间用斜坡形的通道接通候宰圈。在进口处设有铁栅门，可以隔断。候宰台的作用是一方面从候宰圈进猪，另一方面赶猪进入麻电机，连续生产不致中断，见图 5-5。赶猪通道的坡度不大于 10%，宽度以通过 1 头猪为宜，通道墙的高度不低于 1 m，墙上方应设栏杆使赶猪通道顶部封闭。通道如在露天，应搭建雨篷，两旁拦以铁栅，并适当遮去过强阳光，使通道的光线与候宰台的明暗

图 5-5　赶猪通道

相仿。

(3) 淋浴间喷淋水的流速不宜过急，使生猪有舒适的感觉，促使外周毛细血管收缩，便于放血充分。需在不同角度、不同方向设置喷头，保证生猪体表冲洗完全。淋浴水温夏季以20℃为宜，冬季以38℃为宜。淋浴时间能使猪体表面污物洗净为度，小的屠宰场没有淋浴设施时，可用胶皮管接上喷头进行人工喷洗，淋浴间做好排水设计。淋浴的生猪不宜过度拥挤，以免互相撞击或挤压、乱窜乱跳而造成外伤。每次淋浴的生猪应以麻电宰杀的速度决定批次，间隔时间要求淋浴后休息 5～10 min，最长不超过 15 min。

(4) 在使用光电自控麻电机的车间，麻电场地除安有麻电机及其附属设备和扎脚输送带外，有的还在扎脚输送带外面通道上安装铁栅门，以防个别猪因麻电不够，四处奔窜，妨碍生产。麻电的电压普遍采用 70～110 V，电流 0.5～3 A，时间为 1～3 s，用高电压小电流可以避免皮肤和脂肪发红和内脏出血，见图 5-6。

(5) 生猪被击昏后，一般采取垂直倒挂或水平放血法，放血轨道及放血槽应有足够的长度，放血要充分，能使猪尸放血后在自动轨道上输送延时 5 min 为度。进口自动屠宰线上的放血槽的宽度 1.5～2.0 m，放血槽的始端紧接麻电扎脚工序处，设放血工作岗位，以便麻电后及时放血，放血池终端接烫猪池或洗猪机，见图 5-7。

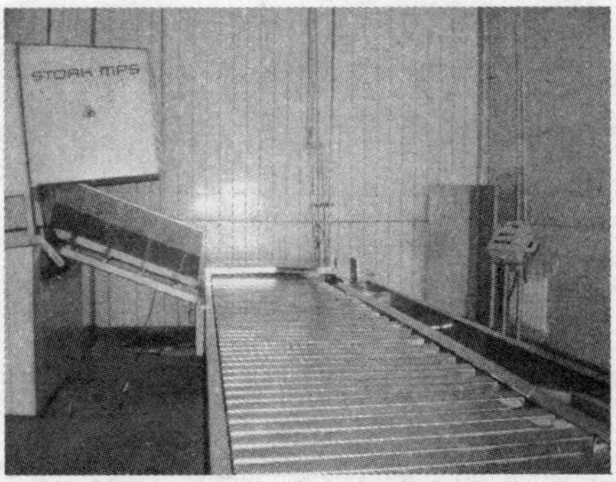

图 5-6　麻电间

图 5-7　放血间

放血间墙裙高度不低于放血轨道的高度，垂直放血处平顶与地面的距离不低于 6 m。放血槽采用不渗水材料制作，表面光滑平整，便于清洗消毒。放血槽的长度按工艺要求确定，其高度应能防止血液喷溅外溢。悬挂输送机下的放血槽，其起始段 8～10 m 的长度内槽底坡度不应小于 5%，并坡向血输送管道。放血槽最低处应分别设血、水输送管道。集血池应符合下列规定：集血池的容积最小应容纳 3 h 屠宰量的血，每头猪的放血量按 2.5 L 计算。集血池上应有盖板，并设置在单独的隔间内。集血池应采用不渗水材料制作，表面应光滑易清洗消毒。池底应有 2%坡度坡向集血坑，并与排血管相接。

(6) 剥皮间、白脏间、头蹄尾及打毛间，由于室内空气浑浊、异味严重、蒸汽重、湿度大，建筑设计时需采取以下措施改善车间的环境卫生：一是在车间顶部设置气窗，用于通风、采光和排气；二是要加强机械排风，使这些非洁净区车间的室内环境得到较大改善。白脏间用房设计，见图 5-8，头蹄尾用房设计，见图 5-9。副产品包括心肝肺、肠胃、头、蹄、尾的加工，分别在隔开的房间内进行。各副产品加工间的工艺布置应做到脏净分开，产品流向一致、互不交叉。肠胃加工间采用接收工作台和带式输送机等加工设备。副产品加工台四周高于台面的折边，台面有坡度，并坡向排水孔。带毛的头、蹄、尾加工间设浸烫池、脱毛机、副产品清洗机及刮毛台、清洗池等设备。加工后的副产品如进行冷却，应将副产品摆放在盘内送入冷却间。鲜销发货间内设有存放副产品的台、池。生物制药所需脏器按其工艺要求安排加工及冷却。头蹄尾加工时要浸烫脱毛，也必须单独设置房间加工。

图 5-8　白脏间

图 5-9　头蹄尾间

(7) 国产屠宰线烫毛脱毛间设有烫毛池、脱毛机，烫毛池的水温以 60～68℃为宜，烫浸时间为 5～7 min，池水要经常更换，热水要设计到位，烫毛池的热水应每 4 小时更换 1 次，清水池要不断有清水补给，使水质保持清洁卫生。脱毛机内水温应在 30℃左右。由于在水池中浸泡，对刺杀刀口附近的肉会造成污染，增加了胴体的修割量。所以在《商业部、国家商检局关于对外注册肉联厂卫生与工艺要求的暂行规定》的说明中取消了清水池。但不设清水池用刮毛输送带或把猪屠体吊在轨道上刮毛，都存在一些问题，主要是刮毛效果不够理想。

烫池部位宜设天窗，且宜在烫毛生产线与剥皮生产线之间设置隔墙。旋毛虫检验室应设置在靠近屠宰生产线的采样处。室内应光线充足，通风良好，其面积应符合卫生检验的需要。疑病猪胴体间和病猪胴体间应设置在胴体、内脏同步检验轨道的邻近处。病猪胴体间应有直通车间外的门。副产品加工间及副产品发货间使用的台、池应采用不渗水材料制作，且表面应光滑易清洗消毒。副产品中带毛的头、蹄、尾加工间浸烫池处宜开天窗。屠宰车间应设置滑轮、叉档、钩子的清洗间和磨刀间。屠宰车间按工艺要求设置燎毛炉时，应在车间内设有专用的燃料储存间，储存间应为单层建筑，应靠车间外墙布置，并应设有直接通向车间外的出入口，符合建筑设计防火规范。

实行吊挂开膛，在脱毛、剥皮后随即进行，有修整工序，包括胴体修整、内脏修整和皮张修整三部分。修整又分湿修整和干修整两道工序。修整出来的肉块及废弃物应用容器盛装。

(8) 燎毛间使用的液化气、燃气在燃烧和发生不完全燃烧时，烟气中含有一氧化碳，二氧化碳、二氧化硫等气体。一氧化碳是毒性很大的气体，它与人体内血红蛋白的结合力大于氧的结合力，人体吸入时，会造成人体组织缺氧，引起内脏出血、水肿及坏死，最终导致死亡。新鲜空气中含有 0.04%的二氧化碳，对人体无害，但在装有液化气或燃气用具的用房，室内的二氧化碳含量会逐渐增加，人体由局部出现刺激症状，呼吸困难直至神志不清，导致死亡。二氧化硫是有特殊气味的刺激性气体，它主要影响上呼吸道，当中毒较深时，也会影响下呼

图 5-10 燎毛间及燎毛炉

吸道，长时间作用会引起慢性中毒。为了保证人体健康，维持室内空气的清洁度，同时，由于液化气用具的热负荷越大，所需的空气量越多，为提高液化气的燃烧效果，对使用液化气用具的用房必须采取一定的通风措施，使各种有害成分的含量控制在容许浓度之下，使液化气燃烧得更加充分。目前常用的通风方式有自然通风和机械通风两种，机械通风方式是在使用液化气用具的用房内安装排风扇，抽油烟机等设备来通风换气，见图 5-10。

(9) 非洁净区车间清洁地面、墙面用水量大，均应设置地面排水沟，以利排水。要设置磨刀消毒间，安排各种热水接到各使用点，如烫猪用的热水，消毒刀具用热水和清洗地面油垢用热水等。副产品加工间及副产品暂存发货间使用的台池如用非金属材料制作，应采用不渗水、表面光滑、便于清洗消毒的材料。

屠宰加工中胃肠内容物及粪便都流入室外沉淀池，沉淀池每日应出空，宜安装输送粪便装置，将粪便送至厂内处理场，减少对周围环境的污染。

2. 洁净区单元用房设计

屠宰车间内致昏、烫毛、脱毛、剥皮及副产品中的肠胃加工、剥皮猪的头蹄加工工序属于非清洁区，而胴体加工、心肝肺加工工序属于清洁区，在布置车间建筑平面时，应使两区划分明确，不得交叉。

(1) 管制生产区即清洁区和准清洁区，对外出入门应设置门斗，装设纱门(或空气帘)，以及清洗消毒鞋子的设备(需保持干燥的生产场所需设置换鞋设施)。进门后有风淋设施，可用风幕或整体型的风淋室(进洁净间时用)。现在国内外食品工厂生产车间几乎已不使用暗道及水幕，而单用风幕的也不太多，为保证有良好的防虫效果，一般用双道门，头道门是钢质门，二道门是塑料幕帘，上方装有风幕，风幕的风口宽度为 100 mm。

(2) 洁净区操作人员的入口单独设置，包括换鞋，更衣，淋浴，消毒设置均与非洁净区人员入口的卫生用房分开设置，见图 5-11。净区车间应设置地面排水沟，便于冲洗地面、墙面的清洁洗卫生所用。净区要设置磨刀消毒间，操作人员厕所间，安排各种温度的热水接到各使用点，如消毒刀具用热水和清洗地面油垢用热水等。

(3) 红脏间、胴体加工间直至片猪肉入库进预冷、排酸间，包括分割车间均属洁净区，设计时与污区要完全分开。操作人员的流线不能从污区流向净区，只有猪屠体可以通过自动线轨道从污区进入净区。胴体的整修车间和处理车间应有良好的通风与排除水蒸气的设备。大中型屠宰车间的胴体暂存发货间及副产品暂存发货间须通风良好，并宜采取冷却设施。胴体加工间用房设计见图 5-12，红脏间用房设计见图 5-13。

车间应有足够的空间，其面积与生产能力相适应，便于设备的安装、维修及食品的存放、搬运，避免因为工作人员的衣物和墙体、设备、工作台接触及人员之间的相碰撞而造成的食品污染。要求生产车间的人均占地面积不包括设备占地，不少于 1.5 m^2，高度不低于 3 m。车间内各项建筑物坚固耐用、易于维修、维持干净，并能防止食品、食品接触面及包装材料遭受污染。

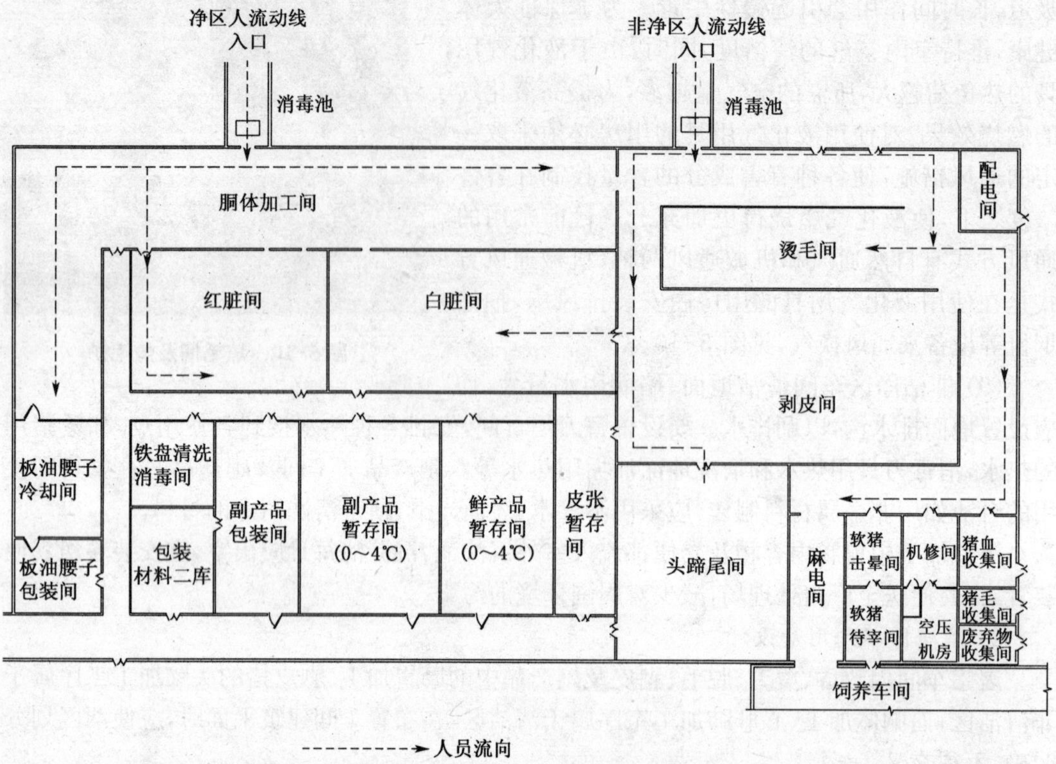

图 5-11　进口屠宰设备人流示意

图 5-12　胴体加工间

图 5-13　红脏间

3. 分割车间设计

分割车间包括原料(胴体)预冷间、产品冷却间、分割剔骨间、分割副产品暂存间、包装间、包装材料间、磨刀清洗间及空调设备间等。

(1) 每生产 1 t 分割肉,其分割加工间面积可按 35～50 m^2 估算,班产 5 t 分割肉(成品)车间面积增加 60 m^2;班产 10 t、20 t 分割肉(成品)车间面积各增加 100 m^2。成品冷却间按吊顶式冷风机计算,每吨分割肉需冷却的面积为 10～15 m^2。包装车间面积可按每吨分割肉占地 8～14 m^2 进行估算。

分割车间的各生产间面积应相互匹配,并宜布置在同一层平面上,其建筑面积宜符合设计要求。原料预冷间、原料冷却间、产品冷却间至少应各设两间。室内墙面与地面应易于清洗。原料预冷间设计温度 0～4℃，原料冷却间与产品冷却间设计温度 0℃，采用快速冷却（胴体）方法时设置快速冷却间及冷却物平衡间。快速冷却间设计温度按产品要求确定，平衡间设计温度宜取 0～4℃，胴体冷却后进入分割剔骨间时，室温取 10～12℃；胴体预冷后进入分割车间时，室温取 15℃，包装间的室温不高于 10℃，分割剔骨间、包装间宜设吊顶，室内净高不低于 3 m。

（2）肉制品生产车间是一个终端产品车间，车间的各部分及设备布局按原料到成品的流程安排，做到原料和成品分开，人流和物流分开，符合卫生标准要求，车间温度按适宜加工温度来控制，见图 5-14。

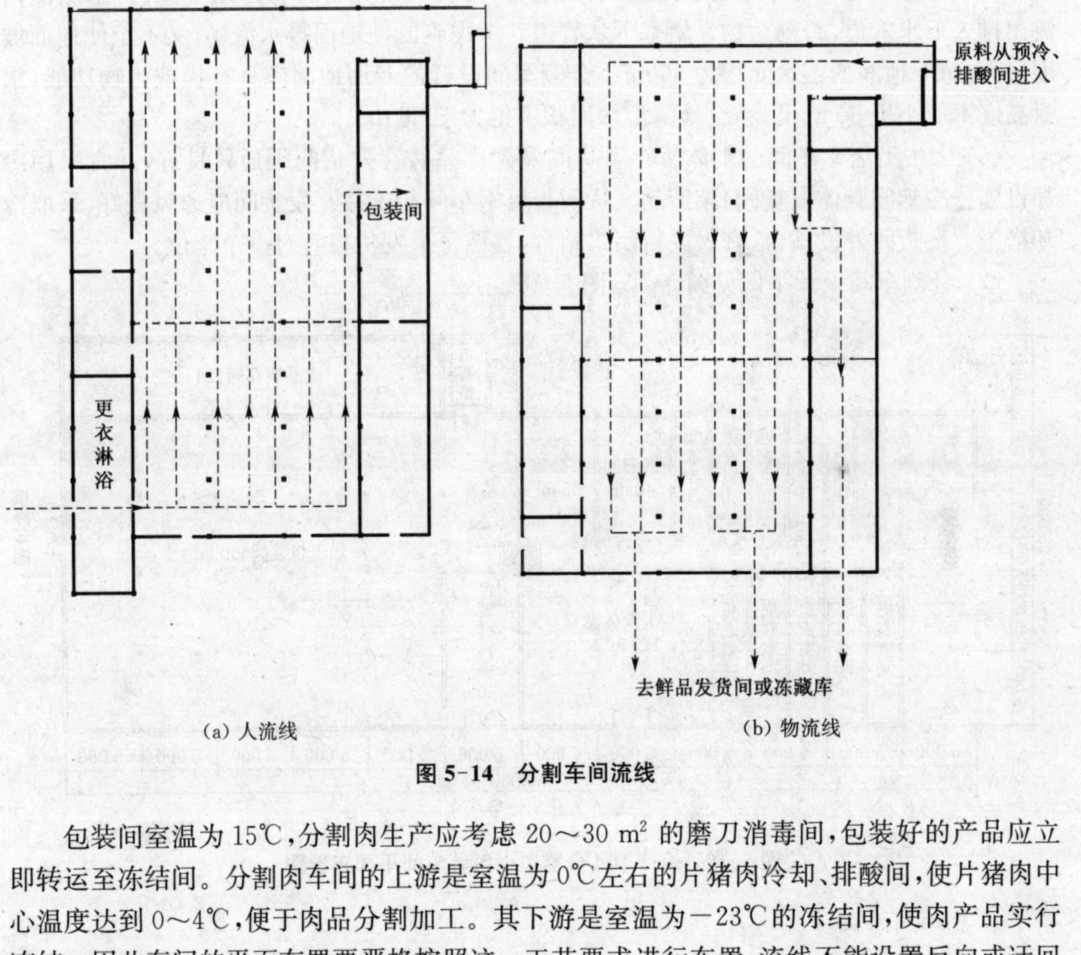

(a) 人流线　　(b) 物流线

图 5-14　分割车间流线

包装间室温为 15℃，分割肉生产应考虑 20～30 m^2 的磨刀消毒间，包装好的产品应立即转运至冻结间。分割肉车间的上游是室温为 0℃左右的片猪肉冷却、排酸间，使片猪肉中心温度达到 0～4℃，便于肉品分割加工。其下游是室温为 −23℃的冻结间，使肉产品实行冻结。因此车间的平面布置要严格按照这一工艺要求进行布置，流线不能设置反向或迂回曲折。

（3）分割肉生产按原料冷晾暂存→分割加工→成品冷却→冻结→冷藏等工艺流程处理。原料冷晾间的进料温度 35℃，出货温度 25℃，冷却时间为 2～4 h。成品冷却间的进货前温度为 −4℃，其工况温度为 0℃，进货温度 25℃，出货温度为 7℃，冷却时间为 4～6 h，冻结终了温度为 −15℃。分割肉及制品生产间的物料流向、吊链走向、吊点预埋、链条选型、污水排放、污物转运等设施要便于操作，符合安全、卫生要求。

（4）悬挂片猪肉采用立式分段方法时，设置转挂输送设备，其上设有不锈钢挂钩，还设置立式分段锯。分割车间加工的原料和产品采用平面带式输送设备输送。带式输送机的传动系统选用电辊筒减速装置，两侧分别设置分割剔骨人员的操作台，输送机的末端配备分检工，分割肉原料和产品的输送不得使用滑槽。包装间根据产品需要设置各类输送机、包装机、包装工作台及捆扎机具等设施，以及计量装置及暂时存放包装材料的台、架等。捆扎机具设在远离产品包装的地方，包装材料间应设有存放包装材料的台、架。分割车间设有悬挂胴体的叉档和不锈钢挂钩的清洗消毒设施。分割剔骨间及包装间使用车辆运输时，应留有通道及回车场地。分割间、包装间内运输车辆只限于内部使用，必须输送出车间的骨头等副产品设置外部车辆，在车间外接收。

（5）分割车间采用专用地漏排水，地漏应带有网筐，首先将污物拦阻于筐内，水从筐内流出排入下水管道，否则污物易堵塞下水管道。考虑到既使地面排水流畅，又不至使地面坡度过大，每个地漏的汇水面积为 36 m^2。分割车间设置的专用地漏应具有拦截污物功能，水封高度不应小于 50 mm。一个地漏汇水面积不得大于 36 m^2。

（6）大中型屠宰车间的胴体暂存发货间及副产品暂存发货间须通风良好，并宜采用冷却设施。冷却间胴体发货间、副产品发货间与屠宰车间相连接。发货间应通风良好，采取冷却措施。发货间外设站台，宜做成封闭式站台，且使每个发货口直对一个车位。

（7）分割车间设计举例见图 5-15，图 5-16。

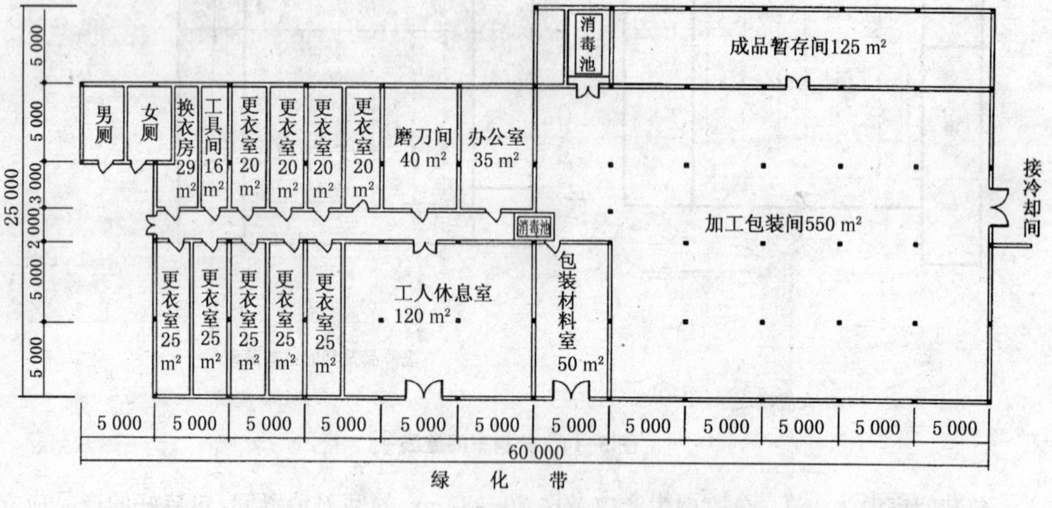

图 5-15　班产 10 t 分割肉小包装车间平面布置图

4. 辅助用房设计

辅助用房是保证主要生产用房正常使用的一些附属用房，如机修间、消毒间、磨刀间、更衣间、沐浴间、厕所。在整个车间设计中虽处于次要地位，却是建筑中不可缺少的一部分。辅助用房的设计原理和方法与主要功能用房基本相同。辅助用房的平面设计在满足使用功能的前提下，应使平面组合设计符合生产工艺的要求。

5. 交通联系部分设计

（1）主要生产用房和辅助用房是构成建筑的主体部分，但用房与用房之间的水平和垂直方向上的联系都需要交通联系空间来实现。建筑物内部的交通联系部分可以分为：水平

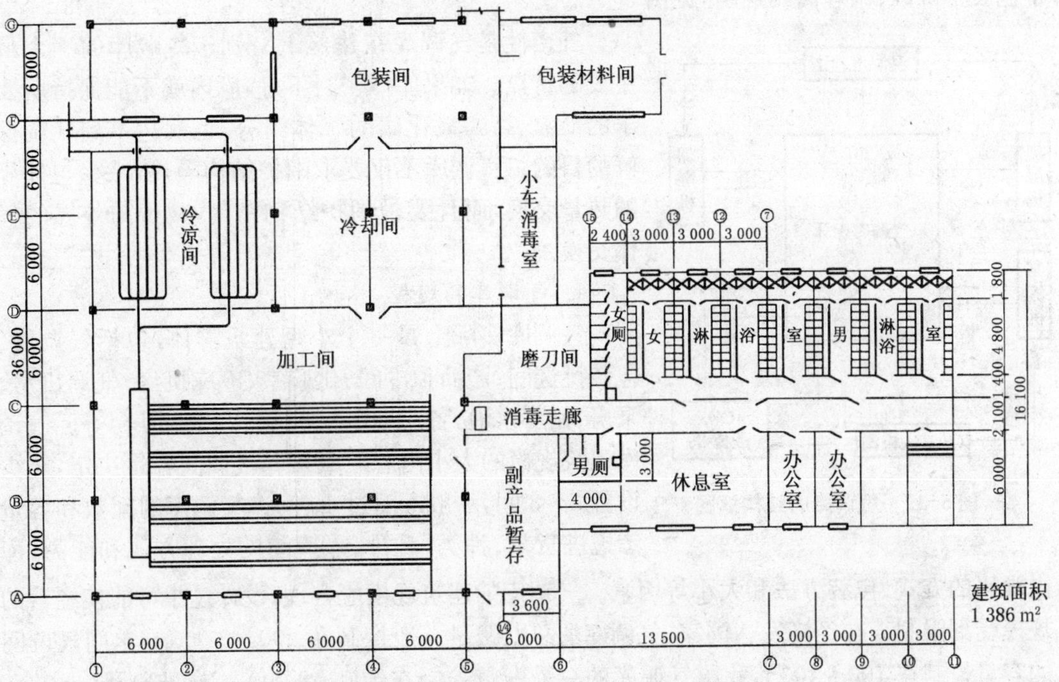

图 5-16　班加工 10 t 分割肉车间平面布置图

交通联系的走廊、过道等，垂直交通联系的楼梯、坡道、电梯等，交通联系枢纽的门厅、过厅等。交通联系部分设计的要求有：流线简捷明确，通行方便；要有足够的宽度和面积，便于疏散；满足一定的采光通风要求；力求节省交通面积，同时考虑空间处理造型等问题。

(2) 进行交通联系部分的平面设计，首先需要具体确定走廊、楼梯等通行疏散要求的宽度，具体确定门厅、过厅等人们停留和通行所必需的面积；然后结合平面布局考虑交通联系部分在建筑平面中的位置以及空间组合等设计问题。走道用来联系同层各种用房，走道除了交通联系外，也可以兼有其他的使用功能，如有些功能用房由于清洁卫生的要求或管理上的要求，既要将它们隔开又要有联系，则走道就可以起到过渡缓冲的作用。

走道的宽度主要根据人流通行、安全疏散、走道性质、空间感受以及走道侧面门的开启方向等综合因素来确定。专为人行的走道宽度可根据人流股数并结合门的开启方向综合考虑，一般人行走道最小宽度不小于 1 100 mm。屠宰车间内车辆的通道宽度：单向不应小于 1.5 m，双向不应小于 2.5 m。有其他功能的走道，结合实际使用功能和走道内家具设备及人活动方式来适当加宽走道的尺寸。

(3) 为运送原材料、成品、半成品和工人在厂房内走动及上下班通行，厂房内应布置必要数量的纵横贯通的通道，并与疏散门连通，其位置、宽度和数量，应从防火、卫生和人流疏散等方面考虑，不同生产性质车间相连时，通道还是不同生产车间的分割带和缓冲带。

四、气调库的设计

气调库是在高温库的基础上发展起来的，它不仅有冷藏功能，还有气调功能。由库体、气调系统、制冷装置、加湿装置以及温湿度与气体成分检测控制系统等组成，气调库是生产小包装生鲜肉、调理肉的用房，见图 5-17。

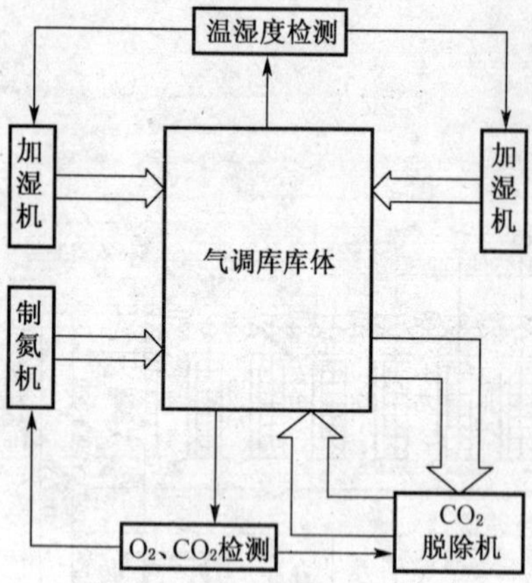

图 5-17 气调库的结构框图

气密性是气调库在建筑上有别于冷藏库的一个最主要的特点。如果库体密封不好，库内就不能保持所要求的低氧、高二氧化碳的气体组分，也就达不到气调保鲜的目的。气调库不仅要求围护结构隔热，减少与外界的热量交换，而且要求围护结构密闭，减少与外界的气体交换。

1. 气调库的规模

气调库实际上是一个小型建筑群体，包括气调库、包装挑选间、产品预冷间、化验室、冷冻机房、气调机房、泵房、循环水池、备用发电机房及卫生间、月台等。气调库建筑规模的大小由总贮藏量和气调间容量决定，至少设置 2～3 间，一般不超过 10 间。气调库的间数和容量考虑进货量、种类、品种、入库前的处理方式和能力、库内堆码的方式、包装方法和大小等因素。气调库的建筑规模应合理，设计过小可能使经营的规模受到限制。在经济发达国家，气调库的总贮藏量一般控制在 500～3 000 t，单间气调间的容量控制在 100～400 t，我国气调库的总贮藏量控制在 500～2 000 t，单间容量在 100～200 t 为宜。

2. 气调库的土建密封处理

(1) 墙板和顶板的处理。对于通常所用的冷库隔热结构，只起到隔热防潮作用，达不到气调库的气密性要求，因此，在满足隔热防潮作用的基础上，采取特殊的密封措施，通常有以下方法：第一，冷库的隔热墙体和顶板采用聚氨酯现场喷涂发泡。这种方法施工可以做到无缝隙，喷涂的聚氨酯泡沫既可作为隔热防潮层，又可用作气体密闭层，可以达到理想的气密效果。第二，在隔热墙体和顶板聚氨酯发泡的表面，采用 0.1 mm 厚的波纹形铝箔，用沥青玛蹄脂(厚 5 mm)将其铺贴在表面作面层，也是库房的密闭层。另外也可采用 0.8～1.2 mm 厚的镀锌钢板，固定在表面，用气焊连接钢板，形成一个整体的钢板密闭层。

(2) 墙与地板交接处的处理。为了防止底层地板的下沉而造成墙与地板气密层的分离，对地坪下的回填土必须分层夯实，并使地板不铺设在墙与地板交接处。可设置靴形气密设施，见图 5-18。

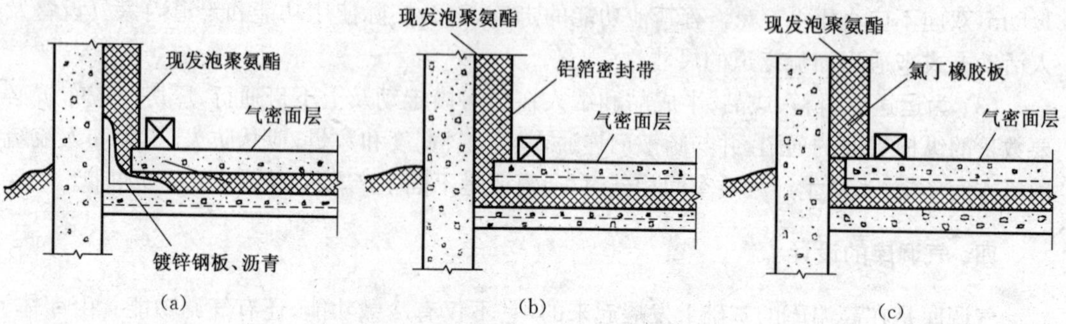

图 5-18 地板-墙三种气密层的施工方法

图 5-18(a)图的形式是用 28＃镀锌钢板涂热沥青，用钻钉将其固定在地板上；(b)图的形式是在墙与地板气密层交接处用铝箔树脂薄板和软质玛蹄脂形成一条可伸缩带，沿库房四周用玛蹄脂密封，把铝箔树脂固定在墙上，聚氨酯发泡时，将其全部盖住，这种形式可以用作面层也可以用作底层地板的气密；(c)图的形式是在墙和地板交接处采用氯丁橡胶板，在墙的隔热层施工前将其黏结在墙和地板上。目前，大部分已采用墙和地板连续地进行现场聚氨酯发泡来代替金属靴和地板气密层，见图 5-19。

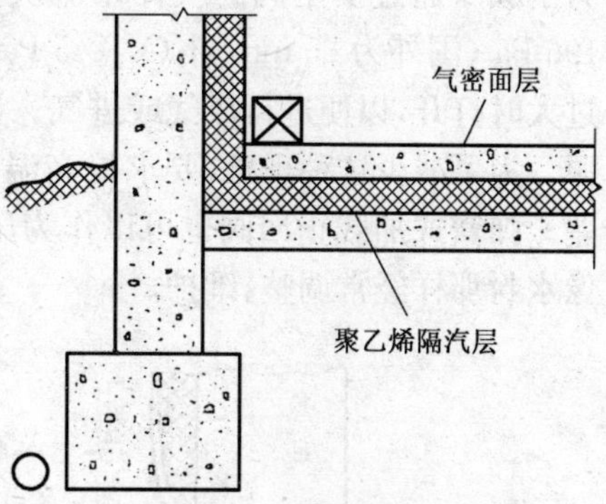

图 5-19　现场聚氨酯发泡

3. 气调库门

气调库门与库体之间应保证密封，一般的冷库隔热门是达不到气密要求的。早期气密门多为铰链转开式，目前则多为滑移门，其吊轨有坡度，门扇到了关闭位置会下降，依靠橡胶条与地面紧密接触。其余的气密做法有：在库门及门框周围均安装橡胶圈，有些还采用可充气垫圈，在门框四周用胶泥封死，门框下部用水封等。气调库的门为单扇推拉门，门上有一个 600 mm× 760 mm 的小门，用来供人进入库内观察肉品贮藏情况，了解风机运转情况，供分析取样等。该小门上一般设观察窗，便于观察。沿门框门扇周边贴有可充气的橡胶圈或软性橡胶圈，用螺栓拴紧增加密封性。气调库要选用专门为气调库设计的气密门、密封窗。

4. 观察窗

观察窗可以用来观察贮藏的食品情况、冷风机的运行情况。可在蒸发器的出风口处安装一个塑料风标，有助于确定气流通过盘管的程度。还可以观察冷风机冲霜周期的长短和冲霜效果。当维修人员进入库内检修时，可用作安全监护。贮藏期间，需要对肉品的状态及制冷、加湿设备的运转情况进行观察。为了减少开启库门的次数每间库房均予安装观察窗。观察窗为 500 mm×500 mm 双层玻璃真空透明窗，也有便于扩大视野的直径 500 mm 半球形窗，边缘应有防结雾电热丝。一般用聚丙烯制作成拱形，可以扩大观察视线，见图 5-20。通常将其设置在靠技术走廊的气调库外墙上，也有在气调库门上设置观察窗或开启式观察门的做法，欧洲有些气调库的观察窗设置在天花板上。

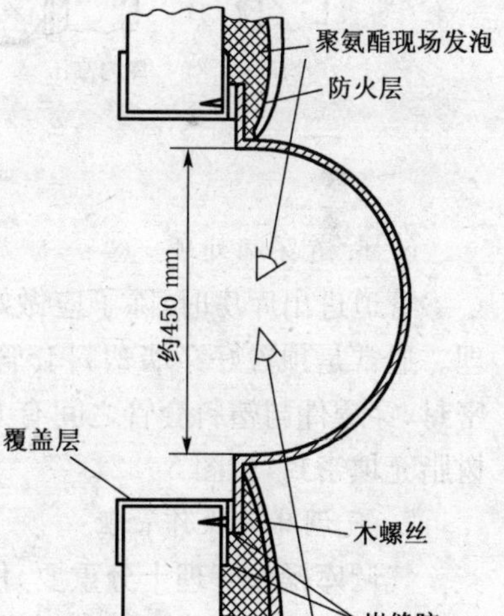

图 5-20　聚丙烯观察窗

5. 压力安全装置

压力安全装置防止库内产生过大的正压和负压，使建筑结构及其气密层遭到破坏。水封型压力安全装置(安全阀)结构简单、工作可靠、标有刻度的存水弯，它安装在气流干扰较小并且便于观察的地方，可以将库内外温度波动时库体承受的正压或负压限制在预定范围内，见图 5-21。一旦超出范围，阀内的水会被压入或压出库房，实现库内外气体的窜流，从而减小库体所受压力。在使用中要防止水的冻结和蒸发，必须定期进行加水。气调贮藏要求库内温度波动±0.5℃，经计算知两侧压差最高可达 18.7 mm H_2O。根据这一要求，同时为了减少通过安全阀的气体窜流次数，国内将拟保持的库内外压差定为 20 mm H_2O，即 196 Pa（国外为 25 mm H_2O，245 Pa）。有些气调库还安装了手动放气阀门，在库内外压差过大时打开，以便进行放气或进气。显然库内外气体的交换对贮藏环境影响很大，且浪费能源。为了减少这种现象，要求提高温度控制精度并尽量减少化霜次数，避免出现过大的压差。弹簧式加载止回阀也可以作为压力保护装置，该阀在 25 mm 水柱压差下动作，不需要像水封那样经常调整、维护。

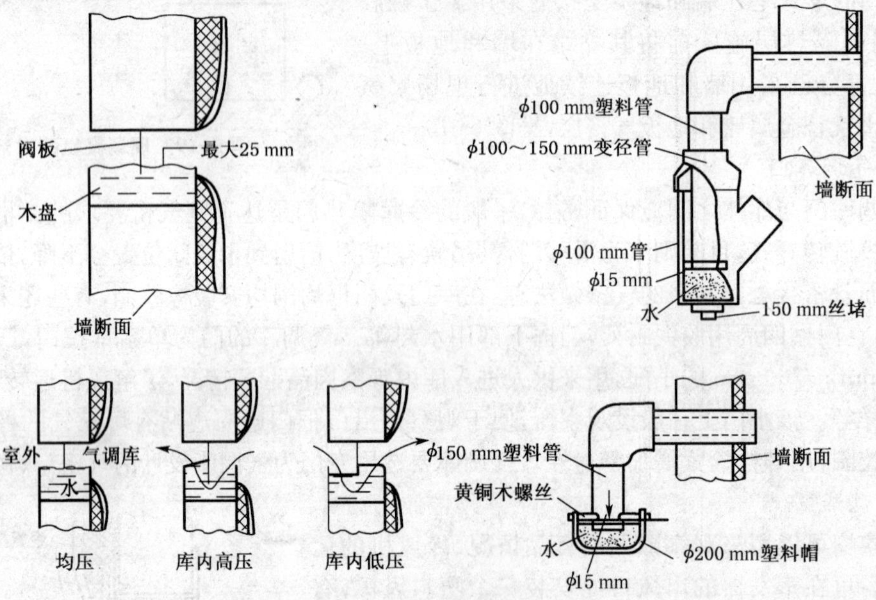

图 5-21　气调库压力安全装置

6. 管道穿洞处理

管道进出库房时，除了应做好隔热处理，还应做好气密处理。通常是预置好穿墙塑料套管，套管与墙洞用聚氨酯发泡密封，穿透件与塑料套管之间有 6 mm 以上空隙，套管内用硅树脂充填密封，见图 5-22。

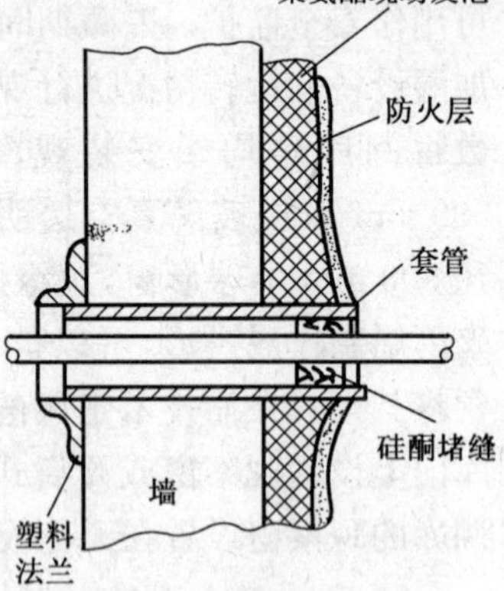

图 5-22　管道穿透洞的处理

7. 气调库的操作管理

气调库操作管理十分重要，任一环节出现差错，都将影响气调贮藏的整体优势和最终贮藏效果，甚至会关系到气调库的建筑结构和操作人员人身的安全。

（1）气调库是一种对气密性有特殊要求的建筑物，库内外温度的变化以及在气调设备的运行中，都可能引起库房围护结构两侧压差变化。压差值超过一定限度，就会破坏围护结构，这点不可因气调库设置了安全阀和气调帐就可以掉以轻心。

（2）要求气调库的操作、管理人员掌握安全知识，气调库内气体不能维持人的生命，不可像出入冷藏库那样贸然进入气调库，必须熟练掌握呼吸装置的使用。为了更好地保证人身安全，必须制定下列管理措施，以防发生人身伤亡事故。

第一，在每扇气调库的气密门上，书写醒目的危险标志："危险——库内缺氧，未戴氧气罩者严禁入内！"封库后，气密门及其小门应加锁，防止其他人员误入。

第二，需进入气调库维修设备或检查贮藏质量时，需两人同行，均戴好呼吸装置后，一人入库，一人在观察窗外观察，严禁两人同时入库作业。

第三，至少要准备两套完好的呼吸装置，并定期检查其可靠性。开展经常性的安全教育，使所有的操作管理人员树立强烈的安全意识。

五、建筑平面组合设计

食品生产企业的生产车间划分为非洁净区、洁净区和分割车间（洁净区）。三大功能的流水作业遵循：非洁净区→洁净区→分割车间。这三大功能区通常组合在一个主厂房中，便于生产作业进行流水和工序的衔接。平面设计应根据生产工艺流程进行安排，同类设备可适当集中，布局设计应使各工序衔接通畅、线路最短、操作便捷。

1. 影响平面组合的因素

（1）功能分区合理。功能分区是单体建筑平面组合时首先必须考虑的问题。对一幢建筑来讲，其功能分区是将组成该建筑的各种空间，按不同的功能要求进行分类，并根据它们之间的密切程度加以划分，使功能既分区明确又联系方便。在分析功能关系时，可以用简图表示各类空间的关系和活动顺序。

建筑的使用功能对平面组合具有决定性的影响。一幢建筑物的合理性不仅体现在单个用房上，而且在很大程度上取决于各种用房按功能要求的组合上。

第一，在建筑平面组合设计中，一般从分析主要用房之间的功能关系着手，即通常所说的"功能分析"。功能分析是在熟悉各种用房使用特点的基础上，按照用房的性质、要求、使用顺序及相互联系的密切程度，对用房的主与次、内与外、洁与污、闹与静、联系与分隔等方面加以分析研究，进行分类分组，并画出框线图表示各组成部分的相互关系。这种框线图叫作功能分析图，在功能分析的基础上，根据建筑物中各用房的相互关系，进行适当的功能分区。在建筑平面设计，尤其是较复杂的建筑平面设计时必须进行功能分区。

第二，食品工厂生产车间平面设计一般有两种情况：一种是新设计车间平面布置，另一种是对原有车间进行改造的平面布置设计，后一种比前一种有较多的限制条件，但设计方法、设计步骤基本相同。根据前面工艺设计中"劳动力计算"部分得出的各车间操作人员数据，计算更衣室、浴室、厕所等设施的面积，以及洗手消毒设施的数量，确定相应的面积。整理好设备清单和生产车间等各部分的面积要求，便于统计。

第三，食品加工车间的建筑设施，随规模的大小和机械化程度不同而相差悬殊，但卫生管理的基本原则是一致的。例如，无论是多层的大型肉类联合加工厂，还是简易的屠宰场，都必须做到病健隔离、病健分宰，原料与成品隔离，生、熟食品生产隔离，原料、成品、废弃物的转运不得交叉，进出有各自专用的门径。所有设备要保持清洁，产品不得落地，此外，厕所应远离肉品加工车间 25 m 以上。

在进行厂房平面设计时，应将有生产余热、有害气体和有爆炸和火灾危险的工段布置在靠外墙处，以便利用外墙的窗进行通风（如利用穿堂风时宜布置在靠下风侧的外墙）和爆炸时便于泄压。要求有空调的工段不宜靠外墙布置，而应布置在厂房的中部，避免外界气象的影响。将有噪声的工段或房间尽可能地布置在厂房的一角，并用封墙将此工段和其他工段隔开,湿房间不宜靠外墙布置,避免外墙内表面出现凝结水和构造复杂。

(2) 合理的结构类型。在进行建筑平面组合设计时,要认真考虑结构形式对建筑组合的影响,包括结构的合理性、安全性、经济性和结构形式带来的空间效果。

(3) 设备管线。工业建筑中设备管线主要包括给排水、采暖空调、煤气、压缩空气、电器、通信、电视等各种管线。它们都占有一定的空间,平面设计时应将设备管线布置在建筑的合适位置,管线尽量相对集中,上下对齐。

(4) 建筑造型。建筑造型和立面设计一般离不开功能要求,它是内部空间的反映,故在平面组合设计时,要为建筑造型和立面设计打下良好的基础,创造有利的条件。

2. 平面组合的几个关系

(1) 主与次的关系。建筑中分为主要用房及辅助用房,这种划分已充分说明各用房的主次关系。有时主要用房的类型及数量较多,根据它们在整个建筑中的地位,仍有相对主要与次要的区别,这也是一种主次关系。平面组合时,要依据各用房的使用要求,分清主次,合理安排。通常将主要用房布置在主要位置上,以取得较好的日照、采光、通风条件,对于人流量大的主要用房应布置在疏散方便、接近出入口的部位。对辅助用房和较次要的用房可布置在条件较差的位置,库房、贮藏间可布置在比较隐蔽的暗角。

(2) 内与外的关系。组成建筑的用房中,有的对外联系密切,其位置应设在靠近人流来往的地方或出入口处,有的则主要是供内部人员使用,用房位置宜设在比较隐蔽的地方。

在考虑建筑的使用功能的主次、闹静、内外等方面进行分区时,既可在水平面(同层)进行分区,称为水平分区;也可在垂直(异层)进行分区,称为垂直分区,以满足关系明确、互不干扰的分区特点。

(3) 联系与分隔的关系。建筑平面的各组成部分以及用房之间,有些功能联系密切,有些次之,有些还会干扰其他用房,还有些既要严格分隔,又要联系方便。平面组合时,应将联系密切的用房接近布置,对产生干扰的用房,如有噪声、震动、视线、病菌、毒气和危害人体健康的,应加大间距予以适当的分隔。对既要"分"又要"联"的用房,则既要保持适当的距离,又要有直接的联系通道。

可见,根据各种用房功能要求以及它们之间的相互关系,经过适当的功能分区,是进行平面组合确定用房具体位置的主要依据。

(4) 顺序与流线。工业建筑中因使用性质、特点不同,各种空间的使用往往有一定顺序,人或物在这些空间使用过程中形成人流和物流。在平面组合设计中,各种用房按流线顺序关系有机组合起来的,流线组织合理与否,直接影响到生产车间是否合理。当一个建筑或一个空间中有多种流线时要特别注意使各种流线简捷、通畅、无迂回逆行,尽量避免互相交叉干扰。

进入非洁净区操作人员的人员流线单独设置,不能与洁净区人员的流线交叉,流线组织明确。操作人员的换鞋、更衣、淋浴、消毒等设施均需分开设置,如确实需要在洁、污区域之间设置联系,则可在洁、污两区域之间利用消防通道或病猪专用通道作为过渡、缓冲地带加以缓冲。

3. 平面组合方式

平面组合方式有走道式、套间式、单元式等。在工程设计中,以某种单一的组合方式来组合空间是不存在的,在组合时可以某一种组合方式为主,其他方式为辅,也可以是几种组合方式并存，设计时根据实际情况具体分析，灵活运用各种方式进行平面空间的组合。比如屠宰车间的工艺组合示意，见图 5-23。

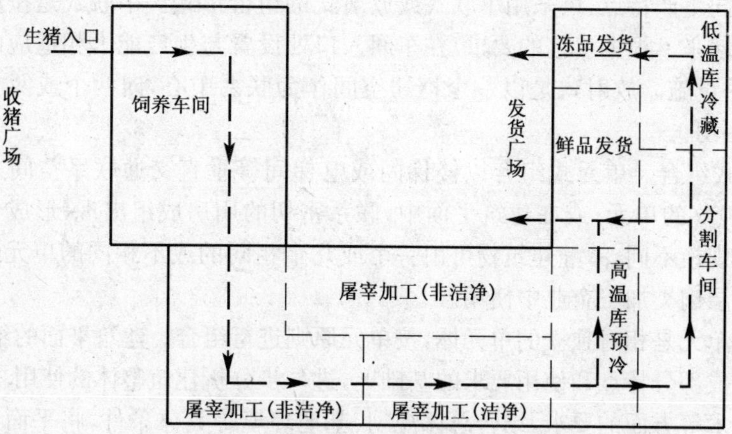

图 5-23　屠宰工厂平面组合示意

(1) 走道式组合。各功能用房之间通过走道来联系，这种组合方式的特点是：使用空间与交通联系空间分隔明确，用房之间的干扰较少；通过走道，各用房又保持着方便的联系；走道的长短随所连接的用房的多少而变，平面组合比较灵活。走道式组合适用于各个用房既要相对独立与分隔，又能保持适当联系的各类建筑，见图 5-24。

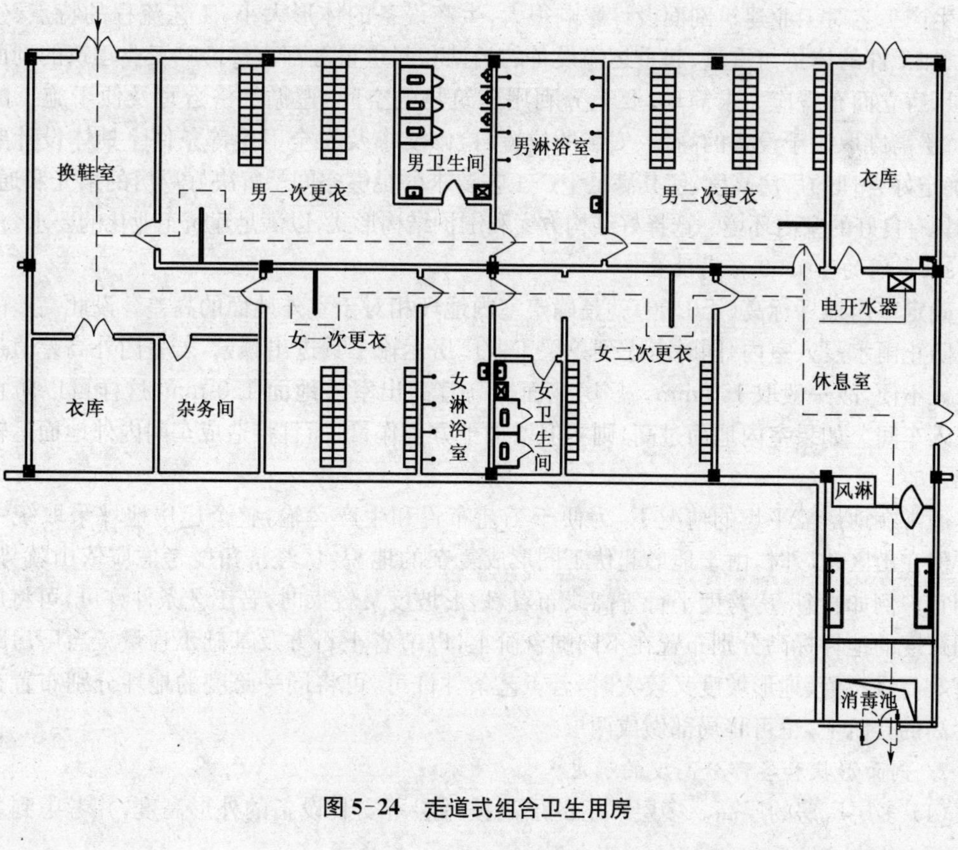

图 5-24　走道式组合卫生用房

(2) 套间式。套间式组合把各用房相互穿套,按一定序列组合空间。这种组合方式,各用房之间的相互联系简捷,面积利用率高,食品生产的各工段就是利用这种方式进行组合的。为适应不同生产特点,可采用串联式或放射式的组合形式。串联式是按照一定的顺序将各用房连接起来。根据工艺的要求,在车间入口处设置与生产能力相适应的热水洗手设施及消毒、干手设施。放射式是以一个枢纽空间作为联系中心,向两个或两个以上方向延伸,衔接布置用房。

(3) 单元式组合。单元式组合以楼梯间或电梯间等垂直交通联系空间来联系各类用房,构成一个独立的单元;或在建筑平面中,联系密切的用房成组出现,形成各自独立的单元。随着建筑规模不同,一幢建筑物可由一个或几个相同的或不相同的单元组成。单元式组合适合于多层肉类加工企业中使用。

每一区段单元是相对独立的单元体,按单元原则进行组合。建筑平面的组合设计,是在熟悉平面各组成部分特点和使用要求的基础上,进一步分析建筑整体的使用功能,考虑技术经济和建筑艺术等方面的要求,结合总体规划、基地环境等具体条件,将平面各组成部分及其所有的用房组成一个有机的整体。在一幢厂房内,不仅可以组合同一类型的生产,有时还可组合不同的工艺流程(如果这样布置与卫生、防火和防爆要求不相矛盾时)。

经生产车间布局初步设计而确定的厂房总宽度方向一致采用单跨、两跨和三跨,总长方向有若干开间。按国家工程建设标准规范的规定,厂房的跨度、柱距及高度都应模数化。

六、厂房剖面设计

生产工艺对工业建筑剖面设计影响很大,生产设备的体形大小、工艺流程的特点、生产状况、加工件的体量与重量、起重运输设备的类型和起重量等都直接影响工业建筑的剖面形式。厂房立面布置应力求简单,要充分利用建筑物的空间,遵循经济合理及便于施工的原则,每层高度取决于设备的高低、安装的位置、检修要求及安全卫生等条件。具体设计要求是:确定好合理的厂房高度,使其满足生产工艺要求的足够空间。解决好厂房的采光和通风,使其具有良好的室内环境。选择好结构方案和围护结构形式,以满足建筑工业化的要求。

1. 车间的±0.00 标高设置

确定室内地坪标高(±0.00)就是确定室内地坪相对于室外地面的高差。设此高差的目的是防止雨水浸入室内,同时考虑到单层工业厂房运输工具进出频繁,若室内外高差值过大则出入不便,故一般取 150 mm。厂房地面标高宜高出室外地面 150 mm,这样可以防止雨水流入车间。如果室内地面过高,则不但增加土方工作量,而且将造成车间内外地面运输的困难。

通常在地形较平坦的情况下,为便于工艺布置和生产运输,整个厂房地坪采取统一标高。但在山区建厂时,由于地形起伏不同形成复杂的地貌,从经济角度考虑应依山就势,因地制宜。例如:当厂房跨度平行等高线布置,地形坡度又较大时,若工艺条件许可,可将厂房不同跨度的地坪标高分别布置在不同的台阶上,以节省土石方及基础工程量。当厂房跨度垂直等高线布置、地形坡度又较大时,若工艺条件许可,可将同一跨度的地坪分别布置在不同标高的台阶上,也可将局部做成两层。

2. 剖面形状和各部分高度的确定

(1) 多层厂房的层高。多层厂房的层高按每层所安装设备的外形高度,并考虑到装卸和维修的需要而确定。多层厂房各层的层高应采用300 mm的倍数。除地下室外，厂房内的层高不宜超过两种规格。但当构造需要时，可按楼板、地板的结构表面确定各层之间的层高。一般框架或混合结构的多层厂房，层高多采用5.1～5.6 m，最低不低于4.5 m。每层高度尽量相同，不宜变化过多。

(2) 单层厂房的层高。单层厂房的剖面高度指厂房的地坪标高、屋面檐口标高和二次钢梁的标高。单层工业厂房的高度是指由室内地坪到屋顶承重结构最低点的距离，通常以柱顶标高来代表工业厂房的高度。但当特殊情况下屋顶承重结构为下沉式时，工业厂房的高度必须是由地平面至屋顶承重结构的最低点的距离。屋面排水的坡度应在层高的基础上加以计算。设备及安装检修时所需的净空高度指层高减去屋面的结构高度。当结构有二次钢梁时，需考虑二次钢梁与屋面结构之间保持一定的距离，满足设备安装和检修的需要，见图5-25。

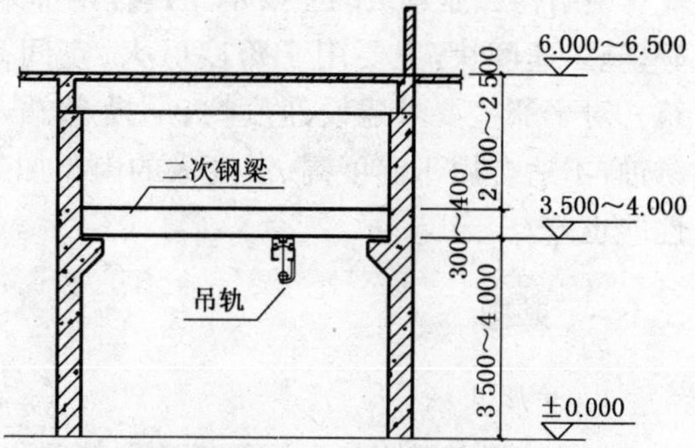

图5-25　剖面示意图

工业建筑高度对造价有直接影响，因此在确定厂房高度时，要注意有效利用和节约空间。为了简化结构、构造和施工，当相邻两跨间的高差不大时，可采用等高跨，虽然增加了用料，但总体还是经济的。基于这种考虑，在多跨工业建筑中，当高差值等于或小于1.2 m时不设高差；在不采暖的多跨工业建筑中，高跨一侧仅有一个低跨，且高差值等于或小于1.8 m时，也不设置高差。有高差的剖面形式也不利于抗震。

当厂房各跨平行布置并设有高差时，宜尽量将同高跨集中布置，形成高低跨组，避免高低跨间隔布置形成凹凸形的屋顶形式，使构造复杂，低跨处易积雪和灰尘。

(3) 对于厂房内局部有特殊设备，为了柱顶标高的统一，通常在厂房一端的空间布置个别高大设备，或降低局部地面标高，如地坑来放置大型设备，以减小厂房空间高度。

3. 空间的利用

(1) 底层楼梯间休息平台下的空间可作为仓库或通向另一空间的通道，如高度不够时，可适当抬高平台高度或降低平台下部地面的标高，以保证通行净高要求。顶层楼梯间上部的空间，通常可以用作贮藏间，利用顶层上部空间时应注意梯段与贮藏间的净空应大于2.2 m，以保证人们通过楼梯间时，不会发生头部碰撞。

(2) 工业厂房的层高一般较高，使室内的走廊空间造成一定的浪费。可以利用走廊上部空间设置通风、照明线路和管道。

第四节　结构设计

多层工业厂房多以钢或钢筋混凝土框架结构或框架剪力墙结构为主，层数在5层以下的非地震区也有用混合结构的。而单层工业厂房的结构形式种类比较多用的是排架结构和框架结构两种形式。

排架结构是由柱子、柱基、屋架(屋面梁)构成的一种骨架体系。它的基本特点是把屋架看成一个刚度很大的横梁。屋架(屋面梁)与柱子的连接为铰接,柱子与基础的连接为刚接。每一榀排架之间,通过吊车梁、连系梁(墙梁或圈梁)、屋面板以及支承系统连接,其作用是保证横向排架的稳定。钢筋砼框架结构是一种梁柱结构形式,柱子与屋面梁是刚性节点,柱子与基础的连接亦为刚性节点,目前肉类加工企业普遍使用这种结构形式。

钢结构工业建筑的主要承重构件全部采用钢材制作,这种骨架结构自重轻,抗震性能好,施工速度快,主要用于跨度巨大、空间高、吊车荷载重、高温或振动荷载大的工业建筑。对于那些要求建设速度快、早投产、早受益的工业建筑也采用钢结构。但钢结构易锈蚀,不适合用于温度高、湿度大的肉类加工企业,保护维修费用高,耐久性能较差,防火性能也差。

一、基础

1. 扩展基础

(1) 扩展基础指柱下钢筋砼独立基础和墙下钢筋砼条形基础。钢筋砼基础具有较大的抗拉、抗弯能力,在多层砖混结构、单层或多层框架结构中常被采用。

柱下基础多做成对称式,但对某些偏心荷载下的柱基,或两相邻柱过近时,也可做成不对称的,即偏心基础。基础剖面可做成台阶式或角锥形。

墙下条形基础一般做成无肋的板,见图 5-26,若地基软弱或较不均匀,可加肋,见图 5-27,以调整不均匀沉降。

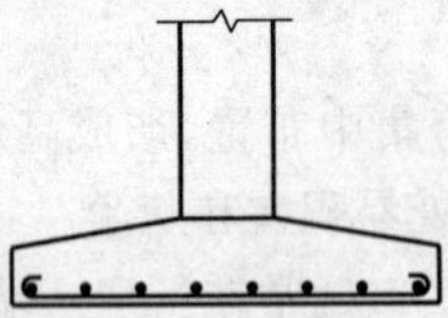

图 5-26　墙下条形基础(无肋)

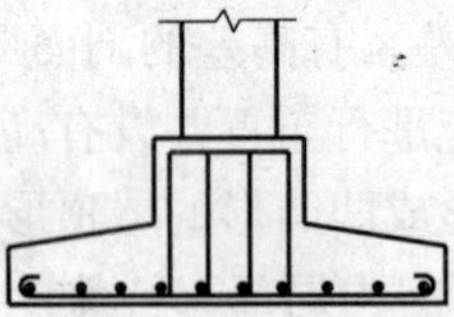

图 5-27　墙下条形基础(有肋)

(2) 扩展式基础所能承受的拉应力是有限度的,如果超过基础截面所具有的抗拉能力则将破坏。独立基础的破坏模式多呈弯曲与冲切两种形态。第一种弯曲破坏:当地基净反力产生的弯曲内力超过了基础的抗弯强度时,则发生弯曲破坏。随荷载增加,底板出现双向弯曲,沿柱边缘和沿基础中心线产生两组相互垂直的裂缝,自底板下向上扩展,但并未达到柱底。这表明最大弯矩在柱边截面和基础中心线截面上。第二种冲切破坏:在柱荷载和地基反力作用下,基础发生从柱边沿 45°角到底板穿透冲切角锥体破坏。其原因是破坏面上的主拉应力超过了砼的抗拉强度。

(3) 为保证扩展式基础正常工作,除满足构造要求外,还必须在基础底面配置适量钢筋,并使基础有足够的有效高度,具体设计步骤如下:确定基底形状及尺寸,根据《建筑地基基础设计规范》规定的构造要求,初步确定剖面形状及尺寸,验算基础高度(包括变阶处)的冲切强度,如不满足需修改至验算满足为止,计算基础底板内力并配置钢筋,有软弱下卧层时需验算软弱下卧层的承载力,必要时需验算地基变形,不能满足要求时,重新调整基础尺寸,见图 5-28。

食品加工车间超过一半的浪费用水来自清洗操作，无用的食品碎屑被冲洗到下水道。在清洗操作部分增加了废水，专家建议采用干洗技术来减少废水量，通过干洗能收集所有非油脂废弃物，同时阻止它进入污水。如果来自同一厂的大部分废弃物包含着碳水化合物或蛋白质，那么干洗可以收集大量废弃物，接着进行二次加工，例如用作动物饲料。在牲畜加工设备收集的一些废弃物可以卖给炼油厂。

把废弃物扫出地面和送进下水道，将企业节约资金与减轻城市污水处理厂的压力联系起来。最大的变化是：通过减少用水和污水从而几乎不再花费企业的钱。通过提高雇员的意识和强调对此问题的管理来防范粗心大意。要意识到过度用水导致的严重问题及废渣处理占用的生产成本，对雇员进行彻底的教育。

食品加工厂节约用水需要遵循以下指南：经常把水看做具有固定资产性质的原材料，列出工厂节约用水的目标，把节约用水作为优先管理，安装水表并监管水的使用，训练雇员怎样有效用水，在所有水龙头上安装自动关闭喷嘴，采用高压、低量清洗系统，不许用水龙头清洗地面，尽可能使用回用水，使成本和原材料溢出最小化，成品放在楼上，清洗前清扫溅出物。

(4) 据调查和实际测试，无论何种热水供应系统，大多存在着严重的水量浪费现象，主要表现在开启热水配水装置后，不能及时获得满足使用温度的热水，产生无效冷水的浪费。新建建筑的热水供应系统应根据建筑性质及建筑标准选用支管循环或立管循环方式，建筑热水供应系统采用支管循环方式最为节水。尽量减少局部热水供应系统热水管线的长度，并应进行管道保温，选择适宜的加热和贮热设备，防止热水系统的超压出流，严格执行有关计划、施工规范，建立健全管理制度。

(5) 中水利用。经污水处理站处理的中水要加以利用，可用作饲养车间清洗猪圈用，也可用来灌溉树木花草等植物和冲洗车辆，以节约城市自来水用量。

2. 电的节约措施

(1) 灵活地进行工艺组合。流程设计要注意灵活性，使工艺能适应肉产品的需要，防止并消除设备只耗电，不做“功”的现象。

(2) 风机的合理组合。风机动力消耗的高低主要取决于风量和风压，而风量和风压决定风机工作特点，从而决定风机效率的高低。因此，风机组合时，要视车间设备的布置情况合理地设计每一组风网，使风网具有较好的平衡性和稳定性。

(3) 合理选用装机效率。理论上选用设备电机应使 $P_H \geqslant P$，P_H 为电动机额定功率，P 为电动机计算功率，一般应将电机功率稍放大。但应注意，不能图操作方便，盲目加大电机容量，造成“大马拉小车”的现象。“大马拉小车”对工厂生产危害极大。首先，生产设备不在满负载情况下运行，使电动机效率和功率因素下降。其次，整个工厂电网功率因素下降，致使工厂设备负载增大，费用增加。如变压器的负载，电容补偿容量增加，由此造成电气设备费用增加。另外，给不合理的盲目操作带来了方便。所以，选择电机一定不要超过设备说明书推荐的功率。另外，在以后的生产中，不断地测试负载电流，绘出电流曲线，如确实所配动力过大，应及时更换。

(4) 某些场合采用分组传动。对一些负荷变化较大，需保险系数较大的设备，不能只使装置功率稍大于计算功率。在这种情况下，如有可能，将设备用一台电机传动，这样，设备之间的负荷就可以相互调剂使用，以应付某台设备突然过载。

(5) 选用先进设备，完善操作管理。尽量选用电耗低、产量大、效率高的先进设备，以保证设备的效果,保证工艺设计指标。

3. 供汽的节能措施

(1) 锅炉启停过程中造成的燃料浪费。目前我国寒冷地区用于供热的小型锅炉大多以链条炉和往复炉为主,供热锅炉间断运行方式中的启炉点火和停炉压火阶段对能源消耗和环境污染有很大的影响。相反在锅炉连续运行时,炉膛和炉内各部烟道始终处于高温状态,燃料中的挥发分、CO以及微细粉尘等在炉内供氧充足及混合良好的条件下绝大部分可以被燃尽,释放出它的全部热量,提高锅炉效率。由于复杂的历史原因,使一些不够合理的供热制度自发产生并形成惯例,比如“尖子火”(每昼夜供热不足8 h)和略有改进的现行间歇供热(每昼夜供热12 h,烧6 h停6 h,重复两次),目前仍在普遍采用,造成供热质量不够好,锅炉热效率也低。近些年来,大力推行连续供热辅以间歇调节,收效明显。各种不够合理的供热制度,不利保暖节能,亟待改进。

(2) 变频调速技术在锅炉中的应用和节能。在多数的燃煤锅炉供热系统中,鼓、引风量是通过调节鼓、引风机的风门来实现的,循环水量是通过调节水泵的阀门来实现的。这种调节方式在风量、水流量减小时电机负载基本不变,仍然要消耗大量的电能。如果采用调速方式来调节风量、水流量,那么由于风机、水泵的负载特性是平方转矩特性,随着电机转速的下降,电机所消耗的功率将呈三次方递减,在低速运行时可以节约大量的电能。近年来随着变频调速技术的发展及人们节能意识的增强,通用变频器已越来越多地应用于锅炉风机调速和循环水泵调速场合。

(3) 提高供热锅炉负荷率。由于设计热负荷偏高,锅炉选得偏大或台数偏多,运行管理部门技术水平不高,不能合理匹配,于是低负荷不合理运行就普遍地出现了。而低负荷又带来低效率,对节能十分不利。要想挖掘这部分潜力,主要的措施就是连续满负荷运行,减少运行台数,烧满膛火。只有这样才能提高供热的社会、经济和环境的综合效益。

(4) 采用热管省煤器和热管空气预热器。热管是一种利用管内工作液体相变进行传热的高效传热元件,采用热管新技术生产的热管省煤器及热管空气预热器,降低了排烟热损失。大力推广降低炉灰含碳量的节煤措施。

(5) 中科院空调所研制的供热系统量化管理仪,包含以下三组参数:实际供水温度和供水温度的计算值;实际回水温度和室外温度前8 h的平均值;典型房间的室温和室外温度。如供水温度的实际值超出计算值,红灯亮,提醒司炉工减火;如供水温度的实际值低于计算值,绿灯亮,提醒司炉工加火,可保证在保暖基础上最大限度的节煤。

4. 锅炉供热系统的设计与节能

锅炉供热系统的合理设计不仅有利于减少供热系统的初投资,而且还会起到重要的节能作用。

(1) 以热水为热媒的供热系统较蒸汽系统节能,这主要有以下原因:

第一,热水供热系统与蒸汽供热系统相比输配损失少,蓄热量大,锅炉的高峰负荷减小,从而提高了效率,减少了所需锅炉的容量。

第二,热水供热系统是一个封闭循环系统,用户未用完的热量基本都能返回锅炉房;热水系统补水量小,锅炉不必排污;热水供热温度可随室外温度的升高进行调节;热水供热系统锅炉热量输出均匀,燃烧工况稳定,所以热水供热系统的热效率比蒸汽系统高,采用热水系统可节省大量的燃料。

第三，蒸汽供热系统存在着比热水供热系统大得多的管道热损失，跑、冒、滴、漏损失，二次蒸发热损失，凝结水不能完全返回热损失等。

第四，热水供热系统腐蚀减轻，设备寿命长，供热运行管理简单方便，运行费用较蒸汽供热系统节省 50%～75%。所以从节能的角度来讲，采用热水供热更为合理。

(2) 锅炉的容量和台数的选择。

第一，如果供热系统规模较大且热负荷波动频繁，可采用计算负荷的 50%来确定单台炉的容量，一台运行，一台备用。在一般情况下，两台运行的锅炉中一台满负荷连续运行，一台做间歇调节。当室外温度达到室外供热计算温度时，可使两台炉满负荷连续运行。这样做虽然增加了一次性投资，但却使供热设备最大限度地发挥了作用，更能适应用户的需要，体现了按需供热的要求，减少了供热的盲目性，增强了供热系统的灵活性，最大限度地降低了煤耗。

第二，循环水泵的选择。在热水供热系统中，设置的循环水泵是向用户输送热媒的主要设备，也是锅炉房中耗电量较大的设备，其用电量占锅炉房总用电量的 40%～70%。选择合适的循环水泵，可以大大降低运行费用。实际工程中，循环水泵容量偏大的现象较为普遍，有的甚至达到原参数的两倍以上，造成电能的严重浪费。水泵容量偏大，不仅破坏了原设计的水力工况，而且增加了水泵运行的耗电量。

造成循环水泵容量偏大的原因很多，主要有以下几点：一是设计人员对外网和锅炉房的阻力估算值过大；二是系统运行后没有进行认真的初调节，一旦系统出现水力失调，盲目认为水泵容量不够，更换大泵；三是个别设计人员将系统高度计入扬程，使水泵扬程大大增加；四是按分阶段改变流量的质调节运行选择循环水泵，并详细笔算系统负荷及阻力；不另加富余量，同时计算 EHR 是否符合要求，并应注明水泵的工作压力，不能将扬程作为工作压力。

(3) 管网的铺设方式和保温设计。

第一，外网热损失是能源浪费的一个重要方面，我国现有集中供热（无论是城市集中供热还是小区集中供热）系统，由于管网跑、冒、滴、漏造成的热损失难以计算。实践表明，在堵住跑、冒、滴、漏的前提下，适当增加外网保温层厚度，对节能极为有利。绝热保温的措施有加厚保温材料和提高绝热材料的质量，在使用中要注意维护，避免受潮或损坏。锅炉散热损失的大小除与保温质量有关外，还与锅炉负荷大小有关。低负荷时，因散热面不变，散热量基本不变，而燃料耗量变小了，对应于每千克燃料的散热损失将增加。因此，为减少散热损失，应尽量不要让锅炉在低负荷下运行。采用优良的保温材料、科学的保温结构和先进的铺设技术是减少热损失、提高热能的有效利用率、延长使用寿命、节省投资的关键措施，是节能的一项重要工作。氰聚塑是一种新型的保温材料，它具有保温性能好，热损失小、防水防腐性能强、抗压强度高、造价低、使用年限长、施工周期短等一系列优点，有很好的经济效益，应大力推广使用。

第二，热力管道的直埋铺设是将热力管道直接敷设在地下，它的保温结构导热系数小、管道热损失小，耐压强度高。因它直接与土壤相接触，故有保温和承重双重作用。直埋铺设减少大量开挖、占地、地沟等费用，节省了大量工程费用。新型直埋管的保温结构是防水的整体形式，其防水防腐性能强，管道的使用寿命可延长 2～3 倍。新型直埋铺设还能缩短施工周期，节约地下占用面积，因此这是一种最好、最经济的管道铺设方式。

5. 空调制冷节能措施

在空调系统中，制冷系统的用电量占整个系统用电量的40%～50%，因此研究制冷系统的节能问题具有重要的现实意义。

(1) 制冷剂与制冷循环的选择与节能。采用循环效率高的制冷剂对节能是有利的。不同形式的制冷循环其热力完善度不同，通常，压缩式制冷循环的制冷系数要比吸收式循环高得多。单级R502、R12制冷系统采用回热循环要比无回热循环的热力完善度高，为了节省能耗还可以提出新型的制冷循环。当压力比较高时，应采用双级或多级制冷循环。

(2) 压缩机选择与节能。目前市场上可以买到的压缩机主要有活塞式、螺杆式和离心式。无论哪一种压缩机，即使带有能量调节装置，在部分负荷下的效率都比较低，尤其是螺杆式压缩机，因此希望压缩机绝大部分时间在满负荷条件下工作。对于负荷有变化的制冷系统，应根据负荷变化的特点，宜选用两台或多台压缩机，以保证压缩机在效率高的全负荷或接近全负荷区域工作。

压缩机的容量应当与负荷相匹配，切忌选用过大的压缩机，从而导致压缩机总在效率低的部分负荷下工作，或是在比设计蒸发温度低的工况下工作，这两种情况都会引起不必要的能量损耗。压缩机频繁启动也会带来额外的能量损失，应尽量避免用开、停两位控制来调节压缩机的能量。因此希望压缩机本身带有能量调节装置，以满足负荷变化的要求。

(3) 制冷设计需要确定的参数有：被冷却物的温度、蒸发温度、冷凝温度、过冷温度等。被冷却物的温度通常由工艺所确定。提高被冷却物的温度可以节省能量，因此在确定该温度时，应在满足工艺要求下尽可能取得高一些。这样既减少了制冷负荷，又使蒸发温度提高，节省能量消耗。

(4) 由于外界条件的变化，负荷总是在不断地波动变化中。在这种情况下，要使制冷装置的产冷量和制冷对象的负荷趋于或达到平衡，就必须对整个制冷装置进行及时准确的调节，才能保证制冷装置在安全、准确和经济合理的条件下运行。显然制冷装置的调节控制是否及时、合理，直接关系到制冷装置的运行特性和能耗。早期的调节控制采用人工手动进行，即通过直观的检测和显示仪表(如压力表、温度计、液位计等)进行人工调节。这就需要比较熟练的操作工和高度的责任心才能达到这一目的。随着科学技术的发展，人们开发了各种自动化装置，使装置在不同程度上自动运行和调节。因此，在制冷装置的设计中，就存在控制方式的选择与节能问题。

(5) 制冷装置设计的其他节能措施。系统管路设计中应注意选用适宜的管径，管径的选择既要考虑到减小阻力，又要考虑到节省投资。管路的布置应尽量减少局部阻力和缩短长度，尤其是吸气管路应优先考虑。

(6) 减少制冷负荷和冷损失。对于被冷却的空调房间，减少冷负荷的途径有：减少太阳辐射热的影响，如用白色的屋顶和墙，外墙或屋顶设置反射和遮阳措施；合理选择绝热层的厚度；防止绝热层受潮；防止室外热湿空气通过门进入，通常可以设置风幕或转门。对制冷系统中的低压部分设备(如蒸发器、液体分离器、低压循环储液器等)和相应的管路都应做绝热层，以防止冷量损失。

(7) 制冷系统运行中的节能。在实际操作中，调节冷凝压力实现节能，采用较高的蒸发温度实现节能，防止排气温度过高，系统的润滑油与节能应达到平衡。

(8) 变风量空调系统是属于全空气空调系统的一种空调方式。全空气空调系统设计的基本要求是，确定向空气调节区输送足够数量的、经过一定处理后的空气，用以吸收室内的余热和余湿，从而维持室内所需要的温度和湿度。对于多数空调要求来说，并不需要十分严格的温度和湿度的控制。变风量系统可以通过改变送到房间(或区域)中的风量，来满足这些地方负荷变化的需要，当然，整个系统的总送风量也在发生变化。因此，变风量系统在运行中是一种节能的空调系统。

第六章　食品生产企业的物流设计

食品生产企业的物流系统可以分为:供应物流、生产物流、销售物流、回收与废弃物物流。其中以生产物流为主,物流设计关系到食品生产企业的成败兴衰,特别是对于大型企业,稍有不慎,会增加工人的劳动强度和企业成本,因此必须组织好物流设计。

第一节　食品生产企业的物流系统

一、食品生产对肉类贮存及运输的要求

(1) 猪肉之类肉品入库时,要分清品种、级别,点清数量,并与发货单位及时核对清楚。入库肉品必须有兽医检验合格证,无血、无毛、无污染,不带头、蹄、尾,符合内、外销要求,否则不得入库。

(2) 库内吊轨悬挂重量不得超过设计负荷标准要求,每米轨道不准超过 250 kg,即 1 级肉每条轨道不超过 50 头,2 级肉每条轨道不超过 55 头,3 级肉每条轨道不超过 60 头,白条肉排列间隙要求均匀。

(3) 肉品冷却、冻结应达到标准规定要求。冷却 20 h,肉温达到 0～4℃;冻结 20 h,内销白条肉肉温达到－15℃。外销白条肉肉温达到－15℃方能转库,并设专人测温,做好记录。冷却、冻结间要及时清理冰霜,以提高制冷效能,使冷却间温度达到－2℃,冻结间温度达到－23℃。注意冷却、冻结间库房卫生,防止肉品污染。

(4) 肉品采用保温车挂式运输。装卸时,严禁脚踏、触地。分割肉采用保温车运输,温度保持在使肉品冻结状态。运输车辆在整个运输过程中必须保持一定的温度要求。运输车辆必须内表面以及可能与肉品接触的部分必须用防腐材料制成,从而不会改变肉品的理化特性,或危害人体健康。内表面必须光滑,易于清洗和消毒。配备适当装置,防止肉品与昆虫、灰尘接触,且要防水。

(5) 对于运输的胴体(1/2 或 1/4 胴体),必须用防腐支架装置,以悬挂式运输,其高度以鲜肉不接触车箱底为宜。运输肉品的车辆,不得用于运输活的动物或其他可能影响肉品质量或污染肉品的产品。运输肉品的车辆,不得同车运输其他产品。即使是头、蹄、尾,如果未经浸烫、剥皮、脱毛,也不得同车运输。

(6) 肉品不得用不清洁或未经消毒的车辆运输。发货前,兽医卫生检验人员必须确定运输车辆及搬运条件是否符合卫生要求,并签发运输检疫证明。

二、食品生产企业的物流系统

物流是指物品从供应地向接收地的实体流动过程。根据实际需要，将运输、储存、装卸、搬运、包装、流通加工、配送、信息处理等基本功能实施有机结合。

(1) 食品生产企业的物流系统可以划分为四部分：供应物流、生产物流、销售物流、回收与废弃物物流。供应物流指为生产企业提供原材料、辅助材料、零部件或其他物品时，物品在提供者与需求者之间的实体流动；生产物流是指生产过程中原材料、在制品、半成品、成品等，在企业内部的实体流动；销售物流是指生产企业、流通企业出售商品时，物品在供方与需方之间的实体流动；回收物流为不合格或有问题产品的召回、退货以及周转使用的包装容器从需方返回到供方所形成的物品实体流动；废弃物物流是指将工厂生产过程中产生的失去利用价值的物品，根据实际需要进行收集、分类、包装等，并分送到专门处理场所时所形成的物品实体流动。

(2) 食品生产的全过程包含了上述所有的物流活动。例如，从原材料的采购开始，便要求有相应的供应物流活动，将所采购的材料按时到位，否则生产就难以进行；在生产的各工段之间，也需要原材料、半成品的物流过程，即所谓的生产物流，以实现生产的流动性；部分余料、可重复利用的物资的回收，就需要回收物流；废弃物的处理则需要废弃物物流。可见，整个生产过程实际上就是系列化的物流活动。生产过程中的物流活动如图 6-1 所示。

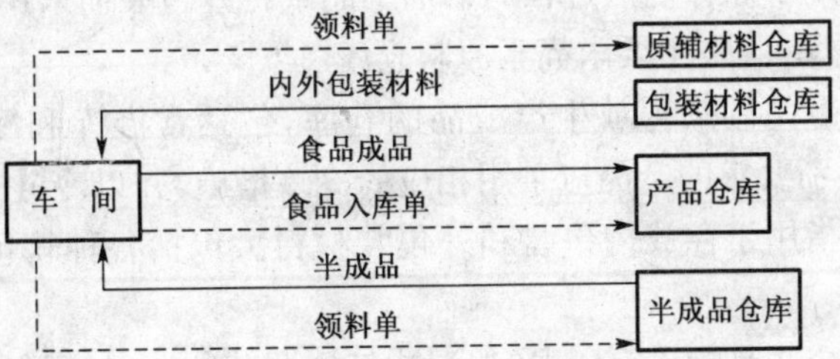

图 6-1　食品生产企业物流、信息流示意图

(3) 食品生产企业的物流主要是以生产物流为主，供应物流为辅，伴以回收和废弃物物流。物流管理主要针对原材料、在制品和成品在工厂内部的实物流动和相应的信息流流动过程，同时参与部分供应物流与信息活动，以及销售物流与信息流活动。在市场经济中，产品的销售物流与信息流活动正发挥越来越重要的作用。

在信息流的带动下，食品生产企业的物流活动主要分为厂内和厂外两大部分。厂外部分是依据采购合同、提货单或送货单，从供应商那里取得原辅材料、包装材料等；以及按照销售合同向客户运送产成品或半成品的物流过程。厂内部分是根据本厂的生产计划或生产订单，由相应的生产车间从仓库领取原辅材料、半成品、包装材料等，经过车间内部和生产线上的流动，完成加工制造，作为成品或半成品运回仓库的物流过程。在本章中只介绍食品生产企业内物流活动所涉及的仓储、搬运与包装、运输。

根据不同的物流阶段，食品生产企业的物流、信息流总流程可以进一步细化为采购、销售、仓库和生产等较小范围内的流程。如副产冻品的物流如下：车间人员从包装材料仓库将生产所需的包装材料运至二级材库，清洗盛装副产品的铁盘，将加工好的副产品装入铁盘，用小推车推入预冷间暂存，然后将装有副产品的小推车推至冻结间冻结，冻后再转到低温库冻藏。再如分割车间片猪肉加工成分割肉以后，无论其产品是鲜肉小包装还是冻肉小包装，都要通过物流转入包装、加工工段。

第二节　食品生产企业的仓储设计

一般食品生产企业的仓库包括：高温库、低温库、包装材料库（存放纸箱、纸板、塑料袋和商标纸等）、五金库（存放金属材料及五金器件）、设备工具库（存放某些设备及工具）。此外，还有玻璃瓶及箱格堆场、危险品仓库等。食品工厂贮藏条件要确保食品卫生，防蝇、防鼠、防尘、防潮，有的还要求低温或恒温环境，贮藏卫生条件要求较高。

一、仓储分类

1. 按保管的物品分类

(1) 原辅材料仓库是指生产企业为了保持生产的连续性，专门用来贮存原材料和辅助材料的仓库，包括常温库、冷藏库和冷风库等。冷藏、冷冻仓库指设有冷却、冷冻装置，专门用来贮存新鲜原料（鲜鱼、鲜肉等）或其他各种易腐的原辅材料的仓库。常温库常用于储放、贮藏不容易变质或短时间储放的原辅材料。

(2) 周转仓库指用于贮存生产过程的初加工品或打开包装而未用毕的易腐原辅料。周转仓库通常采用冷藏库，其卫生要求高于原料仓库。

(3) 成品仓库指专门用来存放生产成品的仓库，包括常温库和冷风库，冷藏、冷冻库。容易腐败变质或有特别要求的产品应采用相应的冷藏措施，并以冷链方式储存和运输。

(4) 包装材料库指用于存放内包装和外包装材料。包括各种软包装材料、硬包装材料和包装辅助材料等。

(5) 特殊要求的仓库是指设有保温、保湿或气体调节装置，如恒温恒湿库、气调库，专门用来储存对环境要求严格的物品的仓库，如贮存小包装冷鲜肉的气调仓库。

(6) 五金仓库是存放各种易耗（损）机器零部件，加工用的各种工器具，各种钢材、管材、有色金属等工厂生产所需五金材料、工器具等的仓库。

(7) 危险品仓库是指专门贮藏生产过程使用的易燃、易爆材料或有毒化学物等危险品的仓库。根据不同危险品的性能、特征，要求有不同的仓库建筑、设备和技术管理规程。一般要求仓库坚固、低温、不导热、阴凉、干燥、通风，避免受到剧烈震动，且要远离生产人员密集区。在装卸、搬运、堆垛、保管、养护过程中，须严格执行安全管理措施和操作规程，以确保安全。

2. 按仓库的建筑类型分类

(1) 平房仓库又称“平库”，指一般为砖木结构的平房式仓库。其结构简单，建筑费用低，人工操作简便。

(2) 楼房仓库又称“楼库”，指三层或三层以上的楼房或仓库。这样的仓库可以减少占地面积，进出库作业采用机械化或半机械化，在我国这种仓库使用较多。

(3) 高层货架仓库是指以高层货架为储存物资方式的仓库，占地面积少。其在作业方面便于使用计算机控制，实行机械化和自动化操作。

(4) 简易仓库是指临时用一些固定的或活动的简易仓棚、帆布等防雨、防晒材料覆盖。其构造简单、造价低廉、使用极其方便，一般在仓库不足而又不能及时建库的情况下使用。

二、仓储设计

1. 仓库容量确定

(1) 食品生产企业的仓库所占的面积在全厂建筑面积中占有很大比例。不同种类和不同规模的食品生产企业，其仓库容量也不同。不同种类的食品厂，不同类别仓库的面积所占比例也不同。肉制品加工原料库(冷藏库)相对来说要比成品库大一些。

(2) 许多食品原料的存放时间与存放条件有很大的关系，因此在选择仓库容量时更需对贮藏方式的成本与贮藏期等进行比较选择，如综合考虑经济效益。在确定成品存放时间时，除了要考虑成品本身的贮藏特性和维持贮藏条件所需要的费用外，还应考虑成品的销售情况，应按销售淡季，也就是成品积压最多的容许时间(在货架期内)来计算。成品仓库的大小则决定于产品的日产量、是否需保温检查要求及周转期。一般按高峰期为 30～40 d 或全年产量的 25%计。

(3) 原辅材料、包装材料仓库的大小，决定于各种原辅材料的日需要量和生产储备要求的天数，还要考虑每年的进货次数，以准确安排。一般肉、禽、水产品以 15～30 d 计算需用量。包装材料库的容量则取决于包装材料的提供方式。包装袋、包装盒为外协作，如能近距离供货，可考虑 5～7 d 的储备量；如属远距离供货，则需考虑 10～15 d 的储备量。

(4) 食品生产企业是物料流量较高的企业，有原辅材料、包装材料和成品这三种物料，而这些物料在企业的停留时间以星期或月为单位计算。因此，食品生产企业的仓库在建筑面积中占有较大的比例。作为工艺设计人员，对仓库问题要有足够的重视，如果考虑不当，生产企业建成投产后再找地方扩建仓库，就很可能造成总体布局紊乱，以至流程交叉或颠倒。一些老企业之所以布局较乱，问题就出在仓库与生产车间的关系处理不好，所以在设计新厂时，务必对仓库问题给予全面考虑。在食品生产企业设计中，仓库容量和在总平面中的位置一般由工艺人员考虑，然后提供给土建专业。

(5) 单位库房面积储放的物料量系指物料的净重，没有计包装材料质量。同样的物料，同样的净重，因其包装形式不同，占的空间亦随之不同。即使同样是箱装，箱子的形状和充满度也有关系，所以，在计算时，要根据实际情况而定。

其次，货物的堆放高度与楼板承重能力及堆放方法有关，楼板承重能力也给货物堆放的高度以相应的限制。在确定楼板负荷时，决不能只算物料的净重，而应按毛重计。在楼板承重能力许可情况下，机械堆装要比人工堆装装得更高。如铲车托盘，可使物料堆高至 3.0～3.5 m，人工则只能堆到 2.0～2.5 m 的高度。

总之，单位库房面积可堆放的物料净重决定于物料的包装方式、堆放方法以及楼板的承重能力，最好不要依靠纯理论计算，需要依靠实测数据。

(6) 为提高机械化程度，使用铲车、托盘堆放时，需考虑附加荷载。库房的地坪或楼面荷载为 1.5 t/m^2，如库房没有铲车操作，则地坪或楼面荷载取 0.7 t/m^2。

2. 仓库面积确定

仓库的大小和物料的堆放形式、包装规格和货物的性质有关。通过工艺设计的物料衡算，根据单位产品消耗量，即可计算出仓库面积。

各类仓库的容量可用下式确定：

$$V = Gt \tag{6-1}$$

式中：V—— 仓库容量，t；

G—— 单位时间(日或月)的物料量，t/d；

t—— 存放时间(日或月)。

食品生产企业的生产并不均衡，单位时间物料量 G 的计算一般以旺季为基准，可通过物料平衡的计算求取。存放时间 t 则需根据具体情况选择确定。食品原料多来源初级加工产品，季节性强或需经远途运输，进厂量较集中，要求原料仓库有较大的容量。具体的容量要求需根据原料本身的贮藏特性和维持贮藏条件所需要的费用，以及是否采取增大班产规模、集中处理等方法，做出经济分析和合理选择。

仓库的建筑面积可按下式计算：

$$S = \frac{V}{dK} \tag{6-2}$$

式中：S—— 仓库面积，m^2；

d—— 单位面积堆放量，t/m^2；

K—— 面积有效利用系数，K 取 0.65 ~ 0.70。

3. 仓库的位置及库内设计

(1) 仓库在总平面中的位置要经过仔细考虑。生产车间是全厂的核心，仓库的位置只能是紧紧围绕这个核心合理安排。作为生产的主体流程，包装材料库及成品仓库也属于总体流程的有机部分。工艺设计人员在考虑工艺布局的合理性和流畅性时，不能只考虑生产车间内部，应把着眼点扩大到全厂总体上来。如果只求局部合理，而在总体上不合理，所造成的矛盾或增加运输的往返，或影响到厂容，或阻碍了工厂的远期发展。因此，在进行工艺布局时，一定要通盘全局考虑。但在实地进行工厂设计时，往往还必须按具体情况对待。

(2) 食品生产企业的仓库在整个生产中起着重要作用，且仓库在全部建筑面积中占了相当大的比重，因此其在企业总平面布置中的位置需要周密考虑。在设计食品生产仓库时，需要考虑以下一些原则：建库位置、规模、仓库设备条件的选择，要有利于企业的生产和经营管理；确保仓库中各种设施的合理、有效利用，不断提高仓库的经济效益；便于物流管理，确保厂区物流畅通。

第一，根据食品企业供应、生产和销售上的地理分布情况，正确地选择仓库位置，使储存物以最快的速度、最低的费用，来完成从供到产或由产到销的转移。无论是企业的原材料供应仓库或成品销售仓库，都要一方面考虑设置在与生产车间尽可能靠近且运输方便的位置上，另一方面选择在尽可能靠近外部运输枢纽的位置上。即对内、对外运输条件及运输距离是选择仓库地址的首要问题。上述两因素应综合考虑，选择出最佳位置。例如，包装材料从异地送至工厂，包材库应设置在道路交通一侧，并考虑运输包装材料的卸货问题，宜将包材库设在发货站台附近，利用发货台卸货。包材二库存放短期周转使用包装材料，是二级库，宜设置在包装间的附近，从包材库到包材二库的物流转运路线应简洁、顺畅。

第二，在选择企业仓库位置时，除要考虑上述因素外，还应充分注意仓库周围的环境是否存在对储存物资可能造成危害的污染源；仓库应与周围的建筑物保持一定的距离，防止各种潜在的危险。尤其是易燃、易爆化学品仓库，应设于人员较少到之处，并远离生产车间。食品生产企业仓库的位置及设计，既要考虑储存物资的安全，又要确保所储物资对工厂及周围环境安全和卫生的影响。

(3) 仓库内部合理布局就是指仓库内部各储存物品或储存小区之间的合理安排。具体要求有：

第一，要根据仓库作业的程序，使货物在出入仓库时按直线或直接流动，避免逆向操作和低效运作，便于仓库作业，提高作业效率。要尽可能减少储存物资及仓储人员的运动距离，提高仓储劳动效率，节约仓储费用。

第二，利于仓库作业时间的有效利用，避免各种重复无效的工作及时间上的延误，各个作业环节要有机衔接，尽量减少人员、设备的窝工，防止物资堵塞。

第三，采用高效的存储计划，充分利用仓库面积和建筑物的空间。在物料搬运设备大小、类型、转弯半径的限制下，尽量减少过道所占的空间。另外，还应考虑到产品所造成的一些限制条件。杜绝仓库面积和建筑物空间上的浪费，才能提高仓库的有用性及仓库经营中的经济效益。利用高度的成本只相当于建造水平方向等容量存储空间费用的1/5。

第四，采用高效的物料搬运设备及操作流程，利于各种仓库的设施、储运机具效用的充分发挥，提高设备效用和劳动效率。要有利于包括仓储物资、仓储人员和仓储设施、仓储机具在内的整个仓储的安全，要符合“三防”的要求。钢筋混凝土结构的耐火等级属一级、二级，砖木结构属三级。根据有关规定，普通仓库的单层库房不应低于三级，多层库房不应低于二级；冷库在三层以上不应低于三级，四层以上不应低于二级。

另外，设计仓库时还必须为过道以及诸如电梯等设施留出所需的空间。一般来说，仓库总空间的1/3通常无存储功能。有些大型的仓库可以通过计算机模拟来对这些空间进行排布。

4. 仓库对土建的要求

仓库地坪要结实、坚硬、耐磨，按地面荷载一般要求为1.5～2 t/m^2，以便铲车操作。如以货架形式堆放，则计算总单位面积堆放量后，再进行荷载计算。

(1) 原辅料库对土建的要求

常温原辅料库一般以单层为好，跨度可选15 m、18 m、21 m、24 m，最大可做成36 m，柱距6 m，层高可选4.5 m、4.8 m、5.4 m、6.0 m；地坪采用高标号混凝土地面，门窗为钢门窗或塑钢门窗，采用钢筋混凝土结构或轻钢结构的结构形式。

小包装生鲜肉、小包装生鲜调味肉采用冷藏库或气调库。肉、禽、水产原料采用低温冷藏库冻藏。温度为－18～－15℃，相对湿度为95％～100％，库内采用排管制冷，避免使用冷风机，以防物料干缩。冷库货物若堆垛放置，则应放置在有垫木垫起的格栅或托盘内，格栅或托盘底面距地板的高度不少于8 cm，货堆离墙壁和设备的距离不少于30 cm，货堆之间要留有工作通道。进入冷库工作的人员应更衣(可穿棉大衣)，并在鞋上穿鞋套或换成长筒雨靴。冷库应建有清洗设施，便于对用具、运输工具、容器及地面、墙壁的清洗消毒。

仓库管理人员进入原材料库时，应进行更衣，以减少污染。因此，在设计库房时应设置适当的更衣间。

(2) 成品库对土建的要求

成品库可建单层或多层。单层层高:人工堆垛 4.8 m、5.4 m,托盘堆垛 6～7 m。多层一般为 3～4 层,层高 5.4～6.0 m,柱距 6.0 m,跨度 9.0 m,12 m 或 6.0 m×6.0 m 柱网;地坪采用高标号混凝土地面,门窗为钢门窗或塑钢门窗,结构形式采用现浇钢筋混凝土框架结构,楼面荷载 1.5 t 或 2 t。

(3) 包装材料库对土建的要求。包装材料及空罐仓库要求防潮、去湿、避晒,窗户宜小不宜大。其地坪为高标号混凝土地面。

物料搬运作业是仓库的主要作业,是劳动力密集型作业。物料搬运设计方面的一些基本准则如下:搬运设备尽量标准化,搬运系统应被设计成在作业时也能提供最大的商品流,应尽量投资于搬运设备,而不是存储设备,选取使用范围广的搬运设备,选取搬运设备时,使设备自重与有效载荷之比最小。

第三节　运输和搬运

食品生产企业的运输方式牵涉全厂总平面布置、建筑物的结构形式、工艺布置、劳动生产率、生产机械化与自动化。食品生产企业的运输方式可分为厂外运输、厂内运输、车间内运输及仓库内运输三类。

一、厂内、厂外运输

1. 厂外运输

货物运输的运行方式有铁路、公路、水路、航空和管道运输五种,相应的运输工具就包括车、船、飞机、管道等。厂外运输方式常受制于工厂的地理位置及工厂设计。

大多数食品生产企业,进出货物大都通过水路或公路,运输的工具主要是船和汽车。水路运输可利用自然条件,投资少、费用省、运价较低,主要承担大宗货物的运输,但运输时间较长。工厂若采用水运,只需配备装卸机械。公路运输的特点是灵活机动,对于鲜、活易腐的水果、蔬菜、鲜鱼和肉等,公路运输具有很大的优越性。针对物料的特性和要求,一般采用载重汽车;对冷冻物品则需冷藏车;液体物料,如鲜奶、啤酒等则用专用的运输车辆——槽车。有些食品厂也采用铁路运输。而集装箱式运输在现代产品物流中发挥越来越重要的作用。

需要指出的是,在原辅材料、成品运输的过程中,运输工具必须清洁卫生,不会造成交叉污染或产生其他危害。要根据产品特点配备防雨、防尘、冷藏、保温等设施。冷藏车应当清洁、无异味;应经常测试运输工具内的温度、湿度等参数,定期消毒和清洗,以免影响产品质量。

2. 厂内运输

厂内运输指的是厂区内车间外的运输。厂区内道路弯道多且窄小,运输设备有时要进出车间,因此要求运输设备轻巧、灵活、装卸方便,如各种叉车、手推车等。应当根据产品特点配备防雨、防尘设施。储存在筒仓内的散装物料,可以采取带式输送机、风力输送及密闭管道输送等形式进行输送,这样可以实现连续化、简便化。

食品生产企业内道路设计应确保物流运输畅通,并应防止运输污染,必要时安排不同门口进出。通常厂内应采用环形道路，应使消防车能到达各车间。道路的宽度应能满足货物的吞吐要求。原料接收站前的道路由于经常冲洗，要求路面光洁、排水通畅；并要求有适当的场地停放车辆。

二、车间运输的流线设计

(1) 在机械化系统中，搬运人员和搬运设备结合在一起，方便货物入库、存库和出库作业。常用的设备有叉车、步行码垛车、拖缆、牵引车挂车、输送机以及回转货架等。机械化搬运系统是最普遍被使用的系统，但使用机械化搬运的人工成本占总成本的比重较高。车间内的传送带、运输车等应当用无毒、耐腐蚀、不生锈、易清洗消毒和坚固的材料制作而成。水平运输最常用的是带式输送机，根据输送物料性质及清洁要求，可采用胶带、尼龙编织带、不锈钢带、塑料链板、不锈钢链板等输送带。另外，也可采用螺旋输送机、滚筒输送机等。起重设备车间内常用的起重设备有电动葫芦、手动葫芦、手动或电动单梁起重机等。车间及仓库内物料搬运系统可分为机械化系统、半自动化系统、自动化系统和人工搬运系统。车间运输与生产流程融为一体，工艺性很强，因此车间运输的设计也可属于车间工艺设计的一部分。

(2) 半自动化系统是使用一些专门的自动化搬运设备对机械化系统进行补充的搬运系统。使用的典型设备有自动化引导的搬运车(即无人搬运车)、计算机分拣设备、机器人以及不同形式的活动货架等。

(3) 自动化系统主要是指高层仓库的自动化存取技术(AS/RS)，一般可以满足基本的搬运需要。此类搬运系统最大限度地减少了员工数量，提高了效率。

(4) 物料搬运作业是仓库的主要作业之一，是一种劳动力密集型作业。物料搬运设计方面的一些基本准则如下：搬运设备应尽量标准化，搬运系统应被设计成在作业时也能连续提供最大的商品流，尽量投资于搬运设备，而不是存储设备。选取使用范围广的搬运设备，选取搬运设备时，使设备自重与有效载荷之比最小，系统设计应考虑重力流。为了确保食品的卫生质量，运输和搬运作业中不得与有毒有害物品混装、混运，作业终了，搬运人员应撤离工作地，防止污染食品。

(5) 食品生产企业生产车间根据洁净度要求不同分为不同的区域。不同洁净度要求的车间之间物料的运输需通过传递窗或传递通道，运货小车不可进入。

第七章 建筑构造

第一节 地面的设计与施工

地面的设计讨论砼垫层,地面砼垫层的设计包括查表和计算两种方法。地面砼垫层和基土的施工着重在施工工艺和施工质量控制方面。

一、地面的组成

建筑地面与公路路面、机场道面同属弹性地基上的板体结构,但各个部分的名称术语不尽相同,就建筑地面而言如表 7-1 所示。地面的基本构造层一般为面层、垫层和基层,楼层地面的基本构造层一般为面层和楼板。当上述基本构造层不能满足使用和构造要求时,应增设结合层、隔离层、填充层、找平层等附加构造层。

表 7-1 地面各构造层的含义

术 语	含 义
面 层	直接承受各种物理和化学作用的表面层
结合层	面层与下一构造层之间的连接层
找平层	在垫层或楼板上起抹平、找坡或加强作用的构造层
隔离层	防止地面上各种液体或地下水、潮气透过地面的构造层
防潮层	仅用来防止地下潮气透过地面的构造层
填充层	在钢筋砼楼板上起隔声、保温、找坡或软土地基表面加固处理层
垫 层	承受并传递上部荷载于地基上的构造层
地 基	垫层下的基土,包括地基加强层或软土地基表面加固处理层
缩 缝	防止砼层在气温降低时产生不规则裂缝而设置的收缩缝
伸 缝	防止砼垫层在气温升高时在缩缝边缘产生挤碎或拱起而设置的伸胀缝
纵向缩缝	平行于施工方向的缩缝
横向缩缝	垂直于施工方向的缩缝
水泥类面层	系水泥砼、水泥砂浆、水磨石等面层的统称

1. 普通型耐磨地面

普通型耐磨地面有石英砂浆面层、铁屑砂浆面层、钢纤维砼和聚合物砂浆面层及树脂类涂料面层等。耐磨树脂类地面涂料被广泛用于工业与民用建筑各种场所,最常见的有聚氨酯类地面涂料、聚酯树脂类地面涂料和环氧树脂地面涂料等。

保丽耐磨地板的材料组成分为环氧、碳化剂及微粒石英砂骨料等。按不同的用途对其进行改性、着色，生产各个层次的材料，用于打底层、填充料、防水膜、面层、面涂料、面漆料等，有十余个品种。用高品质的材料及高水准的施工技术，铺设在用机械方法平整清理过的砼基层上，可用在要求不同的工业及公共场所。

2. 高强型耐磨地面

高强型耐磨地面选用硬质骨料，如金属骨料、人工高温烧结矿物和硬质天然矿物等。提高水泥石强度的同时改善水泥与骨料的黏结力，通过砼外加剂、多品种级配和整体配合比、特定施工工艺等技术方法达到高强、耐磨、抗渗、抗冲击、不易起尘的目的，可广泛用于各类工业厂房、仓库、停车场及隧道、码头等地面及修复工程。

中国工程建设国家标准规范重点科研项目研究所推广应用耐磨砼地面采用 HS 系列耐磨面料铺设在新拌砼面层上的复合整体层面。铁道部研究院金化所研制的砼(砂浆)用 NFJ 型高耐磨防锈金属骨料，采用普通硅酸盐水泥配制面料，用于建筑工程中要求耐磨耐冲击的砼面层，广泛适用于生产车间、车库、机房、仓库等地面。

3. 国外耐磨地面使用情况

德国使用水泥基涂层用硬质耐磨骨料，基层砼到达初凝后终凝前时，撒上面材，用泥刀抹平。由于采用连续施工工艺，硬化后的面材与基层连成一片，形成坚固的地面。前苏联使用表面强化整体砼地面，强化层材料是金属粉(可以是铁屑、铁砂、铁鳞等材料来代替金属粉)、水泥和辅料的混合物。强化的方法是把金属粉与水泥的混合物机械涂擦于新敷设的砼表面，形成表面强化的整体砼地面。

美国克莱斯勒公司汽车厂发动机车间地坪，地坪材料为钢筋砼，厚度 6″～8″。钢筋有双层及单层两种，钢筋距离 200～300 mm，直径 8～10 mm。地面表面通道部分为聚氨基甲酸乙酯、环氧树脂、乙烯、丙烯树脂或面层为铁屑砼，非通道部分用涂料或面层为铁屑砼或素砼。大设备及精密磨床均有独立基础。

意大利菲亚特公司冷加工车间地坪，地坪的做法是 300 mm 卵石垫层细砂找平，上面打 150 mm 厚砼，面层是 30 mm 厚的铁屑砼；在 150 mm 的砼下层铺设钢筋网，网格 100 mm×100 mm、钢筋直径 8 mm(一般机床不设单独基础)。

二、地面设计

1. 垫层设计

地面的垫层是承受并传递地面上的荷载到地基的构造层。砼垫层兼面层的做法是在满足生产特征和使用要求的条件下的一种简化形式。对于楼层地面，钢筋混凝土楼板结构层便是一种特定的地面构造类型。面层、垫层等的厚度用计算或按经验数据确定。

(1) 地面的垫层可分以下两类：一类是刚性垫层，底层地面的垫层常用砼或配筋砼，构筑成弹性地基上的刚性板体，而楼面即是钢筋砼楼板结构层。另一类是柔性垫层，由碎石、炉渣或灰土等直接在素土夯实地基上铺筑而成。

(2) 砼垫层厚度遵循等厚设计的原则，即在正方形、矩形或正多边形分仓范围内的垫层的厚度尺寸应相等。砼垫层(含垫层兼面层)应选用强度等级较高的砼，这比采用低等级而增加厚度较为经济合理。对具有强度等级较高或很高的面层(如抗压强度大于 60 MPa 的高强耐磨水泥类砼层面)而言,垫层的砼强度等级亦应相应提高档次。垫层兼面层的砼强度等级宜提高到 C20,一般不要低于 C15。

(3) 砼垫层的设计应合理确定垫层厚度,砼垫层厚度的确定有两种方法:一是查表法,二是计算法。查表法是根据地面荷载、砼强度等级和压实填土地基变形模量以及结合当地经验,作出与使用要求相适应的、经济合理的垫层厚度,见表 7-2。表列数值仅适用于缩缝为平头缝构造的边界条件下的砼垫层厚度,不同边界条件下经折减修正后确定。

表 7-2　砼垫层厚度选择表

<table>
<tr><th colspan="2" rowspan="3">荷载类型</th><th rowspan="3">砼强度等级</th><th colspan="3">砼垫层厚度(mm)</th></tr>
<tr><th colspan="3">压实填土地基的变形模量 E_0(N/mm²)</th></tr>
<tr><th>8</th><th>20</th><th>40</th></tr>
<tr><td rowspan="3">大面积密集堆料(kN/m²)</td><td>20</td><td>C10
C15</td><td>70
60</td><td>60
60</td><td>60
60</td></tr>
<tr><td>30</td><td>C10
C15
C20</td><td>100
90
80</td><td>80
70
60</td><td>70
60
60</td></tr>
<tr><td>50</td><td>C10
C15
C20</td><td>160
140
120</td><td>130
110
100</td><td>110
100
90</td></tr>
<tr><td rowspan="6">普通金属切削机床</td><td>卧式车床 CW6163、转塔六角车床 CQ31125、铲齿车床 CB8925、半自动车床 C7625、仿形车床 C7125</td><td rowspan="2">C10</td><td rowspan="2">160</td><td rowspan="2">140</td><td rowspan="2">120</td></tr>
<tr><td>摇臂钻床 Z35、立式钻床 Z575、卧式内拉床 L6110</td></tr>
<tr><td>外圆磨床 M131W、内圆磨床 M250A、平面磨床 M7132H、无心磨床 M1080B、曲轴磨床 MQ8260</td><td rowspan="2">C15</td><td rowspan="2">150</td><td rowspan="2">130</td><td rowspan="2">120</td></tr>
<tr><td>滚齿机 Y38、刨齿机 Y236、插齿机 Y75150、剃齿机 Y4245</td></tr>
<tr><td>立式铣床 X5032、卧式铣床 XA6140A、卧式镗床 TAX61T</td><td rowspan="2">C20</td><td rowspan="2">140</td><td rowspan="2">120</td><td rowspan="2">120</td></tr>
<tr><td>牛头刨床 BC6063B、插床 B5032</td></tr>
<tr><td rowspan="4">无轨运输车辆</td><td>2 t 电瓶车、1 t 叉式装卸车、2.5 t 载重汽车</td><td>C10
C15</td><td>90
80</td><td>80
70</td><td>70
60</td></tr>
<tr><td>4 t 载重汽车、2 t 叉式装卸车</td><td>C10
C15
C20</td><td>130
120
100</td><td>120
110
90</td><td>110
100
80</td></tr>
<tr><td>3 t 叉式装卸车</td><td>C10
C15
C20</td><td>140
130
110</td><td>130
120
100</td><td>120
110
90</td></tr>
<tr><td>8 t 载重汽车、5 t 叉式装卸汽车、12 t 三轴载重汽车</td><td>C10
C15
C20</td><td>160
150
140</td><td>150
140
130</td><td>140
130
120</td></tr>
</table>

续表 7-2

荷载类型		砼强度等级	砼垫层厚度(mm)		
			压实填土地基的变形模量 E_o(N/mm²)		
			8	20	40
吊车起重量(t)	≤1	C10 C15	80 70	70 60	60 60
	3	C10 C15 C20	100 90 80	90 80 70	80 70 60
	5	C10 C15 C20	120 110 100	110 100 90	100 90 90
	10—15	C10 C15 C20	140—160 130—150 120—140	130—150 120—140 110—130	120—140 110—130 100—120

(4) 计算法是在荷载条件和地基状况十分明晰的前提下,以规定的计算方法进行计算确定。从严格意义上说,这类计算方法仍属于半理论半经验性质。因此,设计时要从实际出发,以严谨的科学态度,合理确定地面的砼垫层厚度。现摘录《建筑地面设计规范》砼垫层厚度计算资料如下。

第一,缩缝为平头缝构造的砼垫层,单个圆形荷载作用下按承载能力极限状态设计时的厚度,按下式计算:

$$h = \sqrt{\frac{\gamma_o k_c S}{14.24(\beta \cdot r_j + 0.36) f_t}} \tag{7-1}$$

式中: h—— 垫层厚度,mm;

S—— 荷载基本组合的设计值,N;

γ_o—— 重要性系数,参考有关资料;

k_c—— 荷位系数,$k_c = 2.0$;

r_j—— 圆形或当量圆形荷载计算半径,mm;

f_t—— 砼抗拉强度设计值,N/mm²;

β—— 综合刚度系数,1/mm,参考有关资料。

第二,缩缝为平头缝构造的砼垫层厚度作板中抗裂度验算时,可按下式计算:

$$h_f = \sqrt{\frac{\gamma_o k_c S_s}{4.04\left(\frac{r_j}{L} + 0.82\right) f_t}} \tag{7-2}$$

式中: h_f—— 砼垫层满足抗裂度要求的最小厚度,mm;

S_s—— 荷载短期组合的设计值,N;

f_t—— 砼抗拉强度设计值,参考有关资料;

L—— 砼垫层相对刚度半径,mm;

k_c—— 荷位系数,$k_c = 1.0$。

【例】 地面上存放最大加工件额定重量为 14 t，部件长 3.5 m，重量由两个矩形支承面平均分担，支承面中心距离为 2.8 m。基土为湿度正常的粉土。面层采用 30 mm 厚的细石砼，可与垫层起共同作用，缩缝为平头缝构造，求砼垫层厚度。

解：第一，计算单个当量圆形荷载：

$$Q_{k1} = Q_{k2} = \frac{1}{2} \times 14 \times 10^4 = 7 \times 10^4\ \text{N}$$

$G_k = 0$（垫层自重忽略不计），$\gamma_Q = 1.4$，$C_G = C_Q = 1.0$，$\phi_C = 1.1$。

荷载组合设计值为

$$S_1 = S_2 = \gamma_{Qi} C_{Qi} \phi_{Ci} Q_{ki} = 1.4 \times 1.0 \times 1.1 \times 7 \times 10^4 = 10.78 \times 10^4\ \text{N}。$$

圆形荷载当量圆半径为

$$r_{j1} = r_1 = 0.564\sqrt{A} = 0.564\sqrt{300 \times 400} = 195.4\ \text{mm}$$

$$r_{j2} = r_2 = 0.564\sqrt{400 \times 500} = 252.2\ \text{mm}$$

选用砼为 C20，即 $f_t = 1.10\ \text{N/mm}^2$，$E_c = 2.55 \times 10^4\ \text{N/mm}^2$，湿度正常的粉土，由表查得：$E_o = 22\ \text{N/mm}^2$。

第二，临界荷位区按承载能力极限状态计算垫层厚度。按临界荷位分别计算：取 $\gamma_o = 1.0$，$k_c = 2.0$，$\beta = 1.91 \times 10^{-3}$/mm，由式(7-1)得：

$$h_1 = \sqrt{\frac{\gamma_o k_c S_1}{14.24(\beta r_j + 0.36 f_t)}}$$

$$= \sqrt{\frac{1.0 \times 2.0 \times 10.78 \times 10^4}{14.24 \times (1.91 \times 10^{-3} \times 195.4 + 0.36) \times 1.10}} = 137\ \text{mm}$$

$$h_2 = \sqrt{\frac{1.0 \times 2.0 \times 10.78 \times 10^4}{14.24 \times (1.91 \times 10^{-3} \times 252.2 + 0.36) \times 1.10}} = 128\ \text{mm}$$

确定临界荷位区，砼垫层的相对刚度半径 L 为

$$L = 0.33h\sqrt[3]{\frac{E_c}{E_o}} = 0.33 \times 137\sqrt[3]{\frac{2.55 \times 10^4}{22}} = 474.9\ \text{mm}$$

地面荷载作用下弯矩影响最大的有效距离为

$$R_{o\max} = 195.4 + 4.5 \times 474.9 = 2\,332 < R_{12}$$

即第二个荷载不在临界荷位区内，由上面计算可知 $h_1 > h_2$，暂定板厚为 h_1，且 S_1 为最不利荷载。

第三，正常使用极限状态抗裂度验算。荷载短期组合设计值 S_s 为

$$S_s = C_{Qi} \phi_{Ci} Q_{ki} = 1.0 \times 1.1 \times 7.0 \times 10^4 = 7.7 \times 10^4\ \text{N}$$

代入式(7-2)得：

$$h_f=\sqrt{\frac{\gamma_0 k_c S_s}{4.04\left(\frac{r_j}{L}+0.82\right)f_t}}=\sqrt{\frac{1.0\times 1.0\times 7.7\times 10^4}{4.04\times\left(\frac{195.4}{474.9}+0.82\right)\times 1.10}}=119\ \text{mm}<h_1$$

抗裂度验算满足要求。本例 $r_j/L=0.411<0.8$，且地基强度适中，故也可免于验算。

第四，计算组合等效荷载作用。考虑两相邻荷载之间影响：已知 $R_{12}=2\,880\ \text{mm}$，S_1 是按最不利荷载选定的计算中心。荷位区半径：$R_{o\max}<R_{12}$。由此可见 S_2 在板中荷位区内，且满足 $2r_j\leqslant R_{12}\leqslant 2R_{o\max}$，故计算 S_2 的等效荷载和荷载影响角为

S_2 的等效荷载 S_{12}：

$$S_{12}=S_1\left(\frac{h_2}{h_1}\right)^2=10.78\times 10^4\times\left(\frac{128}{137}\right)^2=9.41\times 10^4\ \text{N}$$

荷载影响角为

$$\alpha_{1,2}=\arccos\frac{R_{12}}{2R_{o\max}}\arccos\frac{2\,800}{2\times 2\,332}=53.09^\circ=0.926\,5(\text{弧度})$$

换算到计算中心的组合等效荷载：

$$S_{1s}=S_1\left[1+\frac{2}{\pi}(\alpha_{1,2}-\sin\alpha_{1,2}\cos\alpha_{1,2})\times\frac{S_{12}}{S_1}\right]$$

$$=10.78\times 10^4\left[1+\frac{2}{\pi}(0.926\,5-0.799\,6\times 0.600\,6)\times\frac{9.41}{10.78}\right]$$

$$=10.78\times 10^4[1+0.248\,0]=13.45\times 10^4\ \text{N}$$

第五，根据组合等效荷载 S_{1s} 计算所需垫层厚度。临界荷位区按承载能力极限状态计算：

$$h_s=\sqrt{\frac{1.0\times 2.0\times 13.45\times 10^4}{14.24\times(1.91\times 10^{-3}\times 195.4+0.36)\times 1.10}}=153\ \text{mm}$$

板中荷位区作抗裂度验算：$h'_s=145\ \text{mm}$。抗冲切验算：

$$\frac{r_j}{L}=\frac{195.4}{474.9}=0.411>0.2\text{，不需要验算。}$$

计算结果，由 h_1、h_f、h_s，h'_s 中可取 30 mm 厚细石砼面层，130 mm 厚 C20 级砼垫层，可起共同作用，则总厚度为 160 mm。

2. 基土

地面垫层应铺设在均匀密实的基土上，填土必须分层夯实，经分层压实的填土称为压实填土。

(1) 利用压实填土做地基的地面工程。在平整场地前，根据地面构造、荷载状况、填料性能、现场条件提出压实填土的质量要求。未经检验查明的以及不符合质量要求的填土，不能作为地面的地基。重要工程或工程量较大时，尚应采用触探配合检验。压实填土的压实系数 λ_c 不应小于 0.90，控制含水量 W_0(%)是

$$W_0=W_{OP}\pm 3$$

式中：W_{OP}—— 土的最优含水量，%；粉土可取 14 ~ 18。

(2) 填土的土料名称及质量要求见表7-3。压实机具与压实遍数，在压实系数现场试验无条件时，可参照表7-4规定选用。压实系数为土的控制干密度与最大干密度的比值。土的最大干密度宜采用击实试验确定，或按现行国家标准《建筑地基基础设计规范》有关规定确定，土的控制干密度可按当地经验确定。

表7-3　填土地基的土料名称及其质量要求

名称	质量要求	注意事项
素土	① 应选用沙土、粉土、黏性土及其他有效垫料，不得使用过湿土、淤泥、腐蚀土、冻土、膨胀土及有机质含量大于8%的土； ② 软土地区的素土应由土夹少量碎石组成的土	① 土料中含有碎石时，其粒径不宜大于50 mm，用大型机械夯压时不宜大于100 mm； ② 湿陷性黄土地基的素土中不得夹有砖、瓦和石块
砂石	① 砂石应具有良好的级配； ② 粉细沙中应掺加碎(卵)石，使其颗粒不均匀系数不小于5，并拌和均匀	① 砂石中不含植物残体、垃圾等杂质； ② 具有排水要求的砂垫层，宜控制含泥量不大于3%； ③ 应注意改善粉细沙的级配状况
灰土	① 灰土的体积比宜为2∶8或3∶7； ② 土料宜用黏性土及塑性指数大于4的粉土，不得含有松软杂质； ③ 石灰应采用新鲜石灰并符合3级以上标准，其颗粒不大于5 mm	① 土料应过筛，其颗粒不得大于15 mm； ② 石灰应消解3～4 d，并筛除生石灰块，贮存期不超过3个月； ③ 通常灰土的最佳含灰率为CaO+MgO约达总量的8%
矿渣	工业废渣应是质地坚硬、性能稳定和无浸蚀性，其最大的粒径及级配宜通过试验确定	① 高炉矿渣和铜矿渣是很好的换填材料； ② 钢渣具有膨胀性及不稳定性，使用前必须经过结构稳定性试验，掌握其性能，并满足设计要求后方可使用； ③ 发电厂排放的粉煤灰在掺加了一定量的石灰或碎石等材料并经试验确定其加固效果后也可作为换填材料

表7-4　压实机具、每层铺土厚和压实遍数

压实机具	每层铺土厚(mm)	每层压实遍数
平辗(8～12 t)	200～300	6～8
羊足辗(5～16 t)	200～350	8～16
蛙式打夯机(200 kg)	200～250	3～4
振动辗(8～15 t)	600～1 300	6～8
振动压实机(2 t,振动力98 kN)	1 200～1 500	10
插入式振动器	200～500	—
平板式振动器	150～250	—
人工打夯	不大于200	3～4

3. 地面构造

(1) 建筑物的底层地面标高，一般需高出室外地面，民用建筑宜取300～600 mm，工业建筑宜取150 mm。如生产使用要求或建筑物预期较大沉降量等其他原因，可适当调整室内外高差。

(2) 当生产和使用要求面层不允许开裂时，需在砼垫层顶面下20 mm处配置直径为4～6 mm、间距为100～200 mm的钢筋网。正确掌握地面变形缝的设置位置、构造特点及选择适用的填缝材料。底层地面砼垫层的施工缝或构造缝，应根据承受并传递上部荷载大小、作用方式、地基状况及施工环境，进行合理配置。

(3) 排水地面应有坡度，并对地沟、地漏、踢脚板、防滑、挡水等细部结构作出全面考虑。对楼面孔洞四周、平台边缘、有强烈磨损或冲击等作用的沟坑边缘以及台阶、踏步边缘等部位，需采取必要的加强措施。地面构造做法要为地面装修装饰工程创造便利条件。

三、地面施工

1. 基土施工

基土系室内底层地面工程和室外散水、明沟、踏步、台阶和坡道等附属工程中垫层下的土层，是承受由整个地面传来荷载的地基结构层，虽不同于地基基础，但仍然关系到地面工程的质量。由于基土层不均匀密实，或因回填土质量达不到要求，将会直接影响地面工程和室外附属工程的质量，甚至会因不均匀沉陷而引起地面面层断裂破坏，严重的影响正常使用。

(1) 基土组成材料与质量要求

第一，原状土：按设计标高开挖后的原状土层，如为碎石类土、沙土或黏性土中的老黏土和一般黏性土等，均可作为基土层。

第二，软弱土质：对于淤泥、淤泥质土和杂填土、冲填土以及其他高压缩性土层均属软弱地基。由于软弱土质具有抗剪强度低、压缩性高、均匀性差和渗透性小的特点，如在上面直接铺设垫层、面层时其特征是沉降大、不均匀沉降大、沉降速度快和沉降延续时间长。因此，GMP 食品安全生产规范规定上述软土质施工时，按设计要求进行处理，根据不同情况可采取换土、机械夯实或加固等措施，认真做好基层处理工作，以保证地面工程的质量。

第三，填土：填土的质量应符合《土方与爆破工程施工及验收规范》的有关规定。对淤泥、腐殖土、冻土、耕植土和有机物含量大于 8%的土，均不得用作地面下的填土土料，应选用沙土、粉土、黏性土及其他有效填料。对于膨胀土需经过技术处理方可作为填土。土料中的土块粒径不应大于 50 mm，并应清除土中的草皮杂物等。

(2) 基土施工

第一，基土层必须是均匀密实的土层。当基土开挖后，土层结构被扰动时，应作表面清理后压实至规定要求为止；如为软弱土层需进行更换或加固时，应做到分层夯实。按设计要求对软弱土质进行更换或加固时，应符合《地基与基础工程施工及验收规范》和《建筑地基处理技术规程》的有关规定。不论是土层结构被扰动或是软弱土层处理，或为回填土，均应经表面清底排夯后，方可进行下道工序的施工。

第二，填土施工时应分层填土、分层夯(压)实、分层检验其密实度。若不符合要求时，应分析原因重新压实处理，达到规定后方可填上一层的土料。每层夯(压)实后的压实系数不应小于 0.9，或按设计要求。施工时采用机械或人工方法进行夯(压)实，每层虚铺厚度和压实遍数应根据土质、压实系数和压实机具性能而定。

第三，填土土质宜控制在最优含水量的状况下施工，因土料含水量的大小将直接影响压实遍数和填土质量。在填黏性土前检验其含水量是否在控制范围内，一般测定方法是：以手捏成团，碰之即碎为宜。当土料含水量偏高，可采取晒干、风干、翻松或均匀掺入干土(或吸水性材料)等措施降低其含水量；当土料含水量偏低，应预先洒水湿润，并相应增加压实遍数或使用大功率压实机械进行压实。对于工程量较大或较重要的填土工程，如工业厂房和冷库等地面工程下的填土，填土土料如为黏性土或排水不良的沙土时，其最优含水量与相应的最大干密度宜采用击实试验测定。如无条件进行击实试验时，可按《土方与爆破工程施工及验收规范》附录中，黏性土或排水不良的沙土的最大干密度计算公式进行计算。当设计要求的压实系数为0.9时，施工含水量与最优含水量之差可控制在−4%～+2%范围内。如使用振动碾时，可控制在−6%～+2%范围内。

第四，填土前如遇高低不平处，应先填夯低处，直至填至同一水平后再大面积按顺序分段分层填实，以免局部虚铺厚度较厚。人工夯实时，夯锤重量必须在40 kg以上，提夯高度不小于400 mm，落锤时要平稳，一夯压半夯，夯夯相连，行行相连，每遍纵横交叉，处处夯到，每层至少夯三遍，夯至规定的干密度为止，并达到表面平整坚实。机械压实时，宜先压外围后压中间，行走路线不重复，也不得漏压，后压路线紧跟先压路线，并应多次压实。经处理后的软弱土质，在夯实后尚应按具体情况采用碎石、卵石、砾石、碎砖、矿渣或砂等一类的材料铺成一层并夯入土层中，以进行基土表面加强、加固处理。其铺设厚度不宜小于60 mm，夯入土层深度不小于40 mm，铺设材料的粒径宜为40～60 mm。

第五，室内地坪填土和房心回填土时，对与沿墙边和柱基础的连接部位，应分层重叠夯填密实，必要时采取与墙、柱连接处设置隔离缝的构造措施，填土时与墙、柱分开。防止该部位夯填不实而出现下沉现象，造成地面空鼓或开裂。如基土下为非湿陷性土层时，回填沙土可浇水至饱和后加以夯实或振实，每层虚铺厚度不应大于200 mm。回填房心和管沟土时，如遇有上下水管道处，应先用人工将管道周围填土夯实，填至管顶以上500 mm时，在不损坏管道的情况下，方可采用蛙式打夯机夯实，填夯时应注意保护管道。

第六，对厂房、仓库和冷库等地面工程，如属于季节性冰冻地区非采暖房屋或室内温度长期处于0℃以下，且在冻结范围内的冻胀性或强冻胀性土层上铺设地面时，应采取防止冻胀的措施，否则将会因土层冻胀导致地面工程开裂造成质量事故。施工时，应将这一部分冻胀性土层更换为水稳定性或冻稳定性好的建筑材料，如砂、炉渣、碎石、矿渣及灰土等均可采用。但具体换土的冻胀层厚度和选用更换的建筑材料均应由设计确定。如设计虽为采暖房屋，但应事先考虑在已完成地面工程尚未验收交工前，做好防冻胀处理措施，以免发生冻胀造成质量事故。

(3) 质量标准与检验方法

第一，基土层标高应符合设计要求。挖方允许偏差为0～50 mm，填方允许偏差为±20 mm；表面平整度用2 m直尺及楔形塞尺检查允许偏差为15 mm。

第二，分层夯实的填土为压实填土，压实系数不应小于0.9，或按设计要求。一般情况下回填土夯实后的干密度应等于或大于1.65 g/cm^3，黏土可降低10%。检查方法宜用环刀取样，测定其干密度，求出密实度，或用轻便触探仪直接通过锤击来检测干密度和密实度。检查数量按100～500 mm取样一组，但不少于一组，取样应在每层厚度的2/3处，取样测定压实填土的密实度，其合格率不小于90%，不合格干密度的最低值与设计值之差不应大于0.08 g/cm^3。

(4) 质量通病与防治措施

第一，回填土下沉主要是未严格按规范的规定进行施工，如土质不符合规范的规定，土料颗粒太大，不分层填夯或分层过厚，夯实遍数不足，边缘及转角处漏夯，填土使用有机质垃圾土或冬季施工有较大的冻土块，夯填密实度达不到要求等等，以上均会导致回填土压不实造成地面下沉，或地面空鼓、开裂等质量事故。

第二，利用清理场地的碎砖、砂浆块等渣土当土料回填房心、沟槽等部位，也易造成室内地面及室外散水、坡道等工程沉陷而开裂，影响使用和美观。

第三，管道下部夯填不实。管道下部和两侧部位未先用人工夯实以及管道下部漏夯等易造成管道折断并影响上部地面沉陷等质量事故。

2. 水泥砼垫层的施工

水泥砼垫层适用于地面工程和室外散水、明沟、坡道等附属工程下的垫层，以及现浇整体面层和以胶黏剂或砂浆结合的块板料面层下的垫层。水泥砼垫层是采用粗细骨料，以水泥作胶结料拌制成的拌和料，水泥砼垫层的强度等级按设计要求配制，但其强度等级不应小于 C10，水泥砼垫层厚度不得小于 60 mm。

(1) 水泥砼垫层施工操作

第一，水泥宜采用标号不低于 325 号普通硅酸盐水泥或矿渣硅酸盐水泥，砂采用中砂或粗砂，含泥量不大于 5%，其质量应符合《普通混凝土用砂质量标准及检验方法》的规定。石子选用 0.5～3.2 mm 粒径的碎石或卵石，其最大粒径不应超过50 mm，并不得大于垫层厚度的 2/3。含泥量不大于 2%。其质量应符合《普通混凝土用碎石或卵石质量标准及检验方法》的规定，宜用饮用水。

第二，水泥砼垫层的施工，应符合《混凝土结构工程施工质量验收规范》的有关规定。清除基土层或结构层表面的杂物，并洒水湿润，表面不留有积水。砼的配合比按设计要求的强度等级通过计算和试配确定，浇筑时的坍落度宜为 10～30 mm，砼按确定的配合比投料顺序应为石子→水泥→砂，并控制加水量和砼坍落度，搅拌必须均匀。

第三，砼浇筑应连续作业，当施工间歇时间超过规范规定，按施工缝处理，做到捣实压平，不显接头槎。浇筑大面积砼垫层时，纵横方向每 6～10 m 设中间水平柱以控制垫层厚度。砼铺设后进行振捣密实，振实方法一般采用平板振动器，当垫层厚度超过 200 mm 时，使用插入式振捣器。捣密实后宜用木抹子将垫层表面搓平。

第四，工业厂房等地面工程的水泥砼垫层施工应分区段进行浇筑。砼垫层应做接缝，接缝按其作用可分为伸缝、缩缝两种，厂房内砼垫层因室内温度变化影响不大，故不设伸缝，只设缩缝。缩缝分为纵向和横向两种，平行于施工方向的缝称为纵向缩缝，垂直于施工方向的缝称为横向缩缝，纵向缩缝间距为 3～6 m，横向缩缝间距为 6～12 m。纵向缩缝宜采用平缝，当砼垫层厚度大于 150 mm 时，宜设企口缝；横向缩缝则采用假缝形式，假缝的做法是上部有缝，但不贯通地面，其目的是引导垫层的收缩应力集中于该处，见图 7-1。浇筑砼垫层前，按设计要求和施工需要预留孔洞，以备安装固定连接件所用的锚栓或木砖等。对垫层厚度仅为构造上需要以及室外散水厚度较薄的垫层，施工时应严格掌握水泥砼的虚铺厚度。因车间的排水要求有泛水的垫层按坡度要求做好找坡平整。

第五，底层地面的耐磨面层，可在砼垫层浇筑时一次性连续施工，但必须符合耐磨面层施工工艺的要求。底层地面的耐磨面层与垫层砼不能同时一次性连续施工时，耐磨面层的设计应增加结合层。现浇钢筋砼楼板上做耐磨面层时必须增设找平层，预制楼板应在浇筑结构整浇层时一次性连续施工耐磨面层。

第六，砼浇筑完毕后要重视养护工作，宜在 12 h 内用草帘等加以覆盖并浇水，浇水次数应能保持砼具有足够的湿润状态，常温条件下养护 5～7 d，冬期施工要覆盖保温防冻的材料。砼的抗压强度达到 1.2 MPa 以后，方可在其上做面层等铺设。

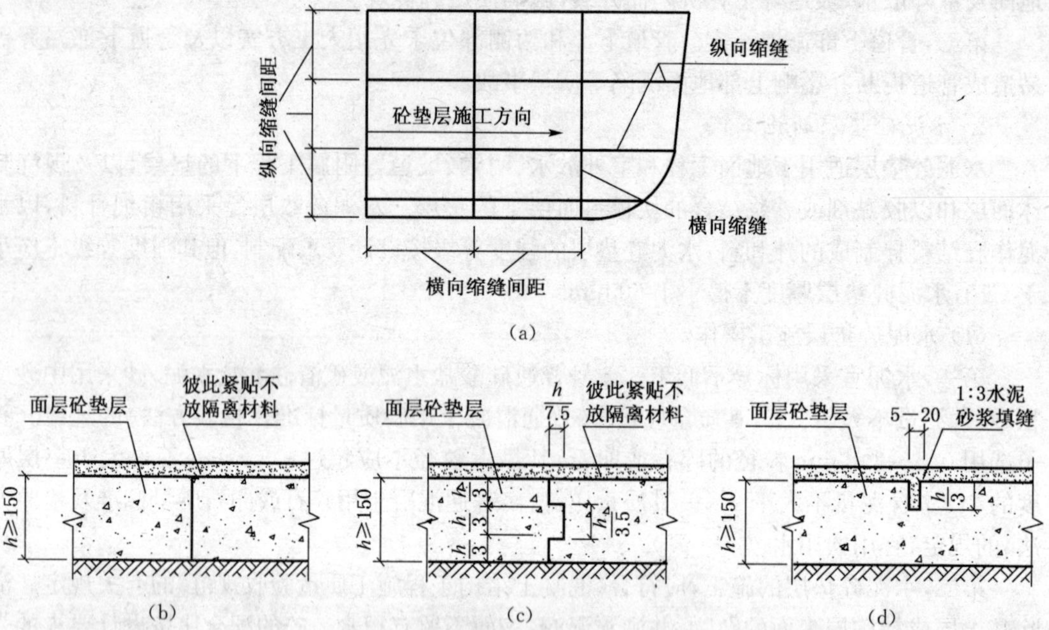

图 7-1 垫层接缝

(2) 质量标准与检验方法

砼的强度等级应符合设计要求。按《建筑地面工程施工及验收规范》中规定制作的砼试块的组数，提供试压资料进行检验。砼垫层标高应符合设计要求，用水准仪检查允许偏差为±5 mm。砼表面应平整，表面平整度用 2 m 直尺和楔形塞尺检查允许偏差为 10 mm。

(3) 质量通病与防范措施

第一，砼不密实，主要由于振捣不实或漏振所造成，也有因砼配合比施工不准确造成粗细骨料配比不当等因素。施工时严格执行国家标准规范的规定，按各地制定的规程认真进行操作。垫层标高不准、表面不平，主要未认真按水平标志施工，铺设后又未用刮杠找平，应加强施工管理。

第二，垫层表面有不规则收缩裂缝，主要是大开间砼垫层未分格或分格过大(不宜超过 6 m)，以及大面积工业厂房未分块断开造成不规则收缩裂缝，也有因养护不好或不及时而造成裂缝，应引为注意的质量问题。

3. 水泥砼面层的施工

耐磨砼面层厚度一般为 10～15 mm，但不应大于 30 mm。面层铺设在水泥砼垫层或结合层上，其垫层或结合层的厚度不应小于 50 mm。当有较高清洁美观要求时，宜采用彩色耐磨砼面层。耐磨砼面层应采用随捣随抹的施工方法，对复合强化的现浇整体面层操作更要认真。设置变形缝处，其缝的两侧 100～150 mm 宽范围内的耐磨层应进行局部加厚 3～5 mm。

水泥砼面层主要承受较大的机械磨损和冲击作用，在工业与民用建筑地面工程中应用较为广泛，其施工操作见“水泥基耐磨地面”章节的内容。

第二节 食品生产企业地面及地面排水

用于工业建筑的传统的地面类型已在很大程度上不能适应现代化生产发展的需要,改善生产工作环境,提高产品质量,延长设备使用寿命,都与地面的耐磨性、抗冲击性、不易起尘性和耐久性以及颜色和谐的环境质量有着密切关系。

一、地面材料选择

1. 常见的地面装饰材料

用于地面装饰的材料很多,豪华的如花岗岩、高档木地板,朴素的如普通水泥地面、普通水磨石地面、瓷砖地面、塑料地板、普通装饰性涂料等。这些地面装饰材料有的适用于道路地面、有的适用于公共场所,有的适用于电子工厂、实验室等,但它们都不适用于高湿度、带水作业环境下的食品生产企业。

地面要设计成防水的、抗生物的,对血、油脂、有机酸、化学活性物等的作用具有稳定性。地面因有大量的水、血、油脂落到面层上,故应考虑防滑,能完全满足这些要求的是,由耐酸材料做的无缝地面即耐磨地坪和以对侵蚀介质作用稳定的特制油灰填缝的耐酸砖及耐酸板地面。

经过多年的研究,适用于食品工厂地面的耐磨地面有两类,即普通型耐磨地面和高强型耐磨地面。高强型耐磨地面的主要特征是:它的组成材料选用硬质骨料,如金属骨料、人工高温烧结矿物和硬质天然矿物等,通过砼外加剂、多品种级配和整体配合比提高水泥石强度的同时改善水泥与骨料的黏结力,达到高强、耐磨、抗渗、抗冲击、不易起尘的目的,广泛用于各类工业厂房、仓库、停车场及隧道、码头等地面及其修复工程。

2. 地面涂料和自流平地面材料

耐磨砼地面采用 HS 系列耐磨面料铺设在新拌砼垫层上经复合而成的整体面层,具有高耐磨、高强度、抗冲击、不起尘及各种油脂不易渗透等多种功能。耐磨面层抗压强度超过 80 MPa,抗折强度 10 MPa,磨耗率仅为普通 C30 砼的 1/4～1/8。耐磨砼地面适用于经常承受机械磨损、重载车辆和硬质轮压作用以及使用要求不起尘的以砼为垫层的各类地面。HS 系列耐磨面料是由水泥、耐磨骨料和复合增加剂等材料组成,在使用前视垫层砼干湿状况加水拌和均匀即可使用。

地面涂料和自流平地面材料是技术经济性能最好的工业地面材料和公共建筑地面材料。自流平地面材料分为有机和无机两大类,有机类自流平地面材料主要是环氧树脂类自流平涂料,无机类自流平地面材料是一种水泥基砂浆类材料,它由无机胶凝材料、超塑化剂、缓凝剂、早强剂、减缩剂、消泡剂、流平剂等添加剂和细沙等混合而成的粉状单组分地面材料。本节仅介绍工艺地面常用的环氧耐磨地面涂料和水泥基耐磨地面材料。

二、环氧耐磨地面涂料

环氧耐磨地面涂料为双组分常温固化型涂料,分为有溶剂型和无溶剂型两种,平常也简称环氧地面涂料,其中,无溶剂环氧地面涂料通常称为无溶剂环氧自流平地面涂料。

环氧耐磨地面涂料在医药、卫生、食品生物等行业得到广泛应用。环氧耐磨地面涂料有普通型、耐腐蚀型、厚膜型、自流平型、无溶剂型和抗静电型等。下面介绍前几种涂料的施工技术。

1. 原材料选用

环氧耐磨地面涂料通常以环氧树脂为基料，外加固化剂制成的双组分反应型涂料。

(1) 普通环氧耐磨地面涂料。由于涂膜较薄且要求其防水性能好，因而要求涂膜有较好的抗渗透性。相对分子质量小、环氧值大的环氧树脂涂膜的渗透指数较小，抵抗介质渗透扩散的能力较强。因此，宜选用环氧当量较小的环氧树脂。例如，国产的 E-51、E-42、E-44 或国外的 EPON 829 等。因涂膜较薄，且要求涂膜附着力强，防水、耐磨和耐腐蚀性优异，因而在配方中加入 15%～30%的溶剂，制成溶剂型涂料，降低涂料的黏度以便得到较薄的涂膜。为保证色泽均一，需选用性能优异的分散剂，并将颜料、填料分散研磨至细度小于 50 μm；石英粉的加入，可保证涂膜有较强的耐磨性；固化剂宜选用能够耐腐蚀的聚酰胺类产品。

(2) 厚膜型环氧耐磨地面涂料(环氧砂浆地面)。因涂膜较厚，且要求能够耐重压、耐磨和耐腐蚀，因此选用固体含量高的环氧树脂，如 E-44、E-42 或 E-51 等，使涂料具有较高的黏度，以保证进行一道或两道镘涂后即能够达到要求的厚度。其他涂料组分选用质地坚硬的填料，如石英砂，以保证耐重压、耐磨的要求，选用脂环胺类固化剂能够使涂膜具有较高的硬度，为了使气泡能够在涂膜较厚的情况下顺利逸出，需要使用适量的高效消泡剂。

图 7-2　耐磨地坪构造(一)

(3) 自流平型环氧耐磨地面涂料。因要求涂料的流动性和流平性很好，耐磨、耐水和耐腐蚀性优异，因此选用固体含量高而黏度低的环氧树脂，如 E-51、EPON828 等。不宜选用 E-44、E-42 等环氧树脂，因为这两类环氧树脂的黏度太高。其他涂料组分选用活性稀释剂，选用黏度较低的固化剂有利于涂料的自流平性，选用质地坚硬的填料，如石英砂，以保证耐重压、耐磨的要求。环氧自流平地面涂料需添加流平剂来降低涂料表面张力，延长流动时间，提高流平性。流平剂多选用丙烯酸共聚物类，见图 7-2。

(4) 耐腐蚀型环氧耐磨地面涂料。环氧树脂涂膜不能含有可被腐蚀介质破坏的化学键和极性基因，因此要选择耐腐蚀性的环氧树脂涂膜。加入一定量的增韧剂以保证涂膜在较厚的情况下具有较好的抗拉性能，选用脂环胺类固化剂使涂膜具有较好的耐腐蚀性。

2. 垫层检查和处理

(1) 垫层砼要求平整密实，强度不低于 C20，地面平整度要求在 2 m^2 范围内误差不大于 2 mm(最好用抹光机抹平并收光)。如需涂装的地面处于底层地下水位较高，则砼底层应做好防水处理，避免地下水上升形成的蒸汽压顶起地面涂层而产生起泡、起光现象。砼干燥至少三周以上，含水率不高于 6%，且在养护干燥过程中避免局部淋雨及积水在地面等，否则易引起局部砼水分含量超标。

(2) 对被损坏的砼表面修补或找平，当采用细石砼找平时，强度等级不小于 C20，厚度不小于 30 mm。当垫层用水泥砂浆找平时，应先涂一层砼界面处理剂，再按设计厚度找平；如施工过程不宜进行上述操作时，可采用树脂砂浆或聚合物水泥砂浆找平。

(3) 对于有旧漆膜的地面（如金刚砂地面、旧漆膜地面），先用机械铲除旧漆膜，然后对不良水泥、金刚砂地面进行处理，同时打毛地面。地面经处理后，不牢固的旧水泥及金刚砂表面被清除掉，并且形成粗毛面，从而提高新涂层的附着力，提高涂装地面的使用寿命。

(4) 垫层砼在纵向设平头缝，纵缝间距宜采用 3～4 m；横向设假缝，横缝间距宜采用 4～6 m。假缝经锯割而成，并用 1∶2 膨胀砂浆勾缝。底层地面的耐磨面层可在砼（或钢筋砼）垫层浇筑时一次性连续施工，但必须符合耐磨面层施工工艺的要求。底层地面的耐磨面层与垫层砼不能同时一次性连续施工时，耐磨面层的施工图设计应增加结合层（或称过渡层）。现浇钢筋砼楼板上做耐磨面层时必须增设找平层；预制楼板应在浇筑结构整浇层时一次性连续施工耐磨面层。

(5) 含水率的测定可用塑料薄膜法，取 45 cm×45 cm 的塑料薄膜平放在砼表面，用胶带纸密封四周边。16 h 后，薄膜下出现水珠或砼表面变黑，说明砼垫层过湿，不宜施工。

(6) 油污较多的砼表面可采用酸洗法，用浓度为 10％～15％的盐酸清洗垫层表面，待反应完全（即不再产生气泡）后，再用清水清洗，配合毛刷刷光。此法可清除泥浆层并得到较细的粗糙度。面积较大的平整表面，可以采用机械法处理。即用喷砂或电动磨平机清除表面凸出物、松动的颗粒，破坏毛细孔，增加附着面积，然后用吸尘器吸除砂粒、杂质和灰尘等。对于有较多凹陷的地面，采用环氧树脂砂浆或环氧树脂腻子填平、修补，再进行进一步的垫层处理。

3. 各种环氧耐磨地面涂料的施工工序

(1) 普通环氧耐磨地面涂料

垫层处理→底涂→环氧涂料中涂→环氧腻子→磨平、吸尘→面涂涂布
↓
施工验收←打蜡←养护

(2) 厚膜型环氧耐磨地面涂料

垫层处理→底涂→环氧涂料过渡层→环氧树脂砂浆镘平→批嵌环氧腻子
↓
施工验收←打蜡←养护←面涂涂布←磨平、吸尘

(3) 自流平环氧耐磨地面涂料

垫层处理→底涂→环氧砂浆中涂→打磨、清洁→面涂涂布→养护
↓
施工验收←打蜡

(4) 耐腐蚀型环氧耐磨地面涂料

垫层处理→底涂→环氧涂料过渡层→玻璃纤维布铺贴→批嵌层→面涂涂布
↓
施工验收←打蜡←养护

4. 施工操作说明

(1) 封闭底漆施工用刷涂、辊涂或喷涂的方法施工封闭底漆一道至两道，两道之间的间

隔时间在 8 h 以上，不能大于 48 h。对于旧地面，应增加一道底漆。底漆施工时注意涂布均匀，涂膜无明显的厚度差异，防止漏涂。用辊涂法施工时注意余料堆积情况，底漆封闭不完全(漏涂)时，会发生附着不牢、涂膜起泡等现象。

(2) 水泥垫层存在凹坑用商品环氧腻子或用底漆和细石英砂配制的环氧砂浆填平，在固化成膜后打磨平整。厚膜型涂料的中层涂料施工时可采用镘刀镘涂。由于涂料中使用的石英砂较多，一般情况下刮涂后涂膜不会出现明显刮刀痕迹，但如果石英砂加量过大，刮痕明显时应辊压一次。涂装间隔如果大于 48 h，应进行打磨后再进行下道涂料的施工，以保证层间黏结力。

(3) 环氧耐磨地面涂料的面涂料可以采用刷涂或刮涂施工。厚膜型涂料按配比要求将两组分涂料混合均匀，待熟化后使用 1 mm 刮板刮涂涂料。刮涂时保持厚薄均匀，无漏涂现象，无明显余料。刮涂时刮刀的移动速度应均匀，保证涂膜厚度，刮涂道数根据厚度要求而定。普通环氧涂料可以采取刷涂方法施工，面涂料两道间的时间应在 18 h 以上，但不能大于 48 h。配制好的涂料应尽快用完，防止涂料的黏度升高，涂料中的气泡难以排出。

(4) 打蜡养护。面涂料施工完并固化后(一般在面涂料施工 24 h 以上)，进行打蜡养护，两周后可验收使用。饱满度好的地面，日光灯管在涂膜上的投影清晰，不走形。

5. 施工质量保证要点

(1) 对垫层的处理影响环氧耐磨地面的质量，垫层的表面强度、平整度、养护情况、表面的酸碱性、垫层的结构和含水率都会影响地面的质量，严重时甚至可能导致施工失败。如果对垫层处理的重视不够，会在地面施工不久就出现各种质量问题，因此，严格检查和处理砼垫层是提高施工质量的基础。

(2) 砼为多孔材料，经过处理的砼垫层，涂料能与砼产生良好的黏结。由于砼的振捣工艺，使表面富集水泥浆形成致密的富水泥浆表层。该表层平滑、光洁、致密，粗糙度较小，同时砼在固化过程中，表层失水快，水泥的水化不能够完全进行，因此表层的强度低，硬度也低。所以为了保证环氧耐磨地面涂料的施工质量，需将该表面层清除掉，使环氧耐磨地面直接黏结于坚实的混凝垫土层上，这样也易于环氧树脂向多孔的砼层中渗透。

(3) 溶剂型涂料的溶剂浓度很高，在这样的环境下作业容易疲劳，影响施工质量，容易引起火灾，应采取通风措施，改善施工卫生条件。在施工过程中应有专职质量管理人员，对施工过程中的每一道工序进行管理，确保前一道工序合格后再进行下一道工序。

三、水泥基耐磨地面

水泥基耐磨地面砂浆有非金属骨料型和金属骨料型两类。高耐磨性主要采用耐磨细集料(例如钢砂、钢渣等)代替砂、使用地面硬化剂和添加适量聚合物乳液等几种途径来实现。

1. 地面硬化剂型水泥基耐磨地面

(1) 使用地面硬化剂的水泥基耐磨地面广泛应用于新型地面材料与施工技术。地面硬化剂指砼地面用水泥基耐磨材料，由硅酸盐水泥或普通硅酸盐水泥、耐磨骨料为基料，加入适量添加剂组成的干混材料。可以制成绿色、灰色、红色、黄色等多种颜色的产品。

(2) 胶结料为高强度等级的水泥，耐磨骨料为地面硬化剂中的耐磨组分，为粒状材料，平均粒径 1.5 mm，约占总量的 75%，具有耐磨、填充、骨架作用。非金属骨料一般为天然石英矿石，经机械破碎、筛分，或天然沉积石英砂，经水洗、烘干、筛分级配制成的高纯度石英砂，或其他耐磨性能更为优异的骨料，例如金刚砂(即碳化硅)。金属骨料指金属冶炼过程中合成的耐磨合金或副产物，经机械破碎、分筛制成的粒料，具有较高硬度和耐磨性，其品种很多，常用的有锰铁合金、硅铁合金等。

(3) 地面硬化剂的组成中除了水泥和耐磨骨料外，还有增加强度、改善材料施工性能、改善地面外观效果(例如提高地面的光亮度)的添加剂。这类添加剂主要有粉状硅酸钠、偏硅酸钠和粉状硅酸钾等。固体偏硅酸钠是由水玻璃和烧碱加工成的白色粉末状晶体，易溶于水，合成方法有喷雾干燥法和溶液结晶法。其中，溶液结晶法具有工艺投资少、生产成本低、质量稳定等特点。这类材料加入到水泥基材料中，能和水泥发生化学反应，既能弥补砼结构中的微观缺陷，又能显著提高砼的强度和硬度。

(4) 硬化剂耐磨地面是在现浇砼初凝的时候，在砼表面上均匀撒播一层地面硬化剂材料，通过抹光机反复磨光成型的一种地面，具有表面硬度高、密度大、耐磨、不生灰尘等优点。该类地面在施工完成 48～72 h 后可开放行走，7～10 d 后可行驶轻型货车，28 d 后可以正常使用。硬化剂耐磨地面中砼垫层与耐磨面层成为一体，消除了因垫层与面层结合不良而导致裂缝和出现空鼓的问题，并使施工工序简化，工期缩短，见图 7-3。对被损坏的砼表面修补或找平，当采用细石砼找平时，强度等级不小于 C20，厚度不小于 30 mm。

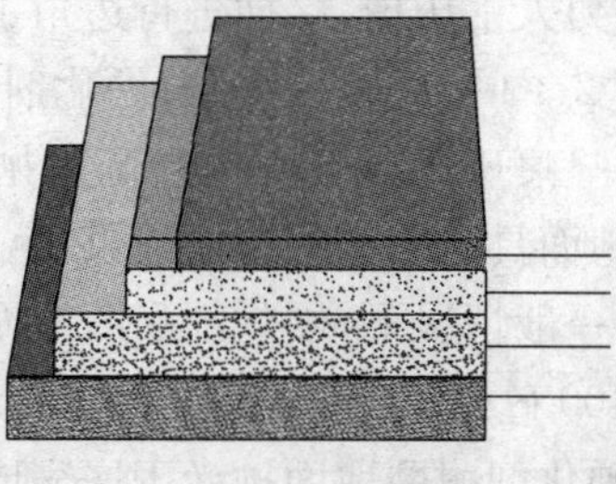

图 7-3 耐磨地坪构造(二)

(5) 硬化剂耐磨地面施工时除了使用一般地面施工所使用的振捣工具外，还需要使用除水工具和整体抹光机。除水工具即真空吸水泵或者一般塑料管，抹光机加上圆盘，主要用以除去砼表面浮浆及整平，卸下圆盘装上三叶钢片并调整到所需要的角度，可进行地面压光。硬化剂耐磨地面的施工工艺为

砼浇筑并整平→抹光机振实、刮平→第一次撒播地面硬化剂→抹光机揉压、抹平→第二次撒播地面硬化剂→抹光机揉压、抹平→边角压光→整体抹平压光→养护。

第一，砼垫层磨搓、提浆施工时，先按常规进行垫层砼的施工。垫层砼强度需高于 C25，最小水泥用量为 300 kg/m^2，坍落度在 15～100 mm 之间。垫层砼的厚度应不小于 80 mm，灰饼打点标高必须精确，严格控制边模板的整体标高。冬期施工时环境温度应高于 5℃，温度较低时砼应掺加早强剂。待垫层具有初凝强度时，启动已预安装提浆盘的抹平机慢速磨搓、压浆，然后用大杆刮平，使砼浆面基本平整、均匀。磨搓要求均匀，不得漏搓，并根据砼表面干湿度适度调整磨搓时间。

第二，硬化剂硬化层施工时，将地面硬化剂撒播在已经磨搓、提浆的砼垫层上，分两次撒播。第一次撒播总用量的 2/3，注意模板边角和切缝处增加材料用量，边角加强，撒播均匀。撒播硬化剂时应戴防护手套，先撒边角部位，以保证用料充分。撒料时距离砼面 20～30 cm，沿垂直方向直线撒料，展料长度可达 3 m 左右，展料宽度约 20 cm，然后顺序依次撒料。分条、分仓、分块浇筑时，可相对撒料，整体浇筑以 3～4 m 为一跨，逐跨后退撒料。同

时，撒料应厚薄均匀、走向分明、无遗漏、无堆积、边角处撒料得当。

第三，硬化剂用量根据材料说明书和设计要求确定，一般用量为 5 kg/m²。应根据气温、砼配合比等因素正确掌握地面硬化剂的撒播时间，撒布过早会使耐磨材料沉入砼中有降低效果，撒布太晚砼已凝固，失去黏结力，使耐磨材料无法与其结合而造成剥离。正确的撒播时间需要有施工经验的人员掌握，并在撒播施工中不断积累经验。在硬化剂表面吸水变暗后，启动抹平机磨搓、压浆，然后刮平。紧随上一工序第二次撒播剩余地面硬化剂，要求撒播方向与第一次撒播方向垂直。根据第一次撒料的厚薄程度，适量调整撒料量，最终达到硬化剂层厚度均匀。待硬化剂表面吸水变暗后，启动抹平机，磨搓、压浆，磨搓时至少纵、横磨搓一遍，最终达到厚度均匀、色泽均匀、表面平整。

第四，抹平硬化剂硬化层施工完成约 2 h，此时垫层砼已具有足够强度，硬化剂层基本熟化，将抹平机的刀片调整为小角度，启动抹平机进行中速压抹，纵横方向反复抹平。抹平机行车线路视地面干湿度适度调整，一般采用反复包抄式，如图 7-4 所示。抹平工序中使用抹刀人工压抹，穿插进行边角手工抹平收光。抛光抹平工序完成后 2～3 h，砼垫层终凝，硬化剂层强度明显上升，行人赤脚行走无明显痕迹，启动抹平机，高速抛光。抛光工序完成后，硬化剂耐磨地面具有明显的镜面效果，色泽均匀，穿软底鞋行走表面无痕迹。一般情况下，硬化剂耐磨地面表面层检测强度可以达到 C80～C100 砼强度。

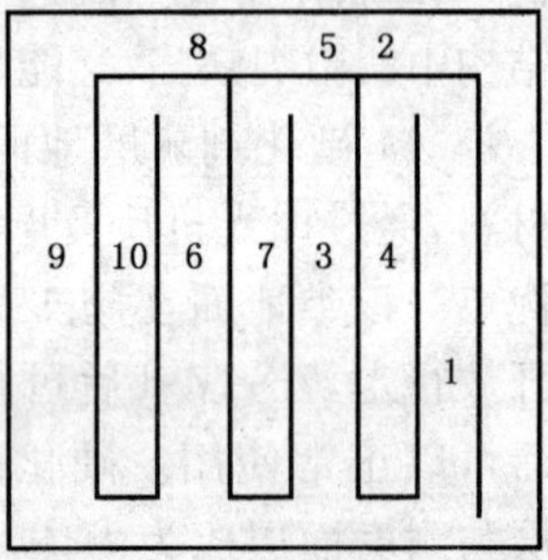

图 7-4　抹光机的行走顺序

第五，养护硬化剂耐磨地面抛光工序完成后 4～5 h 开始养护，采用喷洒、涂抹养护剂或覆盖 PVC 膜保湿等方法。若有硬化剂耐磨地面损坏，凿掉面层，使用丁苯胶乳胶泥进行修补。修补时将破损区清理干净，充分浸水润湿，再用丁苯胶乳加水稀释后进行涂刷，干燥后用丁苯胶乳胶泥修补。较大面积的破损需要画线锯切，凿掉面层及部分垫层砼，再清理润湿，扫素水泥浆浇筑砼，最后施工硬化剂面层。

(6) 检测方法根据建材行业标准 JC/T906—2002《砼地面用水泥基耐磨材料》关于砼地面用水泥基耐磨材料的分类、要求、试验方法、检验规则及标志、标签、包装和贮存等。该标准适用于砼地面用水泥基耐磨材料，代号为 CFH。表面硬度按照建材行业标准 JC/T906—2002 的附录 A 进行验收。

2. 举例：某超级市场大面积硬化剂耐磨地面施工

某大型超市地面层仓储区和停车场面积约 2 万 m²，由于仓储区贮存货物较多，地面上行驶叉车等运输设备，地面活荷载较大，设计为 15 kN/m²。对地面的质量要求非常严格，工程中全部采用整体现浇硬化剂耐磨地面。

(1) 地面基本构造。地面构造由回填砂石垫层，ϕ10@200 的双向钢筋网，设置于离砼上表面 20 mm 处作为保护层，250 mm 厚 C30 砼上撒 5 kg/m² 硬化剂、刷环氧树脂渗透剂组成。楼面层构造由 ϕ6@200 的双向钢筋网，60 mm 厚 C30 商品砼上撒 5 kg/m² 硬化剂、刷环氧树脂渗透剂组成。

(2) 硬化剂耐磨地面施工前的准备。施工前先做好水、电管线的预埋，尤其是排水地漏必须预留到位，清除地面、楼面上的淤泥、积水、浮浆和垃圾。根据地面开阔的特点，在回填施工中合理划分施工段，实行流水作业。设置控制铺筑厚度的标志，在固定的建筑物墙上弹出水平标高线，钉上水平标高木橛。楼面每隔 2 m 做好灰饼，铺筑前组织有关单位共同验槽，办理隐检手续。

(3) 砂石垫层施工材料的选择。地面回填选用质地坚硬、含水率小、级配良好的砾石或粗砂、石屑或其他工业废粒料回填。回填的材料中，不含草根、树叶、塑料袋等有机杂物及垃圾。用作排水的固结地基时，含泥量不宜超过 3%，碎石或卵石最大粒径不大于 50 mm。回填工艺流程为

检验砂石质量→分层铺筑砂石、洒水、机械碾压→找平验收。

对级配砂石进行技术鉴定，如是人工级配砂石，将砂石拌和均匀，其质量均达到设计要求或规范规定，然后分层铺筑砂石。铺筑砂石的每层厚度为 15～20 cm，不超过 30 cm，分层厚度可用样桩控制，宜采用 8 t 的压路机碾压。

分段施工时，接槎处做成斜槎，每层接槎处的水平距离应错开 0.5～1.0 m，并充分压实。铺筑的砂石级配均匀，如发现砂窝或石子成堆现象，将该处砂子或石子挖出，分别填入级配好的砂石。在对铺筑的砂石夯实碾压前，根据干湿程度和气候条件，适当洒水以保持砂石的最佳含水量，一般为 8%～12%。采用压路机往复碾压，一般碾压不少于 4 遍，其轮距搭接不小于 50 cm，边缘和转角处用蛙式打夯机补夯密实。

(4) 耐磨地面施工。根据划分好的施工段，绑扎双向钢筋网，为保证钢筋在浇筑砼时不被踩踏，应铺设马道。按地面设计标高安装宽度不大于 6 m 的模板。砼浇筑前洒水使地基处于湿润状态，楼面用水泥浆扫浆。

第一，选用商品砼低水化热的粉煤灰硅酸盐水泥或矿渣硅酸盐水泥，尽可能减少水泥用量。细骨料采用中砂，粗骨料选用粒径 5～20 mm 连续级配石子，以减少砼收缩变形。石子含泥量小于 1%，砂含泥量小于 2%，采用 UEA 膨胀剂，掺入量为水泥的 10%，以补偿砼的收缩应力，减少砼的不规则开裂。配合比根据实验室试配确定，水灰比小于 0.5，坍落度 70～90 mm。如采用彩色砼地面时，严格按照试配确定的比例添加色浆，保证砼不出现过大的色差。

第二，砼的浇筑隔跨施工，一次浇筑至标高，局部未达到标高处用砼补齐并振捣，严禁使用砂浆修补。使用平板振捣器或振捣棒振捣，并用钢辊筒多次反复辊压，柱、边角等部位用木抹拍浆。砼刮平后水泥浆浮出表面至少 3 mm 厚，楼面砼找平后将灰饼剔除，砼每日浇筑量应与镘光机的数量和效率相适应。砼浇筑完毕，采用橡皮管或真空设备除去泌水，重复两次以上后开始地面硬化剂施工。地面硬化剂施工前，中期作业阶段施工人员穿平底胶鞋进入，后期作业阶段穿防水纸质鞋进入。

第三，第一次撒布地面硬化剂及抹平、磨光时间随气候、温度、砼配合比等因素而变化，判别撒布时间的方法是脚踩其上，约下沉 5 mm 时，即可第一次撒布施工。墙、柱、门和模板等边线处水分消失较快，宜先撒布，以防因失水而降低效果。第一次撒布量为地面硬化剂全部用量的 2/3。撒播时硬化剂均匀落下，不能用力抛致分离，撒布后即以木抹子抹平。地面硬化剂吸收一定的水分后，再用直径为 1 m 的圆盘抹光机碾磨分散并与垫层砼浆结合在一起。

第二次撒布地面硬化剂并抹平、磨光时，先用靠尺或平直刮杆衡量水平度，调整第一次撒布不平处，第二次撒布方向与第一次垂直。第二次撒布量为全部用量的 1/3，撒布后立即抹平，磨光，抹光机的圆盘应更换成四片式抹片，重复抹光机作业至少两次。抹光作业时应

纵横交错进行，防止材料聚集，边角处用木抹子处理。面层材料硬化至指压稍有下陷时，抹光机的转速及角度应视硬化情况调整，抹光机应纵横交错三次以上。

第四，表面修饰及养护。抹光机作业后面层的抹纹较凌乱，为消除抹纹，最后采用薄钢抹子对面层进行有序、同向的人工压光，完成修饰工序。耐磨地面施工 5～6 h 后喷洒养护剂养护，用量为 0.2 L/m^2，或洒水覆盖塑料薄膜养护，养护时间不少于一周。耐磨地面面层施工完成 24 h 后即可拆模，注意不得损伤地面边缘。

(5) 地面变形缝的设置。由于超市地面的面积非常开阔，又是整体现浇成型，因此变形缝的处理尤为关键，设置和处理不当会引起地面开裂。建筑设计时伸缩缝间距为 40～60 m，伸缩缝构造见专门的构造大样。除此以外，还需设置耐磨地面涨缩的缩缝，横向和纵向缩缝间距不宜大于 3 m。硬化剂耐磨地面面层施工完成 5～7 d 后开始切割缩缝，以防不规则龟裂。切割应统一弹线，确保切割缝整齐顺直，切缝完成后将缝内杂物清理干净，用除尘器吹干缝内积水，将 PG 道路嵌缝胶灌入缝内。

(6) 涂刷环氧树脂渗透剂前先用角磨机将地面上凹凸不平处磨平，潮湿的地方烘干，清理吸尘，使其达到平整、清洁、无松动、无油污，地面干燥含水率≤10%、环境清洁，施工时的温度在 5℃以上。底涂一遍，将调配好的渗透剂用辊筒均匀涂刷在地面上，辊涂厚度 0.5～0.8 mm，使树脂渗透到水泥内部。面涂二遍，首先对固化的底涂进行打磨，清除大的气泡，清理干净，达到平整无杂质。然后用辊筒把配置好的彩色面涂均匀辊涂在底涂上，第一遍完全固化后方可涂刷第二遍，最后进行收光，达到无接缝、完全覆盖、色泽一致、光洁明亮的效果。施工完毕后要马上进行现场维护，固化时间(24 h)内严禁踩踏，固化完成后采取成品保护措施保护地面。

四、地面排水

(1) 食品生产企业生产车间的地面，经常受水、酸、碱、油脂等腐蚀性物质的侵袭或运输车辆的冲击，在设计时应采取适当措施以减轻地面受损。工艺布置时尽量将有腐蚀性介质排出的设备集中布置，做到局部设防，以缩小腐蚀范围。地面需要有坡度，并设有明沟或地漏排水。

(2) 地面的排水形式可分为两种：地漏排水和明沟排水。当房间温度为 0℃或 0℃以上时，可以设置地漏排水，采用地漏排水时地漏周围地面向地漏洞倾斜坡度为 1.0%～1.5%，地漏直径为 200～300 mm，可集地漏周围半径 12 m^2 地面水排出。地漏与排水管道以弯头连接，要有水封装置，防止虫、鼠和臭气从排水管道进入车间。连接排水管处要有可清洁排渣口，防止管道堵塞。如果生产过程中有带渣、杂物等或排水量较大，如原料清洗及操作工段，可设置明沟排水，但距离应尽量缩短。地漏四周、排水地沟、地面与墙面连接处、踢脚板、挡水、孔洞等处，均应加强防水措施。经常有水、油脂、油等各种易滑物质的地面上，应考虑适当的防滑措施。

(3) 大跨度厂房内排水明沟间距应小于 10 m，将生产车间的废水和腐蚀性介质及时排除。为保护地面，车间运输设计时应尽可能采用运输带或胶轮车。明沟排水时，明沟宽 30 cm，深15～40 cm，地沟的纵向坡度 1%，地面排水坡度为 2%。车间内明沟上铺设网孔的盖板，明沟终点设置排水地漏接通排水管道，此处应对废水进行适当的过滤并设置过滤物排除的装置，防止排水管道堵塞。明沟应保持顺畅，且沟内不得设置其他管路。排水沟的侧面和底面接合处应有弧度(曲率半径在 3 cm 以上)。排水沟流向不得由低清洁区流向高清洁区,且有防止逆流的设计。排水沟用不锈钢和 PVC 材料制作,光洁顺滑,易于排水。预制的不锈钢和 PVC 地沟接缝,处理要保证质量,做到接缝平滑光洁,不留缝隙不渗漏,减少藏污纳垢的死角。考虑造价需要,地沟也可用砼浇制水泥砂浆粉面做成,但施工质量必须达到光洁、易排水。地沟上的箅子由不锈钢和 PVC 材料制成,地面与墙面交接处做成圆弧形,见图 7-5。

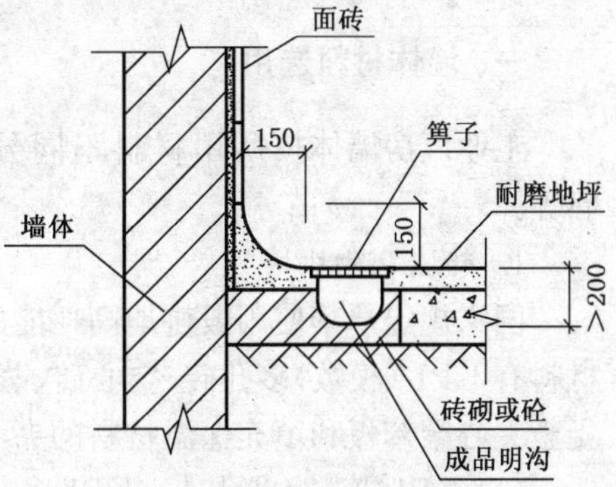

图 7-5 车间排水沟详图

(4) 排水系统有防止固体废弃物进入的装置,每 20 m^2 车间地面设置一收容坑,坑上盖有滤水铁箅子,以便阻止污物和碎肉块进入下水道系统。在进入排水管道之前设置格栅,防止碎肉、垃圾流入下水道,截留固体杂物,防止管道堵塞,也可防止老鼠窜入车间。垂直排水管的口径应比计算选大 1～2 号,以保持排水通畅。排水管道的出口处应设置脂肪清除装置和沉淀池,以减少污水中的脂肪和其他有机物的含量。室内排出的每股污水通过沉淀池、隔油井处理,室外的大综污水经过污水处理站处理。

(5) 白条生产线、红脏线、白脏线、人工剥皮线、人工白条线所用车间宜设置地沟,高温穿堂、低温穿堂、低温库、分割车间及其他需要排除生产废水的车间宜设置地漏。生产车间内的卫生消毒池、地坑及电梯坑等,均需考虑排水装置。

(6) 空气洁净度等于或严于 5 级的洁净室内不得设置地漏,洁净室内地漏应采用有密封盖的专用地漏,其他洁净间内穿过排水立管时不应设检查口。在洁净间排水时应选用带盖的不锈钢洁净地漏以及无菌地漏、防臭地漏,以便于疏通、清理,实现洁净间的密封。在排水出口处应设有防止老鼠、蟑螂等有害动物侵入的装置。

(7) 地面施工前,根据车间的工艺设备布置图绘制地沟和地漏布置图,称之为地沟放样图。图上标明地沟的位置、地面的排水坡度、排水方向以及地沟的排水方向等。注意地沟不能布置在设备下面或设备的支座下面,否则会影响地沟的使用和清扫。排水沟的位置应选择既不妨碍使用,又能迅速排泄的位置。地沟的排水方向应由洁净区向非洁净区排水,而不能反之。

(8) 有时在砼垫层上还设置找平层,通常分两次施工,第一次浇捣配有钢筋的砼垫层,第二次浇捣细石砼作为找平层。地面的排水坡度在施工基土时就已起坡形成排水坡度,不宜用细石砼找坡,否则所用的砼材料浪费。楼面坡度可采用变更填充层、找平层的厚度或由结构起坡。

第三节 食品生产企业的墙体及门窗

本节介绍工业建筑各种墙体材料的选用,各种门窗的选用,墙面的装修着重在施工工艺和装修质量的检控。

一、墙体材料选用

工业厂房墙体按所用材料不同分类有:砖墙,石墙,砖块墙,砼墙,塑料板墙,复合板墙等。

1. 砖墙及砌块墙

国家规定严禁使用毁耕地高耗能的普通黏土实心砖,要使用新型墙体材料。新型墙体材料有 KP1 (模数)多孔砖、空心砖、蒸压加汽混凝土砌块、轻集料混凝土小型空心砌块、混凝土夹心聚苯板和填充保温材料的夹心砌块等。

(1) KP1(模数)多孔砖。KP1 多孔砖是以黏土、页岩、煤矿石、粉煤灰等为主要原料,经过焙烧而成,孔多小而密,孔洞率≥25%,可用于承重墙体,是一种替代黏土实心砖(普通砖)的新型产品,具有减轻墙体自重和减少能耗的功效。适用于多层住宅及相近似的建筑工程。

(2) 蒸压加汽混凝土砌块。蒸压加汽混凝土砌块是将 70%左右的粉煤灰与定量的水泥、生石灰胶结料、铝粉、石膏等按配比混合均匀,加入定量水,经搅拌成浆后注入模具发气成型,经静停固化后切割成坯体,再经高压蒸养固化而成制品,是一种新型多孔轻质墙体材料。

蒸压加汽混凝土砌块热阻大、重量轻,具有良好的防火、隔热、保温、隔声性能;同时该产品表面平整,尺寸精准,可大大节省砌筑砂浆,提高施工质量和施工速度,可以作为承重和非承重的墙体结构材料。适用于工业与民用建筑、框架结构的填充墙以及各种建筑体系的非承重内隔墙。

加汽混凝土砌块如不采取有效的措施,不宜在以下部位使用:长期浸水或经常干湿循环交替的部位,受化学环境侵蚀,如强酸、强碱或高浓度二氧化碳等的环境,制品表面经常处于80℃以上的高温环境,易受局部冻融部位。

(3) 轻集料混凝土小型空心砌块。轻集料混凝土小型空心砌块是以水泥作胶凝材料,骨料是以各种陶粒、陶砂、煤渣、浮石、自然煤矸石等为粗骨料,加入适量的掺和料、外加剂,用水搅拌经机械振动成型的新型墙体材料。产品具有重量轻、力学性能好、保温隔热性能好等特点。适用于全国不同气候区,一般可用来做框架结构填充的内隔墙和外填充墙。

(4) 普通混凝土小型空心砌块。普通混凝土小型空心砌块是以水泥、砂、碎石或卵石、水等预制而成,其主规格尺寸为 390 mm×190 mm×190 mm 单排孔(一般为单排孔)或多排孔,通孔或盲孔,孔洞率在 25%~50%,可用作内外承重与非承重墙体的多层住宅。但是,由于单一的普通混凝土小型空心砖块的热导率大,保温隔热性能差,其建筑热工性能达不到建筑节能设计标准。因此,普通混凝土小型空心砌块作为墙体材料时,一般通过在外层增加聚苯板保温层或在混凝土砌块的空心处放入发泡聚苯乙烯板、发泡聚苯乙烯颗粒或其他保温材料,使混凝土砌块在具有承重和装饰功能的基础上增加砌块的热阻,具有保温隔热的功能,可广泛应用于工业与民用建筑的承重结构,完全替代实心黏土砖(烧结普通砖)。

2. 复合板墙

装配式单层工业厂房的外墙采用板材墙是工业建筑发展的方向。它不仅减轻墙体自重,改善墙体的抗震性能;加快施工速度、减轻劳动强度、促进建筑工业化,而且还能充分利用工业废料,节省耕地。但板材墙目前还存在造价偏高、连接构件不够理想、接缝不易保证质量等不足,有待逐步改善。

目前用于墙体和屋面的板材品种很多，按墙板的功能不同，可分为外墙板、内墙板和隔墙板。按墙板的规格分为大型墙板、条板拼装的大板和小张的轻型板。按墙板的结构，可分为实心板、空心板和多功能复合墙板。

(1) 玻璃纤维增强水泥板(GRC 板)。由低碱水泥、耐碱玻璃纤维、轻骨料和水等经搅拌、成型、养护而得。质轻(60 mm 厚的板 35 kg/m^2)、强度高(抗折荷载，60 mm 厚的板大于 1 400 N；120 mm 厚的板大于 2 500 N)、导热率小于 0.2 W/(m・K)、耐火极限 1.3～3 h。用于工业与民用建筑的内隔墙及复合墙体的外墙面。

(2) 混凝土夹芯板。由 20～30 mm 厚的钢筋混凝土板作内外表面层，中间加岩棉毡，玻纤毡、泡沫混凝土等保温材料复合而成。承重板：板厚为 250 mm，表观密度为 500～542 kg/m^3 、热导率约为 1.01 W/(m・K)；非承重板：板厚为 180 mm，表观密度 260 kg/m^3，热导率约为 0.593 W/(m・K)。主要用于承重外墙、非承重外墙。

(3) 轻骨料混凝土墙板。由水泥、砂(轻砂或者普通砂)轻粗骨料和水等经搅拌、成型、养护而得，并配有钢筋网片。表观密度为 1 000～1 500 kg/m^3、抗强度 10～20 MPa、热导率为 0.35～0.5 W/(m・K)。主要是用于非承重墙体(抗压强度＜15 MPa)、自承重或承重墙体(抗压强度＞15 MPa)。

(4) 纸面石膏板、纤维石膏板、空心石膏板、装饰石膏板。由建筑石膏、纸板或玻璃纤维和水等经搅拌、成型、养护而得。表观密度 600～1 000 kg/m^3、抗折荷载可达 400～850 N、热导率为 0.2～0.5 W/(m・K)、隔声指数为 30～50 dB，质量轻、隔热、隔声、易加工、施工简便，但耐水性差。内隔墙、复合墙板的内壁板的尺寸，不宜大于长期高温的环境。

(5) 轻型夹芯板。夹芯板是将彩色涂层钢板面板及底板与保温芯材通过黏结剂(或发泡剂)复合而成的保温复合围护板材。根据其芯材的不同分为硬质聚氨酯夹芯板、聚苯乙烯夹芯板、岩棉夹芯板。夹芯板板厚为 50～100 mm；彩色钢板厚度为 0.5 mm、0.6 mm，板长一般宜在 12 m 以内。在带有钢丝网的聚苯乙烯板两面涂有水泥砂浆的板材或复合彩色薄钢板、铝合金板、彩色镀锌钢板等。墙体质量 10～110 kg/m^2，热阻为 0.6～1.1(m^2・K)/W，隔声指数＞40 dB。适用于一般工业与民用建筑的自承重的外墙、隔墙、保温顶及屋面板等。

(6) EPS 板。由厚的彩色涂面钢板、自熄聚苯乙烯、热固胶在连续成型机内加压加热复合而成，质量轻、保温隔热好、施工方便，是集承重、保温、防水、装修于一体的新型围护结构板材，适用于各种形式的屋面。

(7) 硬质聚氨酯夹芯板。由镀锌彩色型钢板、硬质聚氨酯泡沫芯材复合而成。表观密度为 40 kg/m^3，热导率为 0.022 W/(m・K)，隔声指数为 25 dB，具有质量轻、强度高、保温和隔声效果好、色彩丰富、施工简便的特点，是承重、保温、防水三合一的屋面板材，主要用于大型工业厂房、仓库、公共设施等大跨度建筑和高层建筑的屋面。

(8) 设计围护结构时要考虑到在其表面上不许产生凝结水，因此，对围护物材料在构造厚度上的选择要有必需的传热阻。对于能够提高房屋使用质量和耐久性的围护物的隔汽和防潮性能的可靠性要给予特别的注意。厂房的墙优先采用装配式钢筋混凝土、砖石砌体、钢及铝的压型板等做成自承重式的墙体。抗冻性高的实体砖墙得到广泛应用。冷库部分墙体不用空心的材料和结构以及有大量孔隙的材料。

3. 框架填充墙的构造要求

(1) 在框架结构的单层工业厂房中，砌体外墙是指用砖或砌块填充的非承重墙，主要用于厂房的外墙和高低跨之间的封墙，为避免墙和柱之间的不均匀沉降引起墙体开裂，墙体通常是由柱基础上的钢筋混凝土基础梁或柱牛腿上的连系梁支承。墙与柱子的相对位置关系有四种(见图 7-6)：把外墙设置在柱外侧，见图(a)。它具有构造简单、施工方便、热工性能好、便于基础梁与连系梁等构配件的定型化和统一化等优点，缺点是构件占地面积较大。单层厂房外墙多用此方案。把柱部分嵌入外墙内(见图(b))方案比(a)方案稍节省建筑占地面积，并能增强柱列间刚度，但要增加部分砍砖，施工较麻烦，同时基础梁和连系梁等构配件也随之复杂化。把外墙全部嵌入柱间的方案见图(c)、(d)，(c)方案比(d)方案更节省建筑占地面积，更能增加柱列间的刚度。但(c)、(d)方案构造较复杂，施工麻烦，不利于基础梁与连系梁等构配件统一化，且热工性能差，又因柱直接接触室外，保护条件差，常用于厂房的露天跨、扩建跨及较温暖地区等不要求保暖的厂房。

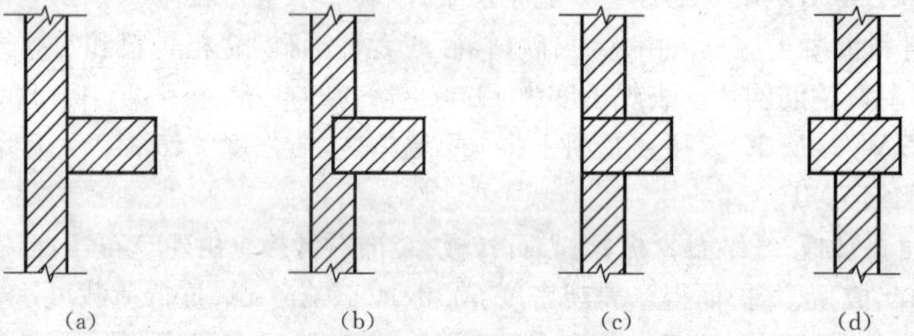

图 7-6　墙与柱的相对位置

(2) 连系梁是厂房纵向柱列的水平连系构件，常设置在窗口上皮，并代替窗过梁。其作用是增强厂房纵向刚度、传递风荷载到纵向柱列；承受部分墙体重量并传给柱子。连系梁与柱子用截面形式有矩形和 L 形，分别用于 240 mm 和 370 mm 墙中。

(3) 在高度较大或振动较大的单层厂房中应布置圈梁，以加强墙与柱之间的连接，保证墙体的稳定性，并增加厂房的整体刚度。圈梁的布置原则是沿墙高每隔 3 m 左右设一道，一般情况在墙内与窗过梁相对应的位置设置圈梁。圈梁应与柱伸出的预埋筋相连接。连系梁若水平向已经交圈可视为圈梁。圈梁截面高度不宜小于 180 mm，宽度与墙厚相同，纵筋不少于 4ϕ12，箍筋 ϕ6@200 mm。墙体每 3 m 设置构造柱，构造柱的断面，对于 240 mm 厚砖墙应为 240 mm×180 mm；对于 190 mm 厚砖墙应为 190 mm×250 mm。要保证构造柱与墙体的连接，构造柱不需要按受力构件计算，纵向钢筋不应小于 4ϕ12，箍筋 ϕ6@200 mm。构造柱与墙体的连接处砌成马牙槎，并沿墙高每 500 mm 设 2ϕ6 拉结钢筋，每边伸入墙内不宜小于 1 m。构造柱不单独设置基础，伸入室外地面下 500 mm 或锚入距室外地面小于 500 mm 的基础圈梁内，遇有管沟时，应伸到管沟下面。

(4) 砌块强度不低于 Mu 10，砂浆强度不低于 Mu 5。单层厂房的外墙一般都较高，因此应有足够的刚度和稳定性。为防止墙体受风荷载或其他水平荷载的作用而侧向倾倒，墙体与柱之间应加强拉结。为了使墙与柱子的连接保持一定的整体性及稳定性，墙体与柱子之间应有可靠的连接。砌块墙体与框架柱交接处沿墙高每隔 500 mm 设置 6@200 拉结钢筋，每边伸入墙内 1 m，墙体在柱子外侧时构造见图 7-7。砌块墙体抗震构造措施为设置构造柱和布置圈梁，有效地约束墙体，改善砖砌体的脆性性能。构造柱、圈梁砼强度等级不应低于 C15，使墙体开裂后裂缝不易发展到构造柱、圈梁部位，使其工作在弹性阶段。

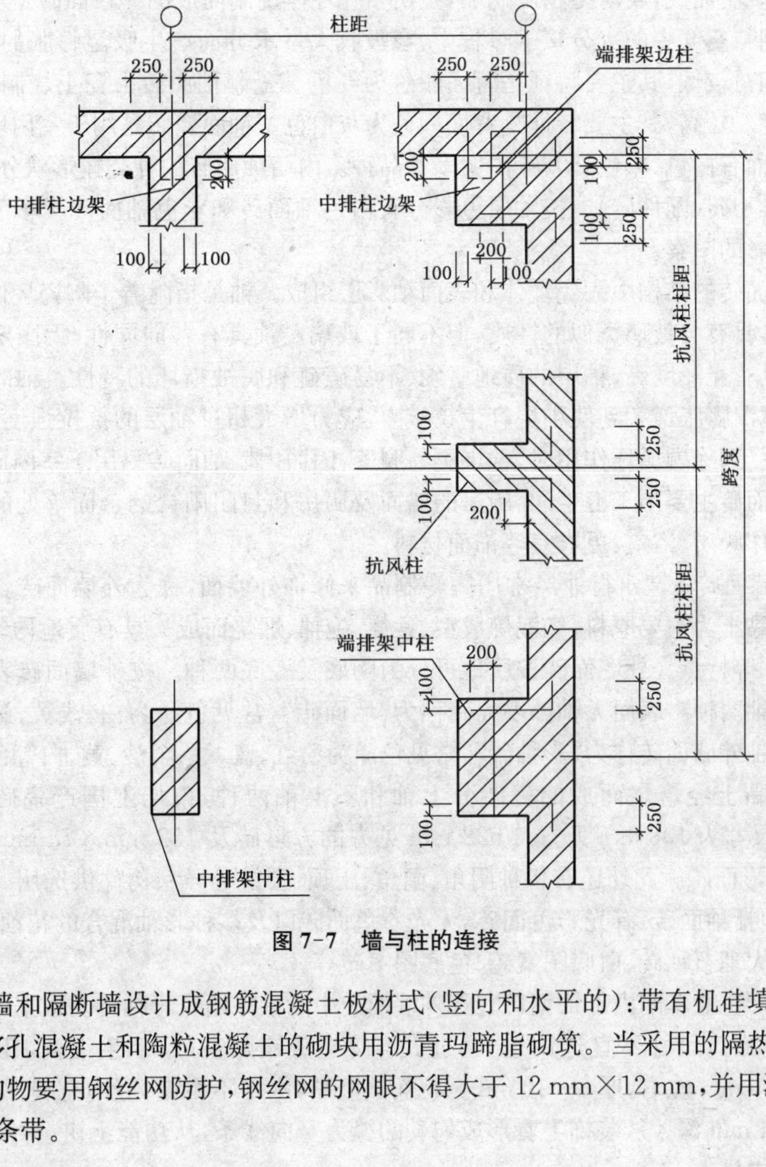

图 7-7　墙与柱的连接

(5) 内墙和隔断墙设计成钢筋混凝土板材式(竖向和水平的):带有机硅填料的陶粒混凝土等类,多孔混凝土和陶粒混凝土的砌块用沥青玛蹄脂砌筑。当采用的隔热层易受鼠虫蛀啮时,结构物要用钢丝网防护,钢丝网的网眼不得大于 12 mm×12 mm,并用泡沫玻璃、矿棉板等分成条带。

二、墙面装修

食品生产车间对内墙面卫生要求很高,要防霉、防湿、防腐、有利于卫生,转角处理成圆弧形不致形成清洁的死角。根据食品生产企业的特点和食品行业对墙面的卫生要求,车间内部墙面装修通常采用以下方法:温度在 0℃以上的车间包括高温库的墙面,采用墙面砖饰面;要求较高的隔墙采用彩钢板夹芯保温墙面板;高档的车间如精细化工等采用昂贵的不锈钢板夹芯墙面板。

1. 饰面砖墙面

饰面砖分为釉瓷砖、外墙面砖、异型瓷砖、陶瓷锦砖和陶瓷饰面板,后三种不在食品生产企业车间内墙面的使用范围,当不予考虑。

(1) 釉瓷砖。根据原材料的不同,釉面砖又可分为陶制釉面砖和瓷制釉面砖。陶制釉面砖由陶土烧制而成,属薄型精陶制品,是由多孔坯体烧制而成的。釉面砖是多孔的精陶坯体时,在长期与空气中的水分接触过程中,会吸收大量水分而产生吸湿膨胀的现象,吸水率较高,强度相对较低,其主要特征是背面颜色为红色。瓷制釉面砖由瓷土烧制而成,吸水率较低,强度相对较高,其主要特征是背面颜色为灰白色。釉面瓷砖是用于室内墙面装饰的陶瓷面砖。釉面有白色、彩色、印花、图案多种品种。内墙釉面砖的种类按形状分为通用砖(正方形砖)和异型砖(配件砖)。按釉层色彩分有白色釉面砖和彩色釉面砖。彩色釉面砖还可制成不同色彩的图案。

内墙釉面砖的结构由陶瓷坯体和表面釉彩层组成。釉是指附着于陶瓷坯体表面的连续的玻璃质层,具有与玻璃类似的性质,但不同于玻璃。釉具有各向同性,无固定熔点而只有熔融范围,具有光泽度高、釉层的质地坚硬、不易磕碰和腐蚀损坏的特性。釉的吸湿膨胀非常小,当坯体湿膨胀增大到使釉层产生拉应力,应力增大超过釉层的抗拉强度时,釉层会发生开裂。在受到冻融循环作用时,釉层更易脱落,因而内墙釉面砖只用于室内而不宜用于室外。内墙釉面砖主要用于卫生间、厨房的墙面及厨房和封闭阳台的台面等处的装饰。釉面瓷砖主要用作厕所、浴室、更衣室等饰面材料。

(2) 外墙面砖。建筑行业经常用陶瓷制品来修饰外墙面,称为外墙面砖。外墙面砖是以优质耐火黏土为主要原料,经混炼成型、素烧、施釉、煅烧而成。具有质地均匀、结构致密、强度高、防水等特点。外墙面砖按质地可分为陶底及瓷底两种。按外墙面砖表面处理可分为有釉和无釉两种。表面无釉外墙面砖称为“墙面砖”,常见色泽为白、浅黄、深黄、红、绿等色。表面有釉外墙面砖称为“彩釉砖”,常见色泽为粉红、蓝、绿、金沙、黄、白等色。由白色的瓷土或耐火黏土经焙烧而成的瓷砖分上釉和不上釉两种,市场上国产瓷砖厚度为 5～6 mm,平面尺寸为 108 mm 见方、1 528 mm 见方的方形砖及 152 mm×78 mm, 152 mm×50 mm 的矩形面砖。此外还有各种阴角、阳角、压顶、腰线等异型构件供选用。瓷砖的品种花样繁多,包括釉面砖、有光彩色面砖、无光彩色面砖以及多种彩釉混合的花釉砖、结晶釉面砖、斑釉砖、大理石釉砖、白底图案砖、色底图案砖等。

食品生产企业车间内部饰面砖宜选外墙面砖中的釉外墙及彩釉砖。根据国外食品生产企业的经验,面砖尺寸不宜选用过大,过大容易造成镶贴空鼓,孳生细菌,几何尺寸宜取 150 mm×300 mm 左右,厚 8～10 mm。将面砖竖贴,水平不留缝,竖向有缝,缝宽 6 mm 左右,勾缝3～4 mm 深。从装饰上看形成勾勒的缝为竖向线条,从功能上讲,冲洗墙面的水顺着勾勒的缝内排走。

(3) 内墙饰面砖墙面阴阳角做成圆弧形有两种材料:一种是不锈钢材料制作的阴阳角,另一种是饰面砖的配套阴阳角可以选用。前者价格较贵,后者价格便宜。

2. *饰面砖墙面装饰施工*

墙面砖镶贴的施工工艺流程为

基层处理→抹底、中层灰找平→弹线分格→选面砖→浸砖→做标志块→铺贴→勾缝→清理。

(1) 基层处理。镶贴饰面砖需先做找平层,而找平层的质量是保证饰面层镶贴质量的关键,基层处理又是做好找平层的前提,要求基层不产生空鼓而又满足面层粘贴要求。以下为各种材质基层表面处理方法,主要解决的是找平层与基层的粘贴问题,同时为初步找平打下基础。

混凝土表面处理当基体为混凝土时，先剔凿混凝土基体上凸出部分，使基体基本保持平整、毛糙，然后刷一道界面剂，在不同材料的交接处或表面有孔洞处，需用1∶2或1∶3水泥砂浆找平。填充墙与混凝土地面结合处，还应用钢板网压盖接缝，射钉钉牢。

加气混凝土表面处理。加气混凝土砌块墙应在基体清理干净后，先刷界面剂一道，为保证块料镶贴牢固，再满钉丝径0.7 mm、孔径32 mm×32 mm或以上的机制镀锌钢丝网一道。钉子用6 mm型钉，钉距不大于600 mm，梅花形布置。

砖墙表面处理当基体为砖砌体时，应用钢錾子剔除砖墙面多余灰浆，然后用钢丝刷清除浮土，并用清水将墙体充分润湿，使润湿深度为2～3 mm。

另外，基体表面处理的同时，需将穿墙洞眼封堵严实。光滑的混凝土表面，必须用钢尖或扁錾凿毛处理，使表面粗糙。打点凿毛应注意两点：一是受凿面积≥70%（即每平方米面积打点200个以上），绝不能象征性的打坑；二是凿点后，应清理凿点面，由于凿打中必然产生凿点局部松动，必须用钢丝刷清洗一遍，并用清水冲洗干净，防止产生隔离层。

（2）做找平层。贴灰饼、做冲筋抹灰前需先挂线、贴灰饼。内墙面应在四角吊垂线、拉通线，确定抹灰厚度后，再贴灰饼、连通灰饼（竖向、水平向）进行冲筋，作为墙面找平层砂浆垂直度和平整度的标准。打底用1∶3的水泥砂浆或1∶1∶4混合砂浆，在已充分润湿的基层上涂抹。涂抹时必须注意控制砂浆的稠度且基体不得干燥，因为干燥的基体容易将紧贴它的砂浆层的水分吸收，使砂浆失水，形成抹灰层与基体之间的隔离层而水化不充分，无强度，引起基层抹灰脱壳和出现裂缝而影响质量。抹找平层。找平层的质量关键是控制好平整度和垂直度，为镶贴饰面层提供一个良好的基层（垂直而平整）。当抹灰厚度较大时，应分层涂抹，一般一次抹灰厚度≤7 mm，当局部太厚时加钢丝网片。

（3）弹线分格。弹线分格是在找平层上用墨线弹出饰面砖分格线，见图7-8。弹线前应根据镶贴墙面长、宽尺寸（找平后的精确尺寸），算好纵横面砖的皮数后画出皮数杆，定出水平标准。弹水平线要求面砖贴到顶的墙面时，应先弹出顶棚边或龙骨下标高线，确定面砖铺贴上口线，然后从上往下按整块饰面砖的尺寸分划到最下面的饰面砖。当最下面砖的高度小于半块砖时，最好重新分划，使最下面一层面砖高度大于半块砖。重新排砖划分后，可将面砖多出的尺寸伸入到吊顶内。弹竖向线最好从墙面一侧端部开始，以便将不足模数的面砖贴于阴角或阳角处。

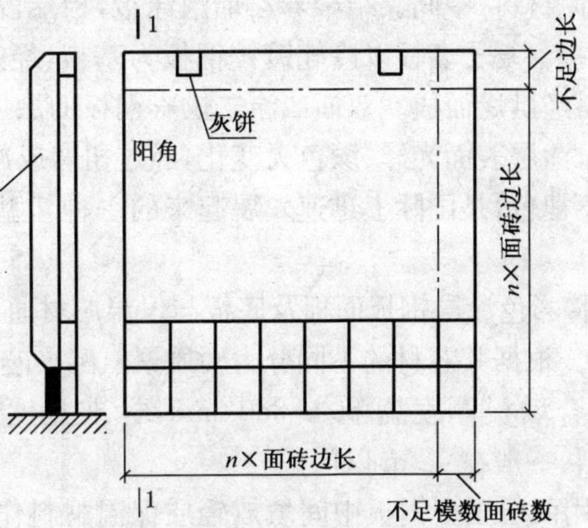

图7-8　饰面砖弹线分格示意图

(4) 选面砖。选面砖是保证饰面砖镶贴质量的关键工序。必须在镶贴前按颜色的深浅、尺寸的大小不同进行分选。对于饰面砖的几何尺寸大小,可以采用自制模具,这种模具是根据饰面砖几何尺寸及公差大小,做成U形木框钉在木板上,将面砖逐块放入木框,即能分选出大、中、小,以此分类堆放备用。在分选饰面砖的同时,还要注意砖的平整度如何,不合格者不得使用于工程。最后挑选配件砖,如阴角条、阳角条、压顶等。

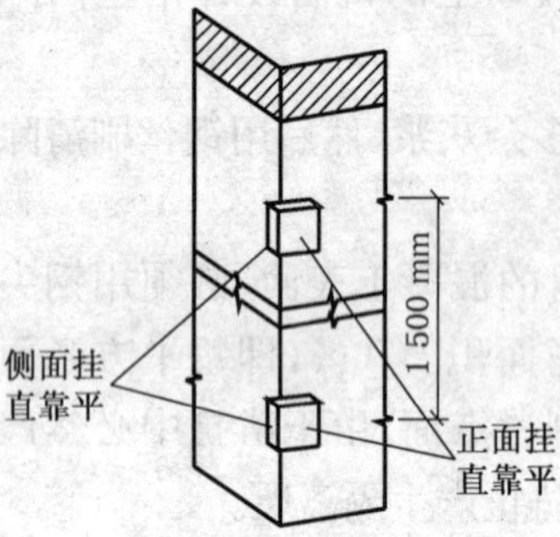

图7-9　饰面砖挂直示意图

(5) 浸砖。如果用陶瓷釉面砖作为饰面砖,在铺贴前应充分浸水润湿,防止用干砖铺贴上墙后,吸收砂浆(灰浆)中的水分,致使砂浆中水泥不能完全水化,造成黏结不牢或面砖浮滑。

(6) 做标志块。用面砖按镶贴厚度,在墙面上下左右合适位置作标志,并以砖棱角作为基准线,上下靠尺吊垂直,横向用靠尺或细线拉平。标志块的间距一般为1 500 mm。阳角处除正面做标志块外,侧面也相应有标志块,即所谓双面挂直,如图7-9所示。

(7) 镶贴方法。预排饰面砖为确保装饰效果和节省面砖用量,在同一墙面只能有一行与一列非整块饰面砖,非整块砖应排在紧靠地面处或不显眼的阴角处。排砖时可用适当调整砖缝宽度的方法解决,一般饰面砖的缝宽可在1 mm左右变化。凡有管线、卫生设备、灯具支撑等时,面砖应裁成U形口套入,再将裁下的小块截去一部分,与原砖套入U形口嵌好,严禁用几块其他零砖拼凑。内墙面砖镶贴排列方法,主要有直缝镶贴和错缝镶贴两种。掌握镶贴顺序,每一施工层必须由下往上镶贴,而整个墙面可采用从下往上,也可采用从上往下的施工顺序。一个施工层由下往上,从阳角开始沿水平方向逐一铺贴,以弹好的地面水平线为基准,嵌上直靠尺或八字形靠尺条,第一排饰面砖下口应紧靠直靠尺条上沿,保证基准行平直。

3. 彩色压型钢板复合墙板

(1) 复合墙板将外层板用高强黏胶与内层自熄性聚苯乙烯泡沫板黏合,加压加热固化后,制成超轻隔热夹芯板,可作为屋面板、外墙板,最适宜于隔墙。这种夹芯板的主要特点是:自重较轻、防潮性好、隔热保温、安装快捷、装饰性好。板的构造为两层彩色钢板,以彩涂层钢板或镀锌钢板为原材料,中间黏结聚苯乙烯泡沫板,板端设有企口并配有工字形铝件,以便板与板之间的连接。复合墙板以冷轧镀锌钢板为基板,经过表面脱脂、磷化、铬酸盐等处理后,涂上有机涂料经烘烤而成。双面二涂二烘彩钢板的涂层测试证明,彩钢板在120℃烘箱中连续加热96 h,涂层表面光泽、颜色无变化,经过扭弯或冲压表面涂层无脱落现象,可保持15～20年色泽不褪色,是国际上迅速发展起来的一种新型带钢预涂产品,彩钢板的颜色可任意选择。

(2) 复合墙板是将彩色涂层钢板面板及底板与保温芯材通过黏结剂(或发泡)复合而成的保温复合围护板材。根据其芯材的不同分为硬质聚氨酯夹芯板、聚苯乙烯夹芯板、玻璃棉板、岩棉夹芯板。复合墙板厚度为50～250 mm,标准宽度为1 220 mm;彩钢板厚度0.5 mm、0.6 mm,板长一般在12 m以内。

(3) 复合墙板是用两层压型钢板中间填放轻质保温材料作为保温层,在保温层中放两条宽50 mm的带钢筋箍,在保温层的两端各放三块槽形冷弯连接件和两块冷弯角钢串挂件,然后用自攻螺丝把压型板与连接件固定,钉距一般为 100～300 mm。复合墙板的接缝构造有两种形式:一种是在墙板的垂直方向设置企口边;另一种是不设置企口边。复合墙连接方式:有骨架的轻型钢结构房屋采用紧固件或连接件将夹芯板固定在檩条或墙梁上;无骨架的小型房屋可通过连接件将夹芯板组合成型,成为板自承重的盒子式组合房屋。

4. 外墙的一般抹灰

外墙抹灰施工工艺流程为

交验、基层处理→找规矩→挂线、做灰饼→做标筋→铺抹底、中层灰→弹线黏结分格条→铺面层灰→勾缝。

(1) 交验、基层处理。主体结构施工完毕,外墙上所有预埋件、嵌入墙体内的各种管道已安装,并符合设计要求,阳台栏杆已装好。门窗安装完毕并检查合格,框与墙间的缝隙已经清理,并用砂浆分层分遍堵塞严密。砖墙的凹处已用 1∶3 的水泥砂浆填平,凸处已按要求剔凿平整,脚手架孔洞已堵塞填实,墙面污物已经清理,混凝土墙面光滑处已经凿毛。

(2) 找规矩。外墙面抹灰与内墙面抹灰一样,也要挂线做标志块、标筋。其找规矩的方法与内墙基本相同,但要在相邻两个抹灰面相交处挂垂线。

(3) 挂线、做灰饼。由于外墙抹灰面积大,另外还有门窗、阳台、明柱、腰线等,因此外墙抹灰找规矩比内墙更加重要,要在四角先挂好自上而下的垂直线(多层及高层楼房应用钢丝线垂下),然后根据抹灰的厚度弹上控制线,再拉水平通线,并弹水平线做标志块,然后做标筋。标志块和标筋的做法与内墙相同。

(4) 弹线黏结分格条。室外抹灰时,为了增加墙面的美观,避免罩面砂浆收缩而产生裂缝,或大面积膨胀而空鼓脱落,要设置分格缝,分格缝处粘贴分格条。分格条在使用前要用水泡透,这样既便于施工粘贴,又能防止分格条在使用中变形,同时也利于本身水分蒸发收缩易于起出。

水平分格条宜粘贴在水平线下口,垂直分格条宜粘贴在垂线的左侧。黏结一条横向或竖向分格条后,应用直尺校正平整,并将分格条两侧用水泥浆抹成八字形斜角。当天抹面的分格条,两侧八字斜角可抹成 45°。当天不抹面的“隔夜条”,两侧八字形斜角应抹得陡一些,可抹成 60°。分格条要求横平竖直、接头平整,不得有错缝或扭曲现象,分格缝的宽窄和深浅应均匀一致。

(5) 抹灰。外墙抹灰层要求有一定的耐久性,若采用水泥石灰混合砂浆,配合比为:水泥∶石灰膏∶砂＝1∶1∶6;若采用水泥砂浆,配合比为:水泥∶砂＝1∶3,底层砂浆具有一定强度后,再抹中层砂浆,抹时要用木杠、木抹子刮平压实,扫毛、浇水养护。在抹面层时,先用 1∶2.5 的水泥砂浆薄薄刮一遍;第二遍再与分格条抹齐平,然后按分格条厚度刮平、搓实、压光,再用刷子蘸水按同一方向轻刷一遍,以达到颜色一致,并清刷分格条上的砂浆,以免起条时损坏抹面。起出分格条后,随即用水泥砂浆把缝勾齐。

室外抹灰面积比较大,不易压光罩面层的抹纹,所以一般用木抹子搓成毛面,搓平时要用力均匀,先圆圈形搓抹,再上下抽拉,方向要一致,以使面层纹路均匀。在常温情况下,抹灰完成 24 h 后,开始淋水养护 7 d 为宜。

外墙抹灰时,在窗台、窗楣、雨棚、阳台、檐口等部位应做流水坡度。设计无要求时,流水坡度 10%为宜,流水坡下面应做滴水槽,滴水槽的宽度和深度均不应小于 10 mm。要求棱角整齐、光滑平整,起到挡水的作用。

三、门窗

门窗是建筑工程的重要组成部分，也是建筑装饰工程中的重点。门窗在建筑立面造型、比例尺度、虚实变化等方面，对建筑外表的装饰效果有较大影响。对门窗的具体要求应根据不同的地区、不同的建筑特点、不同的建筑等级等有详细和具体的规定，在不同的情况下，对门窗的分隔、保温、隔声、防水、防火、防风沙等有着不同的要求。随着科学的进步，新材料、新工艺的不断出现，门窗的生产和应用也紧紧跟随装饰行业高速发展，不仅有满足功能要求的装饰门窗，而且还有满足特殊功能要求的特种门窗。

食品生产企业常用的门窗有：空腹钢门、涂层镀锌钢板门、铝合金门窗、塑钢门窗、金属卷帘门、防撞门、防火门、保温门等。GMP 规定食品工厂不能使用木制品，当然也不能使用木门窗。

1. 空腹钢门窗

建设部规定禁止使用实腹钢门，空腹钢门窗材料选用普通碳素钢。门框扇材料采用高频焊接钢管。门板采用 1 mm 厚冷轧冲压槽型钢板。钢窗料采用 1.2 mm 厚带钢，高频焊接轧制成型。空腹钢门具有质地坚固、耐久、防火、防水、风雪不易侵入、外观整洁和美观等优点，但空腹钢门气密性差、热损耗多，因而只用于车间的外门，很少用于较高级的场所。

2. 涂层镀锌钢板门窗

涂层镀锌钢板门窗又称彩板组角钢门窗，是用涂层镀锌钢板制作的一种彩色金属门窗。其特点是门窗质量轻、强度高，又具有防尘、隔声、保温、耐腐蚀等性能，且色彩鲜艳，使用过程中不需要保养的优点，它适用于车间的外门。

常见的涂层镀锌钢板门产品有彩板组角钢平开门（代号 SPM）、涂层镀锌钢板双面弹簧门（代号 SPY）、涂层镀锌钢板附纱推拉门（代号 SGMT）和涂层镀锌钢带遮阳防护卷帘门（代号 SCM）。常见的涂层镀锌钢板窗有涂层镀锌钢板固定窗（代号 SPC）、涂层镀锌钢板平开窗（代号 SPP）、涂层镀锌钢板附纱平开窗（代号 SPB）、涂层镀锌钢板中悬窗（代号 SPZ）、涂层镀锌钢板下悬窗（代号 SPX）、涂层镀锌钢板上悬窗（代号 SPX）、涂层镀锌钢板立转窗（代号 SPL）、涂层镀锌钢板附纱推拉窗（代号 SGCT）和涂层镀锌钢带遮阳防护窗（代号 SCC）。

3. 铝合金门窗

(1) 铝合金门窗可分为推拉门、推拉窗、平开门、平开窗、固定窗、悬挂窗、回转门、回转窗等。按门窗型材截面的宽度尺寸的不同，可分为许多系列，常用的有 10、25、45、50、55、60、65、70、80、90、100、135、110、155、170 系列等。常见铝合金门的种类有 50 系列平开铝合金门、55 系列平开铝合金门、70 系列平开铝合金门、70 系列推拉铝合金门、90 系列推拉铝合金门、70 系列铝合金地弹簧门和 100 系列铝合金地弹簧门。常见铝合金窗的种类有 40 系列平开铝合金窗、50 系列平开铝合金窗、70 系列平开铝合金窗、55 系列推拉铝合金窗、60 系列推拉铝合金窗、70 系列推拉铝合金窗和 90 系列推拉铝合金窗。所用的窗料壁厚不宜小于 1.6 mm，门料壁厚不小于 2.0 mm。

铝合金门窗料有银白色、金黄色、青铜色、古铜色、黄黑色等几种，其外表色泽雅致、美观，经久耐用。氧化膜的厚度应满足设计要求，室外门窗的氧化膜应当厚些，沿海地区由于受海风侵蚀比较严重，氧化膜应当厚些。氧化膜厚度的确定，应根据气候条件、使用部位、建筑物的等级等多方面因素综合考虑。铝合金门适用于车间的内门。

(2) 铝合金门窗安装用的密封材料有聚氨酯密封膏,它是高档密封膏,变形能力为25%。聚硫密封膏是高档密封膏,变形能力为25%,寿命可达10年以上。聚硅氧烷密封膏是高档密封膏,性能全面,变形能力达50%,高强度、耐高温。水膨胀密封膏,遇水后膨胀将缝隙填满。密封垫用于门窗框与外墙板接缝密封,膨胀防火密封件用于防火门,遇火后可膨胀密封其缝隙,低衬泡沫条和密封胶配套使用,在缝隙中能随密封胶变形而变形。防污纸制胶带纸用于保护门窗料表面,防止表面污染。

铝合金门密封条:嵌装玻璃用的密封条,也叫密封胶条;门窗扇关闭后封闭缝隙的密封也称为密闭条。密封条主要用合成橡胶类、聚氯乙烯类和聚氨酯类材料制作。铝合金窗缓冲件:推拉门使用的缓冲件一般用硬度较高的硬橡胶或尼龙制作,以螺钉或胶固定。铝合金窗密封条:嵌装玻璃时,使用密封条可直接压入,施工方便,并可兼作防水。多风雨地区则常用于室内,室外一侧则用隔垫加密封胶。铝合金窗缓冲件、隔垫及垫块:缓冲件用硬橡胶或尼龙制作;隔垫是在嵌装玻璃时与密封胶同时使用,常采用聚乙烯发泡体制作,截面呈方形、矩形、圆形,垫块是支垫玻璃之用,常用较高硬度的橡胶制作,截面常为矩形。

(3) 铝合金门窗的五金配件有门锁(双头通用门锁),配有暗藏式弹子,可以内外启闭,适用于铝门合金平开门。勾锁(推拉门锁)有单面和双面两种,可作推拉门、窗的拉手和锁闭器使用。暗插锁适用于双扇铝合金地弹簧门,滚轮(滑轮)适用于推拉门窗(70、90、55系列)。滑撑铰链能保持窗扇在0°~60°或0°~90°开启位置自行定位,铝合金平开窗执手适用于平开窗、上悬式铝合金窗的开启和闭锁。联动执手适用于密闭型平开窗的启闭,在窗上下两处联动扣紧。推拉窗执手(半月形执手)有左右两种形式,适用于推拉窗。地弹簧装于铝合金门下部,铝合金门可以缓速自动闭门,也可在一定开启角度位置定位。

(4) 门的地弹簧为不锈钢面或铜面,使用前应进行开闭速度的调整,液压部分不得出现漏油。暗插为锌合金压铸件,表面镀铬或覆膜,门锁应为双面开启的锁,门的拉手可因设计要求而有所差异,除了满足推、拉使用要求外,其装饰效果占有较大比重。拉手一般常用铝合金和不锈钢等材料制成。

(5) 推拉窗的拉锁,其规格应与窗的规格配套使用,常用锌合金压铸制品,表面镀铬或覆膜;也可以用铝合金拉锁,其表面应当进行氧化处理。滑轮常用尼龙滑轮,滑轮架为镀锌的钢制品。

(6) 平开窗的窗铰应为不锈钢制品,钢片厚度不宜小于1.5 mm,并且有松紧调节装置。滑块一般为铜制品,执手为锌合金压铸制品,表面镀锌或覆膜,也可以用铝合金制品,其表面应当进行氧化处理。

(7) 铝合金门窗附件材料除不锈钢外均应进行防腐处理,并不允许与铝合金型材发生接触性腐蚀。执手可选用锌合金压铸制品,表面镀铬或覆膜。也可选用铝合金制品,表面氧化处理。铝合金门窗选用的玻璃一般为5 mm或6 mm厚。纱窗应选用铝纱或不锈钢纱。密封条可选用橡胶条或橡塑条。密封材料可选用硅酮胶、聚硫胶、聚氨酯胶、丙烯酸酯胶等。

4. 塑钢门窗

(1) 塑钢门窗是以聚氯乙烯或其他树脂为主要原料,以轻质碳酸钙为填料,添加适量助剂和改性剂,经双螺杆挤压机挤压成型的各种截面的空腹门窗异型材,再根据不同的品种规格选用不同截面异型材组装而成。由于塑料的刚度较差、变形较大,一般在空腹内嵌装型钢或铝合金型材进行加强，从而增强了塑料门窗的刚度，提高了塑料门窗的牢固性和抗风能力。因此，塑料门窗又称为塑钢门窗。

塑钢门窗具有气密性、水密性、耐腐蚀性、隔热保温、隔声、耐低温、阻燃、电绝缘性、造型美观等优点。实践证明：其气密性为木窗的 3 倍，为铝合金门窗的 1.5 倍；热导率是金属门窗的 1/12～1/8，可节约暖气费 20%左右。另外，塑料本身的耐腐蚀性和耐潮性优异，在化工建筑、地下工程、卫生间及浴室内都能使用，是一种应用广泛的建筑节能产品。在食品工厂广泛用于建筑物的窗和车间的内门。

(2) 塑钢门窗可以分为以聚氯乙烯树脂为主要原料的钙塑门窗，以改性聚氯乙烯为主要原料的改性聚氯乙烯门窗，以合成树脂为基料、以玻璃纤维及其制品为增强材料的玻璃钢门窗。常见的塑钢门品种及型号有 60 系列塑钢门、80 系列塑钢推拉门、100 系列塑钢弹簧门以及 30 系列塑钢折叠门。常见的塑钢窗有 60 系列塑钢固定窗和塑钢平开窗以及 60、75 系列塑钢推拉窗。

(3) 塑钢门窗的紧固件、五金件、增强型钢、金属衬板及固定片等，应进行表面防腐处理。紧固件的镀层金属及其厚度应符合国家标准《紧固件　电镀层》(GB/T 5267.1—2002)的有关规定；紧固件的尺寸、螺纹、公差、十字槽及机械性能等技术条件应符合国家标准《十字槽盘头自攻螺钉》、《十字槽沉头自钻自攻螺钉》的有关规定。五金件的型号、规格和性能，均应符合国家现行标准的有关规定；滑撑铰链不得使用铝合金材料。全防腐型塑料门窗，应采用相应的防腐型五金件及紧固件。固定片的厚度≥1.5 mm，最小宽度≥15 mm，其材质应采用Q235-A 冷轧钢板，其表面应进行镀锌处理。组合窗及连窗门的拼樘料，应采用与其内腔紧密吻合的增强型钢作为内衬，型钢两端应比拼樘长出 10～15 mm。外窗的拼樘料截面尺寸及型钢形状、壁厚，应能使组合窗承受瞬时风压值。

窗和上部采光天窗在有空调的房间内要优先设计成装设有密封压条的分樘式金属窗扇。

(4) 塑钢门窗所用玻璃的品种、规格及质量，应符合国家现行产品标准的规定，并应有产品出厂合格证，中空玻璃应有检测报告。玻璃的安装尺寸应比相应的框、扇(梃)内口尺寸小 4～6 mm，以便于安装并确保阳光照射膨胀不开裂。玻璃垫块应选用邵氏硬度为 70～90(A)的硬橡胶或塑料，不得使用硫化再生橡胶、木片或其他吸水性材料；其长度宜为 80～150 mm，厚度应按框、扇(梃)与玻璃的间隙确定，一般宜为 2～6 mm。

(5) 门窗洞口框墙间隙密封材料一般常为嵌缝膏(建筑密封胶)，应具有良好的弹性和黏结性。与聚氯乙烯型材直接接触的五金件、紧固件、密封条、玻璃垫块、嵌缝膏等材料，其性能与 PVC 塑料具有相容性。

5. **金属卷帘门**

卷帘门又称卷闸，多用于车库、码头、仓库、银行、商场等建筑。具有造型美观新颖、结构紧凑、操作简单、刚性强、坚固耐用、密封性好等特点，更具有防火、防盗、防风、防尘等功能。适用于肉类加工企业的收猪站台和肉品发货站台的外门。

卷帘门按叶片材料及代号可分为镀锌钢板或钢带(Zn)、彩色涂层钢板或钢带(T)、喷塑钢带(V)、不锈钢钢带(B)、铝合金型材或带材(L)五种。按安装形式可分为外装(卷门窗安装在洞口外侧，代号“W”)，内装(卷门窗安装在洞口内侧，代号“N”)，中装(卷门窗安装在洞口中间，代号“Z”)。按性能分，有普通型、防火型和抗风型三种。按传动方式分，有电动卷帘门、遥控电动卷帘门、手动卷帘门、电动手动卷帘门四种。按轨道规格分，有 8 型、14 型和 16 型三种。

卷帘门由帘板、卷筒体、导轨、电气传动等部分组成。防火卷帘门另配有温感、烟感、光感报警系统，水幕喷淋系统。遇有火情自动报警，自动喷淋，门体自控下降，定点延时关闭。

6. 防撞门

（1）防撞自由门采用特殊的重型重式铰和下门铰保护器，利用偏心轴的原理，靠门的自重来自由闭合。门在任何情况下都会轻快的打开，通过后自动缓慢的完全闭合。防撞门采用特殊的合成工程材料甩铸成型，具有很好的抗冲击性和耐用性，高度尺寸可选。耐冲击、耐腐蚀、易于清洁保养，适用于各类叉车、推车和行人等，见图7-10。自由门体采用高密度、防潮欧耐特实木芯材，门体表面为不锈钢拉丝板，铝合金板为特殊处理的 ABS 板，内部填充环保不锈钢材料，门厚度为 20 mm 或 40 mm。可视窗口为有机玻璃制成，门体四边安装有专利设计的铝合金型材，可降低门体四周的磨损，也可加装 PVC 密封条，有效地保护环境，防止能量的流失。

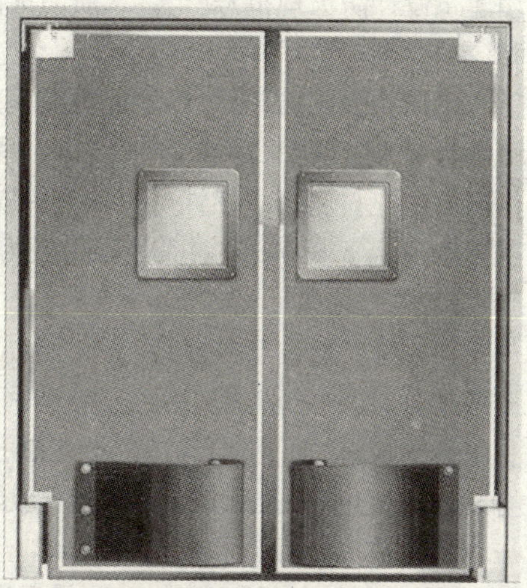

图 7-10　防撞门(一)

（2）不锈钢防撞门是一种防撞击自动回到原位的不锈钢门，见图 7-11 和图 7-12。

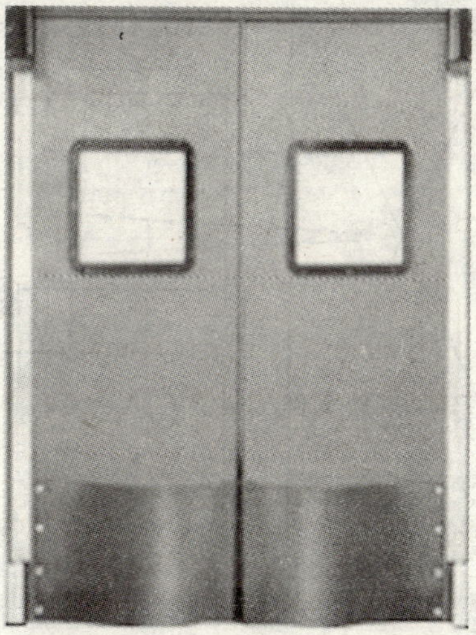

图 7-11　防撞门(二)

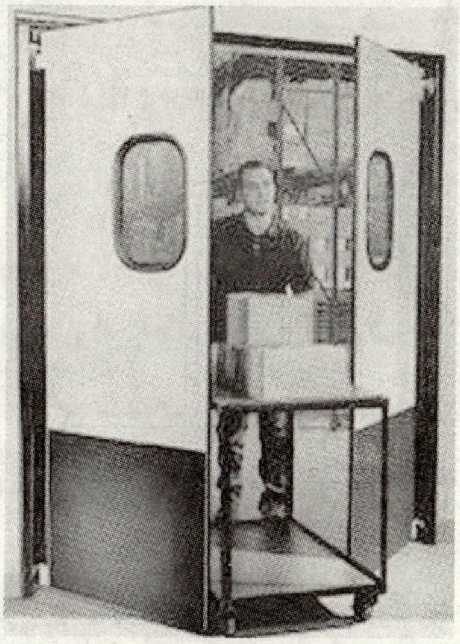

图 7-12　防撞门(三)

7. 防火门

防火门是为了适应建筑防火的要求而发展起来的一种新型门，防火门与烟感、光感、温感报警器以及喷淋等防火报警装置配套设置后，可自动报警、自动关门、自动灭火，以防止火势蔓延。因此，被广泛用于住宅区、建筑的防火分区、楼梯间等。

防火门的种类按耐火极限可分为甲、乙、丙三级。甲级防火门耐火极限为1.2 h；乙级防火门耐火极限为0.9 h；丙级防火门耐火极限为0.6 h。防火门按结构可分为单扇门、双扇门、带上亮门、镶玻璃防火门和卷帘防火门等；按材质分有木质防火门、钢质防火门和复合玻璃防火门。

木质防火门是指用木材或木材制品做门框、门扇骨架、门扇面板，耐火极限达到《高层民用建筑设计防火规范》规定。木质防火门按耐火极限分为甲级、乙级、丙级。防火极限符合相应的要求。

钢质防火门的门框、门扇面板及其加固件应采用冷轧薄钢板。门框采用1.2～1.5 mm厚钢板，门扇面板采用0.8～1.2 mm厚钢板，加固件采用1.2～1.5 mm厚钢板。门扇和门框内的填充材料用不燃性材料填充。安装在钢质防火门上的锁、合页、插销等五金配件的熔融温度不低于950℃。耐火极限甲级为1.2 h，乙级为0.9 h，丙级为0.6 h。

8. 门窗施工

(1) 窗户安装经常按“后塞口”形式进行操作。在砌墙时先留出窗洞口并在墙体预埋木砖或铁件，待内外墙抹灰后再安装窗框，见图7-13、图7-14。塑料门是用硬质PVC塑料型材组装而成，表面平整光洁、色彩和谐、造型美观、装饰性能好。但遇硬物易划伤，白色型材容易沾污变色，一旦划伤会造成永久伤痕；而且硬PVC塑料材质较脆、型材壁薄、碰撞和挤压容易造成局部开裂和损伤。因此，塑料门窗必须采用后塞樘的安装工艺，即先做好门窗口，在大面积抹灰后再安装门窗，最后进行洞口墙面的找补工作。

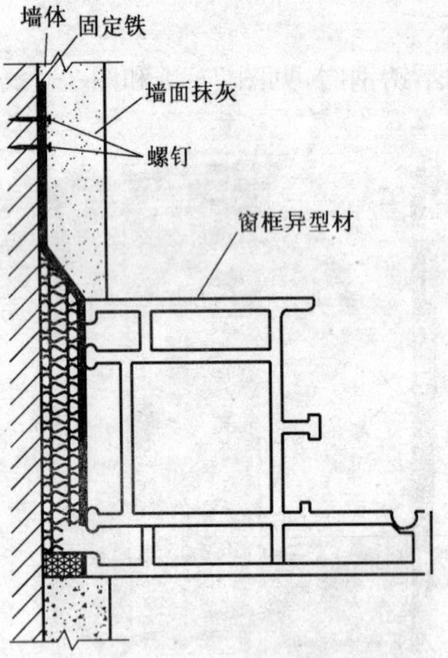

图7-13　框墙间连接件固定法

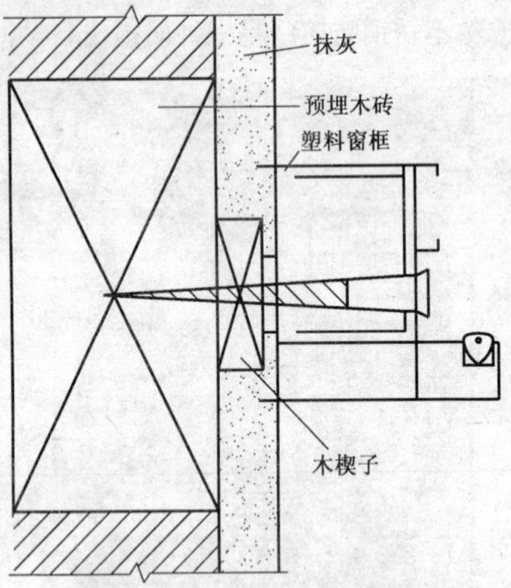

图7-14　框墙间直接固定法

(2) 塑料门窗框与墙体的连接采用固定件法。窗框通过固定铁件与墙体连接，先用自攻螺钉将铁件安装在窗框上，然后将窗框送入洞口定位。于定位设置的连接点处，穿过铁件预制孔，在墙体相对位置上钻孔，插入尼龙胀管，然后拧入膨胀螺钉将铁件与墙体固定。也可以在墙体内预埋木砖，用木螺钉将固定铁件与木砖固定。连接窗框与铁件的自攻螺钉必须穿过加强衬筋或至少穿过窗框型材两层型材壁，否则螺钉易松动，不能保证窗的整体稳定性。

塑钢门窗与墙体的连接采用直接固定法。在墙体预埋木砖，将塑料窗框送入窗洞口定位后，用木螺钉直接穿过窗框型材与木砖连接。也可以用尼龙膨胀螺钉将窗框与墙体连接。安装窗框的墙体四边均设木砖，其设置的位置及数量规定如下：每边小于1 500 mm设3个，大于1 500 mm设4个，小于2 100 mm设5个，2 100～2 400 mm设6个，木砖之间中心点距离不大于500 mm。

(3) 塑料型材的线胀系数为5×10^{-5}mm/(m·℃)，气温变化与墙体间存在不同步的膨胀和收缩，就会导致门窗构件产生圈套变形和应力，甚至破坏门窗。为使塑料门窗安装后能自由伸缩，避免门窗变形，应采用“弹性连接”，主要措施有：采用乙形铁脚与墙体连接；门窗与洞口墙体留有15～20 mm间隙，填塞弹性保温材料；墙面抹灰层不与门窗框材接触，间隙用弹性密封材料嵌缝。

(4) 塑料门窗所用异型材、密封条等原材料应符合现行国家材料《门、窗框用硬聚氯乙烯(PVC)型材》和《塑料门窗用密封条》的有关规定。所采用的紧固件、五金件、增强型钢及金属衬板等应进行表面防腐处理，滑撑铰链不得使用铝合金材料，玻璃及玻璃垫块的质量应符合国家现行产品标准的要求，玻璃垫块应选用邵式硬度为70～90 (A)的硬橡胶或塑料，不得使用再生橡胶、木片或其他吸水材料。与塑料型材紧密接触的各种配套材料(如五金件、紧固件、密封条、间隔条、垫块、嵌缝密封和保温材料等)在性能上应与硬PVC有相容性。成窗的性能应符合《PVC塑料门》和《PVC塑料窗》的要求。

(5) 窗框铁脚位置应装在距离角、中横框和中竖框150～200 mm处，尽量靠近窗的锁链处，中间距小于或等于600 mm。严禁将铁脚直接安装在中横框、中竖框的档头上。窗框上标出的水平和垂直中心线与墙体上标出的水平与垂直中心线对准，然后确定窗框在洞口墙体厚度方向的安装位置。窗与墙体固定时，应先固定上框，然后固定边框。固定方法根据洞口墙体材料及设计要求而定。砖墙洞口可用冲击钻在墙上钻出直径为6 mm、深约35 mm的孔，把规格为ϕ6 mm×30 mm的塑料胀管塞入墙孔，然后再用自攻螺钉把铁脚固定于墙上。也可用水泥钉，但严禁用射钉固定。空心砖、加气混凝土墙体的预埋木砖或铁件可用沉头木螺钉将铁脚固定于木砖上；装有预埋铁件的洞口，可采用焊接固定，也可在预埋件上用钻头钻孔后用自攻螺钉固定。下框与墙体的固定可将铁脚弯折埋入预留孔内后灌C20细石混凝土。严禁将铁脚锚固于砖缝、空心砖和加气块中。需装窗台板时，应按设计要求将其插入窗框下，使窗台板与下边框紧密结合，并使安装水平精度与窗框一致。

(6) 组合窗的拼樘料安装应在整窗找正后按设计要求将增强型钢或方钢管与洞口预埋铁件焊牢，或嵌入墙体。孔槽内不少于30 mm后灌C20细石混凝土。故拼樘料中的增强型钢与方钢管的长度应根据锚固方式不同下料；拼樘料与窗框或门框用螺栓双向固定。窗框与墙体之间的间隙按设计要求进行密封处理。填塞弹性软质材料不宜过紧，厚度不得超出门窗框料厚，且不与窗框发生化学作用，严禁用砂浆或麻刀灰填实。洞口的内外墙面抹灰时，抹灰面应超过窗框边缘，但厚度以不影响窗扇的开启为宜；待抹灰凝固后，将嵌缝膏挤入抹灰层与窗框缝隙内，72 h内防止碰撞震动；最后应及时清理窗上的水泥砂浆，严禁用硬质材料铲刮窗框表面。

(7) 门的安装。无槛平开门应使两边框下脚低于楼地面标高线25～30 mm；有槛平开门及推拉门应使下框低于楼地面标高线10～20 mm。将铁脚固定在墙体上，其固定方法参照塑料窗与墙体的固定方法。门框与洞口缝隙处理方法参照塑料窗与洞口的缝隙处理方法进行。待水泥砂浆凝固后安装门扇及门扇的玻璃，并进行全面调整，使门铰链配合间隙为3 mm。

(8) 玻璃安装。镀膜玻璃的安装应将镀膜玻璃放在最外层，玻璃四周根据与框扇的间隙垫上不同厚度的垫。垫安装在距玻璃边缘 200 mm 处；对于平开窗承重垫应安放在靠近转轴一侧，距玻璃边缘 50～60 mm 处。边框的垫块应用 PVC 胶固定。玻璃安装尺寸从门窗框扇的透光边缘算起，每边搭接不应小于 8 mm，一般要求 12 mm；双层玻璃的夹层四周应嵌入间隔条，间隔条尺寸应比框扇内口每边小 4～5 mm。注意双层玻璃的内层及间隔条的清洁、干燥。

第四节　食品生产企业的屋顶及顶棚

食品生产企业有平顶式及尖顶式两种屋顶。平顶式屋顶及天花板应使用不渗、表面光洁、耐腐蚀、耐温、白色或浅色防水材料覆涂或装修。若喷涂油漆应使用可防霉、不易剥落且易清洗的材料。生产、包装、储存等车间的屋顶应有适当的坡度，易于清扫、消毒，以防止灰尘蓄积，避免结露、长霉或成片剥落等情况发生。管制生产区及其他食品暴露场所(原料处理车间除外)屋顶若为容易藏污纳垢的结构，应加设平滑易清扫的天花板。天花板可以使用塑料材料制成的浅色防水材料。悬挂式天花板还应防灰及定期灭虫。屋顶若为钢筋混凝土构筑，其室内屋顶应平坦无缝隙，而梁与梁及梁与屋顶结合处应有适当的弧度，以便清洁。

一、柔性保温防水屋面构造

现浇钢筋砼框架和屋面梁板结构是食品生产企业常用的结构形式。屋面的排水坡度宜采用结构找坡形式，节省找坡材料。屋面上面是保温防水屋面构造，屋面下面是车间内部的顶棚构造。保温防水屋面由找平层、隔汽层、保温隔热层、防水层、保护层等组成。

屋面防水分为刚性防水屋面和柔性防水屋面，刚性防水屋面采用浇筑防水混凝土、涂抹防水砂浆或铺设烧结平瓦、水泥平瓦进行防水的屋面。柔性屋面是采用铺设防水卷材、油毡瓦、涂刷防水涂料等进行防水的屋面。目前较多采用传统的柔性防水屋面中的卷材防水屋面倒置式屋面做法，见图 7-15。

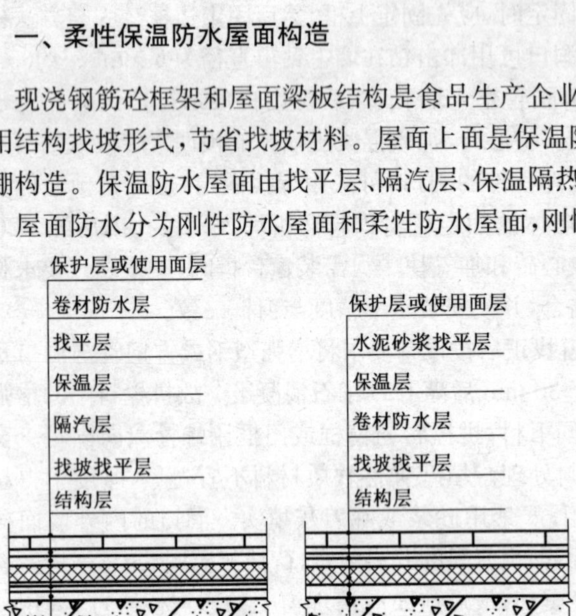

(a) 正置式屋面　(b) 倒置式屋面

图 7-15　卷材防水屋面构造层次示意图

1. 屋面构造

(1) 结构层最好采用整体现浇自防水混凝土板。如为装配式钢筋混凝土板时，可采用强度等级不小于 C20 的细石混凝土灌缝，灌缝的细石混凝土宜掺微膨胀剂；当屋面板板缝宽度大于 40 mm 或上窄下宽时，板缝内应设置构造钢筋；当大开间、大跨度时，还应在屋面板上加做配筋整浇层，以提高整体性。

(2) 找平层用以找平保温层或结构层，找平层的排水坡度和平整度对卷材防水屋面至关重要。排水坡度应符合设计要求，当采用满铺法施工时，要求找平层不得有酥松、起砂、起皮现象。找平层必须具有足够的强度，要避免产生裂缝。目前常用掺微膨胀剂的细石混凝土，以提高找平层的抗裂性。找平层直接铺抹在结构层上或保温层、找坡层上。前者只要结构层表面平整，就可以设计得薄些；后者直接铺抹在松散的保温层或材料找坡层上，就要设计得厚些，并且要求有较高的强度。

找平层按其材料可分为水泥砂浆、细石混凝土、沥青砂浆找平层。其中水泥砂浆找平层要求配合比为 1∶2.5～1∶3(水泥∶砂)，并应掺减水剂、抗裂剂且覆盖洒水养护，以保证较高的强度、不起砂、不起皮以及表面光滑。沥青砂浆找平层固结快，一般适用于冬季或气候条件较差的地区。

找平层表面应压实平整，采用水泥砂浆找平层时，水泥砂浆抹平收水后应二次抹平压光和充分养护。为了减少找平层的开裂，屋面找平层宜留设分格缝，分格缝应留设在板端缝处，其纵横缝的最大间距为：找平层采用水泥砂浆或细石混凝土时，不宜大于 6 m；找平层采用沥青砂浆时，不宜大于 4 m。如分格缝兼作排气屋面的排气道时，可适当加宽，并应与保温层连通。卷材防水层基层与凸出屋面结构(女儿墙、立墙、天窗壁、变形缝、烟囱等)的交接处，以及基层的转角处(水落口、檐口、天沟、檐沟、屋脊等)，均应做成圆弧。内部排水的水落口周围应做成略低的凹坑。

铺设屋面隔汽层或防水层前，基层必须干净、干燥。干燥程度的简易检验方法是将 1 m^2 卷材平坦地平铺在找平层上，静置 3～4 h 后掀开检查，找平层覆盖部位与卷材上未见水印，即可铺设隔汽层或防水层。

采用基层处理剂时，其配制与施工应符合下列规定：一是基层处理剂的选择应与卷材的材性相容；二是涂基层处理剂前，应用毛刷对屋面节点、周边、转角等处先行涂刷；三是基层处理剂可采用喷涂法或涂刷法施工。喷、涂应均匀一致，待其干燥后应及时铺贴卷材。

(3) 隔汽层设置于找平层上面、保温层下面，目的是防止室内水蒸气渗透到保温层内，影响保温效果，或由于潮湿而使保温层上的卷材起鼓。在纬度 40°以北地区且室内空气湿度大于 75%或其他地区室内空气湿度常年大于 80%时，保温屋面应设置隔汽层，且在屋面与墙面连接处，隔汽层应沿墙面向上连续铺放，高于保温层上表面 150 mm，以达到严密封闭保温层、阻止室内水汽进入的目的。

隔汽层可采用单层卷材或防水涂料，要求材料气密性好。采用卷材时，可用空铺法施工，卷材搭接宽度应大于 70 cm，采用沥青基防水涂料时，其耐热度应比室内或室外最高温度高出 20～25℃。

(4) 平屋面找坡层有两种方法：结构找坡和材料找坡。结构找坡是由屋面形成排水坡度，坡度宜为 2%；材料找坡是由轻质材料或保温层形成坡度，坡度宜为 3%。同时，天沟、檐沟纵向坡度不小于 1%，沟底水落差不得超过 200 mm，且天沟、檐沟排水不得流经变形缝和防火墙。目前，由于各种因素，不论材料找坡或者结构找坡的平屋面，还是天沟、檐沟的纵向坡度，往往都偏小，设计者应引起注意。

跨度大于 18 m 的屋面，应采用结构找坡。无保温层的屋面，板端缝应用空铺覆加层或卷材直接空铺处理，空铺宽度为 200～300 mm。

(5) 隔离层又称脱离层，其作用是减少防水层与其他层次之间的黏结力和摩擦力，以消除或减小其他层次的变形对防水层的影响，设在刚性保护层和卷材防水层之间，或倒置式屋面的卵石保护层与保温层之间。前者的材料，一般为低等级砂浆、蛭石、云母粉、塑料薄膜、细砂、滑石粉、纸筋灰或干铺卷材等；后者的材料是一层耐穿刺、耐腐蚀的纤维织物。上人屋面选用块体或细石混凝土作面层时，其与防水层之间应做隔离层。

(6) 保温层的功能是防止室内热量流失，而隔热层的功能则是减少室外的热量流向室内，因此，保温层设置在寒冷地区，隔热层设置在炎热地区。

保温材料具有孔隙率大、容易吸水受潮等特点。保温材料吸水后，其热导率也随之增大，大大降低保温效果。因此，保温材料在运输、储存时应防止受潮和雨淋。保温材料不论是松散的（如干炉渣等）还是预制块状的（如加气混凝土块等）或现浇轻质炉渣混凝土等，施工时均要求铺设均匀平整，不宜紧压振动。松散和块状保温材料，施工期间必须保证材料处于干燥状态。

用于保温层的保温材料有两类：板状材料和整体现浇材料。板状保温材料适用于带有一定坡度的屋面。由于是事先加工预制，故一般含水率较低，所以不仅保温效果好，而且对柔性防水层质量的影响小，低吸水率保温材料适用于整体封闭式保温层。板状材料保温层所使用的主要材料有水泥膨胀蛭石板、水泥膨胀珍珠岩板、沥青膨胀蛭石板、沥青膨胀珍珠岩板、加气混凝土、泡沫混凝土、矿棉、岩棉板、聚苯板、聚氯乙烯泡沫塑料板、聚氨酯泡沫塑料。整体现浇保温层主要有沥青膨胀珍珠岩、沥青膨胀蛭石、现喷硬质聚氨酸泡沫塑料等。整体现浇保温屋面的构造主要由防水层、砂浆找平层、现浇保温层所组成。

硬质聚氨酯防水保温材料广泛用于建筑工程，聚氨酯硬泡体的防水机理是由异氰酯和多元醇为基本原料聚成的结构细密的微孔泡沫体，具有一定的弹性，采用现场喷涂成形技术，聚氨酯硬泡体没有拼缝，使雨水无缝可浸入。聚氨酯硬泡体底面能与基层牢固黏结，顶面与性质相匹配的涂料保护层紧密结合，屋面整体性好，杜绝了渗透的可能。聚氨酯硬泡体的保温隔热机理：聚氨酯硬泡体是一种新型的高分子合成材料，是由聚氨酯形成封闭性骨架，其内充填着热导率很低的发泡剂蒸汽的泡沫体；具有堆密度小、导热率低、不透水和耐腐蚀的优良性能。聚氨酯硬泡体防水保温层的温度按屋面传热系数 K 的大小，一般分为四个厚度等级：当屋面传热系数 $K \leqslant 0.80\ W/(m^2 \cdot K)$ 时，防水保温层厚度应为 25 mm；当屋面传热系数 $K \leqslant 0.70\ W/(m^2 \cdot K)$ 时，防水保温层厚度应为 30 mm；当屋面传热系数 $K \leqslant 0.60\ W/(m^2 \cdot K)$ 时，防水保温层厚度应为 40 mm；当屋面传热系数 $K \leqslant 0.50\ W/(m^2 \cdot K)$ 时，防水保温层厚度应为 $\geqslant 50$ mm，最大厚度可以达到 80 mm。

(7) 防水层主要起防止雨、雪、水向屋面渗漏的作用。卷材屋面防水层由防水卷材搭接而成。为提高防水性能、耐久性能，弥补施工操作中的一些缺陷和搭接缝等薄弱部位，卷材防水层一般都采用多层做法。卷材层数应根据建筑物类型、防水使用要求、屋面坡度及当地气温等因素确定，一般多为二毡三油。

卷材防水屋面有两种构造做法：一种是正置式屋面，另一种是倒置式屋面，见图 7-15。目前大多喜欢使用倒置式卷材防水屋面。

用于卷材防水屋面的卷材有三类：沥青防水卷材、高聚物改性沥青防水卷材和合成高分子防水卷材。用于涂膜防水屋面的防水涂料有三类:沥青类、高聚物改性沥青类和合成高分子类。建设部推广使用和限制、禁止使用的防水材料见有关资料。

(8) 保护层用以保护防水层免受气候变化影响和检修屋面时被踩踏破坏。不上人的屋面,保护层一般用绿豆砂、热沥青撒铺在防水层上;上人的屋面可选用陶土砖、水泥砖或混凝土预制块,用热沥青胶黏结于防水层上,并将拼缝灌实。在南方多雨炎热地区,宜采用砖和钢筋混凝土预制板架空铺设的做法,也可以做成蓄水屋面。

2. 卷材防水屋面细部构造

(1) 屋面檐沟、檐口构造,见图 7-16、图 7-17。

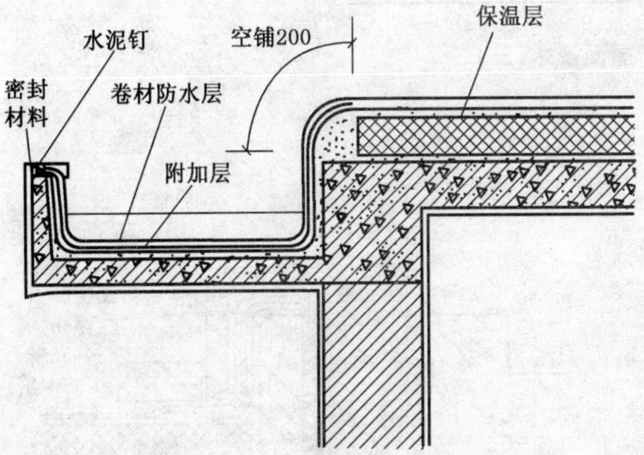

图 7-16　屋面檐沟

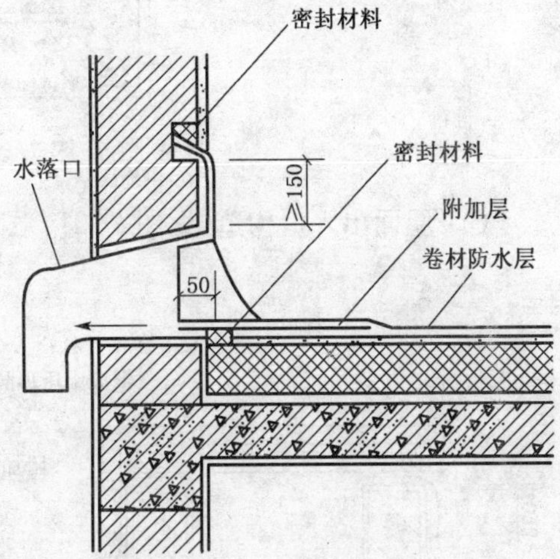

图 7-17　横式水落口

(2) 屋面泛水构造,见图 7-18～图 7-20。

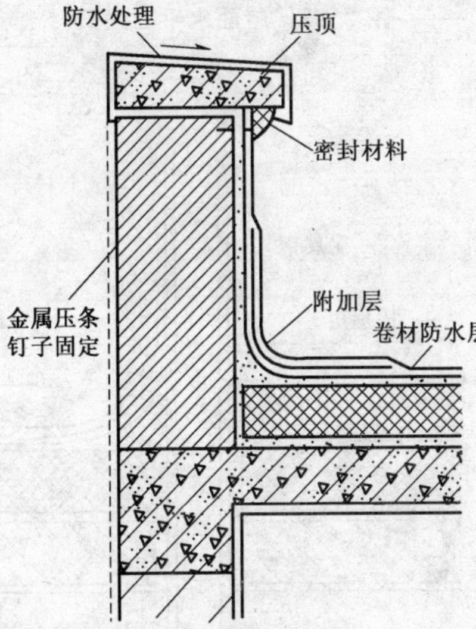

图 7-18　屋面泛水(一)

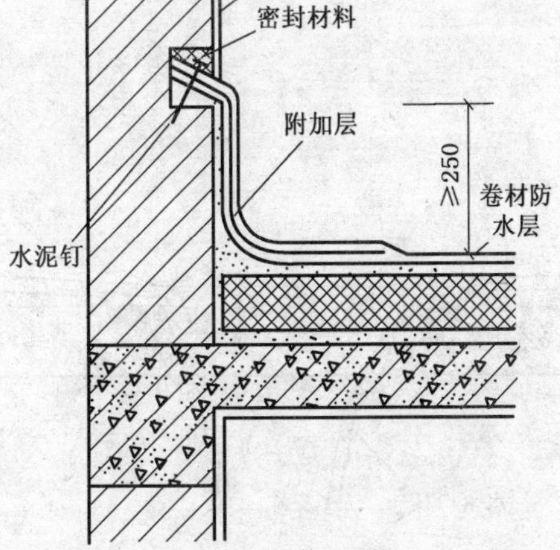

图 7-19　屋面泛水(二)

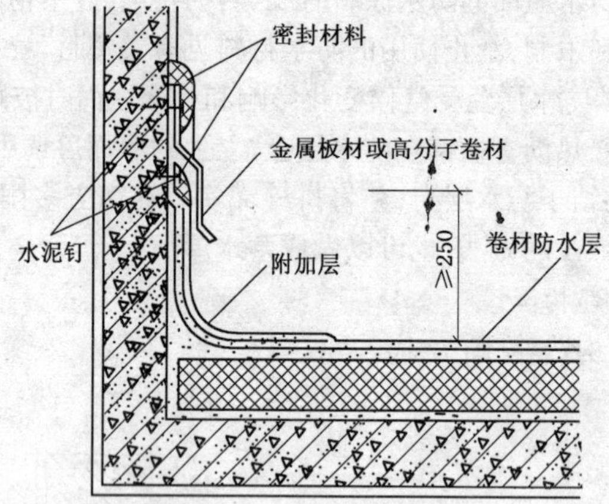

图 7-20 屋面泛水(三)

(3) 屋面出入口构造,见图 7-21、图 7-22。

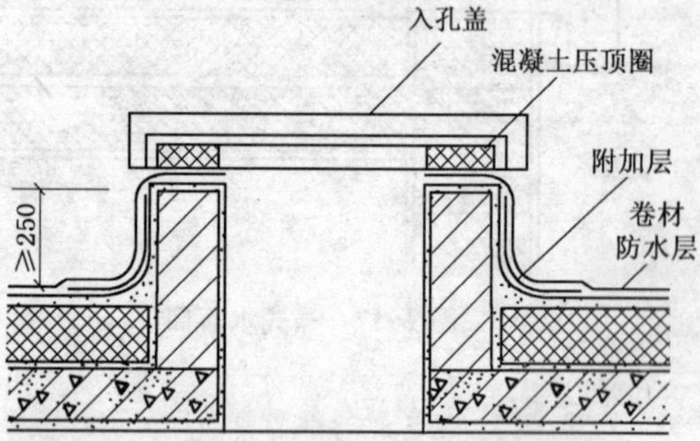

图 7-21 屋面垂直出入口

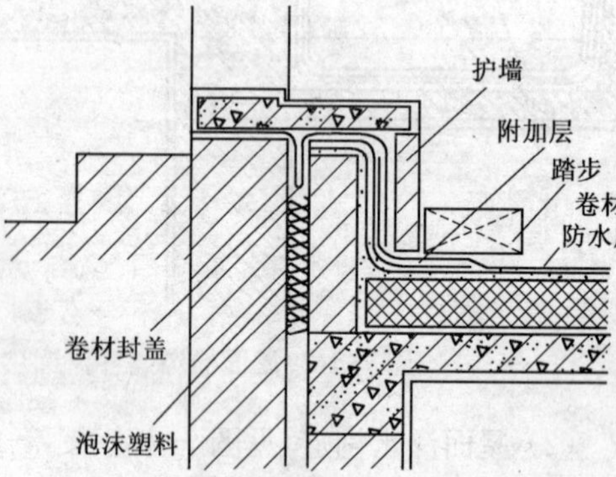

图 7-22 屋面水平出入口

(4) 屋面水落口管道构造,见图 7-23、图 7-24。

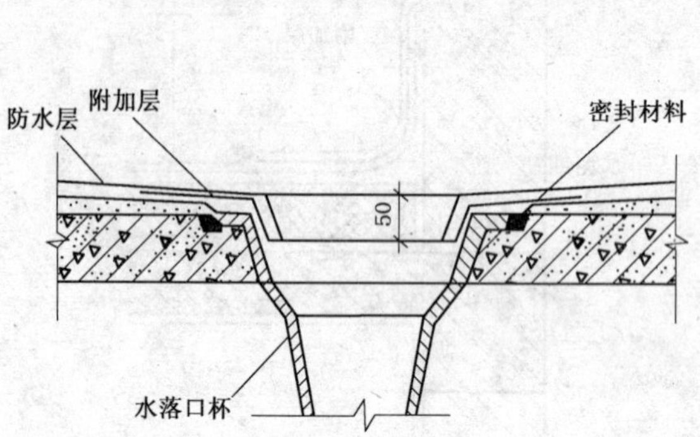

图 7-23 直式水落口

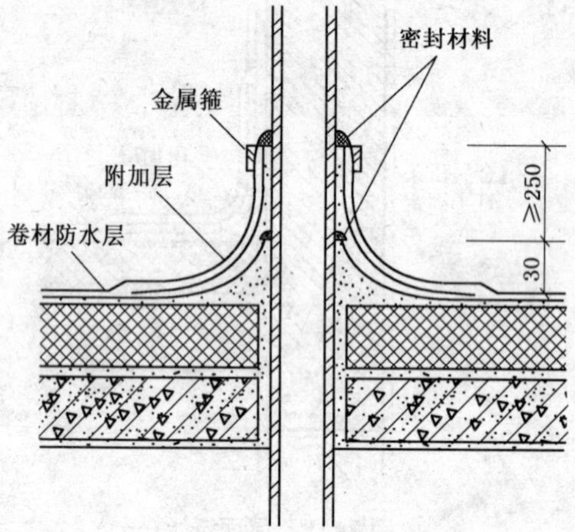

图 7-24 伸出屋面管道

二、屋面排水及天窗

1. 屋面排水

(1) 单层工业厂房的屋面面积较大,集水量大,因此必须处理好屋面排水问题。屋面排水的主要问题是选择屋面排水坡度和排水方式,布置天沟、雨水斗、雨水管等排水装置。单层工业厂房屋面排水分为无组织排水和有组织排水两种方式。食品工厂一般都选择有组织排水。

有组织排水将屋面雨水有组织汇集到天沟或檐沟内,再经雨水斗、雨水管排到室外或下水管网中。外排水适用于厂房较高或地区降雨量较大的南方地区。内排水适用于多跨厂房或严寒多雪的北方地区。内落外排水适用于多跨厂房或地下管线铺设复杂的厂房。

(2) 屋面既可设计成外排水,也可是内落水。内落水管的漏斗是设置在柱或承重构件的定位轴线上。流入一个漏斗的天沟长度可达 24 m。为使屋面的排水流畅,首先应设计合适的排水坡度,卷材防水屋面的坡度一般为 2%～3%。排水天沟分钢筋混凝土槽形天沟和直接在钢筋混凝土屋面板上做成的“自然天沟”两种。天沟(檐沟)的截面要根据降雨量和屋面排水面积的大小来确定。严寒地区要考虑天沟承受堆雪荷载和化雪时又冰冻的荷载。为使天沟内的雨水、雪水顺利地流向低处的雨水斗,沟底应分段设置坡度,一般为 0.5%～1%,最大不宜超过 2%。槽形天沟的分水线与沟壁顶的高差应不小于 120 mm,以防雨水出槽而导致渗漏。

(3) 雨水管的设置根据当地降雨量、屋面排水面积等因素确定,可按每根雨水管的集水面积计算雨水管数量,它们之间的换算关系如下:

$$A=\frac{438D^2}{H}$$

式中:D—— 雨水管直径,mm;

H—— 每小时设计降雨量,mm/h;

A—— 允许集水面积,m^2。

(4) 我国部分城市每小时设计降雨量(重现期 P 为 1 年或 2 年),可以查阅有关资料,雨水管的间距和位置应尽量使其排水负荷均匀,有利于雨水管的安装,不影响建筑物外观,间距一般不宜大于有关规定。雨水管常用的有铸铁雨水管和塑料雨水管两种,管径有 200 mm、150 mm、200 mm 三种。雨水斗的形式很多,常采用铸铁雨水斗,铸铁雨水斗及铁水盘均可用 3 mm 厚钢板焊成。

2. 天窗

单层工业厂房跨度大或是多跨时,侧窗将不能满足天然采光和通风的要求,特别是肉类加工企业的非洁净车间,为迅速将车间中的余热和臭气排放出去,需要设通风排气天窗。天窗形式包括矩形天窗、三角形天窗、锯齿形天窗、平天窗、井式天窗等。天窗尽量利用自然通风或在天窗处再安置排风机加强通风。肉类加工企业常用矩形天窗。

矩形天窗是我国单层工业厂房应用最广泛的一种天窗,南北方均适用。矩形天窗沿厂房纵向布置,采光、通风效果均较好。它由天窗架、天窗端壁,天窗侧板、天窗窗扇和天窗屋面等五部分组成。

(1) 天窗架是天窗的主要承重构件,它直接支承在屋架的上弦或屋面梁上,其材料与屋面梁的材料相同。天窗架的跨度约为屋面梁跨度的 1/2～1/3,天窗扇的高度为天窗架跨度的 0.3～0.5 倍。窗宽较大时可设计成分段式天窗。

(2) 天窗端壁又叫天窗山墙，它使天窗的尽端封闭起来，同时也起支承天窗上部的屋面板的作用。天窗侧板位于天窗扇下部，用来防止雨水溅入车间或屋面积雪影响天窗扇的开关。侧板的高度应高出屋面 300 mm 以上，但也不宜过高，过高的侧板必然会增加天窗架的高度。

(3) 天窗扇起围护作用，按开启方式分有上悬式和中悬式，前者开启角 45°，后者开启角 60°～80°。应安置窗扇开启器，防虫、鼠网，防水和排水的天窗侧板、檐口等构件。天窗如用钢质材料做框架，应涂覆防锈、防腐蚀的涂层。可按一个柱距独立开启，分段设置，也可按几个柱距同时开启。

(4) 天窗屋面通常与厂房屋面的构造相同，由于天窗宽度和高度一般均较小，故多采用无组织排水，并在天窗檐口下部的屋面上铺设滴水板，在降雨量较大地区或天窗高度和宽度都较大时，宜采用有组织排水。

(5) 根据具体情况，有时也设天窗挡风板，主要用于热加工车间。矩形天窗的挡风板不宜高于天窗檐口。挡风板与屋面板之间应留出 50～100 mm 的空隙，以利于排水，又使风不容易倒灌。挡风板的端部应封闭，并应留出供清扫积灰和检修时通行的小门。

三、顶棚

顶棚又称天棚或天花板，是楼板层或屋顶下面的装修层。按其构造方式有直接式顶棚和吊挂式顶棚两种。

1. 直接式顶棚

直接式顶棚是指在钢筋混凝土楼板下直接喷刷涂料、抹灰或粘贴饰面材料的顶棚构造做法。

(1) 直接喷、刷涂料的顶棚。当楼板底面平整、室内装修要求不高时，可直接或稍加修补刮平后在其下喷刷大白浆或涂料等。

食品工厂车间内部需要防腐、防霉和易清洗，不留卫生死角，要求屋面的梁与板、梁与梁、板与柱、梁与柱之间的阴角均粉成圆弧角。为了减少粉刷的工作量，可以在浇捣屋面结构砼支模的时候，设法做出一个斜面毛坯，以便粉刷圆弧时减少粉刷工作量。

(2) 抹灰顶棚。当楼板底面不够平整或室内装修要求较高时，可在楼板底面先抹灰后再喷刷各种涂料。顶棚抹灰所用的材料可为水泥砂浆、混合砂浆、纸筋灰等。食品生产企业车间屋面板在清理干净的基础上，刮大白腻子的施工方法如下：底层砂浆采用配合比为水泥：石灰膏：砂＝1：0.5：1 的水泥混合砂浆，底层抹灰厚度为 2 mm。底层抹灰后紧跟着就抹中层砂浆，其配合比一般采用水泥：石灰膏：砂＝1：3：9 的水泥混合砂浆，抹灰厚度 2 mm 左右。抹后用软刮尺刮平赶匀，随刮随用长毛刷子将抹印顺平，再用木抹子搓平。顶棚管道周围用小工具顺平。

面层刮大白腻子应在中层砂浆干透、表面坚硬呈灰白色、没有水迹及潮湿痕迹、用铲刀刻画显白印时进行。大白腻子的配合比为：大白粉：滑石粉：聚醋酸乙烯乳液：羧甲基纤维素溶液(含量 5%)＝60：40：(2～4)：15 (质量比)。调配时，大白粉、滑石粉、羧甲基纤维素溶液应提前按配合比搅匀浸泡。面层刮大白腻子一般不得少于两遍，总厚度在 1 mm 左右。头道腻子刮后，在基层已修补过的部位应进行复补找平，待腻子干透后，用 0 号砂纸磨平，扫净浮灰。待头道腻子干燥后，再进行第二遍，最后施工防霉涂料。

抹灰的顺序由前往后退,并注意方向必须同基体的缝隙(混凝土板缝)成垂直方向。这样,容易使砂浆挤入缝隙与基底牢固结合。抹灰时,厚薄应掌握适度,随后用软刮尺赶平,如平整度欠佳,应再涂抹和赶平,但不宜多次修补,否则容易搅动底灰而引起掉灰。如底层砂浆吸水快,应及时洒水,以保证与底层黏结牢固。在顶棚与墙面的交接处,在墙面抹灰完成后再粉成圆弧。

(3) 贴面顶棚。对一些装修要求较高或有保温、隔热、吸音等要求的房间,可在板底粘贴壁纸、壁布及装饰吸声板材。

2. 吊挂式顶棚

吊挂式顶棚简称吊顶,是指顶棚的装修表面与屋面板或楼板之间留有一定距离,这段距离形成的空腔,可以将设备管线和结构隐藏起来,也可使顶棚在这段空间高度上形成变化,产生一定的立体感,增强装饰效果。吊顶一般由吊筋、龙骨和面层三部分组成。

(1) 吊挂式顶棚。吊挂式顶棚分为活动式吊顶(称龙骨吊顶)和隐蔽式吊顶(称暗龙骨吊顶)。

第一,办公楼等附属用房吊平顶是民用建筑的吊顶装饰范围,为了建筑防火需要,一般采用轻钢龙骨。吊顶饰面材料有石膏板材料、装饰吸声罩面板材料、塑料装饰罩面板材料、纤维水泥加压板材料、金属装饰板材料、铝扣板异型材料、矿棉板材料、木板材料、塑料板材料和玻璃板材料。

第二,食品生产企业高湿度的淋浴室、厕所、更衣室吊顶常用铝扣板异型材料。铝扣板异型材料分为条形、方形、格栅三种,条形烤漆铝扣板天花是一种长条形铝扣板,适用于走道等地方,在设计上有助于减弱通长的感觉。方形铝扣板分为 300 mm×300 mm、600 mm×600 mm 两种规格。前者适用于厨房、厕所等容易脏污的地方,后者往往被使用于办公室等商用场所,是目前的主流产品。方形铝扣板又有微孔和无孔两种,微孔式铝扣板的好处是可通潮气,使洗手间等高潮湿地区的湿气通过孔隙进入顶部,避免了在板面形成水珠痕迹。

选购铝扣板,最主要是查看其铝质厚度。一般 300 mm×300 mm 的铝扣板需要厚度为 0.6 mm 的,而 600 mm×600 mm 的铝扣板需要厚度为 0.8 mm 的。栅格铝扣板适用于商业空间。

(2) 彩色压型钢板复合板吊顶。食品生产企业的高温库和洁净度要求较高的车间,常用彩色压型钢板复合板作为吊平顶材料。

第一,彩色压型钢板复合板按用途分为屋面板系列和墙面板系列,按夹芯保温材料分为聚苯乙烯夹芯板、岩棉夹芯板等。彩色压型钢板复合板是由彩色钢板作表层,聚苯乙烯泡沫塑料或岩棉做芯材,通过自动化连续成型机将彩色钢板压型后用高强度黏合而成的一种高效新型复合建筑材料,主要适用于公共建筑,工业厂房的屋面、墙壁和洁净厂房以及组合冷库等,它具有保温、清洁、易冲洗、施工速度快、美观等特点。

第二,屋面系列板用于工业厂房的屋面,金属表层和里表是瓦型彩钢板,厚度为 0.4～1.0 mm。其凸出的肋增加了板的刚度,有利于屋面排水。建筑工地上的临时设施常常使用这种板材,选择屋面系列板时要参考力学性能。

第三,彩色压型钢板复合板用作顶棚材料分为上人和不上人两种规格,选择时要区分是否上人。在顶棚复合板上常有操作工检修、安装等施工荷载,如选择不当,容易使板受力后折断遇到破坏。因此在选用时可在板中间增加吊点吊挂在屋面梁上,使板的计算跨度减少

1/2 或 1/3，这样就能解决夹芯板的强度和刚度问题。

3. 吊挂顶棚施工

轻钢龙骨吊顶的安装施工工艺（以纸面石膏板吊顶组为例）：

交验→找规矩→弹线→复检→吊筋制作安装→主龙骨安装→调平龙骨架→次龙骨安装→固定→质量检查→安装面板→质量检查→缝隙处理→饰面。

（1）交接验收。在正式安装轻钢龙骨吊顶之前，对上一步工序进行交接验收，如结构强度、设备位置、防水管线的铺设等，均要进行认真检查，上一步工序必须完全符合设计和有关规范的标准，否则不能进行轻钢龙骨吊顶的安装。

（2）找规矩。根据设计和工程的实际情况，在吊顶标高处找出一个标准基平面与实际情况进行对比，核实存在的误差并对误差进行调整，确定平面弹线的基准。

（3）弹线。弹线的顺序是先竖向标高、后平面造型细部，竖向标高线弹于墙上，平面造型和细部弹于顶板上，主要应当弹出以下基准线：

① 弹顶棚标高线。在弹顶棚标高线前，应先弹出施工标高基准线，一般常用 0.5 m 为基线，弹于四周的墙面上。以施工标高基准线为准，按设计所定的顶棚标高，用仪器或量具沿室内墙面将顶棚高度量出，并将此高度用墨线弹于墙面上，其水平允许偏差不得大于 5 mm。如果顶棚有叠级造型者，其标高均应弹出。

② 弹水平造型线。根据吊顶的平面设计，以房间的中心为准，将设计造型按照先高后低的顺序，逐步弹在顶板上，并注意累计误差的调整。

③ 吊筋吊点位置线。根据造型线和设计要求，确定吊筋吊点的位置，并弹于顶板上。

④ 弹吊具位置线。所有设计的大型灯具、电扇等的吊杆位置，应按照具体设计测量准确，并用墨线弹于楼板的板底上。如果吊具、吊杆的锚固件必须用膨胀螺栓固定者，应将膨胀螺栓的中心位置一并弹出。

⑤ 弹附加吊杆位置线。根据吊顶的具体设计，将顶棚检修走道、检修口、通风口、柱子周边处及其他所有必须加"附加吊杆"之处的吊杆位置一一测出，并弹于混凝土楼板板底。

（4）复检。在弹线完成后，对所有标高线、平面造型线、吊杆位置线等进行全面检查复核，如有遗漏或尺寸错误，均应及时补充和纠正。另外，还应检查所弹顶棚标高线与四周设备、管线、管道等有无矛盾，对大型灯具的安装有无妨碍，应当确保准确无误。

（5）吊筋制作安装。吊筋应用钢筋制作，吊筋的固定做法视楼板种类不同而不同。具体做法如下：预制钢筋混凝土楼板设吊筋，应在主体施工时预埋吊筋，如无预埋时应用膨胀螺栓固定，并保证连接强度。现浇钢筋混凝土楼板设吊筋，一是预埋吊筋，二是用膨胀螺栓或用射钉固定吊筋，保证强度。无论何种做法均应满足设计位置和强度要求。

（6）安装轻钢龙骨架。

① 安装轻钢主龙骨。主龙骨按弹线位置就位，利用吊件悬挂在吊筋上，待全部主龙骨安装就位后进行调直调平定位，将吊筋上的调平螺母拧紧，龙骨中间部分按具体设计起拱（一般起拱高度不得小于房间短向跨度的 3/1 000）。

② 安装副龙骨。主龙骨安装完毕即可安装副龙骨。副龙骨有通长和截断两种。通长者与主龙骨垂直，截断者（也叫横撑龙骨）与通长者垂直。副龙骨紧贴主龙骨安装，并与主龙骨扣牢，不得有松动及歪曲不直之处。副龙骨安装时应从主龙骨一端开始，高低叠级顶棚应先安装高跨部分后安装低跨部分。副龙骨的位置要准确，特别是板缝处，要充分考虑缝隙尺寸。

③ 安装附加龙骨、角龙骨、连接龙骨等。根据设计要求凡是顶棚靠近柱子周边,应增加"附加龙骨"或角龙骨时,应按具体设计要求一一锚牢。凡高低叠级顶棚、灯槽、灯具、窗帘盒等处,根据具体设计应增加连接龙骨并安装正确,锚固坚牢。

第五节 变 形 缝

变形缝有三种,即伸缩缝、沉降缝和防震缝。伸缩缝是为防止建筑因温度变化引起的破坏而设置的变形缝;沉降缝是为防止因建筑各部分不均匀沉降引起的破坏而设置的变形缝;防震缝是为了防止建筑物各部分在地震时,相互撞击引起的破坏而设置的变形缝。

一、伸缩缝

(1) 伸缩缝又叫温度缝,伸缩缝应把建筑物的墙体、楼板层、屋顶等基础以上部分全部断开,基础部分因受温度变化影响较小,不需断开。伸缩缝的宽度一般在 20～40 mm,以保证缝两侧的建筑构件能在水平方向自由伸缩。伸缩缝的最大间距,即建筑物的容许连续长度主要与结构类型、材料和当地温度变化情况有关。

(2) 伸缩缝的构造,见图 7-25～图 7-29。

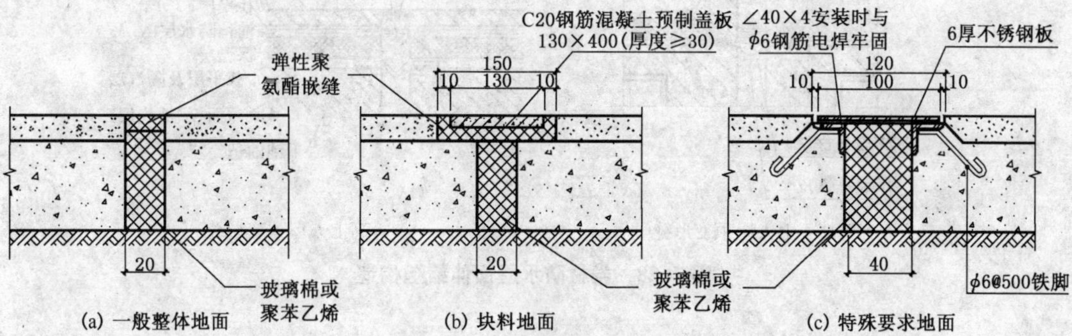

(a) 一般整体地面　(b) 块料地面　(c) 特殊要求地面

图 7-25　地面伸缩缝构造

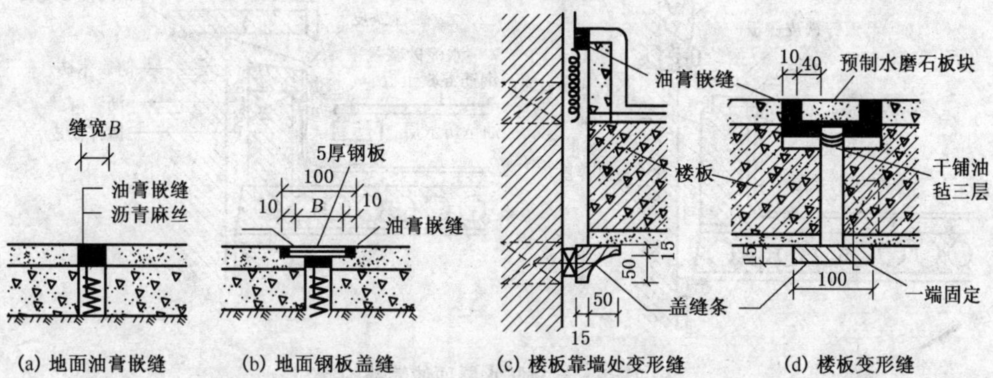

(a) 地面油膏嵌缝　(b) 地面钢板盖缝　(c) 楼板靠墙处变形缝　(d) 楼板变形缝

图 7-26　楼地面、顶棚伸缩缝构造

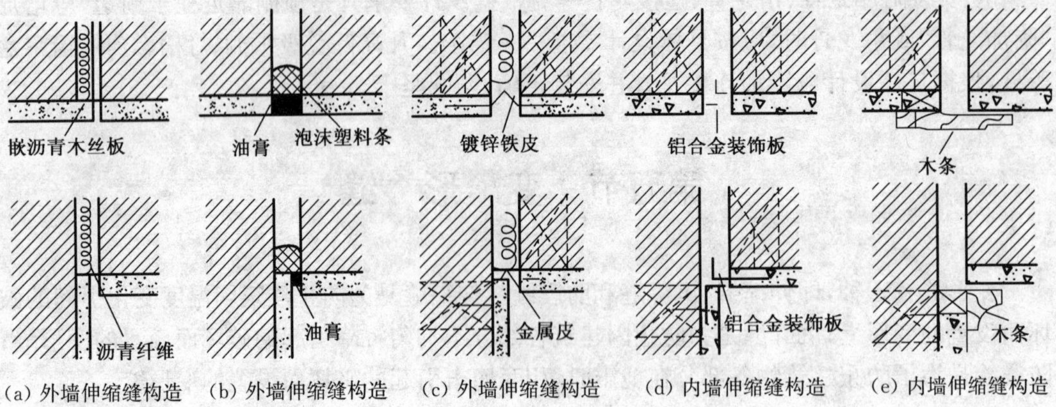

图 7-27　砖墙伸缩缝构造

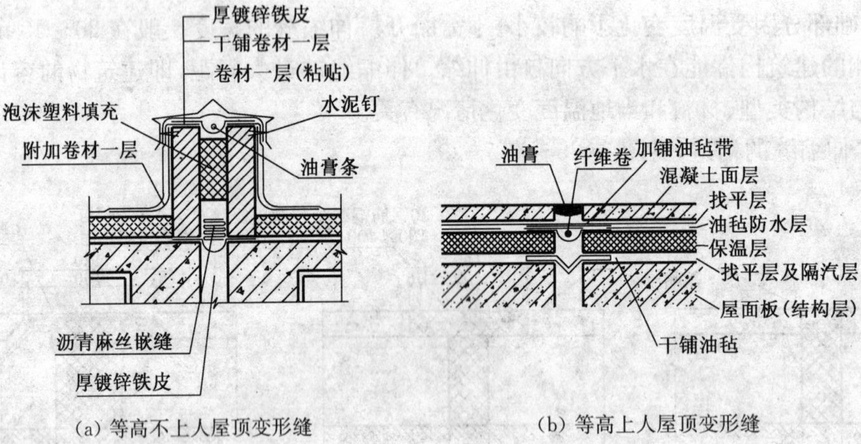

图 7-28　卷材防水屋面伸缩缝构造

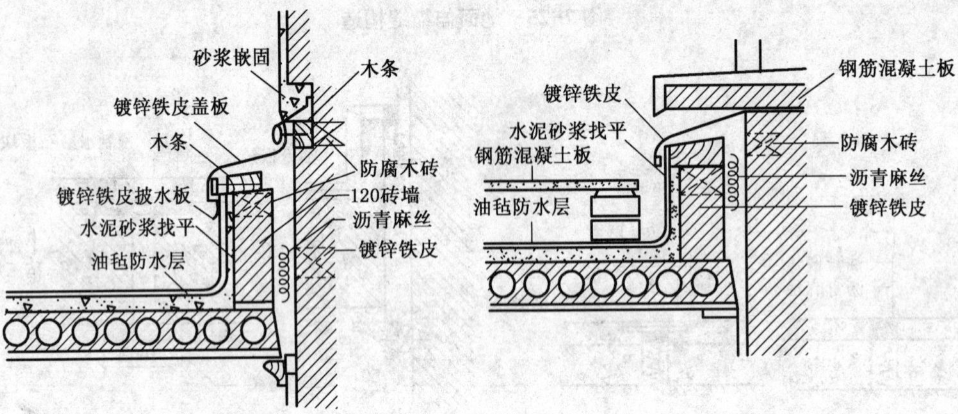

图 7-29　卷材防水屋顶伸缩缝构造

二、沉降缝

（1）当建筑物符合下列条件之一时，应设置沉降缝：同一建筑物相邻部分高差较大，或荷载相差悬殊、结构类型不同时；当建筑物相邻部分基础形式不同，宽度和埋深相差悬殊时；建筑物建造在地耐力相差很大的地基土上时；建筑物体形比较复杂，连接部位又比较薄弱时；建筑物长度较大时；新建筑物与原有建筑物紧相毗连时。

（2）沉降缝要求缝两侧的建筑物从基础到屋顶全部断开，成为两个独立的单元，各单元能竖向自由沉降、互不影响。沉降缝可兼起伸缩缝的作用，而伸缩缝却不能代替沉降缝，沉降缝的宽度与地基的性质和建筑物的高度有关，地基越软弱，建筑物高度越高，缝宽也就越大。参见设计规范。

（3）沉降缝的构造，见图 7-30～图 7-32。

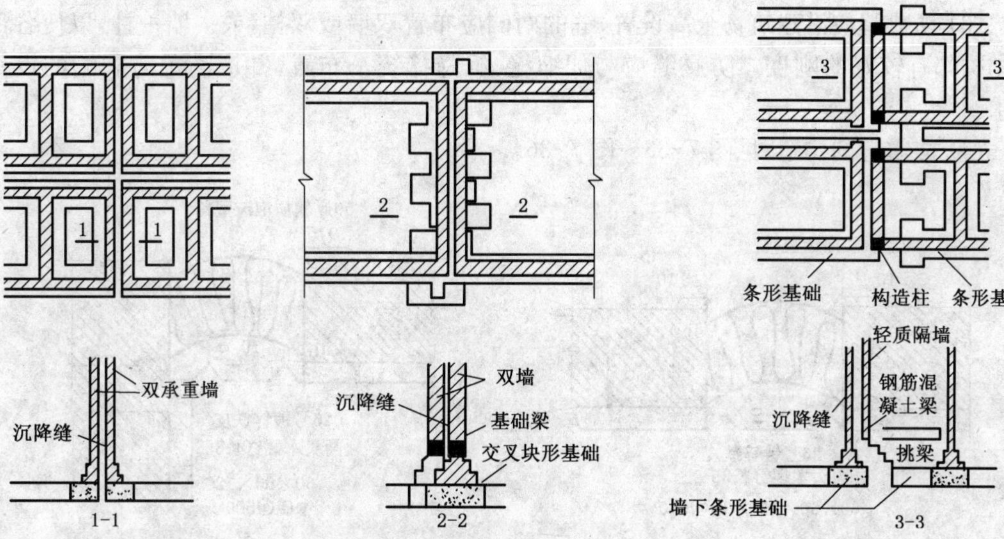

（a）双墙方案沉降缝　（b）双墙基础交叉排列方案的沉降缝　（c）悬挑基础方案的沉降缝

图 7-30　基础沉降缝处理示意

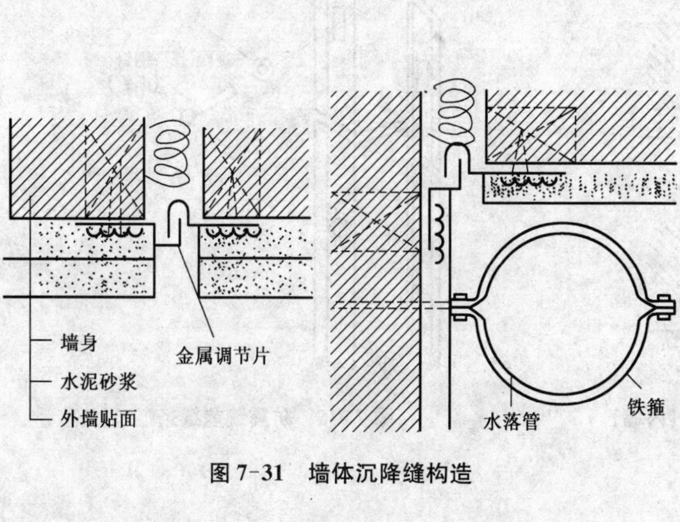

图 7-31　墙体沉降缝构造

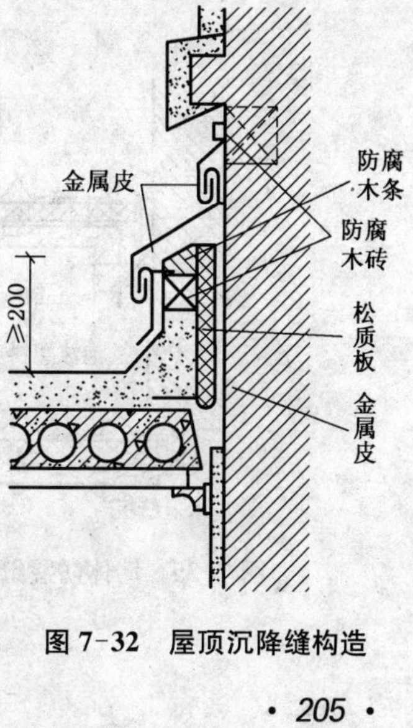

图 7-32　屋顶沉降缝构造

三、防震缝

(1) 防震缝的设置

防震缝又名抗震缝，对设防烈度为6～9度地区的建筑物，应按一般规定设置防震缝，将房屋划分成若干形体简单，质量、刚度均匀的独立单元，以减轻震害，多层砌体房屋有下列情况之一时宜设防震缝：建筑物高差在6 m以上；建筑物有错层且错层楼板高差较大；建筑物相邻部分的结构刚度、质量截然不同。

(2) 在缝两侧均应设置墙体，缝宽应根据烈度和房屋高度确定，可采用30～100 mm。

多层和高层钢筋混凝土结构房屋，应尽量选用合理的建筑结构方案，不设防震缝；当必须设置防震缝时，其最小宽度应符合下列要求：框架结构房屋，当高度不超过15 m时，可采用70 mm。

(3) 防震缝应沿建筑物全高设置，缝的两侧应布置双墙或双柱，或一墙一柱，以使各部分结构都有较好的刚度。防震缝应与伸缩缝、沉降缝统一布置，并应满足防震缝的设计要求。

(4) 防震缝的构造，见图7-33～图7-36。

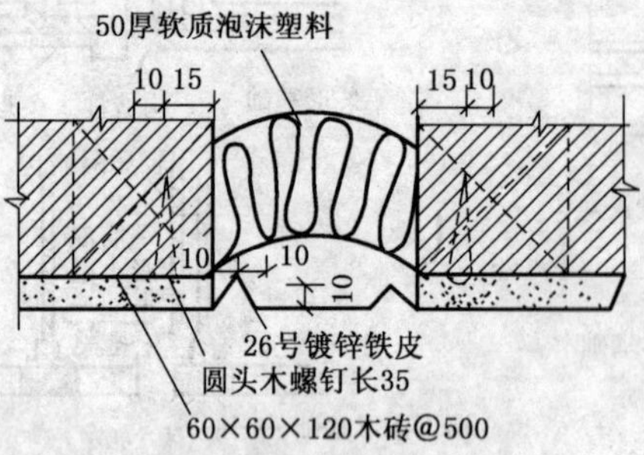

图7-33 墙体防震缝构造(外墙平缝处)

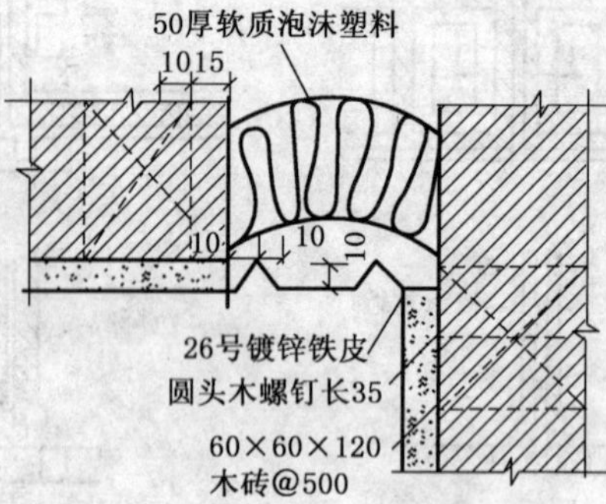

图7-34 墙体防震缝构造

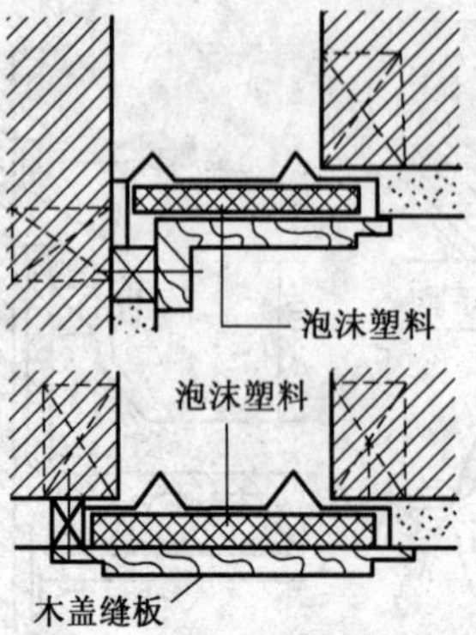

图7-35 墙体防震缝构造(内墙)

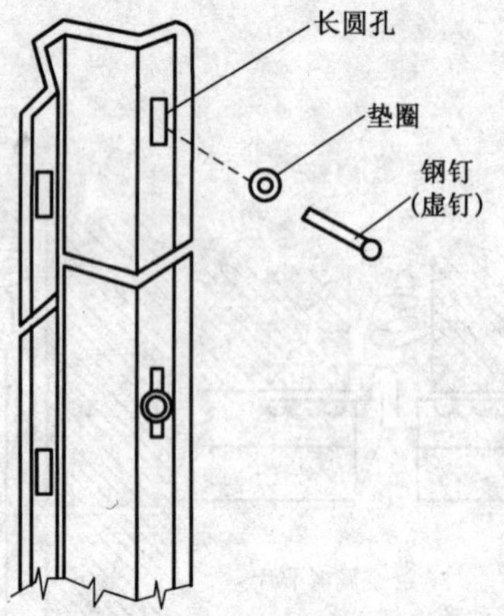

图7-36 防震缝盖缝条

第八章　冷库的设计与施工

食品生产企业的制冷工程集中在冷冻加工和冷库贮藏上。食品生产企业的冷库主要有两个作用：一是储存原料、成品和少量半成品，以方便生产、运输和销售，如贮藏肉、禽、水产和果蔬原料，存放冷饮成品和冷冻食品；二是作为食品生产过程的一个工序，如午餐肉、洋火腿的低温腌制、冷饮品的硬化、速冻食品的速冻等。

第一节　肉产品的冷冻冷藏工艺

利用液体的沸腾温度（即饱和温度）随液体所处的压力而变化，压力越低液体的饱和温度也越低的原理，通过制造一定的压力条件，液态制冷剂在吸热制冷后变为气态，再使气态制冷剂全部重新回复到液态，来获得肉产品冷冻冷藏需要的低温。由制冷压缩机、冷凝器、膨胀阀和蒸发器四大主件以及管路附件等组成的压缩式制冷系统，就是实现制冷循环、达到连续供冷量的一套制冷装置，见图 8-1。

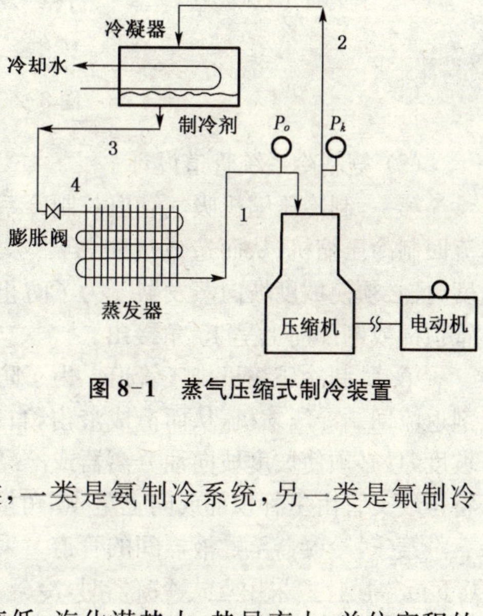

图 8-1　蒸气压缩式制冷装置

一、制冷系统

目前国内用于食品生产的制冷系统有两大类，一类是氨制冷系统，另一类是氟制冷系统。

1. 氨制冷系统

氨作为制冷剂的主要优点表现在标准沸腾温度低、汽化潜热大、热导率大、单位容积的产冷量大、压缩机的体积小、价格便宜，其工作原理见图 8-2。氨在蒸发温度低达－34℃时，蒸发压强也不低于 $1.013\ 25\times10^5$ Pa；夏季冷却水温度较高时，冷凝压强不超过 15×10^5 Pa。氨的缺点是有刺激性气味、有毒、可燃烧，后期投入操作工人比氟制冷系统所用工人多。目前氨压缩制冷的应用很广泛。

（1）氨制冷系统设计

因为氨有毒性、有燃烧爆炸的危险，所以在设计时应首先确保制冷系统能够安全运行以及保证操作人员的人身安全，并且应当考虑到一旦发生事故时，能将其主要设备隔开，减少泄漏，便于修理，因此在设备之间须设置阀门。另一个要注意的问题是制冷系统中的润滑油不能溶解在氨液体中，因此设计管道时，应注意解决润滑油的排放和回收问题。

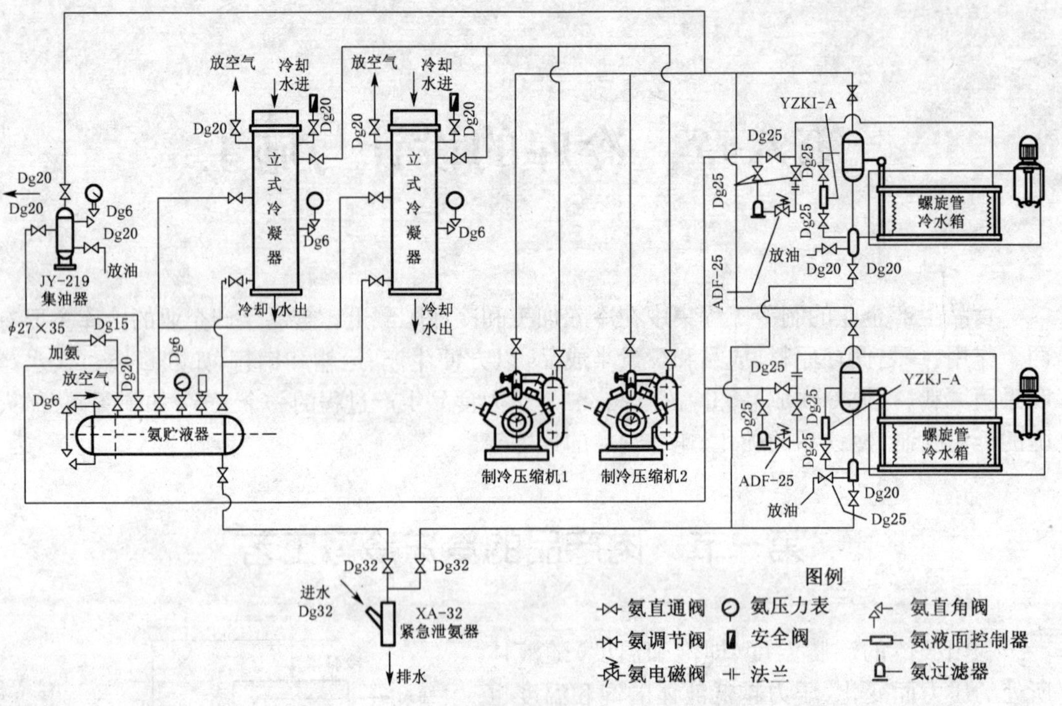

图 8-2　氨制冷系统流程图

(2) 氨制冷系统管道设计

第一,制冷压缩机吸气管道。制冷系统工作时,为了防止停车时管道中的液体制冷剂返流回制冷压缩机,从而造成液击,自蒸发器至制冷压缩机的吸气管道应设有≥0.003 的坡度,且必须使坡度坡向蒸发器。为了防止干管中的液体吸入制冷压缩机,应将吸气支管由主管顶部或侧部向上呈 45°角接出。

第二,制冷压缩机排气管道。为了防止停车时制冷系统管道中的润滑油及凝结的制冷剂返流回制冷压缩机,从而造成液击,自制冷压缩机至冷凝器的排气管道应设有≥0.01 的坡度,且必须使坡度坡向油分离器或冷凝器。为了防止润滑油进入不工作的制冷压缩机,应将排气支管由主管顶部或向上呈 45°角接出。

第三,冷凝器至贮液器间的管道。采用卧式冷凝器未设均压管时,管道内液体流速应按 0.5 m/s 设计。采用立式冷凝器时,冷凝器出液管与贮液器进液阀间的最小高差为 300 mm。液体管道应有≥0.02 的坡度,且必须使坡度坡向贮液器。管道内的液体流速不应大于 0.8 m/s。采用蒸发式冷凝器时,在冷凝器与贮液器之间需设有均压管道。

第四,冷凝器或贮液器至洗涤式氨油分离器之间的管道。采用洗涤式氨油分离器时,其进液管道应从冷凝器出液管(多台时为总管)的底部接出,液位高度应比冷凝器的出液口低 200～300 mm。

第五,不凝性气体分离器的管道。不凝性气体分离器又名空气分离器,目前生产的有两种不同的结构形式:一种为卧式四重管空气分离器,另一种为立式不凝性气体分离器。卧式四重管空气分离器的管道距地坪 1.2 m 左右,并使进液端略抬高 20 mm 左右。立式不凝性气体分离器的管道应考虑工人便于操作。

第六,浮球调节阀的管道。浮球调节阀的管道必须考虑当浮球阀投入运转时,使液体制冷剂流经过滤器和浮球阀进入蒸发器。此外，还应考虑当浮球阀需要检修时，液体制冷剂能够经由旁通管道进入蒸发器。

第七，贮液器与蒸发器之间的管道。贮液器至蒸发器的液体管道可以经调节阀接入蒸发器中，也可先接至分配总管，然后再分几条支管接至各蒸发器中。

第八，安全阀的管道。氨制冷装置的冷凝器、贮液器、中间冷却器、氨液分离器和管壳卧式蒸发器等设备设置安全阀及压力表。

第九，排油管道应取较大的管道直径。

2. 氟利昂制冷系统

氟利昂是饱和碳氯化合物的卤代物，其性质随所含氟、氯、溴的原子个数而变化，其种类很多，工作原理见图 8-3。氟制冷具有操作压强适中、无毒、无味、不着火、不爆炸、对金属无腐蚀性等优点。缺点是价格较贵、汽化潜热小、流动阻力大、对流传热系数较小。氟利昂制冷系统广泛用于食品工厂的中小型冷库。

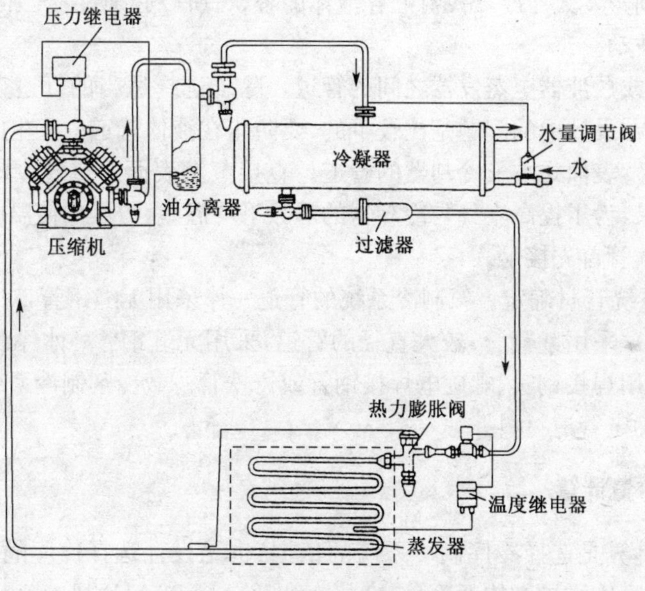

图 8-3　氟利昂制冷系统流程图

(1) 氟制冷系统设计。氟制冷的设备与设备、管道与设备、管道与管道之间，必须保持合理的位置关系。管道的尺寸要合理，尽可能短而直，弯曲的曲率半径尽量大些，不允许产生有过大的压力降，以防止系统的效率和制冷能力降低。根据制冷系统的不同特点和不同管段，必须设计有一定的坡度和坡向。输送液体的管段除特殊要求外，不允许设计成倒“U”字形管段，以免形成气囊，阻碍流体的流通；输送气体的管段除特殊要求外，不允许设计成“U”字形管段，以免形成液囊，阻碍流体的流通。制冷系统的管道应做到工艺流程合理，操作维修方便，运行安全可靠。

氟制冷系统必须保证供给蒸发器适量的制冷剂，使蒸发器均匀供液，并能顺利地在制冷系统内循环，防止润滑油积集在制冷系统的其他无关部分。制冷系统开始运行后，如遇有部分停机或全部停机时，必须防止液体倒流回制冷压缩机。必须按照制冷系统所用制冷剂的特点，选用管材、阀门、仪表和密封材料。

(2) 氟制冷系统管道设计。卤代烃制冷剂能溶解润滑油，在系统的设计中必须保证在开车、停车、满负荷和轻负荷时均能使系统中的润滑油返回压缩机，这是氟制冷系统管道设计中非常重要的问题。

第一，制冷压缩机吸气管道。制冷压缩机吸气管道应保证压力降不超过允许的限度，上升立管中应保证必要的带油速度，防止未蒸发的液体制冷剂进入压缩机。

第二，制冷压缩机排气管道。制冷压缩机的排气管道应使系统在低负荷运行时，能确保管道内部的气体流速将润滑油均匀地由竖管带出(排出口无分油器时)，以及防止在排气管道内部产生有贮存润滑油的可能。必须杜绝液体制冷剂从制冷压缩机接往冷凝器的排气管道返流回制冷压缩机，以免造成液击事故。

第三，冷凝器和贮液器之间的管道。冷凝器和贮液器之间的管道要保持冷凝面积，以获得最高的效率，冷凝器中的液体应能顺利地流入贮液器。

第四，蒸发式冷凝器至贮液器之间的管道(氨、氟系统通用)。蒸发式冷凝器至贮液器之间的管道应考虑到蒸发式冷凝器没有贮存液体的容积，所以必须设置贮液器，以调节由于冷负荷变动引起的波动。

第五，冷凝器或贮液器至蒸发器之间的管道。除了选择适当的管道直径保证合理的压力降外，液体管道在设计中的问题是比较少的，要防止在液体管道内产生闪发气体。

第六，直接蒸发表面式空气冷却器的管道。直接蒸发表面式空气冷却器通过接触空气能获得较好的效果，为了提高空气与冷却器的对数平均温差，应尽量使温度较高的空气同蒸发排管出口和回气管首先接触。

(3) 氟制冷系统管材确定。氟制冷系统的管道一律采用无缝钢管，对于小直径管道(直径在 20 mm 以下)，采用紫铜管；较大直径的管道，采用无缝钢管。水系统的管道采用镀锌焊接钢管，也可采用焊接钢管、螺旋电焊接钢管或铸铁管。载冷剂制冷系统管道根据载冷剂的物理化学性质确定管道材料。

二、冷库耗冷量计算

冷库耗冷量计算是选择冷库制冷系统的依据，也是设计选择冷库隔热层厚度的依据。冷库的耗冷量有：冷库维护结构耗冷量、冷却冻结耗冷量、冷库通风换气耗冷量和冷库运行管理耗冷量。

1. 冷库围护结构耗冷量 Q_1

库内外温差传热耗冷量 Q_{1a}，与太阳辐射热引起的耗冷量 Q_{1b} 两部分共同构成了冷库围护结构的耗冷量。

库内外温差传热耗冷量 Q_{1a}：

$$Q_{1a}=\frac{KA}{t_w-t_n} \tag{8-1}$$

式中：K——冷库围护结构的传热系数，kJ/(m^2·℃)；

A——冷库围护结构的传热面积，m^2；

t_w——库外计算温度，℃；

t_n——库内计算温度，℃。

其中库外计算温度 t_w 可按下式计算：

$$t_w = 0.4\,t_p + 0.6\,t_m \tag{8-2}$$

式中：t_p——当地最热月的日平均温度，℃；

t_m——当地极端最高温度，℃。

太阳辐射热引起的耗冷量 Q_{1b}：

$$Q_{1b} = KAt_d \tag{8-3}$$

式中：K——外墙和屋顶的传热系数，kJ/(m^2·℃)；

A——受太阳辐射围护结构的面积，m^2；

t_d——受太阳辐射影响的昼夜平均温度，℃。

2. 物料冷却、冻结耗冷量 Q_2

$$Q_2 = \frac{m(h_1 - h_2)}{t} + \frac{m'(t_1 - t_2)c}{t} + \frac{m(g_1 + g_2)}{t} \tag{8-4}$$

式中：m——冷库进货量，kg；

h_1、h_2——物料冷却、冻结前后的热焓，kJ/kg；

t——冷却时间，h；

m'——包装材料质量，kg；

t_1、t_2——进、出库时包装材料的温度，℃；

c——包装材料的比热容，kJ/(kg·℃)；

g_1、g_2——果蔬进、出库时相应的呼吸热，kJ/(kg·h)。

一般情况下，物料初次进入冷库的热负荷较大，计算制冷设备制冷量时应按 Q_2 的 1.3 倍计。

3. 冷库通风换气耗冷量 Q_3

$$Q_3 = \frac{3\rho V \Delta h}{t} \tag{8-5}$$

式中：ρ——库房内空气的密度，kg/m^3；

V——库房的体积，m^3；

Δh——库内外空气的焓差，kJ/kg；

t——通风机每天工作的时间，h；

3——每天更换新鲜空气的次数，一般为 1～3，此处取最大值。

4. 冷库运行管理耗冷量 Q_4

$$Q_4 = Q_{4a} + Q_{4b} + Q_{4c} + Q_{4d} \tag{8-6}$$

式中：Q_{4a}——照明耗冷量，每 m^2 耗冷量：冷藏间 4.18 kJ/h，操作间 16.7 kJ/h；

Q_{4b}——电动机运转耗冷量，kJ/h；

Q_{4c}——开门耗冷量，kJ/h；

Q_{4d}——库房操作人员耗冷量，kJ/h，$Q_{4d} = 1256x$（x 为库内同时操作人数，$x = 2 \sim 4$）。

由于冷藏间使用条件变化较大，为简便计，也可按下式估算 Q_4：

$$Q_4 = (0.1 \sim 0.4)Q_1 \tag{8-7}$$

对于大型冷库取 0.1，中型冷库取 0.2～0.3，小型冷库可取 0.4。

5. 冷库总耗冷量

$$Q = Q_1 + Q_2 + Q_3 + Q_4 \tag{8-8}$$

式中：Q——冷库总耗冷量，kJ/h；

Q_1——冷库围护结构耗冷量，kJ/h；

Q_2——物料冷却、冻结耗冷量，kJ/h；

Q_3——库房换气通风耗冷量，kJ/h；

Q_4——冷库运行管理耗冷量，kJ/h。

三、制冷设备选择

1. 制冷设备选择时的计算和必须了解的内容

(1) 选择计算步骤：根据生产季节的产品或最大冷藏运输能力确定库容量；确定制冷系统的制冷量(包括用户需要、制冷量制冷系统和供冷系统的冷损失。冷损失的大小可由设备和管道等计算得出，一般可按附加系数确定：直接冷却系统附加系数为 5%～7%；间接冷却系统为 7%～15%)；确定制冷系统的冷凝温度和蒸发温度；根据制冷量和制冷工况选择制冷压缩机和电动机；选择冷凝器并确定冷却水量；最后选择蒸发器并确定冷冻水量，选择其他辅助设备。

(2) 设计制冷系统时必须了解以下内容：用户需要的冷量及其变化情况、供冷方式、冷冻水的供水温度和回水温度，以及用户使用场所和使用安装方面的要求；冷却水源、工程建设地区的地面水(江、河、湖等)和地下水的水量、水温和水质等情况；气象条件、当地的气温、相对湿度和夏季主导风向等；制冷压缩机的产品资料和有关设备的产品资料；工程项目的总平面图和其他有关资料。

2. 制冷压缩机的选择

(1) 各种温度的确定。

第一，冷凝温度 t_k：冷却介质为空气时

$$t_k = t'_a + (10 \sim 15)$$

冷却介质为水时

$$t_k = t'_a + (4 \sim 6)$$

式中：t'_a——冷却介质的温度。

第二，蒸发温度 t_0：以空气为冷媒时，t_0 比空气温度低 5～10℃；以水或盐水为冷媒时，t_0 比介质低 4～6℃。

第三，过冷温度：对于小型单级压缩制冷系统，过冷温度较 t_k 低 3～5℃；对于大型制冷设备，过冷温度可从膨胀阀前的液体管上的温度计测得。

第四，压缩机吸气温度：氨压缩机的吸气温度一般允许较 t_0 高 5～8℃，对于氟利昂制冷系统可超过 15℃。

第五，压缩机排气温度 t_p：对于单级压缩氨制冷系统，可根据下式估算：

$$t_p = 2.4(t_k - t_0) \tag{8-9}$$

(2) 选择计算的一般原则：如果冷库设计库温为−4℃以上，蒸发温度为−15℃左右时，制冷系统应采用单级压缩机；当冷凝压力与蒸发压力之比 $p_k/p_0 < 8$ 时，采用单级压缩机；当 $p_k/p_0 > 8$ 时，则采用双级压缩机。双级压缩机组的配比，理论上以中间压力为 $p_m = \sqrt{p_k p_0}$，即低压级的压缩比和高压级的压缩比相等较为经济。其体积比按不同的 p_k 和 p_0 一般在 1∶2 与 1∶3 之间选用。

(3) 单级压缩氟利昂机组的选择。常见的氟利昂制冷压缩机的主要技术数据查阅有关资料，实际生产中可根据需要酌情选择。

(4) 氨压缩机的选择。氨压缩机产品出厂时都有设备的制冷能力曲线图，该图可按设定的蒸发温度 t_0 和冷凝温度 t_k 查出相应每 m^3 理论容积产冷量 q_{vh}，然后根据计算出的机械冷负荷 Q_0 算出所需氨压缩机的理论容积：

$$V_h = \frac{Q_0}{q_{vh}} (m^3/h) \tag{8-10}$$

最后，查氨压缩机的技术性能表，选择合适者采用。

3. 举例

【例】 空调用户要求供给7℃的冷冻水，回水平均温度为11℃，需要的总冷量为768 kW。可利用河水作冷却水源，水温最高为32℃。试选择有关制冷设备。

解：采用氨作为制冷剂，利用河水作冷却水源，选用立式壳管冷凝器，直流供水。

(1) 确定制冷工况。蒸发温度 t_0 比要求供给的冷冻水温度 t_{l2} 低5℃。

$$t_0 = t_{l2} - 5 = 7 - 5 = 2℃$$

冷凝温度 t_k 比冷却水进出口平均温度高6℃。取立式壳管冷凝器冷却水的进出口温差为4℃，则

$$t_{w2} = t_{w1} + 4 = 32 + 4 = 36℃$$

$$t_k = \frac{32 + 36}{2} + 6 = 40℃$$

(2) 选择制冷压缩机和电动机。间接冷却系统取附加系数为10%，制冷系统的制冷量为

$$Q_0 = 1.1Q = 1.1 \times 768 = 844.8\ kW$$

根据制冷量选择制冷压缩机的方法有下列三种：

第一，按理论公式确定制冷压缩机的理论运输气量。

根据 $t_0 = 2℃$，$t_k = 40℃$，从图8-4氨的 $\lg p\text{-}h$ 图上查得的有关数据。

$$q_v = \frac{h_1 - h_4}{v_1'} = \frac{1\,763 - 687}{0.27} = 3\,985\ kJ/m^3$$

$$t_0 = 2℃,\ p_0 = 0.464\ MPa;\ t_k = 40℃,\ p_k = 1.555\ MPa$$

$$\eta_v \approx 0.94 - 0.08\left[\left(\frac{p_k}{p_0}\right)^{\frac{1}{1.28}} - 1\right] = 0.94 - 0.08 \times \left[\left(\frac{15.55}{4.64}\right)^{\frac{1}{1.28}} - 1\right] = 0.81$$

$$V_h = \frac{Q_0}{\eta_v q_v} = \frac{844.8}{0.81 \times 3\,985} = 0.262\ \mathrm{m^3/s}(990\ \mathrm{m^3/h})$$

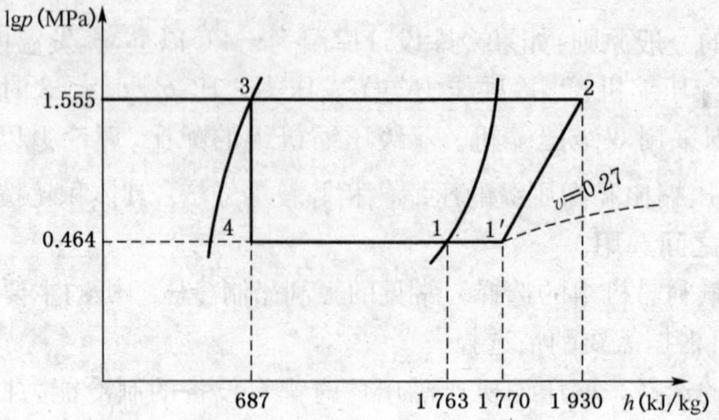

图 8-4　氨的 lg *p*-*h* 图

从有关样本查得：

6W-12.5 型压缩机　　$V_{h1} = 0.118\ \mathrm{m^3/s}(425\ \mathrm{m^3/h})$

8S-12.5 型压缩机　　$V_{h2} = 0.157\ \mathrm{m^3/h}(565\ \mathrm{m^3/h})$

确定选择 6W-12.5 和 8S-12.5 型制冷压缩机各 1 台，其理论输汽量：

$$V_h = V_{h1} + V_{h2} = 0.118 + 0.157 = 0.275\ \mathrm{m^3/s}(990\ \mathrm{m^3/h})。$$

制冷压缩机的制冷量：

$$Q_{01} = \eta_v q_v V_{h1} = 0.81 \times 3\,985 \times 0.118 = 380.88\ \mathrm{kW}$$

$$Q_{02} = \eta_v q_v V_{h2} = 0.81 \times 3\,985 \times 0.157 = 506.77\ \mathrm{kW}$$

两台压缩机的制冷量：

$$Q_0 = Q_{01} + Q_{02} = 380.88 + 506.77 = 887.65\ \mathrm{kW}，可以满足要求。$$

第二，由制冷换算公式确定。从有关样本查得：6W-12.5 型制冷压缩机的标准制冷量 $Q_1 = 183.7\ \mathrm{kW}$；8S-12.5 型制冷压缩机的标准制冷量 $Q_2 = 244.2\ \mathrm{kW}$ 。在 $t_0 = 2℃$，$t_k = 40℃$ 时，查表得冷量换算系数 $K_i = 2.04$，其制冷量分别为

$$Q_{01} = K_i Q_1 = 2.04 \times 183.7 = 374.7\ \mathrm{kW}$$

$$Q_{02} = K_i Q_2 = 2.04 \times 244.2 = 498.2\ \mathrm{kW}$$

两台压缩机的制冷量 $Q_0 = Q_{01} + Q_{02} = 374.7 + 498.2 = 872.9\ \mathrm{kW}$，可以满足要求。

第三，除了上述方法选择外，还可以根据制造厂提供的压缩机特性曲线直接查得。

(3) 确定制冷机压缩机配用的电动机功率。理论功率以 8S-12.5 型制冷压缩机为例：

$$N_{th} = M_r w_c = \frac{481.7}{1\,763 - 687} \times (1\,930 - 1\,770) = 71.6\ \mathrm{kW}$$

第一，指示功率：$\dfrac{p_k}{p_0} = \dfrac{15.55}{4.64} = 3.4$

从图查得 η_i=0.85：

$$N_i = \frac{N_{th}}{\eta_i} = \frac{71.6}{0.85} = 84.2\ \text{kW}$$

第二，轴功率，从图查得 $\eta_m = 0.85$：

$$N_B = \frac{N_i}{\eta_m} = \frac{84.2}{0.85} = 99\ \text{kW}$$

第三，电动机的功率：

$$N_D = 1.1N_B = 1.1 \times 99 = 108.9\ \text{kW}$$

8S-12.5 型制冷压缩机按空调工况配用的电动机功率为 115 kW，可以选用。6W-12.5 型制冷压缩机配用的电动机功率为 100 kW。

(4) 选择冷凝器和冷却水量计算。选用立式壳管冷凝器，冷却水进水温度为 32℃，出水温度 36℃。

第一，冷凝器的热负荷计算，当 $t_0 = 2℃$，$t_k = 40℃$ 时，查图得，$\phi = 1.17$：

$$Q_k = \phi \times Q_0 = 1.17 \times 844.8 = 988.4\ \text{kW}$$

第二，冷凝器传热面积的计算，传热温差：

$$\Delta t_m = \frac{t_{w2} - t_{w1}}{2.3 \times \lg \dfrac{t_k - t_{w1}}{t_k - t_{w2}}} = \frac{36 - 32}{2.3 \times \lg \dfrac{40 - 32}{40 - 36}} = 5.8℃$$

查表，取 $q_f = 4\,400\ \text{W/m}^2$，

$$F_k = \frac{Q_k}{q_f} = \frac{988.4 \times 10^3}{4\,400} = 225\ \text{m}^2$$

选用 LN-125 型立式壳管冷凝器两台，每台传热面积为 $112.5\ \text{m}^2$。

第二节　冷库隔热、隔汽设计

冷库围护结构隔热、防潮性能，直接影响到冷库内温度的稳定和食品冷却、冻结贮藏质量。良好的隔热和防潮材料的选择，以及合理的配置，可以有效地降低冷库内温度的波动和冷库使用时间。新建冷库围护结构材料的选择与合理配置，可以降低建造投资，提高冷库的经济性。

一、保温隔热材料概况

保温隔热材料按化学成分可分为有机和无机两大类，按材料的构造可分为纤维状、松散粒状和多孔组织材料三种，通常可制成板、片、卷材或管壳等多种形式的制品。一般来说，无机绝热材料的表观密度较大，但不易腐朽，不会燃烧，有的能耐高温。有机绝热材料则质轻，绝热性能好，但耐热性较差。冷库常用的隔热材料，传统冷库多用软木板、聚氨酯泡沫塑料及聚苯乙烯泡沫塑料等。近年新型冷库已较广泛使用硬质聚氨酯泡沫塑料、聚乙烯(PEF)发泡体、泡沫玻璃及挤压型聚苯乙烯泡沫塑料等。它们的基本特性、规格及性能指标见表 8-1。

表 8-1　冷库常用隔热材料的主要特性和性能指标

材料名称	材料特性、规格	密度(kg/m³)	抗压强度(MPa)	热导率[W/(m·℃)]
软木板	热导率小、抗压强度较高的块状隔热材料，但价高，难以施工，性能差别大； 由 3～8 mm 软木颗粒制成板，厚度为 25 mm、50 mm、70 mm、100 mm，长 914 mm，宽 305 mm	170	≥0.4	0.070
膨胀珍珠岩	白色多孔颗粒状散料，热导率小，抗压强度大，但易吸湿	82～150	—	0.087
聚苯乙烯泡沫塑料	轻质、隔热性能好、耐低温、易吸水，施工需用沥青等黏结剂粘贴，常用规格：2 000 mm×1 000 mm×(50～100)mm，1 000 mm×500 mm×(50～100)mm	18～40	≥0.15	0.046
硬质聚氨酯泡沫塑料	轻质、强度高、隔热性能好，成型工艺简单，可预制、现场灌注发泡成型或喷涂，阻燃性能好	35～55	≥0.2	0.031
聚苯乙烯发泡体	隔热、防振、隔声的材料，热导率小，抗湿、耐水、耐低温、阻燃、抗老化，PEF 发泡体胶粘工艺要求高	24	—	0.033
低密度闭孔泡沫玻璃	一种新的隔热材料，其密度和热导率较小，抗压，吸水率极低，可使用于−200～400℃，价格较高	140～180	0.5～0.7	—
挤压型聚苯乙烯泡沫板	一种连续挤压成型的隔热板，抗压、抗湿，热导率低，适用于冷库地面，作为装配式冷库隔热板的芯材，其复合板可用于冷藏间或冻结间侧壁及顶板	28～45	0.25～0.3	—

1. 纤维状保温隔热材料

这类材料主要是以矿棉、石棉、玻璃棉及植物纤维等为主要原料，制成板、筒、毡等形状的制品，广泛用于住宅建筑和热工设备、管道等的保温隔热。这类隔热材料通常也是良好的吸音材料。

(1) 石棉及其制品。石棉是一种天然矿物纤维，主要化学成分是含水硅酸镁，具有耐火、耐热、耐酸碱、隔热、防腐、隔音及绝缘等特性。常制成石棉粉、石棉纸板、石棉毡等制品，用于建筑工程的高效能隔热、保温及防火覆盖等。

(2) 矿棉及其制品。矿棉一般包括矿渣棉和岩石棉。矿渣棉所用原料有高炉硬矿渣、铜矿渣等，并加一些调节原料(钙质和硅质原料)；岩棉的主要原料为天然岩石(白云石、花岗石、玄武岩等)。上述原料经熔融后，用喷吹法或离心法制成细纤维。矿棉具有轻质、不燃、隔热和电绝缘等性能，且原料来源广，成本较低。可制成矿棉板、矿棉毡及管壳等。可用作建筑物的墙壁、屋顶、天花板等处的保温隔热和吸声材料，以及热力管道的保温材料。

(3) 玻璃棉及其制品。玻璃棉是用玻璃原料或碎玻璃经熔融后制成纤维状材料，包括短棉和超细棉两种。短棉的表观密度为 100～150 kg/m³，$\lambda = 0.035 \sim 0.058$ W/(m·℃)，价格与矿棉相近。可制成沥青玻璃棉毡、板及酚醛玻璃棉毡、板等制品，广泛用在温度较低的热力设备和房屋建筑中的保温隔热，同时它还是良好的吸声材料。超细棉直径在 4 μm 左右，表观密度可小至 18 kg/m³，$\lambda = 0.028 \sim 0.037$ W/(m·℃)，隔热性能更为优良。

(4) 植物纤维复合板。植物纤维复合板是以植物纤维为主要材料加入胶结料和填料而制成。如木丝板是以木材下脚料经机械制成木丝，加入硅酸钠溶液及普通硅酸盐水泥混合，经成型、冷压、养护、干燥而制成。甘蔗板是以甘蔗渣为原料，经过蒸制、加压、干燥等工序制成的一种轻质、吸声、保温、隔热材料。

(5) 陶瓷纤维隔热制品。陶瓷纤维是以氧化硅、氧化铝为主要原料，经高温熔融、蒸汽(或压缩空气)喷吹或离心喷吹(或溶液纺丝再经烧结)而制成，表观密度为 140～150 kg/m^3，$\lambda = 0.116 \sim 0.186$ W/(m·℃)，最高使用温度 1 100～1 350℃，耐火度≥1 770℃，可加工成纸、绳、带、毯、毡等制品，供高温隔热或吸声之用。

2. 散粒状保温隔热材料

(1) 膨胀蛭石及其制品。蛭石是一种天然矿物，经 850～1 000℃煅烧，体积急剧膨胀(可膨胀 5～20 倍)而成为松散颗粒，其堆积密度为 80～200 kg/m^3，$\lambda = 0.046 \sim 0.07$ W/(m·℃)，可在 1 000～1 100℃下使用，用于填充墙壁、楼板及平屋顶，隔热效果佳。因吸水性大，使用时应注意防潮。

膨胀蛭石也可与水泥、水玻璃等胶凝材料配合，制成砖、板、管壳等用于围护结构及管道保温。水泥膨胀蛭石其堆积密度 300～500 kg/m^3，$\lambda = 0.08 \sim 10$ W/(m·℃)，耐温 600℃。水玻璃膨胀蛭石制品由膨胀蛭石、水玻璃和适量氟硅酸钠配制而成，其表观密度 300～400 kg/m^3，$\lambda = 0.079 \sim 0.094$ W/(m·℃)，耐热温度可达 900℃。

(2) 膨胀珍珠岩及其制品。膨胀珍珠岩是由天然珍珠岩、黑曜岩或松脂岩为原料，经煅烧体积急剧膨胀(约 20 倍)而得蜂窝状白色或灰白色松散颗料。堆积密度为 40～300 kg/m^3，$\lambda = 0.025 \sim 0.048$ W/(m·℃)，耐热 800℃，为高效能保温保冷填充材料。

膨胀珍珠岩制品是以膨胀珍珠岩为骨料，配以适量胶凝材料，经拌和、成型、养护(或干燥、或焙烧)后而制成的板、砖、管等产品。目前国内主要产品有水泥膨胀珍珠岩制品，水玻璃膨胀珍珠岩制品，磷酸盐膨胀珍珠岩制品及沥青膨胀珍珠岩制品等。

3. 多孔性隔热材料

(1) 微孔硅酸钙制品。微孔硅酸钙制品是用粉状二氧化硅材料(硅藻土)、石灰、纤维增强材料及水等经搅拌、成型、蒸压处理和干燥等工序而制成。用于围护结构及管道保温，效果较水泥膨胀珍珠岩和水泥膨胀蛭石为好。

(2) 泡沫玻璃。泡沫玻璃是采用碎玻璃加入 1%～2%发泡剂(石灰石或碳化钙)，经粉磨、混合、装模，在 800℃下烧成后形成含有大量封闭气泡(直径 0.1～5 mm)的制品。它具有导热系数小、抗压强度和抗冻性高、耐久性好等特点，且易于进行锯切、钻孔等机械加工，为高级保温隔热材料，可砌筑墙体，常用于冷藏库隔热。

(3) 泡沫混凝土及加气混凝土。

(4) 泡沫塑料。泡沫塑料是以合成树脂为基料，加入一定剂量的发泡剂、催化剂、稳定剂等辅助材料经加热发泡而制成的轻质保温、防震材料。目前我国生产的有聚苯乙烯、聚氯乙烯、聚氨酯及脲醛树脂等泡沫塑料。通过选择不同的发泡剂和加入量，可以制得气孔率不同的发泡材料，以适应不同场合的应用。用作建筑保温时，常填充在围护结构中或夹在两层其他材料中间做成夹芯板(复合板)。由于这类材料造价高，且具有可燃性，因此应用上受到一定限制，今后随着这类材料性能的改善，将向着高效、多功能方向发展。

4. 其他隔热材料

(1) 软木板。软木也叫栓木，软木板是用栓皮、栎树皮或黄菠萝树皮为原料，经破碎后与皮胶溶液拌和，再加压成型，在温度为 80℃的干燥室中干燥一昼夜而制成。软木板具有表观密度小，导热性低，抗渗和防腐性能高等特点。常用热沥青错缝粘贴，用于冷藏库隔热。

(2) 蜂窝板。蜂窝板是由两块较薄的面板牢固地黏结在一层较厚的蜂窝状芯材两面而制成的板材，亦称蜂窝夹层结构。蜂窝状芯材是用浸渍过合成树脂(酚醛、聚酯等)的牛皮纸、玻璃布和铝片等，经过加工粘合成六角形空腹(蜂窝状)的整块芯材。芯材的厚度在15～450 mm 范围内；空腔的尺寸在 10 mm 以上。常用的面板为浸渍过树脂的牛皮纸、玻璃布或不经树脂浸渍的胶合板、纤维板、石膏板等。面板必须采用合适的胶黏剂与芯材牢固地黏合在一起，才能显示出蜂窝板的优异特性，即具有比强度大、导热性低和抗震性好等多种功能。

(3) 窗用绝热薄膜。这种薄膜是以聚酯薄膜经紫外线吸收剂处理后，在真空中进行蒸镀金属粒子沉积层，然后与一层有色透明的塑料薄膜压粘而成。厚度 12～50 μm，用于建筑物窗玻璃的绝热，效果能与热反射玻璃相同。其作用原理是将透过玻璃的大部分阳光反射出去，反射率最高可达 80%，从而起到了遮蔽阳光、防止室内陈设物褪色、减低冬季热量损失、节约能源、增加美感等作用，同时还有避免玻璃碎片伤人的功效。

二、冷库隔热设计

选择冷库隔热材料应考虑冷库建筑方案、隔热要求、隔热材料性能和来源以及经济指标等因素。要求隔热材料具有较小的热导率、轻质价廉、抗湿抗冻、安全无毒、符合环保要求、坚固耐压、消防耐用等性能。

1. 冷库隔热材料的计算选择

用作冷库的隔热材料应选用容重小、导热系数小、吸湿性小、不易燃烧、不生虫、不腐烂、没有异味和毒性的防火材料。地坪隔热层由于承受荷载，低温库采用聚乙烯板材，高温库可采用炉渣。外墙隔热层采用聚苯乙烯泡沫塑料，顶棚隔热层采用聚氨酯泡沫塑料，冷库门隔热层采用聚苯乙烯泡沫塑料。

隔热层的厚度按下式计算：

$$\delta=\lambda\left[\frac{1}{k}-\left(\frac{1}{\alpha_1}+\frac{\delta_1}{\lambda_1}+\frac{\delta_2}{\lambda_2}+\cdots+K\frac{\delta_n}{\lambda_n}+\frac{1}{\alpha_2}\right)\right] \tag{8-11}$$

式中：δ——主要隔热材料厚度，m；

λ——主要隔热材料导热系数，W/(m·℃)；

K——围护结构总的传热系数，W/(m^2·℃)；

α_1、α_2——围护结构表面的对流给热系数，W/(m^2·℃)；

$\delta_1,\delta_2,\cdots,\delta_n$——围护结构中各层材料的厚度，m；

$\lambda_1,\lambda_2,\cdots,\lambda_n$——围护结构中各层材料的导热系数，W/(m·℃)。

对围护结构的最大容许传热系数能满足下式：

$$K\leqslant\alpha\frac{t_1-t}{t_1-t_2} \tag{8-12}$$

式中：α——围护结构温度较高一侧的热扩散系数，W/(m^2·℃)；

t——较热库房空气露点温度，℃；

t_1,t_2——分别为较热库房和较冷库房空气温度，℃。

2. 冷库隔热材料的查表选择

近几年来冷库较广泛使用硬质聚氨酯泡沫塑料、聚苯乙烯(PEF)发泡体、泡沫玻璃及挤压型聚苯乙烯泡沫塑料等。它们的基本特性、规格性能指标见表 8-2～表 8-4，可以选用。

表 8-2　冷库常用隔热材料的物理性能指标

材料名称	密度 (kg/m^3)	热导率 [W/(m·℃)]	设计用热导率 [W/(m·℃)]	热扩散率 (%)	比热容 [J/(kg·℃)]	蓄热系数 [W/(m^2·℃)]	蒸汽渗透率 (%)
泡沫玻璃	600	0.128					
膨胀珍珠岩	<80	<0.052 3	0.087 2	2.11	1.297 9	0.531 5	
水泥珍珠岩	380	0.086 1	0.116 2	0.91	0.879 2	1.551 9	9.000 72
加汽混凝土	500	0.116 3	0.152	0.93	0.963 0	2.023 5	9.975 80
泡沫混凝土	370	0.097 7	0.127 2	0.89	0.837 4	1.352 9	18.001 44
软　木	170	0.058 2	0.069 8	0.62	2.051 5	1.186 3	2.552 0
沥青岩棉毡	160	0.052					
玻璃棉毡	120	0.058					
聚苯乙烯泡沫塑料	18	0.036 1	0.046 5	6.23	1.172 3	0.232 6	2.775 22
聚氨酯泡沫塑料	40	0.022 1	0.031 4	1.65	1.256 0	0.279 1	2.550 20
聚乙烯泡沫塑料	27		0.038 3				(吸水性 0.011 kg/m^2)

表 8-3　冷库外围结构隔热层厚度参考表

隔热材料	库　温(℃)	−23			−7～−18			−4 以上		
	分　区	一区	二区	三区	一区	二区	三区	一区	二区	三区
	室外计算温度(℃)	30	33	36	30	33	36	30	33	36
	计算温度差(℃)	53	56	59	48	51	54	34	37	40
外墙软木	$K\Delta t$(W/m^2)	11	11	11	11	11	11	11	11	11
	R_0(%)	4.81	5.1	5.36	4.36	4.63	4.9	3.1	3.36	3.64
	采用厚度(mm)	250	250	300	200	250	250	150	150	200
	计算厚度(mm)	240	250	270	210	230	240	130	150	170
外墙聚苯乙烯泡沫塑料	$K\Delta t$(W/m^2)	11	11	11	11	11	11	11	11	11
	R_0(%)	4.76	5.00	5.26	4.35	4.55	5.00	3.13	3.33	3.57
	采用厚度(mm)	220	240	250	200	210	240	150	160	170
	计算厚度(mm)	220	240	250	200	210	240	150	160	170
外墙硬质聚氨酯泡沫塑料	$K\Delta t$(W/m^2)	11	11	11	11	11	11	11	11	11
	R_0(%)	4.76	5.00	5.26	4.35	4.55	5.00	3.13	3.32	3.57
	采用厚度(mm)	150	160	160	130	140	160	100	100	110
	计算厚度(mm)	150	160	160	130	140	160	100	100	110
外墙聚乙烯发泡体	$K\Delta t$(W/m^2)	11	11	11	11	11	11	11	11	11
	R_0(%)	4.76	5.00	5.26	4.35	4.55	5.00	3.13	3.33	3.57
	采用厚度(mm)	180	190	200	170	170	190	120	130	140
	计算厚度(mm)	180	190	200	170	170	190	120	130	140

续表 8-3

隔热材料	库　温(℃)	−23			−7～−18			−4 以上		
	分　区	一区	二区	三区	一区	二区	三区	一区	二区	三区
	室外计算温度(℃)	30	33	36	30	33	36	30	33	36
	计算温度差(℃)	53	56	59	48	51	54	34	37	40
屋顶软木	$K\Delta t$(W/m²)	11	11	11	11	11	11	11	11	11
	R_0(%)	5.56	5.88	6.17	5.0	5.31	5.65	3.56	3.83	4.17
	采用厚度(mm)	350	350	400	300	300	350	200	250	250
	计算厚度(mm)	334	353	370	300	318	338	214	230	250
屋顶聚苯乙烯泡沫塑料	$K\Delta t$(W/m²)	11	11	11	11	11	11	11	11	11
	R_0(%)	5.56	5.88	6.17	5.0	5.31	5.65	3.56	3.83	4.17
	采用厚度(mm)	260	280	290	240	250	260	170	180	200
	计算厚度(mm)	260	280	290	240	250	260	170	180	200
屋顶硬质聚氨酯泡沫塑料	$K\Delta t$(W/m²)	11	11	11	11	11	11	11	11	11
	R_0(%)	5.56	5.88	6.17	5.0	5.31	5.65	3.56	3.83	4.17
	采用厚度(mm)	170	180	190	160	170	110	170	180	200
	计算厚度(mm)	170	180	190	160	170	110	170	180	200
屋顶聚乙烯发泡体	$K\Delta t$(W/m²)	11	11	11	11	11	11	11	11	11
	R_0(%)	5.56	5.88	6.17	5.0	5.31	5.65	3.56	3.83	4.17
	采用厚度(mm)	210	220	240	190	200	210	140	150	160
	计算厚度(mm)	210	220	240	190	200	210	140	150	160

表 8-4　冷库内墙隔热层厚度参考表

内墙两侧房间关系(名称、室温、生产温度)(℃)		Δt	R_0	K	A	B	C	D	防潮
0～−7℃冷却间(以−7℃计)	高温穿堂(进热肉)(以+20℃计)	27	0.84	32.45	58	39	26	32	单面
0～7℃冷却间(以+8℃计)	0～7℃冷却间(以+8℃计)	15	0.48	31.40	33	22	15	18	—
0～−7℃冷却间(以−7℃计)	中温穿堂(以+3℃计)	10	0.60	16.75	42	28	18	23	单面
0～7℃冷却间(以+8℃计)	冰库−4℃	12	0.60	19.68	43	29	19	23	双面
冻结间−23℃	冻结间−23℃	31	0.84	37.62	58	39	26	32	双面
冻结间−23℃	中温穿堂(以+3℃计)	26	0.84	31.40	58	39	26	32	双面
冻结间−23℃	冻结间−23℃	—	0.60	—					—
冻结间−23℃	冰库−4℃	19	0.72	26.80	50	30	20	30	双面
冻结间−23℃	−10℃低温穿堂(−8℃计)	15	0.60	25.12	40	30	20	20	双面
冻结间−23℃	高温穿堂(以+20℃计)	43	0.96	46.05	70	40	30	40	双面

续表 8-4

内墙两侧房间关系(名称、室温、生产温度)(℃)		Δt	R_0	K	A	B	C	D	防潮
冻结间−23℃	−18℃冻结物冷藏间(−5℃计)	18	0.72	25.12	50	30	20	30	双面
0～−2℃冷却物冷藏间(以 0℃计)	高温穿堂(以+20℃计)	20	0.72	28.05	50	30	20	30	单面
0～−2℃冷却物冷藏间(以+6℃计)	冰库−4℃	10	0.60	16.75	40	30	20	20	双面
0～−2℃冷却物冷藏间(以+6℃计)	冷却物冷藏间 0～−2℃	8	—	—					—
0～−2℃冷却物冷藏间(以 0℃计)	中温穿堂(以+3℃计)	3	0.84	6.28	30	20	10	20	单面
0～−2℃冷却物冷藏间(以+6℃计)	冻结物冷藏间−18℃	24	0.84	20.93	80	50	40	50	单面
冻结物冷藏间(以−18℃计)	冻结物冷藏间−18℃	—	—	—	23.33				—
冻结物冷藏间(以−18℃计)	冰库−4℃	14	0.60	20.93	50	30	20	30	单面
冻结物冷藏间(以−18℃计)	中温穿堂(以+3℃计)	21	0.72	20.93	70	50	30	40	单面
冻结物冷藏间(以−18℃计)	低温穿堂(以−8℃计)	10	0.60	16.75	40	30	20	20	单面
冻结物冷藏间(以−18℃计)	高温穿堂(以+20℃计)	38	0.96	39.77	70	40	30	40	单面
冰库−4℃	高温穿堂(以+20℃计)	24	0.72	33.49	50	30	20	30	双面
冰库−4℃	中温穿堂(以+3℃计)	7	0.60	12.56	40	30	20	20	双面

注:Δt——两侧计算用温差,℃；R_0——要求总热阻,$m^2 \cdot h \cdot ℃/kJ$；A——软木；B——聚苯乙烯泡沫塑料；C——硬质聚氨酯泡沫塑料；D——聚乙烯发泡体。

3. 冷库制冷设备和管道的隔热

制冷设备和管道隔热的目的是减少冷量损失和回气过热,同时也为了防止设备和管路表面凝露、结霜。在冷库制冷工程中,某些设备和管道的常用隔热方法,是在外表面覆盖一层隔热材料,形成隔热结构。合理的隔热结构,可以获得良好的隔热效果,减少冷量损失。

(1) 制冷设备和管道隔热层厚度的确定。冷库制冷设备和管道的隔热层厚度可按下式计算:

$$\delta = \frac{2\lambda}{\alpha_w} \frac{t_3 - t_1}{t_2 - t_3} = D_1 \ln \frac{D_1}{D_2} \tag{8-13}$$

式中:t_1——管路或设备内氨液或制冷剂的温度,℃；

t_2——周围空气温度,℃,可取夏季空气调节日平均温度；

t_3——隔热层外表面温度,℃,一般可按露点温度加 1～2℃；

λ——隔热材料的热导率,$W/(m \cdot ℃)$；

D_1——管路或设备保温后的外径,m；

D_2——管路或设备外径,m；

α_w——隔热层外表面传热系数，W/(m²·℃)，一般可采用 8.141 W/(m²·℃)。

【例】 某一冷库制冷装置，管道直径为 108 mm，管内载冷剂(或制冷剂)的工作温度为 −40℃，管路周围空气温度为 35℃，隔热材料的热导率 $\lambda = 0.058$ W/(m·℃)，试求隔热层厚度。

解: 按题意

$$\alpha_w = 8.141\ \mathrm{W/(m^2 \cdot ℃)},\ \lambda = 0.058\ \mathrm{W/(m \cdot ℃)}$$

$$t_1 = -40℃,\ t_2 = 35℃,\ t_3 = t_L + 1.5 = 29.5 + 1.5 = 31℃$$

$$\delta = D_1 \ln \frac{D_1}{D_2} = \frac{2\lambda}{\alpha_w} \frac{t_3 - t_1}{t_2 - t_3} = 0.25$$

上例中隔热材料热导率 λ 对矿棉及制品隔热材料、聚苯乙烯、聚氨酯泡沫塑料及玻璃棉隔热材料，可分别取 0.058 1 W/(m·℃)、0.034 9 W/(m·℃)、0.023 3 W/(m·℃)、0.048 5 W/(m·℃)。在自然对流条件下，隔热层外表面传热系数 α_w 可取 8.141 W/(m²·℃)。此外，环境温度、露点温度和隔热层外表面温度，可查阅有关资料。

(2) 制冷设备和管道隔热设施。确定隔热层厚度是实现良好隔热、减少冷量损失的基本条件，但只有合理的实施隔热结构，才能保证其隔热效果。通常保冷用的隔热结构，一般从内到外约有五层：防锈层、隔热层、防潮层、防蚀层及识别层。

第一，隔热结构的内层为金属管道或设备的表面防锈层。它可以在一旦冷表面受湿后，避免锈蚀，以提高管道使用寿命。防锈层一般在管道隔热施工前，先清除管外的铁锈污垢，擦拭干净，然后用红丹防锈漆涂 1～2 层，或用冷底子油涂刷 1～2 遍。

第二，隔热层在防锈层后施工，根据管道或设备结构尺寸、形状不同，可采用多种施工方法。目前使用较多的有：砌块型、浇灌型、喷涂型和充填型等。砌块型是将隔热材料预制成砖、板、管壳等形状，施工时选择一定的几何尺寸，用挂钉、铁丝等将成型件固定于管道或设备外壁，构成隔热层。常用的隔热材料有：软木、聚苯乙烯和聚氨酯泡沫塑料，矿棉或岩棉等。半圆形管壳是在管道隔热中较广泛采用的一种隔热形式。包隔热层时成型材料应先浸以热沥青，成错缝排列，与管道压紧，管壳应对好接缝，并嵌以玛蹄脂，第一层包好后再涂以热沥青，依次包第二层、第三层。硬质闭孔聚氨酯泡沫塑料制品施工方便、隔热效果良好。浇灌型是用聚氨酯现场灌注发泡，构成隔热层。这种隔热层与管道结合牢固、不易松动或脱壳，但其施工不方便，需先用镀锌薄钢板把管道套包成一密闭空间，并在套管上方每隔 1.5 m 左右开一个直径 8 mm 气孔，将 A、B 料按比例混合后注入套管内。喷涂型是把聚氨酯泡沫塑料的发泡配料，在施工现场利用喷枪喷涂于设备或管道表面，构成隔热层。这种方法更适用于非规则结构的设备和管道隔热。充填型是将松散的隔热材料充填于事先做好隔汽防潮层的设备或管道外的金属壳、板壁、箱或网壳内，构成隔热。这种隔热层的施工较麻烦，工艺要求较高。

第三，管路或设备隔热结构的防潮层，可以有效地阻止水蒸气从高温侧渗透到低温侧，造成隔热层受湿，金属表面锈蚀。所以，在隔热层的高温侧，即外侧应进行隔汽防潮处理。常用的隔汽防潮材料有沥青油毡、沥青玛蹄脂夹玻璃布、聚乙烯塑料薄膜等。通常在隔热层两侧涂刷沥青玛蹄脂的方法，做成连续有效的防潮层，已得到较多的应用。

第四，隔热结构中的保护层，是用以保护隔热层和防潮层不受机械损伤。常用的保护层材料有石棉、石膏保护层，玻璃布外刷油漆保护，覆铝箔玻璃钢或成形的金属薄板保护层等。

第五，隔热结构外层均有防腐蚀或识别层。如用镀锌薄钢板作保护层时，外表面涂两道油漆（如醇酸磁漆等）。用玻璃布作保护层，也应涂刷两道油漆。其他保护层外，可不作防腐处理。

三、冷库隔汽设计

1. 隔汽层的作用

冷库隔热结构的隔热性能主要取决于隔热材料的性能和老化，同时还取决于使用过程隔热结构的抗湿性和隔热材料的吸湿性。由于冷库的库内外温差很大，导致库外侧高温环境中空气中的水蒸气（气压高）通过外墙围墙向库内（气压低）不断渗透，渗入墙体孔隙的水蒸气达到露点温度或冰点温度时凝结成水或结冰，使墙体隔热层变潮而降低甚至丧失隔热层和整体不受渗入蒸汽的破坏，当冷库隔热结构受潮或隔热材料吸湿后，其隔热热阻会降低，引起隔热层的霉烂和崩解，建筑材料的锈蚀和腐朽，一旦水在隔热层内结冰会破坏隔热结构，严重的将导致库体变形，甚至使整个冷库建筑报废。为了阻止水蒸气的渗透，要设良好的隔汽层。如隔汽层不良或有裂缝，蒸汽就会渗入绝缘材料中，使绝缘层受潮结冰以至破坏。因此冷库围护结构防潮、防止隔热材料受湿而采用隔绝水蒸气的渗入是非常重要的。

2. 隔汽层设置方法

一种是采用单面隔汽做法，即在外墙隔热层的外侧设置一层隔汽层；另一种是双面隔汽，即在隔热层的两侧分别设置隔汽层。双面隔汽要求隔热层充分干燥，防止隔热层中原有水分不能排出。由于库外空气中的水蒸气分压与库内的水蒸气分压有较大的压力差，水蒸气就由库外向库内渗透。这样，不仅会使库温无法维持，严重的会造成整个冷库的破坏。

隔汽层必须敷设在绝缘层的高温侧，否则会受到相反的效果。在低温侧要选用渗透阻小的材料，以利及时排除或多或少存在于绝缘材料中的水分。屋顶隔汽层采用三毡四油，外墙和地坪采用二毡三油，相同库温的内隔墙可不设隔汽层。

3. 隔汽层材料选择

冷库用隔汽防潮材料要求水蒸气渗透系数低，并有足够的黏结性，能牢固地黏合在隔热结构上。在冷库工程中常用的隔汽防潮材料，有沥青隔汽防潮材料和聚乙烯或聚氯乙烯薄膜隔汽防潮材料等两大类。

第一类沥青隔汽防潮材料。这类隔汽防潮材料有沥青、油毡、冷底子油、再生橡胶油毡、沥青砂浆、沥青玛蹄脂（沥青胶）等。冷库中采用石油沥青作为隔汽防潮材料，因其性能稳定，黏结力强具有良好的防水性能。但沥青会在空气中氧化，易“老化”脆裂。最近采用棕黑色乳化沥青或聚氨酯喷涂作为隔汽防潮材料，施工方便，具有较好的隔汽防潮性能。

第二类聚乙烯（PE）或聚氯乙烯（PVC）薄膜隔汽防潮材料。该隔汽防潮材料密度大、无毒、水蒸气渗透系数小，有一定的机械强度，柔软性、耐低温性能较好，具有良好的应用效果，但要求薄膜不能有气孔，在低温下不可变硬发脆。一般冷库用 0.13 mm 厚聚乙烯半透明薄膜，或 0.2 mm 厚聚氯乙烯透明薄膜，宽度要求大，这样可以减少接缝。通常聚乙烯薄膜采用型号 721 或 XY404 的聚乙烯黏合剂，聚氯乙烯薄膜采用型号 641 或 XY405 聚氯乙烯黏合剂，才能与隔热结构牢固地黏合。冷库工程中常用的隔汽防潮材料的物理特性见表 8-5。

表 8-5 常用隔汽防潮材料的物理性能

材料名称	密度(kg/m³)	厚度(mm)	热导率[W/(m·℃)]	热绝缘系数[W/(m²·℃)]	热扩散率(%)	比热容[J/(kg·℃)]	蓄热系数[W/(m²·℃)]	蒸汽渗透率(%)	蒸汽渗透阻力(W/m)
石油沥青油毛毡	1 130	1.5	0.27	0.005 2	0.32	1.59	4.58	0.001 35	1 106.57
石油沥青或玛蹄脂	980	2.0	0.20	0.010 3	0.33	2.14	5.41	0.007 5	266.64
一毡二油		5.5		0.025 8					1 639.86
二毡三油		9.0		0.041 3					3 013.08
聚乙烯薄膜	1 200	0.07	0.16	0.001 7	0.28	1.42	3.98	0.000 02	3 166.37

冷库围护结构内外温差较大，即形成结构两侧水蒸气的分压力差，高压侧空气中的水蒸气会不断地向低压侧渗透，为确保隔热材料的隔热性能，一般在维护结构的热侧设置隔汽防潮层以隔断或减少水蒸气的渗透。对于冷库屋面和地坪，还要设置防水层，以防止屋面雨水、施工用水或生产过程排放的地面水等浸入隔热结构。

第三节 冷 库 设 计

冷库的主要功能是屠宰肉的冷却、分割肉和肉制品加工原料肉的冷却贮藏、冷却肉的冻结和冻结贮藏等。冷库包括高温库和低温库两种，冷库为食品冷却、冻结和贮存建立必要的温度、湿度、卫生条件，在食品冷藏链中起着重要的作用。冷库应有合理的结构、良好的隔热，以保证食品贮存的质量。冷库隔热、防潮及地坪防冻可以保证冷库长期可靠地使用。冷库内的清洁、杀菌及通风换气，保证了食品贮存的卫生品质。

一、确定冷藏量和冷库规模

制冷设计主要包括：冷却、冷藏库容量计算，冷库结构、土建设计，总耗冷量计算，制冷设备选配设计、制冷系统设计，制冷机房及布局设计。

1. 确定冷藏量

需要贮藏于冷库内冷却冷藏和冻结冷藏的肉产品的体积叫做冷藏量。食品厂各类冷库均属生产性冷库，不同于商业分配性冷库，其冷藏量必须围绕生产周转、原料供应、运输条件等决定。全厂高温库的冷藏量可按年生产量的 100%计算，低温库的冷藏量一般按年生产量的 10%～20%考虑，确定各种冷库大小可参考表 8-6、表 8-7。

表 8-6 库容量确定的主要依据

库房名	温 度	时 间	容 量 要 求
屠宰冷却	从 40℃冷至 0℃	保藏期见表 8-4	(1) 容纳每日屠宰肉冷却量需要； (2) 按冷却保鲜肉市场配发需要 2～7 天用量贮存； (3) 考虑分割肉加工用原料肉按日产量 1.5 倍贮存； (4) 考虑肉制品加工用原料肉按日产量 0.5 倍贮存； (5) 考虑腌制品加工一日处理量的 4 倍量存放需要； (6) 考虑冻结肉贮存需要
冷却贮藏	−1～0℃		

续表 8-6

库房名	温　度	时　间	容 量 要 求
冻　结	0℃冷却至−25℃或−30℃	胴体 2 mm/h 平均冻结 5～30 mm/h	(1) 考虑一年中停宰期冻结肉市场配发量的贮存； (2) 考虑停宰期间肉制品加工原料用量的贮存
冻结贮藏	−18℃～−25℃ −18℃～−30℃	保质期猪肉−29℃， 12～14 个月	

表 8-7　食品工厂各种库房的储备量

库房名称	温　度	贮藏物料及场所	库房容量要求
高库温	0～4℃	排酸、预冷、暂存间	年产量的 100%
低温库	−18℃以下	冻白条、冻结分割肉	年产量的 10%～20%
冰　库	−10℃以下	自制机冰	15～20 d 的制冰能力
冻结间	−23℃以下	肉禽类副产品	日处理量的 50%
腌制间	−4～0℃	肉　料	日处理量的 4 倍
肉制品库	0～4℃	西式火腿、红肠	15～20 d 产量

2. 确定冷库建筑面积

冷库面积包括建筑面积、内净面积和有效使用面积。冷库建筑面积是指建筑物的水平面积，即建筑物外墙所包围的所有楼层面积的总和。冷库库房的内净面积是指去除库房墙体所占面积后所余的面积，即库房内净宽和净长的乘积。冷库的有效使用面积是指库房内净面积减去房内柱子所占面积、货堆与墙壁或设备间隔距离占地面积、货堆之间间隔距离或通道占地面积之后的剩余面积。

冷库容量确定以后，应根据物料的品种、堆放方式、冷库的建筑形式来确定冷库的面积。在堆放货物时采用下列堆垛间隔：距墙面或柱面 0.3 m；距顶棚、无梁楼盖柱帽板的底皮和凸出的屋架及梁的下缘 0.2 m；距管道壁 0.3 m；距附墙冷气管道 0.3 m。靠近货垛处运货车道的宽度：人工堆放时 1.2 m；电动码垛机和电瓶叉车堆垛时不小于 3 m。运货车道的数量由设计决定并取决于储存间的宽度，在宽为 18 m 以内的储存间可设一条运货车道。每平方米的堆放定额见表 8-8。

表 8-8　货物堆放密度

堆放货物	堆放密度(t/m^3)	堆放货物	堆放密度(t/m^3)
猪　肉	0.375	分割肉纸箱	约 25 kg/箱 0.63 m×0.42 m×0.12 m 0.58 m×0.41 m×0.13 m 堆放 8 层
牛　肉	0.42		
羊　肉	0.35		

(1) 高温库采用轨道吊挂胴体进行冷却和冷藏，通常是每 m 轨道吊挂 4 头不包括内脏的片猪肉。

【例】 某肉类加工厂年屠宰量 200 万头生猪，日屠宰量 6 600 头，每头猪不包括内脏产肉 60 kg，即日产肉 400 t。试计算高温库(预冷、排酸间)建筑面积。

解：每 m 轨道吊挂 4 头猪的片猪肉，即 $60 \times 4 = 240$ kg，400 t 片猪肉需要轨道总长为

$$\frac{400\,000}{240} \approx 1\,660 \text{ m}$$

设每间预冷间面积为 6 m×36 m，纵向排 7 根轨道，则每间的轨道长：

$$36\times7\approx250\ \text{m}$$

共需预冷间数量为

$$1\,660\div250\approx7\ \text{间}$$

根据该屠宰厂的日屠宰量 6 600 头生猪，预冷、排酸间需设计 7 间，每间尺寸为 6 m×36 m。

(2) 急冻间、冻结间和预冻间都不包括在冷库库容之中，低温库的数量和大小取决于冷库库容和它的用途。低温库采用人工堆码方式进行贮藏，单位重量货物占有面积，按表 8-8、表 8-9 取值。肉类的堆放定额堆高为 3 m，冻品堆码过高容易倒塌出安全事故。每 m^3 堆放重量为 0.375 t，低温库建筑面积按下式计算：

$$S=\frac{P}{0.375HK} \tag{8-14}$$

式中：S——冷库建筑面积，m^2；

P——冷库冷藏量，t；

K——平面系数，即货堆占地面积与建筑面积之比，0.65～0.70；

H——堆货高度，m。

建筑面积扣除墙身和柱子的面积称为使用面积，贮藏于库内的冷藏品占地面积和冷库内的交通面积之和就是使用面积。K 值小型库取 0.65，大型库取 0.70。

【例】 某肉类加工厂年屠宰量是 200 万头生猪，日屠宰量是 6 600 头，每头生猪包括内脏产肉 100 kg，即日产肉是 660 t。以日产量的 20% 即 132 t 进入低温库冻藏，试计算低温库的建筑面积。

解：肉类堆放高度 3 m，每 m^3 堆放 0.375 t，则每单位有效面积可堆放 $0.375\times3=1.125$ t。假定该冷藏库为单层结构，平面系数取 0.65，则得库房建筑面积：

$$S=\frac{132}{1.125\times0.65}=180\ \text{m}^2$$

二、食品生产对冷库的要求

低温虽可抑制微生物，甚至可以杀灭某些微生物，但某些耐低温的微生物，如某些霉菌在 0℃以下仍能生长繁殖。因此，对于冷藏库必须采取严格的卫生措施，减少微生物污染食品机会，以延长食品的保藏期限。国家质检总局制定的《出口食品生产企业卫生要求》内容很多，现将关于冷库方面的要求摘要如下：冷包间和预冷库、速冻库、冷藏库等仓库的温度、湿度应符合产品工艺要求，并配备温度显示装置，必要时配备湿度计；预冷库、速冻库、冷藏库要配备自动温度记录装置并定期校准，库内保持清洁，定期消毒，有防霉、防鼠、防虫设施。库内物品与墙壁、地面保持一定距离，库内不得存放有碍卫生的物品；同一库内不得存放可能造成相互污染的食品。

冷藏库的卫生管理应采取以下措施：

(1) 制定冷藏库等库房卫生管理制度、食品进出库检查制度并严格执行。入库食品应按入库日期、批次分别存放，先进先发，防止冷藏食品超过冷藏期限。在贮藏过程中，应做好卫生质量检查及质量预报工作，及时处理有变质征兆的食品。

(2) 冷藏库等库房应设有精确控制温、湿度的装置。冷藏库温度的恒定对保证食品的卫生质量极为重要，所以应按冷藏温度要求准确控制，尽量减少温度的波动。

(3) 搬运食品出入库时，操作人员要穿工作服，避免踩踏食品，必要时应有专用鞋。

冷藏库等库房、周围场地、走廊及空气冷却器应经常清扫，定期消毒。冷藏库及工具设备应经常保持清洁，注意搞好防霉、除臭和消毒工作。库房的墙壁和天花板应刷抗霉剂。除臭时可先将食品搬出，用 2 mg/m^3 除臭剂充入库内，除臭效果良好。库房消毒可用次氯酸钠溶液等消毒剂，消毒前将食品全部搬出，消毒后经通风晾干方可使用。用紫外线对冷库进行辐射杀菌，操作简便、效果良好。

三、冷库设计

1. 多层库和单层库的选择

多层库的优点：库容量相同的条件下比单层库占地面积小，库外围护结构面积小，冷耗少，节约制冷费用，节约隔热材料用量，降低建筑费用。多层结构合理安排使用，如地下室作高温库，顶层作隔热阁楼或常温用房，可节省楼板的隔热处理费用。多层库的缺点是冷库地坪负荷量大，对地基要求高，增加地基处理费用。库内需用垂直运输装置，运输速度受限，货物进出库不方便，而且占用库内面积。楼板承载能力限制货物堆放高度，采用机械化操作堆卸，不能充分发挥使用机械的效率。

单层库的优点：地坪承载能力大，可提高库净高，增加库容量。地坪单位面积承载量并不高，对地基要求不很高，地基处理简单，降低建筑费用。适合采用机械化操作，效率高，劳动强度低，降低生产费用。单层库的缺点：占地面积大，低温库地坪防冻处理工程量大，库外围护结构面积大，隔热材料用量多，耗冷量、货物干耗量也较大。在用地条件许可的条件下，目前国内外多采用单层库。

2. 冷库平面布置

根据冷库的工艺，冷库建筑物主要包括各种温度要求的冻结间、冷藏间、冷却间、穿堂、站台、制冷机房及其他辅助设施。冷库建筑平面布置应考虑各种因素。

冷库内的布置要合理确定冷藏间和间隔间的面积，宜采用正方形的平面体形，以减少外墙面积及相应的保温结构。高、低温库房分区布置，库温相同或相近的冷藏间布置在一起，这样以减少保温层厚度，冷库内的温湿度保持稳定。采用常温穿堂，防止库房入口处结冰和滴水。

(1) 冷库建筑平面布置设计应考虑：冻结间、冷藏间、冷却间按生产需要用隔墙分割成几间，以方便不同货物冻结、冷藏和冷却，方便货物周转。但是分割间不宜太小，以免增加隔墙占库内面积，增加建筑费用，同时也不利机械化操作。冷库主体形状尽可能取正方形，在相同库容积条件下，正方形外围护结构面积相对较小，外围护结构隔热材料用量少，冷耗量小，有效使用面积大，经济性好。

(2) 冻结库、冷藏间、冷却间按生产工艺要求应尽量设置在靠近肉制品加工车间的地方，货物进出货运输线路短，而且应避免出货物流交叉。同温度或相近温度库房应集中安排，可减少墙的隔热层厚度，节省隔热材料用量。甚至可不需隔热处理。高温、低温库房在同一层内时，将高温库靠冷库外墙位置，以减少库内温差而减少冷耗量。应按贮藏食品的特性及冷藏温度等要求分间，有异味的贮藏食品应设单间。面积在 1 000 m^2 以上的冷藏间应至少设两个门，面积在 1 000 m^2 以下的冷藏间可只设一个门。库房的过磅设备应根据进出货操作流程短捷的原则和需要进行布置。

(3) 当冷库与生产厂房组合时，应考虑二者共有的生活间和辅助房间、站台、发货处等。急冻室和冷却间要根据产品进入和发送至外部运输的工艺连贯进行布置，冻结间、冷藏间按生产工艺要求尽量设置在靠近肉制品加工车间的地方。

(4) 尽量减少穿堂，合理安排穿堂、走道等位置和占地面积，将非冷却设施尽可能移置库外，提高库房面积的利用率，减少隔热处理消耗，降低建筑费用。库房的办公室、烘衣室、更衣室、休息室及卫生间等辅助房间宜布置于穿堂附近，多层库宜设置在首层。

库房设穿堂，其温度应根据需要确定。冷库穿堂是联系各库房的交通通道，冷库穿堂按位置分为库内穿堂、库外穿堂。库内穿堂按温度不同分为低温穿堂、高温穿堂。各种类型的穿堂布置形式如图 8-5、图 8-6 所示。穿堂宽度：大型冷库，叉车运输为 5.0～6.0 m，小型冷库，手推车运输为 3.0～5.0 m。

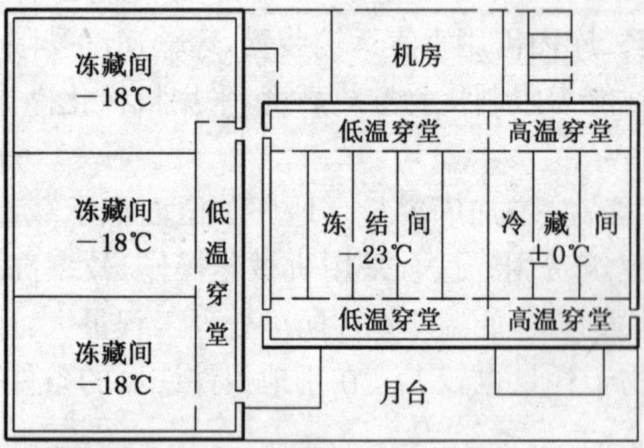

图 8-5 库内穿堂布置形式

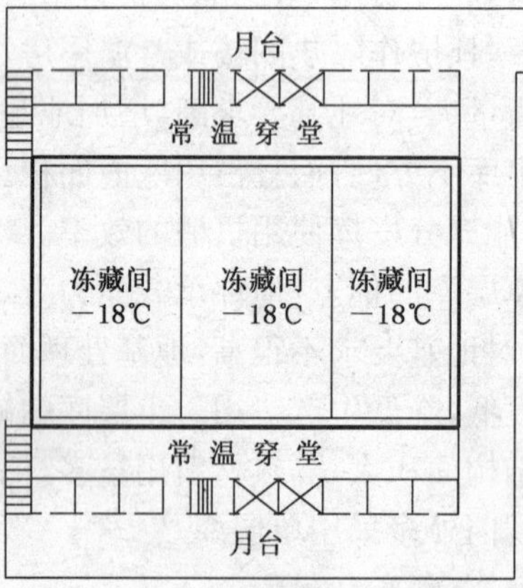

图 8-6 库外常温穿堂布置形式

(5) 库内穿堂优点是高、低温库分别与高、低穿堂相通，穿堂内作业时，不受库外温度影响，库房内温度波动小，库房冷量损耗小。缺点是穿堂占用冷库主体建筑面积，墙体需隔热处理和安装冷却器，库内穿堂造价高。工人在低温、通风不畅的穿堂内工作，工作环境不良。

(6) 库外穿堂优点是穿堂在冷库主体之外为常温穿堂，造价较低，穿堂内温度较高，通风良好，工人操作环境好。穿堂与月台直接相通，库内货物进出距离短、速度快。缺点是各库房直对常温穿堂，库门开启时，因内外温差大，穿堂湿热空气进入库内产生雾汽、结霜，影响建筑结构，增大库内温度波动。穿堂与库房连接处需作防冻处理，库门上需设置冷风幕。

3. 确定冷库建筑层高

层高指屋面到±0.00 的高度，层高扣除屋面梁及保温的高度称梁下净高，层高扣除屋面板及保温的厚度称板下净高。库内吊挂轨道高度见表 8-9。

表 8-9　高度确定库高的参考参数

项　　目			高　度(m)
冷却、冻结吊挂轨道顶到地面最小距离	马		3.80
	牛		3.40
	小牛		2.70
	羊		2.70
	猪	不带头	2.70
		带　头	3.00
肋片式顶管与顶棚或梁底面间距			0.30
光滑顶管与顶棚表面间距			0.25
货堆与顶管表面间距			0.20
货堆高度			3.00

(1) 低温库剖面见图 8-7，肉类冷藏堆放高度 3 m，屋面结构梁高一般为 600 mm。氟制冷系统冷库，在货堆与梁底之间尚有 1.9 m 的高度作为设备安装和维修操作使用，故层高取 5.5 m 已足够，GMP 工厂设计规范规定厂房层高不低于 6 m，故可取层高为 6 m。氨制冷系统排管有两种方式：一种是排管设在顶部屋面梁下，见图 8-8，扣除顶部排管高度 1 m，其设备安装和维修空间 1.9 m，层高取 6.5 m 已足够。另一种是排管设在库房靠墙两侧，如是这种方式布置，库房层高与氟制冷相同。

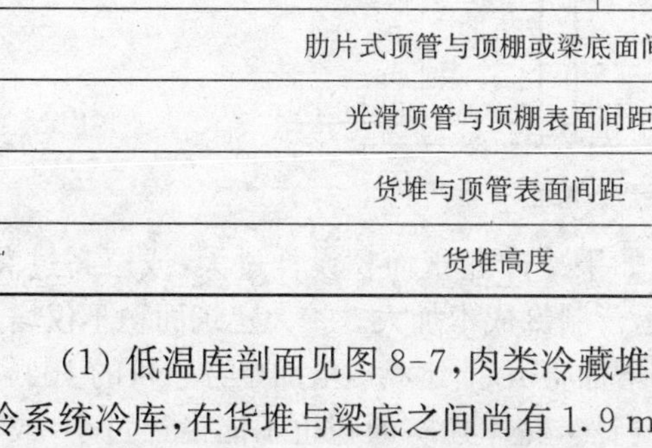

图 8-7　氟制冷冷库剖面

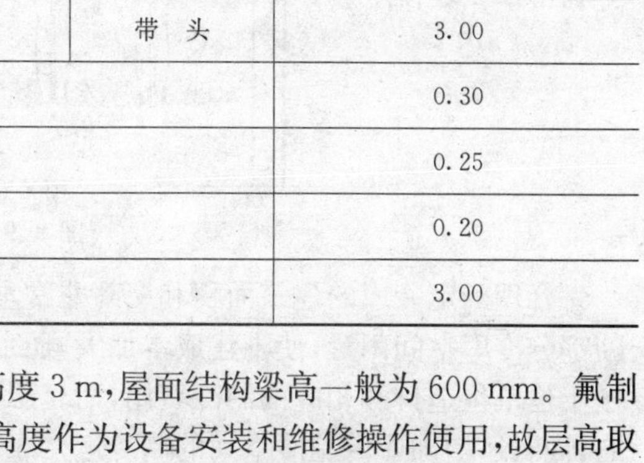

图 8-8　氨制冷冷库剖面

(2) 高温库剖面见图 8-9 所示，屋面结构梁高为 0.6 m，二次钢梁顶面标高视设备而不同，进口设备二次钢梁顶面标高 4.0 m 左右，国产设备二次钢梁顶面标高 3.5 m 左右。由于保持冷却、冷藏温度的需要，高温库应设置保温吊顶，大多采用夹心保温彩钢板吊顶，吊顶距离二次钢梁 1.2～1.3 m，满足安装制冷设备的高度。因此，高温库的层高取 6.5 m 足够。

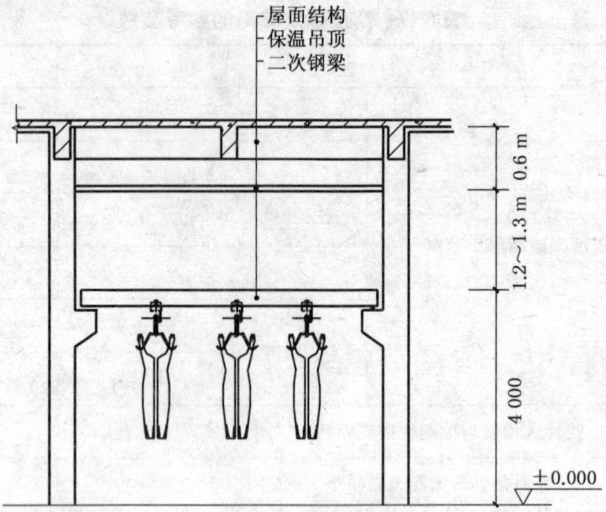

图 8-9　高温库剖面

合理确定冷库的建筑面积和层高非常重要，如果冷库建筑面积设计过大，或层高过高，使部分冷库空间闲置，使土建成本加大，还带来运营制冷成本加大。扩大建筑面积不仅增加了土建单位造价和相应的制冷费用，而且层高每增加 1 m，土建成本增加单方造价的 10%左右，同时还增加库内制冷空间的制冷运营成本。当然，冷库建筑面积也不能设计过小，或层高过低，这样势必会影响生产经营的正常使用，给生产效益带来严重影响，因此，科学合理地确定冷库建筑面积和层高是设计者的重要任务。

4. 冷库的结构

冷库主要由围护结构和承重结构组成。围护结构应有良好的隔热、防潮作用，还能承受库外风雨的侵袭。承重结构则起抗震，支承外界风力和积雪、自重、货物及装卸设备重量的作用。冷库的结构区别于一般建筑结构，冷库的恒载和活荷载都较大，此外还有机械化运输和装卸的动荷载，同时隔热、密封、强度要求高。冷库结构要承受较大的温度应力，其结构连接时应考虑结构的热变形，冷库隔热结构应避免产生冷桥，其地坪更应做好防冻胀处理。

(1) 冷库地基与基础。冷库的地基是指承受全部载荷的基土，基础则指直接承受冷库建筑自重及其荷载，并将它们传递给地基的构筑物。冷库的稳定性和耐久性，主要决定于地基与基础的强度及耐久性。地基条件的好坏对基础的影响很大，地基的承载力及地下水位决定了基础方案。

冷库地基选择应有较大的承载能力，地基稳定，不受地面、地下水的影响和低温冻胀，地基表面应与冷库载荷合力垂直。冷库地基通常有天然地基和人工地基两大类。天然地基具有足够强度，不需人工加固，有足够的厚度且稳定；人工地基用人工方法来提高承载能力，如土壤加固法、打桩或以砂、石、混凝土等替换土壤形成基础垫层。

冷库基础应有良好的抗潮湿、防冻的性能，应有足够的强度，承受冷库的载重和地基的反力，并使冷库载重均匀传到地基上，以免冷库建筑产生不均匀沉降、裂缝、倾斜，一般冷库采用桩基础较多。

(2) 柱和梁。柱是库的主要承重构件，由于柱的受力情况较复杂、荷重大，为满足强度的要求，普遍采用钢筋混凝土柱，一般不用砖柱。冷库的柱子要少，柱网跨度要大，尽量采用小截面以少占空间，提高冷库的容积利用系数。冷库的柱网大多采用 6 m×6 m，大型冷库的柱网可采用12 m×6 m或18 m×6 m，1 000 t以上单层冷库库内净高一般不小于6 m；1 000 t以下单层冷库为4.8 m。多层冷库不小于4.8 m和6 m。冷库采用的梁有楼板梁、圈梁、基础梁、过梁等形式。有些梁可以预制，也可现场浇制。

(3) 冷库墙体。冷库墙体是冷库建筑的重要组成部分，冷库的墙体不能用空心砖或空心砌块砌筑。冷库外墙除隔绝风、雨侵袭，防止温度变化和太阳辐射等影响外，还应有较好的隔热、防潮性能。冷库外墙均为自承重结构，只承受自重和风力影响，不负担冷库其他荷载。

冷库外墙由围护墙体、防潮隔汽层、隔热层和内保护层等组成。围护墙体有砖墙、预制混凝土墙和现浇钢筋混凝土墙等。一般采用热惰性大、延迟时间长的砖外墙为多，其墙厚在240～370 mm。为增强墙体稳定性，除设锚系梁外，可设不承载的砖垛，外墙面可用1∶2水泥砂浆抹面。冷库防潮隔汽层为油毡，一般为二毡三油，也可用其他隔汽材料。隔热层可用块状、板状或松散隔热材料，如聚苯乙烯泡沫塑料、聚氨酯泡沫塑料、软木等。冷库内保护层多为插板墙或20 mm厚1∶2钢丝网水泥砂浆抹面或彩钢板。

分间冷库中，设有冷库内墙，又名隔断墙，起分隔冷间的作用。冷库内墙有隔热、不隔热两种。不隔热的内墙用于两相邻冷间温差＜5℃的场合，一般采用240 mm或120 mm厚的砖墙，两面水泥砂浆抹面(不隔热内墙不得破坏吊顶隔热)。隔热内墙多采用块状泡沫混凝土作衬墙，再做隔热和防潮，以水泥砂浆抹平，并应注意隔热层的连续性。隔热内墙的防潮隔汽层多设在墙壁热侧，亦可两侧均敷设。

(4) 屋盖与阁楼层。屋盖是冷库的水平外围结构。它应满足防水、防火和经久坚固的要求；屋面应排水良好，满足隔热要求，造型美观，另外，结构上应考虑温度应力变化的影响。冷库屋盖一般由护面层、结构层、隔热层和防潮层等组成。冷库屋盖隔热结构有坡顶式、整体式和阁楼式三种隔热屋盖结构。阁楼式隔热屋盖又有通风式、封闭式和混合式。混合式阁楼设玻璃窗，平时关闭，必要时开启，以实现通风换气。

(5) 楼板。楼板为水平承载结构。它将冷库沿垂直分隔为若干层，并将上部的竖向荷载(货物、设备等重量)及楼板本身的自重，通过梁或柱传给基础；楼板还对墙体起水平支承的作用，楼板应有足够的强度和刚度，一般采用钢筋混凝土现浇式楼板。

5. 冷库的建筑要求

(1) 因为冷库建筑“内冷外热”，保持生产要求的低温温度，阻挡外界热源侵入库内，建筑围护结构必须设置一定隔热能力的隔热层，最大限度地减少库内耗冷量，在冷藏库建筑物的外墙、地坪、层顶、柱子和阁楼层等部位均设置隔热层。隔热层设置有以下要求：隔热层应是连续的，不能产生间断和缝隙，以防止出现冷桥，使冷气从库内跑出去。隔热层要有足够的厚度，达到设计的传热系数值。隔热材料本身应力求有良好的防潮能力。隔热层应牢固地固定在围护结构上，并能防止鼠虫的侵害。

(2) 防潮。为保持隔热层的隔热性能，能间断水和水蒸气侵袭而降低其隔热能力，防潮隔汽层设置要注意以下问题：根据材料的性质，合理布置各层材料。一般在低温侧应采用蒸汽渗透系数大而热导率小的材料，使渗透到围护结构中的蒸汽能够散发出去，避免产生凝结水。要合理地设置隔汽防潮层。湿气由高温度区向低温度区渗透，因此，要把隔汽防潮层敷设在隔热层的高温侧。但在寒冷地区，当冬季室外温度低于库内温度时，将产生与夏季相反的蒸汽渗透过程，即由库内通过围护结构向室外渗透水蒸气，这时如果只考虑夏季向库内渗透而仅在靠外侧的一面设隔汽防潮层，则将不能适应冬季状况的要求，就会在围护结构内部隔汽防潮层边产生凝结水。因此，这时就要在隔热层的两侧设置隔汽防潮层，防止从两个方向渗透蒸汽。在两边设隔汽防潮层时,应注意事先把潮气设法排出,否则一旦当两边隔汽层间渗入水蒸气后,将使隔热层的隔热效能遭到损失。

(3) 冷库除设置隔汽防潮层外,还要做好防水处理。冷库的防水,主要在屋顶和地下室两个部位。

第一,屋顶防水:在直接受到雨水冲刷的层面除需做防水层外,还必须要有一定的坡度,一般卷材防水屋顶的坡度应大于3%。如为卷材防水时,多以七层做法为宜。

第二,地下室的防水有下列几种情况:当地下水位很低时(最高水位距地下室地坪−1 m以下)可不作特殊处理。当地下水位接近地下室地坪标高时,可在混凝土内加$\phi6$@200双向钢筋,双向钢筋网通过柱子时焊在柱子钢筋上。当地下水位高于地下室地坪时,或不做地下室,或抬高地下室地坪标高。如不得已做地下室时,可采用满堂基础来抵抗地下水。

(4) 密封处理对于气调式冷库还必须进行墙体与库顶、墙体与地坪的密封处理。

(5) 为防止热湿交换产生的各种破坏作用,尽可能不在建筑构造中造成冷桥,尽可能消除因建筑结构产生温度变形而造成结构层、隔汽层和隔热层被拉裂。

6. 地坪的防冻与隔热

(1) 冷库地坪的冻臌破坏。冷库地坪虽然敷设了厚度与库温相适应的隔热层,但它并不能完全隔绝热量的传递,它只能降低热量传递的速度。当0℃等温线越过隔热层侵入地基后,便会引起土壤中的水分逐步冻结,最后形成冻土层,此时,它的体积相应地膨胀。当这种体积膨胀足以引起土层颗粒间的相对位移时,就形成地坪冻臌。严重时会使冷库被抬起,使整个结构遭到破坏。土壤的冻结与土壤的结构有关。对于粗质土壤,包括砾石、粗沙等,由于土壤质点间的空隙较大,水分易向下面流去,土壤下面的水分又因毛细管作用弱很难上升,这类土壤不致引起冻臌的危险。但在细质土壤中,如细沙、黏土、淤泥等,水分与土壤处于融化状态,水分不易在土壤质点间流通,当水分开始冻结后,未冻部分的水分会向冻面流去,引起土壤冻臌。

(2) 冷库地基的融沉破坏。冻土中的冰融化以后体积缩小,使土壤在自重和外荷载作用下产生一定量的压缩下沉,冰变成水后,在土壤自重和外荷载作用下沿孔隙逐渐排出,从而使土壤进一步压缩下沉。含水量很大的细粒冻土融化后往往成为泥浆,从而丧失承载力,在压力作用下还会从基础底下向旁边挤出,造成建筑物大幅度沉陷。由于建筑物地基土质的含水量不均匀,冻结深度和冻膨胀量的不同,其融沉程度也不一样,因而造成建筑物各部分的沉降量也不均匀。当这种不均匀沉陷超过允许值时,建筑物即发生融沉破坏。因此,防止冷库地坪因冻融被破坏十分重要。

(3) 预防地坪冻臌的方法有如下几种做法:

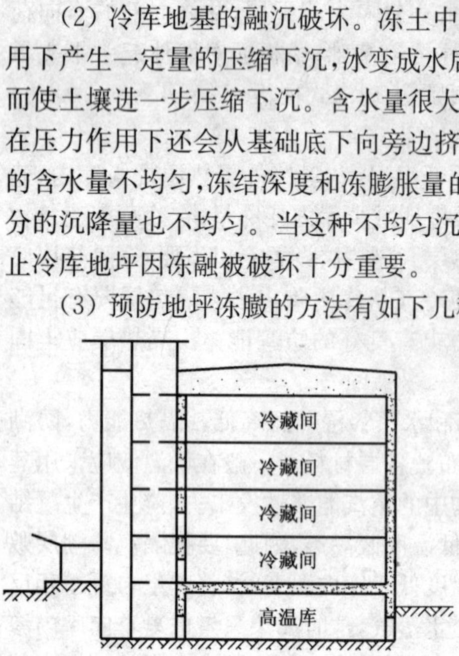

图8-10 冷库地下室0℃库防冻

第一,地下室防冻。将不会引起土壤冻结的0℃库房布置在冷库底层的做法,简称为地下室防冻。这种方法适宜于大、中型冷库,在地下水位较低的地区采用,因地下室构造简单,只需作一般的防水处理,投资和使用上较为经济合理,但在地下水位较高的地区则不宜采用。图8-10所示为冷库地下室0℃库防冻。

第二,架空防冻。将低温冷库地坪架空的做法,简称架空防冻。它适宜在南方一些地下水位较高的地区采用。图8-11为低温冷库地坪架空防冻，由于库内地坪标高限制，架空地坪中多用高效能的隔热材料，隔热层下面又要作钢筋混凝土结构基层，因此造价较高，比一般通风防冻地坪的造价高 25%左右。地坪架空有矮架空（高度在 0.8～1.8 m）和高架空（高度在 2～2.8 m）两种。高架空层可作挑选间或普通仓库用；矮架空层内的排水设施一定要保持畅通，否则积水也会引起地坪冻臌。

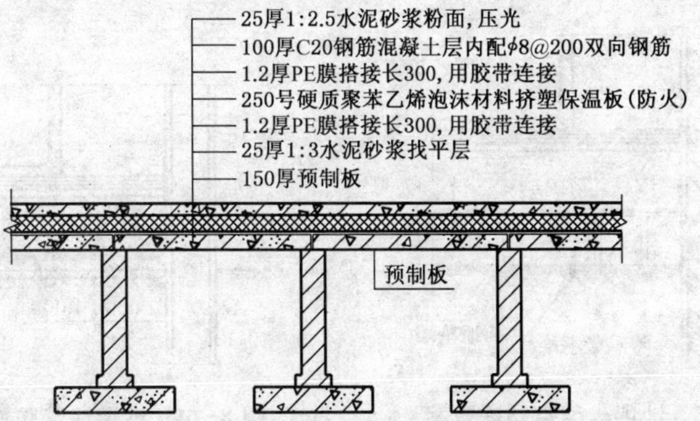

图 8-11 低温冷库地坪架空防冻

第三，通风防冻在低温冷库地坪中埋设通风管进行自然通风或机械通风的做法，简称通风防冻。通风防冻地坪下埋设通风管道，采用自然通风或机械通风防冻。自然通风防冻选用中小型库和冬季室外气温不低于 0℃或短时间低于 0℃地区的冷库。机械通风防冻适用于大型冷库和冬季室外气温低的地区冷库，见图 8-12。

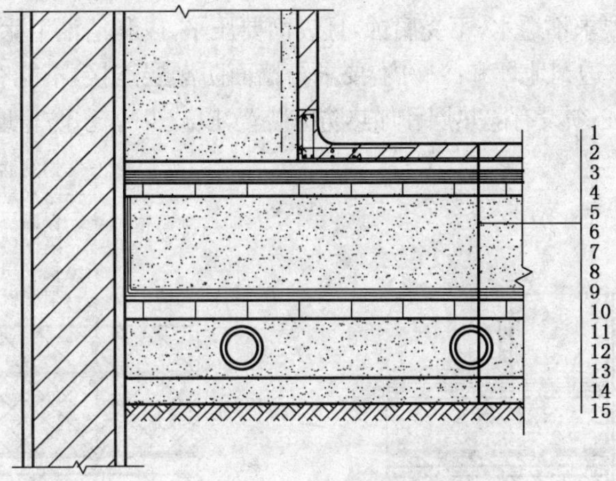

图 8-12 低温冷库地坪通风防冻

1—60 mm 厚细石钢筋混凝土面层，D6 mm 双向钢筋相距 200 mm，随打随抹压光，每 2 m 见方分格；
2—15 mm 厚 1∶3 水泥砂浆保护层；3—一毡二油防水层；4—冷底子油一道；5—20 mm 厚 1∶3 水泥砂浆抹面；
6—400 mm×400 mm×50 mm 75 号炉渣混凝土预制块；7—550 mm 厚过筛炉渣，粒径为 10～40 mm；
8—15 mm 厚 1∶3 水泥砂浆保护层；9—二毡三油隔汽防潮层；10—冷底子油一道；
11—20 mm 厚 1∶3 水泥砂浆抹面；12—55 mm 厚单层红砖干铺，1∶1∶6 混合砂浆灌缝；
13—400 mm 厚干砂垫层，内埋 D250 mm 水泥通风管，管坡 0.8%；
14—150 mm 厚 3∶7 灰土垫层；15—素土夯实

机械通风是利用通风机强制通风，把热空气送入风道，再分配到风管，然后排出库外。有的还可用作机房夏季降温之用。机械通风管的装设要避免地下水渗入，应将通风机房布置在易于管理的地方，最好与制冷机房相邻，以便集中管理。

第四，地垄墙半架空防冻作法吸收了架空和通风地坪的优点综合而成，它的造价低。地垄墙半架空层如果排水不畅通也会带来隐患。此法在中、小型冷库中采用较多，见图 8-13。

第五，油管防冻地坪，内铺设蛇形油管通入热油，对地坪均匀加热防冻，如图 8-14 所示。该方法防冻效果好，系统简单。

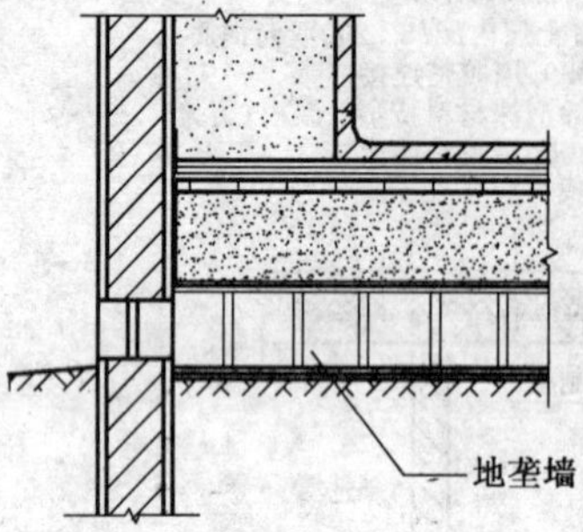

图 8-13　地坪半架空防冻方案

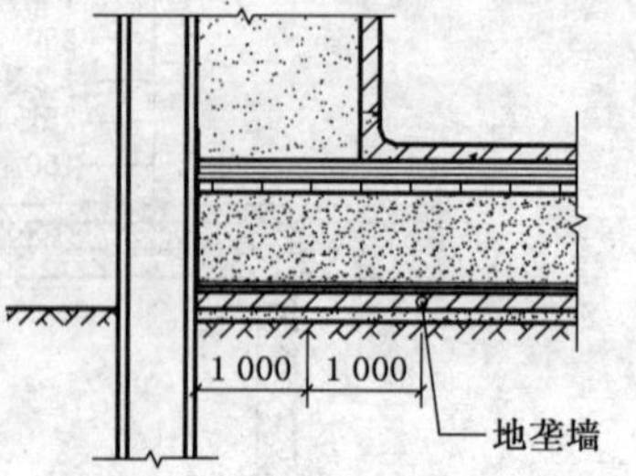

图 8-14　地坪油管防冻方案

第六，地坪电热防冻。在冷库地坪隔热层下的混凝土垫层内埋设钢筋网，定时通低压电流加热防止地坪结冻，如图 8-15 所示。此方法操作简单，但耗电量大，适用于小型冷库。

高温地下室防冷库地坪冻臌，适用于地下水位较低的多层冷库，利用地下室作高温库房或其他用房，使地下室地坪下土壤温度在冰点以上。

(4) 地坪隔热。第一，高温库地坪由于室内温度在 0℃左右，地坪中无须设置隔热层，但要设置防潮层。砼地坪要求不透水，不受腐蚀，且表面要压平，以利清洁卫生。防潮层防止水分因毛细管和汽压力作用渗透到地坪和冷库内，要求与墙面防潮层连接，不能有缝隙。第二，地坪低温库地坪的温差很大，必须设有隔热层和加热防冻装置，以减少冷耗，防止地坪冻臌，见图 8-16。

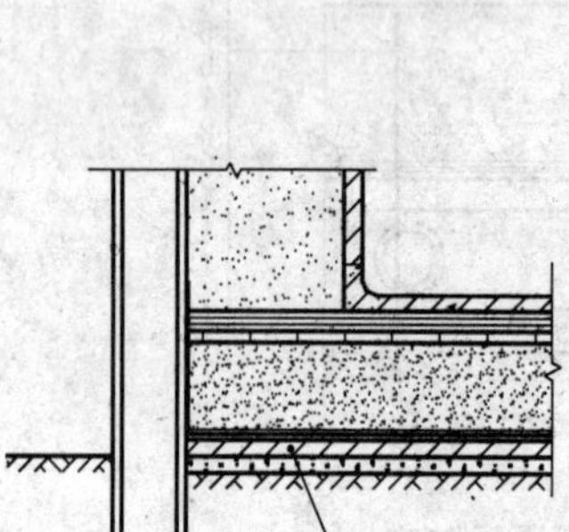

图 8-15　地坪电热防冻方案

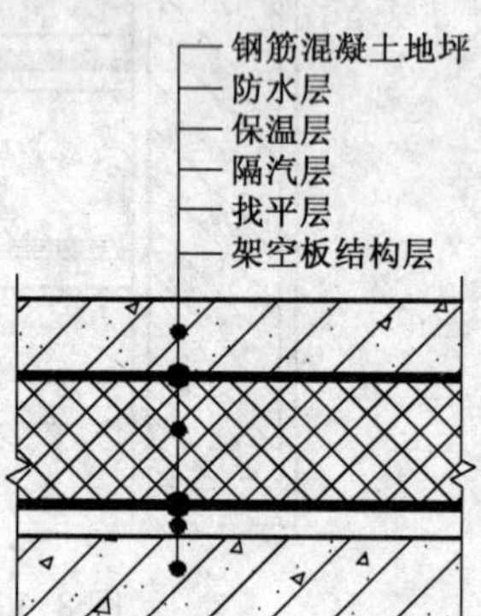

图 8-16　低温库地坪构造

库房地面受一定载荷，应有足够的抗压的强度，一般采用钢筋土面层、基层和混凝土垫层，选用隔热材料作隔热垫层。库温大于 0℃的库房地坪作防潮处理，靠墙 4～6 mm 范围内作隔热处理，其余地面可做在普通地坪。库温小于－2℃时，地坪应做全部隔汽、隔热处理。低温库地坪除做隔汽、隔热处理外，应考虑防冻问题。

(5) 冷库低温库地面设计载荷为 20 kN/m^2，一般采用钢筋混凝土面层、基层和混凝土垫层，选用隔热材料作隔热层。地面受力构件按《钢筋砼结构设计规范》和《砖石结构设计规范》选用。

7. 冷库墙体设计

冷库墙体由围护墙体、隔汽防潮层、隔热层和面层保护层组成。冷库内外墙主体主要由砖砌成，要求建筑材料有抗冻性、耐水性和一定强度。砖石标号不低于75号，抗冻级不低于25级。低温库用砖石不低于100号，抗冻级不低于35级，混凝土用普通硅酸盐水泥，标号不低于400号，而且每 m^3 混凝土的水泥用量不少于275 kg，水灰比不大于0.55，冷库用水泥砂浆标号不低于50号。钢筋混凝土受力构件中所用钢筋不得采用冷拉钢筋。

(1) 内墙的隔热、隔汽防潮层。冷库的内隔墙分为隔热和不隔热两类。当内墙两侧温差小于4℃时，可不做隔汽层和隔热层，如图8-17；当两侧温差大于4℃时，则应设有隔汽层的隔热墙，见图8-18。冷库的内隔墙越多，建筑造价就越高，有效使用面积就越少，对实现冷库机械化不利。因此，在冷库设计时，同温冷间尽量不设隔墙。

(2) 外墙隔热、隔汽防潮层。冷库的外墙隔热层主要是由外墙、隔汽防潮层、隔热层、面层保护层等四部分构成。隔汽防潮层一般置于靠外墙侧，通常只做单面隔汽防潮层，见图8-19。

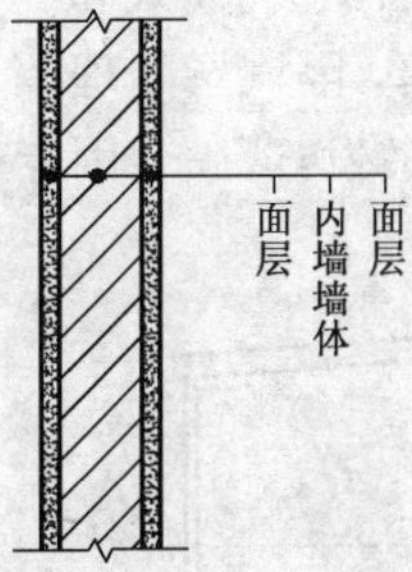

图8-17　内墙构造

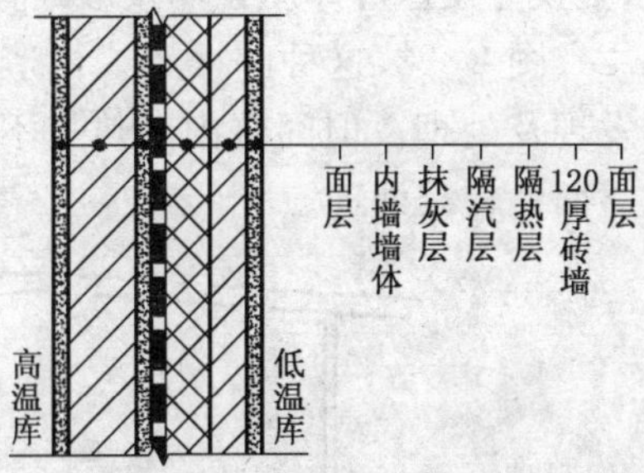

图8-18　有温差内墙构造

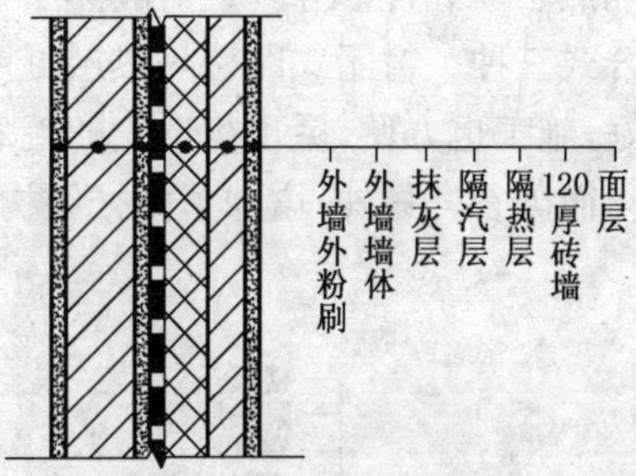

图8-19　外墙保温构造

(3) 低温库的墙体常采用夹层墙做法，在隔热层内侧砌筑120厚墙，墙高度2 m，墙面做粉刷饰面。该120墙支承在地梁上，地梁与冷库砼地坪连体。120墙顶部为砼压顶120 mm×120 mm内设 $2\phi10$，$\phi6$@250。120墙每3 m设附壁砖柱，凸出墙面240 mm×240 mm，见图8-20。

(4) 隔汽防潮层设置方法一般采用单面隔汽做法，即在外墙隔热层的外侧设置一层隔汽层。另一种方法是双面隔汽，即在隔热层的两侧分别设置一层隔汽层，双面隔汽要求隔热层充分干燥，内层隔汽层有一定的蒸汽通过性，以防止隔热层中原有水分不能排出。

(5) 冷库墙体的面层做法。低温库的墙体通常采用夹层墙的方法，由于库内温度长

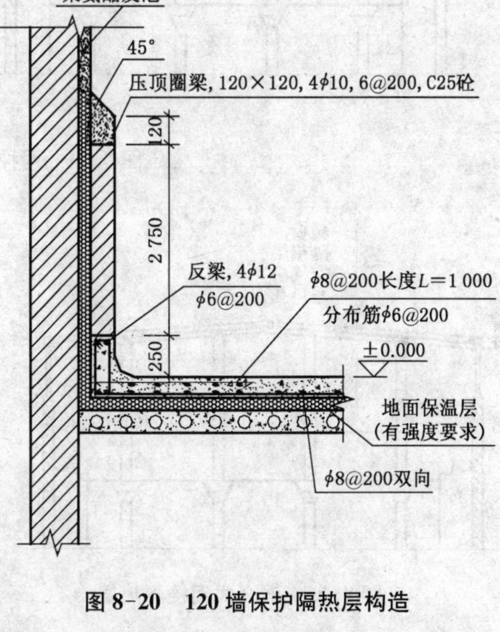

图8-20　120墙保护隔热层构造

期处于低温，所以面层不适宜贴面砖和瓷砖，宜用水泥砂浆粉面。当不采用夹层墙做法时，可在隔热材料表面加钢丝网聚合物水泥砂浆粉刷。

高温库的墙体面层由于库内温度较高，在 0℃或 0℃以上，通常有以下几种做法：第一，在砖墙上贴面砖或瓷砖；第二，在保温材料表面加粉钢丝网聚合物水泥砂浆；第三，在保温材料表面做钢丝网贴面砖；第四，采用聚乙烯夹心保温彩钢板。前两种做法造价较低，后两种做法造价较高，聚乙烯夹心彩钢板容易保证施工质量，易于清洗。选择墙体面层时，要综合考虑造价、施工方便以及库内四片墙面建筑处理手法，力求统一。

8. 屋顶设计

(1) 冷库的屋面。冷库的屋面设计成有组织的外排水，排水漏斗和排水管安设在外墙的外侧，坡度 2%～3%的卷材和玛蹄脂屋面得到最广泛的应用。在冷库屋面上直接敷设隔热层，隔热层贴在屋面结构层上面的为外隔热，隔热层贴在屋面结构层底面的为内隔热。后者施工较困难，如选用轻质块状隔热材料如泡沫塑料板等，隔热材料价格较高，隔热层损坏维修、检查不方便。

(2) 在冷库顶层增加一个阁楼结构，使用低价的松散隔热材料，如稻壳、玻璃纤维等作隔热层，总造价不高，且对隔热层检查、更换方便。冷库屋顶阁楼形式有敞开式、封闭式和混合式三种。封闭式阁楼隔热层见图 8-21、图 8-22，这种阁楼形式构造简单，隔汽层处理较好，施工也方便，屋顶构造上的毛病易发现及处理。但阁楼内的热气不易散发，薄膜会因老化而破裂。另外，增加了阁楼结构，在立面上较难处理。

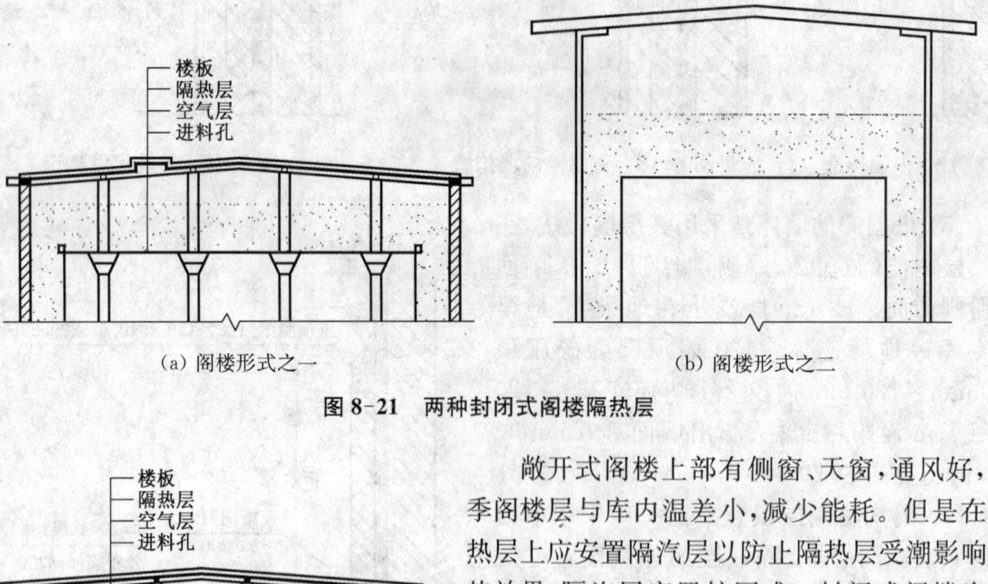

(a) 阁楼形式之一　　(b) 阁楼形式之二

图 8-21　两种封闭式阁楼隔热层

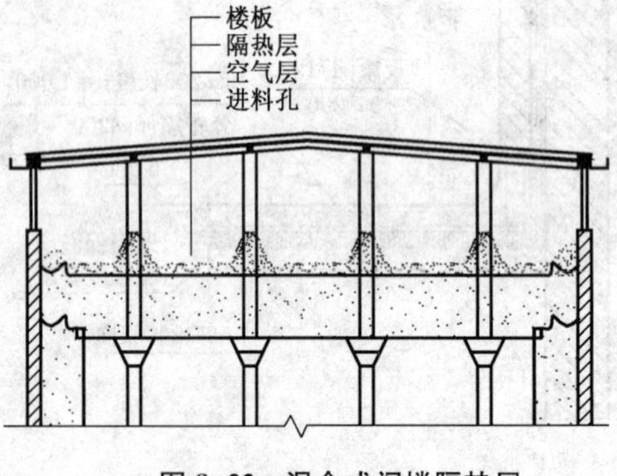

图 8-22　混合式阁楼隔热层

敞开式阁楼上部有侧窗、天窗，通风好，夏季阁楼层与库内温差小，减少能耗。但是在隔热层上应安置隔汽层以防止隔热层受潮影响隔热效果，隔汽层安置较困难。封闭式阁楼为封闭式，隔绝外界湿空气影响，可不置隔汽层，简化施工，但是阁楼内敷设隔热材料，检查、更换隔热材料不便，施工条件差。混合式阁楼综合了前两种形式，阁楼空气湿度、温度达到要求后开关窗户，所以避免了前两种阁楼的缺点(图 8-22)。低温库内的框架柱要设隔热层，以免形成冷桥。为了减少对库容量的影响，一般都选用较高效能的块状隔热材料，柱子隔热层易被碰撞受机械损伤，所以要有牢靠的保护层或护角金属条。

9. 冷库门设计

(1) 冷库门每间库房都应有独立的对外开启的库门。库门、门框应有足够的强度，门洞两侧墙边设置 1.50 m 高的角钢护角。库门门缝严密，隔热性好，库门要轻巧，开启灵活，选择冷库门门洞尺寸见表 8-10。

表 8-10　单扇和双扇电动式冷库门的门洞尺寸　　单位：mm

单扇门	型　号	0920	1220	1522	1622	1625	1825	2027	2433
	门洞净宽	900	1 200	1 500	1 600	1 600	1 800	2 000	2 400
	门洞净高	2 000	2 000	2 200	2 200	2 500	2 500	2 700	3 300
双扇门	型　号	1622	1625	1825	1827	2027	2033	2433	2733
	门洞净宽	1 600	1 600	1 800	1 800	2 000	2 000	2 400	2 700
	门洞净高	2 200	2 500	2 500	2 700	2 700	3 300	3 300	3 300

(2) 冷库门用型钢做门扇骨架，外包薄钢板，中间夹层为聚苯乙烯泡沫塑料。门两侧温度差大于 40℃时，隔热夹层厚度可选 150 mm，门两侧温度差小于 40℃时，隔热夹层厚度为 700 mm。库内温度低于－5℃时，库门应设置内门斗和冷风幕。其作用是减少因库门开启造成库温的波动，外界湿热空气在门斗内结霜，除霜方便，不损伤库房墙体。门斗的设置对货物进出库的运输造成不便，若提高冷风幕的性能可以不设门斗。

10. 其他

冷桥处理。在库温不同的相邻库房之间或库内库外之间，由于建筑结构连接构件，如柱子穿过隔墙与墙体相连的其他构件，如拉杆、吊钩、管道等和库房隔热层因某种原因中断的地方隔热性能差，形成热量传递的“桥梁”称为冷桥。冷桥处因热量传入容易结冰霜，随时间延长结冰霜范围扩大，造成冷桥附近的隔热层、墙体及其他构件的损失。因此，必须对冷桥进行必要的处理。温度在 5℃以上的库房的土建连接和设备连接构件与墙、顶、地相接处就应作隔热处理。隔热层隔热、防潮材料安置牢固、防止脱空。冷桥隔热防潮层必须和相连的墙、顶或地隔热防潮层连通成一体，不可切断。

(1) 预冷间、冻结间、冷藏库应配备自动温度记录装置，必要时配备湿度计。温度计和湿度计应定期校准。设计冷却和冻结间及其设备时，应注意防止胴体与地面和墙壁相接触。

(2) 有温度要求的工序或场所应安装温度显示装置，车间温度应按照产品工艺要求，控制在规定的范围内。预冷设施温度控制在 0～4℃；腌制间温度控制在 0～4℃；分割间、肉制品加工间温度不能超过 12℃；冻结间温度不高于－28℃；冷藏库温度不高于－18℃。肉制品的工艺对温度有特殊要求的可以例外。

(3) 在低温下脂肪组织在空气中很容易被氧化，特别含有较多的脂肪处。氧化变质先表现出不良的气味，外观先出现黄点，继续氧化之后脂肪整体变黄，便出现强烈的发酸气味。冻结肉类在保藏中也同样要发生颜色的变化，从表面开始逐渐向深层开展。肉的颜色由鲜红色的氧合肌红蛋白变成褐色的氧化肌红蛋白。变化界限期与温度有直接的关系，温度越高则时间越短。

(4) 库内空气的温度、相对湿度与空气流动速度。空气的温度与相对湿度决定了库内空气中的水蒸气分压力。空气的温度越接近食品的温度,空气的相对湿度越大,空气中水蒸气分压力就越大,肉食品表面与空气之间的水蒸气分压力差就越小,水蒸气扩散的推动力就越小,肉食品干耗自然就越小。因此,为了减少肉食品冷藏中的干耗,库内空气温度要尽量接近于肉的温度。空气的相对湿度尽量高些。从冷藏肉食品的质量及贮藏期来说,贮藏温度低一些是有利的,不仅如此,贮藏温度低对减少干耗也是有利的。

第四节　冷库的配套设施

冷库的配套设施有冷库门、门帘及货物装卸设施等。

一、冷库门

冷库门是冷藏库重要的组成部分,主要功能是降低冷量损失,允许货物自由方便地贮存和进出,同时保证工作人员的安全出入。

1. 冷库门的要求

冷库门应具有良好的隔热性能、气密性能、减少冷量损失。门扇与门框的密封性要好,门扇与门框之间要用压缩性大、隔热性能好、密封性强的特制橡胶密封圈密封。轻便、启闭灵活、有一定的强度。除门扇本身要用高强质轻的材料制作外,其门锁、门轴、铰链等也要灵活轻便。设有防冻结或防结露设施,如在冷库门框与门密封面接触部位设置电热装置等。设置应急安全灯及操作人员被误锁库房内的呼救信号设备和自开设备。电动、气动和液压自动门应设误闭关保护。门洞尺寸应满足使用要求,方便装卸作业,同时又减少开门时外界热量和湿气的侵入。根据库房贮存货物和运输方式的不同,门洞尺寸可参见表 8-11。另外,当经常有小件盒装冷冻食品进出时,往往在冷库大门上再开设一个小门,方便使用并可节能,能有效地防止产生冷桥。其冷藏间进出门口地坪应能承受装卸设备作业的重量。

表 8-11　常用门洞净尺寸　　单位:mm

货物进出方式		净宽×净高	备　注
人工搬运	人、货同门进入	900×2 000	
	冰块进出	(600～800)×(500～700)	开在冷库底部、大门旁侧
	冰淇淋或冻盘进出	(货物宽＋100)×(货物高＋100)	开在大门中间、进货高度
小车搬运	冷藏间进出货	1 200×2 000	
	双车进出的冻结间	2 000×2 200	
叉车搬运	常规进出货	1 600×2 500, 1 800×2 500	
	大批量集中进出货	3 000×3 000	
吊笼或动物半胴体吊轨输送		1 200×2 600	
通风换气用		400×400	

2. 冷库门分类及特点

冷库门可按冷间的性质分类,分为高温库冷库门、低温库冷库门和气调库冷库门等。常用的分类方式是以冷库门的结构和开启形式及冷库门的启闭动力等来分类,见表 8-12。

表 8-12　冷库门的基本分类

冷库门启闭动门			手动门	电动门	气动门	液压门
嵌入式	平开门		✓			
外贴式	平开门		✓	✓		
	平开门		✓	✓	✓	✓
	滑升门	垂直式	✓	✓	✓	
		弧形式	✓	✓	✓	
		折叠式	✓			

嵌入式冷库门密封性好，不易变形，但构造比较复杂，制作精度要求高，一旦变形容易结冰，不易维修，且只有平开一种开门形式。外贴式冷库门外形简单、开启形式多、适用范围广、防冻防露设施安装简单，且库门本身操作维修方便，对于相同门洞的门扇尺寸较嵌入式大。目前除了小型冷库门仍采用嵌入式冷库门外，外贴式冷库门的应用已十分广泛。

关于电动、气动和液压三种形式的冷库门，均作为自动型冷库门，各有优缺点，但电动冷库门安装简单方便些。

3. 冷库门结构

(1) 平开手动冷库门。第一种是外贴式平开手动冷库门，该冷库门以 SLM 型为代表，通常有左开和右开两种，开启角度有 180°、135°和 90°三种，装有防冻电加热器，并镶嵌耐低温的高强度 e 型橡胶密封条。SLM 型手动冷库门的基本结构及尺寸见图 8-23 和表 8-13。选用这种冷库门时，其门扇框架结构分木框架和玻璃钢框架。门面板又分 A、B、C 三种，分别为金属板包面、不锈钢包面、防锈铝板包面。但木框架结构门一律为 B 或 C 全包面。第二种是嵌入式平开手动冷库门，嵌入式平开手动门可分单扇嵌入式和双扇嵌入式两种。其特点是门扇四边设有 Z 字形接口，嵌入门框相应的接口内，并有软密封条和相应的密封面，见图 8-24，且密封性能良好。这种手动门在传统的小型冷库中广泛使用。其缺点是一旦门扇或门框变形，会造成密封破坏，维修较困难。

表 8-13　手动冷库门类型和结构尺寸　　单位：mm

库门名称	小型库门	中型库门	大型库门	冻结间库门	
适用条件	冷库、小型冷库	通行手推车	电瓶铲车	吊运轨道	
门洞净尺寸(宽×高)	900×2 000	1 200×2 000	1 500×2 200	1 200×2 500	
门扇规格(宽×高)	1 050×2 050	1 350×2 050	1 650×2 250	大门扇	1 350×2 050
				小门扇	420×490
墙体洞口(宽×高)	1 200×2 150	1 500×2 150	1 800×2 350	1 500×2 650	

(2) 平移式手动冷库门。平移式手动冷库门借助门扇上下滑轮横向开启或关闭，并有压紧机构实现密封，其基本结构见图 8-25。这种冷库门亦有单扇式和双扇式两种。各种型号的冷库门洞净尺寸见表 8-14。平移式手动冷库门多采用彩钢板或不锈钢板做面层，内部隔热材料采用硬质聚氨酯泡沫塑料。门的滑动轮架上装有滚动轴承的滚轮，关门时可带动门扇下降 5 mm，向门框方向压紧 5 mm，以保证门的密封性和启、闭移动时减少摩擦。

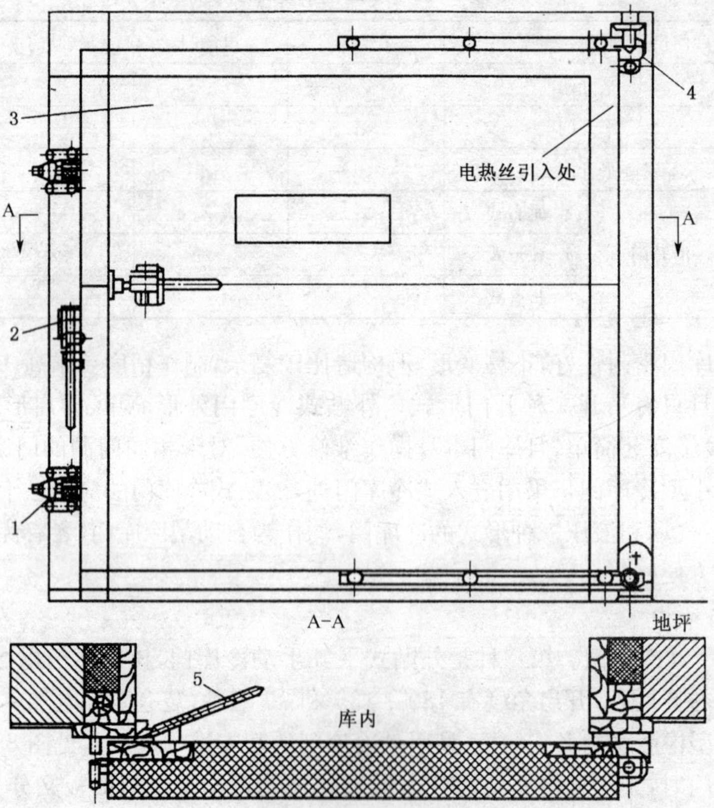

图 8-23　平开式手动冷库门(SLM 型)

1—压紧定位装置；2—外部门拉手；3—门扇；4—铰链及提升滑轮；5—内部门推手

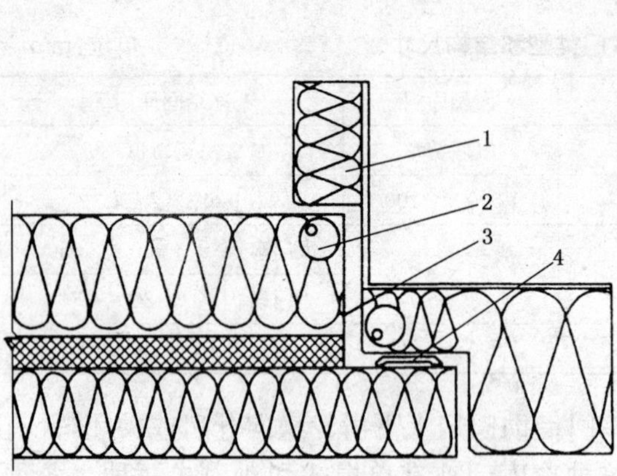

图 8-24　嵌入式平开手动门局部结构

1—门框；2—隔热材料；3—门扇；4—密封

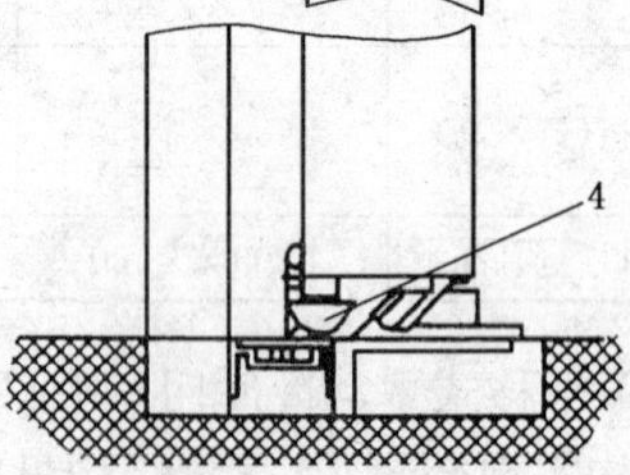

图 8-25　平移式手动冷库门结构

1—上滑轮；2—门扇吊挂装置；3—门扇；4—下滑道及限位

表 8-14　平移式手动冷库门洞净尺寸

单位:mm

型　号	0920	1220	1522	1622	1625	1825	2027	2433
门洞净宽	900	1 200	1 500	1 600	1 600	1 800	2 000	2 400
门洞净高	2 000	2 000	2 200	2 200	2 500	2 500	2 700	3 300

(3) 滑升式冷库门。滑升式冷库门有折叠式、弧形式和垂直式三种。

第一种折叠滑升式冷库门,由上下两扇门板用合页连接而成,配以合适的平衡系统能自由开闭,并能自锁,见图8-26。手动折叠式冷库门,两侧有铝合金立柱,内有重铁,由钢丝绳连接,通过立柱顶部的滑车与门板相连。两侧立柱上方有可上下调整的横梁,在立柱、门框和门板下部装有密封条,在门中央装有能左右移动的定位器。当定位器插销插入装在门立柱锥形插销座时,密封条被压紧,起到良好的密封效果。钢丝绳的一端与两侧立柱内的重铁连接,另一端与下门板上的调节块固定。由于平衡系统的作用,门可以开、闭自如并实现定位。这种门开、闭不占用通道,方便铲车进出作业,开、闭平滑省力。

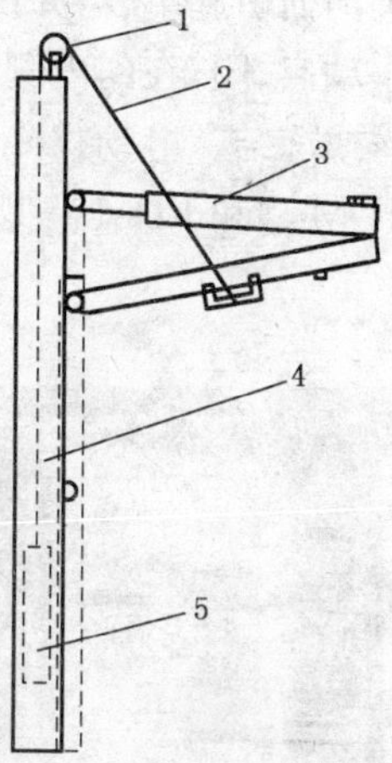

图 8-26　手动折叠式冷库门结构及开、闭原理

1—滑车;2—钢丝索;3—门板;4—门柱;5—重铁

第二种弧形滑升式冷库门,这种门适用于中小型冷库。滑升门有 HSM 型,其结构如图 8-27 所示,开启可采用手动或电动机带动。滑升门多采用聚苯乙烯或聚氨酯泡沫塑料隔热,以彩钢板或不锈钢板为面板。门板两端装有特殊滑轮,在成型的轨道上凭借平衡机构的弹簧扭力平衡门板的自重,可手动将整扇门上下移动,或停留在工作高度的位置上。门板顶部和底部装有密封条,各块门板之间以及和墙面之间也装有密封条。门板底部装有安全开关,保证安全作业和工作人员的安全。这种弧形滑动门既可以手动也可以电动。门板的宽度和高度,可根据使用要求选定,其厚度约 4 mm,电动开闭式滑升门的启闭速度为 0.2～0.3 m/s,电动机功率为 120 W 左右。

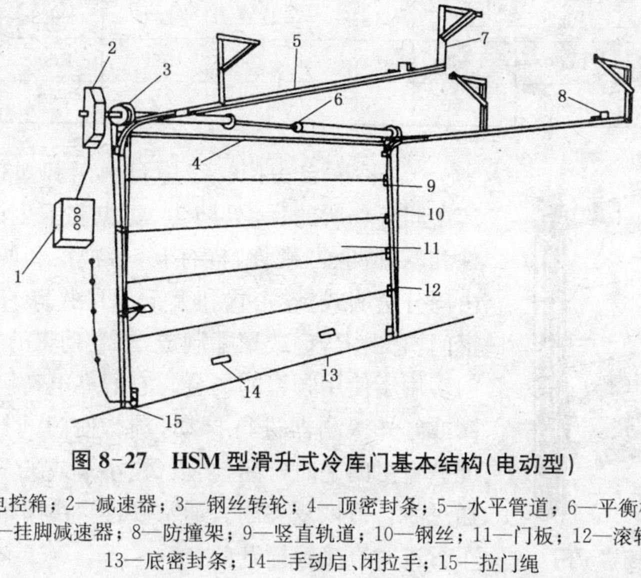

图 8-27　HSM 型滑升式冷库门基本结构(电动型)

1—电控箱;2—减速器;3—钢丝转轮;4—顶密封条;5—水平管道;6—平衡机构;7—挂脚减速器;8—防撞架;9—竖直轨道;10—钢丝;11—门板;12—滚轮;13—底密封条;14—手动启、闭拉手;15—拉门绳

第三种垂直滑升式冷库门，其构造、工作原理和适用场所基本上与手动弧形滑升门相同。但因是垂直滑升，故其门板不需要多块，一般两块即可，见图 8-28。

（4）电动式冷库门。电动式冷库门的门板及隔热材料与手动式冷库门相同，只是由电动机通过链条或齿条传动开启、关闭冷库门。在结构上考虑门开关和卸锁脱险装置，防止误关门而引起事故，并设有安全运行与操作设施。当发生停电或故障时，电动式冷库门可采用手动启、闭，在门内侧装有卸锁脱险装置，门扇与门框密封处还装有自限温电热丝带，以防结露或冻结。电动式冷库门为平移式，分为单扇和双扇。冷库选用的电动式平移冷库门有 PDM 型和 PDMA 型。单扇门和双扇门外形结构见图 8-29、图 8-30，门洞尺寸见表 8-15。

图 8-28　防撞门封和滑升门

图 8-29　PDM 型单扇平移式电动冷库门结构

图 8-30　双扇平移式电动冷库门结构

表 8-15　单扇和双扇电动式冷库门的门洞尺寸　　单位：mm

单扇门	型　号	0920	1220	1522	1622	1625	1825	2027	2433
	门洞净宽	900	1 200	1 500	1 600	1 600	1 800	2 000	2 400
	门洞净高	2 000	2 000	2 200	2 200	2 500	2 500	2 700	3 300
双扇门	型　号	1622	1625	1825	1827	2027	2033	2433	2733
	门洞净宽	1 600	1 600	1 800	1 800	2 000	2 000	2 400	2 700
	门洞净高	2 200	2 500	2 500	2 700	2 700	3 300	3 300	3 300

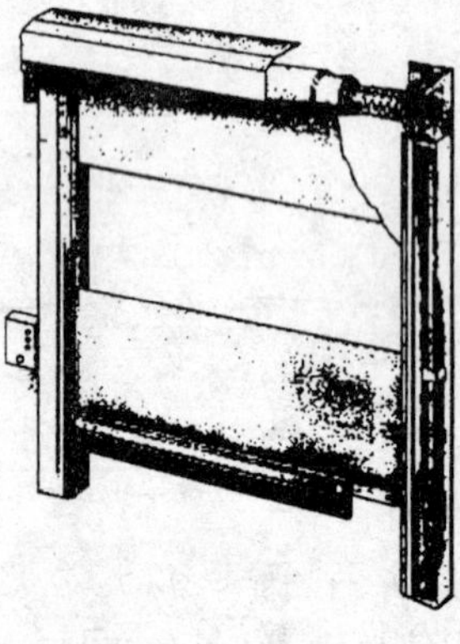

图 8-31　快速卷帘门

（5）冷库自由门。冷库自由门和塑料门帘用于冷库生产车间等场所的保温、防尘、防虫和卫生设施。自由门分硬性和软性两种，硬性自由门分带视窗和两段式两种，软性自由门分透明式、卷帘式和上下滑移式等。图 8-31 是快速卷帘门，它由 PVC 或聚酯制成，靠卷动将门打开或关闭。这种门多用于使用频繁的场合。它们靠电动机驱动，通过感应线圈或红外探测器进行自动控制，使门的打开控制在最小限度。自由门平时常闭，当人员、小车或叉车通过时自由开启，通过后自行恢复关闭。通常硬性自由门带有防撞板，用于小车行进时直接轻撞开门。

二、防止冷量损失的措施

冷库门开启后造成冷量损失及外界热湿负荷侵入，特别当夏季冷藏库开门后，造成冷库冷量损失，外界热量、水蒸气进入库，造成库内温度回升，门入口处顶板结露滴水，地面由此结冰，进而对冷库建筑、商品质量和进出运输带来损害。减少冷库开门冷量损失，防止外界热湿负荷进入的措施是：在冷库门内侧设门斗和门帘，在冷库门上方设置空气幕，设置低温穿堂和封闭式站台，并在站台装卸口设置保温滑开门、站台高度调节板、密闭软接头等。

1. 门帘和门斗

冷库门帘一般挂在库门内侧紧贴冷库门，采用 PVC 软塑料透明门帘。PVC 塑料门帘由相互搭接的条状 PVC 塑料条组成。PVC 塑料条有宽窄之分，又有耐低温和常温之分，可按使用要求选择。这类塑料有无色透明、淡蓝色和黄色半透明等多种。通常黄色门帘用于需要防飞虫的场合。此外，还有一种卷帘式上下滑移式门帘，它通过弹簧式卷筒，放松软性卷帘，适时上下滑动，阻挡和隔断冷库门内外的热、湿交换，门斗设在冷库门的内侧，其宽度和深度约 3 m，与冷库门的宽度、铲车长度相配套，高度略高于冷库门框。门斗的尺寸既要方便作业，又要少占库容，门斗可以有效地减少冷量损失和外界热湿负荷的干扰，见图 8-32。因门斗紧靠冷库门，是冷库内外热湿交换的主要场所，结霜、滴水和冻融循环难免，所以门斗的制作材料以简易、轻质和容易更换为宜。门斗地坪应设电热设施，防止结冰。

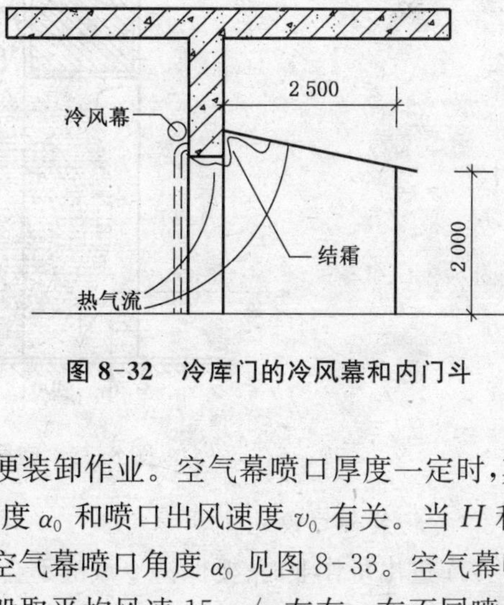

图 8-32　冷库门的冷风幕和内门斗

2. 空气幕

空气幕的作用是减少库内、外热湿交换，方便装卸作业。空气幕喷口厚度一定时，其工作效率与冷库门高度 H、库内外温差 Δt、喷射角度 α_0 和喷口出风速度 v_0 有关。当 H 和 Δt 一定时，空气幕的效率即主要取决于 α_0 和 v_0。空气幕喷口角度 α_0 见图 8-33。空气幕喷口倾斜角选择见表 8-16。空气幕喷口风速 v_0 一般取平均风速 15 m/s 左右。在不同喷口倾斜角条件下，喷口最佳风速可按图 8-34 选取。空气幕风口最佳风速，可通过门洞雾气回流最小回流区及其风速来确定，见图 8-35。通常雾气最好限制在门框厚度范围内回旋，或用风速仪测定距门框边 400 mm，距地面 100 mm 处 A 点的雾气回流速度，控制在 0.6 m/s 左右。冷库用空气幕的基本形式有轴流式空气幕和贯流式空气幕两种。贯流式应用较广泛。

表 8-16　空气幕喷口倾斜角选用

门洞净高(m)	库内外温差(℃)	喷口倾斜角 α_0(°)
2 左右	15～30 30～45 45～60	15 20 25
2.3～2.5	15～35 35～60	15 20

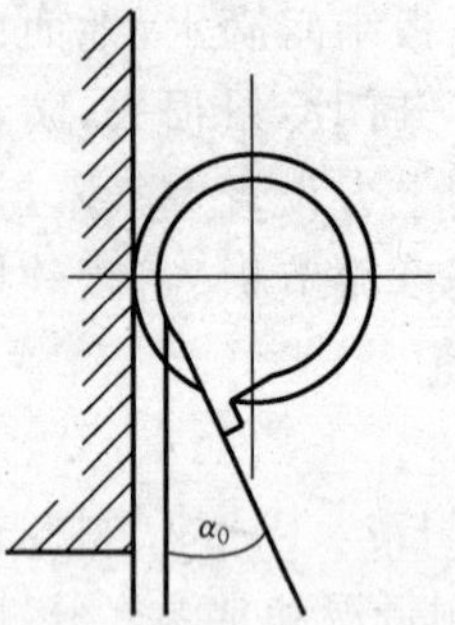

图 8-33　空气幕喷口角度

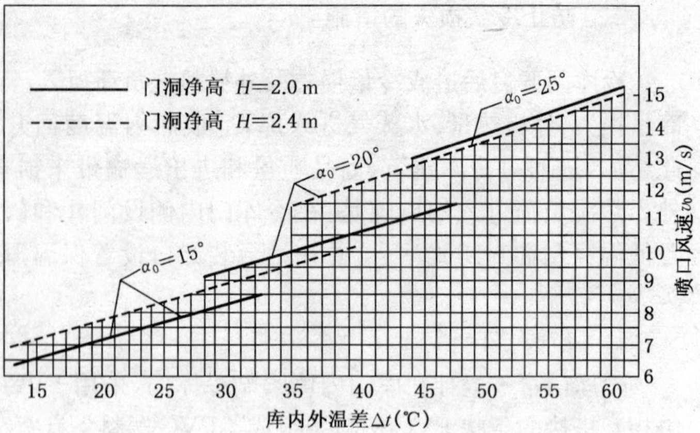

图 8-34　空气幕喷口风速和喷口倾斜角选用

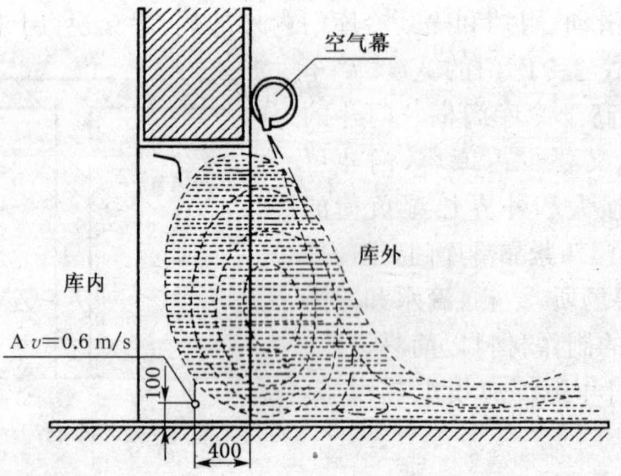

图 8-35　空气幕雾气回流情况示意

3. 货物装卸口设施

冷库进出货作业时，要保持冷藏链不会“断链”，可在装卸口设置保温滑升门、站台高度调节板、车辆限制器和密闭接头等，见图 8-36。

保温滑升门可以用不锈钢或铝材制成，在其中充填隔热材料，使其传热系数控制在 0.2～0.4 W/(m^2·℃)，在视线高度上需要设置双层玻璃。站台高度调节板包括钢性平板和前舌，由此可以在平台和车辆之间形成桥连，不用时该板面与装卸平台地板保持平齐，高度调节板可以采用机械或液压控制，高度调节平板能随车辆的车厢板的升高或降低而变化。不平衡的侧斜式车辆，还应具有微调补偿功能。车辆限制器一般为液压式，安装在加固的高度调节台的前缘墙体上，钩在车辆后部的安全杆上，是车辆与装卸平台之间机械联动装置，当车辆限制器与车辆接触时，能够承受 13 600 kg 的压力。密闭接头有泡沫塑料密封、充气套式密封和泡沫塑料密封与顶部充气套式密封结合等多种形式，见图 8-37。密闭接头的两条密封条之间的宽度固定为车辆的最小宽度，高度可以调节。制冷装卸平台需要设置防雨顶棚。

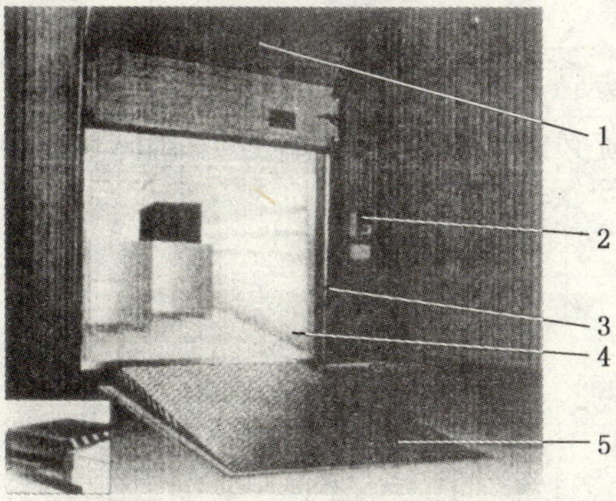

图 8-36　装卸口设施组合示意

1—保温滑升门；2—冷库站台；3—充气套式密封设施；
4—冷藏车；5—站台高度调节板

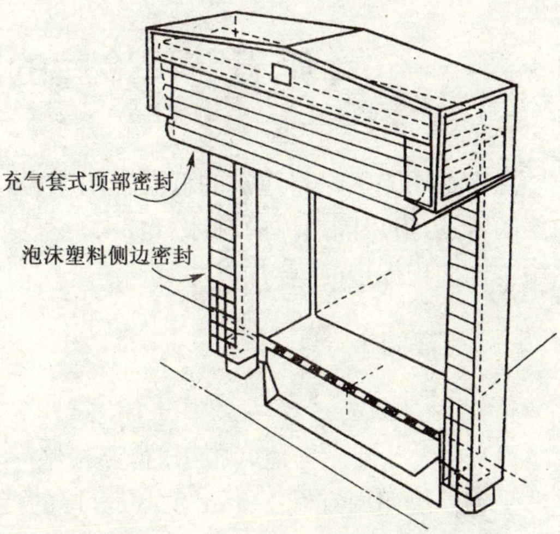

图 8-37　结合式密封的装卸货口

三、冷库的其他设施

(1) 站台高度调节板的主要作用是将封闭式站台和冷藏车连成一个整体，方便叉车的机械化门对门作业。常见的调节板有机械式、液压式和气袋式等。为保证叉车操作安全和较高的装卸速度，调节板的宽度为 1.83 m、2 m、2.13 m，长度 2.43～3.04 m，前舌的长度一般为 400 mm。如果站台高度设计过低，应加长调节板和前舌的长度。应使调节板坡度在 3%～15%之间。对于手推叉车坡度应小于 3%，平台堆垛车坡度小于 7%，低起升托盘搬运车坡度小于 10%，电动叉车坡度小于 10%，汽油叉车坡度小于 15%。前舌也有多种形式：回转式、拼装式和滑动式。具体采用何种形式前舌，应根据具体情况确定。

(2) 手推车是冷库常用的搬运工具，要求装卸方便、承载量大、灵活轻便。常用的手推车有尼龙轮手推车、小轮胎手推车、家禽冻结手推车和液压托盘搬运车等。尼龙轮手推车前、后轮直径分别为 200 mm 和 150 mm，采用滚珠轴承的尼龙轮，推动灵活方便，一人可推动 400 kg 货物。小轮胎式手推车轮胎直径 64 mm，一般前轮为充气轮胎，后轮为硬质橡皮轮。每车可放 12～16 片冻肉，一人轻便推动。家禽冻结手推车一般为可折叠式，前、后橡皮轮直径为 250 mm 和 200 mm，通常为 6 层，可放置 12 个盘架，车子的底部为尼龙网板承载货重。液压托盘搬运车是一种轻便小巧的搬运车，采用高强度聚氨酯轮，控制机构灵活，操作安全可靠，并有超负荷自动卸载装置，可有效保护车架等主要部件。

(3) 冷库中常用的输送机有辊子式输送机和电动带式输送机。前者货物由人力推动，后者货物由传动带自动传送。国内外先进冷库的贮存，已有固定货架贮存、活动货架贮存和高货架立体自动贮存化等多种形式，机械化运输和计算机管理得以应用。托盘货架贮存系统是影响冷库物流功能的重要因素，每一冷库按其经营特点、要求、物流种类不同，可选择不同的托盘货架贮存系统。

第五节　冷库的施工与使用管理

冷库是用隔热材料建筑的低温密闭库房，结构复杂、造价高，具有怕潮、怕水、怕热气、怕跑冷的特点，最忌隔热体内有冰、霜、水，一旦损坏，就必须停产修理，严重影响生产。为此，在施工和使用库房时，要加以注意。

一、土建施工

1. 基础及地面工程

(1) 在大孔性土壤地区施工时，要杜绝一切施工用水、生产用水和雨水侵入基础下面；主体工程外墙四周宜做 1.5 m 宽、8 cm 厚的混凝土散水，把雨水和污水引入排水管道，防止基础浸水后产生不均匀下沉，引起上层结构破坏。

(2) 在深层软黏土中打桩时，由于桩与土壤间挤出作用及桩下土壤的回弹作用，可带动桩向上升起，这一过程有时会进行十多天，必须等待桩及地基回升稳定时再进行基桩承面的浇注，尤其是对浇注在排桩上的多跨连续梁更为重要，避免支承面产生附加应力和裂缝，这样有利于减少各基础间的沉降差异。

(3) 冷库地坪水泥砂浆抹面或耐磨地坪施工时，及时做好分割切缝工作(3 m×3 m)，填以沥青胶泥塞缝，防止因没有切缝引起地坪涨缩产生裂缝，水分渗入隔热层遭到破坏。

2. 砖砌体工程

(1) 冷库的内、外墙由砖砌成，要求砌筑材料具有抗冻性、耐水性和一定强度。砖石标号不低于 75 号，抗冻级不低于 25 级。低温库用砖石不低于 100 号，抗冻级不低于 35 级，混凝土用普通硅酸盐水泥，标号不低于 400 号，每 m^3 混凝土的水泥用量不少于 275 kg，水灰比不大于 0.55。冷库用水泥砂浆标号不低于 50 号，钢筋混凝土受力构件中所用钢筋不得采用冷拉钢筋。

(2) 砖砌体砂浆要饱满，不得留有空隙。单层建筑的砌筑高度每天不宜超过 2 m，多层建筑的砌筑高度每天不宜超过 1.5 m，如增加砌筑高度须相应提高水泥砂浆标号。

(3) 砖砌体的间断处应留斜槎，如在墙角附近留槎时，斜槎上部距相接墙身内缘不小于 30 cm。若必须在交接处留槎(转角处不得留直槎)应沿墙高每 0.5 m 加设拉结钢筋，每 1/2 砖厚不小于拉筋直径的 1/4，两端加弯钩，每边墙内伸入长度不小于 0.5 m，埋设钢筋的灰缝厚度应保证钢筋上下至少有 2 mm 厚的砂浆层。

(4) 无论选用嵌入式保温门还是选用外贴式保温门，在门洞左右两侧应设置 200 mm×200 mm 钢筋砼构造柱，门洞上方设置 200 mm×200 mm 钢筋砼过梁，C20 砼，内设置 4ϕ12，ϕ6@200。左右两侧构造柱的下端与框架结构地梁相连，同时注意框架地梁的标高要计算好，不能影响地坪隔热层铺贴，不能使隔热层断开，产生冷桥。

(5) 冷库门内侧要设计门斗和门帘，门斗地面要设置地热，以免地坪结冰。在门斗施工时留出保温门用电源、地热电源、门斗照明及消毒用电源。

3. 混凝土工程

(1) 混凝土标号应按设计规定采用，以 28 d 龄期强度为标准。混凝土用水必须洁净，不含油类、碱类及其他有害杂质；砂的含泥量不得大于5%，如大于5%时要用水冲洗。石子在使用前也应用水冲洗干净，不得用风化的石粒。在施工过程中，应特别注意避免结构出现裂缝和出现蜂窝、麻面、露筋等现象。用振捣时，要保证混凝土足够的密实度，不允许碰撞钢筋、预埋件和模板。

(2) 冷库内与低温空气接触的混凝土工程宜采用不低于400号的硅酸盐水泥，不能采用氯化钙等防冻剂。

(3) 浇注混凝土后，在混凝土强度达到设计强度70%以上时才能拆除承重模板。变形缝的模板必须及时拆除，缝内的石子碎砖等杂物应清除干净，以免变形缝不起作用。在捣注混凝土时，应注意调整及保证钢筋保护层的厚度，凡与库内冷空气接触，且表面不做水泥抹面的钢筋混凝土工程，其钢筋的保护应较一般规定增加10 mm厚。

(4) 在捣注混凝土前，应先将安装吊轨、冷却管道、通风管道、上(下)水、电气管线等预埋件按正确位置埋置妥当，以免事后打凿混凝土。楼板上预留孔洞位置及孔洞加固方法，应按照设计规定预先留好。在洞口处截断的钢筋应伸入洞口加固小梁内不少于30 cm，并且末端要有弯钩，如采用电焊钢筋网时，应将钢筋网焊接在洞口加固小梁钢筋上。

(5) 捣注无梁楼板柱子混凝土时，施工缝应留在柱脚或柱帽45°折线顶部，在折线上部的混凝土应与楼板一次捣注，在折线下部的混凝土应与柱子一次捣注。捣注柱子混凝土时，底部应先填以50～100 mm与所捣注的混凝土内砂浆成分相同的水泥砂浆。捣注柱子的混凝土自由倾落高度不应超过2 m，否则应用溜管下落法。此外，施工缝里不要留有木屑和其他杂物，在继续浇注混凝土前要冲洗干净，避免柱帽断裂事故。

4. 钢筋工程

(1) 钢筋的种类、钢号、直径均应与设计要求一致，若以另一种钢筋代替设计中规定的钢筋时，可通过设计人员进行代换。绑扎或焊接前必须将钢筋表面的油污和铁锈清刷干净。钢筋加工前须参照有关钢筋检验标准进行抽查试验。焊接的钢筋须错开位置排放，在同一截面中搭接钢筋的面积应不大于该截面内钢筋总面积的50%。经过焊接后的钢筋网不得再作弯曲。所有焊接钢筋均应进行质量检查。

(2) 冷库内主体钢筋混凝土结构的主要钢筋不能采用冷轧或冷拉钢筋，非承重构件不受此限制。

(3) 振捣混凝土时，应有专人检查钢筋位置并修整钢筋网，要纠正钢筋因运输而发生变形或因振捣而发生下坠和贴模等情况。

5. 抹面工程

(1) 抹面工程的砂浆标号及级配应按设计规定采用。水泥标号不宜低于300号；砂子应采用中砂，要求随拌随抹，超过初凝时间的砂浆不宜使用；冷库内部的抹面，应采用硅酸盐水泥砂浆，不得采用混合砂浆。

(2) 一般抹面工程要求至少抹两道，即底层一道、垫层一道或面层一道。面层抹好后应采用铁抹子干压两遍后，使表面光滑。库内露在冷空气里的大面积墙面抹面，要求面层每隔3～4 mm留一道深4 mm、宽8 mm的伸缩缝，以免面层出现不规则的龟裂。抹面工程表面要求光滑平整，用2 m直尺检验时不得有超过5 mm的空隙，要求做到不起壳，不产生裂缝。抹面工程完毕，必须经过检查认为合格后才能进行下一工序。

(3) 在基层结构软硬相差悬殊的地方(如一边是砖墙，另一边是软木墙)，应预留20 mm

宽的施工缝，然后用 1∶7 沥青砂浆填充烫平。如不能留施工缝，交接处应采用钢丝网砂浆抹面防裂。

(4) 冷库的隔热层施工必须在冷库屋面断水以后进行，冷库屋面防水施工完毕经检测没有渗漏后，方可进行冷库内部的隔热层施工和内部的装修施工。否则因屋面渗漏使冷库的隔热层受潮遭到破坏。冷库的隔热层施工必须在冷库外墙确保不渗漏的情况下施工，特别是外墙脚手眼的封堵，框架填充墙的质量通病应予杜绝，否则因外墙渗漏使冷库的隔热层受潮遭到破坏。

二、隔热层、隔汽层施工

1. 隔热层的施工

(1) 贴聚苯乙烯泡沫塑料。聚苯乙烯泡沫塑料吸水后，隔热性能下降，故铺贴时应尽量使用原块。如要裁割，一定要用电热丝切割，采用 19 号电阻丝，电压 5～12 V，温度一般控制在 200～250℃，这样在切割口表面可形成一层封闭性熔融硬膜。只有在条件不许可时才采用锯割(最好用高速无齿锯)，但其锯割口表面要均匀涂布防水材料。

用热沥青粘贴聚苯乙烯时，热沥青的温度应控制在 55～70℃(采用水浴)，如温度过高会使泡沫塑料烧融。如果用冷汽油沥青作黏结剂，汽油与沥青的重量配比不应低于 0.3∶1。稠度过小时汽油挥发后干缩较大，会使黏结层形成空隙，降低了隔热效果。用冷沥青粘贴泡沫塑料后，应放置 24 h，待汽油充分挥发后再做隔汽防潮层。

粘贴聚苯乙烯泡沫塑料的材料，有以下几种黏结材料：第一种环氧树脂黏结剂。它的重量配比为：634 号环氧树脂 100，增塑剂(DBP)30，二乙烯三胺 6(夏天)、8(冬天)。第二种环氧胶泥。它的重量配比为：6101 环氧树脂 100，苯二甲酸二丁酯 12，乙二胺 14，二甲苯或乙醇等 20，石英粉 80。在环氧树脂中先加入二甲苯或乙醇，再加苯二甲酸二丁酯，拌匀后撒入石英粉料，搅拌均匀，用前加入乙二胺，待作用 5～10 min 即可使用，须在 1 h 内完成。第三种聚氨酯黏结剂——101 胶，它是一种由甲、乙两个组分调和的室温固化黏结剂，用于潮湿场合。为了降低费用，可在胶水中掺入为胶水重量 1.5～2 倍的 500 号水泥，搅拌均匀后，用以粘贴聚苯乙烯泡沫塑料。粘贴时可用点粘法，即在每 m^2 泡沫塑料上粘 20 点。

(2) 铺砌泡沫混凝土和加气混凝土。砌块应力求干燥，在制造过程中尽量避免产生裂纹。锯割砌块时应事先画线，锯口必须整齐平直。砌块应按设计规定采用石油沥青铺砌，每层砌体之间在纵横方向均应错缝，不能有直通缝。砌缝宽度应控制在 5～6 mm 内，灌满沥青不留空隙。

(3) 膨胀珍珠岩混凝土屋面隔热层做法。先按体积比将膨胀珍珠岩和水泥(12∶1)干拌均匀后，再加水重新拌和均匀，在屋面直接灌浇，用铁锹和木夯轻度夯实达 6 cm 厚。等珍珠岩混凝土强度达 50%时，在面层用 1∶2.5 水泥膨胀珍珠岩浆作 2 cm 找平层。待找平层干透后，即可在其面上铺贴油毡防潮层。

(4) 聚氨酯保温。随着聚氨酯价格的下降，对中小型冷库以及高温冷库，通常采用聚氨酯发泡板粘贴和聚氨酯现场发泡喷涂法来做隔热层。

2. 隔潮、隔汽层施工

(1) 防潮层的基层应符合抹面工程的要求，表面要光滑平整。施工时基层的质量湿度不得超过 6%(抹面后约一星期)，基层表面温度不低于 15℃，以防止日后防潮层脱落。基层有转折变化时应做成圆弧形，以免折断油毡。在此基层上先刷冷底子油一道。在铺贴前，应将油毡边缘部分的浮面污物及表面上的云母粉或砂粒扫除干净。

(2) 融化沥青时先在锅内加入 50%的沥青，加热至融化后再加入 30%的沥青，待融化后再将其余的陆续加入。融化沥青时要注意安全，在融化处应设置泡沫灭火机、湿草包及锅盖等。万一沥青燃烧时，应先用锅盖将锅盖上，上面再铺湿草包，并马上撤火。待炉灶内全部熄火后，慢慢打开锅盖，再加入一些沥青块，使锅内温度降低，就可恢复正常工作。

(3) 铺贴油毡时气温应不低于 5℃，露天施工时应避免日光暴晒，以防引起沥青黏结材料的流淌。铺贴油毡时，应从下往上贴，这样可做到顺水。反水的做法是不允许的。贴毡时如遇门、洞，应将油毡剪开，弯进去 15 cm，以便安装门樘和洞框时可以卡牢密闭。铺贴油毡时，各层油毡的搭接宽度不得小于 10 cm，并应注意碾平压实，使油毡和基层紧密粘贴(最好用喷灯烤热压实)，油毡搭接缝口需用热沥青仔细封严。屋面采用油毡铺绿豆砂时，必须将绿豆砂炒热并用滚子压实，将豆砂压入沥青内，防止丢失。

(4) 目前采用的新型隔潮、隔汽材料 SBS 铺贴起来非常方便，可用喷灯边加热边铺贴。隔汽层的功能是防水及防水汽渗入，因此隔汽层的施工要求应按屋面防水层要求操作，做到严格禁止渗漏。在交叉作业时，要采取保护措施，不能将隔汽层损坏，造成渗漏。

(5) 根据冷库各个相邻间的不同温度、湿度情况，在楼板、梁、柱子、内墙和外墙的有关部位，设置 1.2～1.5 m 宽的防止冷桥隔热带，并做好防汽处理。隔热带设在高温侧，如果高温侧水分较多，或者构造上与设于低温侧的隔热层不能连成整体时，隔热带设在低温的一侧。如有梁或板伸入墙内，当墙为内承重墙且位于温差大于 5℃的两库之间时，应在该梁或板的边缘做 100 mm 厚，1.2 m 宽的软木隔热带。如墙体是外承重墙，则应做不小于 1.5 m 宽的软木隔热带，以防止冷桥。砖或钢筋混凝土的外衬墙在地坪钢筋混凝土面层上砌结安装，不得穿入地坪隔热层内。

(6) 冷库常用现浇框架、现浇屋面结构，屋面为现浇梁板结构，因此顶部的隔热层做在屋面板底部时，其隔热材料必须顺着梁的表面做满，同时隔热材料必须顺着凸出的砼建筑构件表面做满，保证该处不产生冷桥。冷库墙面和地面采用块状隔热材料或现浇隔热材料施工时，横缝和竖缝必须相互叉开，像砌砖墙一样“破花”，以免产生冷桥。温差在 5℃以上的库房的土建连接构件和设备连接构件与墙、顶、地相接处就应作隔热防潮处理。隔热层隔热、防潮材料安置牢固，防止脱空。冷桥隔热防潮层必须和相连的墙、顶或地隔热防潮层连通成一体，不可切断。在隔热层施工合同招标时，这部分工作内容要纳入其内，统一安排。

(7) 在库温不同的相邻库房之间或库内库外之间，由于建筑结构连接构件，如柱子穿过隔墙或与墙体相连的其他构件，如拉杆、吊钩、管道，管道支架、施工隔热材料、金属销钉、嵌墙的箱体等和库房隔热层因某种原因中断的地方隔热性能差，形成热量传递的“桥梁”，称为冷桥。冷桥处因热量传入容易结冰霜，随时间延长结冰霜范围扩大，造成冷桥附近的隔热层、墙体及其他构件的损坏。因此，必须对冷桥进行必要的处理。

(8) 冷库内的六个面均须做隔热层，隔热材料在墙面与顶面交接处、墙面与地面交接处均不得断开，也不能使隔热层厚度减小，施工时应加注意，以免产生冷桥。冷库墙体采取夹层墙做法。

(9) 管道穿墙或楼板的构造处理。管道穿越墙或楼板时，应按工艺管道标高和尺寸预留孔洞，如属低温管道，其洞口须包括隔汽层、防水层和隔热层、保护层的厚度在内。橱壁宜用经过干燥、防虫、防腐的木材制成。墙、楼板的隔汽层、防水层应与管道的隔汽层、防水层严密封合，也可各自单独设置，但要保证墙或楼板隔热层的密封性。不作隔热处理的管道，在穿过两侧有5℃以上温差的墙壁、楼板时，必须在洞的两侧各包不小于1.2 m长的隔热层，以免形成冷桥，造成滴水结霜现象。管道的吊点必须预埋在有关构件内，避免在楼板或墙壁上临时打洞，维修时也应尽量利用原有的吊点。冲霜给水管等经常充水的管道，其吊点不能设在负温库的围护结构上。照明及动力电线不宜用暗线，并应尽可能不穿越易燃的隔热层。若必须穿越时，应预埋穿线套管，套管应作防止冷桥和防潮气处理。

(10) 保温门与墙面隔热层的交接节点要处理好，不致产生冷桥。冷库门口是冷热气流交换最剧烈的地方，地坪上容易结冰、积水，应及时清除。在保温门下方地坪隔热层施工时，应将隔热层向低温穿堂方向延伸1 m，宽度比保温门宽500 mm，保证该处不产生滴水结冰。

保温面层采用1～1.5 mm厚镀锌铁皮或普通钢板，接缝可用咬口接或对缝焊，接缝要求光滑平整。门扇的骨架采用角钢制作，其平面误差不大于3 mm，对角误差不大于2 mm。隔热层采用聚苯乙烯泡沫塑料外包聚乙烯塑料薄膜，热焊密封，分层错缝装入。保温所有铁件表面均刷防锈漆两道，门扇外表面喷(刷)浅色醇酸磁漆两道。五金碰锁、外拉手、内推把表面均应镀锌，其他五金零件均喷(刷)与门扇同类油漆两道。密封条采用软质空心橡胶密封条。门樘不外露部位涂防腐柏油两道，其余部分如净樘和筒子板等均涂与门表面同类的油漆两道。保温门安装时先将电热线、密封条、碰锁、外拉手、内推把、门轴等五金零件按设计要求装在门扇上(在制作门扇时要在门框上预先装好螺栓)。修正毛樘，以保证净樘安装平直，毛樘与净樘之间垫一层矿棉毡使之结合严密无缝隙。将五金零件按设计要求装在净樘上，并在净樘上钻好木螺钉孔，然后装立净樘。先用少量木螺钉将净樘按设计位置临时固定在毛樘上，再将门扇装入固定在净樘上的上下门支座中，反复调整各五金部件及密封条的位置，达到开关灵活、四周门缝密闭。如果发现误差较大，则应将净樘拆下重新调整再安装，直到全部合乎设计要求，最后再用全部木螺钉将净樘固定在毛樘上。

(11) 采购耐燃或不燃的隔热材料作隔热层，隔热层施工时，特别注意防火，加强防火措施，消除火灾隐患。

三、冷库的使用管理

(1) 防止水、汽渗入隔热层，库内的墙、地坪、顶棚和门框上应无冰、霜、水，要做到随有随清除。没有下水道的库房和走廊，不能进行多水性的作业，不要用水冲洗地坪和墙壁。库内排管和冷风机要定期冲霜、扫霜，及时清除地坪和排管上的冰、霜、水。经常检查库外顶棚、墙壁有无漏水、渗水处，一旦发现，须及时修复。使用时不能把大批量没有冻结的熟货直接放入低温库房，防止库内温升过高，造成隔热层产生冻融而损坏冷库。

(2) 防止因冻融循环把冷库建筑结构冻酥，库房应根据设计规定的用途使用，高、低温库房不能随意变更(装配式冷库除外)。各种用途的库房，在没有商品存放时，要保持一定的温度，如冻结间和低温库应在－5℃以下，高温库在露点温度以下，以免库内受潮滴水，影响建筑(装配式冷库除外)。原设计有冷却工序的冻结间，若改为直接冻结间时，要配有足够的制冷设备，还要控制进货的数量以控制合理的库温，不使库房内有滴水。

(3) 防止地坪冻臌和损坏。冷库的地坪在设计上有规定，能承受一定的荷载，并铺有防潮层和隔热层。如果地坪表面保护层被破坏，水分流入隔热层，会使隔热层失效。如商品堆放超载，会使地坪裂缝。不能将商品直接散铺在库房地坪上冻结。拆货垛时不能采用倒垛方法，脱钩和脱盘时，不能在地坪上摔击，以免砸坏地坪或破坏隔热层。另外，库内商品堆垛重量和运输工具的装载量不能超过地坪的单位面积设计负荷。每个库房都要核定单位面积最大负荷和库房总装载量（地坪如大修改建，应按新设计荷载），并在库门上作出标志，以便管理人员监督检查。库内吊轨每 m 长度的载重量，包括商品、滑轮和挂钩的总重量，应符合设计要求，不超载，保证安全。特别要注意底层的地坪没有作通风等处理的库房，使用温度要控制在设计许可范围内。设有地下通风的冷库，要严格执行有关地下通风的设计说明，并定期检查地下通风道内有无结霜、堵塞和积水，并检查回风温度是否符合要求。应尽量避免由于操作不当而造成地坪冻臌。地下通风道周围严禁堆放物品，更不能搞新的建筑。

(4) 库房内货位的间距要求。为使商品堆垛安全牢固，便于盘点、检查、进出库，对商品货位的堆垛与墙、顶、排管和通道的距离都有一定要求。库内要留有合理宽度的走道，以便运输、操作和安全。库内操作要防止运输工具和商品碰撞冷藏门、柱子、墙壁、排管、制冷系统的管道和电梯门等。冷库门要经常进行检查，如发现变形、密封条损坏、电热器损坏，要及时修复。当冷库门被冻死拉不开时，应先接通电热器，然后开门，不可硬拉。库内排管扫霜时，严禁用钢件等硬物敲击排管。

(5) 提高和改进冷加工工艺，保证合理的冷藏温度，是确保商品质量的重要一环。食品在冷藏间如保管不善，易发生腐烂、干耗、冻结烧、脂肪氧化、脱色、变色、变味等现象。为此，要求有合理的冷加工工艺和合理的贮藏温度、湿度、风速等。在正常生产情况下，冻结物冷藏库的温度应控制在设计温度±1℃的范围内，冷却物冷藏库的温度应控制在设计温度±0.5℃ 的范围内。货物在出库过程中，冻结物冷藏库的温升不超过 4℃，冷却物冷藏库的温升不超过 3℃。进入冻结物冷藏库的冻结货物温度应不高于冷藏库温度 3℃。例如，冷藏库温度为－18℃，则货物温度应在－15℃以下。

(6) 妥善管理，把冷藏肉品的干耗、脂肪氧化和肉色泽度降低到最低。影响肉类保藏中干耗的因素是多方面的，如肉的种类、状态、包装，有效蒸发表面积，堆放方法、堆码密度，进入冷库的热量，冷藏间的温度、相对湿度，冷库的立体形状等都有直接的关系。其主要是由于热交换而引起水分的蒸发。

① 外界传入冷库的热量。空气中所含有的水分，随着空气温度的升高容纳水蒸气量增大。所以如冷库的绝缘性能不好或者由于门的开关、人的呼吸、电灯、电动设备等散发的热量，使库内的温度升高，吸收大量的水分，而水分大部分是由库内存放的肉吸收。当含有大量水蒸气的空气接触排管时，凝结成冰霜在排管上此过程不断地出现。肉中水分不断蒸发而产生干耗，因此实验证明了干耗的增加几乎与透入冷藏库的热量成正比。

② 肉食品的形状、性质、表面积大小等都对干耗有一定的影响，肉在保藏中堆集成垛，对干耗影响确有重要实际价值，堆集成垛的冻肉干耗主要发生在外层周围，而堆内部干耗量相对减少。冻肉的干耗也与冷藏间的利用率，堆垛的松紧程度有关。在堆放量少时由外界传入的热量所引起的热交换是不变的，因此由热交换所引起的水分交换，只能来自少量的肉中，增加了肉的干耗量。因此冻肉的干耗率与冷藏间的利用率成反比。同时干耗也与库内冻肉的堆放方式有关，堆的越密、堆层间的密度越大则干耗越少。

③ 商品在贮藏时，要按品种、等级和用途情况，分批分垛位贮藏，并按垛位编号，填制卡片悬挂于货位的明显地方。要有商品保管账目，正确记载库存货物的品种、数量、等级、质

量、包装以及进出的动态变化，还要定期核对账目，出库一批清理一批，做到账货相符。要正确掌握商品贮藏安全期限，执行先进先出的制度。定期或不定期地进行商品质量检查，如发现商品有霉烂、变质等现象时，应立即处理。有些商品，如家禽、鱼类和副产品在冷藏时，要求表面包冰衣。如长期冷藏的商品，可在垛位表面喷水进行养护，但要防止水滴在地坪、墙和冷却设备上。冻肉在码垛后，可用防水布或席子覆盖，在走廊边或靠近冷藏门处的商品尤应覆盖好，要求喷水结成 3 mm 厚的冰衣。在热流大的时候，冰衣易融化，要注意保持一定的厚度。

④ 食品进出冷库时，都需要与外界接触，如果环境卫生不良，就会增加微生物污染食品的机会，因而冷库周围的环境卫生是十分重要的。冷库四周不应有污水和垃圾，冷库周围的长场地和走道应经常清扫，定期消毒。垃圾箱和厕所应离库房有一定距离，并保持清洁。运输货物用的车辆在装货前应进行清洗、消毒。冷库内的走道和楼梯要经常清扫，特别在出入库时。对地坪上的碎肉等残留物要及时清扫，以免污染环境。

⑤ 冷库的库房是进行食品冷加工和长期存放食品的地方，库房的卫生管理工作，是整个冷库卫生管理的中心环节。在库房内，由于相对湿度较高，霉菌较细菌繁殖得更快些，并极易侵害食品，因此，库房应进行不定期的消毒工作。运货用的手推车以及其他载货设备也能成为微生物污染食品的媒介，也应经常进行清洗和消毒，库内冷藏的货品，不论是否有包装，都要堆放在垫木上。垫木应刨光，并经常保持清洁。垫木、小车以及其他设备，要定期在库外冲洗、消毒。可先用热水冲洗，并用 2%浓度的碱水（50℃）除油污，然后用含有效氯 0.3%～0.4%的漂白粉溶液消毒，加工用的一切设备，如铁盘、挂钩、工作台等，在使用前后都应用清水冲洗干净，必要时还应用热碱水消毒。

⑥ 冷库用的抗霉剂有很多种，常与粉刷材料混合在一起进行粉刷。有氟化钠法，羟基联苯酚钠法和硫酸铜法。库房内消毒有漂白粉消毒、次氯酸钠消毒和乳酸消毒。库房在消毒粉刷前，应将库内食品全部搬出，并清除地坪、墙和顶板上的污秽，发现有霉菌的地方，应仔细用刮刀或刷子清除。在低温库内，要清除墙顶和排管上的冰霜。必要时需将库温升至正温。库房内刷白，消毒表面所消耗的混合剂为 300 mL/m^2 左右，在正温库房可用排笔涂刷，负温时可用细喷浆器喷洒，有时会出现一层薄溶液冻结层，经 1～3 d 以后，表面会逐步变干。冷库内消毒的效果，根据霉菌孢子的减少来评定，因此，在消毒前后均要做测定和记录。消毒后，每 cm^2 表面上不得多于一个霉菌孢子。

⑦ 紫外线消毒一般用于冰棍车间模子等设备和工作服的消毒，不仅操作简单，节约费用，而且效果良好。每 m^3 空间装置功率为 1 W 的紫外线光灯，每天平均照射 3 h 即可对空气起到消毒作用。

⑧ 冷库工作人员经常接触多种食品，如不注意卫生，本身患有传染病，就会成为微生物和病原菌的传播者。对冷库工作人员的个人卫生应有严格的要求。冷库作业人员要勤理发、勤洗澡、勤洗工作服，工作前后要洗手，经常保持个人卫生。同时必须定期检查身体，如发现患传染病者，应立即进行治疗并调换岗位，未痊愈时，不能进入库房与食品接触。库房工作人员不应将工作服穿到食堂、厕所和冷库以外的场所。

⑨ 食品入库冷加工之前，必须进行严格的质量检查，不卫生的和有腐败变质迹象的食品，如次鲜肉和变质肉均不能进行冷加工和入库。食品冷藏时，应按食品的不同种类和不同的冷加工最终温度而分别存放。如果冷藏间大而某种食品数量少，单独存放不经济时，也可

考虑不同种类的食品混合存放，但应以不互相串味为原则。具有强烈气味的食品如鱼、葱、蒜、乳酪等和贮藏温度不一致的食品，严格禁止混存在一个冷藏间内。

对冷藏中的食品，应经常进行质量检查，如发现有软化、霉烂、腐败变质和异味感染等情况时，应及时采取措施，分别加以处理，以免影响其他食品，造成更大的损失。

正温库的食品全部取出后，库房应通风换气，利用风机排除库内的浑浊空气，换入过滤的新鲜空气。

⑩ 库房中发生异味影响其他食品的风味，降低质量。利用臭氧不仅可以清除异味，而且浓度达到一定程度时，还具有较好的消毒作用。用甲醛水溶液(即福尔马林溶液)或5%～10%的醋酸与5%～20%的漂白粉水溶液也具有良好的除异味和消毒作用。这种办法目前在生产中广泛采用。

⑪ 消灭鼠类对保护冷库建筑结构和保证食品质量异常重要。鼠类进入库房的途径很多，可以由附近地区潜入，也可以随有外包装的食品一起进入冷库。在食品入库前，对有外包装的食品应进行严格检查，凡不需带包装入库的食品尽量去掉包装。建筑冷库时，要考虑在墙壁下部放置细密的铁丝网，以免鼠类穿通墙壁潜入库内。发现鼠洞要及时堵塞。

第九章　食品生产企业的饲养车间设计

饲养车间设计包括：食品生产加工的卫生防疫要求、饲养车间的工艺要求、饲养车间规模及设计方案、饲养车间的建筑设计。

第一节　食品生产加工对饲养车间的卫生防疫要求

食品生产企业对饲养车间的卫生防疫要求体现在消毒与防疫设施、环境调控设施、粪污处理设施和病畜处理设施四个方面。

一、消毒与防疫设施

饲养车间应设置与食品生产加工量相适应的验收间、隔离间、待宰间，有条件可设食用肉处理间、化制间。饲养车间必须有一套严格的卫生防疫制度并配备相应的清洁消毒设施，才能保证安全生产。

(1) 饲养车间是对屠畜实施宰前检疫、宰前休息管理和宰前停饲管理的场所，应达到以下卫生要求：

第一，宰前饲养管理场应自成独立的系统，与生产区相隔离，并保持一定的距离。

第二，饲养车间的圈舍应采用小而分立的形式，防止疫病传染。应具有足够的光照、良好的通风、完善的上下水系统及良好的饮水装置。圈内还应有饲槽和消毒清洁用具，有圆底的排水沟。每头畜禽所占面积应达到卫生标准，应为 $0.6\sim0.9\ m^2$。

第三，场内所有圈舍，必须每天清除粪便，定期进行消毒。粪便应及时送到堆粪场进行无害化处理。有条件的单位应设车辆清洗、消毒场，备有高压喷水龙头、洗刷工具与消毒剂。

(2) 食品生产加工应严格做到“病畜隔离，病健分宰”，严防交叉和污染。病畜隔离圈是供收养宰前检疫中剔出的病畜，尤其是疑有传染病的畜禽而设置的隔离饲养场，其容量不应少于饲养车间总畜量的1%。在建筑的使用上应有更加严格的卫生要求。病畜隔离圈的用具、设备、粪便运输工具等必须专用。工人也需专职，不得与其他车间随意来往。隔离圈应具有不渗水的地面和墙壁，墙角和柱角呈半圆形，易于清洗和消毒，应设专门的粪便处理池，粪尿须经消毒后方可运出或排入排水沟。出入口应设消毒池，并要有密闭的便于消毒的尸体运输工具。

(3) 凡进场人员都必须更换场内工作服方可进入，而且工作服应在场内清洗、消毒，更衣间需要设置更衣柜、热水器、淋浴间、洗衣机和紫外线灯、冲洗消毒设施等。原则上保证场内车辆不出场，场外车辆不进场。必须进场的车辆，应设置进场车辆清洗消毒池、车身冲洗喷淋机等设备对车辆进行全面消毒。装猪台、饲料或原料仓、集粪池等设施必须设计在围墙边。在生产区入口处要设置更衣室与消毒室。更衣室内设置淋浴设备，消毒室内设置消毒池和紫外线消毒灯。工作人员进入生产区要淋浴，更换干净的工作服、工作靴，并通过消毒池对鞋进行消毒，同时要接受紫外线消毒灯照射 5～10 min。

工作人员进入或离开饲养车间要洗手、经消毒池消毒鞋靴。尽可能减少不同功能区内工作人员交叉现象。当进入隔离圈和检疫室时，还要换上另外一套专门的衣服和雨靴。管理人员和参观者不轻易进入生产区，饲养车间的隔离区见图 9-1。

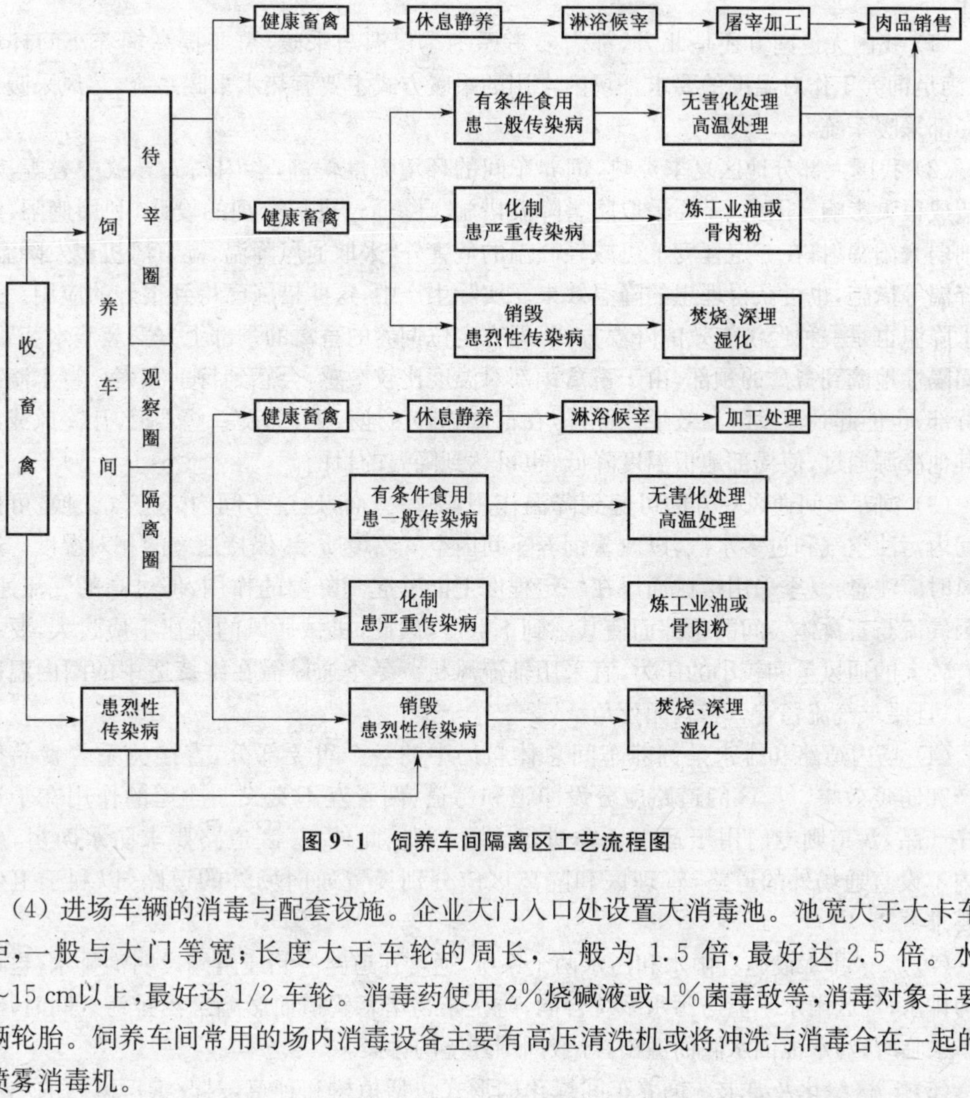

图 9-1　饲养车间隔离区工艺流程图

(4) 进场车辆的消毒与配套设施。企业大门入口处设置大消毒池。池宽大于大卡车的轮距，一般与大门等宽；长度大于车轮的周长，一般为 1.5 倍，最好达 2.5 倍。水深 10～15 cm以上，最好达 1/2 车轮。消毒药使用 2%烧碱液或 1%菌毒敌等，消毒对象主要是车辆轮胎。饲养车间常用的场内消毒设备主要有高压清洗机或将冲洗与消毒合在一起的冲洗喷雾消毒机。

(5) 饲养管理应自成独立的系统，与生产区相隔离，并保持一定的距离。应设有畜禽卸载台、地秤、供宰前检疫和检测体温用的分群圈和预检圈、病畜隔离圈、健畜圈、供宰前停食管理的候宰圈等。所有建筑和生产用地的地面应以不渗水的材料建成，并保持适当的坡度，以便排水和消毒。地面不宜太光滑，防止人、畜滑倒跌伤。宰前饲养管理场的圈舍采用小而分立的形式，防止疫病传染，具有足够的光线、良好的通风、完善的上下水系统及良好的饮水装置，圈内有饮水和消毒清洁用具的排水沟。在我国北方有保暖设施，寒冷季节圈温不低于

4℃。场内所有圈舍必须每天清除粪便，定期进行消毒，粪便应及时送到堆粪场进行无害处理。应设有兽医工作室，建立完善的兽医卫生管理制度。

二、环境调控设施

饲养车间环境控制主要是指对车间采暖、降温、通风及空气质量的控制，需要通过配置相应的环境调控设备来满足各种环境的要求。以便做好畜禽的检疫、休息管理和停饲管理工作。

(1) 我国无论南方还是北方，都需要考虑冬季保温与采暖，需要提高饲养车间环境温度，满足饲养工作对温度的要求。场内常用的采暖方式主要有热水采暖系统、热风采暖系统及局部采暖系统。

(2) 我国大部分地区夏季炎热，饲养车间的环境温度偏高，会因高温导致中暑等，对生产造成很大影响。因此，需要采取防暑降温措施。除通过进行合理的设计，利用遮阳、绿化等削弱太阳辐射，在一定程度上可减轻高温的危害外，采取通风降温、湿帘风机蒸发降温、喷雾降温等措施，也可获得理想的降温效果。实际生产中，这些措施已得到很好的应用。采用滴水降温也是一种经济有效的降温方式，即在定位饲养的畜禽的颈部上方安装滴水装置，水滴间隔性地滴到畜禽的颈部，由于畜禽颈部对温度比较敏感，会感到特别凉爽。将水滴在畜禽背部，也能起到蒸发降温效果。此外，在畜禽躺卧区地板下，铺设一些管道，让冷风或冷水或其他冷源通过，使局部地板温度降低，也可达到降温的目的。

(3) 饲养车间通风一方面可起到降温作用，另一方面，通过车间内外空气交换，可排除车间内污浊空气和过多水汽，以改善饲养车间内空气环境质量，保持适宜的相对湿度。进行通风时应注意：夏季采用机械通风在一定程度上能够起到降温的作用，但过高的气流速度，会因气流与畜禽体表间的摩擦而使其感到不舒服，因此，机械通风的风速不应过大，要求风机有较大的通风量和较小的压力，宜采用轴流风机。冬季通风需在维持适中的圈内温度下进行，且要求气流稳定、均匀、无死角。

(4) 场内道路和排水是饲养车间总体布局中的一个重要部分，直接关系着食品加工生产和防疫效果。厂区的道路应分设净道和污道，两者互不交叉。净道的作用在于运送洁净产品，污道则专门用于运送活禽进场、粪污等。此外，厂区道路要求防水防滑，生产区内不设直通场外的道路，管理区和隔离区应分别设置通向场外的道路，以利于卫生防疫要求。

(5) 厂区排水设施有雨水和污水两个系统，通常在道路一侧或两侧设明沟排水，也可设暗沟排水，厂区雨水不能与污水系统合同，防止杂物堵塞管道而影响舍内排污。同时，防止雨季来临时，污水池因水满而溢出，导致周围环境的污染。

(6) 厂区绿化及要求。饲养车间绿化的形式包括植树和种草，对改善厂区内的小气候有重要意义。除了美化环境以外，绿化更重要的作用体现在可以吸尘灭菌、降低噪声、净化空气、防疫隔离和防暑防寒。厂区绿化的具体措施可按冬季主导风的上风向设防风林，在饲养车间周围设隔离树林，相邻饲养车间之间、道路两旁进行遮阳绿化，厂区裸露地面上可种花草。绿化植树时，要考虑树干高低和树冠大小，防止夏季阻碍通风量和冬季遮挡阳光。

三、粪污处理设施

饲养车间在考虑粪便运输与贮存问题时，遵循“清污分流、粪尿分离”的原则，将雨水和清洗粪便的废水，利用不同管道和沉淀池分别进行收集、贮存和处置，以减少污水数量。将固体粪便和液体粪污分别收集、输送、贮存，以减少处理成本。

(1) 粪便输送。如果管理不力将对环境产生污染，其污染主要是两类：一是恶臭，影响空气质量；二是渗漏和溢流，导致水源和周围环境的污染。为此，在设计和选择粪便输送设备和输送方案时，考虑采用人工清粪方法，强调及时清运和冲洗，尽可能缩短粪便在饲养车间的停留时间。

(2) 粪便的贮存要求。我国《畜禽养殖业污染防治技术规范》中，对畜禽粪便的贮存做了明确规定：贮存设施的位置必须远离各类功能地表水体(距离不得小于 400 m)，并应设在养殖场生产及生活管理区的常年主导风向的下风向或侧风向处。贮存设施应采取有效的防渗处理工艺，防止畜禽粪便污染地下水。粪便贮存设施的总容积不得低于当地农林作物生产用肥的最大间隔时间内本养殖场所产生粪便的总量。

贮存固态粪便的堆粪地面向着墙稍稍倾斜，其坡度为 1∶50。墙高 1.5 m 左右，墙脚有排水沟，粪内液体和雨水可从此处排入粪水池。堆积和取粪可用人工操作，也可借助装载机。为适应当前环保法规的要求，上述贮存设施应加顶盖，防止雨水对粪便的冲刷，造成对环境的污染，增加粪水的处理量和处理难度。

四、病畜处理设施

在饲养车间，由于疾病或其他原因会有畜禽的死亡现象发生，做好生病畜禽的处理工作，不但可以控制环境污染，还可以防止疾病流行与传播。对死亡畜禽的处理原则是：因烈性传染病死的畜禽必须进行焚烧火化处理；对其他伤病而死的畜禽可用深埋法和高温分解法进行处理。

高温分解法将死的畜禽放入高温高压蒸汽消毒机中，高温高压的蒸汽使死畜中的脂肪熔化，蛋白质凝固，同时杀灭病菌和病毒。分离出的脂肪可作为工业原料，其他可作为肥料。焚烧法是采用焚化炉，通过燃烧器将死的畜禽焚烧，使其成为灰烬。这种方法能彻底消灭病菌、病毒，处理迅速、卫生。焚化炉由内衬耐火材料的炉体、燃油燃烧器、鼓风机和除尘除臭装置等构成，除尘除臭装置可除去焚化过程中产生的灰尘和臭气，使处理过程中减少对环境造成的污染。

第二节　饲养车间的工艺

饲养车间的工艺有屠宰前检验、屠宰前的饲养管理以及畜禽急宰、化制、销毁工艺。

一、饲养车间的工艺要求

饲养车间的畜禽先要进行预检分群，将健康畜禽送入待宰圈，疑似病畜进观察圈。进入待宰圈的畜禽经过住场检疫和送宰检疫，如又发现疑似病畜仍然进入观察圈。健康畜禽经静养、断食、饮水后按流水线进入淋浴送宰。观察圈内的疑似病畜有的不能食用,直接化制销毁,有的送急宰处理,有的经治疗观察后送急宰处理。急宰后的净肉经无害化处理可食用,产品进入销售渠道。饲养车间工艺流程见图 9-2。

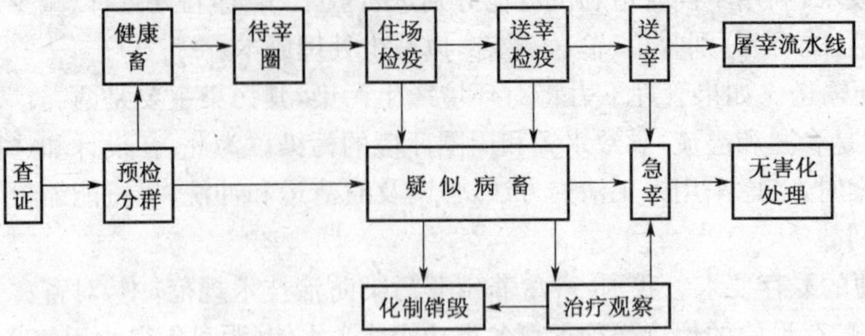

图 9-2 饲养车间工艺流程

1. 畜禽宰前检验

(1) 入场检验。运到肉类加工企业的畜禽,在进入屠宰场未卸车之前,由兽医检验人员向押运员索阅检疫证件,核对牲畜头数,了解途中病亡等情况,如检疫证上注明产地有传染病疫情及途病、途亡很多时,应对这批牲畜采取紧急措施,隔离观察,并根据疫病性质,按现行《屠宰牲畜管理办法》及《肉品卫生检验试行规程》分别加以处理,见图 9-1。经检查核对认为正常时,允许卸下赶入预检圈休息。当卸车和往预检圈驱赶时,兽医人员应配合熟练工人逐头观察其外貌、步样、精神状态。如发现异常时,应立即隔离,待验收后详细检查,或送往急宰,见图9-2。正常的准许赶入预检圈,但必须分批、分地区、分圈饲养,不可混杂。进预检圈的牲畜先饮水,经 2～4 h后逐头测量体温,再详细检查其外貌,体温和精神都正常的生猪,可转入健畜饲养圈,并按肥瘦程度分等分圈进行饲养管理。

(2) 送宰前的检验。对在圈的畜禽进行观察,看有无离群现象,行走是否正常,皮毛是否光亮,皮肤有无异状,眼鼻有无分泌物,呼吸是否困难,有无呻吟情况,如有上述病状之一的,应挑出圈外检查。一般观察后再逐个测量体温,必要时检查脉搏和呼吸数。有传染病可疑时,应作细菌学检验,确属健康的牲畜方准送去屠宰。经过预检的牲畜在饲养场休息 24 h,再测体温和外貌检查后,即可送往屠宰间等候屠宰,见图 9-3。

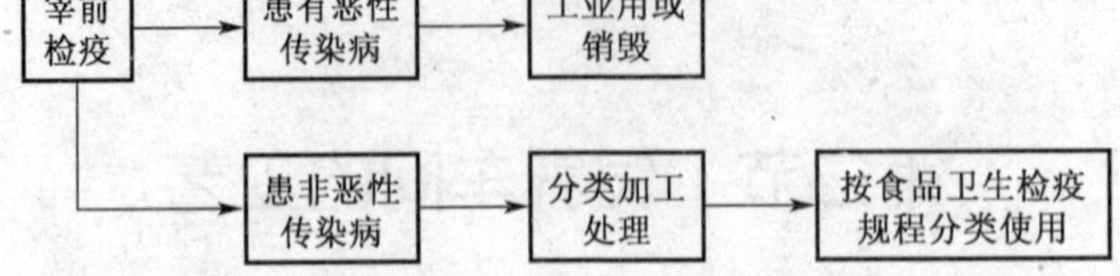

图 9-3 宰前检疫及处理

(3) 畜禽宰前的选择。为保证肉和肉制品的质量,畜禽在宰杀前必须进行严格选择。选择原则首先是遵守国家对保护和繁殖役畜、种畜、幼畜、孕畜的方针政策;其次是必须严格进行兽医卫生检验,检验合格后,才允许屠宰,对屠畜的选择应尽量符合食品生产行业对健康、肥瘦、年龄、性别及饲料等方面的要求。

2. 屠宰前饲养管理

(1) 屠宰前饲养。畜禽运到屠宰车间经兽医检验后,按产地、批次、强弱和健康状况分圈分群饲养。对育肥良好的畜禽饲喂量,以能恢复运输途中受到的损失为原则。

(2) 屠宰前休息。运到食品生产企业的畜禽,到达后不宜马上进行宰杀,须在指定的圈舍中休息。宰前休息目的是恢复畜禽在运输途中的疲劳。由于环境改变,受到惊吓等外界因素的刺激,畜禽易于过度紧张而引起疲劳,使血液循环加速,体温升高,肌肉组织中的毛细血管充满血液,正常的生理机能受到抑制、扰乱或破坏,从而降低了机体的抵抗力,难以抵御微生物侵入血液中,加速肉的腐败过程,也影响副产品的质量。屠畜宰前休息有利于放血和消除应激反应,对企业的生产也有一定的调节作用,实际上也是肉保存的一种过渡办法。

(3) 屠宰前断食。畜禽一般在宰前 12～24 h 断食静养,宰前给予饲料时,则其消化和代谢机能旺盛,肌肉组织的毛细血管中充满血液,屠宰时放血不完全,肉容易腐败。断食可减少消化道中的内容物,防止剖腹时胃肠内容物污染胴体,并便于内脏的加工处理。断食使肝脏中的糖原分解成为乳酸,分布畜体各部,屠宰后能迅速达到尸僵和 pH 降低,从而抑制微生物的繁殖。断食可以节省饲料、降低成本、减轻劳动强度。断食保持屠畜安静,便于放血。断食时间必须适当,时间不能过长,不能因断食降低了牲畜的体重和屠宰率。

(4) 断食供给足量的饮水,使畜体进行正常的生理机能活动,调节体温,促使粪便排泄,放血完全,获得高质量的屠宰产品。如果饮水不足会引起肌肉干燥,造成牲畜体重严重下降,肌肉水分损失可达 5%～6%,直接影响产品质量;饮水不足还会使血液变浓,不易放血,影响肉的储存性,但是为避免屠尸倒挂放血时胃内容物从食道流出污染胴体,在加工前 3 h 应充分喂水,宰前停止给水。

(5) 经过预检的畜禽在饲养车间休息 24 h 后,进入淋浴候宰。屠宰前的环境对肉的质量,特别是对肉的 pH 有较大的影响。宰前疲劳的畜禽,其内里肌的 pH 明显高于安静的和宰前充分给食的畜禽。普通断食的和安静状态的畜禽比宰前给食的畜禽内里肌 pH 稍高。饲养车间的环境应符合清洁卫生的要求,畜禽在宰杀前不得用竹竿、木棍、绳鞭抽打,防止跌滑、撞、摔、踢、压、踏、挤、绑、恐吓、急速驱赶和互相咬打,否则宰后易引起溢血和皮上伤痕,使产品质量降低,造成不必要的损失。天气炎热季节要防止烈日暴晒或引起中暑,冬天防止寒冷侵袭,使生产加工过程中剥皮或刮毛发生困难等现象。

二、急宰、化制的工艺要求

1. 急宰

确认为无碍肉食卫生的普通病患畜及一般性传染病畜而有死亡危险时,随即送往急宰。凡疑似或确诊为口蹄疫的病畜应立即进行急宰,其同群畜禽也应全部屠宰。患布氏杆菌病、结核病、肠道感染、乳房炎和其他传染病及普通病的病畜,均需在急宰车间进行屠宰,见图 9-4。

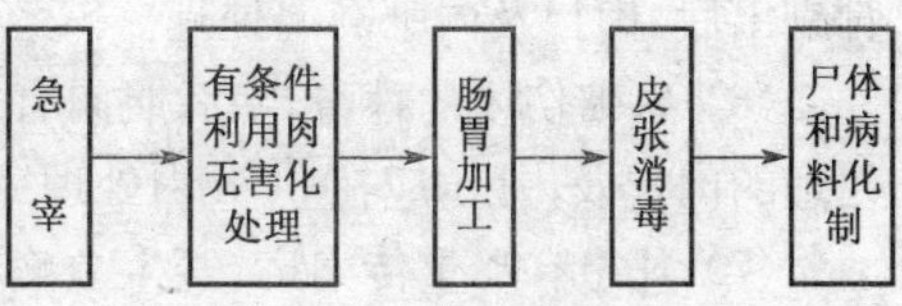

图 9-4 急宰间工艺流程

急宰车间是对患病屠畜进行紧急宰杀的场所,是每个屠宰类食品生产企业必不可少的组成部分，因为在这里屠宰的多为病畜，所以对其卫生要求更为严格。急宰间除应遵守屠宰加工车间的卫生原则外，还规定：

第一，工作人员应相对稳定。未经允许，非工作人员不得进入车间。本车间与其他车间的工作人员在工作期间不得互相往来。

第二，车间应有更为严密的防蝇、防蚊、防鼠设备，车间应设专用下水道系统，污水在排入公共下水道之前，需经严格消毒。血液和粪污等未经彻底消毒，不许向外排放。

第三，内脏、胴体、皮张均应妥善放置，未经检验不得移动。本车间生产的所有产品，均须经无害处理方可出厂，严禁将本车间的任何用具带出车间。凡送往急宰间的牧畜，需持有兽医的急宰证明。凡确诊为法定恶性传染病的牲畜，一律不得急宰。每次工作完毕后，应进行彻底消毒。对车间的地面及工作台板、用具等须用5%热碱水或含6%有效氯的漂白粉溶液消毒。金属用具要在消毒后及时清洗，以防腐蚀生锈。

2. 高温处理

凡患有一般传染病、轻症寄生虫病和病理损伤的胴体和脏器，根据病变性质和程度，经过各种无害处理后，使传染性、毒性消失或寄生虫全部死亡者，可以有条件地食用，即经过无害处理后供食用。

(1) 无害化处理有以下五种方法：冷冻处理、产酸处理、高温处理、盐腌处理和炼制食用油，高温处理是杀灭一切病原体最有效、最彻底的方法，因此，对有条件利用肉均可采用高温处理。

(2) 高温处理方式有高压蒸煮和常压烧煮。高压蒸煮是在特制的高压锅内进行，将肉切成重约2 kg，厚不超过8 cm的肉块，在0.13 MPa下蒸煮1.5～2 h。常压烧煮是将肉切成上述同样大小的肉块，在普通铁锅内烧煮沸腾2～2.5 h，要求肉块深部的温度达到80℃以上。切开肉块时深部肉色呈灰白色(猪肉)或灰色(牛羊肉)，且无血水残存时方可认为达到无害。

(3) 畜禽患慢性局部炭疽，仅于头部一个巴结发现菌影，而其他淋巴结和血液中未发现菌体及菌影者，肉尸、内脏可先存放于隔离冷藏室中，再将发现菌影的淋巴结进行细菌培养和动物接种，如检查没有发现炭疽菌时，按规定高温处理后出场。被炭疽污染或可疑被污染的肉尸、内脏，应经6 h内高温处理后出场。

(4) 患口蹄疫体温高的患畜的肉尸、内脏及副产品等高温处理。体温正常的患畜，其剔过骨的肉及内脏，经产酸无害处理法处理后出场。如不能进行产酸无害处理者，高温处理后出场。其头(包括脑)、蹄、肠、食道、膀胱、血、骨骼、角及肉屑等高温处理。

(5) 患全身性结核病，除有病变部分外，其余部分高温处理。肉尸有部分淋巴结患结核病病变时，割除有病变的淋巴结后其周围部分肌肉割下高温处理。患骨结核牲畜，将有病变骨剔出后，肉尸及内脏高温处理。

(6) 患破伤风的牲畜，宰后肌肉有局部病变时，无病变部分及内脏高温处理。规定高温处理的肉尸及内脏，应在24 h内处理完毕，超过24 h应延长处理30 min。

(7) 凡患有严重传染病、寄生虫病、中毒和严重病理损伤的胴体和脏器，经无害处理后仍不能食用的应炼制工业油或骨肉粉。

3. 化制

(1) 患炭疽牲畜的肉尸、内脏、皮毛及血(包括污染的血)，应于当天用不漏水工具运送至化制处或指定地点全部作工业用或销毁；患慢性局部炭疽，宰前无高温及症状，宰后局部淋巴结发现病变和炭疽菌体者，其肉尸、内脏应作工业用或销毁。猪慢性局部炭疽，仅在头部一个淋巴结发现菌影，其他淋巴结和血液中未发现菌体和菌影者，除头部作工业用或销毁外，肉尸、内脏可先存放于隔离冷藏室中，再将发现菌影的淋巴结进行细菌培养和动物接种，如检查未发现炭疽菌时，高温处理后出场。被炭疽污染或可疑被污染的肉尸、内脏、血、骨、毛等应在 6 h 内高温处理后出场，超过 6 h 不作高温处理者，需作工业用或销毁。患鼻疽家畜的肉尸、内脏、血液和皮张，全部作工业用或销毁，见图 9-5。

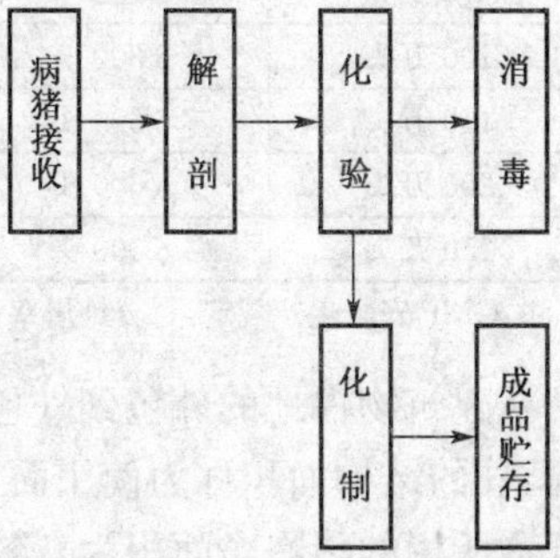

图 9-5　化制间工艺流程

(2) 患全身性结核病，且肉尸瘠瘦者(全身没有脂肪层，肌肉松弛，失去弹性，有浆液浸润或胶冻状物)，其肉尸及内脏作工业用或销毁。患全身性结核病而肉尸不瘠瘦者，有病变部分割下作工业用或销毁，其余部分高温处理后出场。肉尸部分的淋巴结有结核病变时，有病变的淋巴结割下作工业用或销毁，淋巴结周围部分肌肉割下高温处理后出场，其余部分不限制出场。肋膜或腹膜局部发现结核病变时，有病变的膜割下作工业用或销毁，其余部分不限制出场。内脏或内脏淋巴结发现结核病变时，整个内脏作工业用或销毁，肉尸不受限制出场。患骨结核的家畜，将有病变的骨剔出作工业用或销毁，肉尸和内脏高温处理后出场。

(3) 患布氏杆菌病变的生殖器官及乳房须作工业用或销毁。患破伤风的家畜，肌肉有局部病变，如创伤、暗淡无色或恶臭时，病变部分作工业用或销毁；其余无病变部分及内脏高温处理后出场。

4. 销毁

凡患有炭疽、鼻疽、牛瘟等《肉品卫生检验试行规程》中所列的烈性传染病的胴体和脏器，必须用焚烧、深埋、湿化(通过湿化机)等方法予以销毁，绝不能用土灶炼制代替湿化处理。为防止混淆和不安全的肉品上市，经检验后的胴体和脏器必须标以与判定结果相一致的印记，这在肉品管理上非常重要。

第三节　饲养车间的规模及设计方案

饲养车间属于食品生产加工企业的一部分，它位于生产加工过程的上游，是待宰畜禽进场、静养休息、候宰的场所。饲养车间的规模大小和设计方案的优劣，会严重影响食品生产加工企业有效的生产，所以对这些工作要加以重视。

一、饲养车间的规模

根据投资决策、可行性报告和设计任务书，屠宰类食品生产企业的年屠宰量业已确定，见表 9-1。据此可以测算饲养车间的规模大小和建筑面积。

表 9-1　屠宰量参考表

年屠宰量	日屠宰量	每天生产班数	每小时屠宰量	每分钟屠宰量
100 万头	3 300 头	一班	480 头(每班按 7 小时计)	8 头
150 万头	5 000 头	二班(每班 2 500 头)	360 头(每班按 7 小时计)	6 头
200 万头	6 600 头	二班(每班 3 300 头)	480 头(每班按 7 小时计)	8 头
250 万头	8 000 头	三班(每班 2 670 头)	381 头(每班按 7 小时计)	6.4 头

注:GMP 安全生产规定:每分钟屠宰量不超过 8 头,屠宰速度过快导致检疫疏漏,影响肉产品质量。

建筑物占地的外包到外包尺寸和各用房轴线到轴线尺寸称为建筑面积,建筑面积扣除墙、柱的结构面积称为使用面积。使用面积包括有效使用面积和辅助用房交通面积两部分。畜禽所用的猪圈净面积为有效使用面积,定额规定 0.6～0.9 m^2/头。饲养车间除去畜禽所用的有效使用面积以外,其余为辅助用房面积和交通面积,如管理用房、更衣室、淋浴室、走廊等。有效使用面积与建筑面积之比称为平面系数 K, K 值取 0.78。

宰前饲养管理场是对待宰畜禽实施宰前检疫、宰前休息管理和宰前停饲管理的场所。为了连续均衡生产,大中型屠宰类食品生产企业必须设有一定容养量的饲养车间。宰前饲养车间储备畜禽的数量,应以日屠宰量和各种屠宰畜禽接受宰前检疫、宰前休息管理与宰前停饲管理所需要的时间来计算,以能保证每天屠宰的需要量为原则。延长待宰畜禽在宰前饲养管理的时间,既不利于疾病防治,也不经济。因此饲养车间的建筑面积可按日屠宰量畜禽来确定。假设畜禽单位面积为 f,因种类不同会有所差异,则畜禽的有效使用面积为

$$F_1 = \frac{Aft}{T} \tag{9-1}$$

式中: F_1——畜禽的有效使用面积;

A——每日加工畜禽数量;

f——每头畜禽占地面积定额;

t——牲畜在圈中存放时间,h;

T——每日的连续生产时间,h。

$$F_2 = \frac{F_1}{K} \tag{9-2}$$

式中: F_2——饲养车间建筑面积;

K——平面系数,取 0.78。

【例】 某屠宰类食品生产企业日屠宰生猪分别为 3 300 头,5 000 头,6 600 头,8 000 头,均为二班生产,连续生产 16 h,静养 24 h,每头猪占地面积取 0.6 m^2,试计算饲养车间建筑面积。

解: (1) 日屠宰生猪 3 300 头:

$$F_1 = \frac{Aft}{T} = \frac{3\ 300 \times 0.6 \times 24}{16} \approx 3\ 000\ m^2$$

$$F_2 = \frac{F_1}{K} = \frac{3\ 000}{0.78} \approx 4\ 000\ m^2$$

(2) 日屠宰生猪 5 000 头：

$$F_1=\frac{5\ 000\times0.6\times24}{16}=4\ 500\ \mathrm{m}^2$$

$$F_2=\frac{4\ 500}{0.78}\approx5\ 800\ \mathrm{m}^2$$

(3) 日屠宰生猪 6 600 头：

$$F_1=\frac{6\ 600\times0.6\times24}{16}=5\ 940\ \mathrm{m}^2$$

$$F_2=\frac{5\ 940}{0.78}\approx7\ 700\ \mathrm{m}^2$$

(4) 日屠宰生猪 8 000 头

$$F_1=\frac{8\ 000\times0.6\times24}{16}=7\ 200\ \mathrm{m}^2$$

$$F_2=\frac{7\ 200}{0.78}\approx9\ 300\ \mathrm{m}^2$$

为了使畜禽宰前体表清洁，在进入屠宰车间要经过冲淋，去掉污物，确保下道工序清洁卫生。由于各地畜禽及饲养条件的不同，冲洗时间也不同。冲洗时间的长短和冲淋间的大小，以确保冲淋后屠宰的连续性、均匀性为标准进行设计。

二、饲养车间的设计方案

1. 建筑类型选择

饲养车间按屋顶形式、墙壁结构与窗户以及车间排列等分为多种类型。按墙壁结构与窗户的设置方式，饲养车间可分为开放式、半开放式和密闭式。密闭式又可分为有窗式和无窗式。

(1) 所谓开放式是指正面无墙或者四面均无墙的饲养车间。开放式又包括以下两种：一种是前敞舍。通常敞开部分朝南，冬季可保证阳光照入舍内，而在夏季只照到屋顶。前敞舍的御寒能力较差，不适宜饲养不耐寒的家畜。为扩大前敞舍和半开放舍的使用范围，克服其保温能力较差的弱点，可以考虑在冬季用帘子将开放的部位封闭。第二种是四周无墙的饲养车间，又称棚舍。其屋顶可防止日晒雨淋，四周敞开可使空气流通，是防暑的极好形式。由于棚舍在削弱热辐射的影响方面有较好的效果，所以适于养牛。过去南方地区的饲养车间常采用半开放舍或开放舍，现在也有为了考虑建筑立面效果，采用砖墙加以围护饰面，但需要综合考虑舍内的通风和防暑问题。开放式饲养车间结构简单，造价低，但受外界影响大，较难解决冬季防寒问题。

(2) 半开放式饲养车间三面设墙，一面设半截墙，其保温性能略优于开放式，冬季若在半截墙以上挂草帘并覆盖塑料薄膜，能明显提高其保温性能。这类畜舍由于舍内空气流动性大，舍内外温差相差不大，御寒能力较低，冬季不适于耐寒能力低的家畜，尤其不适宜作为北方的饲养车间。

(3) 有窗式饲养车间四面设墙，南北墙覆盖塑料薄膜，能明显提高其保温性能，其南北墙设窗，窗的大小、数量和结构可依当地气候条件而定。寒冷地区，饲养车间的南窗大、北窗小，这样利于保温。为解决夏季有效通风，夏季炎热的地区，还可在两纵墙设窗户，或在屋顶设风管、通风屋脊等。有窗式饲养车间保温隔热性能较好，可根据季节启闭窗扇，调节通风量和保温隔热。

(4) 无窗式饲养车间与外界自然环境隔热程度较高，墙上只设应急窗，仅供停电应急时用，不做采光和通风用，饲养车间内的通风、光照和舍温靠人工设备调控，能够较好地给畜禽提供适宜的环境条件，有利于畜禽的静养。但这种饲养车间土建、设备投资大，维修费高，在外界气候较好时，仍需要人工调控通风和采光，耗能高，在北方寒冷地区常采用带天窗的封闭舍。

2. 配置形式选择

(1) 饲养车间的配置形式有单列式、双列式和多列式。

单列式饲养车间猪栏排成一列，车间内北侧有设走道与不设走道之分。该种饲养车间通风和采光良好，车间内空气清新，能有效防潮；在北侧设走道，能起到保温防寒作用，如图 9-6 所示。单列饲养车间的布置建筑跨度较小，构造简单。缺点是建筑利用率低，一般中小型饲养车间采用此种建筑形式。

(2) 双列式饲养车间在舍内将畜禽栏排成两列，中间设一个通道。优点是利于管理，保温良好，建筑利用率高；缺点是采光、防潮不如单列式饲养车间，如图 9-7 所示。

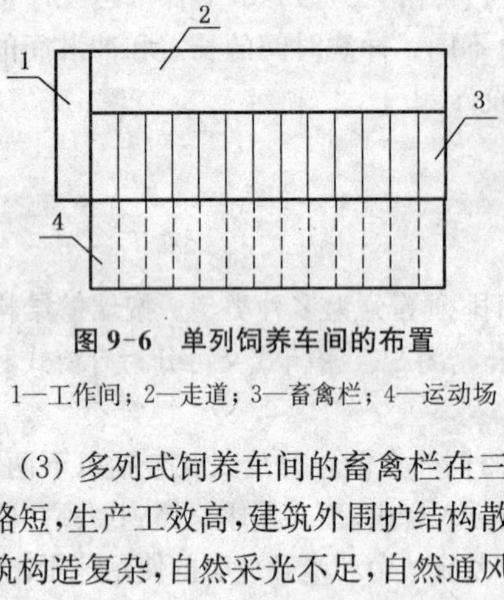

图 9-6　单列饲养车间的布置

1—工作间；2—走道；3—畜禽栏；4—运动场

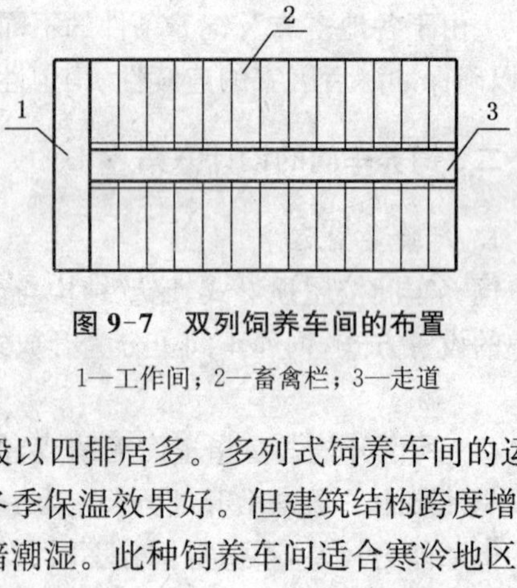

图 9-7　双列饲养车间的布置

1—工作间；2—畜禽栏；3—走道

(3) 多列式饲养车间的畜禽栏在三排以上，一般以四排居多。多列式饲养车间的运输线路短，生产工效高，建筑外围护结构散热面积小，冬季保温效果好。但建筑结构跨度增大，建筑构造复杂，自然采光不足，自然通风效果差，阴暗潮湿。此种饲养车间适合寒冷地区，如图 9-8 所示。

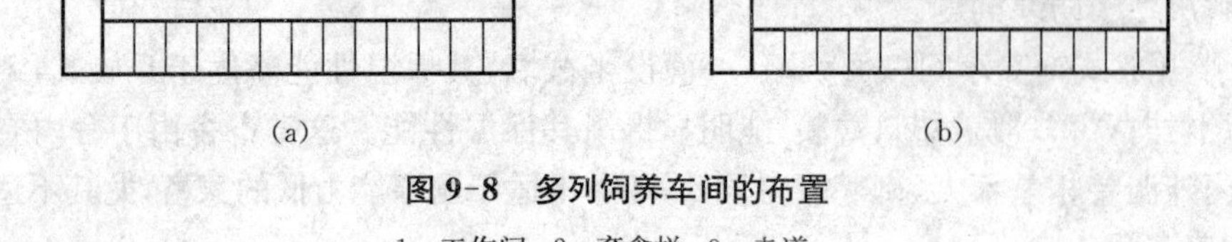

图 9-8　多列饲养车间的布置

1—工作间；2—畜禽栏；3—走道

考虑饲养车间的设计方案、选择配置的形式时，应根据食品生产企业的规模、所在地区的气候以及用地情况综合加以考虑。

第四节　饲养车间建筑设计

饲养车间的建筑设计包括：饲养车间的功能分区、流线设计、车间的户型设计、饲养车间的地面、粪尿沟、墙面、门窗及水电设备设计以及急宰间、化制间的建筑设计。

一、饲养车间的平面设计

饲养车间的平面布置关系到食品生产企业的防疫卫生、气候环境、人畜健康的重要问题。为避免引起环境污染，饲养车间宜选在当地夏季主风向的下风向，地势低于居民点污水排出口，绝不能选在化工厂、屠宰场等容易造成环境污染企业的附近。饲养车间的粪污和废弃物的运输量很大，只有交通方便才能保证粪污和废弃物的就地转化和消纳，从而降低生产成本和防止环境污染，但交通干线又往往是造成疫病传播的途径。因此，选择时既要求交通方便，又要求与交通干线保持适当的距离。通常而言，距公路主干道、村镇居民点、工厂及其他禽畜场的距离不少于 500 m，大型肉类加工企业不少于 1 000 m。

1. 饲养车间功能分区

饲养车间可以划分为三个功能区，即管理区、生产区和饲养区。为便于防疫和安全生产，应根据当地全年主风向与地势，顺序安排以上各区，即管理区→饲养区→隔离区，见图 9-9。

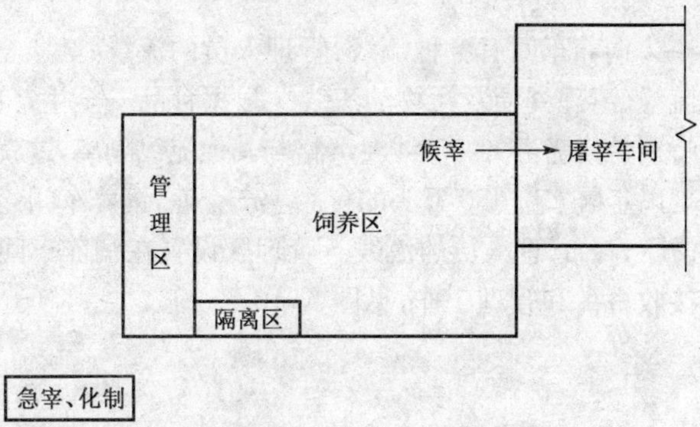

图 9-9　饲养车间功能分区

(1) 管理区包括饲养员更衣、淋浴、厕所、休息室，检疫员更衣、淋浴、厕所、办公室、兽医室、检验室、地磅、磅房、结算室、杂品库、消毒池等。管理区宜靠近生产区，但应处于饲养车间的上风向和地势较高的地方。可以建在车间大门外，与生产区隔离自成一院，该区与日常饲养工作关系密切，与生产区距离不宜远，也可与生产区连成一体，便于管理。消毒、更衣、洗澡间应设在出入口一侧，进生产区人员一律经消毒、洗澡、更衣后方可入内。

(2) 生产区是饲养车间的主要区域和主体部分，包括宰前预检分类圈、饲养圈、候宰圈。为了防疫卫生要求该区应该独立，执行封闭式管理。严禁外来车辆进入生产区，也禁止生产区车辆外出。在靠饲养车间端部设操作台，使畜禽的行走流线简捷，不交叉。卫生防疫室和消毒池应该设在生产区进出口处。规定进入生产区的人员应该坚持洗手、消毒、更衣、换鞋，车辆须通过消毒池后方可进入生产区。生产区的道路分净道和污道，两道要避免交叉。一般饲养车间都设有消毒间，大门口设有消毒池以对人员、车辆进入饲养车间时进行消毒。

(3) 隔离区通常设置兽医技术室、病畜隔离圈、尸体处理设施、粪污处理及贮存设施等。该区是卫生防疫和环境保护的重点，应设在整个饲养车间的下风或偏风方向、地势低处，以避免疫病传播和环境污染。病畜隔离舍通常需要与健康畜禽饲养车间保持在200 m以上的距离，尸体处理设施应距健康畜禽饲养车间300 m以上，病死的畜禽必须做无害化处理。饲养车间的污水、污物排放必须达到国家规定的排污标准。

生产区、管理区和隔离区既相互独立又有联系，所以在考虑平面布置的时候，要处理好建筑上联系与分隔的关系。

2. 饲养区和病畜的隔离区

(1) 为了防止疫病扩散与传染，饲养区应设在距生产区8 m远以上的地方。实行计划收购，均衡调宰，尽量做到日宰日清。饲养区的卫生要求如下：设有操作台、地磅及供宰前检验和测温用的分群栏及夹道。有清洁的饮水设备和水源，有适当的防寒和降温设备，还要有消毒清洁用具。牲畜占地面积应为牛：1.5～3 m^2/头；羊：0.5～0.7 m^2/头；猪：0.6～0.9 m^2/头。粪尿应每天清除干净，及时送到堆粪场进行生物卫生处理，实行定期消毒。

(2) 隔离区是供收养有病的、尤其是有可疑传染病的牲畜的场所。病畜隔离区的卫生要求是应与饲养车间内其他部分严格隔离，但是要与饲养区和急宰车间保持联系。隔离区内应有粪尿积存设备，或排入沼气池处理。实行专人饲养、专人看管制度，并经常进行检查，以防疫病传播。地面和墙壁应用不透水的材料砌成，以便于清洗消毒。进出口处应设与门同宽、长度超过大型载重汽车车轮周长的消毒池，池内盛放有效消毒液。不准在病畜隔离区内加工和处理任何病死畜。

3. 流线设计

饲养车间有各种流线：管理人员的流线、健康畜禽的流线、疑似病畜的流线，焚烧畜禽的流线、清理粪便及污物的流线。根据食品安全生产的卫生要求，这些流线要顺畅，不能交叉，特别是焚烧畜禽的流线要严格与其他流线隔离，这就需要处理好建筑上的顺序与流线的关系。现以年屠宰量150万头的食品生产企业，饲养车间建筑面积5 700 m^2 为例，说明平面布置。

(1) 管理人员的流线。管理区设置在饲养车间的外端，便于管理人员上下班进出，便于接收畜禽和管理工作，见图9-10。

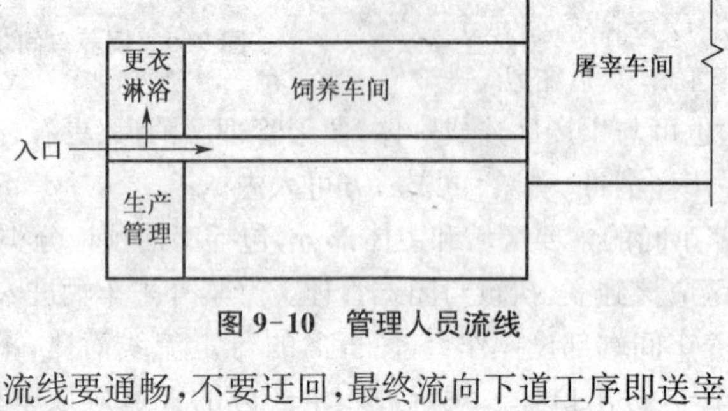

图9-10　管理人员流线

(2) 健康畜禽的流线要通畅，不要迂回，最终流向下道工序即送宰。每个圈按健康畜禽的进出流线，以方便管理。

(3) 疑似病畜使用的隔离圈的位置，宜设在急宰和饲养车间联系便捷之处，急宰、化制间属于隔离区，要设置单独的通道。粪便污物出口设置单独通道，且靠近污物堆场，见图9-11。

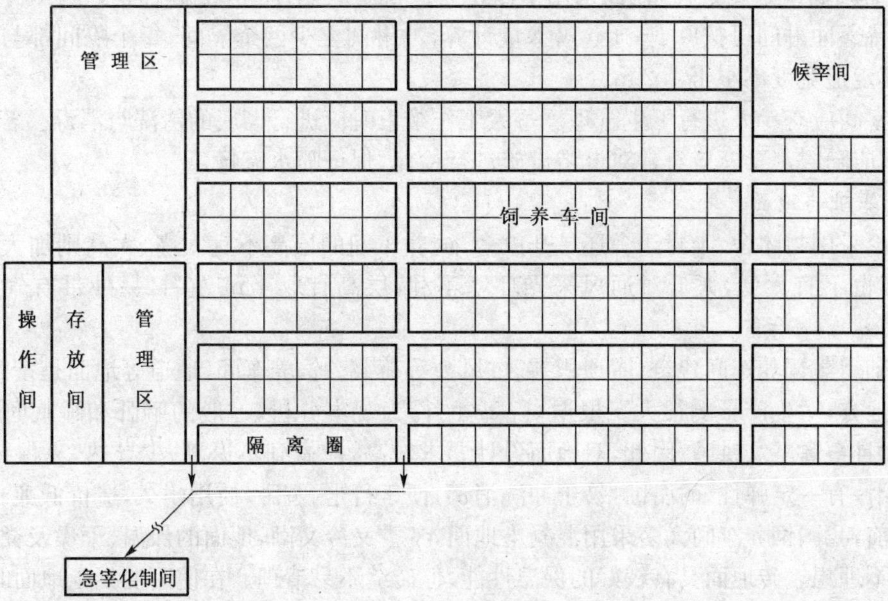

图 9-11　病畜流线

二、饲养车间的建筑构造

饲养车间包括操作台、输送道、验收间(包括司磅间)、候宰间(包括待宰冲淋间)、隔离间、兽医工作室与药品间等。操作台应高出路面 0.9～1.0 m(小型拖拉机输送操作应另设站台),其地面采用混凝土铺设,并设罩棚。输送道宽度不小于 1.5 m,坡度不大于 10%。操作台前设回车场,其附近有洗车台。洗车台设有冲洗消毒及集污设施。回车场和洗车台均为混凝土地面,排水坡度不小于 2.5%。铁路操作台有效长度不小于 40 m,台面高出轨道面 1.1 m。活猪由水路运来时设相应卸猪码头。卸猪站台附近设验收间,地磅四周必须设置围栏,磅坑内设地漏。急宰间、化制间宜设在隔离间附近。急宰间应设有更衣间、淋浴室,急宰间与化制间合建在一起时,中间应设隔墙,急宰间、化制间的地面排水坡度不应小于 2%。

候宰间是待宰畜禽宰前停留休息的地方,其建筑与屠宰加工车间相毗邻。候宰间的圈舍容量一般应为日屠宰量的一倍,候宰间由若干个小圈组成,在建筑上应做到墙壁光滑,地面不渗水,易于冲洗、消毒。候宰间内应光照充足,设有良好的饮水设备和淋浴间,淋浴间应紧连屠宰加工车间。候宰间的赶猪通道宽不小于 1.5 m,候宰间朝向应使夏季通风良好,冬季日照充足,且设有防雨的屋面。四周围墙的高度不低于 1 m。寒冷地区有防寒设施,候宰间采用混凝土地面,候宰间的隔墙可采用砖墙或金属栏杆,砖墙表面应采用不渗水易清洗材料制作,金属栏杆表面应做防锈处理。候宰间内地面坡度不小于 2.5%,并坡向排水沟。候宰间内设饮水槽,饮水槽有溢流口。

隔离间宜靠近卸猪站台,并设在待宰间位置的常年主导风向的下风侧,隔离间的面积应按当地的具体情况设置,可按班宰量的 0.5%～1%的头数计算,每头疑病畜禽占地及屠宰车间隔离的面积不应少于 3 m^2,从候宰间到冲淋间应有输送道相连。输送通道两侧有不低于1 m的矮墙或金属栏杆，地面采用不渗水易清洗材料制作，其坡度不小于1%，并坡向排水沟。待宰冲淋间可按0.5～1 h屠宰量计算，冲淋间至少两个隔间，每个隔间都与输送道相连，其走道宽度不小于1.2 m。

候宰间应有专人进行卫生管理。每天工作结束时应进行彻底的清洗与消毒。若发现病畜禽时，应随时消毒。应经常对淋浴设施进行检修，保证喷水流畅。

1. 基础与地面

无论采用封闭舍、半封闭舍还是开放舍，饲养车间的层高不宜太高，太高则加大基建造价，同样也不宜太低，太低对通风采光环境不利，层高宜取4 m左右，另外带有气窗进行通风。

基础承载饲养车间建筑、屋顶积雪、抗风力等荷载。饲养车间、通道等地面是畜禽休息、活动的地方，对生产影响很大。根据对畜禽的行为观察分析，一般的躺卧和睡眠时间约占80%，而且畜禽喜欢拱啃，因此，对地面设计要求较高，应做到不返潮、少导热，易保持干燥、坚实不滑，有一定弹性，耐腐蚀，易于冲洗消毒，便于行走、躺卧，使用耐久，造价低廉。

目前，我国饲养车间大多采用混凝土地面，冬季又冷又潮，地面的保温、干燥及粪沟防腐蚀等均不理想。砖地面具有较好的保温性能，但砖缝不易清理。在使用混凝土地面时，若配合设置空气层即用炉灰渣、膨胀珍珠岩、空心砖等保温材料进行保温设计，用油毡、沥青等进行防潮设计则会克服上述缺点。此外，应使躺卧区地面有不小于1.5%的坡度，排粪区地面有3%～5%的坡度。

2. 粪尿沟

粪尿沟要求平滑、不透水，沿流动方向有1%～2%的坡度。粪尿沟一般设在畜禽栏围墙的外侧走道上。采用漏缝地板的猪栏，粪尿沟设在漏缝地板的下面，宽度与漏缝地板尺寸有关，沟宽与采用的漏缝地板板条或板块长度基本相同，沟底部用水泥砂浆粉成圆弧形等。不采用漏缝地板的猪舍内粪尿沟宽度取350～400 mm，最浅处深220 mm，坡度1.5%～3.0%，做法见图9-12。

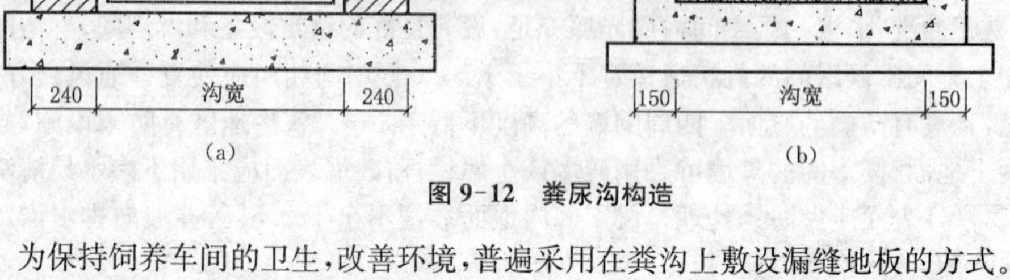

图9-12　粪尿沟构造

为保持饲养车间的卫生，改善环境，普遍采用在粪沟上敷设漏缝地板的方式。畜禽的尿直接通过漏缝地板流到地面上的尿沟内，粪便则经畜禽踩踏落入地面或地面上的粪沟中，用水冲走，或用人工、机械方式清走。对漏缝地板的要求是耐腐蚀、不变形、表面平、不滑、坚固耐用、漏粪效果好、易冲洗消毒。地板缝隙宽度一般在10～25 mm之间。如小于10 mm缝隙地板，很难漏粪。常用的漏缝地板有：水泥混凝土地板，钢筋编织网、焊接网等金属地板，工程塑料地板以及铸铁、陶瓷地板等。

（1）钢筋编织网漏缝地板。钢筋编织网漏缝地板由直径 5 mm 的冷拔钢丝编织成网片，再用角钢、扁钢制作边框和加强筋，三者焊接成一个整体。具有耗用金属少、漏缝率高的特点，但畜禽的舒适度差，使用寿命一般为 4～8 年，见图 9-13。钢筋编织网漏缝地板易造成网片的变形，同时由于畜禽的所有质量压在踩踏的细窄的钢丝上，易造成蹄底的损伤。由于钢筋编织网漏缝地板制造成本低，目前在国内的商品地板中使用最广。

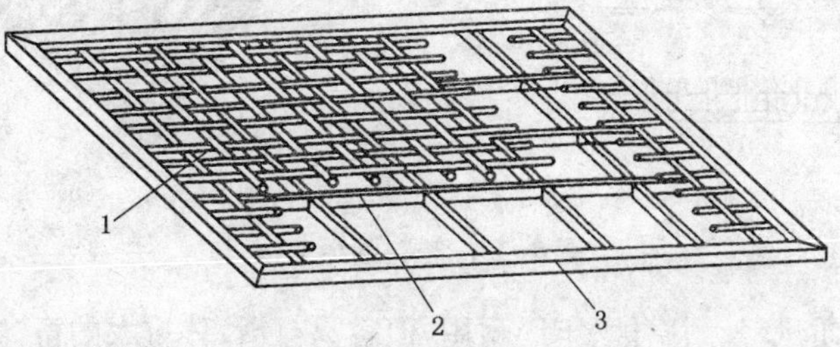

图 9-13　钢筋编织网漏缝地板

1—冷拔钢丝；2—加强筋；3—边框

（2）铸铁漏缝地板。铸铁漏缝地板由铸铁浇铸而成，其特点是耐腐蚀、不变形、承载能力强，使用寿命长达 20 年以上，一般不必维修。但它对铸造工艺、材料和设备要求很严，否则产品不合格，见图 9-14。四周和中间用铸铁梁支撑，用于各种栏圈时，常用规格为 1 000 mm×600 mm，直接铺在粪沟上。由于铸铁生产工艺本身的原因，地板表面不可避免地会有一些毛刺，如果清理不干净，易对畜禽造成伤害。铸铁地板成本高，在商品地板中使用量较少。

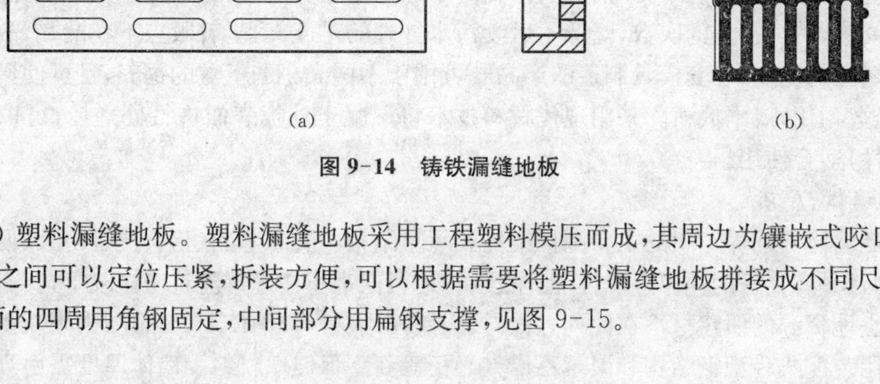

图 9-14　铸铁漏缝地板

（3）塑料漏缝地板。塑料漏缝地板采用工程塑料模压而成，其周边为镶嵌式咬口结构，相邻板之间可以定位压紧，拆装方便，可以根据需要将塑料漏缝地板拼接成不同尺寸的床面，床面的四周用角钢固定，中间部分用扁钢支撑，见图 9-15。

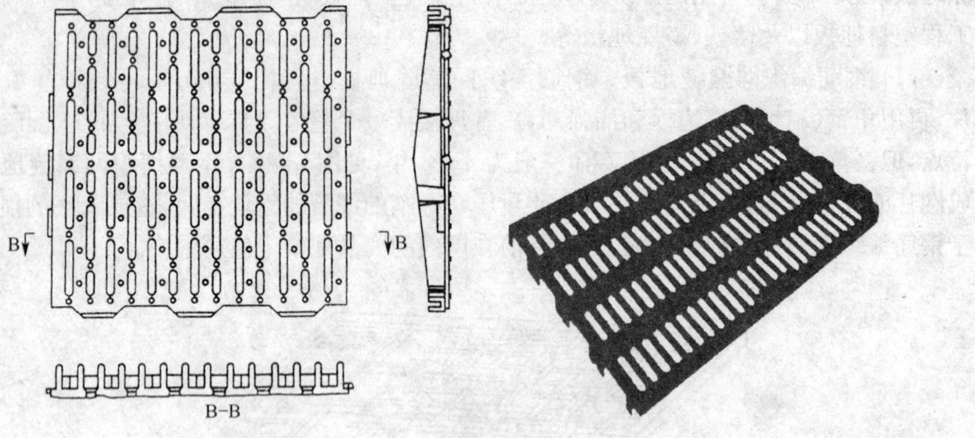

图 9-15　塑料漏缝地板

塑料漏缝地板质量轻、耐腐蚀、牢固耐用，但容易打滑，体重大的畜禽行动不稳往往会不适应。塑料漏缝地板的质量与加工的材料品质关系很大，好材质的产品使用寿命可达10年，但价格较高，与铸铁相当，在商品地板中未得到普及。

(4) 水泥漏缝地板。水泥漏缝地板应用最为常见，可做成板状或条状。这种地板成本低、牢固耐用，但对制造工艺要求严格，水泥标号必须符合设计图纸要求。为保证预制水泥漏缝地板有较好的质量，使用金属模具，并且要用振动机捣实，预制件表面应当紧密光滑，无蜂窝状疏松，否则，易引起表面积存粪尿等污物，影响栏内清洁卫生。

为保证地板有足够的强度，漏缝地板内应加钢筋网，通常水泥地板制成上宽下窄的倒梯形，缝隙边缘棱角倒圆。漏缝地板规格可根据猪栏及粪沟设计要求而定。相对而言，条状漏缝地板更适合于饲养体重较大的畜禽，条板上口宽 13～20 cm，下口宽 8～15 cm，内置钢筋 2ϕ9，平放在粪沟上方，用灰浆胶合，以便安装和取下。常用的条板长度有 1.2 m、1.8 m、2.4 m 和 3.0 m 等规格。底座可根据条板形状，制模浇捣。

水泥漏缝地板的最大特点是价格低廉，一般饲养车间自己制造，应用广泛。但目前绝大多数水泥漏缝地板都不符合要求，主要缺陷是模具简陋，造成表面粗糙，易伤畜禽。

(5) 微缝地板。微缝地板是最新研制的一种地板，和普通漏缝地板相比，微缝地板的缝隙宽度小，且缝隙是通常的直线型。微缝地板的设计思路是全部的粪便直接在地板上实现粪尿分离，清除的粪便易于处理和销售，提高了经济效益；配合清缝工具，可直接清除地板缝隙中的粪渣，减少冲洗的次数，降低了后续污水处理的难度；由于着眼点不在漏粪，故可以大大减少缝隙的宽度，一套模具制造的产品既可用于不同大小的畜禽的饲养，且可使用混凝土制作，经久耐用，成本低廉。采用现代材料技术将混凝土地板表面进行处理后，可以既防滑又有弹性，适合使用。

3. 墙体、屋顶

外墙墙体是饲养车间的主要围护结构和承重结构。要求坚固耐久、抗震防火、便于清扫消毒，并且具有良好的保温隔热性能。我国各地目前都正在进行建筑墙体改革，实心黏土砖等浪费土地资源的旧建材不在此列，逐步被限制使用甚至取消使用。因此，未来新型猪舍应优先采用装配式轻型钢结构和聚苯乙烯夹心板等新型保温墙材料。墙体厚度需由当地气象条件进行保温设计计算决定。

屋顶是饲养车间散热最多的部位，通常造价较高。因而要求结构简单、坚固耐久、保温良好、防雨、防火和便于清扫消毒。车间内吊顶可以明显提高保温隔热性能，与墙体材料一样，屋顶也可采用彩色钢板和聚苯乙烯夹心板等新型材料。屋顶用的聚苯乙烯夹心彩钢板的板面波应该比墙面用的板面波大一些，以便能更好地承受雨雪载荷，并能避免雨水从板与板之间的搭接处渗入。

4．门窗

饲养车间外门设置应避开冬季主导风向或增加门斗。双列车间的中间过道应用双扇门，宽度不小于 1.5 m，高度不小于 2.0 m。饲养车间的门向外开启，采用钢管或方钢焊接而成，门的上边口与墙齐平，门的下边口离地面 300 mm，门的高度、位置及构造应根据畜禽进出流线的需要确定。

窗户用于采光和通风换气，面积大、采光多、换气好，但冬季散热和夏季传热多，不利于保温防暑。设计时需根据当地的气候条件，计算夏季最大通风量和冬季最小通风量，决定其大小、数量和位置。

三、水、电、暖设计

1．供水

供水系统包括水的提取、贮存、调节和输送分配等几个部分，即水井提取、水塔贮存和输送管道布置等。供水方式包括自流式供水和压力式供水。食品生产企业的供水一般都是压力式供水，其供水系统主要包括供水管路、过滤器、减压阀和自动饮水器等。

(1) 畜禽必须能够随时饮用足够量的清洁水，而自动饮水器可以保证畜禽能够随时自由地饮用到足够量的清洁水。自动饮水管道宜设计埋地式管道，不宜使用架空管道，因为架空管道容易被畜禽拱坏，且需要将管道保温处理等。畜禽用自动饮水器的种类包括鸭嘴式、乳头式和杯式等，相比较而言，鸭嘴式自动饮水器更有效保持水质清洁卫生，因此应该选用该种自动饮水器。

(2) 食品生产企业一般采用集中式和分散式两种给水方式。集中式给水用取水设备从水源取水，经净化消毒处理后，进入贮水设备，再经水管网配送到各用水点。其特点表现在取用方便、卫生、节约劳力，但投资大、耗能多。分散式给水是各用水点直接由水源取水，显然使用不方便，费劳力，不卫生，水质和水量均不能保证。因此，有一定规模的食品生产企业一般不宜采用分散式给水，饲养车间外水管的配置可依据饲养车间排列和走向来进行，外水管应埋置在冻土层以下，内水管则根据畜禽栏的分布及饲养管理的需求合理设置。气候严寒地区还应设置回水装置，以防水管冻裂。

(3) 畜禽饮水器有水槽和自动饮水器两种。水槽供水存在诸多缺点：由于畜禽踩踏，尤其夏季天热，畜禽爱在其中滚浴，会污染弄脏饮水。采用水槽供水即使天天刷洗也不卫生，而且常会造成车间内潮湿，因此不提倡用水槽供水。目前较多采用自动饮水器，无公害畜禽饲养提倡猪用饮水器为鸭嘴式，不提倡采用乳头式和杯式饮水器。由于畜禽喜欢在潮湿地方排粪尿，因此饮水器一般设在排粪区或粪尿沟附近的地方。采用自动饮水器供水时，水压不宜过大，以避免形成喷射现象而浪费水资源和溅湿地面。车间内除供畜禽饮用的饮水器或水龙头外，还应每隔 20～30 m 在适当位置设清洗和冲刷用具的水龙头。此外，车间值班室和饲料间也应该分别设水龙头。

2. 照明及智能化

饲养车间的照明灯具应选用带有防护罩的灯具,以防灯泡炸裂玻璃碎片伤及畜禽。

饲养车间的智能化有以下内容:收购的畜禽称重、单价、自动计量、出具统计报表、与智能化总控室联网。为了使畜禽宰前情绪放松,宜在饲养车间内安装音乐广播设备。

3. 采暖、通风

(1) 饲养车间供暖可采用集中供暖和局部供暖两种方式来完成。集中供暖由一套供热设备,如锅炉、燃烧器或电热器等,通过煤、油、煤气和电能等燃烧产热加热水或空气,再通过管道将热量输送到车间内的散热器,从而提高和保持舍内适宜的温度。

(2) 饲养车间安装通风降温设备的目的在于排出车间内的有害气体,降低车间内的温度和湿度。换气量多少应根据车间内的二氧化碳含量或水汽含量计算。是否需要机械通风,可依据实际情况确定。对于面积小、跨度不大且门窗较多的饲养车间,可全部利用自然通风以节约能源。但是,如果饲养车间空间大、跨度大、饲养密度高,特别是采用水冲清粪的全部漏缝地板车间,一定要采用机械装置来加强通风。

4. 污物处理

饲养车间形成环境污染的核心问题有两个:一个是粪尿的污染,另一个是空气的污染。粪尿污染不是有毒污染,主要是有机富营养化污染。

饲养车间对环境的污染是全方位的、立体式的。畜禽粪尿中大量的有机物质可以迅速腐败发酵,产生硫化氢、氨、粪臭素等恶臭物质,这些物质和饲养车间的粉尘、微生物一起污染着大气;经污染的气体随风向四周扩散,危害着畜禽和人类的健康。车间的粪便污水如果不经处理或处理不当,任意排放,将污染土壤、地表水和地下水。其排放的污水可以使水体富营养化、变黑变臭。饲养车间的病原微生物、寄生虫、残留的药物或添加剂、消毒药等也会随降水或污水流入水体和土壤中;水或土壤中含有大量的病原微生物、寄生虫和各种有害物质,会对人和其他生物构成极大的威胁。

(1) 饲养车间粪尿的处理方法,由给水系统、排水系统、清粪系统以及粪尿的处理设备等组成。

第一,排水系统一般与清粪系统结合,车间清粪方式有多种,有手工清粪、刮板清粪和水冲清粪等几种形式。手工清粪在地面设置粪尿沟和排粪区,排粪区地面保持1.5%~3%坡度,便于尿和污水顺坡流入粪尿沟,粪尿沟上设铁箅子,实行粪尿分离,以防止粪落入。粪尿沟每隔 30 mm 左右设置沉淀池,尿和污水由排水管排出室外。室外的污水直接排入化粪池,或由地下排到检查井,再通过地下支管和干管排入厂区的污水池。定期或不定期清除沉淀池和检查井内的沉淀物,粪则用手推车人工清除送到贮粪场。

第二,饲养车间排雨水的地下排水系统绝不能与舍外排尿和污水的管道共用,以免加大污水处理量。同时,还要防止雨天尿和污水溢出地面,造成环境污染。手工清粪使固态粪污的肥效损失少,含水量低,便于高温堆肥或其他方式的处理利用,排到室外的污水量比较小,也便于处理。

第三,水冲清粪要求车间地面全部或部分采用漏缝地板,借助畜禽的踩踏,粪便落入地板下面的粪沟。水冲清粪在粪沟一端设置翻斗水箱或带下水管的普通水箱,将沟内粪便冲出,流入室外粪井或粪池。

(2) 液粪和污水进入厂区的污水处理站进行处理。

四、急宰间、化制间的建筑设计

隔离区包括观察间、病畜隔离圈、急宰间、化制间、消毒池等设施。

(1) 病畜隔离圈是用于收养宰前检疫中剔除有病的，尤其是怀疑有传染病的畜禽，其容畜量应不少于宰前饲养车间的1%。在建筑和使用上有更加严格的卫生要求。隔离圈与饲养车间和急宰间应保持联系，而与其他部门严格隔离。要设高而坚固的围墙，围墙及地面便于消毒、冲洗。饲槽等一切用具均应专用，设专用的粪尿处理池，粪尿须经消毒后方可运出或排入污水处理系统。应备有密闭的尸体运送车，出入口要设消毒池。病畜隔离圈派专人专职管理，管理人员不得与其他部门随意来往。急宰间设有冷、热水管及消毒用热水管，要有更加严格的消毒措施，每天至少全面消毒1次，若一天中有多批病畜进入或移出，每次移出后车间都应进行消毒。

(2) 急宰车间是对非烈性传染病病畜禽进行紧急宰杀的场所，是每个屠宰类食品生产企业必不可少的组成部分，因为在这里屠宰的是病畜禽，所以对其建筑设施的卫生要求更为严格，急宰间和化制间的平面布置示意见图9-16。

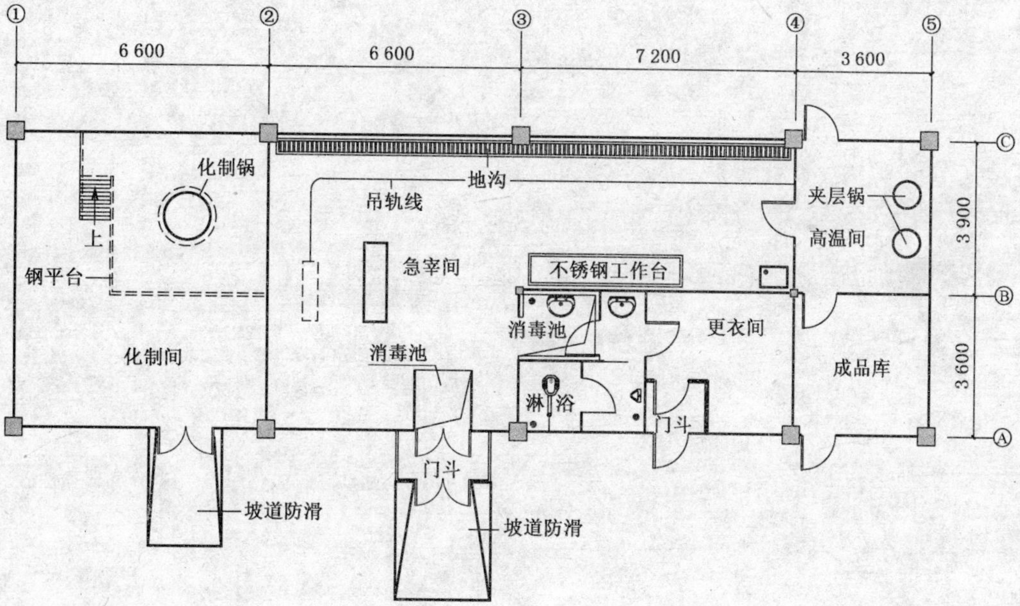

图9-16　急宰间和化制间平面示意图

急宰车间除应遵守屠宰加工车间的卫生原则外，还应有一些特殊的卫生要求：急宰车间的工作人员应相对稳定，本车间与其他车间的工作人员在工作期间不得互相往来。在急宰车间工作的人员应注意个人防护。凡送往急宰间的屠畜禽，需持有兽医开具的急宰证明。凡确诊为烈性传染病的牲畜，一律不得急宰。胴体、内脏、皮张均应妥善放置，未经检验不得移动。急宰间生产的所有产品，均须经无害化处理后方可出厂，严禁将急宰间的任何用具带出车间，每次工作完毕后，应进行彻底消毒。对车间的地面及工作台板、用具等需用5%热碱水或含6%有效氯的漂白粉液消毒，金属用具要在消毒后及时清洗，以防腐蚀生锈。

(3) 化制车间是专门处理废弃品的场所，它利用专门的高温设备，杀灭废弃品中的病原体，以达到无害化处理的目的。从保护环境、防止污染的角度出发，屠宰类食品生产企业都应建立化制车间。化制车间应该是单独的建筑，位于企业边缘位置和下风处。车间的地面、墙壁、通道、装卸台等均用不透水的材料建成，大门口和工作室门前应设有永久性消毒槽。

第一，化制车间的工艺布局应严格地分为两部分：第一部分为原料接收室、解剖室、化验室、消毒室等，房屋建筑要求光线充足，有完善的供水（包括热水）和排水系统，防蝇、防鼠设备要齐全。第二部分为化制室和成品贮存室等。两个部分要用隔墙分开。第一部分分割好的原料，只能通过一定的孔道进入第二部分的化制锅内。

第二，化制车间的工作人员要保持相对稳定，非特殊情况不得任意调动，工作时要严格遵守卫生操作规程。在上述两个部分工作的人员，工作时间严禁相互来往，更不准随便交换刀具、工作服和其他用品，以免发生交叉污染。在化制车间工作的人员，要特别注意个人的防护，防止受到人畜共患病的感染。由化制车间排出的污水不得直接通入下水道，急宰间和化制间排出的污水和粪便入厂区污水管网之前进行消毒处理。

第十章 其他辅助建筑设计

第一节 生产性辅助建筑设施

为生产车间服务的建筑和设施称为生产性辅助建筑和设施，如机修车间、磨刀间、消毒间、石蜡房等，动力方面有锅炉房、变电所、水池水泵房、空压机房、液化汽房等。

一、机修车间、磨刀间、消毒间、石蜡房、液化汽房

1. 机修车间

食品生产企业机修车间的主要任务是制造非标准专业设备和维修保养工厂生产和辅助设备。大型食品厂的机修车间一般设有厂部机修车间与车间保养，中小型食品厂一般设有厂级保修。

(1) 食品生产企业的设备有定型专业设备、非标准专业设备和通用设备。机修车间维修工作量大的是专业设备和非标准设备的制造与维修保养。由于非标准设备制造比较粗糙，工作环境潮湿，腐蚀性大，故每年都需要彻底维修。此外，有关模具的制造、通用设备易损件的加工等，工作量也很大。所以，食品厂一般都配备一定的机修力量。

(2) 中小型食品生产企业一般只设厂一级机修，负责全厂的维修业务。大型厂可设厂部机修和车间保全两级机构。厂部机修负责非标准设备的制造和较复杂设备的维修，车间保全则负责本车间设备的日常维护，机修车间一般由机械加工、冷作及模具锻打等几部分组成。铸件一般由外协作解决，作为附属部分，机修车间还包括木工间和五金仓库等。机修车间设置常用设备见表 10-1。

表 10-1 机修车间常用设备

型号名称	性能特点	加工范围(mm)	总功率(kW)
普通车床	属于万能性车床，能完成各种不同的车削工作	工件最大直径 ϕ650，工件最大长度 2 800	10.1
摇臂钻床	具有广泛用途的万能型车床，可以作钻、扩、镗、铰、攻丝等	最大钻孔直径 ϕ25，最大跨距 900	3.1
台式钻床	可作钻、扩、铰孔加工	最大钻孔直径 ϕ15，最大跨距 193	0.6
牛头刨床	适用大中小型零件的水平面、垂直面、倾斜面及成型面等	最大刨削长度 650	3.0
万能外圆磨床	适用于磨削圆柱或圆锥形工件的外圆、内孔端面及肩侧面	最大磨削直径 ϕ200，最大磨削长度 500	4.3

续表 10-1

型号名称	性 能 特 点	加工范围(mm)	总功率(kW)
万能升降台铣床	可用圆片铣刀和角度成型、端面等铣刀加工	工作台面尺寸 240×210	2.3
轻便龙门刨床	用于加工垂直面、水平面、倾斜面以及各式导轨和T形槽等	最大刨削宽度 1 000,最大刨削长度 3 000	6.1
落地砂轮机	磨削刀刃具之用及对小零件进行磨削去毛刺等	砂轮直径 ϕ350	1.5
焊接变压器	焊接低碳钢板	电流调节范围 160～450 A	21.0

(3) 机修车间对土建的要求一般,机修车间在厂区的位置与生产车间保持适当的距离,使它们既不互相影响而又互相联系方便。锻打设备则应安置在厂区的偏僻处为宜。

2. 磨刀间、消毒间

(1) 磨刀间专为磨刀具使用,并要对刀具进行消毒。磨刀间宜布置在车间周边位置上,以减少对肉食品的污染,但又不能距离生产车间太远。磨刀间必须备有 80℃热水,用以消毒刀具使用,磨刀间应设计水池及地面排水地漏。

(2) 消毒间专门用来消毒盛装肉产品、副产品的铁盘、容器,消毒间应设置蒸汽和热水、水池和排水地漏。消毒间要有一定的建筑面积,因为它需要铁盘、容器消毒前和消毒后的堆放周转位置。红脏、白脏、头蹄尾、分割肉都要使用铁盘和容器,消毒间的位置宜靠近这些工段和用房,消毒间应加强排风措施,并应设计铁盘、容器的进、出物流线,使物流运输通畅、简捷。

3. 石蜡房、液化气库房、氨压缩机房

(1) 石蜡房为配置食品级石蜡(配以食品级添加剂调制而成),用作头、蹄、尾脱毛所用。石蜡房内有蒸汽锅炉,利用蒸汽在夹层锅内调制石蜡脱毛。操作时要注意蒸汽压力,并注意防止人员烫伤。

(2) 手工燎毛喷枪使用瓶装液化气,瓶装液化气气库应建在靠近燎毛工段附近,钢瓶的放置地点要考虑便于换瓶和检查,但不准装于卧室及没有通风设备的走廊、地下室等处。为防止钢瓶过热和压力过高,钢瓶与煤气用具及采暖炉、散热器的距离至少要保证 1 m。钢瓶与煤气用具之间用耐油耐压软管连接,软管长度不得大于 2 m。液化气在空气中的含量超过 2%时,遇到明火就会引起爆炸,使用中必须注意防止漏气与防火。

钢瓶分 10 kg、15 kg 和 20 kg、50 kg 四种,前两种主要用于家庭,后两种用于工业或服务行业。钢瓶在运送过程中,无论人工还是机械装卸,都应严格遵守操作规程,严禁乱扔乱甩,以免发生事故。

(3) 氨压缩机房的屋面应设通风间层及隔热层,氨压缩机房的自动控制室或操作人员值班室应与机器间隔开,并设固定密封观察窗。机器间内的墙裙、地面和设备基座采用易于清洗的面层。变配电室与氨压缩机房毗连时,共用的隔墙必须采用防火墙,墙上只允许穿过与配电房有关的管道、沟道,孔洞周围采用非燃烧材料严密堵塞。氨压缩机房和变配电室的门向外开启,配电室如通过走廊或套间与氨压缩机相通时,走廊或套间门的材料应为难燃烧体,设有自动关闭装置。配电室与氨压缩机房共用的隔墙上不宜开窗,如需开窗应采用难燃烧的密封固定窗。

二、锅炉房

1. 锅炉房的布置

锅炉排出的气体中含有大量的灰尘和煤屑，这些煤屑排入大气后，由于速度减慢而散落下来造成环境污染，锅炉房应处在食品工厂主车间全年主导风向的下风向，并有较好的朝向，以利于自然通风和采光。位置要靠近热负荷比较集中的地方，锅炉房附近要有足够的燃料和灰渣堆放场所。在总体布置上，锅炉房要选在对生产车间影响较小的地方，不宜和生产厂房或宿舍相连，也不宜布置在厂前区或主干道旁。

(1) 锅炉房的辅助房间如水处理间、水泵间、维修间、化验室、休息室、办公室等，宜布置在锅炉房的固定端，另一端留作发展扩建用。化验室布置在光线充足、噪声和振动影响较小的地方，维修间宜布置在锅炉房的底层。

(2) 锅炉房属于丁类生产厂房，其耐火等级为 1～2 级，锅炉房结合门窗位置，设有通过最大搬运体的安装孔。锅炉房操作层楼面荷重为 1.2 t/m^2，辅助间楼面荷重为 0.5 t/m^2，载荷系数取 1.2。在安装震动较大的设备时，其门向外开，锅炉房的建筑采用钢筋混凝土结构，当屋面自重大于 120 kg/m^2 时应设汽楼。

(3) 锅炉与水处理设备及其他附属设备水泵间、水处理间和化验室等宜布置在同一建筑物内，中间由非燃烧体的隔墙分开。锅炉房既要靠近主要用汽部门，又要符合全厂总平面布置的原则和卫生要求；烟囱的高度应满足烟气中烟尘、二氧化硫的排放要求，烟囱要尽量靠近锅炉，又要考虑到烟囱基础下沉的影响。烟道布置力求简单，并使每台锅炉抽力均衡。锅炉房顶部最低结构与锅炉最高操作点的距离不应小于 2 m。锅炉房前墙与锅炉前端的距离不小于 3 m，对于需要在炉前操作的锅炉，其炉前区长度要比燃烧室长 2 m。不需要在侧面操作的锅炉，其通道宽不小于 1 m。需要在侧面操作的锅炉，如规格在 4 t/h 以下的锅炉，其通道宽不小于 2 m，如在 4 t/h 以上，其通道宽不小于 2.5 m。锅炉侧面和后端不需要操作时，其通道宽不小于 0.8 m。

(4) 锅炉房采用楼层布置时，操作层楼面标高不宜低于 4 m，以便出渣和进行附属设备的操作。锅炉的最高操作点到屋架下弦的净距不应小于 2 m，当锅筒、省煤器上方不需要通行时，则从这些部件到屋架下弦的净距不应小于 0.7 m。当锅炉房为砖木结构时，此距离不得小于 3 m。锅炉前端、后端和侧面与建筑物的净距应满足操作、检修和布置辅助设施的需要。一般炉前距墙不应小于 3 m，当需要在炉前拨火、清炉时，此距离不得小于燃烧室长度，锅炉侧面和后端通道净距不应小于 0.8 m，当需要在侧面或后端拨火、吹灰、出渣时，通常宽度为 2～2.5 m。送风机、引风机和水泵之间的通道宽不小于 0.7 m。过滤器、离子交换器、除氧水箱之间的通道不小于 1.2 m。

2. 锅炉房的设计要求

(1) 锅炉房的设计包括了锅炉及附属设备、烟道、消烟除尘设备、水处理设备以及烟囱的选择和布置、热力管道的布置等。锅炉机组原则上应采用单元布置，即每台锅炉单独配置鼓风机、引风机、水泵等附属设备。锅炉房的设计与锅炉有着极其密切的关系，锅炉房的施工图必须根据锅炉型号进行设计，因此要在锅炉订货得到落实后才能进行设计，以免发生锅炉房不能满足要求。

(2) 食品生产企业在生产过程中对蒸汽品质的要求是低压饱和蒸汽，因此蒸汽在使用时需经过减压装置，以确保用汽安全。为了适应食品工厂生产的季节性变化，一般需要配备不少于两台型号相同的锅炉。锅炉的型号要根据食品工厂的要求与特点和全厂及锅炉的热负荷来确定。型号必须满足负荷的需要，所用的蒸汽、工作压力和温度符合食品工厂的要求，选用的锅炉应有较高的热效率和较低的燃料消耗、基建和管理费用，并能够经济有效地适应热负荷的变化需要。

(3) 鼓风、引风机蒸发量大于 2 t/h 的锅炉应单独设置鼓风和引风设备。风机的风量和风压的富余量不少于 20%。燃煤锅炉的烟气含烟尘和二氧化硫较高，为减少大气污染，烟气要进行除尘处理。常用的烟气除尘器有：双极涡旋型、SW 双旋风型、DG 双旋风型、PW 离心型、扩散旋风型、卧式多管型、管式水膜型等，除尘效率可达 80%～90%。锅炉的给水设备包括水泵、凝结水泵、软水泵、原水加压泵和水箱等，给水泵的数量不少于 2 台，并设一台蒸汽泵供水。

(4) 锅炉房的屋顶应采用轻质结构，锅炉一旦发生爆炸事故，气流能冲开屋顶减弱爆炸力量。当屋顶结构的重量小于 900 N/m^2 时，屋顶可以是整体结构，且不必带有采光和通风的气窗。当屋顶结构的重量大于 900 N/m^2 时，屋顶应开防爆气窗，兼作采光和通风用，或在高出锅炉的锅炉房墙壁上开设玻璃窗，开窗面积最小应为锅炉房占地面积的 1/10。

(5) 锅炉房应留有通过最大设备的安装洞，安装洞可与门窗结合考虑，利用门窗上的过梁作为安装洞过梁，也可在墙上专门留出安装洞，待设备安装完后，再予以封闭。锅炉房的地面应高出室外地面 150 mm，外门台阶做斜坡，以利维修小推车的进出。锅炉房应有两个安全出入口，分别设在锅炉房两侧，对于单层锅炉房，当面积小于 200 m^2，宽度小于 12 m 时，可只设一个出入口。锅炉房外墙上的门、窗向外开启，与锅炉房相通的辅助间的门向锅炉间开启。

(6) 锅炉烟囱的口径和高度应满足锅炉的通风，烟囱的抽力大于锅炉及烟道的总阻力，烟囱的高度满足大气环境保护及卫生的要求(烟尘与二氧化硫在烟囱出口处的允许排放量)。烟囱的材料以砖砌为多，它取材容易，造价较低，使用期限长，不需经常维修。但若高度超过 50 m 或在震级 7 级以上的地震区，最好采用钢筋混凝土烟囱。

锅炉烟气中带有飞灰及部分未燃尽的燃料和二氧化硫，这不但给锅炉机组受热面及引风机造成磨损，而且增加大气环境污染。烟尘与二氧化硫在烟囱出口处的允许排放量与烟囱的高度相关。烟尘由煤烟和飞灰组成，一般通过改进炉子设计和燃烧装置来减轻锅炉烟尘的危害，另外还可在锅炉尾部装备除尘器，使排出烟气中的含尘量符合排放标准。在锅炉出口与引风机之间应装设烟囱气体除尘装置，可采用锅炉厂配套供应的除尘器。当采用湿式除尘器时，应避免由于产生废水而导致公害转移的现象。

3. 锅炉容量确定

(1) 在选择锅炉容量时，若高峰负荷持续时间很长，可按最高负荷时的用汽量选择。如果高峰负荷持续的时间很短，按最高负荷的用汽量选择锅炉，则锅炉会较多时间是在低负荷下运行，这样不仅热效率低、煤耗增加，而且增大了锅炉的投资，故可按每天平均负荷的用汽量选择锅炉的容量。

在实际设计和生产时应从工艺安排上尽量避免最大负荷和最小负荷相差太大，通过工艺调节(如几台用汽设备的用汽时间可错开等)，采用平均负荷的用汽量来选择锅炉的容量，这样比较经济。但是一旦这样选定了锅炉，如果生产调度不好，则将影响生产，故应全面考虑决定，在上述原则的基础上，当锅炉同时供应生产、生活、采暖通风等用汽时，应根据各部门用汽量绘制全部供汽范围的热负荷曲线，求得锅炉的最大热负荷和平均热负荷。

(2) 计算最大热负荷。根据生产、采暖通风、生活需要的热负荷，计算出锅炉的最大热负荷，作为确定锅炉规模大小之用。可用下面的公式计算(在第十一章中式(11-15)是计算锅炉的额定容量)：

$$Q = K_0(K_1Q_1 + K_2Q_2 + K_3Q_3 + K_4Q_4) \tag{10-1}$$

式中：Q——最大计算热负荷；

K_0——管网热损失及锅炉自用蒸汽系数；

K_1——采暖热负荷同时使用系数；

K_2——通风热负荷同时使用系数；

K_3——生产热负荷同时使用系数；

K_4——生活热负荷同时使用系数；

Q_1——采暖最大热负荷；

Q_2——通风最大热负荷；

Q_3——生产最大热负荷；

Q_4——生活最大热负荷。

锅炉房自用汽(包括汽泵、给水加热、排污、蒸汽吹灰等用汽)一般为全部最大用汽量的3%～7%(不包括热力除氧)。厂区热力网的散热及漏损，一般为全部最大用汽量的5%～10%。

计算时应对全厂热负荷作具体分析，有时将几个车间的最大热负荷出现时间错开，则其中一项可不予计入。计算热负荷时，应根据全厂的热负荷资料分析研究，切忌盲目层层加码、造成锅炉容量过大。

4. 锅炉台数确定

目前通常采用水管式锅炉，水管式锅炉热效率高，省燃料，火筒锅炉已被淘汰。水管锅炉的造型及台数确定需综合考虑下列各点:锅炉类型的选择除满足蒸汽用量和压力要求外，还要考虑工厂所在地供应的燃料种类，即根据工厂所用燃料的特点来选择锅炉的类型。同一锅炉房中应尽量选择型号、容量、参数相同的锅炉，全部锅炉在额定蒸发量下运行时，应能满足全厂实际最大用汽和热负荷的变化。新建锅炉房安装的锅炉台数应根据热负荷调度、锅炉的检修和扩建可能而定。采用机械加煤的锅炉，一般不超过 4 台，采用手工加煤的锅炉，一般不超过 3 台。对于连续生产的工厂，一般设置备用锅炉一台。

5. 锅炉蒸汽压力

锅炉蒸汽可分为饱和蒸汽和过热蒸汽，饱和蒸汽的压力和温度有对应的关系，而过热蒸汽在同一压力下，由于过热量的不同，温度也不同。目前多数工厂采用饱和蒸汽，故在选择锅炉、确定锅炉容量之后，就要确定压力。锅炉工作压力的确定，根据使用部门的最大压力和用汽量、管线压力降及受压器的安全来确定。一般按使用部门的最大工作压力高 0.29～0.49 MPa(3～5 kgf/cm^2)比较适合。根据这一原则，使用低压锅炉，其蒸汽压力一般不超过 1.27 MPa(13 kgf/cm^2)。确定了锅炉的蒸汽压力以后，还应根据使用部门的用汽参数，供应经过调整温压的蒸汽。

6. 锅炉的给水处理

锅炉属于特殊压力容器，水在锅炉中受热蒸发成蒸汽，原水中的矿物质会结成水垢留在锅炉内壁，影响锅炉的传热效果，严重时会影响锅炉的运行安全。所以锅炉给水和炉水的水质应符合所列低压锅炉水质标准要求，以保证锅炉的安全运行。

(1) 一般的自来水均不符合上述指标，需对水进行软化处理。处理的方法有多种，所用方法应保证锅炉产生的蒸汽符合食品卫生要求，对生产和生活无有害影响，同时又能保证锅炉的安全运行。蒸汽锅炉的给水一般采用炉外化学处理，控制锅炉排污率在锅炉蒸发量的10%以内。炉外化学处理法以离子交换软化法使用最广泛，对于不同的水质和不同的用水量，可以分别采用不同型号的离子交换器。

(2) 炉外水处理包括预处理、软化处理、除氧处理三部分。炉外水处理工艺流程如下：

凝聚剂（加入沉淀池）　软化剂（加入软化器）　加热或抽真空（用于除氧器）

原水→沉淀池→过滤池→清水(硬水)→软化器→软水→除氧器→合格水→去锅炉

预处理是从原水到清水的净化部分，主要作用是除去悬浮物和胶体物质，如果原水是自来水或较清洁的水，就不需要进行净化处理。软化处理采用离子交换法进行处理，此法能使钙、镁离子被置换，从而得到软化水，根据水的硬度大小可分别采用单级或双级离子交换器，但是水的碱度不能降低。对小型锅炉，为节省投资，可省去除氧处理；对中型锅炉，水的含氧量超标时，应对水进行除氧处理。

(3) 离子交换软化法是利用阳离子交换剂(如离子交换树脂)中可交换的阳离子(如Na^+、H^+等)，将水中的钙、镁等阳离子置换(离子吸附)，使水得到软化的过程。水处理对离子交换树脂的选择要考虑水的用途，如在饮料生产中，若使用强酸性阳离子(如钠型)树脂处理水时，由于钠离子存在于水中，不能降低碱度，处理水不适合于碳酸饮料的制造，可用作洗瓶用水。强酸性树脂处理水与石灰软化法获得的水质相似，可用于一般饮料的制造。再如用H型强酸性树脂处理的水是酸性的，也不适用制造饮料，通常需配合阴离子交换树脂，使处理水pH获得平衡或达到所需的要求。

根据使用的目的，离子交换软化法有钠离子交换软化、弱酸性氢离子交换除碱度软化、氢-钠混合固定床离子交换系统软化等方法。

(4) 不常用的炉内处理方法：在炉内加入碱性药剂，与炉中所有垢盐相互作用，转化为污渣沉积，锅炉排污时将这些污渣一起排出炉外。

7. 锅炉的运转

(1) 煤及灰渣的储运。煤场的存煤量可按25～30 d的煤耗量考虑，粗略估算1 t煤可产6 t蒸汽。煤堆高度为1.2～1.5 m，宽度为10～15 m，煤堆间距为6～8 m。煤场一般为露天堆场，也可建一部分干煤棚。煤场的转运设备是将运输工具上的煤卸至储煤场和将煤送至锅炉房的上煤系统设备，可根据锅炉房的规模选用人工翻斗手推车、装载机、皮带输送机等。锅炉在两台以下时用人工手推车将渣运至渣场，多台锅炉时可用框链出渣机、刮板出渣机、耐热胶带输送机将渣运至渣场，渣场的储量按不少于5 d的最大渣量考虑。

(2) 通风和排烟除尘。锅炉通风目的是向炉膛内提供燃料燃烧所需要的空气，并将燃烧后的烟气及时排出炉外。通风方式有自然通风和机械通风两种，自然通风仅适于小型锅炉，是利用烟囱的抽吸力将烟气排出；机械通风利用机械方式进行，如用鼓风机将空气送入燃烧室或用引风机将烟气排出。烟囱的材料以砖砌为多,口径和高度应满足锅炉的通风要求,即烟囱的抽力应大于锅炉及烟道的总阻力,并有20%的余量。但若高度超过50 m或在7级以上的地震区,最好采用钢筋混凝土烟囱。

三、变电所、水池水泵房

(1) 变电所对土建的要求。变电所内的变压器室要求达到一级耐火等级,不设采光窗,采用自然或机械通风,门和窗采用难燃材料,墙壁为白色。高压配电室达到二级耐火等级,自然采光和通风,门和窗允许采用木质,墙壁为白色,低压配电室与高压配电室的土建要求基本一致。变电所的建筑面积要求见表10-2,为适应生产的发展变电所的面积应适当留有余地,变压器室的面积可按变压器放大1~2级考虑,高低压配电间应留有备用柜、屏的位置。

表10-2 变配电需用建筑面积

类型	主要设备				面积(m^2)			
	变压器容量	高压器	低压屏	电容器柜	高压间	变压器间	低压间	合计
低供低量	—	—	2台	1台	0	0	15	15
高供低量	315 kV·A/台	—	3台	1台	0	12	15	27
低供高量	500 kV·A/台	2台	4台	1台	15	15	20	50
高供高量	500 kV·A/台	4台	6台	2台	30	30	40	100

(2) 变电所位置的选择要全面考虑、统筹安排,并征得当地供电部门的同意。变配电设施尽可能避免独立建筑,一般可附在负荷集中的大型厂房内,但其具体位置,要求设备进出和管线进出方便,避免剧烈震动,符合防火安全要求和阴凉通风。变电所应尽量靠近负荷中心,如冷冻机房,并偏于电源侧方向,使进出线和运输方便,符合安全防火要求。食品厂内的变压器常安装在室内,若安装在室外应有防护设施,确保其安全运转,变压器间应有变压器室、高压配电室、低压配电室等,电修间也应设在一起。

(3) 当与办公室、操作工值班室、生活间、工具室相邻时,也应以墙隔开,中间不要开门,不要相互串通。控制室应有很好的视野,设置在各个角度都能看到装置的地方;仪表盘和控制箱通常成排布置,盘后要有安装和维修的通道,通道的宽度不小于1 m,操作台至墙至少有2~3 m的间距,以供人员通行。变压器外壳与变压器室四壁的间距:变压器的容量小于等于315 kV·A时,间距最小为0.6 m;变压器的容量在400~1 000 kV·A的范围内,最小间距在0.6~0.8 m之间。车间控制室不宜与变压器室、动力机房、化学药品室相邻。

(4) 水池、水泵房参考建筑标准图集使用。

四、发货站台与垃圾站

1. 发货站台

有些食品生产企业将收货区和出货区设置在仓库的外部,有些则将货物由运输工具直接卸入仓库内部,或者从仓库内部直接将成品装入运输工具内,这类操作对冷冻原料或冷冻成品是有利的,也可以运用一些自动化程度高的输送设备(如输送带等)进行搬运操作,提高效率。

(1) 发货站台是食品生产的一个重要环节,也是影响产品卫生质量的重要控制点。发货站台需要快速的卸货、验收、计量,配备相应的计量装置(如地磅、电子秤)、容器和处理配套设备(如冷藏装置)。因发货的肉产品种类多,形状各异,所以对发货间的要求也各不相同。在仓库的出入口应设置鲜品发货暂存和配货间,具有冷藏库的功能,这对于冷鲜肉尤为重要。与发货间连接的站台应为封闭式,且设置滑升保温门,以维护整个冷藏链系统。

(2) 库房的公路站台应符合下列规定:体积大于 4 500 m^3 的冷库,站台宽度为 6~8 m,体积小于 4 500 m^3 的冷库,站台宽度为 4~6 m。冷链中的冷藏汽车有大车、小车之分,车厢底的高度不一致,常用冷藏车几何尺寸见表 10-3,宜将发货站台的边缘顶面设计为距离室外地坪满足小车的高度 1.14 m,中号、大号冷藏车可以通过升降机高度调节板予以解决,见图 10-1。

表 10-3　常用冷藏车几何尺寸

型　号	车长(m)×车宽(m)×车高(m)(车顶到室外地坪)	车厢距地面的底高度(m)
大　号	7.5×2.46×3.72	1.37
中　号	7.2×2.50×3.74	1.24
小　号	5.2×2.00×3.06	1.14

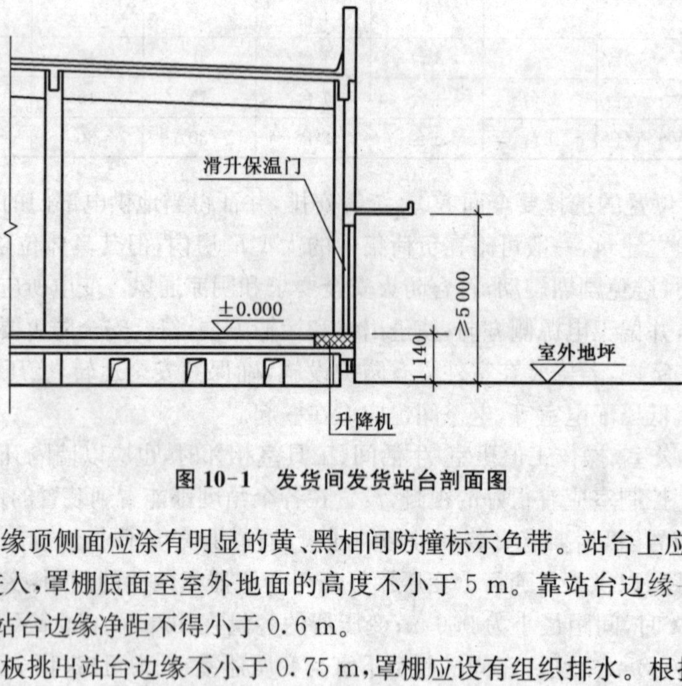

图 10-1　发货间发货站台剖面图

(3) 站台边缘顶侧面应涂有明显的黄、黑相间防撞标示色带。站台上应设罩棚,考虑到大号冷藏车的进入,罩棚底面至室外地面的高度不小于 5 m。靠站台边缘一侧如有结构柱时,柱的边缘距站台边缘净距不得小于 0.6 m。

(4) 罩棚顶板挑出站台边缘不小于 0.75 m,罩棚应设有组织排水。根据需要可设封闭站台,封闭站台宜与冷库穿堂合并布置,其构造满足相应的保温要求。封闭站台的门洞尺寸及数量应与货物吞吐量相适应。

(5) 库房的铁路站台应符合下列规定:站台宽度 7~12 m,站台边缘顶面应高于轨顶 1.1 m,边缘距铁路中心线的水平距离为 1.75 m,站台长度一般为 220 m,当受地形等条件限制时,可适当缩短,但不应少于 128 m。站台上应设罩棚,其柱边与站台边缘净距不小于 2 m,罩棚挑出长度应符合铁路专用线的限界规定。库房的电梯宜设置在常温环境内,电梯轿厢的选择应充分利用电梯的起重能力。

2. 垃圾站

(1) 食品生产过程会产生许多废弃物,如动物肠内、胃内的内容物、粪便等,这些废弃物应当设置专用容器盛装并有明确标志，及时进行处理，其容器和运输工具应当及时消毒，保持洁净的生产环境。GMP 规定：在生产线上用来收集垃圾的桶或其他容器，必须放在加工线的下面，并保证不溅污加工生产线。对于肉产品加工来说，在垃圾桶放置的附近不能放置切片板或装肉产品的容器。另外，应该有单独的房间或其他同样的足够的垃圾储存设施来放置废弃物，房间里有可伸高的防水箱或垃圾桶来储存垃圾。

(2) 废弃物垃圾间的墙壁、地面和天花板以及放垃圾桶的区域用不渗水的材料制造，并易于清洁。废弃物房间或其他垃圾的储存设施应定期清洁和消毒。垃圾桶应反复进行清洁。

(3) 如果废弃的原料储存在厂房外的垃圾桶内，则垃圾桶必须加盖。在垃圾储存区应有隔离围栏，并具有适宜车辆的装载与卸载的通道。垃圾桶放置的平台必须由非常坚实的、不渗水的材料制成，并容易清洁，有排水沟。如垃圾桶使用的数量较多，应提供机械的清洗设备以供日常的清洗。在垃圾或废弃物被运走前，如需要收集和保存，则须预防啮齿动物、鸟类、昆虫的侵袭，并且不能使废弃物暴露在较高的温度之下。

(4) 室外的垃圾站应建在工厂的非洁净区，在厂区的下风向，并且靠近饲养车间和屠宰车间运出的废弃物垃圾通道上。作为废弃物的流线设计，注意流线不与其他流线交叉，要求流线通畅、简捷。室外垃圾站设计水泥地面，形成 1% 坡度，四周设有排水沟，便于清扫。垃圾站四周为 1.5 m 高的墙体，砖砌后水泥砂浆粉刷，内侧贴瓷砖。GMP 规定：垃圾站顶部必须设置罩棚，防止雨天垃圾受到雨水浸蚀，污水污染他处。

第二节　食品检验和研发中心

食品检验及技术研发中心是企业的技术中心。工厂要保证食品质量的安全可靠，不断地开发新产品，提高产品在市场中竞争力，都与工厂是否有完备的检测手段和设施密切相关。此外，大中型企业多有自己的品控中心（或称检验室）。

一、食品检验品控中心

人们习惯上称食品生产企业的检验部门为品控中心，它的职能是对产品和原材料进行卫生监督和质量检查，确保这些原材料和最终产品符合《中华人民共和国食品卫生法》质量标准。

1. 品控中心的任务和装备

品控中心的工作可按检验对象和项目来划分，其检验对象有原料检验、半成品检验、成品检验、镀锡薄板及涂料的检验、其他包装材料检验、各种添加剂检验、水质检验及环境监测等。其检验项目有感官检验、理化检验及微生物检验等。并不是每一种对象都做上述检验，检查项目根据需要而定。一般对成品的检查比较全面，是检查的重点，有的检查项目很容易，几分钟就能得出结果，但有的却需要几小时甚至几天才能得出结果。

品控中心的组成按检验项目划分，分为感官检验室（可兼作日常办公室）、物理检验室、化学检验室、精密仪器室、细菌检验室（包括预备室，即消毒清洗间、细菌培养室、镜检室等）及储藏室等。

品控中心配备的大型用具主要有双面化验台、单面化验台、药品橱、支承台、通风橱等，有条件的还可购置组织捣碎机、气相色谱仪、高效液相色谱仪、气相色谱质谱联用仪、紫外可见分光光度计、荧光分光光度计、洛氏硬度计、空调和紫外线灯等，见表10-4。

表10-4　检验室常用仪器及设备

名　称	型　号	主　要　规　格
普通天平	TG601	最大称量100 mg，感量5 mg
普通电子天平	TG602	最大称量200 g，感量0.1 mg
精密电子天平	TG328A	最大称量200 g，感量0.1 mg
微量电子天平	WT_2A	最大称量20 g，感量0.01 mg
水分快速测定仪	SC69-02	最大称量10 g，感量5 mg
电热鼓风干燥箱	101-1	工作台350 mm×450 mm×450 mm，温度：室温～30℃
电热恒温干燥箱	201-1	工作台350 mm×450 mm×450 mm，温度：室温～300℃
电热真空干燥箱	DT-402	工作台350 mm×450 mm×450 mm，温度：室温～200℃
超级恒温箱	DL-501	温度范围低于95℃
霉菌试验箱	MJ-50	温度(29℃±1℃)，湿度97%±2%
离子交换软水器	PL-2	树脂31 kg，流量1 m^3/h
去湿机	JH-0.2	除水量0.2 kg/h
自动电位滴定计	ZD-1	测量pH范围0～14；0～1 400 mV
火焰光度计	630-C	钠10 mg/kg；钾10 mg/kg
比色计	JGB-1	有效光密度范围0.1～0.7
携带式酸度计	HD29-PHB	测量pH范围2～12
酸度计	HSD-2	测量pH范围0～14
生物显微镜	L3301	总放大30～1 500倍
中量程真空计	ZL-3型	交流便携式，测量范围0.13～13.3 Pa
箱式电炉	SRJX-4	功率4 kW；工作温度950℃
高温式管电阻炉	SRJX-12	功率3 kW；工作温度1 200℃
马福电炉	RJM-2.8-10A	功率2.8 kW；工作温度1 000℃
电冰箱	LD-30-120	温度－30℃～－10℃
电动搅拌器	立　式	功率25 W，200～3 200 r/min
高压蒸汽消毒器	MLS-3780	内径ϕ600 mm×900 mm，自动压力控制32℃
标准生物显微镜	2X	放大倍数40～1 500倍
光电分光光度计	72	波长范围420～700 mm
光电比色计	581-G	滤光片420 mm、510 mm、650 mm
阿贝折射仪	37 W	测量范围ND：1.3～1.7
手持糖度计	TZ-62	测量范围0%～50%；50%～80%
旋光仪	WXG-4	旋光测量范围±180
小型电动离心机	F-430	转速2 500～5 000 r/min
手持离心转速表	LZ-30	车速测量范围30～1 200 r/min
旋片式真空泵	2X	极限真空度1.3×10^{-2}Pa
旋片式真空泵	2X-3	极限真空度6.7×10^{-2}Pa；抽气速度4 L/s

2. 品控中心的建筑设计

(1) 品控中心可为单体建筑，也可合并在技术管理部门。质量检验根据检测分析试验工作的需要，设置安放仪器桌和分析桌、药品柜和上下水具以及检测监测制表、统计办公桌和资料柜，根据实际布置决定用房面积。也可以两人合用一台分析桌，每台分析桌按 14 m^2 计算使用面积，平面系数采用 0.65。考虑到检验过程中可能有有毒有害的气体排出，品控中心的位置最好选择在距离生产车间、锅炉房、交通要道稍远一些的地方，并应在车间的下风或楼房的高层。这是为了不受烟囱和来往车辆灰尘的干扰以及避免车辆、机器震动精密分析仪器，同时品控中心有有害气体排出，有害气体不至于严重污染食品和影响工人的健康。如果所设品控中心主要是检查半成品，也可设在低层楼或平房。

(2) 建筑结构要求。准备间、无菌室、精密仪器室、工作间要合理设置，方便使用。通风橱最好在建筑房屋时一起建在适当位置的墙壁上，像大学化学系用的通风橱贴以瓷砖，并装上排气扇。房屋结构要做到防震、防火、隔热、空气流通、光线充足。

(3) 上、下水管铺设。检验室的上、下水管设置要合理、通畅，适当多安装水龙头，除一般洗涤外，大量的蒸馏、冷凝实验也需要专用水龙头。除墙壁角落应设置适当数量水龙头外，操作台两头和中间也应设置水管。检验室水管应有自己的总水闸，必要时各分水管处还要设分水闸，以便于冬天开关防冻，或平时修理时开关方便，并不影响其他部门的工作用水。

下水管应设置在地板下和低层楼的天花板中间，即应为暗管式，下水道口采用活塞式堵头，以便发生水管堵死现象时可很方便打开疏通管道。下水管的平面段，倾斜角度要大些，以保证无内存积水和不受腐蚀性液体的腐蚀。为了方便洗涤和饮水，有条件的厂还可以设置热水管，洗刷仪器用。

(4) 室内光线。化验室内应光线充足，窗户要大些，最好用双层窗户，以防尘和防冻。光源采用日光灯，便于观察颜色变化。检验室内除装有共用光源外，操作台上方还应安装工作用灯，以利于夜间和特殊情况下操作。

(5) 操作台面的保护。操作台面涂以防酸、防碱的油漆，或铺上塑料板或黑色橡胶板，既可防腐，玻璃仪器倒了也不易破碎。天平室要求安静、防震、干燥、避光、整齐、清洁。精密仪器室要求不受阳光直射，与机械传动、跳动、摇动等震动大的仪器分开，避免各种干扰。药品贮藏室最好设置在不向阳的房间，室内要干燥、通风。清洗消毒及培养基制备等小间应考虑机械排气方便，一般置于下风向。

二、研发中心

食品生产企业设置研发中心的目的，是为了保持工厂生产的活力，开发市场获取较佳的经济效益。研发中心的功能相当于小型研究所，它能紧密结合本厂的生产实际，研究和开发新产品、新工艺、新技术。

1. 研发中心实验室的任务

研发中心对企业生产的技术问题开展相关的研究，为解决生产中存在问题提供方法和依据，为产品开发设计新配方，制定并改良符合本厂实际情况的生产工艺。另外可以根据力量开展其他相关研究，如原辅材料的综合利用、新型包装材料的研究、“三废”治理工艺的研究、国内外技术发展动态的研究等。

食品的生产过程是一个多工序组合的复杂过程，每道工序又涉及若干工艺条件，为找到最适合于本厂实际的生产工艺，往往要进行反复的试验摸索。凡本厂未批量投产和制订定型工艺的产品，在投入车间生产之前，都需先经过小样试制，而不能完全照搬外厂的工艺直接投产。这是因为同一种原料，产地不同，它的性状和加工特性往往差异较大。再者，各厂的设备条件，工人的熟练程度、操作习惯等也不尽相同。就小包装生鲜肉产品而言，它的产品花色繁多，按部颁标准编号的就有十几种之多。每个厂一年中生产的品种都是有限的，为了适应市场需求情况的变化和原料构成情况的变化，需不断更换产品品种。因此，对这些即将投产的品种，必须先通过小样试验，制订出一套符合本厂实际的工艺，是非常必要的。

研发中心还应随时掌握国内外的技术发展动态，搜集整理先进的技术信息，并综合本厂实际加以推广应用。

2. 中心实验室的装备

中心实验室一般由研究工作室、分析室、保温间、微生物检验室、样品间、性能与资料室及中小实验场地等组成，或合并在由楼房组成的群体建筑内均可。中心实验室原则上应在生产区内，也可单独或毗邻生产车间，实验室要与生产密切联系，水、电、汽供应方便。实验室设备依据企业产品类别及发展需求而定，肉类加工企业一般配备以下的小型设备：小型夹层锅、手扳封罐机、小型压力杀菌锅以及电冰箱、真空泵、空压机等。动力装接容量大体为D50 的水管、D40 的蒸汽管、20 kW 左右的电源，并需事先留有若干电源插座。

第三节　生产卫生用房

为了保障生产工人的身心健康，提高产品质量和劳动生产率，建筑设计应为工人创造良好的劳动环境，应在车间附近或车间内部设置生活间。

一、生产卫生用房的设计类型

生产卫生用房包括为生产车间服务的更衣室、浴室，厕所等，以及特殊生产车间的卫生用房，如洗衣房、衣服干燥室等。单层厂房中常用的这类用房形式有毗连式、独立式及车间内部式三种基本形式。

(1) 毗连式生活间与车间联系紧密，使用方便，并可与车间共用一段墙，既经济又有利于室内保温。但毗连式容易妨碍车间的采光与通风。设计用于散发热量较大并有湿气及其他有害气体的厂房，被生活间遮挡部分不宜超过厂房全长的 1/3，必要时与生活间毗连的厂房边跨应增设天窗。

采用毗连式时，人流路线多与车间内部运输线相平行，通行障碍少，但厂房端部常设有进出原料及成品、半成品的大门，使生活间平面长度受到限制。毗连式生活间常用的房间进深有 6.0 m，常用的开间为 3.6 m、3.9 m 等。与厂房柱距不易协调，常使生活间通往车间出入口的布置受到限制，也影响到生活间本身的布置和使用。层高可按一般民用建筑的标准进行设计，也可按不同需要分层选择。

当生活间高于车间时，毗连墙应设在生活间一侧，和生活间成为一体，沉降缝设在毗连墙和厂房之间。毗连墙下的基础按以下两种情况处理：一是带形基础，若带形基础与车间柱式基础相遇，应将带形基础断开，增设钢筋混凝土承墙梁跨越厂房柱基础以承托毗连墙。二是柱式基础，毗连墙下的柱式基础应与车间的柱式基础交错布置，然后在生活间的柱式基础上设置钢筋混凝土承墙梁，承受毗连墙的荷载。当生活间低于车间，毗连墙和车间成为一体，沉降缝则设于毗连墙与生活间之间，车间柱基础上设基础梁来支承毗连墙。此时，生活间的楼板采用悬臂结构，生活间的地面、楼面、屋面均与毗连墙断开，并设置变形缝，以解决生活间与车间产生不均匀沉陷的问题。

(2) 独立式生活间是距厂房一定距离、用走廊和通道与车间联系的一种布置方式。它的特点是平面布置灵活，对车间通风采光无影响，不受车间有害因素的干扰，卫生条件好。常用于南方地区和那些散发大量余热、有害气体或振动较大的车间，也常用于多个车间合用的生活间。独立式生活间的缺点是占地多，与车间联系不够方便。独立式生活间一般为双侧布置房间，平面布置要紧凑合理，与厂房的通道要满足通行要求。独立式生活间与车间的连接方式有三种：一是走廊连接，这种连接方式简单、适用。根据气候条件，在南方地区宜采用开敞式走廊，北方地区宜采用封闭式走廊。二是天桥连接，当车间和生活间之间有铁路或运输量很大的公路时，在铁路或公路上空设置连接车间与生活间的天桥，这样可避免人货流交叉，保证车辆和行人的安全。三是地道连接，此种连接方式与天桥连接方式优点相同。

(3) 车间内部式生活间将生活间设置在车间内部，可以充分利用空间，只要在生产工艺和卫生条件允许的情况下，均可采用这种布置方式。它具有使用方便、经济合理、节省建筑面积和体积的优点。它的缺点是只能将生活间的部分房间布置在车间内，如贮存室、休息室等，车间的通用性也受到限制。它的特点是与所属用房就近布置，使清洁后的人流交通路线缩短，但对车间的通风、采光有影响，并且受到车间有害因素的干扰，常用于分割车间和饲养车间需要单独设置的卫生用房。车间内部式生活间有以下几种布置方式：一是在车间边角、空余地段布置生活间，如在柱子上空、柱与柱之间的空间。二是在车间上部设夹层，生活间布置在夹层内，夹层可支承在柱子上，也可以悬挂在屋架下。三是利用车间端部布置生活间。四是在地下室或半地下室布置生活间，但是需要设置机械通风、人工照明，且构造复杂、费用较高，故一般采用较少。

二、生产卫生用房设计

1. 生产卫生用房设计要求

(1) 按食品生产的卫生要求，在各车间或部门靠近人员进出口处应设置更衣室，使工作人员脱掉便服换成工作服和工作用鞋，按不同洁净区设置更衣室，男女更衣室分开。更衣室、淋浴室、厕所等的建筑面积，应符合国家现行有关标准的规定，并结合生产定员经计算后确定。检验人员的生活设施、车间办公室等应与生活间毗邻布置。必须设有与职工人数相适应的更衣室、淋浴室、厕所。生产车间与生活间分开布置时应设连廊。屠宰与分割车间非清洁区生产人员与清洁区生产人员的更衣室、淋浴室、厕所应分开布置，两区生产人员进入各自生产区时不得相互交叉。

(2) 更衣柜应符合卫生要求，每人设一个，鞋靴与工作服要分格存放。更衣室宜设有鞋靴清洗消毒设施，更衣室内须有个人衣物存放柜、鞋架(箱)。

(3) 厕所应符合下列规定：采用水冲式厕所，厕所设前室，与车间有走道相连。厕所门窗不得直接与生产操作场所及门窗相对。厕所地面和墙裙应便于清洗和排水，更衣室与厕所间应用直通门相连。屠宰与分割车间采用非手动式洗手设备,并配备干手设施。车间内的厕所门、窗不得直接开向操作间,粪便排泄管不得与车间的污水排放管混用。生产车间进口处及车间内的适当地点,应设热水和冷水洗手设施,并备有洗手剂。

(4) 厕所面积大小和卫生用具的数量根据车间的卫生特征级别来确定,卫生部颁发的《工业企业设计卫生标准》将车间卫生特征分为4级:1级和2级的车间应设置车间浴室;3级宜在车间附近或在厂区设置集中浴室;4级可在厂区或居住区内设置集中浴室。因生产事故可能发生化学性灼伤及经皮肤吸收会引起急性中毒的工作地点或车间,应设事故淋浴,其供水系统不允许中断。车间卫生特征为1级的存衣室,应将便服和工作服分室存放。存放工作服的存衣室应有良好的自然通风,车间卫生特征为2级的存衣室,便服和工作服可在同一存衣室,但需分开存放,以免工作服污染便服。车间卫生特征为3级的存衣室,便服和工作服可同室存放,且存衣室可与休息室合并设置。车间卫生特征为4级的存衣室,存衣室与休息室可合并设置或在车间内适当的地点存放工作服。如果工作环境湿度大或在低温下作业时,如冷藏库、地下作业等,还应设立工作服干燥室。生产操作中工作服沾染病原体或沾染易经皮肤吸收的剧毒物质,或工作服污染严重的车间生活间,还应设置洗衣房。图10-2为一般人员清洁程序,图10-3为洁净区人员清洁程序。

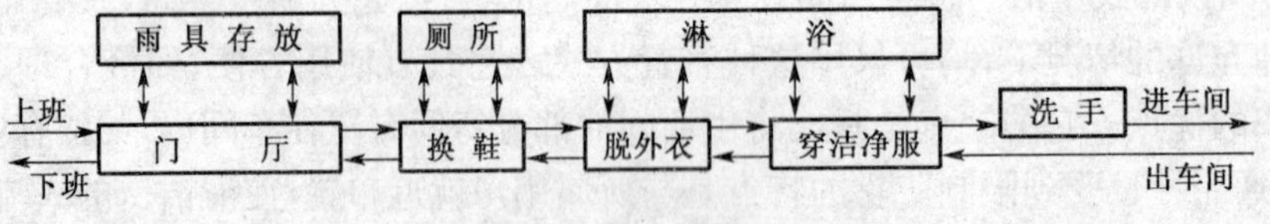

图10-2 一般人员清洁程序

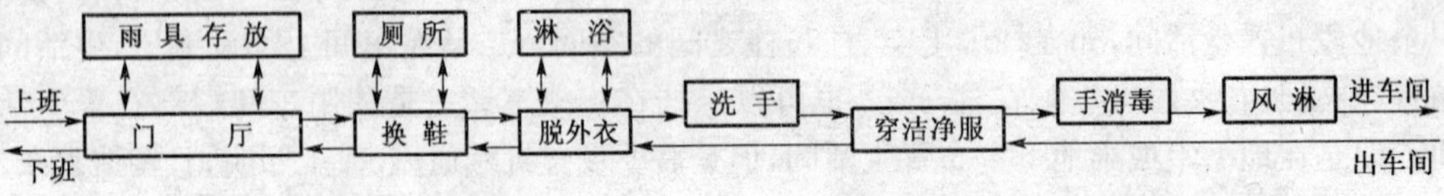

图10-3 洁净区人员清洁程序

2. 更衣间

(1) 食品加工车间入口处应设有与车间相连的更衣室,要为在清洁区和非清洁区作业的加工人员分别设置更衣室,并将其出入各自工作区的通道分开。肉类加工企业在屠宰工段工作的人员与在分割工段工作的人员分别在不同的更衣室更衣,通过不同的通道进入各自的工作区。个人衣物、鞋要与工作服、靴分开分室存放。挂衣架应使挂好的衣物与墙壁保持一定距离。更衣室的布局顺序是:个人衣物、鞋存放→换靴→着装。

(2) 工作人员的外衣在户外活动时会污染或积聚大量微尘和不洁物,并附着有各种微生物,如细菌、霉菌和病毒等。而且,工作人员也会携带一些与生产无关的其他物品,如手表、钥匙等,因此需要在生产车间内设置更衣室。为了保证有效管理及满足生产的需要,目前食品工厂的更衣有两种方式,即一次更衣及二次更衣。一次更衣为进入生产车间的更衣,由非洁净区人员使用。二次更衣为初次更衣在进厂后完成,换上有工厂标志的服装,二次更衣在进入车间前,根据工作要求进行更衣,由洁净区人员使用,即工人进入车间提供每人一格的橱柜存放私人物品,在第一道更衣间将自己的外衣、鞋脱下,换上拖鞋进入第二道更衣间，换上进入车间的工作服、工作鞋，再进入洗手、消毒程序。

(3) 进入车间前的更衣是确保生产产品安全的重要环节，它们的平面组合位置应分别在非洁净区和洁净区功能分区的流线上。二次更衣间用面积比一次更衣间要增大，一般可按 3 m^2/人计算，建筑面积系数 65%。

更衣室墙应为浅色、防水、易清洁，地面应易于清洗；与外界交界处有防虫、防鼠设施；更衣室的大小要与加工人员的数量相适应，配备足够的衣物存放橱，衣橱应用防水、防霉、不易生锈、易于清洁的材料制作，不宜用竹、木制品。衣橱顶呈 45°角倾斜。

更衣室要保持良好的通风和采光，应具备空气消毒和衣物表面消毒设施，通常采用紫外线灯。以每 10～15 m^2 安装一支 30 W 紫外线灯为宜，紫外线灯应在更衣室使用前消毒，开启时间为 30 min 以上；低于温度 20℃或高于 40℃，湿度大于 60%时，要延长消毒时间。

(4) 进入更衣室之前换鞋、更衣的方式有很多种，方式不同会影响到更衣室的布置。如有的食品厂将更衣室分为两间，第一间用来将便鞋换成拖鞋，然后进入第二间再换车间用鞋或靴，穿工作服。除上述外，可在更衣室入口处设置高 40 cm 左右的矮柜，工人进入更衣室后以矮柜为凳，先在矮柜外侧将便鞋脱下，然后转身到内侧换工作鞋或靴，再进行更衣。存衣方式有两种：一是闭锁式存衣柜，使用安全，无须专人管理，闭锁式存衣柜的数目按在册工人总数计算。二是开放式存衣柜或挂衣钩，使用周转快，占用面积少，但需专人管理，使用不便，给人以不安全感，开放式存衣柜的数目按在册工人最大班人数加 25%计算，目前常用闭锁式存放衣柜。

更衣室内设立个人单独使用的三层更衣柜，衣柜尺寸 500 mm×400 mm×1 800 mm，用来分别存放个人物品、工作服、便服等。室内应有适当的照明，且通风应良好，有足够大小的空间，以便员工更衣之用，并应备有可照全身的更衣镜、洁尘设备及数量足够的个人用衣物柜及鞋柜、脏工作服回收清洗橱等设施，以方便工作人员脱掉外出服、外用鞋换成车间用工作服和工作用鞋。衣物柜一人一柜安排。更衣室应与洗手消毒室相近，尤其是易腐败即食性成品工厂更应如此设计。

(5) 湿度大的作业如冷库，应设工作服干燥室，对特殊工种应设除尘、消毒室。进入车间的工作服应有专人定期清洗，清洗烘干后以悬挂或叠好方式放入相应的干净衣物柜中，供辨认更换，工作服及鞋(靴)应有标志(代号、名字或颜色)，以区别不同清洁生产区，防止交叉污染。

(6) 为适应卫生要求，食品工厂的更衣、沐浴宜分散，附设在各生产车间或部门靠近人员进出口处。不能因为只考虑节约管道而将更衣间集中布置，这样会形成更衣、淋浴后的人流流线过长，且有交叉，不符合食品卫生要求。

3. 淋浴间

为了保证食品生产过程的卫生条件，直接从事安全性要求高的食品生产的操作人员应在进入车间前洗澡，生产车间内应设置淋浴间。淋浴间与更衣室形成一体，特别是生产肉类产品、乳制品、冷饮制品等车间的浴室，应与车间的人员进出口相邻接。

淋浴间的大小及淋浴器的个数应与车间工人人数相适应，淋浴器的数量按最大班人数的 6%～9%计算，或按每班工人数 10～15 人设置一个。淋浴间建筑面积的大小按 5～6 m^2/人计算，平面系数为 0.65。淋浴间应设置通风排气设施，必要时应设置采暖设备。

厂区其他车间或部门的人员淋浴，需设置浴室，浴室内应采取防水、防潮、排水和排气措施，但不宜设在办公室的上层或下层。

4. 厕所

厕所应当与更衣室相连，加工工作区不宜设有厕所。厕所的墙面、地面和门窗应用浅色、防水、易清洁的材料建造。厕所的门可以开向更衣室，但是不得直接开向车间。厕所应有向外通风排风气扇，有冲水设施，厕所应配备有非手动水龙头的洗手池。厕所应有防蝇、防虫设施，厕所地面应略低于更衣室地面，避免污水流入更衣室。

(1) 厕所分为公共厕所和专用厕所，公共厕所带前室，专用厕所带盥洗间，见图 10-4、图10-5，食品工厂采用带前室的公共厕所。公共厕所设置前室，以改善通往厕所走道和过厅的卫生条件，并有利于厕所的隐蔽。前室的深度一般不小于 1.5 m，一般设有洗手盆和污水池。专用厕所的使用人数较少，常将盥洗、浴室、厕所三部分组成一个卫生间。厕所在建筑平面中位置要适当，既要隐蔽，又要与走道、过厅有方便的联系。食品工厂操作人员较集中且量较多的车间，尤其是设在楼房里的生产车间，应考虑在本车间或附近适当的地方设置厕所。厕所设施的卫生标准应符合《出口食品厂、库最低卫生要求(试行)》，食品 GMP 要求：厕所应有排臭、防蝇措施，蹲位数量足够工人使用。厕所采用冲水式，并采用不透水、易清洗、不积垢且其表面可供消毒的材料。厕所内的洗手设施应符合上述洗手设施的规定，设在邻近出口的地方。厕所的门能自动关闭，且不得正面朝向食品加工区。厕所有良好的自然采光和通风，应保证厕所内空气清新，应设置不生锈的纱门及纱窗。

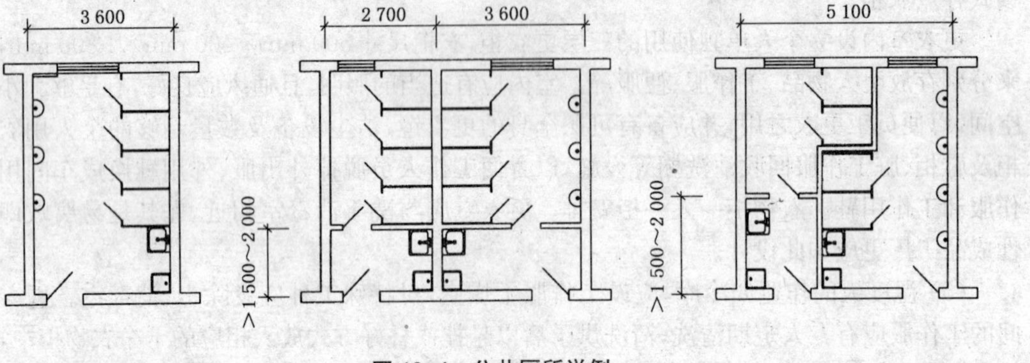

图 10-4　公共厕所举例

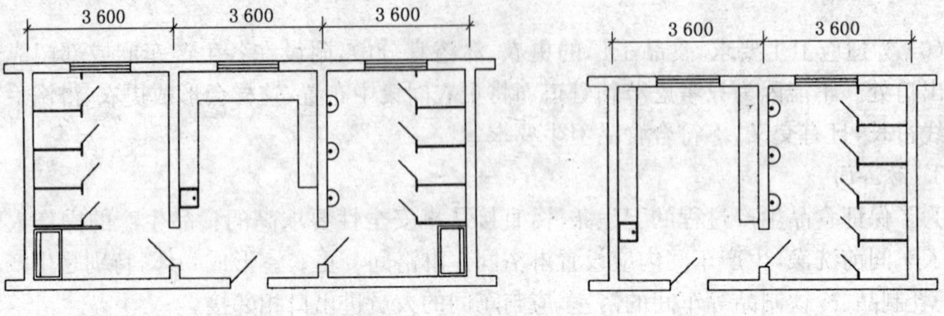

图 10-5　专用厕所举例

(2) 厕所内的大小便器的数量按 GMP 食品安全生产规范有关规定计算，最大班的女工人数超过100人的车间，应设女工卫生室，且不得与其他用室合并设置。女工卫生室由等候间及处理间组成，等候间设洗手设备及洗涤池，处理间设温水箱及冲水器。最大班女工人数为100～200名时设一具冲水器，超过200人每增加20人增设一具冲水器；若女工在40～100人之间，则设简易温水箱和冲水器。车间卫生间的卫生标准应符合《出口食品厂、库最低卫生要求(试行)》。厕所的设计计算人数按最大班工人人数的93%计算，厕所蹲位数量按最大班人数计，按15：1安排蹲位数，厕所建筑面积按每蹲位2.5～3 m^2估算。如某车间有男工135名，女工125名，那么男厕所设置9只蹲位，女卫生间设置8只蹲位。

(3) 厕所应设在更衣间的外面，工人上厕所前应经过更衣间，将工作服和鞋、靴换掉，大小便后在厕所内洗手，然后按进入车间的程序由更衣室进到车间。厕所便池的下水管应有防止下水道臭气向上扩散的设施。同一幢楼不同楼层的厕所应安排在相同位置，以使下水管上下相通，并直接通往室外，避免与车间供水管道交叉连通，造成回流污染。厕所的排水管不得位于车间操作台或设备的上方，以防滴漏。卫生间内应设置排气通风设施和防蝇、防虫设施，以保持清洁卫生。

(4) 厕所平面设计的面积、形状和尺寸，根据室内卫生器具的数量、布置方式、人体使用所需的基本尺寸来确定。在厕所平面设计中首先要了解各种卫生设备和人体使用它所需的尺度。男厕所常用卫生设备有蹲式大便器、小便斗，女厕所常用蹲式大便器，包括洗手盆、污水池等，可根据建筑的用途、规模、标准进行选用。

5. 洗手、消毒间

(1) 在车间入口处、厕所及车间各生产线的开始及末端位置上，设置足够数目的洗手、消毒及干手设备。一般来说，如果必要，提供适当温度的温水或热水以及温度调节设备。消毒间配备足够的洗手、消毒设施，必要时应当配备手部清洁小设备：小剪刀、指甲剪、小刷子、洗手液、肥皂等，冬季能配温水，洗手消毒效果更好。洗手用出水口采用非手动开关的水龙头，可以是脚踏式、感应式、肘动式等，出水口数量以每10～15人安装一套洗手、消毒、干手设备，以备上班高峰时间人员拥挤分开使用。手部消毒采用消毒液有效氯浓度50～100 mg/L，浸泡0.5～1 min，特殊情况下手部消毒也可采用乙醇喷雾消毒的方法。另外还应当有必要的干手设施，如一次性干手纸或毛巾、干手机等。

在加工车间内适当位置安装足够数量的洗手消毒设施和配备相应的干手用品，必要时还需配备流动消毒车，便于操作人员定期洗手消毒，或在弄脏手后及时、方便洗手消毒。

(2) 在洗手设备附近备有液体清洁剂，必要时设置手部消毒设备。美国HACCP(21CFR-123)推荐执行卫生标准操作(SSOP)，要求工人在进入车间前，遵守如下洗手消毒程序：清水洗去可溶性脏物→用肥皂液等清洁剂洗去脂溶性脏物→清水洗干净→手浸入50 mg/L氯液浸至手腕→清水洗→烘干。消毒液浓度应具有有效的消毒效果，洗手水龙头应为非手动开关，洗手设施的排水应直接入下水管道。设置与车间相连接的更衣室、卫生间、淋浴间，其设施和布局不得对产品造成潜在的污染。这类生产性卫生用房的设置，必须遵循以下程序：换鞋→如厕→更衣→淋浴→换工作服→洗手消毒→干手→进入车间，将这些工艺及用房串联起来。

(3) 洗手台用不锈钢或瓷材等不透水材料制作，其构造应不容易藏纳污垢，便于清洗消毒。干手设备采用烘手器或卫生的擦手纸巾，若使用纸巾，使用后纸巾应丢入易保持清洁的废纸桶内（最好使用脚踏开盖式垃圾桶），且废纸桶不应对食品产生污染。若采用烘手器，应定期清洗、消毒内部，避免污染。有的食品厂用酒精喷洒设备来代替消毒液浸泡步骤。水龙头采用脚踏式、肘动式或电眼式等开关方式，以防业已清洗或消毒的手再受污染。洗手设施的排水装置具有防止逆流、有害动物侵入及臭味产生的设施。在洗手池附近应贴有或悬挂简明易懂的洗手、消毒方法标示牌，以利于工作人员按要求正确洗手、消毒。除了洗手、消毒外，进入车间前对人员的工作胶鞋也应进行消毒，即设置鞋消毒池。该消毒池的大小设计应以操作人员不能跨过或避开为原则，池深不小于150 mm。若使用氯化合物消毒剂，其有效游离余氯浓度应经常保持在200 mg/L以上。

第四节　其 他 建 筑

食品生产企业有为生产人员和管理人员服务的其他各种建筑和设施，包括行政办公楼、食堂、医疗室、更衣室、浴室、厕所、员工宿舍等。大型企业还设立幼儿园、文娱活动室、图书室等社会公用设施。

一、行政办公楼

办公楼布置在靠近人流入口处，其面积与管理人员数量与机构设置有关。办公楼建筑面积可按下式估算：

$$S=\frac{GK_1S_1}{K_2} \tag{10-2}$$

式中：S——办公楼建筑面积，m^2；

G——全厂职工总人数；

K_1——全厂办公人数比，一般取8%～12%；

S_1——每个办公人员使用面积，取4 m^2/人；

K_2——平面系数，0.65。

（1）大型食品生产企业有以下生产经营部门：企管办、生产部、供应部、销售部、物流部、原料仓储部、品技部、工程部、总务部、财务部、人事部。因此在办公室安排上要保证每个部门有独立的办公室，并配有电信、电视、网络等智能化设施，每个部门的面积30～40 m^2。另外还有正副总经理办公室、秘书室、接待室。办公室常用尺寸见表10-5。

表10-5　办公室常用开间、进深、层高　　单位：mm

	开　间	进　深	层　高
一般办公室	3 000、3 300、3 600、6 000、6 600、7 200	4 800、5 400、6 000、6 600	3 000、3 300、3 400、3 600
专用办公室	3 600、3 900、6 000、6 600、7 200	4 800、5 400、6 000、6 600	3 000、3 300、3 600

单间式办公室是将一般职员安排在多人房间内，高级职员和经理在单人房间里，目前大

都采用这种办公室布局，通常开间为3.0～6.0 m，进深4.8～6.6 m，层高为3.0～3.6 m。办公室走道最小净宽不应小于表10-6的规定。当走道地面有高差，高差不足二级踏步时，不得设置台阶，应设坡道，其坡度不宜大于1∶8。

表10-6　走道最小净宽　　单位：m

走道长度	走道净宽	
	单面布房	双面布房
≤40	1.30	1.40
>40	1.50	1.80

（2）根据需要可分设大、中、小会议室，中、小会议室分散布置。小会议室使用面积宜用30 m^2左右，中会议室使用面积宜为60 m^2左右。中、小会议室每人使用面积：有会议桌的不小于1.8 m^2，无会议桌的不小于0.8 m^2。

大会议室根据使用人数和桌椅设置情况确定使用面积，会议室所在层数和安全出口的设置应符合防火的要求，并根据语言清晰度要求进行设计。作多功能使用的会议室有电声、放映、遮光等设施。有电话、电话会议要求的会议室，应有隔声、吸声和遮光措施。会议室建筑面积可按下式估算：

$$S=\frac{MS_1}{K} \qquad (10\text{-}3)$$

式中：S——会议室建筑面积，m^2；

M——最大班人数；

S_1——座位使用面积，1.2 m^2；

K——平面系数，0.65。

（3）在饲养车间应设置各部门的办公室，农户出售生猪时在饲养车间收猪站台卸车需要办理的手续如下：农户送猪到收猪站台→交三证，品管科验收→原料科卸猪→原料科过磅→销售科开票→财务。该工作涉及企业的四个部门：品管科、原料科、销售科和财务科。为了做好对客户的"一站式"服务工作，拟在车间现场设置这些部门的办公室，进行一站式服务。

（4）在发货台发货间应设置各部门的办公室，客户来厂购买肉产品，在发货台提货装运肉产品时需办理的手续如下：物流科安排运输→品管科质检肉产品→仓储科过磅、装货→销售科开票→财务→品管科开检票出门。该工作涉及五个部门：物流科、品管科、仓储科、销售科和财务科。为了做好对客户的"一站式"服务工作，拟在车间现场设置这些部门的办公室，进行一站式服务。

二、员工宿舍、食堂

1. 员工宿舍

员工宿舍的建筑面积根据人力资源配置的人员数量进行测算，每人5～6 m^2。员工宿舍类似于大学生公寓；砖混结构，采用内廊形式，宜设置管道井。每个房间上下铺共住四人，每间20～25 m^2。进门过道左侧为卫生间，右侧为壁橱，壁橱分作四格，每人一格存放行李、衣服、鞋袜等。卫生间有蹲便器、洗脸盆、淋浴器、梳妆镜等，见图 10-6。

每个房间都带有阳台，阳台作为员工休息和晾晒衣服使用。阳台的进深不宜小于 1.2 m，因为阳台可以缓冲夏季太阳的直射。员工宿舍除了卫生间和标准间进门过道有少量吊平顶之外，很少用吊平顶进行装饰，大部分为硬质材料，故在设计时要考虑建筑噪声的影响。不能使用执手锁(钥孔在执手上)，执手锁关门时的碰撞声太大。

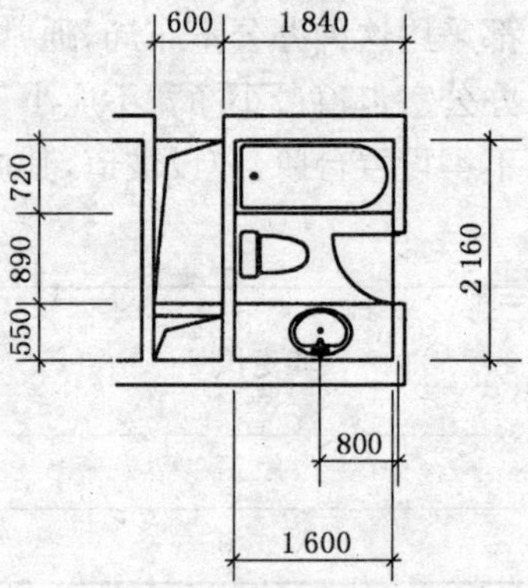

图 10-6　标准间卫生间设计

2. 食堂

工厂的职工食堂类似于大学生食堂，单层框架结构，井字梁屋面，便于安装灯具和吊扇，餐厅不必做大面积的吊平顶。厨房设计时应遵循：洁污分开、生熟分开、粗细分开、红案白案分开的原则，要组织好使用功能和操作顺序的流线，要符合卫生防疫要求。

(1) 食堂应布置在人员较为集中之处，一般服务距离不宜超过 600 m。其建筑面积可由下式估算：

$$S=\frac{NS_1}{K} \tag{10-4}$$

式中：S——食堂建筑面积，m^2；

N——座位数；

S_1——每位使用面积，m^2；

K——平面系数，0.82～0.89。

(2) 如果需要按洁净和非洁净人员分开用餐，或者有两个分公司的人员分开用餐，则设计时要考虑餐厅的分区、进出口和人流(如售饭窗口排队、就餐等)的分区。餐厅的人流交通极为活跃，在很短的时间里，人流大量集中，有进有出，有的领菜，有的取饭，来往频繁。在设计中应分析来往人流的规律，将各部分合理布置，以减少餐厅内的混乱，便于管理。人流来往的地点主要是从出入口到备餐处，再到各个座位上，出入口至备餐处的距离应尽量缩短，把备餐处布置在侧面中部比较理想，见图 10-7。

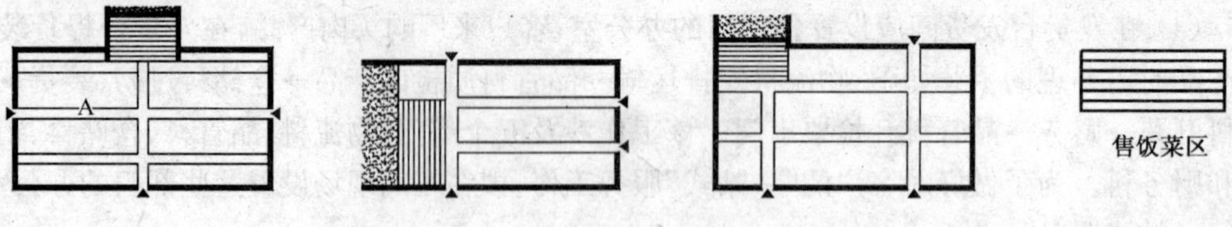

图 10-7　备餐、餐桌与入口交通路线关系

(3) 公共饮食最大班职工人数等于和大于 250 人的企业，通常应设加工半成品的食堂，只有取得地方公共饮食机关同意时，才可设加工原料的食堂。当最大班职工人数少于 250 人时，设置小吃部，出售由食堂做好的热饭菜。当每班职工人数少于 30 人时，在取得国家卫生监督机关同意后，应考虑为他们设置就餐间。备餐式食堂和工厂式厨房布置在车间外面，配餐食堂通常布置在生活建筑物内。当午餐时间为 30 min 时，工作地点至就餐处的

距离不应超过 50 m。

(4) 职工食堂除职工用餐外，常可兼作集会、学习、文娱之用，设计时以用餐为主，适当满足其他活动要求。例如考虑集会和观演活动的餐厅或宴会厅，那是一个较大的空间，有适当数目的并分散布置的门，作为散场时的疏散口。

(5) 餐厅的卫生要求：餐厅的清洁卫生直接影响到用餐者的健康，因此在建筑的细部设计和选用的材料上都要能满足这一要求。

朝向：尽可能布置成南北向(即长轴沿最好的方向)，具有良好的采光，并且照顾到常年的主导风向，保证餐厅内的良好通风效果。

地面：采用不易起尘、便于清洗的地面材料(如水磨石、地砖地面等)。地面应有一定的坡度，一般是 1.2%～1.5%。还要考虑污水的排除问题，厨房的污水须经过隔油池处理后才能排放。

内墙：离地 1.2 m 高的范围内，最好做成便于清洗的护壁。室内细部设计尽量简单，线脚要少，既要美观大方，又要避免积灰。

门窗：餐厅的门窗均应装有纱门、纱窗，以防虫蝇。

三、其他设施

1. 医务室

食品工厂的医务室组成和面积见表 10-7。

表 10-7　食品工厂医务室的组成和面积

组　成	工厂人数		
	300～1 000 人	1 000～2 000 人	2 000 人以上
候诊室	1 间	2 间	3 间
医疗室	1 间	3 间	4～5 间
其　他	3 间	1～2 间	2～3 间
面　积	30～40 m^2	60～90 m^2	80～130 m^2

工厂企业职工的门诊服务系统，企业在册职工名额多于 500 人时，应设医疗站(保健站)。保健站的等级取决于在册职工名额：500～1 200 人为Ⅳ级，2 000 人以内为Ⅲ级，3 000 人以内为Ⅱ级，3 000 人以上为Ⅰ级。只有取得当地保健部门同意后才能设置Ⅰ级保健站。距离诊疗所和门诊部超过 4 km 的工业企业，可设置其他级别的保健站。全厂性保健站应靠近人数最多的车间或易发生外伤事故的车间，通常布置在生活间建筑物的第一层，并有救护车可驶近的通道。在较小的工业企业中，全厂性保健站可布置在厂前区，工作地点到保健站的距离不应大于 1 000 m。

2. 婴儿托儿所

婴儿托儿所设在方便女工接送婴儿的厂区适当位置，并具有良好的卫生环境。面积可按下式计算：

$$S = MK_1K_2 \tag{10-5}$$

式中：S——托儿所面积，m^2；

M——最大女工数；

K_1——哺乳女工所占百分数，取 10%～15%；

K_2——每床所占面积，以 4 m^2 计。

第五节　污水处理站

污水处理的方法有：物理法（沉淀、过滤、浮选、筛滤、灌溉），化学法（中和、凝集、氧化、吸附及离子交换）和生物法（氧化池法、生物膜法、活性污泥法、厌氧法）。食品生产企业的生产污水有可能含有供微生物生长繁殖所需要的氮、磷及营养成分，适宜采用生物法净化处理，特别是肉类加工企业散发出猪圈的异味可采用吸收法、冷凝法等技术手段，进行无害化处理。

一、食品生产企业的污水、废水排放标准

(1) 以肉类加工企业为例，其排放的污水主要污染有：屠宰过程中的污水含有血、毛、油脂、碎肉，以及从胃肠里洗出来的饲料和粪便。肉加工排放出的污水含 COD、BOD 和油较高，污水除含脂肪、血液以外还含有蛋白质、氮和氨态氮，含有各种微生物。

(2) 肉类加工企业污水的主要危害是有机物含量高，未经处理排放水体，会迅速消耗水中的溶解氧，使水体缺氧。同时，也会促使水底有机质厌氧分解，恶化水质，污染环境。另外，一些污水中可能存在有害微生物，如不经消毒处理直接排放，可能危害人类健康。

(3) 肉类加工企业污水的污染源内容为：溶解氧（DO），生化需氧量（BOD），化学耗氧量（COD），悬浮物（SS），大肠杆菌，氢离子浓度和特殊有害物质如汞、镉、砷、铅、有机磷、六价铬、多氯联苯等。肉类加工企业的污水经处理后应满足国家标准《污水综合排放标准》（GB 8979—1996）的要求，和《肉类加工工业水污染物排放标准》（GB 13457—92）有关标准分级的规定，达到工业污水排放一级标准，见表 10-8，表 10-9。

表 10-8　污水排放一级指标

pH	色度（倍）	COD(mg/L)	BOD5(mg/L)	悬浮物(mg/L)
6～9	50	100	30	500

表 10-9　肉类加工企业污水性质

排水量(t/d)	pH	COD(mg/L)	BOD5(mg/L)	色度(倍)	悬浮物含量(mg/L)
约 1 000	5.8～8	1 000～1 500	500～900	500	600～800

具体标准及细则可参见《肉类加工工业水污染物排放标准》（GB 13457—92）。

二、污水处理方法

食品生产企业的污水可能含有供微生物生长繁殖所需要的氮、磷及营养成分，适宜采用生物法净化处理。生物法处理是利用微生物的代谢作用，使污水中呈溶解、胶体状态的有机物转变为稳定、无害的物质。生物处理法包括氧化池法、生物膜法、活性污泥法及厌氧法。生物处理工艺可分为好氧工艺、厌氧工艺、稳定塘、土地处理以及由上述工艺结合而形成的

各种组合工艺。

1. 食品生产污水处理通常包括预处理、生物处理、消毒处理三部分

(1) 预处理。利用物理学的原理除去污水中悬浮固体、胶体、油脂与泥沙。常用的方法是设置格栅、格网、沉沙池、除脂槽、沉淀池等,故又称物理学处理或机械处理。其意义在于减少生物处理时的负荷,提高排放水的质量,还可以防止管道阻塞,降低能源消耗,节约运转费用,便于综合利用。

第一,格栅和格网:防止碎肉、碎骨及木屑等进入污水处理系统。

第二,除脂槽:用于收集污水中的油脂。污水中的油脂,一部分为乳化状态,温度较低时能黏附在管道壁上,使流水受阻,而且还会严重妨碍污水的生物净化。因此,污水处理系统必须首先设置除脂槽。

第三,沉淀池:污水处理中利用静置沉淀的原理沉淀污水中固体物质的澄清池,称为沉淀池。该池设于生物反应池之前,也称初次沉淀池。

(2) 生物处理。利用自然界的大量微生物氧化有机物的能力,除去污水中各种有机物,使之被微生物分解后形成低分子的水溶性物质、低分子的气体和无机盐。根据微生物嗜氧性能的不同,将污水生物处理分为好氧处理法和厌氧处理法两类。

第一,污水好氧处理法主要有土地灌溉法、生物过滤法、生物转盘法、接触氧化法、活性污泥法及生物氧化塘法等。细菌通过自身的生命活动过程,把吸收的有机物氧化成简单的无机物,并放出能量。微生物利用分解中获得的能量,把有机物同化,以增殖新的菌体。这些微生物如果附着在滤料如土壤细粒的表面,形成面膜,即所谓的生物膜。如果在污水中,这些细菌形成的菌胶团(即活性污泥绒粒)与污水中的某些原生动物(纤毛虫类等)及藻类结合,即形成活性污泥,悬浮在污水中。生物膜和活性污泥在污水生物学处理中起着主导作用。

当污水中有机物质与生物膜表面接触时,则较迅速地被生物膜吸附,而非溶解性污物转变为溶解性的污物,也被生物膜吸收,从而使污水中的有机物质被降解。与此同时,生物膜上的微生物也摄取污水中的这些有机物质来营养自己,使生物膜的活力具有再生的能力。据此,污水生物处理装置才能够长期保持稳定的净化功能。

第二,污水厌氧处理法主要有普通厌氧消化法、高速厌氧消化法与厌氧稳定池塘法等。所谓污水的厌氧处理就是将可溶性或不溶性的有机废物在厌氧条件下进行生物降解。高浓度的有机污水和污泥适用厌氧分解处理,一般称为消化或厌氧消化;低浓度的污水一般不适用本法处理。

厌氧消化经历酸的形成(液化)和气的形成(汽化)两个阶段。在分解初期,不同的微生物群把蛋白质、糖类和类脂质转变为脂肪酸、甲酸、乙酸、丙酸、丁酸、戊酸和乳酸等有机酸,还有醇、酮、二氧化碳、氨、硫化氢等。此阶段,由于有机酸的大量积聚,故称酸性发酵阶段。在分解后期,由于生成氨的中和作用,pH 逐渐上升,另一群专性厌氧的甲烷细菌分解有机酸和醇,生成甲烷和二氧化碳,这一阶段称为碱性发酵阶段和甲烷发酵阶段。

用厌氧法处理的污水,由于产生硫化氢等有异臭的挥发性物质而放出臭气。硫化氢与铁形成硫化铁,故废水呈黑色。这种方法净化污水需要的时间较长(约需停留 1 个月),而且温度低时效果不显著,有机物含量仍较高。目前多在厌氧处理后,再用好氧法进一步处理。

(3) 消毒处理。经过生物处理后的污水一般还含有大量的菌类,特别是屠宰污水含有

大量的病原菌,需经药物消毒处理方可排出。常用的方法是氯化物消毒,将液态氯转变为气体,通入消毒池,可杀死99%以上的有害细菌。

2. 常用食品生产污水生物处理方法有活性污泥法、生物膜法和厌氧法

(1) 活性污泥法是一种需氧性生物处理,污水中溶解的氧供给需氧微生物在污水中大量繁殖,形成活性絮凝体即为活性污泥。活性污泥在污水中吸附有机物并将其氧化降解,生成的新活性污泥继续使用,多余的活性污泥被排出,作为燃料或肥料,从而使污水净化。

第一,活性污泥污水处理系统处理有机污水,一般生活污水与工业污水经活性污泥法二级处理均能达到国家规定的排放标准。肉类加工中的污水净化处理已广泛采用此法。

第二,该系统采用曝气的方法,使空气和含有大量微生物(细菌、原生动物、藻类等)的絮状活性污泥与污水密切接触,加速微生物的吸附、氧化、分解等作用,达到去除有机物、净化污水的目的。初次沉淀池:污水在此池内一般停留1～3 h,目的在于除去污水中较多的悬浮物。曝气池:污水在曝气池内借助搅拌装置(机械搅拌器或加压鼓风机)与回流来的活性污泥充分混合,并通过曝气提供生物氧化,从而加速活性污泥和微生物对污水中有机物的吸附、氧化、分解作用。二次沉淀池:经过曝气处理之后的污水,在此池内停留1.5～2.5 h,使被处理的污水与活性污泥分离。回流污泥:在二次沉淀池中的沉淀污泥需要回流一部分到再生池内,为处理新的污水提供足够的活性污泥。这部分污泥称为回流污泥。二次沉淀池中除回流污泥以外的余留污泥称为剩余污泥,见图10-8。

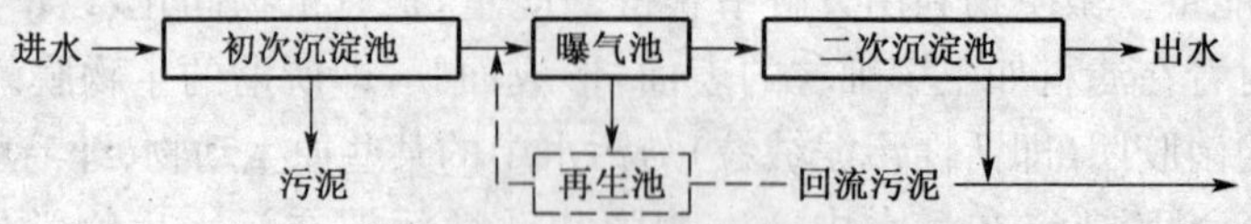

图10-8　活性污泥法流程

活性污泥处理法主要优点是净化效率高,产生的臭气轻微,占地面积较小,所得污泥可做肥料。

第三,污泥消化是在人工控制下,通过微生物代谢作用使污泥有机物质稳定化。它分为好氧消化过程和厌氧消化过程。好氧消化过程动力消耗大、费用高,较少采用。污泥厌氧消化过程有两个阶段,第一阶段是产酸菌将有机成分转变为低级脂肪酸及小相对分子质量的醇和酮,第二阶段是甲烷菌将分解物转变为甲烷和二氧化碳。厌氧条件:密封消化池,隔绝空气,保证厌氧菌正常活动。厌氧消化污泥的构筑物有双层沉淀池和消化池。池直径为6～35 m,池壁高5～15 m,具体多大视处理污泥量而定。

(2) 活性污泥处理法设施的设计计算如下。

第一,蓄电调节池的容积$V_{调}$确定:

$$V_{调}=y\left(1-\frac{t}{24}\right) \tag{10-6}$$

式中:$V_{调}$——蓄电调节池容积,m^3;

y——每日污水处理量,m^3/d;

t——沉淀停留时间,h。

第二,曝气池容积$V_{曝}$确定。以容积负荷0.8 kg/(m^3·d)为基准:

$$V_{\text{曝}} = \frac{\text{BOD}_{\text{污水}}}{0.8} \tag{10-7}$$

式中：$\text{BOD}_{\text{污水}}$——被处理污水的 BOD 负荷值，kg/d。

以 MLSS(混合液悬浮固体浓度)负荷 0.3 kg 为基准：

$$V_{\text{曝}} = \frac{\text{BOD}_{\text{污水}}}{0.3 \times 2\,700 \times 10^{-3}} \tag{10-8}$$

式中：MLSS 负荷为 BOD 0.3 kg/(kg・d)，MLSS 为 2 700 mg/kg。

以返回污泥量和曝气时间 t(h)为准：

$$V_{\text{曝}} = y\left(\frac{r}{100}+1\right)\frac{t}{24} \tag{10-9}$$

式中：y——每日污水处理量，m^3/d；

t——曝气时间，根据污水处理实验求出，h；

r——返回污泥量，m^3/d。

第三，沉淀池的容积 $V_{\text{沉}}$、表面积 $S_{\text{沉}}$、溢流负荷 $V'_{\text{沉}}$ 的计算：

$$V_{\text{沉}} = y\frac{t}{24} \tag{10-10}$$

$$S_{\text{沉}} = \frac{y}{L} \tag{10-11}$$

$$V'_{\text{沉}} = \frac{y}{c} \tag{10-12}$$

式中：y——每日污水处理量，m^3/d；

t——沉淀停留时间，h(一般为 3～6 h)；

L——表面积负荷，$m^3/(m^2 \cdot d)$[一般为 13～15 $m^3/(m^2 \cdot d)$]；

c——溢流负荷，$m^3/(m^3 \cdot d)$[一般为 30～60 $m^3/(m^3 \cdot d)$]。

第四，通气量计算，以 BOD 1 kg 为 1 m^3，需要通入 60 倍体积的空气，或按计划处理水量(m^3/d)的 5～8 倍供气。具体根据污水性质，通过实验确定氧气消耗量，概算出通气量。

第五，剩余污泥量 Δy 确定：

$$\Delta y = \alpha c - \beta y_v \tag{10-13}$$

式中：Δy——剩余污泥量，kg/d；

c——除去 BOD 量，g/d；

y_v——曝气池内的污泥量，kg；

α，β——污泥转换率和污泥自动氧化率。

(3) 生物膜法。好氧微生物在有充足的氧和丰富的有机物条件下，迅速繁殖，并在介质(滤液或转盘)表面形成一层各种微生物组成的薄膜——生物膜，废水沿长满生物膜的滤料空隙流动，使废水中的有机物吸附、氧化分解，从而得到净化。

现在已大量使用的生物转盘处理装置就是在面积大、质量轻的转盘上固定生物膜，转盘以低速(2 r/min)半浸没在污水中(浸没 40%)旋转时,污水中有机物被转盘上的生物膜吸附并氧化,其处理流程见图 10-9。

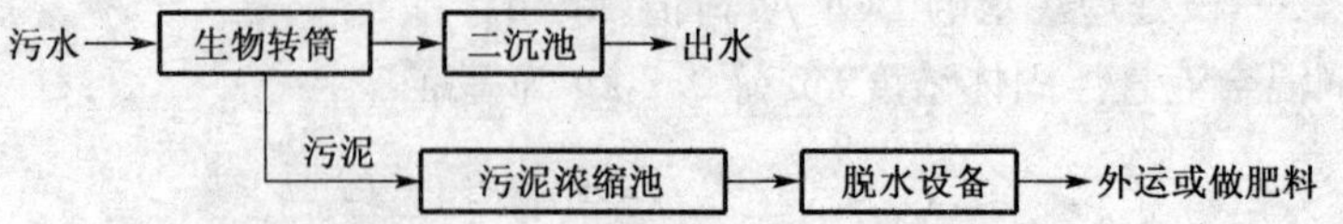

图 10-9　生物膜法处理流程

(4) 厌氧法。在密闭无氧的条件下,有机物如粪便、污泥、垃圾等通过厌氧性微生物及其代谢酶的作用被分解,除去臭味,致使病原菌和寄生虫卵被杀灭。利用这种途径处理废水的方法称作厌氧生物处理法,也称厌氧消化。厌氧微生物有产酸菌和甲烷菌。产酸菌能将糖类、脂肪、蛋白质等有机物变为低级脂肪酸、醇和酮,甲烷菌进一步把它们转变为甲烷和二氧化碳。为了保证厌氧消化的正常进行,必须将温度、pH 及氧化还原电势维持在一定范围内,以保证微生物的正常活动,见图 10-10。

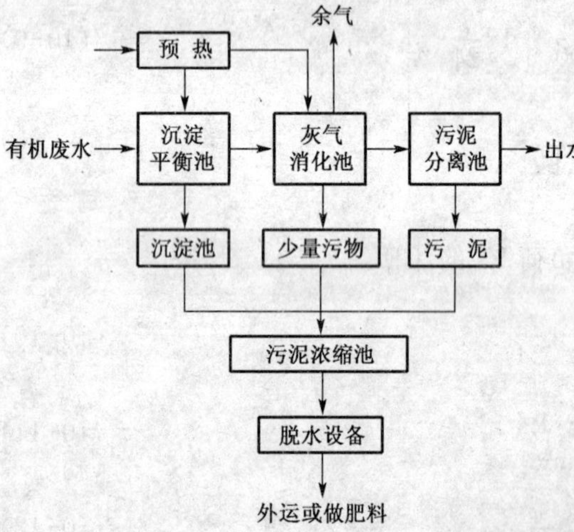

图 10-10　厌氧法处理污水流程

第一,污水经格栅筛网去除较大悬浮固体和毛发等杂质后,直接进入初沉池,初沉池兼作调节池,均化水质水量,同时将废水中不溶性固体如未消化食物和粪便等沉下。初沉池出水流入厌氧水解池,在厌氧菌胞外酶的作用下,将大分子有机物水解酸化变成小分子,将大部分不溶性有机物降解为溶解性物质。然后泵入 SBR 反应池,SBR 反应池水位到设定液位后进行射流曝气,使污水与活性污泥充分混合,曝气结束待污泥沉下后,上清液排放,两个 SBR 反应池交替运行。污泥积存到一定水位时,将污泥排至贮泥池。

第二,SBR 生物反应器采用分步控制生化处理过程,以进气、曝气反应、沉降、出水和静置五个阶段作为一个运行周期,给系列化处理提供了最佳条件。SBR 生化系统具有完全混合特点的推流式反应器,又是一个理想状态的二沉池。此外,SBR 系统污泥沉降性能较好,污泥增殖和产泥量均较小,特别适用于生化性好且水量不大的污水。

第三,主要构筑物及设备:初沉池尺寸为 4.0 m×3.5 m×4.5 m,有效容积为 60 m^3,停留时间为 24 h。初沉对减轻后处理负荷及防止填料堵塞起到关键作用。厌氧池尺寸为 28.0 m×4.0 m×4.5 m,有效容积为 480 m^3,内置生物填料,填料接触时间为 4 d。SBR 反应池有效容积为 200 m^3,设两个交替使用,每个尺寸为 4.5 m×4.5 m×5.5 m。内设射流曝气器进行曝气,每池设 4 个射流器,循环泵型号为 IS150—125—250A。贮泥池有效容积为 30 m^3。

3. 污水的组合处理方法

单一的方法处理污水有一定的缺陷,组合处理法对污水处理可以进一步提高工效、节能,适应污水性质和排放特点。

第一，对上述三种生物处理方法处理污水的效果、费用、使用寿命等进行比较，结果见表10-10。

表 10-10 各种处理方法比较

方法		污水质量			可靠性	费用		土地要求	对冲击的响应	使用寿命（年）
		BOD固体	氨	磷		投资额	操作保养费			
活性污泥法	活性泥污（外曝气）	+++	+++	+	+++	H	H	L	+++	15
活性污泥法	氧化沟	+++	+++	+	+++	H	H	A	+++	20
活性污泥法	曝气池	+++	+++	+	++	A	A	H	+++	20
活性污泥法	稳定池	+	++	+	+	L	L	H	++	30
生物膜法	滴滤池	++	++	◇	++	H	H	A	++	15
生物膜法	生物转筒		+++	+	+++	L	L	L	+	15
厌氧法		+	◇	◇	+	H	H	L	+++	20

注：+++——优良，++——良好，+——较好，◇——差，H——高成本，A——平均成本，L——低成本。

第二，生物法与物理法结合。污水在生物法处理前采用沉淀、过滤方法除去污水中的油、肉、骨块、废肠、毛等物，以降低污水浓度，减少污水处理量。

第三，几种生物法处理结合。目前生物处理已从传统污泥法发展到生物膜法和生物接触氧化法联合，从单一需氧处理发展到需氧、厌氧联合处理等，以获得投资少、处理效果好、污水处理装置运行费用低、管理人员少、管理方便的效果。污水联合处理方法举例及其流程见图 10-11～图 10-13。

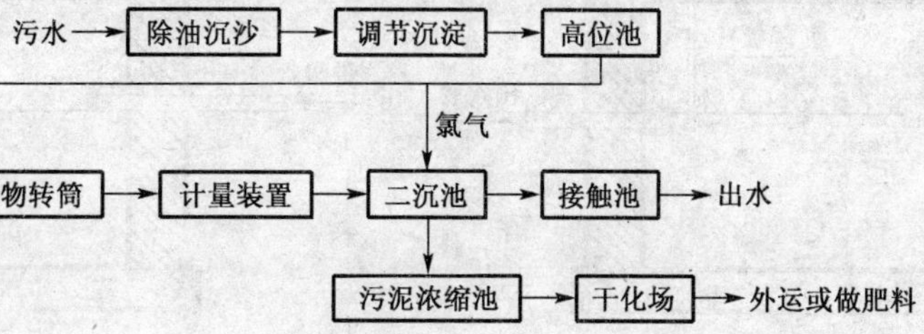

图 10-11 生物转筒接触氧化法流程

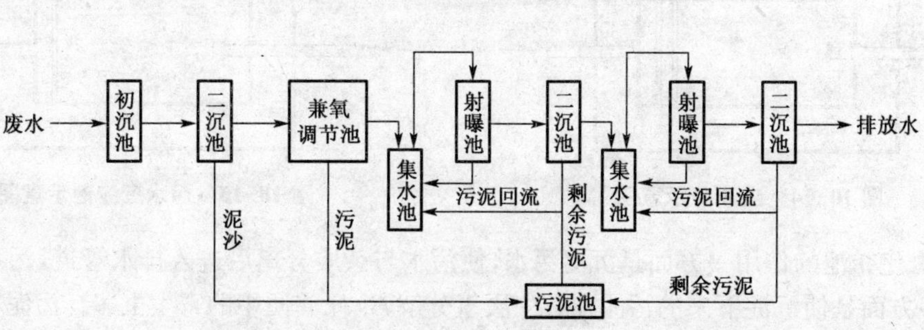

图 10-12 兼氧两级射流曝气生物接触氧化流程示意图

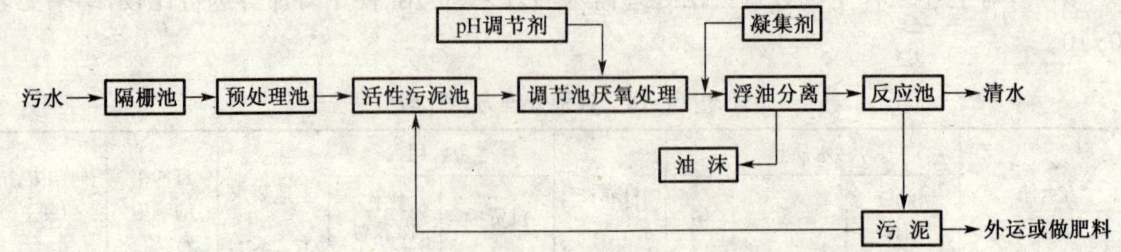

图 10-13　好氧、厌氧生物法与药物化学联合处理流程

4. 室内污水排放

(1) 室内污水未经处理不能直接排入管道,应在建筑物内或附近设置污水局部处理构筑物予以处理。常用的污水局部处理构筑物有隔油井、沉淀池、化粪池等。

肉类加工厂、食品加工厂及食堂、餐厅的厨房等污水中,含有较多的动植物油脂,此类油脂进入管道后,随水温的下降,能凝固并附着在管壁上,缩小管道过水断面并最终堵塞管道。由汽车库修理排除的汽车冲洗污水或其他一些生产废水中,含有的汽油等轻油类进入排水管道内,挥发并聚集于检查井处,当达一定浓度时,易发生爆炸而破坏排水管道的正常工作。因此必须对含油污水进行除油处理。污水除油处理的构筑物称隔油井。

隔油井的作用是使含油污水以很低的速度并改变方向在井中流过,使油类浮在水面上,被隔板截留住,然后将其收集排除,隔油井的构造见图 10-14。

(2) 沉淀池的作用是使污水缓慢流过池内,由于流速下降,泥沙颗粒就会在重力的作用下从水中沉降到沉淀池底部,从水中分离出来。沉淀到池底的泥沙通过水力或机械设施定期清理排除。其构造见图 10-15。

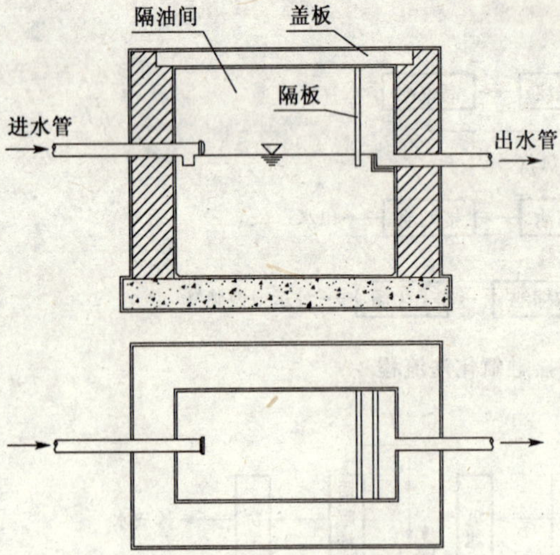

图 10-14　隔油井示意图

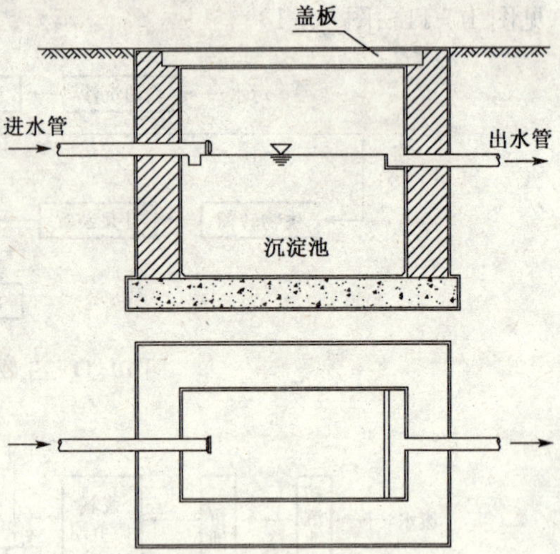

图 10-15　污水沉淀池示意图

(3) 化粪池的作用一方面是沉淀污水,使污水与杂质分离后进入排水管道,污水得到净化;另一方面是使沉淀下来的污泥在其中厌氧分解,杀死粪便中的寄生虫卵。污泥在化粪池中停留三个月到一年。化粪池的构造如图 10-16。

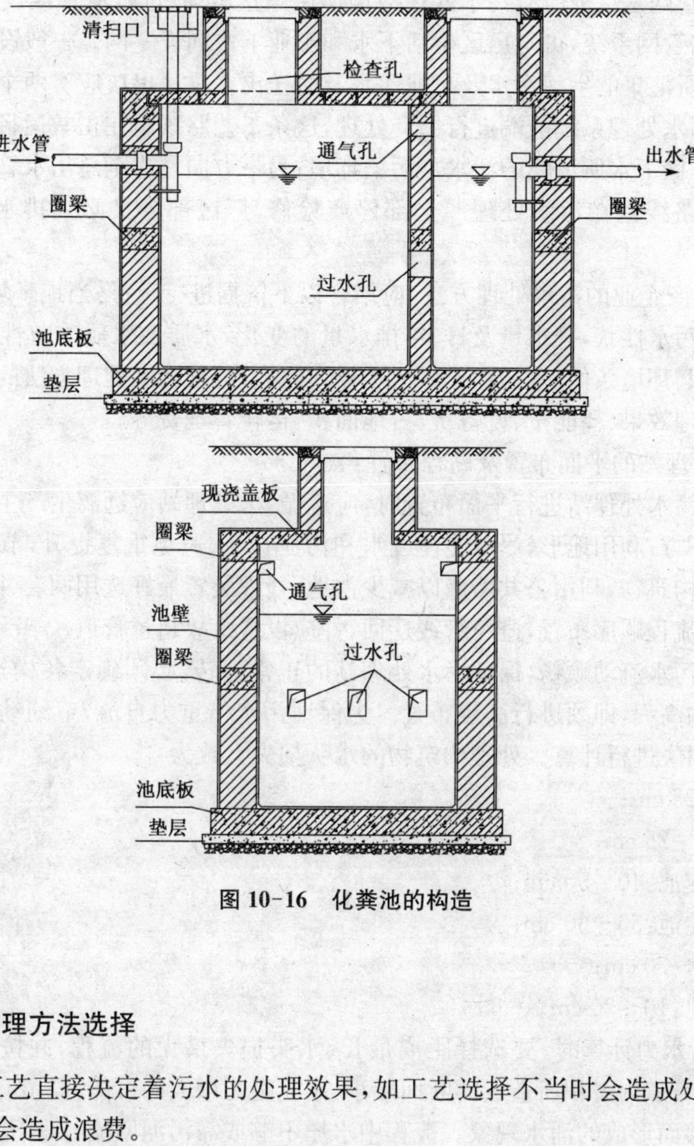

图 10-16　化粪池的构造

三、污水处理方法选择

污水处理工艺直接决定着污水的处理效果，如工艺选择不当时会造成处理效果达不到要求，同时也将会造成浪费。

(1) 工艺设计时除按选定的工艺路线设计外，还应考虑：

第一，合理布置高程和设置构筑物间的连通管线，上下游构筑物之间的高程差既要满足水头损失的需要，又要防止过分的水头过剩。在上下游构筑物之间连通管线既要保证足够的过载流量要求，又要尽量减少管内的阻力，管线两端或中间的阀门如无十分必要就可省略。

第二，设计污水处理工艺时，要考虑单元构筑物或单元工艺设备发生故障不能正常运行时，在不危害处理构筑物及设备的情况下，可顺利将污水超越到下道工序或直接超越到水体，以使出现故障的设备或构筑物能快速得到修复。一般主超越管线是设一条管径较大、能容纳所有来水的管线直连出水口或水体，超越点依据各构筑物的安全运行需要适当设置。超越点处的结构设计要保证事故状态时的顺利超越，不能发生乱跑水或影响检修、淹没设备等情况。

第三，放空管网是保证所有污水处理构筑物在停止运动、进行清理或设备检修时，池内污水顺利流出的管网系统，可与厂区生活下水和工业下水同设一网。一般设两条干线，终端设污水泵房，将所汇集的生活污水及工业污水及时送出。泵房出口应有两个方向：一个方向是将污水送回污水处理系统前端进行循环处理，这条工艺路线是在正常运行时，要保证个别构筑物放空及厂区下水所汇集的污水不污染环境；另一方向是连至总出水管，保证水能直排水体，这条工艺路线是在污水处理厂全部停产检修，厂区部分又必须排水的情况下才能使用。

(2) 食品生产企业的污水处理方法，应结合以下依据进行选择：当地环境保护法规中规定的排水标准，污水性状，排水量及日、年排水量的变化，水质及水质季节性的变化；食品加工厂的场地面积、环境条件、食品加工厂活水投入能力；各种污水处理方法的特点，适应处理水质的能力、处理效果、耗能量、设备费、占地面积、运转管理费等。

(3) 污水处理站的平面布置及高程布置：

第一，在对污水处理站进行平面布置时，应遵循：水处理站应远离生产主要车间，处于夏季主导风向的下方；利用地形，尽可能使废水和污泥自流，避免重复提升，节约动力；布置紧凑，可选用方形构筑物，利用公共墙壁以减少占地；处理装置最好选用两套并联，增加灵活性及应变能力；按流程顺序布置，避免管线迂回，并应设置事故超越管道。

第二，为使污水流动顺畅，保证污水处理站的正常运转，必须确定各构筑物及连接管渠的高程及水面的高程，即须进行高程布置。为保证污水借重力自流，节约动力，需对各构筑物之间的水头损失进行计算。处理构筑物的水头损失大致为

格栅：10～25 cm；

除油池：10～25 cm；

竖流式沉淀池：40～50 cm；

辐流式沉淀池：50～60 cm；

曝气池：25～50 cm；

混合接触池：10～30 cm。

(4) 在进行水力计算时，要选择距离最长、水头损失最大的流程，并按最大流量计算。同时，还应考虑管道内淤积所造成的断面减小、水流阻力增大的可能，需留有必要的余地，防止由于水压不够而形成的涌水现象。流程中水压不够或需污泥回流时，则应设置提升水泵。

(5) 中水利用是指生产污水和生活污水如淋浴、盥洗、洗涤、厨厕等排水，经处理达到一定的水质标准后，可在一定范围内的非饮用水供水系统中使用。其水质介于上水(自来水)与下水(污水)之间，可用于小区浇灌绿地，冲洗车辆，浇洒道路，也可在建筑中提供给水系统供洗涤、冲厕之用。污水处理站的设计方案要考虑中水回收利用。

第十一章 公用系统

公用系统包括给排水、供电及仪表、供汽、采暖通风、燃汽、压缩空气、智能化等工程。食品生产企业的公用系统直接与企业的运行、生产和经济效益有关，必须科学合理地设计和施工。

第一节 食品安全生产对公用系统的要求

与生产经营密切相关的公用系统应满足生产的需要、卫生的需要、安全可靠和经济节约的需要。

一、公用系统内容

所谓公用系统是指与企业各部门、车间、工段有密切关系的，为这些部门所共有的一类动力辅助设施的总称。在食品工厂的设计中，这几项工程分别由专业工种的设计人员承担。当然不一定每个整体项目设计都包括上述几项工程，需按工厂的规模而定。在一般情况下，给水排水、供电、供汽这三项不管工厂规模大小均需具备，小企业由于投资和经常性费用高等原因可能不设冷库、车间的采暖和空调。就当地的气象情况也不一定每个项目都得具备，至于扩建性质的工程项目，上述公用工程就更不一定同时存在。

1. 企业外工程

给排水、供电等工程的水源、电源的落实和外管线的敷设，牵涉的外界因素较多，如与供电局、城市建设局、市政工程局、环保局、自来水公司、消防处、卫生防疫站、环境监测站以及农业部门等均有一定的关系。与这些部门的联系，最好先由筹建单位进行一段时间的工作，初步达成供水、供电、环保等意向性协议，在这些问题初步落实之后，再开展设计工作。由于企业外工程属于市政工程性质，一般由当地专门的市政设计或施工部门负责，设计比较切合当地实际，专业设计院一般不承担厂外工程的设计。

企业外工程的费用比较高，在决定厂址时，要考虑到这一因素。如果水源、电源离所选定的厂址较远，则要增加较大的投入，特别是中小型食品厂，其厂外管线的长度最好能控制在 2～3 km 范围以内。

2. 企业内工程

企业内工程是指在厂区范围内、生产车间以外的公用设施，包括给排水系统中的水池、水塔、水泵房、冷却塔、外管线、消防设施；供电系统中的变配电所、厂区外线及路灯照明；供热系统的锅炉房、烟囱、煤场及蒸汽外管线；制冷系统的冷冻机房及外管线；环保工程的污水处理站及外管线等。这些工程的设计一般由负责整体项目的专业设计院承担。

3. 车间内工程

车间内工程主要是指有关生产设备及管线的安装工程，如风机、水泵、空调机组，电气设备及制冷设备的安装，包括水管、汽管、冷冻管、风管、电线、照明等。其中水管和汽管由于和生产设备关系十分密切，它们的设计一般由工艺设计人员担任，其他仍归属专业工种承担。

二、对公用系统的要求

1. 满足生产需要

食品工业的季节不均性相当突出，公用设施的负荷变化非常明显，因此，要求公用设施的容量对负荷的变化要有足够的适应性才能满足生产要求。不同的公用设施有不同的原则，例如供水问题，只有把供水能力按高峰季节各产品的小时需要总量来确定它的设计能力，才认为具备了足够的适应性。如果供水量满足不了高峰季节的生产需要，会造成原料的积压或延长加工时间，从而对产品质量带来损失。至于供水能力较大，在淡季时是否造成浪费，这一点并不很重要，因为水的计费只跟实际消耗量有关，淡季少用水少付费。对供电和供汽设施来讲，如要具有适应负荷变化的特征则需要考虑组合式结构。所谓组合式是指不要设计单一变压器或单一的锅炉，而设置两台变压器或两台锅炉，以便有不同的能力组合，适应不同的负荷。如何决定合理的组合，最好根据全年的季节变化画出负荷曲线，才能求得最佳的组合。

2. 符合卫生要求

食品生产中原材料或半成品不可避免地要和水、蒸汽直接或间接接触，要求生产用水的水质必须符合卫生部规定的生活用水卫生标准。直接用于食品的蒸汽应不含有危害健康或引起污染的物质。氨制冷剂对食品卫生是有害的，氨蒸发系统应严防泄漏。

公用设施在厂区的位置是影响工厂环境卫生的重要因素，如锅炉的型号、烟囱的高度、运煤出灰通道、污水处理的位置等。污水处理的工作流程是否选择得当，与工厂的环境卫生有密切关系，具体要求详见有关章节。

3. 运行可靠、费用经济

运行可靠是指供应的数量和质量要有可靠稳定的参数，例如水的数量固然要保障，水的质量更为重要。在工厂自已制水的系统中，原水的水质往往随季节的变化而波动很大，一般秋冬季水质较好，春夏季水质较差，洪水期更差。也有的地方水源流量小，秋冬枯水期污染物质的浓度增大，水质反比春夏季差，这就要根据具体情况，采取各种相应措施，使最后送到生产车间的水质符合食品生产的水质要求。又如供电，有些地方电网供电可能经常出现局部停电现象，将影响生产的正常秩序，要考虑是否自备电源，以摆脱被动局面。

参数的稳定也非常重要，如水压、水温、电流、电压、频率、蒸汽压力、冷库或空调的温度、湿度等，如果参数不稳定，轻则影响生产的正常进行，重则造成安全事故和重大损失。所谓经济性就是投资少、收效高，要求设计人员在设计时，正确收集和整理原始资料，进行多方案的比较，避免贪大求洋，考虑近期的一次性投资和长期的经常性费用的关系，从而使设计投资最少，经济效益更好。

第二节 给排水系统

给排水工程是食品生产企业的命脉，建设项目的给排水设计包括：取水及净化工程、厂区外及生活区的给排水管网、车间内的给排水管网、消防系统、室内卫生工程和冷却循环水系统。

一、食品生产企业对用水的卫生要求

食品生产企业用水分为生产用水、锅炉用水、冷却用水、生活用水和消防用水等，其中生产用水是工厂用水量最大、要求比较严格的用水。

1. 对用水的要求

(1) 生产用水必须符合《生活饮用水卫生标准》，"标准"对饮用水质提出 35 项要求，分为 4 大类：一是感观性状，规定水色不得超过 15 度，浑浊度不得超过 3 度，不得有异臭异味；二是化学指标，规定水中挥发酚类不超过 0.001 mL/L，其他对铁、锰、锌、总硬度和 pH 等也分别作出了规定；三是毒理学指标共有 15 项：氟化物、氰化物、砷、硒、汞、镉、六价铬、铅等；四是细菌学指标，规定细菌总数量不得超过 100 个/mL，大肠菌群不超过 3 个/L。致病菌规定：用氯消毒时，接触 30 s 后游离性余氯不低于 0.3 mg/L；管网末端游离性余氯不低于 0.5 mg/L。

(2) 生产用水有清洗食品、制冰或为产品镀冰衣，生产设施、工器具、容器和设备的清洗和消毒，同时还有饮用水，所有这些都要求使用安全卫生用水，不能造成食品的污染。生产用水和生活用水均要符合生活饮用水水质标准。特殊生产用水是指直接进入构成产品组分的用水和锅炉用水，这些用水对水质有特殊要求，必须在符合生活饮用水水质标准的基础上，做进一步处理。

(3) 冷却用水(如制冷系统的冷却用水)和消防用水，其水质要求略低于生活饮用水水质标准，但一般仍要求无悬浮浑浊物质，避免粘于传热壁上影响传热效果。在实际生产中，冷却用水一般循环使用，为了便于管理和节约投资，多数食品厂并不另设冷却供水系统。

2. 对水源的要求

(1) 集中式给水，除根据需要具备必要的净化处理设备外，不论其水源是地面水或地下水，均应有消毒设施。取地下水直接供入管网的一次配水井，必要时还应有除沙、防浑浊设施。有关蓄水、配水和输水等设备必须严密，不得与排水设施直接相连，防止倒虹吸。用水单自建的各类贮水设备要加以防护，定期清洗和消毒，防止污染。

凡与水接触的给水设备所用原材料及净水剂，均不得污染水质。新材料和净水剂均需经过省、市、自治区卫生厅(局)审批，并报卫生部备案。自备的生活饮用水供水系统严禁与城、镇供水系统连接。集中式给水应不断加强对取水、净化、蓄水、配水和输水等设备的管理，建立行之有效的放水、清洗、消毒和检修等制度及操作规程，以保证供水质量。新设备、新管网投产前或旧设备、旧管网修复后，必须严格进行冲洗、消毒，经检验浑浊度、细菌、肉眼可见物等指标合格后方可正式通水。直接从事供水工作的人员，必须建立健康档案，定期进行体检，每年不少于一次，如发现有传染病患者或健康带菌者，应立即调离工作岗位。

(2) 分散式给水应加强卫生管理,建立必要的卫生制度,采取切实可行的措施,做好经常维护和管理工作。若只经过加氯消毒即供作生活饮用的水源水,总大肠菌群平均每升不得超过 1 000 个,经过净化处理及加氯消毒后供作生活饮用的水,总大肠菌群平均每升不得超过 10 000 个。

(3) 生活饮用水必须设置卫生防护地带,集中式给水水源卫生防护地带的规定如下:地面水取水点上游 1 000 m 至下游 100 m 的水域,不得排入工业废水和生活污水,其沿岸防护范围内不得得堆放废渣,不得设立有害化学物品仓库,堆栈或装卸垃圾、粪便和有毒物品的码头,不得使用工业废水或生活污水灌溉及施用持久性或剧毒的农药,不得从事放牧等有可能污染该段水域水质的活动。

地下水取水构筑物的防护范围:在单井或井群的影响半径范围内,不得使用工业废水或生活污水灌溉和施用持久性或剧毒的农药,不得修建渗水厕所、渗水坑、堆放废渣或铺设污水渠道,并不得从事破坏深层土层的活动。

(4) 城市公共用水是最常用的水源,通常已进行了净化处理,符合《生活饮用水卫生标准》,其优点是安全、优质、可靠。自备水源指使用井水、海水等作为水源,最常用的是井水。所在地有自来水管网的应优先考虑采用自来水,其次考虑地下水,最后考虑地面水。采用地下水和地面水的工厂,应自设水处理系统。采用何种水源应根据工厂的具体情况,经技术经济的分析后确定。

(5) 地表水取水点周围半径不小于 100 m 的水域内,不得停靠船只、游泳、捕捞和从事一切可能污染水源的活动,并应设有明显的保护范围标志。在水厂生产区或单独设立泵站时,沉淀池和清水池 1 km 范围内,不得设立生活居住建筑和修建禽兽畜饲养场、渗水厕所、渗水坑;不得堆放垃圾、类便、废渣或铺设污水管道;要保持良好的卫生状况,在有条件的情况下,应充分绿化。肉类加工企业应尽量采用消毒的饮用水,并注意在厂内是否存在污染的可能。自备水源要保护不受污染,定期检查,并对水的贮存和分配也应检查,查明可能遭受污染的部位。消毒水通常采用氯化消毒,用有自动释放装置的加氯器来消毒更好,这种消毒不但降低水中的细菌含量,还具有氯化有机物和某些盐类及驱除供水气味的作用。

(6) 清洁的井水虽然能确保食品质量和安全性,但比城市供水更容易受污染。井水的污染来源主要有:洪水淹没,污水池或灌溉水源通过渗透污染井水,受其他有害物质的污染。因此井水水源不宜离污水池、粪池或灌溉田太近,水源周围应保持良好的卫生状况,必要时应设隔离设施,出水口必须密封,由出水管直接出水。

(7) 如需使用海水,仅限于一些偏远的海滨地区或某些加工船。作为自然水源,其安全性和质量易受天气、季节、环境污染的影响,直接与食品接触的井水或海水都应符合生活饮用水卫生标准,对达不到卫生质量要求的水源,工厂要采取相应的消毒处理措施,加氯量为 1～3 mg/L,最高不超过 5 mg/L,加氯后应经过一定的消毒时间(通常为 30 s)。

3. 供水的卫生管理

(1) 水质最初的检测数据是食品企业能够投产的依据,必须列入生产企业历史资料档案中。在日常的定期水质检测时,可分析水质发生的某些变化,有针对性地采取控制和纠正措施,保证水质的安全卫生。水的中间储存设施如蓄水池、水塔等,必须有完善的防尘、防虫、防鼠措施,做到密闭,定期对中间储存设施进行清洗消毒,食品生产企业应当制定水的中间储存设施的清洗消毒方法和程序。

无论是城市公共用水还是自备用水源，食品生产企业都必须监控水质。水质监测有两种方式：定期水质检测和日常水质监测，企业必须每半年取水样送指定的检测机构进行水质项目检测，如水质检测不合格必须采取有效的水处理措施。监测加工用水的水质包括感官检验和常规理化检测，如余氯含量和 pH，至少每月对水的微生物指标（细菌总数、大肠菌群、致病菌）进行一次检测，监测水样取自各出水口。企业每月应对所有出水口进行一次监测，定期检查所有供水设施的卫生状况，及时发现隐患，及时采取处理措施。

(2) 为了保证工厂内有充足的用水量，必要时设有储水设备如储水池，其材料要求无毒、不污染水质，并有适当的保护措施。储水设备定期清洗并每天检查加氯消毒情况。如食品生产时用水属非自来水，应设置净水或消毒设备，其水质每年向政府机构申请检验一次，确保符合饮用水水质标准。

(3) 供水管和排水管应尽量靠墙走，不宜直接通过加工区域上方，防止冷凝水集聚滴下污染加工食品。当供水管和排水管并排走向时，供水管在排水管道上方。企业有多套供水系统（如生产用水供水系统、非生产用水供水系统、热水供应系统）时，不同的供水系统必须严格分开，不采用交叉连接，并用不同颜色管道明显区分，管路交叉时生产用水管在最上方。企业保存完整的供水网络图，以便日常管理和维护使用。生产现场的各个出水口顺序编号，水管出口应具有防虹吸、防止水倒流等措施。

(4) 饮用水系统与非饮用水系统之间须无交叉污染，加工操作中易造成交叉污染的防治措施如下：水源距离污染源 15 m 以上，关于井水水源管口必须远离水井，管口密封，禁止污水进入。水泵设计必须合理，防止虹吸，不使废水和污水倒流。检查时沿上水管道和废水管道进行，判定是否造成交叉污染。非饮用水使用的管路（如冷却水等）与生产用水管路用颜色区分，不能有逆流或相互交接现象。生产用水管道的阀门设置回流装置，防止地面或槽中脏水被吸入饮用水中。当冰与食品、食品表面接触时，必须以一种卫生的方式生产和储存，制冰桶的内层采用食用级材料制成，食品与不卫生的物品不能同存于冰中，制冰机应经常检查保证清洁，不能存在污染。

二、给水设计、计算

给水设计包括取水及净化工程、厂区及生活区的给水管网、车间内外给水管网、室内卫生工程、冷却循环水系统和消防系统等。

1. 设计依据

以水文地质工程队提供的建厂地点水源勘察报告作为基本条件，肉类加工企业工艺生产对给水的要求包括：各车间最大、最小和平均用水量，各车间最大、最小和平均排水量及污水的性质，生产、生活和消防用水质要求以及废水排放标准。厂区的总体布置，各建筑物卫生设施及防火等级，生活区人口、建筑面积、卫生设施等情况，国家有关给排水设计标准和规范。

收集厂区所在地和周围的气象、水文、地质、地形资料，特别是作为水源的河、湖的详细水文资料。了解引水、排水路线的现状及拟接进厂的市政自来水管网状况，当地环保和公安消防部门的有关规定，所在地管材市场供应情况，以及各部门对用水量、水质、水温及用水时间的要求。优先考虑所在地城市自来水，如采用自备水源时，水质应符合卫生部规定的《生活饮用水卫生标准》及本厂的特殊要求。消防、生产、生活给水管网尽可能使用同一管路系统,生活、生产废水应达到国家规定的排放标准后才能排放。为了节约用水和减少能源消耗,冷却水循环使用,避免不必要的浪费。消防、冷却循环等用于增压的水泵尽可能集中布置,便于统一管理及使用。设计主厂房或车间的给排水管网时,应满足生产工艺和生活安排的需要。

2. 给水设计

小型食品生产企业,在进行用水量计算时可采用"单位产品耗水量定额"估算法,也可按主要设备的用水量或食品工厂生产规模来拟定给水能力。大型食品工厂必须采用逐项计算的方法进行用水量计算,以保证用水量的准确性,方法如下:

第一,采用合适的计算方法,如做生产过程设计,就要对整个过程和其中的每一个设备做详细的用水量计算,计算项目要全面、细致,以便为后一步设备计算提供可靠依据。

第二,绘出用水量计算流程示意图。为了使研究的问题形象化和具体化,通常使用框图显示所研究的系统,图形表达的内容应准确详细。

第三,收集设计基础数据,包括生产规模、年生产天数、原料、辅料和产品的规格、组成及质量等。确定工艺指标及消耗定额。设计所需的工艺指标、原材料消耗定额及其他经验数据,根据所用的生产方法、工艺流程和设备,对照同类生产工厂的实际水平来确定。

第四,选定计算基准,计算基准是工艺计算的出发点,可使计算结果大为简化。由已知数据,根据质量守恒定律进行用水量计算,此计算既适用于整个生产过程,也适用于某一个工序或设备。在整个用水量计算过程中,对主要计算结果认真校核,保证计算结果准确无误。最后把整理好的计算结果列成用水量计算表。

3. 全厂用水量计算

(1) 生产工艺用水量计算见第四章有关章节。锅炉用水量是一个估算值,各企业在生产中取值有所不同,一般锅炉用水按锅炉蒸发量的 1.2 倍进行估算,小时变化系数取 1.5～2.0,锅炉反冲洗时瞬间流量,即配置锅炉旁通水总管径时,应按锅炉的总蒸发量加上最大一台锅炉蒸发量的 4～5 倍计算。锅炉用水量可按下式估算:

$$q_m = K_1 K_2 Q \tag{11-1}$$

式中:q_m——锅炉房最大小时用水量,t/h;

K_1——蒸发量系数,取 1.15;

K_2——锅炉房的其他用水系数,取 1.25～1.35;

Q——锅炉蒸发量,t/h。

(2) 冷冻机房冷却用水量包括汽缸冷却用水和冷却塔循环用水,汽缸冷却用水量见冷冻机产品样本,冷却塔循环用水量 G_τ 可用如下公式计算:

$$G_\tau = \eta \frac{Q_1}{1\,000} C\Delta T \tag{11-2}$$

$$G_\tau = A_1 q_{vm} \tag{11-3}$$

式中:G_τ——冷却塔循环用水量,m^3/h;

Q_1——冷凝器热负荷,kJ/h;

η——使用系数,取 1.1～1.5;

C——水的比热容，取 4.18 kJ/(kg·℃)；

ΔT——冷却水的进出温差，℃；

A_1——冷凝器面积，m^2；

q_{vm}——冷凝器单位面积用水量，$m^3/(m^2 \cdot h)$。

制冷机的冷却水循环取决于热负荷和进出水温差，通常取 $t_2 \leqslant 36℃$，$t_1 \leqslant 32℃$。冷却循环系统的实际耗水量，即补充水量可按循环量的 5%计算。

食品生产企业的制冷机房、车间空调机房及真空蒸发工段等常需要大量的冷却水。为减少全厂总用水量，常设置冷却水循环系统和可降低水温的装置。

(3) 生活用水量的大小受工厂所在地气候、居民生活习惯以及卫生设备配备情况的影响，可根据当地规模相近的食品企业或居民的生活用水量来确定，也可按下式进行估算：

$$G_L = \frac{KNQ}{1\,000t} \tag{11-4}$$

式中：G_L——最大小时生活用水量，m^3/h；

K——小时变化系数；

Q——用水量指数；

N——使用人数；

t——使用时间，h。

员工宿舍用水 Q 取 100～150 L/(人·d)，K 取 2～3；办公室用水 Q 取 10～15 L/(人·班)，K 取 2～2.5；浴室用水 Q 取 90～135 L/(人·次)，K 取 1.5～2.0；食堂用水 Q 取 10～25 L/(人·餐)，K 取 2～2.5。

(4) 消防用水。食品生产企业的生产性质决定其发生火警的危险性较低，建筑物耐火等级较高。食品生产企业的消防给水一般与生产、生活给水管合并，采用合流给水系统。室外消防给水管网应为环形，水量按 15 L/s，水压保证消防用水量达到最大且水枪布置在任何建筑物的最高处时，水枪充实水柱不小于 10 m。室内消火栓的配置，保证两股水柱每股水量不小于2.5 L/s，保证同时到达室内的各个位置，管道内压力保证水枪出口充实水柱不小于 7 m。

食品生产企业的室内消防用水量为 22.5 L/s，室外消防用水量为 10～75 L/s。食品生产企业的生产用水量较大，在计算全厂总用水量时，可不计入消防用水量，如发生火警，可调整生产和生活用水量加以解决。

(5) 绿化、道路浇洒、汽车清洗用水量。厂区绿化用水量可按浇洒面积1.0～3.0 L(m²·d)计算，干旱地区可酌情增加。厂区道路、广场的浇水量可按浇洒面积 2.0～3.0 L(m²·d)计算。汽车清洗用水量可查有关资料确定。

(6) 管网水力设计计算

水力计算是在绘制管网系统轴测图基础上进行的，用以确定供水管网的管径和总水头，水力计算包括流量、流速、管径、水头损失和总水头等项计算。室内供水所需总压力为

$$H = H_1 + H_2 + H_3 + H_4 \tag{11-5}$$

式中：H——建筑物供水管进口处所需总压力，Pa；

H_1——配水点与建筑物进水管的标高压力，Pa；

H_2——管道沿程和局部水头损失之和,Pa;

H_3——水表中的水头损失,Pa;

H_4——配水点所需流出水压力,Pa。

干管、立管和横管一般选用管内流速为1.01～0.8 m/s,不大于1.8 m/s,供水管网沿程水头损失 h_1 按下式计算:

$$h_1 = il = (0.0010)v^2 \times \left(\frac{l}{d}\right)^{1.3} \tag{11-6}$$

式中:i——单位长度管段的沿程水头损失,Pa/m;

v——流速,m/s;

d——管道的计算内径,m;

l——管道的长度,m。

已知管内流量,选定流速,即可计算管径,可以在给排水手册中查找。管道局部水头损失计算为生活供水管:(25%～30%)h_1、生产供水管:20% h_1、消防供水管:10% h_1。

三、给水系统及给水处理

1. 给水系统

(1) 当城市自来水供水压力、流量均能满足生产、生活需要时,市政管网进入厂区经水表计量向厂内各用水点直接供水,该系统是所有供水系统中最为简便、理想的供水方案,见图11-1。当城市自来水供水压力不能满足生产、生活需要时,宜设置两套供水管网:能满足各用水点需要的采取直供方案;不能满足各用水点需要的采用加压装置。

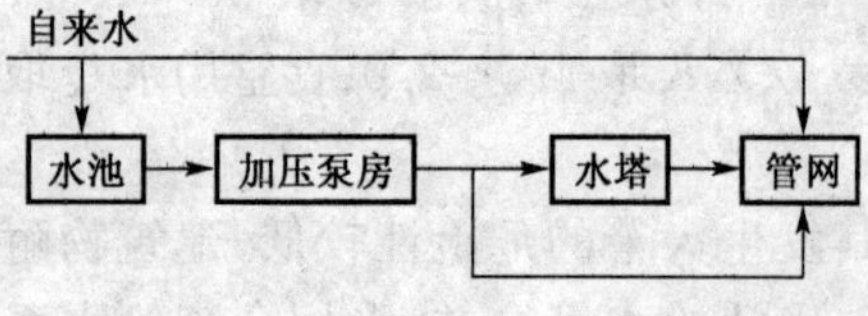

图11-1 自来水供水系统示意图

通常自来水供水系统为高位水箱或水塔式供水系统,见图11-2,蓄水调节池容积为最大小时用水量的1.5～2.0倍。有些工厂使用全自动供水系统,包括气压自动供水系统和变频调速供水系统,见图11-3、图11-4。

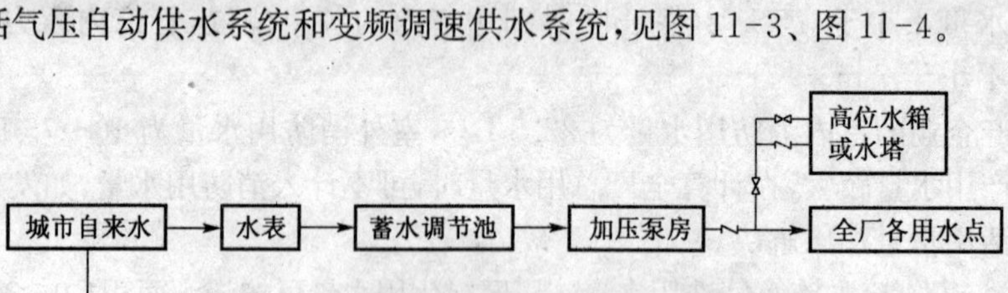

图11-2 高位水箱或水塔供水系统流程图

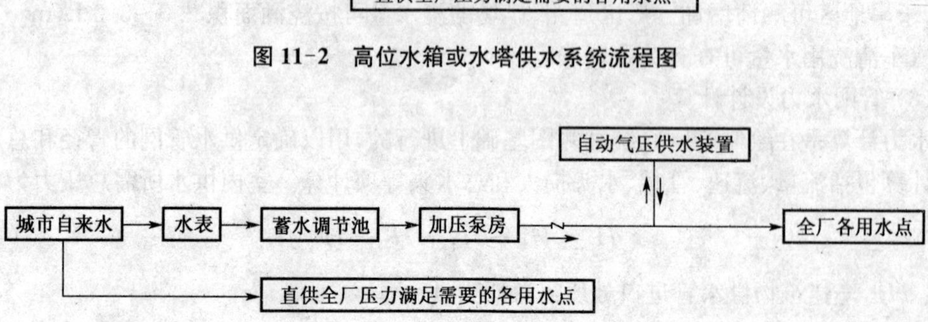

图11-3 气压自动供水系统流程图

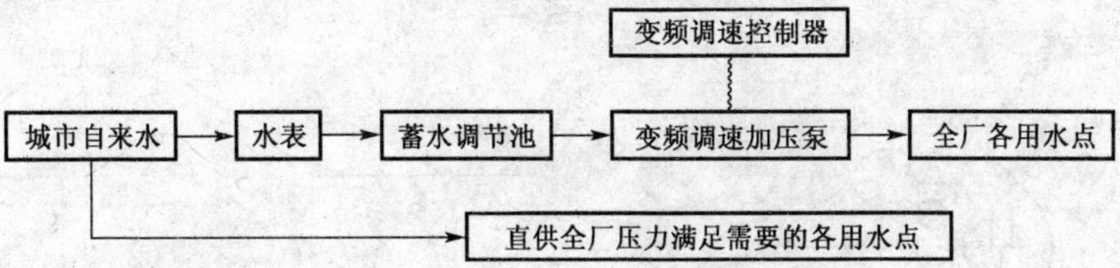

图 11-4　变频调速泵供水系统流程图

(2) 地下水给水系统包括净化过程，见图 11-5，净水设备的生产能力按日总用水量的 1.1 倍计算，净水设备日工作时间按 22 h 计算。净水工艺流程和净水设备的选择根据水质情况而定。

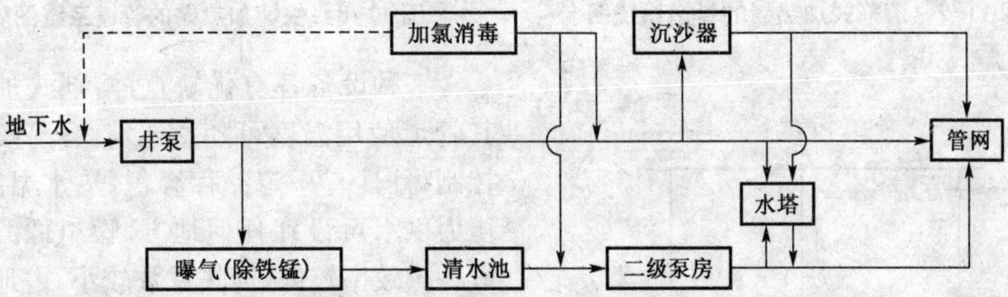

图 11-5　地下水供水系统流程图

(3) 地表水给水系统见图 11-6。

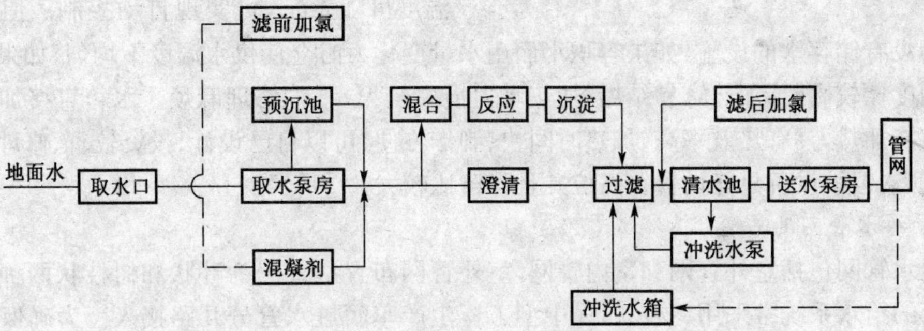

图 11-6　地表水供水系统流程图

2. 热水用量及其水温要求

(1) 热水用量根据工厂的卫生设备完善程度、热水供应方式(全天供应、定时供应、集中供应或分散供应等)、当地气候条件和生活习惯确定。对于集中供应热水的建筑物，热水温度一般为 65℃，热水用量占热水总用量的百分数为：公共浴室 50%～60%，企业生产40%～70%，洗衣房 30%～50%。热源一般为低压蒸汽，其压力不宜超过 0.4 MPa。

(2) 大部分食品生产企业生产过程中需要 40℃、62℃、80℃三种水温的热水，用于清洗地面、墙面，畜禽烫毛及刀具消毒，其用量视生产规模而定。40℃热水需要量为每吨产品 2～3 t，80℃热水需要量为每吨产品 1～2 t，62℃烫毛热水以畜禽班每班 40～45 L 计。

(3) 常用热水管道及设备有溶剂式加热器、快速加热器及水箱直接加热设备，见

图 11-7～图 11-9。

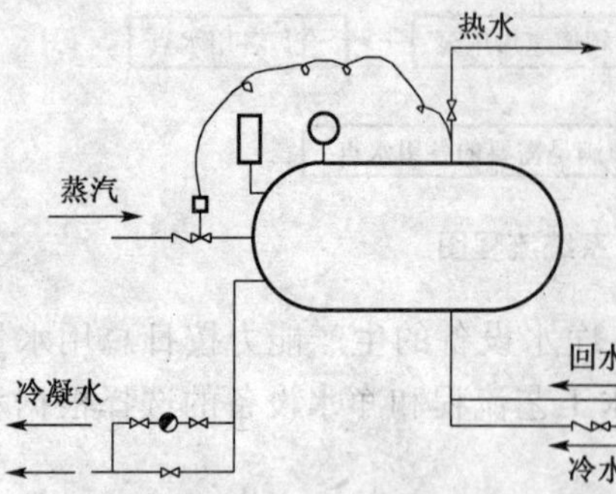

图 11-7　溶剂式加热器的管道系统图

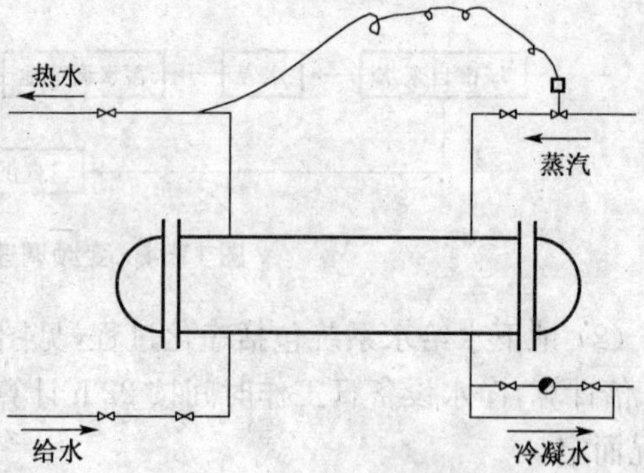

图 11-8　快速加热器的管道系统图

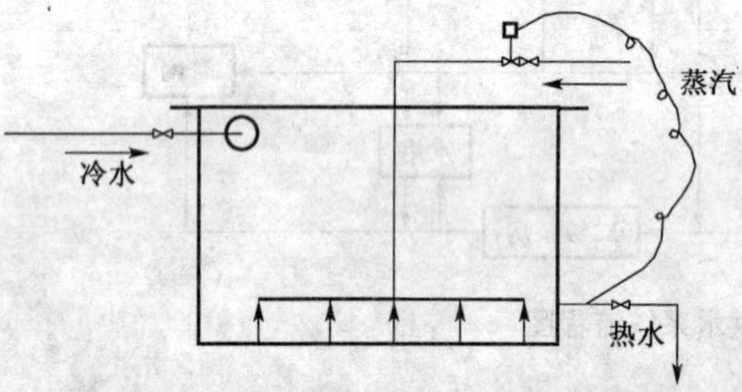

图 11-9　水箱直接加热设备的管道系统图

三种设备各有优缺点：溶剂式加热器及其管道使用温度可随意选定，容易实现自动控制，且具有一定储存容积，热水温度稳定，压力供水可设在任何地方，噪声低。但是该设备热效率较低，传热系数较小，占地面积较大，设备管道比较复杂，投资较高，维护修理较麻烦。快速加热器管道设备热效率高，传热系数较大，结构紧凑，占地面积较小，使用温度可随意定，可实现自动控制。但这种设备因为没有储存水的设施，如果容积小而用水量变化大时会使供水温度不均匀，如果水质的暂时硬度比较高时，加热容易结垢，加热水力损失较大，维护修理麻烦。水箱直接加热设备因是直接加热，具有热效率高、加热时间快、制作方便、可以自己设计、投资较省、修理维护方便等优点，但该设备只能设置在高位并且噪声比较大。

3. 给水管网的布置

给水管网包括室外管网和室内管网，室外管网布置形式分为环状和树枝状两种。小型食品厂的给水系统常采用树枝状，大中型工厂生产车间进水管分几路接入。为确保供水正常，大中型工厂多采用环状管网。室外管网通常采用铸铁管，用铅或石棉水泥接口，若采用焊接钢管和无缝钢管要进行防腐处理，采用焊接接口。室内管网由进户管、水表接点、干管、支管和配水设备组成，有的还配有水箱和水泵。管网布置形式有上行式、下行式和分区式三种，具体采用何种方式，由建筑物的性质、几何形状、结构类型、生产设备的布置和用水点的位置决定。水压应保证每个用水点的自由水头不小于 0.06～0.08 MPa。对于水压有特殊要求的用水点，可采取局部增压措施。一般控制供水干管中水的流速≤2 m/s，控制管道内的水头损失为 490～980 kPa/100 m。

4. 给水处理

给水处理目的是满足各种用水的水质要求，除去水中的悬浮杂质、有色物质、胶体物质、可溶性盐类、病菌及其他有害成分。给水处理有地表水的预处理、地下水的预处理和自来水的预处理三种。

(1) 地表水的预处理。首先，用沉淀的方法除去水中较大颗粒的杂质，使水在沉淀池中停留较长时间，以达到沉淀澄清的目的。其次，在水中加混凝剂，使水中的胶体物质与细小的、难以沉淀的悬浮物质相互凝聚，形成较大的易沉绒体，再在沉淀池和澄清池中沉淀和澄清，使水由浑浊变澄清。常用的混凝剂为硫酸铝[$Al_2(SO_4)_3 \cdot 8H_2O$]，硫酸亚铁($FeSO_4 \cdot 7H_2O$)，三氯化铁($FeCl_3 \cdot 7H_2O$)等。再次，将水通过装有滤料的过滤池或过滤器，利用滤料与水中细微杂质间的吸附、筛滤作用，使水质得到澄清。最后，通过物理或化学的方法杀死水中的致病微生物，通常用的物理方法有：加热、紫外线、超声波和放射线等。化学方法有：氯、臭氧、高锰酸钾及重金属离子等药剂，其中氯消毒法，即在水中加适量的液氯和漂白粉，是目前普遍采用的方法。

(2) 地下水的预处理。地下水的特点是悬浮物的含量较低，但 Fe^{2+} 的含量普遍较高。这种水质的除浊处理比较简单，但除铁处理却比较复杂。当水中含铁量<0.3 mg/L 时，可认为是无铁地下水，这种预处理主要取决于水中的悬浮物含量。原水中悬浮物<20 mg/L 时，可直接进行过滤；原水中悬浮物为 20～100 mg/L 时，可进行直流混凝；原水中悬浮物在 150 mg/L 时，需采用双层滤料过滤设备进行直流混凝。

含铁地下水对工业锅炉及其水处理的危害很大，Fe^{2+} 极易污染离子交换树脂，造成树脂铁中毒降低交换能力；含铁水为锅炉给水时，易在锅炉受热面上结垢，不仅影响传热效果，并使炉管腐蚀。从水中除去 Fe^{2+} 的方法包括曝气除铁法和锰砂过滤除铁法两种。

(3) 自来水的预处理。自来水的浊度较低，但其中含有少量的游离性余氯。游离性余氯部分生成次氯酸，次氯酸会破坏交换树脂的结构，使其强度变差，易破碎。因此，用自来水作为锅炉补水时，在离子交换软化前，需将水中的游离性余氯除去，尤其是距离自来水厂较近时更应注意除氯。

除氯的方法有化学还原法和活性炭脱氯法。化学还原法是向含有余氯的水中添加一定量的还原剂(二氧化硫和亚硫酸钠)，使之发生脱氯反应。活性炭脱氯法利用活性炭吸附游离性余氯并与次氯酸发生化学反应除去余氯，同时也能除去水中的臭味、色度及有机物等。

软化是通过降低水中钙、镁离子的含量，进而降低水的硬度的过程。软化的方法有以下几种：一是加热法。将水加热到 100℃以上，使水中的 Ca^{2+}、Mg^{2+} 形成 $CaCO_3$、$Mg(OH)_2$ 和石膏沉淀而除去。二是药剂法。在水中加石灰和苏打，使 Ca^{2+}，Mg^{2+} 生成 $CaCO_3$ 和 $Mg(OH)_2$ 而沉淀。三是离子交换法。使水和离子交换剂接触，用交换剂中的 Na^+ 或 H^+ 把水中的 Ca^{2+}、Mg^{2+} 交换出来。以上方法并不单独使用，而是根据原水的不同水源和水质及生产对水质的不同要求，联合使用几种不同的给水处理工艺。

(4) 无论采用何种水源作为生产和生活用水，为了减少水垢的形成，锅炉用水必须进行软化处理，通常用离子交换法进行软化。以地面水(如河水、湖水等)作为生活饮用水时，经过以下工序的处理：

原水 → 预沉 → 混凝沉淀或澄清 → 过滤 → 消毒

地下水的水质要优于地面水，若以地下水作为生活饮用水时，处理工艺较为简单，只需经过消毒即可。当被用作特殊生产用水时，水质要求较为严格，水处理工艺也较为复杂：

生活用水 → 机械过滤 → 电渗透或反渗透 → 阳离子交换器 →
阴离子交换器 → 混合离子交换器 → 紫外线或超滤杀菌 → 特种用水

5. 冷却水循环系统

食品生产企业的制冷机房、车间空调机房及真空蒸发工段等都需要大量的冷却水，通常要设置冷却水循环系统和降温的装置，减少给水消耗，降低全厂总用水量。降温系统主要有冷却池、喷水池、自然通风冷却塔和机械通风冷却塔等。机械通风冷却塔(其代表产品有圆形玻璃钢冷却塔)具有冷却效果好、体积小、质量轻、安装使用方便的特点，可以提高生产效率，节省用地和投资，并且只需补充循环量的5%～10%的新鲜水，对于水源缺乏或水费较高且电费不变的地区尤为适宜，因此被广泛采用。

四、排水系统

(1) 食品生产企业的排水量较大，包括生产污水、生产废水、生活污水、生活废水和雨水。生产污水指食品生产过程中被化学物质、机械杂质污染的水，如物料清洗，设备、车间的洗涤等加工过程排出的含有酸、碱、油脂、蛋白质及其他有机物等的污水，排出的污水COD、BOD含量可能超过国家规定的排放标准，必须经处理达到排放标准或排放接管标准才能排放。生产废水是指生产过程中用过但未受污染或仅被轻微污染，可以不处理或简单处理后可重复或循环使用或作其他用途的水。如空调制冷、空压机冷却水、氨冷凝器、杀菌设备冷却水、原料输送水等，经过滤可重复使用。生活污水指卫生器具排出的污水。生活废水是指盥洗、淋浴间的洗涤废水及厨房等排出的废水。雨水指建筑物屋面、道路、堆场、绿化等地的雨、雪降水。

(2) 雨水排泄应当根据技术经济条件，在企业场地上不宜建造雨水下水道时，总平面中应拟订地面排水系统，以保证将雨水从企业场地排到附近场地的低洼处。在场地面积小于20 hm^2、场地上建造的建筑物宽度小于72 m、高度不超过10 m、屋顶且为无组织排水时一般才有这种情况。禁止将雨水排泄到易变为沼泽地的孤立低洼地，未经特别批准，也不得将雨水排泄到养鱼池和死水塘，以及划作浴场的水区。

当场地面积超过20 hm^2 时，在场地最低处应有一个或数个排水汇水沟，其走向应顺着场地地面的坡度，汇合的排水沟网与汇水沟相连接。场地高处地段的排水，采用城市型道路排水沟，但在排泄能力不足处，或采用郊区型道路时，应增设补充排水渠道，沿道路两侧布置边沟。

(3) 食品生产企业的室外排水系统应采用污水和雨水分流，污水不能排入雨水系统中，污水要经过处理才能排放，雨水也不能排放到污水系统中，否则就增加了污水处理的工程量。在污水进入排水管道之前，应经过格栅或废弃物收容坑截留固体废弃物，防止堵塞管道。为了保证排水畅通，垂直排水管道口径应比计算大1～2号。生产车间内对外的排水尽可能做到清浊分流，对含油脂或固体残渣较多的废水(如肉类加工车间)，需在车间外设置沉淀池时进行沉淀，撇油去渣后再流入厂区排水管。

(4) 食品生产企业大多用水量很大，排出的污水量也很大，许多污水含固体悬浮物多，BOD或COD含量很高。生产污水、生产废水和生活污水可按生产和生活最大小时给水量的85%～90%计算，也按以下公式计算：

$$Q_u = \sum \frac{Q_P n_0 b}{100} \tag{11-7}$$

式中：Q_u——计算管道污水流量，L/s；

Q_P——同类型的一个卫生器具的排水量，L/s；

n_0——同类型卫生器具数量；

b——卫生器具同时排水的百分数。

或者

$$Q_u = Kq_y \tag{11-8}$$

式中：q_y——生产、生活最大小时给水量，m^3/h；

K——系数，取 0.85～0.9。

(5) 雨水排水量可按下式计算：

$$Q_y = qS\phi \tag{11-9}$$

式中：Q_y——厂区降雨计算总量，L/s；

q——暴雨强度（由当地气象局提供暴雨强度公式），$L/(s \cdot m^2)$；

S——管道集流的降雨面积，m^2；

ϕ——径流系数，根据场地的覆盖物选用，0.6～0.7。

(6) 食品生产企业的室外污水排放必须采用埋地暗管，不宜采用沟渠，更不能采用明沟排放。若不能自流排出厂外，宜采用排水泵站进行排放。厂区下水管不能用渗水材料砌筑，一般采用混凝土管，其管顶埋设深度不小于 0.7 m，坡度控制在 DN200，0.7%～1%；DN300，0.6%～0.7%；DN400，0.4%～0.5%；DN500，0.3%～0.4%；DN600～800，0.2%～0.3%；DN≥800，0.15%～0.2%。食品厂废水中含有固体残渣较多，设计管道流速应大于 0.8 m/s，最小管径不小于 150 mm，避免淤塞管道。特别在北方地区，由于天气寒冷，油脂在管道内凝固，愈积愈多的凝固油脂堵塞了下水管道的通畅，因此，宜在理论计算排水管径的基础上放大 1～2 号。严寒地区无保温的排水管，其管顶应在冰冻线以下 0.3～0.5 m。

(7) 排水管道包括排水管、排水支管、排水立管和排出管、通气管。连接卫生器与排水支管的管径按卫生器规格选定，有 S 形弯或 P 形弯，排水支管将生活污水或生产设备流出的污水排到立管中，可安置在地板上或悬吊在楼板下，要避免由于管道滴水污染加工的食品。

排出管接至检查井，检查井距离建筑物外墙一般为 3.0～10 m。生产车间内的卫生消毒池、磅秤地坑及电梯坑等，均需考虑排水装置。生产车间的对外排水口应加设防鼠装置，采用水封窨井，不用存水弯头以防堵塞。

第三节　供电系统

食品生产企业的供电包括：全厂的变配电工程，厂区的外线供电工程，车间内设备配电系统，厂区及室内照明，生产线、工段或单机的自动控制，电器及仪表的防护与修理等。

一、供电设计

1. 供电设计的要求

收集企业全部用电设备资料(包括功率、用电要求等),供电电源及技术数据,供电线路进户方位和方式,量电方式及量电器材划分,厂外供电器材供应的划分,供电部门要求及供电等费用。收集自控对象的系统流程图及工艺要求。

(1) 食品生产企业的用电性质属于Ⅲ类负荷,即临时停电不会导致重大事故,一般采用单一电源供电就能满足要求。但是实际上很多食品厂都因为临时停电而造成较大的经济损失,如进口设备自动流水线、分割肉生产线、冷库的用电等。对于这些情况,根据厂址所在地区的供电条件考虑采取两路电源供电,或考虑配置自备发电设备,避免停电造成重大的经济损失。

(2) 大中型食品生产企业一般设置两台变压器供电,小型食品生产企业采用一台变压器供电。在设计时,变配电设备的容量和面积要留有一定发展余地,以适应食品厂机械化水平的不断提高。一般食品生产企业的生产车间水汽大、湿度高,对供电管线及电器采取必要防潮措施,防止发生事故。食品生产企业的冷冻机、空气压缩机的用电负荷达全厂的1/3～1/2,变电、配电设施应尽量靠近机房。随着我国食品工业的发展,食品生产企业的生产规模不断扩大,机械化、自动化水平都在提高,从发展的角度应留有一定富余量或发展空间。

2. 用电负荷计算及变压器选择

根据企业全部用电负荷,确定变压器的容量,一般选择变压器的容量为1.2倍于企业全部总计算负荷。食品生产企业的变配电系统及企业全部负荷计算多采用需要系数法。

(1) 企业全部用电负荷计算:

$$P_j = K_x P_e \tag{11-10}$$

$$Q_j = P_j \tan\phi \tag{11-11}$$

$$S_j = \frac{P_j}{\cos\phi} = \sqrt{P_j^2 + Q_j^2} \tag{11-12}$$

式中:P_j——最大计算有功负荷,kW;

K_x——用电设备的需要系数;

P_e——用电设备的装接容量之和,kW;

Q_j——最大计算无功负荷,kW;

S_j——最大计算负荷,kW;

$\tan\phi$——对应于用电负荷的$\cos\phi$的正切值;

$\cos\phi$——用电负荷的平均自然功率因数。

(2) 变压器容量的选择。食品生产企业的变压器容量应满足企业全部最高负荷的要求,一般留有20%的富余量。计算公式如下:

$$S_e \approx 1.2 S_j \tag{11-13}$$

式中:S_e——变压器额定容量,kV·A;

S_j——企业全部最高负荷,kV·A。

变压器的选择应结合额定容量按产品规范进行，对季节性强的食品生产企业应根据生产规模的大小和负荷变化情况，合理地选择变压器的台数及相应容量，节省运行成本。

二、供电控制

1. 供电与量电

按照供电部门的规定，变压器的容量在 180 kV·A 以下或装机容量在 250 kW 以下，可以采用 380/220 V 低压供电，低压量电；变压器的容量在 180 kV·A 和 560 kV·A 之间为高压供电，低压量电；变压器的容量在 560 kV·A 以上，采用高压供电，高压量电。

食品生产企业的动力与照明同时使用才能满足生产要求，供电电压低压采用三相四线制，高压采用 10 kV。供电系统要和当地供电部门一起商议确定，符合国家有关规程，安全可靠，运行方便，经济节约。

供电设备包括配电变压器、高压开关柜、低压配电屏、静电电容柜等。配电变压器一般采用三相双线圈油浸自冷式，常用型号为 SJ 或 SJL 型两大系列，从节能的角度考虑，应选用低损耗系列的变压器。高压开关柜采用 GG-1A 型，低压配电屏有 BDL 型和 BSL 型两大系列，静电电容柜常采用 BJ(F)-3 型。

2. 无功功率补偿

无功功率补偿是为了提高功率因数，减少电力损耗，减小导线截面，提高网络电压的质量。由于企业大量采用感应电动机，致使功率因数偏低，按供电部门的要求，低压用户的功率因数应不低于 0.85，高压用户的功率因数应不低于 0.9，低于规定要求的功率因数要处以罚款，高于规定要求则给予奖励。为了提高功率因数，食品生产企业首先要提高电动机的负载率，避免“大马拉小车”的现象，其次使感应电机同步化，当功率因数仍达不到规定的要求时，必须进行人工补偿，使企业全部功率因数达到 0.9 左右。

食品生产企业一般采用低压静电电容器进行无功功率补偿，并安装在配电间集中补偿，补偿所需容量可由下式计算：

$$Q_c = P_j(\tan\phi_1 - \tan\phi_2) \tag{11-14}$$

式中：Q_c——补偿所需容量，kV·A；

$\tan\phi_1$——补偿前的功率因数角的正切值，取 $\cos\phi_1 = 0.7 \sim 0.75$；

$\tan\phi_2$——补偿后的功率因数角的正切值，$\cos\phi_2 = 0.9$。

3. 车间配电

大部分食品生产车间环境湿度大、温度高，有的还有酸、碱、盐等腐蚀介质，所以食品生产车间的电气设备和器材应按湿热带条件选择。车间总配电装置应该设在一单独小间内，分配电装置和启动控制设备要能防水汽，防腐蚀，并尽可能集中于车间的某一场所。配电装置的保护宜相互配合，车间内的启动和控制设备可按情况集中控制或分散控制，当工艺设备许可时优先选用直接启动方式。对于原料和产品经常变化的车间，宜多留供电点，便于设备的调换或移动，机械化生产线则设专用的自动控制箱。

食品生产企业中的一些生产车间，如低温库以氨作为制冷剂的冷冻机房等均有防爆要求，电器设备、器材应选用防爆型，供电应按防爆要求设计，所有机械设备均应接地保护。车间配电线路布置要求整齐美观，最好采用暗管沿墙或顶棚上部敷设，某些走地面的管线要用套管,并注意安全防护。

4. 电器照明

(1) 车间和其他建筑物的照明电源必须与动力线分开,并留有备用回路。生产车间的照明采用日光灯和节能灯,见表 11-1。潮湿水雾多的工段采用防潮灯,防爆车间采用防爆灯具。有下列情况者采用低压(36 V 或 24 V)照明:安装检修使用移动灯具;操作人员容易接触到的照明灯具。

表 11-1 食品生产企业照明技术要求

部门名称	最低照明(lx)	单位容量(W/m^2)	光 源	灯具防护	导 线
屠宰车间、分割车间	110	6～8	日光灯	保护局部密封	铜
空罐、机修、冷机房	20～30	4.5	节能灯	冷机房保护	铜
锅炉房、水泵房	15	4.5～5	节能灯	一 般	铜
冷藏库	5～15	3～6	节能灯	密 封	铜
保温库、办公室	50	4～4.5	日光灯	一 般	铜
其他仓库	5～10	2～4	节能灯	一 般	铜
职工宿舍	30	2.5	日光灯	一 般	铜
化验室		5	日光灯		
食 堂		2	日光灯		

当车间净高超过 6 m 时,可采用高压汞灯或和高压钠灯混合照明,车间内应设置灭虫灯。大型车间照明灯的开关宜分批集中控制。路灯采用 80～125 W 的高压汞灯或 100 W 的高压钠灯,且在传达室集中控制。具有火险的车间和仓库选用 60 W 的节能灯。

(2) 食品生产企业的厂区外线采用低压架空线,也可以采用低压电缆,架空线路成本低、运行灵活、易于维护,电力电缆运行可靠、供电安全、维修工作量小。线路的布置应保证路程最短,避免迂回供电,应与道路和构筑物交叉最少。架空导线采用 LJ 型铝绞线,在建筑物密集的厂区采用绝缘线。电杆埋深为 1/6 杆长,杆距 30 m 左右,电杆距路边 0.5～1.0 m,每杆装路灯一盏,根据土质决定是否采用混凝土底盘。

5. 建筑防雷和电气安全

为了防止直接电击,通常对电气设备采用绝缘、屏护、间距等技术措施,保证用电安全。但当设备一旦发生绝缘破坏导致外壳带电等故障,外壳和大地之间便存在电压,给工作人员造成接触电压或跨步电压的触电事故,称之为间接电击。为了确保电气设备的安全使用,防止间接电击发生,通常采用保护接地、保护接零等措施。

(1) 自然接地体的利用。在设计和装设接地装置时,尽量利用自然接地体,节约投资和钢材。可以作为自然接地体的有:地下水管,非可燃非爆炸液金属管道,建筑物的金属构造及敷设于地下数量不少于两根的电缆金属外皮等。

(2) 人工接地体的敷设。在自然接地体不能满足接地电阻值要求时,需敷设人工接地体作为补充,但发电厂、变配电所等重要地方则均以人工接地体为主。

(3) 保护接地。为了确保人身安全,防止触电事故,将电气设备外壳、支架及其相连的金属部分通过接地装置与大地连接起来的接地，称为保护接地。与发电机、变压器直接接地的中性点相连的导线，称为零线。保护接零就是把电气设备在正常情况下不带电的金属部分与电网的零线紧密连接，有效地起到保护人身和设备安全的作用。

(4) 食品生产企业的烟囱、水塔和多层厂房的防雷等级属于第三类，见表 11-2。电气设备的工作接地，保持接地和保护接零的接地电阻应不大于 4Ω，接零系统重复接地电阻不大于 10Ω。三类建筑防雷的接地装置与电气设备的接地装置可以共用，自来水管路或钢筋混凝土基础亦可作为接地装置。

表 11-2 建筑物需考虑防雷的参考高度

分 区	年雷电日数(d)	建筑物应考虑的防雷的高度(m)
轻雷区	<30	>24
中雷区	30～70	平原：>24，山区：>15
强雷区	>70	平原：>16，山区：>12

6. 仪表控制和自动调节

(1) 随着经济的发展和科技水平的提高，食品工厂生产中要求仪表控制和自动调节的场合已很普遍，控制和调节的参数或对象主要有温度、压力、液位、流量、浓度、相对密度、称量、计数及技术度调节等。如肉类加工企业进口施托克屠宰设备的自动清洗猪屠体，自动烫毛、打毛、清洗抛光，自动开膛、劈半，均由控制系统自控和调节。又如冷库控制系统的自动控制和调节运行、温度、湿度、压力等。自控设计的主要任务是：根据工艺要求及对象的特点，正确选择监测仪表和自控系统，确立检测点、位置和安装方式，对每个仪表和调节器进行检验和参数鉴定，对整个系统按"全部手动控制→局部自动控制→全部自动控制"的步骤运行。

(2) 简单类型的自动调节系统由调节对象、测量变送元件、调节器和调节机构等四个相互联系的部分组成。它们构成一个闭环负反馈系统，能够有效地克服干扰的影响，保持被调参数的稳定。确定被调参数后，根据调节对象的特性(放大系数、时间系数、滞后时间等)和调节要求，选择合理的调节系统，这不但可以节省投资，而且便于投运和维护。自动化水平的高低主要不在于选用仪表的型式、数量和系统的复杂程度，而在于生产过程控制的实际效果和工作可靠性。

(3) 气动薄膜调节阀是气动单元组合仪表的执行机构，再配用自动转换气后，也可作为电动单元组合仪表的执行机构，它的优点是结构简单、操作可靠、维修方便、品种较全、防火防爆等，其缺点是体积较大、比较笨重。气动薄膜隔膜调节阀适用于有腐蚀性、黏度高及有悬浮颗粒的介质的控制调节。电动调节阀是以电源为动力，接受统一信号 0～10 mA 或触电开关信号，改变阀门的开启度，从而达到对压力、温度、流量等参数的调节。电动调节阀可与 DFD 型和 DFD-09 电动操作器积极配合，做自动、手动的无干扰切换。电磁阀是由交流或直流电操作的二位电动阀门，一般有二位一通，二位三通、二位四通及三位四通等。

(4) 计算机控制系统的组成。用于生产过程控制的电子计算机控制系统包括：电子计算机主机，常规外部设备，过程输入输出通道，测量变送仪表，调节阀或执行机构，以及运行操作平台等几个部分。它们通过主机的系统总线和接口电路相互联系，构成一个完整的系统，见图 11-10。

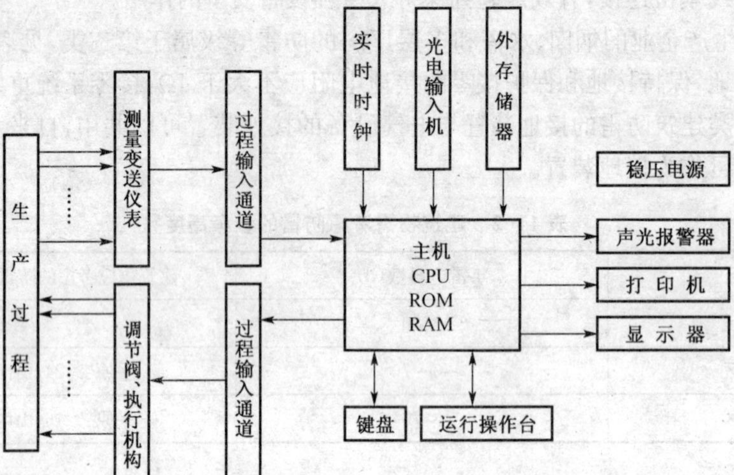

图 11-10　微型计算机控制系统框图

第四节　供汽、采暖、通风空调

供汽、采暖、通风空调是改善工人的劳动条件和工作环境，满足产品的工艺要求或作为一种生产环境，防止建筑物发霉，提高企业卫生条件所需要的手段。

一、供汽

蒸汽是食品生产企业动力供应的重要组成部分，大多数食品生产企业都要使用蒸汽，用汽部门主要是生产车间、浴室、洗衣房、食堂和冬季供暖等。汽的来源有两种：一是自行设置锅炉供汽；二是由供汽中心供汽，其中以后者较为理想，可以节省锅炉设备的投资，热效率高，节约能源，降低蒸汽的成本。但同时能满足食品生产企业要求又靠近供汽中心，有时是很困难的，因此大多数食品厂需要自行设置锅炉供汽。

供汽系统的设计应了解食品生产企业的最大用汽量、蒸汽负荷的波动情况，结合食品厂的生产规模和用汽特点，正确选择锅炉并进行合理的布置。

企业全部用汽量主要包括生产车间的用汽量、辅助部门用汽量及生活用汽量等。生产车间用汽量包括生产工艺用汽量，暖风、热工等特殊专业工种的用汽量。采暖和空调用汽、热水用汽及其他干燥用汽，参考相关各部门的设计。辅助部门用汽量主要包括中心试验室、产品试制场、保温仓库的用汽量。生活用汽主要包括浴室、洗衣房、食堂、办公室、宿舍等的用汽量。

锅炉的额定容量是企业全部各用汽量的总和，并考虑 15%的富余量。可按下式计算：

$$Q = 1.15(0.8Q_c + Q_s + Q_z + Q_g) \qquad (11\text{-}15)$$

式中：Q——企业全部用汽量总和，t/h；

Q_c——企业全部生产最大蒸汽用量，t/h；

Q_s——企业全部生活最大蒸汽用量，t/h；

Q_z——锅炉房自用汽量，t/h，取 Q 的5%～8%；

Q_g——管网热损失，t/h，取 Q 的5%～10%。

用式11-15计算时，注意各个车间或部门的生产和生活用汽最大量不一定在同时出现，用汽高峰可能互相交错，计算锅炉额定容量时，要根据全厂热负荷的具体情况进行精打细算，有时要比较不同用汽量调度下的最大、最小用汽量的方案，作出合理锅炉总容量及锅炉台数、每台锅炉容量的选择，避免锅炉及配套设施规模过大。

二、采暖

采暖与通风设计内容有：车间或生活的冬季采暖、夏季空调或降温，某些食品生产过程中使用蒸汽和热水。

(1) 食品生产企业的采暖有热风采暖、散热器采暖和辐射采暖等几种，一般按车间单元体积大小来定。当单元体积大于3 000 m^3 时，以热风采暖为好；当单元体积较小时，多半采用散热器采暖。热风采暖时工作区域风速宜为0.15～0.3 m/s，热风温度30～50℃，送风口高度不低于3.5 m。肉类加工企业采用热煤一般为蒸汽或热水，蒸汽的工作压力要求在200 kPa左右。

(2) 根据国家规定，凡日平均温度≤5℃的天数历年平均为90 d以上的地区，应该集中供暖。食品生产企业的供暖也可按此标准执行。设计时应查阅全国各主要城市室外气象资料，还应考虑不同生产车间的特点，如0～4℃的高温库、鲜产品的暂存间、副产品的暂存间，即使处于集中供暖地区，也不考虑人工取暖。而非采暖地区某些生产或辅助车间，因使用或卫生方面的要求也需考虑采暖，如更衣室、浴室、医务室、女工卫生室、烘衣房等。

(3) 设计集中供暖时，如生产无特殊要求，冬季室内工作点的计算温度采暖地区非工作时间宜按5℃设计，防止冻裂设备。当生产工艺有特殊要求时，采暖温度则应按生产工艺的不同要求而定。

(4) 平均热负荷计算。

第一，采暖平均热负荷：

$$Q_{1平} = \phi_1 Q_1 \tag{11-16}$$

式中：$Q_{1平}$——采暖平均热负荷，t/h；

Q_1——采暖最大热负荷，t/h；

ϕ_1——采暖系数，取0.5～0.7，或按下列公式计算：

$$\phi_1 = \frac{t_n - t_p}{t_n - t_w} \tag{11-17}$$

式中：t_n——采暖室内计算温度，℃；

t_p——采暖室外平均温度，℃；

t_w——采暖期采暖(或通风)室外计算温度,℃。

第二,通风平均热负荷:

$$Q_{2平} = \phi_2 Q_2 \tag{11-18}$$

式中:$Q_{2平}$——通风平均热负荷,t/h;

Q_2——通风最大热负荷,t/h;

ϕ_2——通风系数,取0.5～0.8,或按下列公式计算:

$$\phi_2 = \frac{t_n - t_p}{t_n - t_w} \tag{11-19}$$

t_w之值应以采暖期室外通风计算温度代入。

第三,生产平均热负荷:全厂的生产平均热负荷$Q_{3平}$是将各车间平均负荷相加平均而得。

第四,生活平均热负荷:生活热负荷包括浴室、开水炉、厨房等用热。由有关专业如水道、暖通提交的热负荷,一般可视为最大小时热负荷,即最大班时集中在1 h内的热负荷。全厂生活平均热负荷可近似地按下式计算:

$$Q_{4平} = \frac{1}{8} Q_4 \tag{11-20}$$

式中:$Q_{4平}$——生活平均热负荷,t/h;

Q_4——生活最大热负荷,t/h。

第五,锅炉房平均热负荷:

$$Q_{平} = K(Q_{1平} + Q_{2平} + Q_{3平} + Q_{4平}) \tag{11-21}$$

式中:$Q_{平}$——锅炉房平均热负荷,t/h。

(5) 年热负荷计算。

第一,采暖年热负荷:

$$D_1 = 24 n_1 Q_1 \tag{11-22}$$

式中:D_1——采暖年热负荷,t/a;

24——按三班计算采暖小时数,当一或二班制时,则分别以8、16代入;

n_1——采暖天数。

第二,通风年热负荷:

$$D_2 = 8 n_2 S Q_2 \tag{11-23}$$

式中:D_2——通风年热负荷,t/a;

8——每班工作小时数;

n_2——通风天数,一般$n_2 = n_1$;

S——每昼夜工作班次。

第三,生产年热负荷:

$$D_3 = 8 n_3 S Q_3 \tag{11-24}$$

式中：D_3——生产年热负荷，t/a；

n_3——年工作天数，300～330 d；

Q_3——热物料在车间内的耗冷量，kJ/h。

第四，生活年热负荷：

$$D_4 = 8n_3SQ_4 \tag{11-25}$$

式中：D_4——生活年热负荷，t/a。

第五，锅炉房年热负荷：

$$D_0 = K_0(D_1 + D_2 + D_3 + D_4) \tag{11-26}$$

式中：D_0——锅炉房年热负荷，t/a。

(6) 精确计算采暖系统耗热量公式很复杂，在此仅介绍概略计算耗热量的公式：

$$Q = PV(T_n - T_w) \tag{11-27}$$

式中：Q——耗热量，kJ/h；

P——热指标，kJ/(m³·h·℃)，有通风车间 $P = 1.0$，无通风车间 $P = 0.8$；

V——房间体积，m³；

T_n——室内计算温度，℃；

T_w——室外计算温度，℃。

单位面积耗热量指标就是每小时每建筑面积的平均耗热量，即供暖系统每小时供给每 m² 建筑面积的热量，也可按下式计算：

$$Q = qA \tag{11-28}$$

式中：Q——建筑物供暖热负荷，W；

q——单位面积耗热量，W/m²；

A——总建筑面积，m²。

这种计算方法在选择锅炉及计算室外供暖管道时使用，目前我国对建筑节能提出了更高的要求，现给出我国部分城市建筑物耗热量、采暖耗煤量指标，见表 11-3。

表 11-3 我国部分城市建筑物耗热量、采暖耗煤量指标

地 名	耗热量指标(W/m²)	耗煤量指标(kg/m²)
北 京	20.6	12.4
天 津	20.5	11.8
石家庄	20.3	11.0
太 原	20.8	13.5
沈 阳	21.2	15.5
哈尔滨	21.9	18.2
郑 州	20.0	9.4
西 安	20.2	9.7

按表11-3确定耗热量指标后计算建筑物的供暖热负荷，再根据采暖面积，估算出厂区集中供暖的热负荷。

三、通风

食品生产过程产生的废蒸汽、余热、余湿、有害气体等有害物会污染空气，恶化工作环境，控制有害物质对环境的影响、改善室内空气质量、保障生产人员的身体健康、保证产品质量、提高经济效益十分重要。特别是南方食品厂的生产车间在高温季节需设置通风或空调装置。通风过程就是将含有害物质的污浊空气，经过处理达到排放标准，从室内排至室外，再将符合卫生要求的新鲜空气送入室内，达到改善生产和生活环境的目的。

1. 通风系统分类

(1) 按空气流动的动力分类。自然通风是依靠室内外空气温度差所造成的热压，和室外风力造成的风压使室内空气流动进行换气，从而改善室内环境。它不需要专门增设动力装置，对于产生大量余热的车间是一种经济有效的通风方法。选用自然通风时，生产车间的建筑结构应按照夏季有利的通风方向布置，并保证有足够的窗户面积。自然通风不足之处是自然进入室内的空气无法进行预处理，从室内排出的空气如果含有粉尘或有害气体，由于没有进行净化处理，可能会对环境造成污染，自然通风还会受到气候条件的限制和影响，通风效果不稳定。

机械通风是依靠通风机产生的压力差使空气流动进行换气。风机的压力和风量可根据需要选择，能确保通风量，还可以控制空气的流动方向和速度，满足各种通风的需要，在食品工业中的应用很广。

(2) 按通风的作用范围分类。局部通风是在有害物产生的地点直接将它们收集起来，经过净化处理，排至室外，控制有害物向室内其他地方扩散，或将新鲜空气送向局部地点。局部通风有局部送风和局部排风两种形式，局部通风需要机械装置，是排热、排湿、防毒、排尘最有效的方法，可以用最小的风量获得最好的通风效果。

全面通风就是对整个车间或房间进行通风换气，目的在于稀释(或冲淡)室内有害物质的浓度，消除余热、余湿，使空气达到卫生标准和满足生产要求。全面通风可以利用自然通风方法或机械通风方法实现，这些通风方法在解决实际通风问题时，应该根据具体情况加以选择，有时需要几种方法联合使用才能获得良好的效果。

2. 通风的基本要求

(1) 为了节约能耗和减少噪声，应优先选择自然通风。车间的方位应根据车间的进风形式、夏季最有利的风向进行布置，还要考虑通风后的卫生情况。自然通风是利用空气的自然流动将室外的空气引入室内，将室内的空气和热量排至室外，这种通风方式与厂房的结构形式、进出风口的位置等因素有关，它受地区周围环境的影响较大，通风效果不稳定。自然通风达不到要求时，采用机械通风。机械通风是以风机为动力，使厂房内部空气流动，达到通风降温的目的。它的通风效果比较稳定，并可根据需要进行调节，但设备费用较高，耗电量较多。在无特殊要求的厂房中，尽量以自然通风的方式解决厂房的通风问题。

地下室的通风、车间温度超过规定值的通风降温、小容积工作室的换气等，应全面或局部采用机械通风换气，使车间温度降到规定值以内，有害气体稀释到最高允许浓度以内。散发有害气体的工段应采取通风换气措施，确保室内有害气体含量控制在安全限度以内。

(2) 生产过程及设备的散热通风、除尘通风以及高温作业岗位的空气淋浴可采用局部机械通风。通常每人每小时应有的新鲜空气量标准如表 11-4 所示。

表 11-4　新鲜空气量标准

平均每人占车间容积(m^3/人)	应有新鲜空气量[m^3/(人·h)]
<20	≥30
20～40	≥20
>40	可由门窗渗入的空气换气

3. 全面通风换气量的确定

(1) 当室内产生的有害物为余热时，房间内所需全面通风换气量 L 可用下式计算：

$$L = \frac{Q}{C\gamma}(t_p - t_i) \tag{11-29}$$

式中：L——房间内所需全面通风换气量，m^3/h；

Q——室内余热量，kW；

t_p——排出空气的温度，℃；

t_i——进入空气的温度，℃；

C——空气的比热容，kJ/(kg·℃)；

γ——进气状态下空气的容重，kg/m^3。

(2) 散入室内的有害物无法具体计算时，全面换气量可根据类似房间的实测资料换气数来确定：

$$L = nV \tag{11-30}$$

式中：V——房间的体积，m^3；

n——单位时间内的换气次数，次/h。

(3) 当室内产生的有害物为余湿时，所需全面通风换气量 L 可用下式计算：

$$L = \frac{W}{\gamma}(d_p - d_i) \tag{11-31}$$

式中：W——散湿量，g/h；

d_p——排出空气的含湿量，g/kg；

d_i——进入空气的含湿量，g/kg。

当房间内同时散发有害气体、余热和余湿时，应分别计算所需通风换气量，然后取其中的一个最大值作为整个房间的全面通风换气量。

(4) 如果散入室内的有害物无法具体计算时，全面通风换气量可以根据类似房间的实测资料或经验的换气次数来确定。

(5) 进、排气口设置。我国幅员辽阔，南北方气候差异较大，建造地区不同，热加工车间进、排风口布置及构造形式也不一样，主要利用低侧窗进风，高侧窗和天窗排风。根据热压原理，进排风口的高差越大，通风效果越好。

南方炎热地区作为进风口的低侧窗窗台标高，可设为 0.5～1 m。因冬季不冷，不需调节进排气口面积控制风量，故进、排气口可不设窗扇，为防雨水飘入室内，必须设挡雨板。北方寒冷地区因温差较大，进、排气口均须设置窗扇。低侧窗可分为上下两排，冬季上排窗开启，下排窗关闭，避免冷风吹向人体。夏季则将下排窗开启，上排窗关闭。为了提高热车间的通风能力和便于窗扇启闭，低侧窗宜采用平开窗和立旋窗，尤其以立旋窗为最佳，因为它的开启角度可随风向来调节，能得到最大的通风量。排风口的位置应尽量高一些，一般都设在柱顶处。当设有天窗时，天窗位置一般设在屋脊处或设于散发热量较大的设备上方，这样可缩短通风距离，较快地排除热空气。中间部分的侧窗一般不按进、排风口设计，以免减少进风口的进气量和气流速度，但应按采光窗设计，常采用固定窗或中悬窗。

4. 风机的选择

通风机有离心式、轴流式、惯流式、混流式四大类，根据输送气体的性质确定型号、规格，根据计算风量和计算风压进行选择。选择效率高、体积小、噪声低、质优价廉的通风机，同时还要确定通风机的出风口位置、旋转方向、转速、电动机型号、功率、传动方式、皮带轮规格及配件等。

5. 局部排风

食品生产车间日常有大量的余热和水蒸气散发出来，特别是在打毛间、人工剥皮间、白脏间、头蹄尾等处，还有大量的异味，如果不能及时将这些余热及水汽、臭味排出，会使车间的温度升高，湿度增加，空气污浊，而且还会使建筑物表面滴水、发霉。所以，在这些场所应加强局部排风，以改善车间的生产条件和卫生状况。小范围局部排风可选用排气风扇，轴流风机和离心风机。

四、空调

空气调节指用人工的方法使车间或封闭空间的空气温度、湿度、洁净气流速度等状态参数达到给定要求的技术过程，简称空调。空气调节系统指以空气调节为目的，对空气进行处理、输送、分配，并控制其参数的所有设备、管道及附件、仪表仪器的总称。食品工厂的空气调节通常按《采暖通风与空气调节设计规范》设计，同时要满足不同车间的环境要求，如食品工厂夏季工作地点的空气温度应符合表 11-5 的要求。

表 11-5　夏季生产车间内职工工作地点空气温度要求　　单位：℃

夏季通风室外计算温度	工作地点与室外温差不得超过值
≤22	10
23～28	相应不得超过 9、8、7、6、5、4
29～32	3
≥33	2

恒温恒湿要求保持一定的温度和湿度，只控制温度（湿度不控制），多数生产车间的空调都有这样的要求。如要求温度低于或高于某值，或要求温度在某段范围内，当实际温度低于或高于某一温度时，空调就会自动开或闭。空调设计的计算包括夏季冷负荷计算、夏季湿负荷计算和送风量计算。

（1）夏季空调冷负荷计算：

$$Q = Q_1 + Q_2 + Q_3 + Q_4 + Q_5 + Q_6 + Q_7 + Q_8 \tag{11-32}$$

式中：Q——总耗冷量，kJ/h；

Q_1——房间围护结构耗冷量，kJ/h；

Q_2——渗入室内的热空气耗冷量，kJ/h；

Q_3——热物料在车间内的耗冷量，kJ/h；

Q_4——热设备的耗冷量，kJ/h；

Q_5——人体散热量，kJ/h；

Q_6——电动设备的散热量，kJ/h；

Q_7——人工照明的散热量，kJ/h；

Q_8——其他散热量，kJ/h。

（2）夏季空调湿负荷计算：

$$W = \frac{W_1 + W_2 + W_3}{1\,000} \tag{11-33}$$

式中：W——总散热量，kg/h；

W_1——人体散湿量，kg/h；

W_2——潮湿地面散湿量，kg/h；

W_3——其他散热量，kg/h。

$$W_2 = 0.006(t_n - t_s)F \tag{11-34}$$

式中：t_n、t_s——分别为室内空气的干、湿球温度，℃；

F——潮湿地面的蒸发面积，m^2。

（3）送风量的确定。

第一，根据总耗冷量和总散湿量计算热湿比 ε（kJ/kg）：

$$\varepsilon = \frac{Q}{W} \tag{11-35}$$

第二，确定送风参数：食品厂生产车间送风温差 Δt 一般为 6～8℃。

第三，确定新风与回风的混合点 C，是否满足补偿局部排风并保持室内规定正压所需要的风量。C 点即为新风、回风的混合点，C 点表示的参数即为空气处理的初参数。

（4）确定送风量 G：

$$G = \frac{Q}{I_n - I_k} \tag{11-36}$$

式中：I_n、I_k——分别为室内空气及空气处理终了时的焓，kJ/kg。

实际选择风机时，应考虑10%～15%的风量附加值。

(5) 空调车间对土建的要求。

第一，尽可能减少室外的围护结构，需要空调的车间尽可能集中，以减少邻室对空调车间的影响。车间建筑满足气流组织、风管布置等方面的要求。

第二，围护结构的热工要求：空调车间采用屋顶、墙、楼板导热系数小的材料，空调车间的窗尽量避免东西向，尽可能减少窗面积，外窗应设双层窗，南向还应有遮阳措施。空调车间内部装饰整洁度较高时，可设吊平顶，平顶材料不吸潮、不长霉，墙面不积灰。

第五节　燃气与压缩空气

燃气可分为天然气和人工煤气两大类，用天然气和人工煤气取代烧煤的锅炉是大势所趋。机械传动中的气动传动技术在屠宰设备中应用很广，因此对价格昂贵的易损易坏的空气压缩机的维修保养问题颇受人们的关注。

一、燃气

在燃气供应系统中，输配系统由气源到用户之间的煤气输送和分配设施组成，包括煤气管网、储气库(站)、储配站和调压室。

1. 燃气用量的燃料折算方法

其他燃料(如煤)的年用量可以用下式折算为燃气年用量：

$$V=\frac{1\,000G_1Q_d\eta_1}{Q_p\eta_2} \tag{11-37}$$

式中：V——燃气的年用量，m^3/a；

G_1——其他燃料的年用量，t/a；

Q_p——燃气低热值，kJ/m^3；

Q_d——其他燃料的低热值，kJ/m^3；

η_1——使用其他燃料时的热效率，%；

η_2——使用燃气时的热效率，%。

2. 燃气用量的分项计算方法

(1) 生活用气量的确定。

第一，采暖热负荷通常用kJ/h来表示，房屋的基本热损失可用下式表示：

$$Q=\sum KF(t_n-t_w)a \tag{11-38}$$

式中：Q——基本热损失，W；

F——围护结构的面积，m^2；

K——围护结构的传热系数，$W/(m^2\cdot ℃)$；

t_n——室内计算温度，℃；

t_w——采暖室外计算温度，℃；

a——围护结构的温差修正系数。

第二，通风热负荷可按下式计算：

$$Q_T = nV_nC_v(t_n - t_w) \tag{11-39}$$

式中：Q_T——通风热负荷，W；

n——通风换气次数，次/h；

V_n——室内空间体积，m^3；

C_v——空气的容积比热，kJ/(m^3·℃)；

t_n——室内计算温度，℃；

t_w——通风室外计算温度，℃。

第三，生活热水热负荷。日常生活中，洗脸、洗澡、洗器皿等所消耗热水的热量，称为生活热水热负荷。生活热水热负荷的大小与生活水平、生活习惯、用热人数和用热设备情况等有关。生活热水热负荷可由下式决定：

$$Q_z = \frac{q_zN(t_h - t_c)C_z}{P} \tag{11-40}$$

式中：Q_z——生活热水热负荷，W；

q_z——用水量标准，L/(人·d)；

N——使用热水人数；

t_h——热水温度，℃；

t_c——冷水温度，℃；

C_z——水的热容量，kJ/L·℃；

P——昼夜中负荷最大值的小时数，h/d。

(2) 房屋采暖用气量的计算。房屋采暖用气量与建筑面积、耗热指标和采暖期长短等因素有关，可按下式计算：

$$Q_c = \frac{Fqn \times 100}{Q\eta} \tag{11-41}$$

式中：Q_c——年采暖用量，m^3/a；

F——使用煤气采暖的建筑面积，m^2；

q——耗热指标，kJ/(m^2·h)；

n——最大负荷利用小时数，h；

Q——燃气的低热值，kJ/m^3；

η——燃气采暖系统热效率，%。

由于各个地区的冬季室外采暖计算温度不同，各种建筑物对室内温度又有不同的要求，所以各地的耗热指标不一样，可由实测确定，一般可达 70%～80%。最大负荷利用小时 n 可用下式计算：

$$n = n_1 \frac{t_1 - t_2}{t_1 - t_3} \tag{11-42}$$

式中：n——采暖最大负荷利用小时数，h；

n_1——采暖期,h;

t_1——室内温度,℃;

t_2——采暖期室外空气平均温度,℃;

t_3——采暖期室外计算温度,℃。

(3) 工业生产用气量的确定。工业生产用气量与工业生产的规模、工艺特点等有关。对每个工业生产用气量进行精确计算较为困难,常根据煤炭消耗量折算燃气用量,折算时考虑自然增长、使用不同燃料时热效率的差别。作为估算也可以参照相似条件的工厂和民用用气量比例,取一个适当的百分数来进行估算。如有条件时,可利用各种工业产品的用气定额来计算工业用气量。

3. 燃气的输配系统

燃气的输配系统包括气源厂到用户前的一系列燃气输送和分配设施。燃气的输送与分配必须把燃气供应的安全和可靠放在重要地位。

(1) 燃气管网单级系统只采用一个压力等级(低压)输送、分配和供应燃气的管网系统。其输配能力有限,故仅适用于规模较小的企业。两级系统采用两个压力等级来输送、分配和供应燃气的管网系统,包括高低压和中低压系统两种。中低压系统由于管网承压低,有可能采用铸铁管,以节省钢材,但不能大幅度升高远行压力来提高管网通过能力,因此对发展的适应性较小。高低压系统因高压部分采用钢管,所以供应规模扩大时可提高管网运行压力,灵活性较大,其缺点是耗用钢材较多,并要求有较大的安全距离。三级系统是由高、中、低三种燃气管道所组成的系统,仅适用于大城市。

(2) 燃气管网的布置要保证安全、可靠地供给各用户具有正常压力、足够数量的燃气,满足使用上的要求,要尽量缩短线路,节省管道和投资。管网布置的原则是:全面规划,分期建设,近期为主,远近期结合。管网的布置应在管网系统的压力级制确定后进行,其顺序按压力高低,先布置高、中压管网,后布置低压管网。对于扩建或改建燃气管网的工厂,应从实际出发,充分利用原有管道。

第一,燃气管网布置必须服从管线综合规划的安排,高、中压燃气干管的位置尽量靠近大型用户,主要干线逐步连成环状。低压燃气管最好在内部道路下敷设,这样既可保证管道两侧均能供气,又可减少主要干管的管线位置占地。

第二,一般应避开主要交通干道,采用直埋敷设以免给施工和运行管理带来困难。沿道路敷设管道时,可单侧布置,也可双侧布置。

第三,不准敷设在建筑物的下面,不准与其他管线平行上下重叠,禁止在下列地方敷设燃气管道:各种机械设备和成品、半成品堆放场地;易燃、易爆材料和具有腐蚀性液体的堆放场所;高压电线走廊、动力和照明电缆沟道。为了确保安全,地下燃气管道与建(构)筑物或相邻管道之间,在水平和垂直方向应保持一定的安全距离,详见有关的国家规范。

4. 集中供热系统

(1) 供热管网布置的形式有三种,枝状或辐射状管网比较简单,造价较低,运行方便,其管网管径随着与热源距离的增加而逐步减少。缺点是没有备用供暖,特别是当管网某处发生故障时,在损坏地点以后的用户就无法供热。环状和网状管网主干管是互相联通的,优点是具有备用供热,缺点是管径比枝状管网大,消耗钢材多,造价高。实际工程中,多采用枝状管网形式，枝状管网只要设计合理，妥善安装，正确操作，一般都能无故障地运行。环状和网状使用得极少。

(2) 供热管网的敷设方式有架空和地下敷设两类：

第一，架空敷设是将供热管道敷在地面上的独立支架或带纵梁的桁架以及建筑物的墙壁上。支架距地面净高不小于 0.5 m，中支架距地面净高为 2.5～4 m，一般在人行交通频繁地段宜采用高支架，距地面净高为 4.5～6 m。架空敷设不受地下水位的影响，检修方便，施工土方量小，是一种较经济的敷设方式。其缺点是占地多、管道热损失大、影响厂区的景观容貌。

第二，地下敷设分为有沟敷设和无沟敷设两类。有沟敷设又分为通行地沟、半通行地沟和不通行地沟三种。地沟的主要作用是保护管道不受外力和水的侵袭，保护管道的保温结构，并使管道能自由地热胀冷缩。通行地沟净高不低于 1.8 m，通道宽度不小于 0.7 m，沟内有照明设施和自然通风或机械通风装置，保证沟内温度不超过 40℃，因此造价较高。半通行地沟考虑工人能弯腰走路进行维修工作，一般半通行地沟的净高 1.4 m，通道宽度为 0.5～0.7 m，半通行地沟是有沟敷设中广泛采用的方式，地沟断面尺寸只需满足施工的需要。无沟敷设是将供热管道直接埋设在地下，保温结构与土壤直接接触，它同时起到保温和承重两个作用，是最经济的一种敷设方式。一般在地下水位较低、土质不会下沉、土壤腐蚀性小、渗透性质较好的地区采用。

二、压缩空气机的维护保养

气动设备如果不注意维护保养，就会频繁发生故障或过早损坏，使其使用寿命大大降低，特别是进口屠宰设备使用了气动设备，因此必须进行及时的维护保养工作，以减少和防止故障的发生，延长元件和系统的使用寿命。

1. 气动系统维护工作的任务

(1) 保证供给气动系统清洁干燥的压缩空气，保证气动系统的气密性，保证使油雾润滑元件得到必要的润滑，保证气动元件和系统在规定的工作条件(如使用压力、电压等)下工作和运转，以保证气动执行机构按预定的要求进行工作。

(2) 每天必须进行的维护工作，包括冷凝水排放、检查润滑油和空压机系统的管理等。

第一，冷凝水排放涉及整个气动系统，从空压机、后冷却器、气罐、管道系统直到各处的空气过滤器、干燥器和自动排水器等。在作业结束时，将各处的冷凝水排放掉，以防夜间温度低于 0℃时导致冷凝水结冰。由于夜间管道内温度下降，会进一步析出冷凝水，故气动装置在每天运转前，也应将冷凝水排出。并要注意察看自动排水器是否正常工作，水杯内不应存水过量。

第二，在气动装置运转时，检查油雾器的滴油量是否符合要求，油色是否正常，即油中不要混入灰尘和水分。

第三，空压机系统的日常管理工作是：检查空压机系统是否向后冷却器供给了冷却水(指水冷式)；检查空压机是否有异常声音和异常发热现象，检查润滑油位是否正常。

(3) 每周维护工作的主要内容是漏气检查和油雾器管理，目的是及早地发现事故的苗头。

第一,漏气检查在白天车间休息的空闲时间或下班后进行,这时气动装置已停止工作,车间内噪声小,但管道内还有一定的空气压力,可根据漏气的声音便可知何处存在泄漏。严重泄漏处必须立即处理,如软管破裂、连接处松动等,其他泄漏应做好记录。

第二,油雾器管理。油雾器最好选用一周补油一次规定的产品,补油时注意油量减少的情况。若耗油量太少,应重新调整滴油量;调整后滴油量仍少或不滴油,应检查油雾器进出口是否装反,油道是否堵塞,所选油雾器的规格是否合适。

(4) 每月或每季度的维护工作比每日和每周的维护工作更仔细,但限于外部检查的范围。维护工作的主要内容详见有关资料。

2. 故障种类

由于故障发生的时期不同,故障的内容和原因也不同,因此,可将故障分为初期故障、突发故障和老化故障。

(1) 初期故障

第一,元件加工、装配不良,如元件内孔的研磨不符合要求,零件毛刺未清除干净,安装不清洁,零件装错、装反,装配时对中不良,紧固螺钉拧紧力矩不恰当,零件材质不符合要求,外购零件(如密封圈、弹簧)质量差等。

第二,设计失误。设计元件时,对零件的材料选用不当,加工工艺要求不合理,对元件的特点、性能和功能了解不够,造成设计回路元件选用不当。设计的空气处理系统不能满足气动元件和系统的要求,回路设计出现错误。

第三,安装不符合要求。安装时,元件及管道内吹洗不干净,使灰尘、密封材料碎片等杂质混入,造成气动系统故障。安装气缸时存在偏载,没有采取有效的管道防松、防振动措施。维护管理不善,如未及时排放冷凝水,未及时给油雾器补油等。

(2) 突发故障

系统在稳定运行时期内突然发生的故障称为突发故障。例如,油杯和水杯都是用聚碳酸酯材料制成的,如它们在有机溶剂的雾气中工作,就有可能突然破裂;空气或管路中残留的杂质混入元件内部,突然使相对运动件卡死;弹簧突然折断、软管突然爆裂、电磁线圈突然烧毁;突然停电造成回路误动作等。有些突发故障是有先兆的,如排出的空气中出现杂质和水分,表明过滤器已失效,应及时查明原因并予以排除,以免酿成突发故障。但有些突发故障是无法预测的,只能采取安全保护措施加以防范,或准备一些易损件的备件,以备及时更换失效的元件。

(3) 老化故障

个别或少数元件达到使用寿命后发生的故障称为老化故障。参照系统中各元件的生产日期、开始使用日期、使用的频繁程度以及已经出现的某些征兆,如声音反常、泄漏越来越严重、气缸运动不平稳等现象,大致预测老化故障的发生期限是有可能的。

3. 常见故障分析及排除

在气动系统的维护过程中,常见故障都有其产生原因和相应排除方法。了解和掌握这些故障现象及其原因和排除方法,可以协助维护人员快速解决问题。

(1) 气动系统的气压异常故障如表 11-6 所示。

(2) 气动控制阀的故障有减压阀故障、溢流阀故障、换向阀故障等。

第一,气动系统中各类元件的使用寿命差别较大,像换向阀、气缸等有相对滑动部件的

表 11-6 气动系统压力异常的故障及排除

故障现象	产生原因	排除方法
气路无气压	气动回路中的开关阀、启动阀、速度控制阀等未打开	予以开启
	换向阀未换向	查明原因后排除
	管路扭曲、压扁	纠正或更换管路
	滤芯堵塞环等磨损	更换滤芯
	介质或环境温度太低,造成管路冻结	及时清除冷凝水,增设除水设备
供压不足	耗气量太大,空压机输出流量不足	选择流量合适的空压机或增设一定容积的气罐
	空压机活塞环等磨损	更换零件
	漏气严重	更换损坏的密封件或软管,紧固管接头及螺丝钉
	减压阀输出压力低	调节压力阀至使用压力
	速度控制阀开度太小	将速度控制阀打开到合适开度
	管路细长或管接头选用不当	重新设计管路,加粗管径,选用流通能力大的管接头及气阀
	各支路流量匹配不合理	改善各支流量匹配性能,采用环形管道供气
异常高压	因外部振动冲击产生冲击压力	在适当部位安装安全阀或压力继电器
	减压阀损坏	更换

元件,其使用寿命较短。而许多辅助元件,由于可动部件少,使用寿命就长些。各种过滤器的使用寿命主要取决于滤芯寿命,这与气源处理后空气的质量关系很大。像急停开关这种不经常动作的阀,要保证其动作可靠性,就必须定期进行维护。因此,气动系统的维修周期,只能根据系统的使用频度,气动装置的重要性和日常维护、定期维护的状况来确定。一般是每年大修一次。

第二,维修之前,应根据产品样本和使用说明书预先了解该元件的作用、工作原理和内部零件的运动状况。必要时,应参考维修手册。在拆卸之前应根据故障的类型来判断和估计哪一部分问题较多。

维修时,对日常工作中经常出问题的地方要彻底解决。对重要部位的元件、经常出问题的元件和接近其使用寿命的元件,宜按原样换成一个新元件。新元件通气口的保护塞在使用时才取下来。许多元件内仅仅是少量零件损伤,如密封圈、弹簧等,为了节省经费,这些零件只要更换一下就可以。

第三,拆卸前,应清扫元件和装置上的灰尘,保持环境清洁。同时要注意必须切断电源和气源,确认压缩空气已全部排出后方能拆卸。仅关闭截止阀,系统中不一定已无压缩空气,因有时压缩空气被堵截在某个部位,所以必须认真分析并检查各个部位,并设法将余压排尽。如观察压力表是否回零,调节电磁先导阀的手动调节杆排气等。

拆卸时,要慢慢松动每个螺钉,以防元件或管道内有残压。一面拆卸,一面逐个检查零件是否正常而且应该以组件为单位进行。滑动部分的零件要认真检查,要注意各处密封圈和密封垫的磨损、损伤和变形情况。要注意节流孔、喷嘴和滤芯的堵塞情况。要检查塑料和玻璃制品是否有裂纹或损伤。拆卸下来的零件要按组件顺序排列,并注意零件的安装方向,以便于今后装配。

第四，更换的零件必须保证质量，锈蚀、损伤、老化的元件不得再用。必须根据使用环境和工作条件来选定密封件，以保证元件的气密性和工作的稳定性。拆下来准备再用的零件，应放在清洗液中清洗。不得用汽油等有机溶剂清洗橡胶件、塑料件，可以使用优质煤油清洗。零件清洗后，不准用棉丝、化纤品擦干，最好用干燥的清洁空气吹干。然后涂上润滑脂，以组件为单位进行装配。注意不要漏装密封件，不要将零件装反。螺钉拧紧力矩应均匀，力矩大小应合理。

第五，安装密封件时应注意：有方向的密封圈不得装反，密封圈不得扭曲。为容易安装，可在密封圈上涂敷润滑脂。要保持密封件清洁，防止棉丝、纤维、切屑末、灰尘等附着在密封件上。安装时，应防止沟槽的棱角处、横孔处碰伤密封件（棱角应倒圆）。还要注意塑料类密封件几乎不能伸长，橡胶材料密封件也不要过度拉伸，以免产生永久变形。在安装带密封圈的部件时，注意不要碰伤密封圈。螺纹部分通过密封圈的，可在螺纹上卷上薄膜或使用插入用工具。活塞插入缸筒等筒壁上开孔的元件时，孔端部应倒角。配管时，应注意不要将灰尘、密封材料碎片等异物带入管内。

第六，装配好的元件要进行通气试验。通气时应缓慢升压到规定压力，并保证升压过程中气压达到规定压力都不漏气。检修后的元件一定要试验其动作情况。譬如对气缸，开始将其缓冲装置的节流部分调到最小。然后调节速度控制阀使气缸以非常慢的速度移动，逐渐打开节流阀，使气缸达到规定速度。这样便可检查气阀、气缸的装配质量是否合乎要求。若气缸在最低工作压力下动作不灵活，必须仔细检查安装情况。

参考文献

[1] 卫生部政策法规司. 中华人民共和国食品安全国家标准汇编(2010年度下)[M]. 北京：中国质检出版社，中国标准出版社，2011

[2] 李筱薇，吴永宁，陈君石. 中国总膳食研究二十年的发展演变[J]. 中华流行病学杂志，2011，32(5)：456-459

[3] 王小莉. 我国食品安全面临的主要公共卫生问题及对策[J]. 中国卫生监督杂志，2006，13(3)：209-211

[4] 陈君石. 食品安全风险评估概述[J]. 中国食品卫生杂志，2011，23(1)：4-7

[5] 杨劼. 公共卫生与食品安全[J]. 中国公共卫生，2003，19(2)：250-251

[6] Moy G，Vannoort R W，Verger J P. Total Diet Studies [M]. New York：Springer，2011

[7] Pennington J A. Revision of the total diet study food list and diets [J]. J. Am. Diet. Assoc.，1983，82(2)：166-173

[8] Chen J，Gao J. The Chinese total diet study in 1990. Part Ⅰ. Chemical contaminants [J]. J. AOAC Int.，1993，76(6)：1193-1205

[9] Liu X. Mycotoxins contamination of food in China [J]. Mycotoxins，1996，4(2)：1-7

[10] WHO Global Food Safety Strategic Plan，2002. http：//www. who. int